國故論衡疏證 李植署檢

章太炎 撰

龐 俊 郭誠永 疏證

董婧宸 校訂

中華書局

圖書在版編目（CIP）數據

國故論衡疏證/章太炎撰；龐俊，郭誠永疏證.—2版.—北京：
中華書局，2018.11
ISBN 978-7-101-13055-3

Ⅰ.國…　Ⅱ.①章…②龐…③郭…　Ⅲ.國學-研究-中國-近
代　Ⅳ.①Z126.275②B259.21

中國版本圖書館 CIP 數據核字（2018）第 008116 號

書　　名	國故論衡疏證	
撰　　者	章太炎	
疏　　證	龐　俊　郭誠永	
校　　訂	董婧宸	
責任編輯	朱兆虎	
出版發行	中華書局	
	（北京市豐臺區太平橋西里 38 號　100073）	
	http://www.zhbc.com.cn	
	E-mail：zhbc@zhbc.com.cn	
印　　刷	北京市白帆印務有限公司	
版　　次	2008 年 6 月北京第 1 版	
	2018 年 11 月北京第 2 版	
	2018 年 11 月北京第 2 次印刷	
規　　格	開本/920×1250 毫米　1/32	
	印張 21⅞　插頁 2　字數 600 千字	
印　　數	3001-6000 册	
國際書號	ISBN 978-7-101-13055-3	
定　　價	96.00 元	

出版説明

　　章炳麟(一八六九～一九三六),初名學乘,後改名絳,字枚叔,號太炎,浙江餘杭人。近代著名學者、思想家、民主革命家。早年師從俞樾研習經史,後參加革命活動,組織光復會,參加同盟會,主編民報、大共和日報,並曾任孫中山總統府樞密顧問。晚年在蘇州設章氏國學講習會,以講學爲業。

　　章太炎一生撰著宏富,其中國故論衡是一部論述中國古代學術文化的著作。章氏將一九〇六年旅日以來發表的多篇學術文章,增訂集結,總名國故論衡,一九一〇年刊行於日本秀光舍。一九一五年,章氏幽居京師時,復作修訂,删去初版的古今音損益説,增加音理論、二十三部音準兩篇,並改易了初版的部分文字,先後收入一九一五年上海右文社鉛字本和一九一九年浙江圖書館木刻本章氏叢書。國故論衡從單篇發表、初版集結再到修訂版的改定完成,體現了章氏學術思想的發展。全書分上、中、下三卷,上卷小學,提出上古聲韻系統,探討語言緣起、轉注假借、説文文字材料等相關問題,上溯語源,下明流變。中卷文學,提出"有文字著於書帛"者均屬"文"的範圍,考述議論、詩賦、解故等文體的演變。下卷諸子學,探討周秦諸子的義理學説,並間以釋家名相辨析哲理。

國故論衡在近代學術史上具有十分重要的地位。在語言文字學方面,從形、音、義等各個角度揭示了漢語發展演變的一系列重要規律,爲漢語研究奠定基礎。在文學方面,追溯文體源流,剖判文章高下,在文學批評上建樹良多。在哲學方面,貫穿諸子,縱論中國古代哲學,突破傳統子學模式,開近代哲學史研究先河。

國故論衡文辭蘊藉,持論謹嚴。龐俊和郭誠永兩位先生前後相繼,爲作疏證,不僅疏通了原作的文意,而且對章氏的思想觀點亦多所闡發,對研究中國學術史和章氏的學術思想,以及近代文史研究學風的轉變,裨益甚大。龐俊(一八九五～一九六四),字石帚,四川綦江(今屬重慶)人。一九二四年後歷任成都高等師範學校教授、成都師範大學教授兼中文系主任、四川大學教授、華西協和大學教授兼中文系主任、光華大學教授兼中文系主任,一九四九年以後任四川大學中文系教授兼古典文學教研室主任、研究生導師。著有養晴室筆記、養晴室遺集等。龐氏於二十世紀三十年代完成了國故論衡文學、諸子學中下兩卷的疏證,一九三三年起,部分篇目在華西學報連載。一九三五年、一九四○年,四川大學文學院和華西協和大學先後以講義鉛印刊行。龐氏自謙不精小學,故未注上卷,至八十年代由弟子郭誠永續成之。郭誠永(一九一三～一九九八),字君恕,四川成都人,曾任四川師範大學中文系漢語研究所教授、研究生導師。郭氏的上卷疏證爲稿本。

　　我局二〇〇八年曾將上中下三卷合併出版，統一添加了新式標點，然尚有不少疏失之處。此次再版，敦請北京師範大學董婧宸女史，對全書作了校訂。正文、原注方面，以浙江圖書館本章氏叢書爲底本，參考日本秀光舍初印本及上海右文社本，校訂文字和標點，釐清國故論衡原文、原注和疏證的層次，並補入黄侃國故論衡贊。疏證方面，往返京滬，訪求龐氏疏證的三個版本，梳理版本源流，撰成國故論衡疏證的版本源流及學術價值考述一文，然後參酌覆校，核對引文，推原龐、郭二氏本意，訂正了疏證和初版的訛誤。謹此致謝！

中華書局編輯部

二〇一八年十月

目　録

國故論衡贊

夫學者多貴古而賤今，談者有廢視而任聽，先民已病其然，況復學術衰息之世哉。今樸學者所至，惠戴錢段也，玄學者所至，二程朱陸也，文學者所至，汪李姚張也。循兹榘度，可以弗畔。然不窺其取材所由，而徒校其成器所至，守法則易，規始即已難矣。狂狷之倫，或云不阡不陌，不章不句，卒令條理凌亂，文辭破碎，乃愈庳於前也。

餘杭章先生遭濡首之運，處亢龍之位，閔此國故，蔽於鯀愚，講誦多暇，微言閒作。侃以頑質，獲侍君子，嘗聞文字之本，肇於語言，形體保神，聲均是則。曉徵撝約，獨能尋理。若夫探賾索隱，妙達神恉，聲有對轉，故重文孳多，音無定型，而轉注斯起，其猶二君所未逮乎？名言孳乳，各有淵泉。私以蒼頡造文，形皆獨體，聲義遞衍，不離其宗，乃得九千餘字。然有采音而遺其形，見彼而隱乎此，此精微之獨至也。不曉其故，子韶右文，轉成支詘。曾因侍論，有所陳獻，既見稱許，規爲文始。夫其比合殊文，徵之故老，和理內發，符采外章，則必度越數子矣。

又文辭之部，千緒萬端，仲任彥和，獨明經略。蕭嗣文選，上本摯君，蓋乃鈔選之常科，非盡文辭之封域。伯元所論,滌生所鈔,夤侈殊塗,悉違律令。俗師末士,醒醉不分,以所知爲祕妙。自非胡䡶之器,卓爾之材,其孰不波蕩者哉。侃昔屬文,頗得統緒,比從師學,轉益自信,念文學之敝,悼知者之難,請箸篇章,以昭來葉。爾乃順解舊文,匡詞例之失,甄別今古,辨師法之違。持論議禮,尊魏晉之筆,緣情體物,本縱橫之家,可謂博文約禮、深根寧極者焉。

　　又諸子之業,兼會精垺。江左區區,玄學未泯。自玄成治要,鈔疏班志,九流之部,獨汰名家。退之粗觕,橫以老莊深美之言,下等黄巾祭酒。自爾録略,殽雜無分。故科目作而九流訛,對策盛而玄理紊。宋世高材,獨欲修補儒術。周氏始作,猶近巫師,惟彼土苴,非足珍腆。二程廓爾,取資禪録,尋其從迹,未越郭象、皇侃之流,猶復外拒釋老,内排荀氏,斯由屈於時會,非其本懷。晚有伯安,自任黠慧,彊梁故可以爲教父,跛眇故可以任武人,譁譟故可以樹朋黨。不閡眾甫,故不能立主客,不明分理,故不能成家言。比及近世,顏戴代興,假令陳於校舍,則材技精妍,施於有政,而民萌忘死,自一時良書也。若其原本情性,推論仁義,膚受不精,彌益湫隘。爾則時有文質,論有屈伸,持爲常度,未知其可。夫見古人之大體者,不專于鄒魯,識形名之取舍者,無閒於儒墨。其惟先生,和以天倪,要之名守,通眾家之紛蔽,衡所見之少多,令庖丁廢其躊躇,爲斲輪言其甘苦。咨可謂制割大理，疏觀萬物，以淺持博，以一持萬者也。

　　方今華夏彫瘁，國聞淪失，西來殊學，盪滅舊貫。懷古君子，徒用盡傷，尋其瘠殘，豈誠無故？老聃有言，物壯則老，是謂不道，不道早已。然則持老不衰者，必復丁乎壯矣，於穆不已者，必自除其道矣。侃幸覯祕書，竊抽微旨，雖牛蹏之涔，匪盡于大海，而洪鐘之響，或藉於寸筳。弟子蘄州黃侃。

國故論衡疏證上卷序

誠永生十二歲，始知太炎先生。越三年，請業石室，先師龐公石帚名俊首以先生所撰中學國文書目相詔，且諭之曰：力學而昧徑途者，當尋繹斯目而三復之也。聞之瞿然。遂抗志奉爲自勵之經。年稍長，得諷誦章氏叢書，其檢論暨國故論衡兩編，尤所忻慕。後者先師既爲疏證矣，而檢論之注，尚猶俟之其人。因請于師，願爲通譯，慨然善之，且示方略。自爾計日程功，期以十年卒業，而憂患相襲，作輟靡常，屬比未終，大難繼作，積稿三十八帙，一旦悉見裂毀。摧傷之餘，心灰慮沮，重以學殖荒落，計將不復有爲矣。豈意遲暮，乃逢太平。轉念先師所疏，尚闕一卷，幸有餘力，當續成之。朋儕聞其志者，輒復殷勤相勖。爰重振精神，奮然命筆，寒暑再易，未敢怠荒。頃者繕寫既定，刊行有日矣，敢揭四事，敬告讀者：

一、先生之文，雄深雅健，綜其一生，約有三變。蓋嘗自道："余少已好文辭。本治小學，故慕退之造詞之則，爲文奧衍不馴。""三十四歲以後，欲以清和流美自化，讀三國兩晉文辭，以爲至美，由是體裁初變"自述學術次弟。

比及晚年，則絢爛之極，漸趨平淡矣。今讀檢論，雖修訂訄書而成，仍有“危側趨詭”之語。"危側趨詭"者，先生自品其少壯所作也。見致譚獻書。訄書初出，人已苦“其文艱深，驟難通曉”。“即海內通識之士，且或致敬慕于章氏者，亦艱于一讀”矣。民報第七號載國學講習會序。國故論衡，成于中歲，行文固視訄書平徹朗暢。然以“綜核字句，必契古訓”，致譚獻書。經史百家，信手攬掇，亦非素習常文者所能盡明也。今茲疏證，于世所罕用之詞語，輒就所知，舉其來歷，通其義蘊。冀幸敲破外殼，探彼內函，庶于讀者，少有裨益。

一、先生之學，閎大精深。嘗自明其所詣云：“窮研六書，囊括九流，余素殫精于此。”是斯二者，尤所獨至。而于文學之業，以王闓運爲第二人，則其自居可想。國故論衡者，權論小學、文學、諸子學之要略也。既自詡“此書之作，較陳蘭甫東塾讀書記，過之十倍”。與龔未生書。近人更謂：國故論衡乃文獻中之上品。兩千年來，精心結構，堪稱著作者，惟文心雕龍、史通、文史通義之屬，以及先生此書，總七八部耳。誠服之談，諒非溢美。蓋欲窺先生學術之大，舍此書末由；欲窺先生語言文字之學，亦舍此書之上卷末由也。

一、“前修未密，後出轉精”。“如謂不然，請俟來哲”。此本書開宗明義之語也。先生之講學，非惟向不自封，抑且勇于改作。文學、諸子兩卷，龐公論之既詳，不敢復贊一辭。但就上卷觀之，于古音通轉，初立交紐、隔越之律，見本書成均圖。嗣悟其拘虛，而易云雙聲相轉。見文始。于先秦聲類，初以齒頭爲正齒之變，亦見文始。既聞黃侃古無正齒之論，而又譽之爲一發明。菿漢微言。于上古文字，初謂鐘鼎有五疑，甲骨悉僞品，見本書理惑論。而所涉日廣，所見漸殊，晚年與金祖同書乃云："鐘鼎可信爲古器者，什有六七。甲骨之爲物，真僞尚不可知。"視前説復大異其趣矣。若斯之儔，具見先生所務，獨在實事求是。今箋其書，自秉斯旨，或有陳獻，竊比壤流，于所未詳，蓋闕如也。

一、叢書初鍥，原具句讀，或謂弗雅，乃盡去之。斯後生之所苦，每敝精于點勘。職是之由，敢爲妄補。符號則"問"、"歎"酌采，"省略"悉捐，庶幾視之清明、誦之調達云爾。

兩年劬苦，轉益康彊，投筆而興，百體從令。念我生之寡樂，惟兹業其足歆。儻辱方聞君子，匡其戾而拾其遺，俾無大悖先生立言之奧，故當振董再拜以謝之矣。

公元一九八四年秋九月，成都郭誠永序。

國故論衡疏證上之一

成都郭誠永學

小學略説

公元一九〇六年（清光緒三十二年），民報在日本東京成立國學講習會，請章氏臨席宣講，有論語言文字之學一題。首云："今日諸君欲知國學，則不得不先知語言文字。此語言文字之學，古稱小學。蓋古者八歲入小學，教之識字。其書與今千字文相類。周有史籀篇，秦有倉頡篇，漢有凡將篇、滂喜篇、急就篇。大抵非以四字爲句，即以七字爲句，取其便于誦習，故以小學爲名（誠按：説文叙云："周禮，八歲入小學。"段注："大戴禮保傅篇曰：'古者年八歲而出就外舍，學小藝焉，履小節焉。'盧景宣注曰：'外舍，小學，謂虎門師保之學也。'按食貨志曰：'八歲入小學，學六甲、五方書計之事。'白虎通曰〔誠按：見辟雍篇〕：'八歲毀齒，始有識知，入學學書計。'許亦曰'周禮八歲入小學'，皆是汎言教法，非專指王太子。周禮無'八歲入小學'之文，因保氏併系之周禮。"段又云：内則言"十年學書計"者，"所傳不同也"）。雖然，自許叔重創作説文解字，專以字形爲主，而音韵屬焉。前乎此者則有爾雅、小爾雅、方言，後乎此者則有釋名、廣雅，皆以訓詁爲主，而與字形無涉。釋名專以聲音爲訓，其他則否。又自李登作聲類，韋昭、孫炎作反

切，至陸法言，乃有切韵之作，凡分二百六韵（誠按：據宋跋本
王仁昫刊謬補闕切韵及其小注，知陸氏分韵，原爲一百九十又
三。章氏未見此書，故云然）。今之廣韵，即就切韵增潤者。
此皆以音爲主，而訓詁屬焉。其於字形，略不一道。合此三
種，乃成語言文字之學。此非兒童占畢所能盡者，然猶名爲小
學，則以襲用古稱，便于指示，其實當名語言文字之學，方爲確
切。"其言云云，前賢所未嘗道，而本書上卷，亦猶沿襲舊稱焉
（章氏此説，日本秀光社先印之，又連載于上海出版之國粹學
報丙午年第十二號及第十三號）。

地官保氏：教國子以六藝、曰禮、樂、射、御、書、數。
周禮地官保氏："掌諫王惡而養國子以道，乃教之六藝，一曰五禮，
二曰六樂，三曰五射，四曰五馭，五曰六書，六曰九數。"漢書禮樂志
上："國子者，卿大夫之子弟也。"**七略列書名之守于小學。**漢
書劉歆傳："復領校五經，卒父前業。歆乃集六藝羣書，種別爲七
略，語在藝文志。"藝文志曰："至成帝時，以書頗散亡，使謁者陳農
求遺書於天下。詔光禄大夫劉向校經傳諸子詩賦，步兵校尉任宏
校兵書，太史令尹咸校數術，侍醫李柱國校方技。每一書已，向輒
條其篇目，撮其指意，録而奏之。會向卒，哀帝復使向子侍中、奉車
都尉歆卒父業，歆於是總羣書而奏其七略。故有輯略，有六藝略，
有諸子略，有詩賦略，有兵書略，有術數略，有方技略。"誠按：七略
雖佚，而班固撰藝文志，於圖書分類，仍依劉氏之舊，故據漢志猶可
見其梗概也。清馬國翰、姚振宗等皆有七略輯本，章氏亦有七略別
録佚文徵一卷（已編入章太炎全集第一卷），又有徵七略一文（見檢
論卷二）。章氏云："以其父子同業，不可割異，故仍題七略別録。"
書名者，許慎説文序云："著於竹帛謂之書。書者如也。"段玉裁注：

"謂如其事物之狀也。"誠按:周禮外史:"掌達書名于四方。"鄭玄注:"古曰名,今曰字。"儀禮聘禮記:"百名以上書於册,不及百名書于方。"鄭注:"名,書文也,今謂之字。"守者,説文:"守,守官也,從宀,從寸,從宀,寺府之事也,從寸,法度也(依段氏訂)。"孟子公孫丑下:"有官守者,不得其職則去。"按:漢書藝文志六藝略序六藝爲九種,其九曰小學,著録史籀篇以下至杜林蒼頡故,凡十家、四十五篇。此亦當本七略。所謂列書名之守于小學也。**律曆志曰:"數者,一十百千萬也。其法在算術,宜于天下,小學是則。**漢書律曆志:"自伏戲畫八卦,由數起,至黃帝、堯、舜而大備。數者,一十百千萬也。紀於一,協於十,長於百,大於千,衍於萬。其法在算術、宜於天下,小學是則。"王先謙補注引葉德輝曰:"人幼而習之,通算法也。"**此則書數並稱,而禮樂射御闕焉。**七略僅言書,律曆志僅舉數,皆不道禮樂射御之事。**蓋六藝者,習之不一時,行之不一歲。**此謂學習與實行六藝,不在同時或同年。**射御非兒童所任。**任謂勝任。**六樂之舞:**周禮春官大司樂:"以樂舞教國子,舞雲門大卷、大咸、大磬、大夏、大濩、大武。"鄭注:"此周所存六代之樂。"又地官保氏:"教之六藝,三曰六樂。"鄭據大司樂文釋之,無"大卷"二字。"磬"作"韶"。**十三始舞勺,**禮記内則篇:"十有三年,學樂、誦詩、舞勺。"**成童舞象,**禮記内則篇:"成童舞象,學射御。"鄭注:"先學勺,後學象,文武之次也。成童,十五以上。"孔疏:"舞象,謂舞武也。熊氏云:'謂用干戈之小舞也。以其年尚幼,故習文武之小舞也。'"**二十而舞大夏。**禮記内則篇:"二十而冠,始學禮,可以衣裘帛,舞大夏。"鄭注:"大夏,樂之文武備者也。"**禮亦準是。**此謂學禮亦如學樂,有先後之次也。

獨書數不出刀筆口耳，原注：按古多用籌算，筆算乃始梵僧，事見開元占經。而後漢徐岳數術記遺已云"了知算首唯秉五，腹背兩兼"，甄鸞注曰："了算之法，一位爲一了字。其了有三曲，其下股之末，內主一，外主九，下次第一曲，內主二，外主八，當第二曲，內主三，外主七，其第三曲，內主四，外主六，當了字之首則主五。"此亦筆算之術。岳時雖已見梵書，而以一了字兼晐九數，與彼土九字各有符號者不同，則僞中土舊筆算術也。上推史趙，以亥有二首六身計日，是亦已用筆算矣。要之，書數皆刀筆之事，書兼聲韵，亦在口耳。○刀筆，見史記酷吏傳。傳云："臨江王欲得刀筆，爲書謝上，而〔郅〕都禁吏不予。"籌者，説文"壺矢也"。儀禮鄉射禮"箭籌八十"，鄭注："籌，算也。"漢書五行志下之上："籌，所以紀數。"開元占經，唐瞿曇悉達撰，凡一百二十卷。其卷一百〇四，九執曆法，梵天所造。所載算字法用一、二、三、四、五、六、七、八、九凡九字乘除。"其字皆一舉札而成，凡數至十，進入前位，每空位處，恒安一點，有間咸記，無由輒錯，運算便眼邇須先及歷度。"數術記遺，託名徐岳，津逮祕書有其書，戴震嘗校之。史趙説見左氏襄三十年傳。傳云："史趙曰：'亥有二首六身，下二如身，是其日數也。'"誠按：後人説此句者，或據小篆形體，或就金文結構，加以解析，皆未必確。史趙殆就晉國當時寫法言之耳。獨書數句，謂識字與計數二者，所用工具，不外刀與筆爾，而書兼字音，又資口耳也。**長幼宜之。**此謂學習書數非同學習禮樂之以年齡爲條件也。**説文叙曰："保氏教國子，先以六書。"明節次最初也。**節謂時節，次謂次第。左氏僖十二年傳："若節春秋，來承王命。"杜注："節，時也。"**其與九數容得並習，**周禮地官保氏"教之六藝，六曰九數"，注引鄭司農云："九數：方田、粟米、差分、少廣、商功、均輸、方程、贏不足、旁要。"賈公彦疏:"九數者,方田已下,皆依九章算術而言。今按,九章算術中,差分作衰分,無旁要而有句股。"孫詒讓周禮正義云:"差分即衰分,旁要即句股,古今異名耳。"**故劉歆言小學,獨舉書數。**章氏七略別録佚文徵序:"自班氏爲十志,多本子駿,其法式具在。"又云:"班氏爲藝文志,删要備篇。"誠按:七略列書名之守於小學,律曆志以數爲小學所則,並見上文。後漢書律曆志云:"元始中,博徵通知鍾律者,考其意義,羲和劉歆典領條奏,前史班固取以爲志。"**若夫理財正辭,**周易繫辭下傳:"理財正辭,禁民爲非曰義。"左氏桓六年傳:"祝史正辭,信也。"蔡邕郭有道碑亦有"直道正辭"之語。左傳杜注:"正辭,不虚稱君美。"**百官以治,萬民以察,**繫辭下傳又云:"上古結繩而治,後世聖人易之以書契,百官以治,萬民以察,蓋取諸夬。"**莫大乎文字。**易繫辭上傳:"縣象著明,莫大乎日月。"**自李斯、蕭何以降,小學專任八體久矣。**説文叙云:"至孔子書六經,左丘明述春秋傳,皆以古文,厥意可得而説。其後諸侯力政,不統於王,惡禮樂之害己,而皆去其典籍,分爲七國,田疇異畝,車涂異軌,律令異灋,衣冠異制,言語異聲,文字異形。秦始皇帝初兼天下,丞相李斯乃奏同之,罷其不與秦文合者。斯作倉頡篇,中車府令趙高作爰歷篇,大史令胡毋敬作博學篇,皆取史籀大篆或頗省改,所謂小篆者也。"徐鍇説文通釋引蕭子良曰:"署書、漢高六年,蕭何所定,以題蒼龍白虎二闕。"羊欣云:"蕭何覃思累月,然後題之。"八體者,説文叙云:"自爾秦書有八體:一曰大篆,二曰小篆,三曰刻符,四曰蟲書,五曰摹印,六曰署書,七曰殳書,八曰隸書。"**世本言蒼頡作書,**漢書藝文志有世本十五篇。史記集解序索隱引劉向曰:"世本,古史官明於古事者所

記,録黃帝以來帝王諸侯及卿大夫系諡名號。"誠按:原書久佚,清
孫馮翼、雷學淇、張澍、秦嘉謨各有輯本。此引見尚書僞孔序疏及
廣韻。**司馬遷、班固、韋誕、宋忠、傅玄皆云蒼頡爲黃帝史
官**,原注:説文叙亦同此説。○説文叙:"黃帝之史倉頡,見鳥獸蹄
迒之迹,知分理之可相別異也,初造書契。"**崔瑗、曹植、蔡邕、索
靖以爲古之王者。張揖言蒼頡爲帝王、生於禪通之紀。
揖所説蓋本愼到曰"蒼頡在庖犧前"**,原注:皆見書正義引。
其時代無以明焉。自"世本言"至"愼到曰"皆孔穎達尚書僞孔
序正義所引。禪通者,廣雅釋天:"天地辟設,人皇以來至魯哀公十
有四年,積二百七十六萬歲,分爲十紀,曰九頭、五龍、攝提、合雒、
連通、序命、循蜚、因提、禪通、疏訖。"司馬貞補三皇紀引春秋緯説
同。誠按:世傳愼子乃漢以後僞託。**説文叙曰:"蒼頡之初作
書,蓋依類象形,故謂之文**,類謂物類,即各類客觀事物。説
文:"文,道(交錯)畫(猶今言線條)也。"段注:"这道(交錯)其畫而
物象在是。"又云:"依類象形,謂指事、象形二者也。"**其後形聲相
益,即謂之字。**段注:"形聲相益、謂形聲、會意二者也。有形則
必有聲,聲與形相耜(輔)爲形聲。形與形相耜爲會意。"**文者物
象之本**,此六字大小徐均無之。段氏據左氏宣十五年傳正義補。
物象之本,謂物有本然之象,文如之也。**字者言孶乳而寖多
也。"**段注:"孶者,汲汲生也;人及鳥生子曰乳。寖,猶漸也。字
者,乳也。"今按字皆合體,合二者其常也,從而益之,至合七而止,
則其變也。説文所録九千餘字中,象形、指事二書,僅三百餘字,會
意則一千二百餘字,其餘皆形聲矣。**鄭康成注禮曰:"古曰名,
今曰字。"**周禮外史、儀禮聘禮記鄭注皆云然,已見上。論語子路

篇注亦同。**尋討舊籍，書契稱字，慮非始於李斯。**此蓋駁<u>段玉裁</u>之説。<u>段</u>氏<u>説文</u>叙注云："六經未有言字者，<u>秦</u>刻石'同書文字'，此言字之始也。"書契者，尚書僞<u>孔</u>序云："古者<u>伏羲</u>氏之王天下也，始畫八卦、造書契，以代結繩之政，由是文籍生焉。"<u>陸德明釋文</u>："書者、文字；契者，刻木而書其側。"慮者，<u>漢書賈誼</u>傳"慮亡不帝制而天子自爲者"，<u>顏注</u>："慮，大計也。"誠按：單言曰慮，複言則曰亡（無）慮（<u>漢書趙充國</u>傳），皆總計之詞也。<u>周語</u>注："尋，討也。"<u>説文</u>："討，治也。"**何者，人生幼而有名，冠爲之字。**<u>禮記曲禮上</u>："人生十年曰幼，學；二十曰弱，冠。"又云："男子二十冠而字，女子許嫁筓而字。"<u>檀弓上</u>："幼名冠字。"**名字者，一言之殊號。名不可二，摯乳宴多謂之字，足明周世有其稱矣。**觀上引<u>曲禮</u>、<u>檀弓</u>之文可見。

　　六書之次：六書之分名，始見<u>東漢</u>，説之者有<u>班固</u>、<u>鄭衆</u>、<u>許慎</u>三家，但稱號及次第各不相同。<u>班</u>氏所定者爲象形、象事、象意、象聲、轉注、假借（見<u>漢書藝文志</u>）。<u>鄭衆</u>所定者爲象形、會意、轉注、處事、假借、諧聲（見<u>周禮地官保氏</u>注）。<u>許慎</u>所定，如下文所引，爲指事、象形、形聲、會意、轉注、假借（見<u>説文</u>叙）。按文字發展順序言之，則<u>班</u>説爲是；以名實相符衡之，則<u>許</u>説爲優。迄於近世，更有新六書説，發自<u>錢玄同</u>、<u>黎錦熙</u>二氏。<u>黎</u>氏<u>中國文字之太極圖辯證式的歷史進展</u>云："舊時所謂六書，今當定一新説，一曰指事，二曰象形，此爲單體的圖象文字。三曰會意，此爲合體的圖象文字。皆離音而製形，故這三書可統於象形。四曰假借，此爲純音標文字。五曰轉注，六曰形聲，此爲半音標文字，皆準音以定形，故這三書可統於假借。假借者，假借字形以表語音也。析之則六，統之則二，曰象形，曰假借而已。"誠按：舊六書説所以説明文字之分類及其界義;新六書説則以説明文字製造之先後次第,二者各有側重,未宜以此廢彼。惟新舊兩説並當以象形居首耳。至唐蘭氏又倡爲三書之論,謂文字但有形符、意符與音符,即象形、象意、象聲三者而已(見古文字學導論)。治古文字者多譏之。**説文叙曰:"一曰指事。指事者,視而可識,察而見意,上下是也。**王筠説文釋例:"視而可識,指字形言;察而見意,指字義言。"**二曰象形。象形者,畫成其物,隨體詰詘,日月是也。**段注:"詰詘,猶今言屈曲。"誠按:體者,客觀事物之形體也。**三曰形聲。形聲者,以事爲名,取譬相成,江河是也。**段注:"以事爲名,謂半義也;取譬相成,謂半聲也。江、河二字以水爲名,譬其聲如工、可,因取工、可之聲而成其名。"其別於指事、象形者,指事、象形獨體,形聲合體。**四曰會意。會意者,比類合誼,以見指撝,武信是也。**段注:"誼者,人所宜也。先鄭周禮注曰:'今人用義,古書用誼。'誼者本字,義者假借字。指撝,與指摩同,謂所指向也。比合人言之誼,可以見必是信字;比合戈止之誼,可以見必是武字。是會意也。"誠按:據甲骨文:武字从戈从止,乃征伐用武之意。止戈爲武者,後起義也。**五曰轉注。轉注者,建類一首,同意相受,考老是也。**許氏釋轉注,語不清明,後世論者,異説紛紛,綜而言之,約有六派:或主形轉,如唐之裴務齊(見切韵序);或主音轉,如宋之張有(見復古編);或主義轉,如清之戴震(見答江慎修論小學書)及段玉裁(見説文注);或兼重形義,如明之趙宧光(見説文長箋);或兼重音義,如章氏之轉注假借説;或形音義並重,如清之曹仁虎(見轉注古義考)。凡此異説,曹氏爲長。惟轉注之字,不必局於同部,其形義相近或相通之部,亦有轉注之例。而曹氏以爲既曰建類一首,則必其字部之相同,斯與<u>江聲</u>(見<u>六書說</u>)同其蔽矣。**六曰假借。假借者,本無其字,依聲託事,令長是也。"**<u>孫</u><u>詒讓</u>與王子壯論假借書:"天下之事無窮,造字之初,苟無假借一例,則逐事而爲之字,而字有不可勝造之數,此必窮之數也,故依聲而託以事焉。視之不必是其字,而言之則其聲也。聞之足以相喻,用之可以不盡。是假借可救造字之窮而通其變。"**世稱異域之文諧聲,中國之文象形,**<u>後漢書班超傳</u>:"嘗輟業執筆歎曰:'大丈夫無它志略,猶當效傅<u>介子</u>、<u>張騫</u>,立功異域。'"**此徒明其大校,**大校,猶言大率、大計。<u>荀子王霸篇</u>"故憂患不可勝校也",<u>楊</u><u>注</u>:"校,計也。"**非復刻定之論。**<u>荀子王制篇</u>"夫是之謂定論",<u>楊</u><u>注</u>:"定論,不易之論。"<u>廣雅釋詁</u>:"刻,畫也。"**徵尋外紀,**<u>史記貨殖傳索隱</u>:"徵者,求也。"宋<u>劉恕</u>撰通鑑外紀,此用其名而轉指外國歷史。**專任象形者,有西南天教之國。**天教,當即祆教,舊稱波斯教,流行於古代波斯,<u>中亞</u>等地區。**會意一例,域外所無。**<u>史記鄒陽傳</u>:"馳域外之議。"<u>章氏</u>所云,乃指外國。**至於計數之文,始一終九,自印度、羅旬、亞羅比耶,皆爲指事。**羅旬,當即<u>拉丁</u>。<u>亞羅比耶</u>,即阿拉伯。**轉注、假借爲文字繁省之例,語言變異之端,**<u>章氏</u>以爲轉注所以恣文字之孳乳,故曰繁。又謂假借所以節文字之孳乳,故曰省。詳後<u>轉注假借說</u>。**雖域外不得闕也。**原注:假借非謂同音通用,見<u>轉注假借說</u>。**六書所以首指事者,固由夷夏所同,引以居首。**<u>章氏</u>篤信<u>許書</u>,以指事爲六書之首,且謂中外所同,一家之言云爾,此不具論。夷夏,謂外族與中國。<u>孟子滕文公上篇</u>"吾聞用夏變夷者,未聞變於夷者也"。**若其常行之字,中土不可一用并音,亦誠有以。**後漢書西域傳論：“其國則殷乎中土。”并音，今作拼音。一者，晉語“勠力一心”，韋注：“一，同也。”呂氏春秋情欲篇“欲之若一”，高注：“一，等也。”有以，猶言有故。詩邶風旄丘篇：“何其久也，必有以也。”又老子二十章：“衆人皆有以。”**蓋自軒轅以來，**史記五帝本紀始於黃帝。紀云：“黃帝者、少典之子、姓公孫、名曰軒轅。”集解引皇甫謐云：“黃帝生於壽丘，長於姬水，因以爲姓，居軒轅之丘，因以爲名，又以爲號。”誠按：古代學者公認黃帝爲華族之始祖。**經略萬里，**左氏昭七年傳“天子經略”，杜注：“經營天下，略有四海。”小爾雅廣詁：“略，界也。”**其音不得不有楚夏，**楚喻方音，夏指通語。荀子儒效篇：“君子居楚而楚，居越而越，居夏而夏，是非天性也，積靡使然也。”**并音之用，祇局一方，**説文：“局，促也。”**若令地望相越，**地望，猶言地界。呂氏春秋下賢篇“神覆宇宙而無望”，高注：“無望，無界畔也。”司馬相如喻巴蜀檄：“人之度量相越，豈不遠哉。”左氏襄十四年傳“聞君不撫社稷而越在他竟（境）”，杜注：“越，遠也。”**音讀雖明，語則難曉。**方言：“曉，明也。楚謂之黨，或曰曉。”**今以六書爲貫，字各歸部，**貫謂條貫。**雖北極漁陽，**秦置漁陽郡，治所在今北京市密雲縣西南。極者，詩大雅崧高篇“駿極於天”，毛傳：“極，至也。”**南暨儋耳，**漢元鼎六年，置儋耳郡，今海南省儋縣。暨者，小爾雅廣言：“暨，及也。”**吐言難諭，而按字可知，此其所以便也。**説文：“吐，寫也。”廣雅釋言：“諭，曉也。”**海西諸國，**海西本指大秦（羅馬帝國），見史記大宛列傳安息注引魏略，此則泛指西洋各國。**土本陋小，**漢書景帝紀“郡國或磽陋”，顏注：“陋，謂褊隘也。”**尋響相投，**楚辭大招“投詩賦只”，王注：“投，合也。”後漢書楊震傳注引春秋演孔圖宋注：“投，應也。”**媮用幷音**，漢書路温舒傳“媮爲一切”，顔注：“媮，苟且也。”**宜無罣礙。**説文：“罣，礙不行也。”**至於印度，地大物博，**印度面積約二百九十七萬餘平方公里。礦藏有煤、鐵、錳、雲母、鉻、金、鋁土、菱鎂、重晶石、鈦等；農作物有稻米、小麥、棉花、黄麻、甘蔗、花生、茶葉之屬。**略與諸夏等夷，**論語八佾篇：“夷狄之有君，不如諸夏之亡也。”集解引包注：“諸夏，中國。亡，無也。”等夷，謂彼此地位相等。史記留侯世家“今諸將皆陛下故等夷”，集解引徐廣曰：“夷，猶儕也。”如淳曰：“等夷，言等輩。”**言語分爲七十餘種，**印度語言複雜，其共同交際語爲印地語。其他屬於印歐語系者，有興都斯坦語，馬拉地語，孟加拉語，奧里亞語，阿薩姆語等；屬於達羅毗荼語系者，有泰盧固語，泰米爾語，坎納達語等。至梵語則早消亡，今僅婆羅門教徒仍用作宗教語言耳。**出疆數武，**孟子滕文公下篇：“出疆必載質。”國語周語下“夫目之察度也，不過步武尺寸之間”，韋注：“六尺爲步。賈君以半步爲武。”**則筆札不通。**筆札猶言文書。漢書游俠樓護傳：“與谷永俱爲五侯上客。長安號曰‘谷子雲筆札，樓君卿脣舌。’”**梵文廢閣，**梵文，印度之古文字。閣者，説文：“閣，所以止扉也。”引申之，凡止而不行皆曰閣。此義後作“擱”。**未逾千祀，**爾雅釋天：“載，歲也。夏曰歲，商曰祀，周曰年，唐虞曰載。”**隨俗學人，多莫能曉，**史記李斯列傳諫逐客書：“阿縞之衣，錦繡之飾，不進於前，而隨俗雅化，佳冶窈窕趙女不立於側也。”索隱：“謂閑雅變化而能通俗也。”**所以古史荒昧，**説文：“荒，蕪也。”禮記曲禮上孔疏：“荒，廢穢也。”淮南子原道訓“神非其所宜而行之則昧”，高注：“昧，不明也。”**都邑殊風，**吕氏春秋貴因篇：“舜一徙成邑，再徙成都，三徙成國。"司馬遷報任安書:"傳之其人,通邑大都。"**此則并音宜於小國,非大邦便俗之器明矣。**章氏在此,止云拼音非大邦便俗之器,固非絕對之論。太炎文録初編別録卷二論漢字統一會云:"彼欲用羅甸字母以切音者,辨聲有法,猶有規則可求,不至散無友紀。"其意甚明,當通觀之。**漢字自古籀以下,**古即古文,籀即籀文。説文所録古文,當從王國維説,乃指六國文字。觀堂集林七説文所謂古文説云:"許叔重説文解字叙言古文者凡十,皆指漢時所存先秦文字言之(中畧)。漢代鼎彝,所出無多,説文古文又自成一系,與殷周古文,截然有別。其全書中正字及重文中之古文,當無出壁中書及春秋左氏傳以外者。即有數字不見於今經文,亦當在逸經中。或因古今經字有異同之故。"籀文,傳爲周宣王時太史籀所作,實乃春秋戰國間通行於秦之文字。羅振玉殷商貞卜文字考謂:"史籀一篇亦猶蒼頡、爰歷、凡將、急就等篇,取當世用字,編纂章句,以便誦習耳。"**改易殊體,**説文叙"以迄五帝三王之世,改易殊體",段注:"其間文字之體,更改非一,不可枚舉。"**六籍雖遙,文猶可讀。**文選班固東都賦"蓋六籍所不能談,前聖靡得言焉",李善注:"六籍,六經也。"

　　古字或以音通借,隨世相沿,王引之經義述聞通説:"許氏説文論六書假借曰:'本無其字,依聲託事,令長是也。'蓋無本字而後假借他字,此謂造作文字之始也。至於經典古字,聲近而通,則有不限於無字之假借者。往往本字見存,而古本則不用本字而用同聲之字。學者改本字讀之,則怡然理順;依借字解之,則以文害辭。是以漢世經師作注,有讀爲之例,有當作之條,皆由聲同聲近者,以意逆之而得其本字。所謂好學深思,心知其意也。"**今之聲韵,漸多譌變,**方言三:"譌,化也。"郭注:"譌、化,聲之轉也。"

由是董理小學,説文序云:"庶有達者,理而董之。"<u>段注</u>:"理,猶治也;董,督也,正也。"**以韵學爲候人。**國語周語中:"敵國(位敵也)賓至,關尹以告,行理(小行人)以節逆之(執瑞節爲信而迎之),候人爲導。"<u>韋注</u>:"導賓至於朝,出送之於境也。"**譬猶旌旆辨色,**説文:"旌,游車載旌,析羽注旄首,所以精進士卒。"朱駿聲曰:"虞制但以氂牛尾注竿首,周復析五采羽注其上。"旆者,説文云:"旗曲柄也,所以旆表士衆。"又爾雅<u>釋天</u>:"因章曰旆。"<u>郭注</u>:"以帛練爲旒,因其文章,不復畫之。周禮云:'通帛爲旆。'"**鉦鐃習聲,**説文:"鉦,鐃也,似鈴、柄中,上下通。""鐃,小鉦也。"<u>段注</u>:"鉦鐃一物,而鐃較小,渾言不別,析言則有辨也。"**耳目之治,未有不相資者焉。**此言文字之學,既須以目辨其形體,又當用耳審其聲韵,二者相因爲用,乃能有成。**言形體者始説文,**<u>東漢許慎</u>撰説文解字十四篇,自序云:"此十四篇,五百四十部也,九千三百五十三文,重一千一百六十三(今本多於此數),解説凡十三萬三千四百四十一字(今本少於此數)。其建首也,立一爲耑。方以類聚,物以羣分。同條牽屬,共理相貫。雜而不越,據形系聯。引而申之,以究萬原。畢終於亥,知化窮冥。"誠按:<u>許</u>書所列,小篆爲主,今之治古文字(甲骨金文)者,莫不據爲梯航焉。**言故訓者始爾雅,**爾雅作者,舊説皆不可信,大抵<u>漢</u>初學者綴輯舊文,遞相增益而成。全書分十九篇:始於<u>釋詁</u>,終於<u>釋畜</u>。<u>郭璞</u>爾雅注序云:"夫爾雅者,所以通訓詁之指歸,叙詩人之興詠,揔絶代之離詞,辯同實而殊號者也。誠九流之津涉,六藝之鈐鍵,學覽者之潭奧,摛翰者之華苑也。若乃可以博物不惑,多識於鳥獸草木之名者,莫近於爾雅。"誠按:郭氏數語,足盡爾雅之用矣。**言音韵者始聲類,**<u>三國</u>

魏李登撰聲類，隋志著録十卷，其書久佚。唐封演聞見記卷二云：
“魏時有李登者，撰聲類十卷，凡一萬一千五百二十字，以五聲命
字，不立諸部。”此其體製之可考見者。**三者偏廢，則小學失
官。**左氏昭十七年傳：“吾聞之，天子失官，學在四夷，猶信。”杜
注：“失官，官不脩其職也。”**自聲類而下者，卷軸散亡，今所難
理。**李登以後，晉吕静有韵集，六朝李概有韵譜，陽休之有韵略，
夏侯詠有四聲韵略，杜臺卿有韵略，以及其他，近二十種，並已散
亡。至隋而有陸法言之切韵，唐代則孫愐撰唐韵，李舟撰切韵，亦
久失傳。陸、孫兩家之作，猶有殘卷。李書則但能從徐鉉改定説文
解字篆韵譜中窺見一二而已。卷軸者，古代以軸卷舒之帛書或紙
書。南齊書陸澄傳：“然見卷軸，未必多僕。”**後出之書，獨有廣
韵，**廣韵爲北宋陳彭年等奉詔重修，就陸氏切韵加字加注，並略增
訂其部目，故以“廣”爲名。全書收字凡二萬六千一百九十又四。
潘耒重刊古本廣韵序云：“古音之條理猶可考見者，獨賴此書之
存。”其信然也。**則其粲然者矣。**荀子非相篇“欲觀聖王之迹，
則於其粲然者矣”，楊注：“粲然，明白之貌。”**廣韵者，今韵之宗，**
前代學人習稱隋唐宋之音爲今音，章氏亦然。廣韵爲研求漢語中
古音之首要依據，故云。**其以推迹古音，猶從部次。**推迹猶言
考求。按清代學者考訂古音，自顧炎武以下，莫不據廣韵爲古韵分
部之樞紐。江永古韵標準例言云：“古韵既無書，不得不借今韵離
合以求古音。今韵有隋唐相傳二百六部之韵，有宋末劉淵合併一
百七部之韵。夫音韵精微，所差在豪釐間，即此二百六部者。吾尚
欲條分縷析，以別音呼等第，以尋支派脈絡，況又以併韵混而一之，
宜乎不得要領，而迷眩於真、文、元、寒、删、先之通轉，質、物、月、

曷、黠、屑之通轉也。顧氏書悉用唐韵,最爲有見,今本之。"**上考經典釋文及一切經音義,**經典釋文三十卷,唐陸德明撰。所釋者自易、書、詩等十二經外,兼及老莊二子。全書以注音爲主,並有釋義與校勘。一切經音義有二種:玄應撰者,二十五卷;慧琳撰者,凡一百卷。並爲解釋佛經音義而作。**舊音絕響,多在其中。**經典釋文條例云:"徐仙民反易爲神石,郭景純反餤爲羽鹽,劉昌宗用承音乘,許叔重讀皿爲猛,若斯之儔,今亦存之音内,既不敢遺舊,且欲俟之來哲。"此陸氏保存舊音之例也。而玄應、慧琳兩家所引古佚書、古韵書、古字書之屬,其中音讀,多已失傳,此所謂絕響也。**顧炎武爲唐韵正,始分十部。**顧氏著音學五書,唐韵正其一也。其古音表變更唐韵之舊次,分古韵爲十部。但各部無建首字,僅以序數標目,曰:東、冬、鍾、江第一,支、脂、之、微、齊、佳、皆、灰、咍第二,魚、虞、模、侯第三,真、諄、臻、文、殷、元、魂、痕、寒、桓、删、山、先、仙第四,蕭、宵、肴、豪、幽第五,歌、戈、麻第六,陽、唐第七,耕、清、青第八,蒸、登第九,侵、覃、談、鹽、添、咸、銜、嚴、凡第十。**江永古韵標準分十三部。**江氏古韵分部,亦無建首字,仍以序數標目。古韵標準例言云:"顧氏分十部,今何以平上去皆十三部也?第四部爲真、文、魂一類,第五部爲元、寒、仙一類,顧氏合爲一也。第六部爲蕭、肴、豪分出一支,不與尤、侯通,第十一部爲尤、侯一類,當分蕭、肴、豪之一支,不與第六部通,而顧氏亦合而爲一也。第十二、十三、自侵至凡九韵,當分兩部,而顧氏又合爲一也。"**段玉裁六書音均表分十七部。**段氏以爲江氏所分,較諸顧氏益密,而仍於三百篇有未合者。又改定二百六部爲十七部。各部仍無建首字。段從江氏第二部分出脂、之兩部,使支、脂、之截然分立。從江氏第四部分出諄、文、欣、魂、痕,使真、文各自爲部。從江氏第十一部分出侯部,使侯、幽不相雜厠。凡多於江氏者四部,故爲十七。**孔廣森詩聲類分十八部。**孔氏十八部中,陽韵九部曰原、丁、辰、陽、東、冬、緩、蒸、談。陰韵九部曰歌、支、脂、魚、侯、幽、宵、之、合。陰陽兩兩相配,形成齊整之局。其異於段氏者,分段之第九部爲東、冬兩部,從段氏第八部中分出合部,而又合段之十二(真)、十三(文)兩部爲一部,(辰類)故爲十八。**王念孫分二十一部。**王氏分部,見與李方伯書(經義述聞卷三十一)。除緝、盍兩部獨立,再從段氏之十五部分出祭、至兩部,故爲二十一。王氏晚年,又主東冬分立,則當爲二十二部。**大氐前修未密,後出轉精,**漢書食貨志"天下大氐無慮皆鑄金錢矣",顏注:"氏,讀曰抵。抵,歸也。大歸,猶言大凡也。"又司馬遷傳報任安書云:"詩三百篇,大氐聖賢發憤之所爲作也。""氏",史記太史公自序作"抵"。前修者,離騷"謇吾法夫前脩兮,非世俗之所服",王注:"前修,謂前代修習道德之人。"**發明對轉,孔氏爲勝。**孔氏詩聲類序:"竊嘗基於唐韵,階於漢魏,躋稽於二雅三頌十五國之風而繹之,而審之,而條分之,而類聚之,久而得之,有本韵,有通韵,有轉韵。通韵聚爲十二,取其收聲之大同。本韵分爲十八,乃又剖析於斂、侈、清、濁,豪釐纖眇之際。爲陽聲者九,陰聲者九。此九部者,各以陰陽相配而可以對轉。"嚴式誨重刻詩聲類序:"陰陽對轉之律,剖析益精,條理益密。自昔學者,每遇陰陽交紐,輒目爲叶韵,宏通如段氏,亦僅斥言異部合韵,而未區其畛域。自是書出,鄉所視爲干越夷貉扞格不相入者,今則疆派流輪,同爲族類,雖審音之神瞽,何以尚兹。段式稱其精心神解,諒非過情之譽已。"**若其悛次五音,**悛次,猶言序列。左氏哀三年傳:"蒙葺公屋,自大廟始,外內以悛。"杜注:"悛,次也。先尊後卑,以次救之。"五音者,玉篇前有<u>五音聲</u>論,<u>廣韵</u>末有<u>辨字五音法</u>,以五音類別聲母,此爲最早。
五音,謂脣、舌、齒、牙、喉也。**本之反語,**反語之興,頗多異説,詳
後<u>音理論</u>篇疏證。**孫炎、韋昭,財有魄兆。**孫炎,<u>三國魏</u>人,著
<u>爾雅音義</u>,以反切注音,例見<u>音理論</u>疏證。<u>韋昭,三國吳</u>人,注音亦
用反切,如<u>尚書牧誓</u>篇<u>釋文</u>引<u>韋</u>氏辯<u>釋名</u>云:"車,古皆尺遮反,從
漢始有音居。"即其例。財,借爲纔。<u>漢書李陵傳</u>"初,上遣貳師大
軍出,財令<u>陵</u>爲助兵",<u>顏注</u>:"財與纔同,謂淺也,僅也,史傳通用
字。"魄兆者,<u>國語晉語</u>"公子<u>重耳</u>其入乎,其魄兆於民矣",<u>韋注</u>:
"魄,形也;兆,見也。"**舊云雙聲,**<u>南史謝莊傳</u>:"<u>王玄謨</u>問<u>謝莊</u>:何
謂雙聲叠韵,答曰:'<u>玄護</u>爲雙聲,<u>璇碻</u>爲叠韵'。"**唐韵云紐,**<u>孫愐</u>
<u>唐韵</u>序:"紐其脣、齒、喉、牙部,件而次之。"**晚世謂之字母。**<u>唐</u>
末沙門<u>守溫</u>、始立字母之名。**三十六母雖依擬梵書,**<u>守溫</u>據梵
藏體文,擬定三十字母,<u>宋</u>人復增益爲三十六母。誠按:三十六字
母當是<u>唐</u>末迄於<u>宋</u>初之實際聲母系統,觀<u>宋</u>人所補益之非、敷、奉、
微、娘、牀六母,正説明此際漢語聲母有所分化與發展也。**要以中
夏爲準。**中夏,猶言中國。<u>班固東都</u>賦:"目中夏而布德。"誠按:
漢語字母之興,雖受梵文字母之啓發,然其取捨之間,必令符我本
然,斯殆無可疑者。**顧氏稽古有餘,審音或滯。**稽古,猶言考
古。<u>尚書堯典</u>篇:"曰若稽古帝<u>堯</u>。"滯者,<u>説文</u>:"滯,凝也。"<u>周禮</u>
<u>廛人</u>"凡珍異之有滯者",<u>鄭注</u>:"滯,讀如沈滯之滯。"<u>江永古韵標</u>
<u>準</u>例言:"細考音學五書,亦多滲漏。蓋過信古人韵緩不煩改字之
説,於天田等字皆無音。古音表分十部,離合處尚有未精。其分配
入聲多未當。此亦考古之功多,審音之功淺,每與<u>東原</u>歎息之。"**江
氏復過信字母,奉若科律。**科律猶言法律。<u>太玄</u>從"從水之科

滿", 又玄攤"三儀同科", 注並云: "科, 法也。"江永音學辨微三辨
字母云: "自孫炎撰爾雅音義, 反切之學, 行於南北, 已寓三十六母
之理。傳字母者爲之比類詮次, 標出三十六字, 爲反切之總持。不
可增, 不可減, 不可移動。學者既識四聲, 即當精研字母, 不但爲切
字之本原, 凡五方之音, 孰正孰否, 皆能辨之。"**段、孔以降, 含隱
不言。** 含隱, 謂蓄而不露。吾友趙克剛氏近撰段玉裁對上古聲母
系統的研究一文, 知段氏於古聲紐自有一家之旨, 但未專門立説
耳。**獨錢大昕差次古今,** 漢書高后紀"今欲差次列侯功, 以定朝
位"; 顏注: "以功之高下爲先後之次。"**以舌上輕脣二音, 古所
無有,** 詳見錢氏十駕齋養新録卷五及潛研堂文集十五、苔問十二。
然後宮商有準, 宮商本五音之二, 此則概指五音。**八風從律。**
禮記樂記篇"八風從律而不姦", 鄭注: "應節至也。"左氏隱五年傳
"舞所以節八音而行八風", 杜注: "八風, 八方之風, 以八音之器播
八方之風。"按: 章氏借此以喻各地方言自爾乃有同律可遵也。**斯
則定韵莫察乎孔,** 孔氏既立合部, 又以歸於陰聲, 則不得謂之察
矣。**審紐莫辯乎錢,** 錢氏古無輕脣及舌上之説, 可爲定論。**雖
有損益, 百世可知也。** 論語爲政篇: "殷因於夏禮, 所損益, 可
知也; 周因於殷禮, 所損益, 可知也; 其或繼周者, 雖百世, 可知也。"
何晏集解: "其變有常, 故可預知。"

　　段氏爲説文注, 與桂馥、王筠並列, 桂馥, 著説文義證, 王
筠著説文句讀及釋例, 與段氏並稱説文學大家。**量其殊勝,** 吕氏
春秋貴己篇"有殊弗知慎者", 高注: "殊, 猶甚也。"**固非二家所
逮。** 段氏注説文, 先爲長編, 曰説文解字讀, 歷二十年, 然後隱括成
注。王念孫歎爲千七百年未有之作, 信非過譽。**何者, 凡治小**

學,非專辨章形體,辨章,猶言辨明。尚書堯典篇"平章百姓",鄭作"辯章",尚書大傳作"辨章",史記作"便章"。鄭注:"辯,別也;章,明也。"(見後漢書劉愷傳注及史記集解)**要於推尋故言,**說文:"詁,訓故言也。"段注:"故言者,舊言也。十口所識前言也。毛詩云故訓傳者,故訓猶故言也。"**得其經脈。**經脈,猶言脈絡,本醫家用語。靈樞本藏篇:"經脈者,所以行血氣而營陰陽,濡筋骨、利關節者也。"**不明音韵,不知一義所由生,此段氏所以爲桀。**段氏注説文前,已完成古韵分部之研究而寫成六書音均(韵)表。其於説文每字之下標明古音在某部,即據此書所分十七部言之。誠按:漢字有假借(包括通借)一科,往往一字多義,倘聲韵之不明,則不知其所從來矣。桀者,詩衛風伯兮篇"邦之桀兮"、毛傳:"桀,特立也。"**旁有王氏廣雅疏證,**王念孫撰廣雅疏證二十卷,竭十年之力而後成之,在清代訓詁學著作中,當推第一。其自序云:"訓詁之旨,本於聲音,故有聲同字異,聲近義同,雖或類聚羣分,實亦同條共貫。譬如振裘必提其領,舉網必挈其綱,故曰本立而道生,知天下之至嘖而不可亂也。此之不寤,則有字別爲音,音別爲義,或望文虛造而求古義,或墨守成訓而尟會通,易簡之理既失,而大道多岐矣。今則就古音以求古義,引伸觸類,不限形體,苟可以發明前訓,斯凌雜之譏亦所不辭。"其言如此,創獲所以良多也。**郝氏爾雅義疏,**郝懿行撰爾雅義疏二十卷,宋翔鳳序之云:"唐代但用郭景純之注,而漢學不傳。至宋邢氏作疏,但取唐人五經正義綴緝而成,遂滋闕漏。乾隆間,邵二雲學士作爾雅正義,翟晴江進士作爾雅補郭,然後郭注未詳未聞之説,皆可疏通證明,而猶未至於旁皇周浹、窮深極遠也。迨嘉慶間,棲霞郝户部蘭皋先生之爾雅義疏,最後成書。其時南北學者,知求於古字古言,於是通貫融會諧聲、轉注、假借，引端竟委，觸類旁通，豁然盡見。且薈萃古今，一字之異，一義之偏，罔不搜羅。分別是非，必及根原，鮮逞胸肊。蓋此書之大成，陵唐躒宋，追秦漢而明周孔者也。”其推崇可謂至矣。**咸與段書相次。**爾雅釋詁：“咸，皆也。”相次，猶言相比，相近。文選張衡東京賦“次和樹表”，薛注：“次，比也。”廣雅釋詁三：“次，近也。”**郝於聲變，猶多億必之言。**郝氏雖主訓詁必通聲音，而又疏於聲韵之學，嘗乞陳奐審訂其稿，具見不敢自信（見陸建瀛刻爾雅義疏陳奐跋）。今觀其書，凡所謂音同、音近、音轉者，大氏皆不可信。如以“寡婦”、“嫠婦”巧合“笱”、“罶”之切音，然古音“婦”與“負”同，在之部，而“笱”在侯部，“罶”在幽部，部類相隔，如何合聲（此黃侃所舉，見爾雅略說），即其一例。億必者，論語子罕篇“毋意毋必”，何晏集解以任意釋意，以專必釋必。又先進篇“億則屢中”，何以億度釋億。**段於雅訓，又不逮郝。**宋翔鳳稱郝氏“通貫融會諧聲、轉注、假借，引端竟委，觸類旁通”（見前引）。而段氏之釋形聲字，既將形聲截然分離（見說文叙注），又似以聲旁皆有意義（如說文薰字下注），於轉注則主其師戴震互訓之旨（見說文叙注），於假借則謂必同韵部（見六書音均表），且與引申同異不清（說文注中常見之）。凡此諸義，或失專斷，或病繳繞。以之為則，故訓焉得不凌亂耶？雅訓者，漢書叙傳下“函雅故，通古今”，注引張晏曰：“包含雅訓之故及古今之語。”**文理密察，王氏為優，**禮記中庸篇：“文理密察，足以有別也。”**然不推說文本字，是其瑕適。**章氏小學荅問云：“近代言小學者衆矣，經典相承，多用通叚。治雅訓者徒以聲誼比類相從，不悉明其本字。段君雖通叚以尋本字，猶未宣究。朱氏拘牽同部，晻於雙聲相轉，又不明旁轉對轉之條，牾有補苴，猶不免於傅斷。”觀此可知，段玉裁、朱駿聲之考本字,章氏意尚未足,則其於王念孫之鮮所致意,自當目爲瑕適矣。瑕適者,管子水地篇"夫玉瑕適皆見,精也",尹注:"瑕適,玉病也。"荀子法行篇:"夫王者瑕適並見,情也。"王念孫曰:"適,讀爲謫,經傳通以適爲謫,謫亦瑕也。老子曰'善言無瑕謫'是也。"**若乃規摹金石,**漢書高帝紀"雖日不暇給,規摹宏遠矣",顏注引鄧展曰:"若盡工規模物之摹。"韋昭曰:"正圓之器曰規。摹者,如畫工未施采事摹之矣。"**平秩符璽,**尚書堯典篇"平秩東作",史記"平秩"作"便程"。西京賦薛注:"程,謂課其技能也。"符璽者,符節印信之文字,秦書八體有刻符、摹印。**此自一家之業。**司馬遷報任安書:"通古今之變,成一家之言。"誠按:吉金之學,自宋人考古、博古兩圖以及薛尚功鐘鼎彝器款識以後,殊爲寂然。至清乾隆朝,倣宣和博古圖爲西清古鑑、寧壽鑑古、西清續鑑甲乙編諸巨著,於是海内學人,聞風而起,拓本器物,競相購求,圖摹考釋,用力甚勤,若阮元、吳榮光、吳式芬、潘祖蔭、吳大澂之輩,皆名家也(不具舉)。又摹繪石刻,清始有之。若褚峻之金石經眼錄,黃易之小蓬萊閣金石文字,何澂之漢碑篆額、劉心源之奇觚室樂石文述等,皆其卓卓者(亦不具舉)。其通古今四海而總論之者,則有光緒季年葉昌熾之語石一編焉。至於古之兵符,皆以銅製,傳世殊少。宋人著錄,僅一品耳。清代始有專門之輯,如瞿中溶之集古虎符魚符考,翁大年之古兵符考略是也(近人羅振玉、王國維兩家並有撰述,此不舉)。又搜輯古璽印之業,亦至清始盛。據羅福頤印譜考所列,自順治至宣統,私家著錄,達百餘種,而陳介祺其尤顯者(著有十鐘山房印舉、世稱萬印樓)。**漢之鴻都,**後漢書靈帝紀"光和元年,始置鴻都門學生",李賢注:"鴻都,門名也,於内置學。時其中諸生,皆敕州郡三公舉召能爲辭賦尺牘及工書鳥篆者相課試,至

千人焉。"又同書<u>蔡邕</u>傳云："帝好學,引諸生能爲文賦者。後諸爲
尺牘及工書鳥篆者,皆加引召。拜待制<u>鴻都門</u>下。"**鳥篆盈簡,**後
<u>漢書陽球</u>傳,奏罷<u>鴻都門</u>學,有"或獻賦一篇,或鳥篆盈簡"之語。
鳥篆者,鳥形之古篆也。又見<u>晉書索靖</u>傳。<u>藝文類聚</u>七十四引<u>索
靖草書狀</u>云:"聖王御世,隨時之宜,<u>倉頡</u>既生,書契是爲,科斗鳥
篆,類物象形。"<u>誠</u>按:鳥篆,又作鳥籀。<u>文心雕龍練字</u>篇云:"<u>蒼頡</u>
者,<u>李斯</u>之所輯,而鳥籀之遺體。"<u>説文叙</u>稱秦書八體,其四曰鳥蟲
書。又<u>新莽</u>六書,其六曰鳥蟲書。云所以書幡信也。<u>段玉裁</u>曰:
"書幡,謂書旗幟;書信,謂書符節。上文四曰蟲書,此曰鳥蟲書,謂
其或像鳥,或像蟲,鳥亦稱羽蟲也。"**曾非小學之事守也。**<u>經傳
釋詞</u>八:"曾,乃也,則也。"事守,猶今言主管業務。**專治<u>許</u>書,竄
句增字,**竄句見<u>莊子駢拇</u>篇。<u>釋文</u>引<u>司馬</u>以"穿鑿文句"釋之。
中聲雅誥,略無旁通,中聲,借指聲韵;雅誥,借指訓詁。<u>國語周
語</u>"古之神瞽,考中聲而量之以制",<u>韋昭</u>以中和之聲釋中聲。又<u>荀
子勸學</u>篇:"詩者中聲之所止也。"<u>尚書僞孔序</u>"雅誥奧義,其歸一
揆",<u>孔疏</u>:"雅正辭誥有深奧之義。"**若<u>王筠</u>所爲者,又非夫達
神恉者也。**<u>説文叙</u>云:"曉學者,達神恉。"<u>段注</u>:"曉者,明之也。
達,猶通也。恉者,意也。達神恉者,使學者皆通憭於文字之形之
音之義也。神恉者,指事、象形、形聲、會意、轉注、叚借神妙之恉
也。"<u>誠</u>按:<u>王筠</u>撰<u>説文句讀</u>,據羣籍所引<u>許</u>書,於<u>叔重</u>原文,或增
字,或删改,迭見層出,以就己意,而未能按形音義三者相互求之,
所以謂之不達神恉。**蓋小學者,國故之本,王教之端,**<u>説文叙</u>
云"蓋文字者,經藝之本,王教之始",<u>段注</u>:"蓋,承上啓下之辭。"
<u>誠</u>按:國故,謂<u>中國</u>固有之文化學術。王教,謂國家教育。端者,始
也。**上以推校先典,下以宜民便俗,**推校,猶言考究。先典,

猶言舊籍。**豈專引筆畫篆**，釋名釋書契：“徐引筆書之如畫者
也。”説文：“篆，引書也。”**繳繞文字而已**。繳繞猶糾纏。史記太
史公自序“名家苟察繳繞，使人不得反其意”，集解引如淳曰：“繳
繞，猶纏繞，不通大體也。”**苟失其原，巧僞斯甚**。莊子盜跖篇：
“此夫魯國之巧僞人孔丘非邪？”**昔二徐初治許書**，二徐，謂徐
鉉、徐鍇兄弟。鉉字鼎臣，鍇字楚金，並生於五代，卒於宋初。説文
自經唐李陽冰竄亂，許書原貌，不可復見。宋太宗時，鉉受詔與句
中正、葛湍、王惟恭等同校之（見宋史徐鉉傳），而徐鍇又作説文繫
傳四十卷（見陸游南唐書），學者可由此以達形聲相生、音義相轉之
理（清盧文弨語）。自有二徐之校訂，而許氏之書，乃得保存，此其
所以可貴也。**方在草創**，論語憲問篇：“裨諶草創之。”**曾未百
歲，而荆舒字説橫作**，曾，猶乃也。已見前。橫作，謂任意妄作。
周禮野廬氏“禁野之橫行徑踰者”，鄭注：“橫行，妄由田中。”漢書
田蚡傳集注：“橫，恣也。”荆舒，謂王安石。王氏曾封荆國公，又封
舒王，因合稱之。按：王氏作字説，成於宋元豐三年（公元一〇八〇
年），上距大徐之死（太宗淳化二年，公元九九一年），爲八十九年
（大徐死於小徐後），故云曾未百歲。晁公武郡齋讀書志卷四：“字
説二十卷（誠按：王氏進字説表云“謹勒成字説二十四卷”，而其熙
寧字説序則云二十卷），王安石介甫撰。蔡卞謂介甫晚年閒居金
陵，以天地萬物之理著於此書，與易相表裏。而元祐中言者指其糅
雜釋老，穿鑿破碎，聾瞽學者（誠按：與荆公並時之黄庭堅則謂此書
出入百家，語簡意深），特禁絶之。”**自是小學破壞，言無典常**。
按王書雖早失傳，而據葉大慶考古質疑、袁文甕牖閒評、邵博聞見
後録、朱翌猗覺寮雜記等書所引，猶可窺見其概，如其解伶字云：
“伶非能自樂也，非能與衆樂樂也，爲人所令而已。”解役字云：“戍

則操戈,役則執殳,謂役字不必從彳,止合作伇。"(見甕牖閒評)此類大抵昧於六書,師心自用。惟王氏亦非一意穿鑿,全無可取,以孫詒讓之謹嚴,而其所作周禮正義,亦頗引用王說也。典常者,詩周頌我將篇"儀式刑文王之典",毛傳:"典,常也。"周禮太宰"掌建邦之六典",鄭注:"典,常也,經也,灋也。"國語越語"無忘國常",韋注:"常,典法也。"**明末有衡陽王夫之,分文析字,略視荆舒爲愈。**船山遺書内,有說文廣義三卷。奉六書爲宗主,以廣説文之義,諸不見説文者不及之,此則有異於安石之杜撰,故云視荆舒爲愈。**晚有湘潭王闓運,亦言指事會意不關字形。**王闓運湘綺樓文集六書討原序云:"余自弱冠,始比學僮,諷誦九千,察其恉誼,乃知承學之士,未達六書,以事意爲字形,誤轉注爲虛用。"**此三王者,異世同術,後雖愈前,乃其刻削文字,不求聲音,**國策齊策三:"今子,東國之桃梗也,刻削子以爲人。"韓非子説林下篇:"刻削之道,鼻莫如大,目莫如小。"王充論衡量知篇:"夫竹木,麤苴之物也。彫琢刻削,乃成爲器用。"**瘖瘖聾者之視書,**説文:"瘖,不能言也。""聾,無聞也。"**其揆一也。**孟子離婁下篇"先聖後聖,其揆一也",趙注:"揆,度也。"

　　或言書契因於八卦,説文叙云:"古者庖犧氏之王天下也,仰則觀象於天,俯則觀法於地,視鳥獸之文與地之宜,近取諸身,遠取諸物,於是始作易八卦,以垂憲象。"自此遂成爲常見之論。唐蘭古文字學導論:"説到中國文字之起源,一般人就會把八卦和結繩提出來。八卦究竟起源在什麼時代,我們還不能明悉。銅器裏有刻☰形的卣(嘯堂集古錄卅二葉),和卦象相似,或者是商代的遺物。筮字從巫,那末,易卦是巫的事業。巫在殷世極盛,所以我們可説:八卦是殷或殷以前遺留下來的。但八卦的起源,縱使很古,和文字却漠不相干。卦爻的本質，只是一和--，用以象徵陽和陰。至於疊三爻而成八卦，疊六爻而成六十四卦，僅是一種數術的把戲而已。至多説一和數目的一相同，而照思想産生的程序，一字決不在卦爻之後（有人以爲☵即〔水〕字，≡≡即☶卦字，都是附會）。”又導論（增訂本）云：“我以爲八卦的本身是巫術和算術混合的東西，所以筮字從巫，而筭和筹實在是一個字。它的起源，雖難詳考，但既叫做周易，八卦的名義，就未必是周以前的舊觀。卦的基礎是爻，拿奇數的一來代表陽，偶數的--來代表陰，所以八卦的名義是隨爻的陰陽剛柔等錯綜而成。☰有剛健的意思，卜☷有柔順的意思，震☳、坎☵、艮☶，均近於剛，巽☴、離☲、兑☱均近於柔。定八卦名義的人，實是一個巫術哲學家。他把奇偶的卦畫，看出許多抽象的意義（至於坎水、離火等説法，更是後起，坎、離何嘗不是日月呢）。這個人一定産生在哲學文學等已很發達的時代，距離創造文字的時期，至少也在千年以上了。”**水爲坎象，≪則坤圖，**周易坎卦象辭“水洊至”，説卦“坎者水也”，又“坎爲水、爲溝瀆”。唐蘭古文字學導論（增訂本）云：“坎卦作☵，和小篆的⫶（原注、在偏旁裏，水有作☵形的）正同，這是許多小學家所樂於稱道的。但其他各卦，就不能這樣湊巧了。坤字在漢碑裏作𡿦、𡿨等形。周易音義説：坤本又作≪。毛居正、鄭樵就説是☷卦的直寫了。”**若爾，八卦小成，乾則三畫，**若爾，猶言如此。周易繫辭上：“是故四營而成易，十有八變而成卦，八卦而小成。”孔疏：“八卦而小成者，象天、地、雷、風、日、月、山、澤，於大象略盡、是易道小成。”**何故三畫不爲天乎。**唐蘭曰：“天字草書作ʓ，也被傅會做乾卦的三了。”**又言始一終亥，**説文始於一部，終於亥部。**是即歸藏。**周禮春官大卜：“掌三易之灋：一曰連山，二曰歸藏，三曰周易。”鄭注：“歸藏者,萬物莫不歸而藏於其中。杜子春云:'連山,宓戲;歸藏,黃帝。'"蔣元慶説文始一終亥説云:"浚長宗孟易,故説文自序稱易孟氏。許書所列五百四十部次第,始於一,終於亥,其即得諸孟喜易學之意乎。説文爲字書,而因字達義,以周知天下之情狀,自序所云萬物咸覩,靡不兼載是也。顧善究物情之變者莫如易。庖犧以一畫開天,天下之數起於一,字之必以一始,固易理也。其知許宗孟易者,則以許書分部,末取干支而終之以亥也。説文亥下云:荄也。又子下云:十一月陽氣動,萬物滋。按漢書儒林傳:趙賓以易箕子明夷爲萬物荄滋,云受孟喜,喜爲名之。則許君荄滋之説,即采諸孟易,確有明徵矣。"**循是以推,韵書始於一東,**今所見切韵、唐韵殘卷以及廣韵、集韵諸韵書,凡韵部之排列,均以東韵爲首。**何知非帝出乎震,**周易説卦傳:"帝出乎震,萬物出乎震。震,東方也。"孔疏:"康伯於此無注,然益卦六二'王用亨於帝吉',王輔嗣注云:'帝者生物之主;興益之宗,出震而齊巽者也。'王之注意,正引此文,則輔嗣之意,以此帝爲天帝也。"**爲大一下行九宮之法乎。**大一,即太一,又作泰一,神之名也。史記封禪書"亳人謬忌奏祠太一方曰:天神貴者太一",索隱引宋均云:天一,太一,北極神之名。又天官書:"中宮天極星,其一明者,太一常居也。"正義:"泰一,天帝之別名也。劉伯莊云:'泰一,天神之最尊貴者也。'"下行九宮者,後漢書張衡傳:"臣聞聖人明審律曆以定吉凶,重之以卜筮,雜之以九宮。"李賢注:"易乾鑿度曰:'太一取其數以行九宮',鄭玄注云:'太一者,北辰神名也。下行八卦之宮,每四、乃還於中央。中央者,地神(王先謙云:當作北辰)之所居,故名。'"**爾雅始於"初"字,**爾雅十九章,釋詁第一,釋詁所釋,又以"初"字爲首。**初者裁衣之始,**説文:"初,始也。从刀,从衣,裁衣之始也。"**復可云"取諸乾坤"，"垂衣裳而天下治"邪**。周易繫辭下："黄帝、堯、舜垂衣裳而天下治，蓋取諸乾坤。"**或言文字之始，肇起結繩，**爾雅釋詁："肇，始也。"周易繫辭下云："上古結繩而治，後世聖人易之以書契。"説文叙云："及神農氏，結繩爲治而統其事。"唐蘭古文字學導論（增訂本）云："結繩記事，在原始部落裏很習見。不過古代中國是否有過這個時期和這種記事法，是否在文字産生以前，是無法證明的。因爲作這樣説法的，最早是莊子胠篋和繫辭，都是戰國時書。那時人喜歡把推想中的文化演進史當做真實的歷史，庖犧、神農、燧人、有巢等，大都是那時人所擬議以代表某種文化的。所以可信的成分很少。即使古代中國有過結繩的事情，也和文字的發生没有直接關係，因爲這只是幫助記憶的符號罷了。"**一繩縈爲數形，**詩周南樛木篇"葛藟縈之"，毛傳："縈，旋也。"文選思玄賦"臨縈河之洋洋"，李注："縈，紆也。"**一畫衍爲數字，**周易繫辭上"大衍之數五十"，釋文引鄭注："衍，演也。"誠按：鄭樵通志（三十五）六書略（第五）有起一成文圖，説云："衡爲一，從爲丨（音袞），邪丨爲丿（房必切），反丿爲乀（分勿切），至乀而窮。折一爲冂（音及），反冂爲厂（呼旱切），轉厂爲乚（音隱），反乚爲亅（居月切），至亅而窮。折一爲冂者，側也。有側有正，正折爲人（即亼字，又音帝，又音入），轉人爲ㄨ（側加切），側ㄨ爲〈（音畎），反〈爲〉（音泉），至泉而窮。一再折爲冂（五犯切），轉冂爲凵（口犯切），側凵爲匚（音方），反匚爲コ（音播），至コ而窮。引一而繞合之，方則爲囗（音圍），圓則爲〇（音星），至〇則環轉無異勢，一之道盡矣。丶（音拄）與一偶，一能生，丶不能生，以一不可屈曲，又不可引，引則成丨。然丶與一偶，一能生而丶不能生，天地之道，陰陽之理也。"**此又矯誣眩世，**尚書僞仲虺之誥篇："夏王有罪，

矯誣上天以布命於下”，某氏傳：“言託天以行虐於民，乃桀之大
罪。”國語周語“其刑矯誣”，韋注：“以詐用法曰矯，加誅無辜曰
誣。”眩者，説文：“眩，目無常主也。”漢書元帝紀：“俗儒不達時宜，
好是古非今，使人眩於名實。”顏注：“眩，亂視也。”**持論不根。**漢
書嚴助傳“朔臯不根持論”，顏注：“論議委隨，不能持正，如樹木之
無根柢也。”**即如是者，**即，猶若也。詳經傳釋詞八。**始造一字，**
繼則有二，二必繼一，宜在諸文之前，何故重絫成文，不
以一畫紆詘。重絫，猶言重疊、累積。説文：“絫，增也。”紆詘，猶
言屈曲、回旋。説文：“紆，詘也。”**且蒼頡造文，本象鳥獸蹏迒**
之迹，説文叙云：“黃帝之史倉頡，見鳥獸蹏迒之迹，知分理之可相
別異也，初造書契。”段注：“分理，猶文理。”**馬蹏而外，寧有指**
爪不分，獨爲一注者哉。誠按：馬屬奇蹄類動物，第三趾發育
而爲蹄，其餘四蹄退化，非不分指爪也。注者，周禮天官獸人“及弊
田，令禽注於虞中”，孔疏：“注，猶聚也。”左氏成六年傳“有秣韋之
跗注”，孔疏引賈逵，以屬釋注。**若斯之徒，妄穿崖穴，務欲勝**
前。説文：“穿，通也。”引申爲挖掘。**不悟音訓相依，妙入無**
聞，無聞者，至微之處。淮南子原道訓：“老聃之言曰：出於無有，
入於無閒。”**先達之所未袪，當推明者尚衆。**先達，謂先我達
於道者。朱暉稱張堪爲先達，見後漢書朱暉傳。同書班彪傳上李
注：“袪，舉也。”**何爲亢越兔蹊，**釋名釋道：“鹿兔之道曰亢。行
不由正，亢陌山谷草野而過也。”又云：“步所用道曰蹊。蹊，係也。”
自絕大道。列子説符篇：“大道以多歧亡羊。”**斯所謂“攻難之**
士，求名而不得”者也。左氏昭三十一年傳：“或求名而不得，
或欲蓋而彌章。”又云：“若艱難其身以險危大人、而有名章徹，攻難

之士,將奔走之。"杜注:"攻,猶作也。奔走,猶赴趣也。"**大凡惑并音者,多謂形體可廢。**荀子大略篇:"禮之大凡。"**廢則言語道窒,**説文:"窒,塞也。"**而越鄉如異國矣。**説文:"越,度也。"漢書司馬相如傳下顏注引文穎説:越,踰也。**滯形體者,**滯,猶言拘守。説文:"滯,凝也。"淮南子時則訓"流而不滯",高注:"滯,止也。"**又以聲音可遺,**詩小雅谷風篇"棄予如遺",鄭箋:"如遺者,如人行道遺忘物,忽然不省存也。"**遺則形爲糟魄,而書契與口語益離矣。**莊子天道篇:"然則君之所讀者,古人之糟魄已夫。"釋文:"'魄',本又作'粕'音同。"淮南子道應訓"是直聖人之糟粕耳",高注:"糟,酒滓也。粕,已漉之精也。"

　　余以寡昧,南史齊高帝策文:"天贊皇宋,實啓明宰,爰登寡昧,纂承大業。"**屬兹衰亂,**屬,今言適值。左氏成二年傳:"下臣不幸,屬當戎行,無所逃隱。"杜注:"屬,適也。"章氏著書之年,正清王朝崩潰前夕,故云屬兹衰亂。**悼古義之淪喪,**尚書微子篇:"今殷其淪喪。"説文:"淪,没也。"**愍民言之未理,**説文:"愍,痛也。"左氏昭元年傳正義引服注:"愍,憂也。"民言,謂民間常言。**故作文始以明語原,**公元一九一〇年(清宣統二年),學林初刊登此書,一九一三年(民國二年),手寫改定稿石印。作者以自建古音學説爲綱領,以説文所録獨體(包括準獨體)爲基準,説明文字繁衍、義訓牽聯之規律。其音義相讎者,謂之變易(黃侃云:變易者,形異而聲義俱通);義自音衍者,謂之孳乳(黃侃云:孳乳者,聲通而形義小變)。由是而千差萬別之詞義,枝葉扶疏之形體,乃有源頭可尋,有統紀可按,在漢語言文字學史上,實足前無古人。惟其所謂初文,僅據説文揭舉之獨體字,而於甲骨金文,概置弗道,是猶未能盡窺文字之本。而字源語源，或涉淆混，又未能如楊樹達之所爲，並有待於後來者之補苴也。**次小學荅問以見本字**，此書成於一九〇九年（清宣統元年），錢玄同手寫付刊。卷首有云："余以鞅掌之暇，息肩小敼，諸生往往相從問字，既爲陳先正故言，亦以載籍成文鉤校枉韋，斷之己意，以明本字耤字流變之迹。其聲義相禪，別爲數文者，亦稍示略例，觀其會通；次爲小敼荅問。"按章氏所考，亦或失之專斷，當分別觀之。並世有劉師培，撰古本字考，黃侃著求本字捷術一文，皆樂道此事者也。**述新方言以一萌俗。**一，猶言齊同。淮南子原道篇高注："一，齊也。"國語晉語韋注："一，同也。"萌俗，猶言民俗。文選上林賦李注引韋昭説：萌，民也。誠按：新方言撰於一九〇六年（清光緒三十二年），成於一九〇八年（光緒三十四年）。章氏自謂："編次新方言，以見古今語言雖遞相嬗代，未有不歸其宗，故今語猶古語也。新方言不過七八百條，展轉訪求，字當逾倍。"（自述學術次第）羅常培戴氏續方言稿序云："〔章氏〕循音變友紀，博考今言，以推迹語根，杭、程諸家（誠按：清杭世駿有續方言，程際盛有續方言補正），遠非其匹。顧凡語皆求本字，以上合於爾雅、説文，必欲今之殊言，不違姬漢，則猶未能如戴氏所謂去其穿鑿，自然符合者也。"誠按：羅説足盡是書之得失。然復有一事須贊明者，則章氏之重視方言普查也。一九〇八年六月，民報第二十一號曾載章氏博徵海內方言告白一文，略謂"前撰新方言一册，略得三百七十餘條，近復展轉鉤考，又發現百餘事，一人耳治，勢不能周，願海內知言之選，各舉鄉土殊言以告，上書今語，下解義訓；旁注某省某府某縣，以便訂實"云云。此在當時誠天球之音也。**簡要之義，著在兹編。**欲窺章氏語文學説之全，此卷其綱領也。**舊有論籑，亦或入録。**説文："籑，具食也。"漢書司馬遷傳贊"至孔氏籑之"，顏注：籑與撰同。**若夫陰陽對轉，區其弇侈**；周禮典同："凡聲：侈聲筰，弇聲鬱。"鄭注："侈，謂中央約也。侈則聲迫筰出去疾也。弇，謂中央寬也。弇則聲鬱勃不出也。"孫詒讓正義："鍾中央約於常度，則下口銑於必外出而大，故曰侈。中央寬於常度，則下口銑於必內斂而陜，聲爲所籠，回旋而不能出也。"清江永作古韵標準，乃以弇侈喻吾人吐韵之情狀。其書第四（真諄）、第六（宵）、第十二（侵）諸部總論皆以爲言，蓋前賢之所未發。尋江氏所言斂弇者，謂腭下抑而舌高升也；侈開者，謂腭隆起而舌低降也。與開合之指脣之翕張，初不相涉。而章氏作成均圖，弇侈之分，與慎修又頗有異同。先師趙少咸氏嘗撰論弇侈一文詳之。**半齒彈舌，歸之舌頭**；詳後古音娘日二紐歸泥説。半齒彈舌，謂日紐也。唐沙門不空譯孔雀明王經卷上、自注云："此經須知大例，若是尋常字體旁加口者，即彈舌呼之。"按：彈舌之稱，又見慧琳音義卷二十五。**明一字之有重音**；詳後一字重音説。**辨轉注之繁造字**；詳後轉注假借説。**比於故老**，詩小雅正月篇"召彼故老，訊之占夢"，毛傳："故老，元老。"**蓋有討論修飾之功矣**。論語憲問篇："爲命，裨諶草創之，世叔討論之，行人子羽修飾之，東里子産潤色之。"集解："馬曰：更此四賢而成，故鮮有敗事。"**如謂不然，請俟來哲**。沈約宋書謝靈運傳論："如曰不然，請待來哲。"

國故論衡疏證上之二

成均圖

　　此章氏古韵部通轉之學説也。謂古韵常相通轉,遠起宋之吳棫,然其書凌雜氾濫,經界華離,可以存而不論。迄於清代,休寧有戴震出,揭示古韵類正轉之三法。"一爲轉而不出其類:脂轉皆、之轉咍、支轉佳是也;一爲相配互轉:真、文、魂、先轉脂、微、灰、齊、換轉泰、咍、海轉登、等,侯轉東,厚轉講,模轉歌是也;一爲聯貫遞轉:蒸、登轉冬,之、咍轉尤、職、德轉屋、東、冬轉江、尤、幽轉蕭,屋、燭轉覺,陽、唐轉庚,藥轉錫,真轉先,侵轉覃是也"(答段若膺論韵、載聲類表卷首)。創通條例,前無古人。弟子孔廣森,益明陰陽對轉之理(陰陽相配,戴已先之,特未明標此稱耳),段玉裁又有古合韵説之作(見六書音均表),後來居上,推闡尤精。及嚴可均撰説文聲類,其叙目有云:"分(古韵)爲十六類,合爲八類,又大合爲四類。其合也一統無外,其分也豪氂有辨。廣其變通之路,審厥出入之由,夫而後羣經有韵之文皆可讀,古人假借之法無不包矣。"又後叙云:"武進張氏惠言,先余治古音。嘉慶辛酉,與議通轉之例,曰:'媼從皛聲,讀若奧,奧從采聲,皛在真類,采在元類,媼奧在幽類而得聲,何也?'張氏曰:'其從七之轉乎。'余書通轉之例,實由張氏一語發之。"誠按:嚴氏此書,重在推廣通轉之途,雖黃侃極賞之,謂爲最妙(見黃焯氏筆記),而先師李培甫氏則以爲"會通之極,將無畛域可守,流漫無紀之弊,亦宜有以節之"(見所著聲韻學),斯平實之論已。章氏生諸老之後,復擴展其音變之律而成是圖,以爲圜轉之則,誠盡善矣(胡以魯語,見所著國語學草創)。然既以陰陽爲大界,以魚陽爲軸聲,而又分立交紐、隔越兩轉,是爲子矛子盾,義難兩立(後改定文始時,已棄其名不用)。而韵次排列,以收ng之蒸位於收m之侵與覃閒,亦似失倫(雖古有蒸侵互用之例)。又以魚爲閉口之極,陽爲開口之極,而於陰陽聲又不言其開或閉之極。且魚部韵值,時賢多擬爲a,既非閉口,更非其極,斯皆可商者也。此外,弇侈之分,不過略舉大齊,魚陽軸聲,亦非刻定之論,又黃侃嘗詔示其弟子者(見黃焯筆記)。至於古音通轉之理,黃氏雖云自對轉外、餘名皆可不立(見音略),然其聲韵通例,又以旁轉、旁對轉爲通例之一(文見黃侃論學雜著),是仍可以立其名矣。揆之音理,其以元音相近而旁轉者,如之與幽,幽與宵之屬是也。以元音相同而旁轉者,如蒸與侵,清與真之屬是也。以韵尾相同而旁轉者,如真與諄,真與寒之屬是也。事例紛紛。不必縷舉。而旁對轉雖較罕見,如寒與脂、東與幽之類,亦古漢語所固有也。然則章氏以近轉(二部同居),近旁轉、次旁轉、正對轉、次對轉(自旁轉而成對轉、主要元音與韵尾皆異)爲正聲,改交紐隔越兩轉爲雙聲相轉(見新方言韵表),其説誠不可易矣。

　　右韵目：上列陽聲，下列陰聲，爲對轉。其數部同居者，同一對轉。章氏初用王念孫之説，復采東、冬分部之義，分古韵爲二十二部（見太炎文録初編卷二丙午與鐂光漢書）。嗣復自脂部分出隊部（見文始二），遂爲二十三部。而晚年又併冬、侵爲一，（見音論，刊於光華大學中國語文學研究），仍爲二十二部。按新方言音表所列韵部次第，陰聲韵爲之、幽、宵、侯、魚、歌、灰、脂、支九部；陽聲韵爲蒸、侵、冬、談、東、陽、元、諄、真、耕十部；而以緝爲第二十部，盍爲第二十一部，月爲第二十二部，質爲第二十三部，謂之曰奇觚韵。與此韵目表所列，頗有異同。又韵部標目，音表隊稱灰，寒稱元，清稱耕，泰稱月，至稱質，亦與此異。黄侃音略云："本師章氏論古韵二十三部，最爲憭然，余復益以戴君所明，成爲二十八部。"誠按：戴君云者，陰陽入三分之説也。黄自章之之、宵、侯、魚、支五部中分出入聲五部（本當分出入聲六部，以蕭即幽部之入有變紐，故未立爲一部），使錫、鐸、屋、沃、德不再附諸陰聲韵。自此説出，影響頗大，時賢亦僅能小有修補而已。

紐目表

喉音	見	谿	羣	疑	
牙音	曉	匣	影喻		
舌音	端知	透徹	定澄	泥日娘	來
齒音	照精	穿清	牀從	審心	禪邪
脣音	幫非	滂敷	竝奉	明微	

　　右紐目：其旁注者，古音所無。新方言音表第十一紐目後云："右二十一紐，古音凡目，凡同紐者爲雙聲音和，凡同音

者(原注:謂同一喉音牙音等)爲雙聲旁紐。又牙喉古相通轉,今亦不殊。舌頭端、透、定、泥,錢大昕説古以知、徹、澄、娘分隸,故古無舌上音。齒音亦與舌頭音通。今從其義。重脣幫、滂、並、明,唐韵猶與輕脣非、敷、奉、微相合。慧琳新收一切經音義,始更師説。景審序之,抨彈古紐,謂'武與絻爲雙聲,斯類蓋所不取';不悟舊音閡弇、晚更發舒,古祇重脣;無輕脣也。精、清、從、心、邪本是照、穿、牀、審、禪之副音。當時不解分等,析爲正齒、齒頭二音。若爾,來之與良,見之與貫,亦可分爲數紐。彼既捆成,此何煩碎。古今音既非大異,故亦如律分配。娘紐本非舌上,作字母者馮臆隸屬。尋檢古音,娘、日皆歸泥紐。今悉部署,不令離局。今音三十六紐,不能所在晐備。稽合方言,數或增益,明其通轉,則凡二十一紐而已。"誠按:章氏以見、溪、羣、疑爲喉音,曉、匣、影(喻)爲牙音,命名與一般相反,不可從;仍當稱見、谿、羣、疑爲牙音,曉、匣、影(喻)爲喉音,乃得其實。古無喻紐之説,後賢更有申論:曾運乾喻母古讀考以喻紐三等字隸匣紐,喻紐四等字隸定紐。按切韵指掌圖例云:"匣闕三四喻中見,喻虧一二匣中窮;上古釋音多具載,當今篇韵少相逢。"下注:"户歸切幃,于古切户。"章氏古音表亦云:"江左匣、喻相掍。"是匣、喻二紐;可能同出一源也。而喻四歸定,則不盡然。曾氏舉證雖豐,但只囿於古讀,其它無有,自難率爾論定。故先師李培甫氏(名植、章氏弟子),嘗有喻紐爲古聲説之作(見所撰聲韵學),不從其師併喻於影。至章氏以精、清、從、心、邪爲照、穿、牀、審、禪之副音,亦難信從。黃侃併正齒三等於舌頭,併正齒二等於齒頭,按諸諧聲關係,宛爾符合,可謂後出轉精矣。時賢王力氏更以正齒三等與二等各自獨立,不復併入他類,亦自一家之言。

成　均　圖

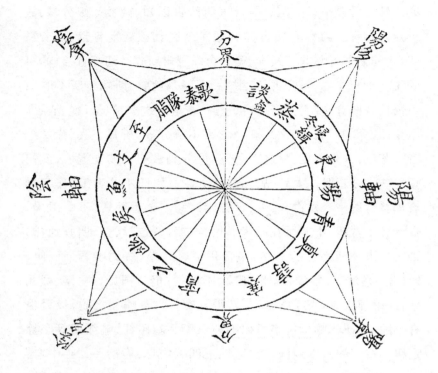

陰弇與陰弇爲同列。自此以下四事，並如圖所示。

陽弇與陽弇爲同列。

陰侈與陰侈爲同列。

陽侈與陽侈爲同列。

凡同列相比爲近旁轉。如歌與脂，或侯與幽之類，是爲陰聲近旁轉。青與真，或蒸與侵之類，是爲陽聲近旁轉。比者，禮記經解篇“屬辭比事”，孔疏：“比，近也。”漢書諸侯王表“諸侯比境”，顏注：“比，謂相接次也。”

凡同列相遠爲次旁轉。 如泰與至，或幽與宵之類，是爲陰聲次旁轉。寒與真，或東與蒸之類，是爲陽聲次旁轉。

凡陰陽相對爲正對轉。 如歌與寒、支與青、侯與東、之與蒸之類。

凡自旁轉而成對轉爲次對轉。 如脂與歌爲旁轉，歌又對轉寒，則脂與寒爲次對轉。誠按：次對轉則韵腹韵尾兩異，故殊罕見。

凡陰聲陽聲雖非對轉，而以比鄰相出入者，爲交紐轉。 交紐及下隔越兩轉，章氏在文始韵表中已不再用其名，而改爲雙聲相轉，斯得之矣。此篇所舉寒宵相轉、歌談相轉、盍泰相轉諸例，就成均旋轉推之，適如比鄰相接，故命之曰交紐轉。又如支與宵，青與談，至與之，真與蒸之屬，按成均圖所定都位觀之，適皆隔五而轉，故稱之爲隔越轉。然韵部排列，雖大體可定，要難趨於一尊。倘韵次有變，則起例無所憑依矣。誠不如逕歸乎雙聲相轉之爲近理也。

凡隔軸聲者不得轉。然有閒以軸聲隔五相轉者，爲隔越轉。 説已見上。

凡近旁轉、次旁轉、正對轉、次對轉爲正聲。 文始韵表更立近轉一項，以二部同居者當之：如歌與泰，隊與脂，侵冬與緝，談與盍是也。與近旁轉等合計，凡爲五轉。

凡交紐轉，隔越轉爲變聲。 文始韵表作"凡雙聲相轉，不在五轉之例，爲變聲"。

孔氏詩聲類列上下兩行爲陽聲陰聲。 孔氏詩聲類卷一所列如次：

原類陽聲第一	歌類陰聲第十
丁類第二（辰通用）	支類第十一（脂通用）
辰類第三	脂類第十二
陽類第四	魚類第十三
東類第五	侯類第十四
冬類第六（緝蒸通用）	幽類第十五（宵之通用）
緝類第七	宵類第十六
蒸類第八	之類第十七
談類第九	合類第十八

誠按:孔氏之原類,即諸家之元部或寒部。孔氏之丁類,即諸家之耕部或青部。孔氏之辰類,即諸家之真部或諄、真兩部。孔氏之合類,即諸家之緝、盍兩部。緝,諸家均依切韻、廣韻作侵。**其陽聲即收鼻音**,原、辰兩類收 n,丁、陽、東、冬、蒸五類收 ng,緝、談兩類收 m。**陰聲非收鼻音也。**之、支、魚三類開口無尾,歌、脂兩類收 i,侯、幽、宵三類分別收 n、o 及 u,皆羅常培所謂不附聲韵也。羅氏漢語音韵學導論云:"清代治古韵學者,分韵部爲陰陽兩類,而陰聲陽聲之定義,則至章炳麟氏始炳焉大明。"**然鼻音有三孔道,其一㗂音。印度以西皆以半摩字收之,今爲談、蒸、侵、冬、東諸部,名曰撮脣鼻音。**原注:古音蒸侵常相合互用,東談亦常相合互用,以侵談撮脣,知蒸東亦撮脣。今音則侵談撮脣,而蒸東與陽同收,此古今之異。○誠按:上古蒸侵合用,乃由元音無異,而非尾音之同。而東談合用,則韵腹韵尾兩異,實即雙聲相轉耳。章氏此注,殆有可議。半摩、半那者,慧琳音義卷廿五:"其三十四字母譯經者呼爲'半'字。"**其一弇音。印度以西皆以半那字收之,今爲青真諄寒諸部,名曰上舌鼻音。**誠按:青部

收 ng，乃穿鼻，與真、諄、寒之收 n 抵齶者異，章説未析。**其一軸音。印度以娛字收之。不待撮脣上舌，張口氣悟、其息自從鼻出，名曰獨發鼻音。**廣韵、唐韵：“娛，烏郎切。”又蕩韵“烏朗切”。説文大徐本音烏浪切。悟者，史記老子韓非列傳：“大忠無所拂悟，辭言無所擊排。”正義：“拂悟當爲咈忤，古字假借耳。咈，違也；忤，逆也。”息者，論語鄉黨篇“屏氣似不息者”，皇疏：“息亦氣也。”孔疏亦以氣息釋息。**夫撮脣者使聲上揚，上舌者使聲下咽，既已乖異。**咽，謂聲塞而小。後漢書董祀妻傳載其悲憤詩云：“欲舒氣兮恐彼驚、含哀咽兮涕沾頸。”乖者，説文：“乖，戾也。”**且二者非故鼻音也。以會厭之氣，被閉距於脣舌，**會厭，今生理學稱會厭軟骨，喉頭上面之黃色彈性軟骨片也。劉歆移太常博士書“深閉固距而不肯試”，廣雅釋詁：“閉，塞也。”管子小問篇注：“距，止也。”**宛轉趨鼻，**宛轉，猶言展轉曲折。莊子天下篇“椎拍輐斷，與物宛轉”，成玄英疏：“宛轉，變化也。”**以求渫宣，**説文：“渫，除去也。”左氏昭元年傳“於是乎節宣其氣”，杜注：“宣，散也。”**如河決然。**孟子盡心篇上：“若決江河，沛然莫之能禦。”**獨發鼻音則異是。印度音“摩”“那”皆在體文，而“娛”獨在聲埶，亦其義也。**本書本卷音理論云：“慧琳一切經音義稱梵文‘阿’等十二字爲聲埶，‘迦’等三十五字爲體文。聲埶者韵，體文者紐也。”**談、蒸、侵、冬、東諸部，少不審則如陽，然其言之自別。**誠按：談部與陽部，韵尾不同。蒸與陽，韵尾雖同，而元音則侈弇不同。侵與陽、韵尾既不同，元音亦有侈弇之別。東、冬與陽，韵尾雖同，而前者音侈，後者音弇，區別皆極顯然。**釋名云：“風，沇、豫、司、冀橫口合脣言之，風，氾也。青、徐踧**

口開脣推氣言之,風,放也。"此釋名釋天文。**放在陽,爲開
脣,風、氾在侵、談,爲合脣,區以別矣,焉可憮也。**論語子
張篇:"譬諸草木,區以別矣。"又云:"君子之道,焉可誣也。"漢書
薛宣傳集注引蘇林説:"憮,同也。"**夫陽聲弇者,陰聲亦弇,陽
聲侈者,陰聲亦侈,陽聲軸者,陰聲亦軸。是故陰陽各有
弇侈而分爲四,又有中軸而分爲六矣。**分詳二十三部音準
篇。**不悟是者,鼻音九部悉似同呼,不能得其鰓理。**説文
玉字下云:"鰓理自外,可以知中。"又鰓字下云:"角中骨也。"**今江
河之域,攝脣鼻音收之亦以半那字,**江謂長江,河謂黃河,非
汎指也。**惟交廣以半摩字收之。**漢武帝置交州(領南海、鬱
林、蒼梧、交阯、合浦、九真、日南等七郡),三國吳分置廣州、(尋仍
併入交州),此交廣之名所由來。**此於聲音大劑,能條理始終
矣。**大劑,猶言大齊。爾雅釋言:"劑,齊也。"列子楊朱篇:"百年
壽之大齊。"張湛注:"齊,限也。"孟子萬章篇:"金聲也者,始條理
也;玉振之也者,終條理也。"戴震孟子字義疏證云:"在物之質曰肌
理,曰腠理,曰文理。得其分則有條而不紊,謂之條理。"**然魚者閉
口之極,陽者開口之極。**章氏審音如此。蓋謂魚部之元音爲u,
而時賢或擬測爲a,則非閉口也。與陽部同元音(a)者尚有寒部,亦
非開口之極。**故陽部與陽侈聲、陽弇聲皆旁轉。**原注〔一〕
陽部轉東者:如老子以盲、爽、狂與聾爲韵;及泆瀹音轉,伀鍾作章,
是也。○老子道經十二章云:"五色令人目盲,五音令人耳聾,五味
令人口爽,馳騁田獵,令人心發狂,難得之貨,令人行妨。"按:盲從
亡聲,狂從坐聲,與爽聲(以及妨字)並在陽部。聾從龍聲,在東部。
説文:"泆,瀹也。""瀹,雲氣起也。"段玉裁曰:"泆瀹雙聲。"廣韵,

泱,於良切,又烏朗切,在陽部。滃,烏孔切,在東部。釋名釋親屬:
"俗或謂舅曰章,又曰俒。"漢書廣川惠王越傳"背尊章嫖以忽",顏
注:"今關中俗,婦呼舅爲鍾。鍾者,章聲之轉也。"按:俒从公聲;鍾
从重聲,並在東部。章聲在陽部。廣韵:"俒,職容切。" 原注
〔二〕轉侵冬者:如漢書李廣傳"諸妄校尉",張晏釋妄爲凡;説文訓
訪爲汎謀;釋名訓風爲放;易"朋盍臧",或爲"盍簪",或爲"盍宗";
又"商"轉爲"宋";周頌以崇、皇爲韵,是也。○張晏説見漢書李廣
傳集注。按:妄從亡聲,在陽部,凡聲在侵部。説文:"汎謀曰訪。"
按:訪从方聲,在陽部。段玉裁曰:汎訪雙聲。釋名之訓,已見前
引。周易豫卦:"九四,由豫,大有德,勿疑,朋盍簪。"王注:"盍,合
也。簪,疾也。"釋文:"簪,馬作臧,荀作宗。"孔疏:"若能不疑於物,
以信待之;則衆陰羣朋合聚而疾來也。"按:臧聲在陽部,簪从朁聲,
在侵部。宗聲在冬部。商轉爲宋者,論語八佾篇:"殷禮吾能言之,
宋不足徵也。"按:契封於商,湯滅夏後,以爲國號。傳至盤庚,遷都
於殷,故又稱殷。宋本商帝乙子啓(微子)封地,周武王滅商,封紂
子武庚於此,成王時,武庚叛,被誅,仍以其地封微子,爵爲宋公。
戰國時,傳至偃,乃稱王圖霸。按:商聲在陽部,宋聲在冬部。周頌
烈文篇:"無封靡於爾邦,維王其崇之,念兹戎功,繼序其皇之。"按:崇
从宗聲,在冬部。皇聲在陽部。 原注〔三〕轉蒸者:如"揚觚"作
"媵觚";未嘗即未曾;及彊通作强,是也。○禮記檀弓下篇:"杜蕢
洗而揚觶",鄭注:"禮(按:指禮經)'揚'作'媵'。揚,舉也。媵,送
也。揚近得之。"儀禮燕禮、大射義皆有"媵觚於賓"之文,鄭注並
云:"媵,送也。"按:揚从易聲,在陽部,媵从朕聲,在蒸部。論語雍
也篇:"非公事,未嘗至於偃之室也。"公羊閔元年傳:"莊公存之時,
樂曾盈於宮中",釋文:"曾,才能反。"經傳釋詞八:"曾,猶嘗也。"

按:嘗从尚聲,在陽部。曾聲在蒸部。強本蟲名(説文:蚚也,)从虫,弘聲,而籀文作強,則从蚰彊聲。彊者,弓有力也。又勥迫之勥,从力,強聲,而古文作勥,則从力彊聲。按:經典相承以強爲彊。彊从畺聲,在陽部,強从弘聲,在蒸部。　　　原注〔四〕轉談者:如大雅以瞻、相爲韵;商頌以濫、皇爲韵;及鏡轉作鑑,是也。此與陽侈聲之轉也。〇詩大雅桑柔篇:"維此惠君,民人所瞻,秉心宣猶,考慎其相。"又商頌殷武篇:"不僭不濫,不敢怠遑。"按:瞻从詹聲,濫从監聲,皆在談部。相聲皇(遑)聲皆在陽部。説文:"鏡,景也。从金,竟聲。"(段注:"金有光可照物謂之鏡。)又:"鑑,大盆也。一曰監諸。可以取明水於月。从金,監聲。"左氏莊二十一年傳"王以后之鞶鑒予之",釋文:"鑒,鏡也。"按:鏡从竟聲,在陽部。　　　原注〔五〕轉青者:如禮經竝亦作併;又將借爲請;丁、鼎借爲當,是也。〇儀禮士喪禮、聘禮、少牢饋食禮、公食大夫禮、士昏禮、有司諸篇鄭注,皆以竝爲古文,併爲今文。説文:"竝,併也。从二立。"又:"併,並也。从人,并聲。"按:竝聲在陽部。併从并聲,在青部。段玉裁曰:"鄭注禮經,古文竝今文多作併,是二字音義皆同之故也。"詩衛風氓篇"將子無怒",鄭箋:"將,請也。"按:將聲在陽部。請从青聲,在青部。詩大雅雲漢篇"寧丁我躬",毛傳:"丁,當也。"漢書匡衡傳"無説詩、匡鼎來",集注引服虔曰:"鼎,猶言當也,若言匡且來也。"應劭曰:"鼎,方也。"按:當从尚聲,在陽部。丁聲鼎聲在青部。　　　原注〔六〕轉真者:如萌、甿、氓即民;榜又稱篇,今字扁亦爲榜;又楄部訓方木,是也。〇管子山國軌篇"謂高田之萌",劉績曰:"萌,田民也。"説文:"民,衆萌也。"段注:"古謂民曰萌,漢人所用,不可枚數。"又"甿,田民也。从田,亡聲。""氓,民也。从民,亡聲,讀若盲。"按:萌、甿、氓三字皆在陽部。民聲在真部。説文:

"篇,書也。一曰關西謂榜曰篇。"章氏小學答問云:"此則借篇爲扁。榜,即今榜題字"。説文:"扁,署也。从户册,户册者,署門户之文也。"又:"楄,楄部,方木也。从木,扁聲,春秋傳曰'楄部薦榦'。"按:榜、方二字在陽部。篇、扁、楄三字在真部。　　原注〔七〕轉諄者:如易傳以炳君爲韵;爾雅芺光亦作薜攎;又芳轉爲芬;防轉爲墳,是也。〇周易革卦九五象辭:"大人虎變,其文炳也。"上六象辭:"小人革面,順以從君也。"爾雅釋草:"薜苕,芺光。"郭注:"或曰薘也。關西謂之薜苕。"釋草又云:"薘、薜攎。"錢大昕曰:"麇,釋文音亡悲反,蓋從麇聲也。而兼存孫炎居郡、居羣二音,則字當從麇。按説文手部有攎無攎,當從孫音作攎字。凡草木蟲魚之名,多取雙聲疊韵,釋草一篇如薜苕芺光(中略),皆雙聲也。薜攎亦雙聲。故知攎爲轉寫之譌。"按:炳、光二字在陽部。君、攎二字在諄部。説文:"芳,香草也。""棻,艸初生其香分布。从屮,从分,分亦聲。芬,或从艸。"按:芳字在陽部。芬字在諄部。爾雅釋丘:"墳,大防。"郭注:"謂隄。"邢疏引李巡曰:"墳,謂崖岸狀如墳墓,名大防也。"按:防字在陽部。墳字在諄部。　　原注〔八〕轉寒者:如磺人作卝人;舜妃女英,帝繫篇作女匽;説文袢讀若普;地理志牂柯郡同並,應劭曰並音伴,是也。此與陽弇聲之轉也。〇説文:"磺,銅鐵樸石也。从石,黄聲,讀若穬。卝,古文磺,周禮有卝人。"按:磺从黄聲,在陽部。卝在寒部。段玉裁云:"卝,古音如關,亦如鯤。"大戴禮記帝繫篇:"帝舜娶於帝堯之子,謂之女匽氏。""匽",古今人表作"罃",世本作"瑩",帝王世紀作"英"。按:英聲在陽部,匽於蹇切,在寒部。説文:"袢,衣無色也。从衣,半聲,讀若普。"按:袢从半聲,在寒部。普从竝聲,在陽部。地理志集注引應劭曰:"故同並侯邑,並,音伴。"**魚部與陰侈聲、陰弇聲皆旁轉**。原注〔一〕魚部轉侯者:

如武借爲柎；傅借爲坿，是也。○説文：“柎，闌足也。”段注：“凡器之足皆曰柎。”國語周語“不過步武尺寸之間”，韋注：“半步爲武。”華嚴經音義引何承天纂要：“三尺曰武。”朱駿聲曰：“或曰字實借爲步、爲柎，柎亦足也。”説文：“傅，相也。”段注：“古借爲敷字，亦爲今之附近字，如凡言附著是也。”朱駿聲曰：“傅，借爲附。漢書集注傅讀曰附數十見。”説文又云：“坿，益也。”段注：“今多用附訓益，附乃附婁，讀步口切，今附行而坿廢矣。”朱駿聲曰：“附，借爲坿。廣雅釋詁一：‘附，益也。’坿，經傳多以附爲之。”按：武、傅二字在魚部。柎、坿二字在侯部。　　　原注〔二〕轉幽者：如甫聲字爲牖；大雅以恢韵休、逑、憂，是也。○説文：“牖，穿壁以木爲交窻也。”文始五：“牖從片、户，甫聲。然則牖在魚部，自易已轉入幽。然彝訓牖中网、舞聲，又依附魚部。”按：甫聲在魚部。牖字則在幽部。詩大雅民勞篇：“民亦勞止，汔可小休。惠此中國，以爲民逑，無縱詭隨，以謹惛恢，式遏寇虐，無俾民憂，無棄爾勞，以爲王休。”按：恢從奴聲，在魚部。休、逑、憂三字在幽部。　　　原注〔三〕轉之者：如“民雖靡膴”作“民雖靡腜”；又憮、慔同訓；謨、謀同訓，是也。○詩小雅小旻篇“民雖靡膴”，釋文：“韓詩作靡腜。”説文：“憮，愛也。韓鄭曰憮。”又：“慔，撫也。讀若侮。”按：膴、憮皆從無聲，在魚部。腜、慔皆從某聲，在之部。説文：“謨，議謀也。”又：“慮難曰謀。”按：謨字在魚部。謀字在之部。　　　原注〔四〕轉宵者：如“犧牲不略”作“犧牲不勞”；古文以“臭”爲“澤”；又漢書“暴室”亦作“薄室”；詩之“暴虎”即爲“搏虎”，是也。此與陰侈聲之轉也。○管子小匡篇“犧牲不勞”，國語齊語“不勞”作“不略”。王念孫曰：“略與勞一聲之轉，皆謂奪取也。勞讀爲撈，古無撈字，借勞爲之。今俗語猶謂略取人物曰撈矣。”按：略從各聲，在鐸部，舊附魚部。勞字在宵部。

説文亣部："臭,大白也。从大,从白,古文以爲澤字。"廣韵："臭,古
老切。"按:澤从睪聲,在鐸(魚)部。臭在宵部。漢書宣帝紀"既
壯,爲取暴室嗇夫許廣漢女",集注"應劭曰:'暴室,今曰薄室。'師
古曰:'暴室者,掖庭主織作染練之署,故謂之暴室,取暴曬爲名耳。
或云薄室。'"詩鄭風大叔于田篇"襢裼暴虎",毛傳:"襢裼,肉袒也。
暴虎,空手以搏之。"爾雅釋訓:"暴虎,徒搏也。"郭注:"空手執
也。"按:暴字在宵部。薄、搏二字在魚部。　　原注〔五〕轉支者:
如"迹"籀文作"速";狄字今從亦聲;閩閩爲豈弟;曰圛爲曰涕,是
也。○説文:"迹,步處也。从辵,亦聲。速,籀文迹从束。"按:迹从
亦聲,在鐸(魚)部。速从束聲,在錫部,舊附支部。説文:"狄,赤
狄。从犬,亦省聲。"按:狄聲在錫(支)部。詩齊風載驅篇"齊子豈
弟",鄭箋:"豈,讀當爲闓;弟,古文尚書以弟爲圛,圛,明也。"按:説
文:"闓,開也。"尚書洪範篇、"七,稽疑,〔四〕曰圛。"史記作"曰
涕"。按:圛字在鐸(魚)部。弟涕二字在脂部,非在支部,此殆有
誤。　　　原注〔六〕轉至者:如方言云:"迹迹、屑屑,不安也。"二語
相轉;"䋐䋐,黏也。"二語相轉;説文"渠蝴",釋蟲作"蛞蝓";又拮
据爲連語;釋詁劫又訓固;廣雅石訓爲摭,賈子亦云提石,而摭字自
詩箋已作擲也。○方言十:"迹迹、屑屑,不安也。江沅之閒謂之迹
迹,秦晋謂之屑屑,或謂之塞塞,或謂之省省,不安之語也。"廣雅釋
訓:"屑屑,迹迹,不安也。"按:迹字在鐸(魚)部,屑字在至部,即質
部,下同。説文:"䊓,黏也。䋐,䊓或从刃。"方言二:"䊓,黏也。齊
魯青徐自關而東,或曰䋐,或曰䊓。"按:䋐字在至部。廣韵"䋐,尼
質切。"䊓从女聲、在魚部。説文:"蝴,渠蝴,一曰天社,从虫,卻
聲。"廣雅釋蟲:"天社,蛞蝓也。"爾雅釋蟲:"蛞蝓,蝓蝓。"郝懿行
曰:"渠蝴雙聲,蛞蝓疊韵,蛞蝓亦雙聲也。準是而言,説文之渠蝴,

即爾雅之蛄蟭。”按：渠字在魚部，蛄字在至部。詩豳風鴟鴞篇“予
手拮据”，毛傳：“拮据，撠挶也。”陳奐傳疏：玉篇云：“拮据，手病
也。撠挶者，即手病之謂。撠，俗作撠。”按：据字在魚部。拮字在
至部。爾雅釋詁：“劼，固也。”釋文：“劼、或作硈。”説文：“硈，石堅
也。”爾雅釋言：“硈，鞏也。”按：固字在魚部。廣雅釋詁：“石，摘
也。”賈誼新書連語篇：“提石之者猶未肯止。”王念孫曰：“是石爲
摘也。”詩邶風北門篇“王事敦我”，鄭箋：“敦，猶投擲也。”王念孫
曰：“擲與摘同。”按：石聲在鐸（魚）部。摘从適聲，在錫（支）部。
而擲从鄭聲，鄭在真部，擲在質（至）部。則陽入對轉也。　　原注
〔七〕轉脂者：如説文“壻讀若細”。壻本言壻，故字或作聟，假壻爲
之；而今讀若細；又史記匈奴傳“黄金胥紕”，漢書作“犀比”，戰國
策言“師比”，是也。○説文“壻，夫也，讀與細同。”“壻，知也。从
言，胥聲。”禮記昏義篇“壻執鴈入”，釋文：“壻，或又作‘聟’，俗從
知下作耳。”按：壻壻皆从胥聲，本在魚部，而壻讀若細，則在脂部。
漢書匈奴傳“孝文遺匈奴黄金犀毗一”，顔注：“犀毗，胡帶之鈎也。
亦曰鮮卑，亦謂師比，總一物也，語有輕重耳。”趙策：“遂賜周紹胡
服衣冠具帶黄金師比”，史記匈奴傳索隱：“胥、犀與師並相近而説
各異耳。班固與竇憲牋云：‘賜犀比金頭帶’是也。”按：胥聲在魚
部。師、犀二字在脂部。　　原注〔八〕轉隊者：如説文菸訓鬱；怛
訓拙；又鼓造爲屈造；魏略書徐庶白堊塗面作白堊突面，是也。○
按菸怛二字在魚部。鬱拙二字在隊部。淮南子説林訓：“鼓造辟
兵，壽盡五月之望。”高注：“鼓造蓋謂梟，一曰蝦蟇。今世人五月望
作梟羹，亦作蝦蟇羹。”大戴禮記夏小正篇謂蜮爲屈造之屬。鼓在
魚部。屈在隊部。此引魏略，見三國志蜀書諸葛亮傳裴注。塗在
魚部。突在隊部。　　原注〔九〕轉泰者：如于越同訓；又釋名稱草

圓屋曰蒲，即草舍之庱字，是也。○經傳釋詞一："于，猶越也，連及之詞。夏小正傳曰：'越，于也。'"釋名釋宮室："草圓屋曰蒲。蒲，敷也，總其上而敷下也。"說文："庱，舍也。从广，犮聲。詩曰：'召伯所庱'。"按：于、蒲二字在魚部。越、庱二字在泰部。　　　原注〔一○〕轉歌者：如輅字小篆作駕；削瓜曰華之，借爲撝之；又何亦作胡；夎讀如詐，是也。此與陰弇聲之轉也。○說文："駕，馬在軛中。从馬，加聲。輅，籀文駕。"按：輅从各聲，在鐸（魚）部。駕从加聲，在歌部。禮記曲禮上："爲國君者華之，中以綌。"鄭注："華，中裂之，不四析也。"孔疏："華，謂半破也。"新方言釋言："說文：'撝，裂也。'許歸切。音轉爲華，若華蓲相通也。今謂以刀分物爲華開。"按：華字在魚部。撝字在歌部。詩魏風伐檀篇"胡取禾三百廛兮"、鄭箋："胡，何也。"又邶風式微篇"胡不歸"，鄭箋："君何不歸乎。"按：胡字在魚部。何字在歌部。禮記曲禮篇："介者不拜。爲其拜而夎拜。"鄭注："夎，猶詐也。"釋文："夎，詐也，挫也。"按：夎从坐聲，在歌部。詐从乍聲，在魚部。**餘熱未已，陽與陽弇聲旁轉，極於寒矣，又從寒以對轉而得泰。**原注：如對揚亦作對越；戚揚借爲戚戉，是也。○尚書僞說命篇"敢對揚天子之休命"，某氏傳："對，答也，答受美命而稱揚之。"詩周頌清廟篇"對越在天"，鄭箋："對，配；越，於也。"陳奐傳疏訓越爲揚。詩大雅公劉篇"干戈戚揚"，毛傳："戚，斧也；揚，鉞也。"按：鉞爲戉之後起字，戉聲在泰部。**陽與陽侈聲旁轉，極於談矣，又從談以對轉而得宵。**原注：如駓駓牡馬亦作駫駫牡馬；又枉轉爲夭；量轉爲料，是也。○說文："駓，馬盛肥也。"引詩"駓駓牡馬"。今魯頌駉篇"駓駓"作"駉駉"。說文又云："駫，良馬也。"引詩"駫駫牡馬"。今詩無此文。說文："枉，衺曲也。""夭，屈也。""量，稱輕重也。""料，量也。"

段注:"稱其輕重曰量,稱其多少曰料,其義一也。知其多少,斯知其輕重矣。"按:䯌、枉、量三字在陽部。䮦、夭、料三字在宵部。**魚與陰弇聲旁轉,極於歌矣,又從歌以對轉而得寒。**原注:如籑或作觸;無作曼;烏作安;跋扈作畔援;魁梧作魁岸,是也。〇説文:"籑,收絲者也。从竹,奻聲。觸,籑或从角从閒。"廣韵:"籑,亦作籑,王縛切。"小爾雅廣詁:"曼,無也。"王煦疏:"揚子法言云'聖人曼云',又云'曼無之也',李氏彼注云:'曼,無也。'後漢桓帝永興二年,詔郡國種蕪菁,蕪菁即蔓菁。"呂氏春秋明理篇"烏聞至樂",高注:"烏,安也。"淮南子時則訓"天子烏始乘舟",高注:"烏,猶安也。"詩大雅皇矣篇"無然畔援",鄭箋:"畔援;猶跋扈也。"後漢書朱浮傳"往年赤眉跋扈長安",李注:"跋扈,猶暴橫也。"史記留侯世家"計魁梧奇偉",集解引應劭曰:"魁梧,邱虛壯大之意。"漢書江充傳:"充爲人魁岸,容貌甚壯。"廣雅釋訓:"魁岸,雄桀也。"按:籑(鐸)、無、烏、扈、梧五字在魚部。觸、曼、安、援、岸五字在寒部。**魚與陰侈聲旁轉,極於宵矣,又從宵以對轉而得談。**原注:如古文扈作岵,從马聲,草木之華爲马,音轉爲扈爲華;又敄從古聲;楉讀若芨,是也。〇説文:"马,讀若含。""敄,進取也。从受,古聲。""楉,木也。从木,胥聲,讀若芨刈之芨。"廣韵:敄,古覽切。楉,相居切。芨,所銜切。按:户(扈所從)、古、胥三聲在魚部。马、敄、芨三字在談部。**夫惟當軸處中,**鹽鐵論雜論篇:"車丞相即周魯之列,當軸處中",原指車千秋之官居顯要,此則以喻魚陽兩部在成均圖中之地位。**故兼擥弇侈之聲,**説文:"擥,撮持也。"漢書揚雄傳顔注:"擥,總也。"按:即總持。**與之交捷。**爾雅釋詁:"接,捷也。"郭注:"捷,謂相接續也。"左氏莊十二年傳:"宋萬弑其君捷。"僖三十二年傳:"鄭伯捷卒。"文十四年經:"晉人納捷菑於邾。"此三捷字,公羊傳皆作接。**其夅侈者爲軸所隔,則交捷之塗絕矣。**黃侃音略:"古音通轉之理,前人多立對轉、旁轉之名。今謂對轉於音理實有,其餘名目皆可不立。以雙聲疊韵二理,可賅括而無餘也。"誠按:黃說甚是。如此節所舉諸例,旁轉猶或可說,至謂陽與泰、宵相轉,魚與寒、談相轉,則似失之牽強。綜而觀之,實即雙聲相轉耳。**孔氏所表,以審對轉則優,以審旁轉則寚。**孔氏所表,自宵緝(侵)相轉不合音理以及誤謂合部爲陰聲斯二者外,其餘七事,皆信而有徵,足爲定論,故曰優。至於旁轉,孔所不道。表中所注丁(耕)辰(真)通用,支脂通用,冬緌蒸通用,幽宵之通用,乃指用韵之疏。其餘各部,雖鄰近亦不得通,故曰寚。說文:"寚、礙不行也。"**辰陽鱗次,**文選潘岳射雉賦:"綠柏參差,文翽鱗比。"按:孔氏詩聲類,辰列陽聲第三,陽列陽聲第四,有若魚鱗之相次比。**脂魚櫛比,**詩周頌良耜篇"其比如櫛",釋文:"比,毗志反。"朱傳:"櫛,理髮器,言密也。"文選左思吳都賦:"屯營櫛比。"按孔氏脂列陰聲第十二,魚列陰聲第十三,有若梳齒之相密接。**由不知有軸音,故使經界華離,首尾橫決,其失一也。**孟子滕文公上篇"夫仁政必自經界始",趙注:"經亦界也。"焦循正義:"趙氏以此經界即各國之疆界。"華離者,周禮夏官形方氏云"正其封疆,無有華離之地",鄭注:"華,讀爲觚哨之觚。正之使不觚邪離絕。"賈疏:"王者地有觚邪離絕,遞相侵入不正,故今正之。"阮元校勘記:"今俗語分析謂之花,即此經華字也。"賈誼新書數寧篇:"本末舛逆,首尾橫決。"**緝盍二部雖與侵談有別,然交廣人呼之,同是撮脣,不得以入聲相格。孔氏以緝盍爲陰聲,其失二也。**孔氏詩聲類云:"至於入聲,則自緝合等

閉口音外,悉當分隸自<u>支</u>至<u>之</u>七部而轉爲去聲,蓋入聲<u>柳</u>自<u>江左</u>,
非中原舊讀。"誠按:<u>孔氏</u>誤認四聲乃<u>江左沈約</u>等所創,又以籍隸<u>山
東</u>,已不復聞入聲,遂有中原自無此調之説。然觀其所言,又似承
認合部之爲入聲。但既與陰聲韵同列,則仍以爲陰聲耳。格者,<u>禮
記學記篇</u>:"發而後禁,則扞格而不入。"<u>周語韋注</u>:"牴牾不相容曰
格。"**對轉之理:有二陰聲同對一陽聲者;**如<u>歌、泰</u>同對轉<u>寒</u>,
<u>隊、脂</u>同對轉<u>真</u>。**有三陽聲同對一陰聲者;**<u>成均圖</u>以<u>侵、冬、緝</u>
同對轉<u>幽</u>,然<u>緝</u>乃<u>侵</u>之入聲,非即陽聲也。**復有假道旁轉以得
對轉者;**原注:此所謂次對轉。若<u>東</u>亦與<u>幽</u>對轉,是假道於<u>冬、侵</u>
也;<u>至</u>亦與<u>青</u>對轉,是假道於<u>支</u>也;<u>支、脂</u>亦與<u>寒</u>對轉,是假道於<u>歌、
泰</u>也;<u>之</u>亦與<u>冬、侵、緝</u>對轉,是假道於<u>幽</u>也。〇説見後。**非若人
之處室,妃匹相當而已。**<u>孟子萬章上篇</u>:"男女居室,人之大倫
也。"<u>爾雅釋詁</u>:"妃,媲也。"<u>郭注</u>:"相偶媲也。"<u>説文</u>:"媲,妃也。"
"妃,匹也。"**孔氏所表,欲以十八部相對,伉儷不踦,有若魚
貫,**<u>國語周語</u>"棄其伉儷妃嬪",<u>韋注</u>:"伉,對也。"<u>廣雅釋詁四</u>:
"儷,耦也。"<u>廣韵</u>:"儷,何犗切。"踦者,<u>説文</u>,踦本訓一足,引申爲奇
偶之奇。<u>方言</u>:"踦,奇也。"魚貫者,謂如魚游之先後相續也。<u>晉書
范汪傳</u>:"玄冬之月,沔漢乾涸,皆當魚貫而行,排推而進。"**真諄二
部,勢不得不合爲一,**自<u>段玉裁</u>始以<u>真、文</u>(即諄)分部,其後遂
成定論。而<u>孔氏</u>爲求整齊,不得不合而一之。**拘守一理,遂令
部曲掍殽,其失三也。**部曲,見<u>漢書李廣傳</u>。本軍隊編制之稱,
此則用如部伍義,借指韵部之排列組合。掍殽者,<u>説文</u>:"掍,同
也。""殽,相雜置也。"誠按:<u>孔氏</u>列陰聲爲九類,於是陽聲亦只容九
類,以利相配整齊。甚至陽聲二、三兩類通用,陰聲亦隨之二、三兩

類通用,陽聲六、七、八三類通用,陰聲亦隨之六、七、八三類通用,此其失也。**今爲圜則正之,命曰成均圖**。楚辭天問"圜則九重,孰營度之",王注:"言天圜而九重,誰營度而知之乎。"周易乾文言:"乾元用九,乃見天則。"**成均圖者,大司樂掌成均之法,鄭司農以均爲調**。周禮春官大司樂:"掌成均之法,以治建國之學政而合國之子弟焉。"鄭司農云:"均,調也。樂師主調其音;大司樂主受此成事已調之樂。"**古之言韵曰均**,段玉裁作六書音均表,以"均"爲"韵"字。**如陶均之圓也**。史記魯仲連鄒陽傳:"是以聖王制世御俗,獨化於陶鈞之上。"集解引漢書音義曰:"陶家名模下圓轉者爲鈞。"索隱引張晏曰:"陶,冶;鈞,範也。作器下所轉者名鈞。"

　　東冬旁轉。如窮字本在冬部,窮從躬聲,在冬部。**然詩言"不宜空我師",傳以空爲窮**;此小雅節南山篇文。**又窮乏、空乏,其義大同**;孟子告子上篇"爲宮室之美、妻妾之奉、所識窮乏者得我與",又下篇云:"餓其體膚,空乏其身。"**亦語之轉也**。空從工聲,在東部。**中字本在冬部,而鍾子期亦作中旗**;鍾子期其人,見吕氏春秋精通篇(伯牙事見同書本味篇)。戰國策秦策四"中期推琴",史記魏世家作"中旗",説苑作"申旗",黄丕烈曰:"申即中譌耳。"按:重聲、童聲在東部。**洚字本在冬部,而洚水亦即洪水,是也**。孟子滕文公下篇:"書曰:'洚水警余'(趙注:尚書逸篇也),洚水者,洪水也。"又告子下篇:"水逆行謂之洚水,洚水者,洪水也。"按:絳從夅聲,在冬部。洪從共聲,在東部。**東與侵旁轉**。**如含之與容**,説文:"含,嗛也(嗛,口有所銜也)。"荀子解蔽篇"故曰心容",楊注:"容,受也。"史記禮書"函及士大夫”，集解：“函，音含。”索隱：“含謂包容。”誠按：含、容義近。含在侵部。容在東部。**冡之稱琴，是也。**水經泚水注：“楚人謂冡爲琴。”按：冡在東部。琴在侵部。**凡聲之字：風、芃、鳳輩，今皆讀入東部。**廣韻：“風，方戎切。”“芃，房戎切。”“鳳，馮貢切。”皆在東部。按：凡聲則在侵部。

　　冬侵二部，同居而旁轉。故農字音轉則爲男；文始七：“男又近轉冬，變易爲農，耕也。”（段氏據玄應音義卷十一，耕下補“人”字）按：農在冬部。男在侵部。**戎字音轉則爲茙；**原注：釋草：“戎菽謂之茙菽。”〇郭注：“即胡豆也。”詩大雅生民箋：“戎菽，大豆也。”誠按：戎任二字，釋詁並云大也。戎在冬部。茙從任聲，在侵部。**臨衝作隆衝，**詩大雅皇矣篇“與爾臨衝”，毛傳：“臨，臨車也；衝，衝車也。”釋文：“韓詩作隆衝。”按：臨在侵部。隆在冬部。**隆慮作林慮。**漢書地理志河内郡有隆慮縣。集注：“應劭曰：隆慮山在北，避殤帝名，改曰林慮也。”師古曰：“慮，音廬。”按：林在侵部。**緝侵本可爲平入，以三百篇用韵有分，故今亦分爲二。**緝部本入聲韵，理應獨立。**若夫及聲爲今；**説文：“今，是時也。从亼，从㇇。㇇，古文及。”按：今聲在侵部。及聲在緝部。**甚聲爲斟；**説文：“斟，斟斟，盛也。从十，甚聲。”按：甚聲在侵部。斟字在緝部。斟，唐韵“子入切”，廣韻“昌入切”。**厭厭或爲愔愔；**詩小雅湛露篇“厭厭夜飲”，毛傳：“厭厭，安也。”釋文：“韓詩作愔愔。”左氏昭十二年傳“其詩曰：‘祁招之愔愔’”，杜注：“愔愔，安和貌。”誠按：詩秦風小戎篇“厭厭良人”，列女傳二引作“愔愔良人”。廣韻：“厭，於葉切。”在緝部。愔從音聲，在侵部。**拾瀋即是拾汁，**左氏哀三年傳：“無備而官辦者，猶拾瀋也。”杜注：“瀋，汁也。

言不備而責辨，不可得。"釋文："北土呼汁爲瀋。"按：瀋从審聲，在侵部。汁从十聲，在緝部。**其相通轉亦冣親也。**侵緝相轉，雖有其例，但不如談盍相轉之多。

冬蒸旁轉。如营本在冬部，或作芎，則讀入蒸部；説文："营，营藭，香艸也。芎，司馬相如説：营或从弓。"按：营从宫聲，在冬部。芎从弓聲，在蒸部。**布八十縷爲升，本在蒸部，轉爲緵、稯、宗，則讀入東冬二部，是也。**儀禮喪服篇"冠六升"，鄭注："布八十縷爲升。"史記景帝紀"令徒隸衣七緵布"，正義："緵，八十縷也，與布相似。"説文："稯，布之八十縷爲稯。从禾，㚇聲。"儀禮喪服傳孔疏："布八十一縷謂之宗，宗即古之升也。"按：緵、稯皆从㚇聲，在東部。宗在冬部。

侵蒸旁轉。如鳳本作朋，在蒸部，小篆从凡聲，則入侵部；説文："鳳，神鳥也。从鳥，凡聲。朋，古文鳳。"**雍從瘖省聲，瘠癃又從雍聲，音本在侵部，雍、瘠、癃乃入蒸部；**説文："雍，鳥也。从隹，瘖省聲。""瘠，瘣也。从肉，雍聲。""癃，當也。从心，雍聲。"**馮几字本作凭，凭在侵部，今以蒸部之馮爲之，是也。**説文："凭，依几也。从几，从任，讀若馮。"徐鉉曰："馮，本音皮冰切。"按：漢書嚴助傳甯成傳注並云："馮，讀曰凭。"

蒸談旁轉。如堋字亦轉作窆，是也。説文："堋，喪葬下土也。从土，朋聲。""窆，葬下棺也。从穴，乏聲。"按：堋从朋聲，在蒸部，而窆則在談部。**談亦與東旁轉，**原注：次旁轉。**故窆又書作封矣。**禮記檀弓上篇"縣棺而封"，鄭注："封，當爲窆。窆，下棺也。"**熊從炎聲，本在談部，**據金文及三體石經，熊乃純象形字，非从能炎省聲也。章氏乃沿許慎之誤。**張升反論以"鯀化**

爲熊"韵"積灰生蠅"，左氏昭七年傳正義引張升作張叔，反論作皮論，錢大昕已辨其誤。（嚴可均全後漢文又題作友論）論云："賓爵下革，田鼠上騰，牛哀虎變，鮌化爲熊，久血爲燐，積灰生蠅。"**則讀入蒸部。**熊字本在蒸部，故左傳正義引王劭云："古人讀雄與熊皆于陵反，張叔用舊音也。"誠按：騰與蠅亦蒸部字。**談盍二部，其分亦如侵緝，**侵與緝既分爲二，談與盍自同其例。**乃如占耴二聲，常相轉變：**占聲在談部。廣韵："耴，陟葉切。"在盍部。説文："耴，耳垂也。"**故拈、㨖同訓；**説文："拈，㨖也。从手，占聲。""㨖，拈也。从手，耴聲。"廣韵："拈，指取物也。奴兼切。""㨖，陟葉切。"**鉆、銸同訓；**説文："鉆，鐵銸也。从金，占聲。""銸，鉆也。从金，耴聲。"廣韵："鉆，持鐵者，巨淹切。"説文又敕淹切。唐韵："銸，陟葉切。"**其相通轉亦冣親也。**談盍相轉，音理固然。

東蒸亦有旁轉。如送從倂得聲，而詩以韵控、丰、巷；説文："送，遣也。从辵，倂省。遜，籒文不省。"又："倂，送也。从人，弁聲。"按：送从倂聲，倂从弁聲，本在蒸部，而控、丰、巷三字則在東部。詩鄭風大叔于田篇"抑磬控忌，抑縱送忌"，控、送爲韵。又丰篇："子之丰兮，俟我乎巷兮，悔予不送兮。"丰、巷、送爲韵。**囪聲之字，乃有曾、層、竲、贈，是也。**説文："囪，古文窗字。"在東部，而从囪聲之曾、及从曾聲之層、竲、贈等字，則在蒸部。**東談亦有旁轉。若坎侯即空侯；**史記封禪書："禱祠太一后土，始用樂舞，益召歌兒，作二十五弦及空侯琴瑟自此起。"風俗通義聲音篇："謹按漢書：孝武皇帝賽南越，禱祠太乙后土，始用樂人侯調依琴作坎坎（當作坎侯）之樂。言其坎坎應節奏也。侯以姓冠章耳。"按：空从工聲，在東部。坎从欠聲，在談部。**史記書張孟談、**

趙談作張孟同、趙同，是也。 史記趙世家："襄子懼，乃夜使張孟同私於韓魏。"索隱："按戰國策作張孟談"（誠按：趙策一云：知伯因陰結韓、魏，將以伐趙，襄子召張孟談而告之云云）。談者，史遷之父名談，例改爲同。又袁盎鼂錯列傳："袁盎常引大體忼慨，宦者趙同以數幸，嘗害袁盎。"趙同，漢書袁盎傳作趙談。**冬談亦有旁轉。如函谷作降谷**；原注：鄭康成尚書注。○函谷，即函谷。國策西周策"君臨函谷"，高注："函谷，關名也。在宏農城北。"顧祖禹讀史方輿紀要："河南陝州靈寶縣南十里有幽谷故關。"尚書立政篇"三亳阪尹"孔疏及詩玄鳥疏引鄭注："三亳者，湯舊都之民服文王者分爲三邑。其長居險，故言阪尹。蓋東成皋，南轘轅，西降谷也。"按：函字在談部。降从夅聲，在冬部，而函字則在侵部。**讒鼎作崇鼎，是也。** 左氏昭三年傳：讒鼎之銘云云。孔疏引服虔曰："讒鼎，疾讒之鼎，明堂位所云崇鼎是也。"按：讒从毚聲，在談部。崇从宗聲，在冬部。**侵談亦有旁轉。如圅與含**，說文："圅，舌也。""含，嗛也。（嗛，口有所銜也。）"按：含从今聲，在侵部。**巖與嵒，音義多相通，是也。** 說文："巖，岸也。""嵒，山巖也。讀若吟。"按：嵒从品聲，在侵部。巖从嚴聲，在談部。**此皆次旁轉也。** 原注：以上陽侈聲旁轉。

青真旁轉。如令訓爲善，本借爲靈；說文："令，發號也。"爾雅釋詁："令，善也。"詩鄘風定之方中篇"靈雨既零"，鄭箋："靈，善也。"按：令在真部，靈在青部。**又顛之與頂，咽之與嗌，音義相轉，亦其例也。** 說文："顛，頂也。""頂，顛也。""咽，嗌也。""嗌，咽也。"按：顛、咽二字在真部。頂从丁聲，在青部。嗌从益聲，在錫部，舊附支部或青部。

真諄旁轉。如身侲皆在真部，轉諄乃爲娠；身及身聲之侲在真部，辰聲之娠在諄部。文始三："説文：'申，神也。自申束，从臼自持。'神，釋詁云'重也'。申亦訓重。孨乳爲身，躬也；又爲侲、神也。神者重也。廣雅釋詁：'孕，重，妊、娠、身、嫋，侲也。'詩'大任有身'，傳亦訓重。侲又變易爲娠，女妊身動也。"尹君同聲，本在諄部。按尹聲在真部，君聲乃在諄部。文始三亦云："尹轉諄，變易爲君也。"而記言孚尹，則借爲浮筍，禮記聘義篇："孚尹旁達，信也。"鄭注："孚，讀爲浮；尹，讀如竹箭之筠。"釋文："尹，依注音筠。"是又轉入真部也。按：旬聲之筍，自在真部，而尹亦本真部字也。

諄寒旁轉。如堇聲在諄部，難漢等字從之，則入寒部；説文："堇，黏土也。"廣韵："堇，巨斤切。""難，那干切。""漢，呼旰切。"貫聲在寒部，琨之或字從貫作瑻，則入諄部；説文："琨，石之美者。从玉，昆聲。瑻，或从貫。"廣韵："貫，古玩切。""瑻，古渾切。"藴積或作宛積；説文："藴，積也。"段玉裁曰："宛與藴，藴與鬱，聲義皆通，故方言曰：宛，蓄也。"按：昷聲之藴在諄部，夗聲之宛在寒部。薦席又爲荐席，皆其例也。楚辭逢紛"薜荔飾而陸離薦兮"，王注："薦，卧席也。"説文："荐，薦席也。"按：薦字在寒部。荐从存聲，在諄部。

青寒亦有旁轉。如嫈嫈亦作嬛嬛；左氏哀十六年傳"嫈嫈余在疚"，鄭司農注周禮大祝引作"嬛嬛予在疚"。説文嬛字下引詩亦作"嬛嬛在疚"。詩周頌閔予小子篇"嬛嬛在疚"，鄭箋："嬛嬛然孤特在憂病之中。"按：嫈从營省聲，在青部。睘聲袁聲在寒部。自營亦作自環，是也。説文："厶，姦衺也。韓非曰：'蒼頡作字,自營爲厶。'"今韓非子五蠹篇"營"作"環"。**嫈嫈本作趟趟,則寒青皆與真相轉矣。**説文:"趟,獨行也。从走,勻聲,讀若嫈。"按:勻聲在真部。**真寒亦有旁轉。如辨本在真部,采本在寒部,采訓辨別,則聲義通矣。**説文:"采,辨別也。讀若辨。"**弁急之字,説文作慈,亦寒真之轉也。**禮記玉藻篇"弁行,剡剡起屨",鄭注:"此急趨也。"孔疏:"弁,急也。急行欲速而身屨恒起也。"説文:"慈,憂也。从心,辡聲,一曰急也。"按:廣韵:"弁,皮變切。"在真部。慈从辡聲,在寒部。**青諄亦有旁轉。如詩"巧笑倩兮,美目盼兮",倩在青部,盼在諄部,而以爲韵**,此詩衛風碩人文。按:盼从分聲,在諄部。倩从青聲,在青部。**子夏引詩,倩、盼又與絢韵,則青諄真三部相轉也。**子夏引詩,見論語八佾篇。第三句云:"素以爲絢兮"。按:絢从旬聲,在真部。**此皆次旁轉也。**原注:以上陽弇聲旁轉。

侯幽旁轉。如句从丩聲;説文:"句,曲也。从口,丩聲。""丩,相糾繚也。"按:句聲在侯部。丩聲在幽部。**臞、脙二字,義同聲轉**;説文:"臞,少肉也。从肉,瞿聲。""脙,齊人謂臞脙也。从肉,求聲。"按:臞从瞿聲,在魚部。脙从求聲,在幽部。**蜀國,漢人書作叟**;後漢書劉焉傳:"焉遣叟兵五千助之。"李賢注:"漢世謂蜀爲叟。"又董卓傳:"吕布軍有叟兵内反。"注云:"叟兵即蜀兵也。漢代謂蜀爲叟。"按:蜀聲在屋部,舊附侯部。叟聲在幽部。**朹字,漢以來皆書作豆,是也。**説文:"豆,古食肉器也。""朹,豆也。"段注:"朹豆古今語,亦古今字。此以漢時語釋古語也。戰國策:'韓地五穀所生,非麥而豆,民之所食,大抵豆飯藿羹。'史記豆作菽。"按:豆聲在侯部,朹聲在覺部,舊附幽部。

　　幽之旁轉。如求聲之字皆在幽部，而詩中裘字與梅、貍、試爲韵，則入之部；詩秦風終南："終南何有，有條有梅，君子至止，錦衣狐裘。"裘、梅爲韵。豳風七月："取彼狐貍，爲公子裘。"裘、貍爲韵。小雅大東："舟人之子，熊羆是裘，私人之子，百僚是試。"裘、試爲韵。**臼聲之字，本在幽部，而鴟舊之字，自古以爲新舊之字，則借舊爲久，讀入之部**；説文："舊，鴟舊，舊留也。从萑，臼聲。"**毒聲之字，本在之部，故爾雅釋訓以毒韵德、忒、食**，爾雅釋訓："哀哀悽悽，懷報德也；儵儵嘒嘒，罹禍毒也；晏晏旦旦，悔爽忒也；皋皋琄琄，刺素食也。"**然詩已以毒韵鞠、覆、育、迪，爲幽部入聲，是也。**詩邶風谷風："昔育恐育鞠，及爾顛覆，既生既育，比予于毒。"毒、鞠、育、覆爲韵。又大雅桑柔以"弗求弗迪"之迪韵"寧爲荼毒"之毒。

　　之宵旁轉。如毛詩"儦儦俟俟"，韓詩作"駓駓騃騃"；詩小雅吉日篇："儦儦俟俟，或羣或友。"毛傳："趨則儦儦，行則俟俟。"後漢書馬融傳"駓駓騃騃"，李賢注引韓詩："駓駓俟俟。"**犛從𠭿聲，當在之部，而唐韵作莫交切**，廣韵犛有莫交、里之兩切。𠭿音許其切。説文："犛，西南夷長髦牛。"**漢時亦以髦牛旄牛爲稱，是讀犛入宵部也。**史記西南夷列傳："取其筰馬；僰僮、髦牛。"漢書西南夷傳："巴蜀民或竊出商賈，取其莋馬；僰僮、旄牛。"**氂字從毛，周禮樂師音義云："氂，舊音毛。"是從毛聲在宵部也。**説文："氂，犛牛尾也。从犛省，从毛。"廣韵："氂，莫交切。"**而左氏傳晏氂，國語作晏萊，唐韵亦音里之切，是讀氂入之部也。**晏氂，齊大夫。見左氏襄二十三年傳。釋文："氂，力之反，徐音來。"國語魯語下，晏氂作晏萊。**此皆二部相**

轉，故其音彼此相涉也。原注：今語言"之"則曰"的"，是由之轉宵也；言"巳"則曰"了"，亦由之轉宵也。〇的从勺聲，在藥部，舊附宵部。了聲自在宵部。

侯宵亦有旁轉。如乘驕作乘駒，詩陳風株林篇"乘我乘駒"，釋文："乘驕，音駒。沈云：或作駒字，是後人改之。"據此，陸德明所見本本作"乘我乘驕"。按：駒从句聲，在侯部。驕从喬聲，在宵部。車樔讀蜂藪；説文："樔，車轂中空也。从木，㲋聲，讀若藪。"周禮考工記"以其圍之防捎其藪"，鄭注："捎，除也。防，三分之一也。鄭司農云：藪，讀爲蜂藪之藪。"按：樔从㲋聲，在宵部。藪从數聲，在侯部。説文受訓上下相付，則受付一語之轉；説文："受，物落上下相付也。"按：受聲在宵部。付聲在侯部。毛詩傳訓摽爲拊心；詩邶風柏舟篇"寤辟有摽"，毛傳："摽，拊心貌。"按：摽从票聲，在宵部。今人書符契之字作票，皆是也。説文："票，火飛也。"段注："引申爲凡輕鋭之偁。今俗閒信券曰票，亦尚存古義。"誠按：今語鈔票、傳票、選舉票之類，皆信券也。侯之亦有旁轉。如音聲在侯部，故易以蔀、斗、主爲韵；周易豐卦九四："豐其蔀（王注：蔀，覆曖鄣光明之物也。），日中見斗，遇其夷主。"按：蔀从部聲，部从音聲，説文："音，相與語唾而不受也。从丶，从否，丶亦聲。歌，音或从豆欠。"廣韵："蔀，蒲口切。"與斗、主二字同在侯部。而陪、倍諸字，多讀入之部；廣韵："倍，薄亥切。""陪，薄回切。"皆之部字。又小雅鄂不，箋以爲鄂柎；詩小雅常棣篇："常棣之華，鄂不韡韡。"鄭箋："承華者曰鄂。不，當作柎，柎，鄂足也。"按：不聲在之部。大雅禦侮與附、後、奏爲韵，是也。詩大雅緜篇："予曰有疏附，予曰有先後，予曰有奔奏，予曰有禦侮。"按:侮从每聲,在之部。附、後、奏三字在侯部。**幽宵亦有旁轉。如箭韶亦作簫韶**;説文:"箭,以竿擊人也。从竹,削聲。虞舜樂曰箭韶。"又:"韶,虞舜樂也。書曰:'簫韶九成,鳳凰來儀。'从音,召聲。"按:箭从削聲,在藥部,舊附宵部。廣韵有蘇彫切一音。簫从肅聲,在覺部,舊附幽部。廣韵:"蘇彫切。"**皋陶亦爲咎繇**;尚書皋陶謨篇。序釋文:"皋,音高,本又作咎;陶,音遥,本又作繇。"按:離騷、書大傳、説文,"陶"並作"繇"。陶从匋聲,在幽部。繇从䍃聲,在宵部。**魯詩"素衣朱綃",毛詩作"素衣朱繡",是也。**詩唐風揚之水篇"素衣朱繡",儀禮士昏禮注引魯詩作"素衣朱綃"。按:綃字在宵部。繡字在幽部。**此皆次旁轉也。**原注:以上陰侈聲旁轉。

　　支至旁轉。如弟聲之字,當在支部,而鴺讀如秩;説文:"鴺,爵之次弟也。虞書曰:'平鴺東作'。"今尚書堯典篇"鴺"作"秩"。按:秩从失聲,在質部,即至部。**寔、實二字,春秋時已通用,**春秋桓公六年"寔來",杜注:"寔,實也。"同年左氏傳:"書曰寔來,不復其國也。"杜注:"言朝則遂留不去,故變文言實來。"詩召南小星篇"寔命不同",釋文:"寔,韓詩作實。"按:説文:"寔,止也。""實,富也。"寔从是聲,在支部。實聲在質(至)部。**漢時趙魏閒亦同聲呼之**;詩大雅韓奕:"實墉實壑,實畝實籍。"鄭箋:"實當作寔,趙魏之東,實寔同聲。寔,是也。"**八佾**原注:今作"佾"。**之字,漢書、春秋繁露皆作"溢"**;説文:"佾,振佾也。从肉,八聲。"大徐説文音許乞切。説文新附:"佾,舞行列也。从人,八聲。"廣韵:"佾,夷質切。"漢書禮樂志郊祀歌"千童羅舞成八溢",顏注:"溢,與佾同。佾,列也。"春秋繁露三代改制質文篇:

"主天法商儺溢員,主地法夏儺溢方,主天法質儺溢橢,主地法文儺溢衡。"按:旮聲在質(至)部。益聲在錫部,舊附支部。**老洫之字亦或作溢,是也。**莊子齊物論篇"以言其老洫也",釋文:"洫,本或作溢。"按:血聲在質(至)部。

至脂旁轉。如日聲之䵒,左氏傳用爲昵字;説文:"䵒,黏也。從黍,日聲。春秋傳曰:'不義不䵒'。"按:左氏隱元年傳:"不義不暱,厚將崩。"杜注:"不義于君,不親于兄。"釋文:"暱,親也。"説文:"暱,日近也。昵,或從尼。"按:日聲在質(至)部。昵從尼聲,在脂部。**密,本訓山如堂者,**見説文。**周密之密,則借爲比。故説文云:"比,密也"。是也。**説文:"比,密也。二人爲從,反從爲比。"按:比聲在脂部。密從必聲,在質(至)部。

脂隊二部,同居而旁轉,舊不別出。章氏定古韵二十三部,始以隊部獨立爲一類。顧江以來,未之有也;劉逢禄雖嘗建未部,與微部分列,然又兼收泰曷,則與祭部相掍,自不如章氏之審諦。別詳二十三部音準篇。**今尋隊與術、物諸韵,視脂、微、齊平入不同。**文始二云:"隊脂相近,同居互轉:若聿、出、内、尤、戾、骨、兀、鬱、勿、弗、卒諸聲,諧韵則詩皆獨用。而自、隹、畾或與脂同用。乃夫旯、昧同言,坻汝一體,造文之則已然,亦同門而異户也。"按:時賢王力氏改標隊部爲物部。**其相轉者:如㺪從豕聲;**説文:"㺪,從意也。從八,豕聲。"廣韵:"㺪,徐醉切。"按:㺪聲在隊部。豕聲在脂部。**渠魁之字借爲䯏;**尚書僞胤征篇"殲厥渠魁",某氏傳:"渠,大也;魁,帥也。"按:魁本訓羹斗(説文),借爲䯏。説文:"䯏,大頭也。從頁,骨聲,讀若魁。"魁從鬼聲,在脂部。䯏從骨聲,在隊(物)部。**突出之字借爲自,䑏,是也。**説文:

“突，犬從穴中暫出也。”“自，小𨸏也。”“頯，出頷也。”<u>廣韻</u>：“突，陀骨切。”“自，都回切。”“頯，直追切。”<u>段玉裁</u>説文自字注：“小𨸏曰自。國語叚借魁字爲之。周語‘夫高山而蕩以爲魁陵糞土’，<u>賈逵</u>、<u>韋昭</u>皆曰：小𨸏曰魁。即<u>許</u>之自也。”又頯字注：“謂頷朕出向前也。”按：自聲佳聲在脂部。突聲在隊（物）部。

脂歌旁轉。如玼亦作瑳；説文：“玼，玉色鮮也。從玉，此聲。”“瑳，玉色鮮白。從玉，差聲。”<u>廣韻</u>：“玼，雌氏切，又千禮切。”“瑳，七何切，又七可切。”按：此聲在脂部。差聲在歌部。**訾、咨亦借爲嗟**；説文：“訾，不思稱意也。”借爲嗟；<u>逸周書</u>太子晉篇“四荒至、莫有怨訾”<u>孔注</u>：“訾，歎恨也。”説文又云：“謀事曰咨。”借爲嗟：<u>詩</u>大雅蕩篇“文王曰咨”，<u>毛傳</u>：“咨，嗟也。”嗟者，周易離卦九三：“大耋之嗟”，<u>王注</u>：“嗟，憂歎之辭也。”按：次聲在脂部。**彼交匪敖，亦作匪交**，<u>詩</u>小雅桑扈篇“彼交匪敖”，<u>馬瑞辰</u>傳箋通釋云：“彼、匪古通用。成十四年左傳引詩‘彼交匪傲’。襄二十七年<u>左傳</u>：公孫段賦桑扈，<u>趙孟</u>曰：‘匪交匪敖，福將焉往。’漢書五行志引詩作‘匪傲匪傲’。蓋三家詩彼作匪，交作傲，毛詩作彼，即匪之叚借。交即徼之叚借。”<u>胡承珙</u>毛詩後箋云：“匪彼二字，古雖通用，此詩義當作匪。”按：匪從非聲，在脂部。彼從皮聲，在歌部。**江南柀木或作枇木，是也。**爾雅釋木“柀、粘”，<u>郭注</u>：“粘似松，生<u>江南</u>。”<u>郝懿行</u>義疏：“粘蓋黏字之誤。”是也。本草“榧實”，<u>陶弘景</u>集注：“出<u>東陽</u>諸郡。”爾雅翼云：榧似粘而材光，文彩如柏，古謂文木，通作枇。

隊泰旁轉。如兀在隊部，月在泰部，而趴亦爲跀，拐亦同扞；説文：“跀，斷足也。從足。月聲。趴，跀或從兀。”廣韵趼、趹二字並魚厥切。説文又云：“抈，折也。從手，月聲。”“扤，動也。從手，兀聲。”國語晉語：“其爲本也固矣，故不可抈也。”韋注：“抈，動也。”廣韵抈、扤二字亦並魚厥切。**出在隊部，叕在泰部，而屈、鈯、拙諸字與叕、窡、棳諸字，同有短義。是本一語之別。此其例也。**説文：“屈，無尾也。從尾，出聲。”廣雅釋詁三：“鈯，鈍也。”王念孫曰：“鈯，猶拙也，方俗語轉耳。”説文又云：“拙，不巧也。從手，出聲。”“叕，綴聯也。”“窡，短面也。從女，叕聲。”“棳，木也。從木，叕聲。”文始二云：“淮南書屈奇之服，許訓爲短，短引申爲拙，屈又孳乳爲拙，不巧也。旁轉泰爲窡、棳。窡，短面也。棳，梁上短木也。”章氏自注：“説文無棳，用李巡説。方言又有鼬字，訓短。”誠按：廣韵：“屈，區勿切。”“鈯，陀骨切。”拙，職悦切。“叕，陟劣切。”“窡，竹律切。”大徐説文音棳職説切。

泰歌二部，同居而旁轉。如曷即是何；説文：“曷，何也。從曰，匃聲。”廣韵：“曷，胡葛切。”按：曷聲在泰部。**㖾即是訶**；原注：説文：“㖾，語相訶歫也。”〇説文：“㖾，從口歫辛，辛，惡聲也。讀若櫱。”廣韵：“㖾，五割切。”按：㖾聲在泰部。**揭即是何**；原注：儋何之何。〇説文：“揭，高舉也。”莊子胠篋篇：“負匱揭篋擔囊而趨。”按：揭從曷聲，在泰部。何、訶皆從可聲，在歌部。**濊沬即摩娑**；説文：“濊，拭滅貌。從水，蔑聲。”“沬，濊沬也。從水，戉聲，讀若椒棳之棳。”段玉裁曰：“拭滅者，拂拭滅去其痕也。濊沬，今京師人語如此，音如麻沙。釋名曰：‘摩娑，猶末殺也。手上下之言也。’巾部帗字下曰：‘讀如末殺之殺’，末殺，字林作抹攃，即濊沬也。異字而同音義。”誠按：廣韵：“濊，莫撥切。”“沬，呼括切。”蔑聲、戉聲在泰部；而摩從麻聲，娑從沙聲，則在歌部。**苦蔞即果蓏，是也。**

説文:"苦,苦蔞,果蓏也。从艸,昏聲。""蔞,艸也。可以烹魚。从艸,婁聲。"本草綱目草部:"栝樓即果蠃,二字音轉也。亦作菇蓏,後人又轉僞瓜蔞。"又説文蠃或作裸,段注:"俗作蠃,致爲不通。"誠按:苦从昏聲,在泰部。果聲在歌部。廣韻:苦,古活切。蠃、蠃二字並郎果切。

　　支脂亦有旁轉。如"樂只君子"作"樂旨君子"；詩樛木、南山有臺、采菽及魚藻諸篇並有"樂只君子"之語。采菽一篇即六見。左氏襄二十四年傳及昭十三年傳引南山有臺,"只"並作"旨"。又左氏襄十一年傳引采菽,"只"亦作"旨"。襄二十年傳:"取其樂只君子"、釋文:"只,本作旨。"昭十三年傳引詩"樂只君子",宋本"只"作"旨"。按:只聲在支部。旨聲在脂部。**"積之秩秩"作"稽之秩秩"**；詩周頌良耜篇"積之栗栗",毛傳:"栗栗,衆多也。"説文:"稽,積禾也。从禾,資聲。詩曰:'稽之秩秩。'"按:積从責聲,在錫部。舊附支部。資从次聲,在脂部。**此从匕聲,本在脂部。而是、斯二字,同借爲此,則轉入支部**；説文:"此,止也。从止,从匕。""是,直也。从日正。"借爲此:論語學而篇"夫子至於是邦",是也。説文又云:"斯,析也。从斤、其聲。詩曰:'斧以斯之。'"借爲此:禮記檀弓篇"歌於斯,哭於斯",是也。按:是、斯二聲在支部。**示聲之字,三百篇多入脂部**,如祁字从示聲。詩采蘩篇以祁與歸韻；七月篇以祁與遲、悲、歸韻；出車篇以祁與遲、萋、喈、祁、歸、夷韻；大田篇以祁與萋、私韻之類,並在脂部。**而周禮以示爲祇**；説文:"示,天垂象,見吉凶,所以示人也。"周禮春官大宗伯"掌建邦之天神、人鬼、地示",以示爲祇。説文:"祇,地祇,提出萬物者也。从示,氏聲。"按:祇从氏聲,在支部。**左氏傳"提彌明",公羊傳作"祁",史記作"示",則示亦**

出入支脂二部也。提彌明其人，見左氏宣二年傳。公羊宣六年傳云："趙盾之車右祁彌明者，國之力士也。""提"作"祁"。史記晉世家："初，盾常田首山，見桑下有餓人。餓人，示眯明也。"索隱："鄒誕云：示眯爲祁彌也，即左傳之提彌明也，提音市移反。劉氏亦音祁爲時移反，則祁提二字同音也。而此史記作示者，示即周禮古本地神曰祇皆作示字。鄒爲祁者，蓋由祇、提音相近，字遂變爲祁也。眯音米移反，以眯爲彌，亦音相近耳。"按：提从是聲，在支部。

支泰亦有旁轉。如知、哲二文，互訓通用；説文："知，〔識〕詞也。""哲，知也。"尚書皋陶謨："能哲而惠"，史記夏本紀作"能知而惠"。洪範"曰哲"，宋微子世家作"曰知"。按：知聲在支部。哲从折聲，在泰部。**荀子"朽木不折"，大戴禮作"朽木不知"，是也。**各見兩書之勸學篇。（大戴禮記據四部叢刊影印明袁氏本。）**支歌亦有旁轉。如芰或作茤；**説文："芰，薢也。从艸，支聲。茤，杜林説：芰从多。"按：芰从支聲，在支部。茤从多聲，在歌部。**輗或作輨，是也。**説文："輗，大車轅耑持衡者。从車，兒聲。輨，輗或从宜。"按：兒聲在支部。宜聲在歌部。**至泰亦有旁轉。説文迭达二字，或説以爲互借；**説文："迭，更迭也。从辵，失聲。一曰达。""达，達或从大，或曰迭。"段注："或曰：此迭字之異體也。达迭二字，互相爲用。"按：迭从失聲，在質（至）部。达聲在月（泰）部。**中聲之字，音本如徹，在至支二部，**原注：徹或從鬲聲。○説文："屮，艸木初生也。讀若徹。""徹，通也。从彳，从攴，从育。徹，古文徹。"按：徹聲在質（至）部。鬲聲在錫部，舊附支部。**而嵒乃在泰部，是也。**説文："嵒，危高也。从自，屮聲，讀若臬。"按：臬聲在月（泰）部。**此皆次旁轉也。**原注：以上陰弇聲旁轉。

東侯對轉。如夅從夅聲；説文：“夅（夅），高墳也。从勹，夅聲。”“夅，豕絆足行夅夅。”按：夅聲在東部。夅聲在屋部，舊附侯部。**容從谷聲**；説文：“容，盛也。从宀，谷聲。”按：容聲在東部。谷聲在屋（侯）部。**誦轉爲讀**；説文：“誦，諷也（諷，誦也）。从言，甬聲。”“讀，誦書也。从言，賣聲。”按：甬聲在東部。賣（余六切）聲在屋（侯）部。**洞借爲竇**；説文：“洞，疾流也。从水，同聲。”借爲竇。説文：“竇，空也。从穴，瀆省聲。”文選西京賦“赴洞穴”，薛注：“洞穴，深且通也。”按：洞从同聲，在東部。**童山即禿山**；管子國准篇：“有虞之王，枯澤童山。”荀子王制篇：“故山林不童而百姓有餘財也。”楊注：“山無草木曰童。”釋名釋長幼同。説文：“童，男有辠曰奴，奴曰童。从辛，重省聲。”“禿，無髮也。从人，上象禾粟之形，取其聲。”按：童聲在東部。禿聲在屋（侯）部。**冃子即㲉子，是也**。説文：“冃，幬帳之象。从冂，丨其飾也。”“㲉，从上擊下也。从殳，冃聲。”段注：“俗作殼，或作㲉，吳、會間音哭，卵外堅也。”又云：“幬帳，所以覆也。”按：冃，大徐本音苦江切，在東部。㲉，苦角切，在屋（侯）部。

冬幽對轉。如忠轉爲周；原注：忠信爲周。○尚書僞太甲篇“自周有終”，某氏傳：“周，忠信也。”**蟲轉爲禸**；原注：蟲禸本異訓，而從禸之字，義與從虫者同。○説文：“禸，獸足蹂地也。九聲。”又：“萬，蟲也。从禸，象形。”“禹，蟲也，从禸，象形。”“离，蟲也。从禸，象形，讀與偰同（廣韻：偰，私列切）。”按：廣韻：“禸，人九切，又女九切。”在幽部。蟲聲在冬部。**猲變爲巎**；説文：“猲山在齊地。从山，狙聲。”詩齊風還篇“遭我乎猲之閒兮”，漢書地理志下"猱"作"㺓"。顏注："字或作猱,亦作㺄。"按:㺓从農聲,在冬部。猱从狃聲,在幽部。**夒㺔爲戎**;説文:"夒,貪獸也。一曰母猴,似人。"匡謬正俗六:"或問曰:'今之戎獸皮可爲褥者,古號何獸,何以謂之戎?'答曰:'按許氏説文解字曰:"夒,貪獸也。"'李登聲類音'人周反'。字或作猱。此字既有柔音,俗語變訛,謂之戎耳。猶今之香菜謂之香戎。"**匑躬同訓**;説文:"匑,曲脊也。从勹,窮省聲。""躬,身也。躬,躬或从弓。"段注:"侯執信圭,伸圭人形直;伯執躬圭,躬圭人形曲;鞠躬者,斂曲之貌也。"按:躬聲在冬部。窮聲在覺部,舊附幽部。**窮究同訓,是也。** 説文:"窮,極也。从穴,躬聲。""究,窮也。从穴,九聲。"按:九聲在幽部。

侵幽對轉。如禫服作導服;説文:"禫,除服祭也。从示,覃聲。"段注:"説文一書三言'讀若三年導服之導'。考士虞禮注曰:'古文禫或爲導。'喪大記注曰:'禫或皆作道。'鄭君从禫,許君从導,各有所受之也。"按:禫(廣韻:徒感切)从覃聲,在侵部。導从道聲,在幽部。**味道作味覃**;章氏新方言釋器:"説文:'覃,長味也。'雙聲相轉,侵幽對轉,字變作道。今人通謂味道,本味覃也。"**侵從帚而音亦與帚相轉**;説文:"侵,漸進也。从人又持帚。"按:帚聲在幽部。**寢訓宿而音亦與宿相轉**;説文:"寢,臥也。从宀,侵聲。""寢,病臥也。从疒省,寑(籀文寢)省聲。"後漢書馬融傳注:"寢,宿也。"按:寑聲在侵部。宿聲在覺部,舊附幽部。**尢豫即猶豫**;説文:"尢,淫淫,行貌。"段注:"古籍内尢豫義同猶豫,巴東灩澦堆亦曰猶豫,坤元録作尢豫,樂府作淫豫。"按:廣韻:"尢,餘針切。"在侵部。猶从酋聲,在幽部。**棯弱即柔弱,是也。** 説文:"棯,弱皃。从木,任聲。""柔,木曲直也。从木,矛聲。"楚辭九章哀郢："外承歡之汋約兮,謀荏弱而難持。"老子："人之生也柔弱"。又云："天下柔弱,莫過於水。"按:任聲在侵部。矛聲在幽部。

緝幽對轉。如小雅"事用不集"即事用不就;詩小雅小旻篇:"謀夫孔多,是用不集。"毛傳:"集,就也。"誠按:詩文作"是"不作"事",此蓋誤記。**豳風"九月叔苴"即九月拾苴;**見七月篇。毛傳訓叔爲拾。按:叔聲在覺部,舊附幽部。拾从合聲,在緝部。**勼、合爲一語;**説文:"勼,聚也。从勹,九聲,讀若鳩。"段注:"釋詁曰:'鳩,聚也。'左傳作鳩。古文尚書作逑。莊子作九。今字則鳩行而勼廢矣。"誠按:論語憲問篇:"桓公九合諸侯,不以兵車。"作九合。九聲在幽部。**匊、帀爲同訓,皆一語之轉也。**説文:"匊,帀徧也。从勹,舟聲。""帀,周也。"按:舟聲在幽部。帀聲在緝部。**今昱聲之字,亦多讀入幽部入聲矣。**昱从立聲,當在緝部。而昱字以及昱聲之煜、嘻等字讀余六切,則在覺部。

蒸之對轉。如載、乘同訓;説文:"載,乘也。从車,𢦏聲。"段注:"乘者,覆也。上覆之則下載之,故其義相成。"按:𢦏聲在之部。乘聲在蒸部。廣韵:"𢦏,祖才切。"**止、懲同訓;**吕氏春秋知士篇"靜郭君不能止",高注:"止,禁止也。"説文:"懲,忿也(忿,懲也)。"按:止聲在之部。懲从徵聲,在蒸部。**台、朕同訓;**台、朕同訓我,見爾雅釋詁上。尚書僞説命篇:"朝夕納誨,以輔台德。"按:台聲在之部,朕聲在蒸部。**戴增同訓,皆一語之轉也。**説文:"戴,分物得增益曰戴。从異,𢦏聲。""增,益也,从土,曾聲。"按:曾聲在蒸部。**倗讀如陪;**説文:"倗,輔也。从人,朋聲,讀若陪位。"按:倗从朋聲,在蒸部。陪从音聲,在之部。**徵讀如止;**説文:"徵,召也。"廣韵蒸韵:"徵,陟陵切。"禮記月令篇:"孟夏之月其音

徵。"廣韵<u>止韵</u>:"徵,五音配夏,陟里切。"**繒亦作綈**;原注:從宰省
聲。〇<u>説文</u>:"繒,帛也。从糸,曾聲。綈,籀文繒从宰省。"按:宰聲
在<u>之部</u>。**冰亦作凝,亦其例也。**原注:從疑聲。〇<u>説文</u>:"冰,
水堅也。凝,俗冰从疑。"按:冰聲在<u>蒸部</u>。疑聲在<u>之部</u>。

　　談宵對轉。<u>誠</u>按:<u>談宵</u>兩部,元音不同。上舉<u>緝幽</u>兩部,下
舉<u>盍宵</u>兩部亦然。摟之音理,對轉爲難。此<u>章氏</u>一家之言云爾。
如説文"訬讀若毚";<u>説文</u>:"訬,擾也。从言,少聲,讀若毚。"
按:少聲在<u>宵部</u>,毚聲在<u>談部</u>。**爵弁之爵,字本作纔;**<u>儀禮士冠</u>
<u>禮篇</u>"爵弁服",<u>鄭注</u>:"爵弁者,冕之次,其色赤而微黑,如爵頭
然。"<u>説文</u>:"纔,帛雀頭色。一曰微黑色如紺。讀若讒。从糸,毚
聲。"按:爵雀古今字。爵聲在<u>藥部</u>,舊附<u>宵部</u>。**灂、潐同訓**;原
注:説文無灂,以潐該之。〇<u>説文</u>:"潐,水小聲。从水,爵聲。"文選
<u>馬融長笛賦</u>"碓投灂穴",<u>李注</u>:"灂,水注聲也。"**嚼、噍同訓,皆
一語之轉也。**<u>説文</u>:"嚼,小㗱也。(㗱,小飲也)从口,毚聲。"
"噍,齧也。从口,焦聲。嚼,噍或从爵。"按:焦聲在<u>宵部</u>。

　　盍宵對轉。如砭轉爲剽;原注:説文:"剽,砭刺也。"〇<u>説</u>
<u>文</u>:"砭,以石刺病也。从石,乏聲。"按:剽从票聲,在<u>宵部</u>。乏聲在
<u>盍部</u>。**䙀轉爲斛**;<u>説文</u>:"䙀,斛也,古田器也。从甾,聿聲。""斛,
从斗,庉聲。爾雅曰:'斛謂之䙀',古田器也。"按:聿聲在<u>盍部</u>,庉
聲在<u>宵部</u>。<u>廣韵</u>:"䙀,楚洽切。""斛,吐彫切。"**捷**原注:説文訓獵。
轉爲鈔;原注:説文訓叉取。〇<u>説文</u>:"捷,獵也,軍獲得也。"<u>徐鉉</u>
曰:"鈔,今俗別作抄。"**獵轉爲獠**;<u>説文</u>:"獵,放獵逐禽也。从犬,
鼠聲。""獠、獵也。从犬,寮聲。"按:鼠聲在<u>盍部</u>。寮聲在<u>宵部</u>。
擸原注:説文訓理持。**轉爲撩**,原注:説文訓理。**是也。**

東幽亦有對轉。如董借爲督；説文："董,鼎董,也。从艸、童聲。杜林曰'藕根'。"段注："亦作董,古童、重通用。"説文又云："督,察也。从目,叔聲。"尚書大禹謨篇"董之用威",某氏傳："董,督也,威以督之。"左氏文六年、昭十三年傳杜注並云："董,督也。"按：董从童(重)聲,在東部。督从叔聲,在覺部,舊附幽部。縱訓爲縮；儀禮鄉飲酒禮篇"磬階閒縮霤",鄭注："縮,從也。"禮記檀弓上篇"古者冠縮縫",孔疏："縮,直也。"按：從聲在東部。縮从宿聲,在覺(幽)部。冡之音義得于冃；説文："冃,重覆也。从冂一。""冡,覆也。从冃豕。"按：廣韵："冃、武道切。"在幽部。"冡,莫紅切。"在東部。用之音義同于由；廣雅釋詁："由,用也。"左氏襄三十年傳："以晉國之多虞,不能由吾子。"杜注："由,用也。"按：用聲在東部。由聲在幽部。翳變爲幢；爾雅釋言："翢,纛也。""纛,翳也。"郭注："今之羽葆幢,舞者所以自蔽翳。"説文："翳(翳),翳也,所以舞也。从羽,殹聲。"段玉裁曰："翳、翢、翿同字。"又説文新附云："幢,旌旗之屬。从巾,童聲。"按：翳从殹聲(殹从医聲),在幽部。幢从童聲,在東部。霿讀如蒙,是也。説文："霿,天氣下地不應曰霿。霿,晦也。从雨,瞀聲。"釋名釋天："霧,冒也。氣蒙亂覆冒物也。""蒙,日光不明蒙蒙然也。"段玉裁曰："經史雺、霿、霧三字往往淆譌。霧之或體作霿(説文：地氣發天不應曰霧),霿之或體作蒙,不可亂也。"按：霿从瞀聲(瞀从孜聲),在幽部。蒙从冡聲,在東部。緝之亦有對轉。急、亟相借；説文："急,褊也。从心,及聲。""亟,敏疾也。"孟子滕文公下篇"未嘗聞仕如此其急",史記秦始皇本紀"項羽急擊秦軍","急"皆借爲"亟"。按：及聲在緝部。亟聲在職部,舊附之部。翌、翼相借,是也。爾雅釋言："翌,明也。"郭注引書曰："翌日乃瘳"。今尚書金滕篇作翼日。郝懿行曰:"翌者,昱之叚音也。説文云:'昱,明日也。'通作翌。廣韵:'翌,明日也。'"按:翌从立聲,在緝部。翼从異聲,在之部。**侵冬與之亦有對轉。暗噁作意烏**;史記淮陰侯列傳"項王暗噁叱咤",索隱:"暗啞,懷怒氣;叱咤,發怒聲。"漢書韓信傳作"意烏猝嗟"。集注引晉灼曰:"意烏,恚怒聲也。"按:暗从音聲,在侵部。意聲在之部。**得失作中失,是也。**周禮地官師氏:"掌國中失之事",鄭注:"故書中爲得。杜子春云:'當爲得,記君得失若春秋。'是也。"按:中聲在冬部,得聲在職(之)部。**東之亦有對轉。公羊傳:"宰上之木拱矣。"以宰爲冢**;原注:宰字方言作垟,説文無。〇説文:"宰,辠人在屋下執事者。"借爲冢。公羊僖三十三年傳云:"若爾之年者,宰上之木拱矣。"何注:"宰,冢也;拱,可以手對抱。"陳立義疏:"穀梁傳:'泰伯曰:子之冢木已拱矣。'錢詹事曰:'二字聲相近,故可轉訓。'"按:宰聲在之部。冢聲在東部。**説文"艘讀若莘",是也。**原注:茸亦從耳聲,其字在東在冬未定。〇説文:"艘,船著不行也。从舟,嫂聲,讀若莘。""莘,羹菜也。从艸,宰聲。"按:嫂聲在東部。茸字亦當在東部。**此皆次對轉也。**原注:以上侈聲對轉。

　　青支對轉。如偩訓使,轉而爲俾;説文:"偩,使也。从彳,䙦聲。""俾,益也。从人,卑聲。"詩魯頌閟宮篇:"俾爾熾而昌,俾爾壽而臧。"鄭箋:"俾,使也。"按:䙦从甹聲,在青部。俾从卑聲,在支部。**趌訓半步,轉而爲頃**;説文:"趌,半步也。从走,圭聲,讀若跬同。"又:"頃,頭不正也。"借爲趌。禮記祭義篇"故君子頃步而弗敢忘孝也",鄭注:"頃,當爲趌,聲之誤也。"釋文:"頃,讀爲趌。"按:圭聲在支部。頃聲在青部。**耿从烓聲**;説文:"耿,耳箸頰也。从耳，娃省聲。”按：耿聲在青部。**鞞讀如餅，是也。**説文：“鞞，刀室也。从革，卑聲。”廣韵：“鞞，補頂切。”按：幷聲在青部。

　　真至對轉。如臻、至同訓，親、竊與至亦同訓，皆一語之轉也；説文：“臻，至也。”又親、竊亦並訓至。按：臻从秦聲，與親聲俱在真部。**妃嬪之與妃匹**，國語周語中：“棄其伉儷妃嬪。”管子君臣下篇：“古者未有君臣上下之別，未有夫婦妃匹之合。”説文：“妃，匹也。从女，己聲。”按：嬪从賓聲，在真部。匹聲在質（至）部。**振訊**原注：爾雅、毛詩傳皆有“振訊”之語。**之與振奮**，原注：説文：“奮，振奮也。”**亦一語之轉也。**爾雅釋言：“振，訊也。”郭注：“振者奮迅。”詩豳風七月篇毛傳：“沙鷄羽成而振訊之。”説文：“振，一曰奮也。”廣雅釋詁：“振，訊，動也。”按：訊从卂聲，在真部。奮从八聲，在質（至）部。

　　諄與脂隊對轉。如三辰之辰本作示；原注：説文示下云：“三垂，日、月、星也”。〇説文：“辰，房星爲民田時者。从晶，辰聲。”文始二：“説文：‘示，天埀象，見吉凶，所以示人也。从二（原注：古文上字）。三埀，日、月、星也。’示本義即三辰之辰，故語轉入真，借辰爲之。孳乳爲晨，房星也。釋天：‘大辰，房心尾也，大火謂之大辰。’”按：辰聲在諄部。示聲在脂部。**“其祁孔有”，讀爲麖**；詩小雅吉日篇“其祁孔有”，鄭箋：“祁，當作麖。麖，麋牝也。中原之野甚有之。”説文：“麖，牝麋也。从鹿，辰聲。”**春之與推**；原注：説文：“春，推也”。〇説文：“萅（春），推也。从艸，从日，艸春時生也。屯聲。”按：屯聲在諄部。推从佳聲，在脂部。**臀之與脽**；臀，説文作𡱂，云“髀也。脽，或从肉隹。”周易夬卦九四：“臀無膚”。説文：“脽，屍也。从肉，佳聲。”按：殿聲在諄部。**鈍之與椎**；原注：漢人稱鈍爲椎。○説文：“鈍，錭也（錭，鈍也），从金，屯聲。”史記絳侯周勃世家“其椎少文如此”，索隱：大顏云：“俗謂愚爲鈍椎。”漢書周勃傳注：“椎，謂樸鈍如椎也。”按：此義後又有雙音詞椎魯。**敦之與自**，原注：敦丘即自丘。○説文：“敦，怒也，詆也，一曰誰何也。从攴，臺聲。”又：“自，小阜也。”徐鉉曰：“今俗作堆。”按：敦，或借爲堆。爾雅釋丘“丘一成爲敦丘”，郭注：“成，猶重也。今江東呼地高堆者爲敦。”按：敦从臺聲，在諄部；自聲在脂部。**皆一語之轉也。**

　　寒與泰歌對轉。如憲得聲于害；説文：“憲，敏也。从心，从目，害省聲。”“害，傷也。丯聲。”按：憲聲在寒部。害聲在月（泰）部。**璿得聲于睿**；説文：“璿，美玉也。从玉，睿聲。”“叡，深明也，通也。睿，古文叡。”按：睿聲在月（泰）部，而璿字則在寒部。廣韻：“璿：似宣切。”**櫢得聲于獻**；説文：“櫢，伐木餘也。从木，獻聲。”“獻，宗廟犬名。从犬，鬳聲。”按：獻聲在寒部，而櫢字則在月（泰）部。廣韻：“櫢，五葛切。”**兌得聲于公，是寒泰之轉也。**説文：“公，山間陷泥地。讀若沇州之沇。”“兌，説也。从儿。公聲。”按：公聲在寒部，而兌字則在月（泰）部。廣韻：“公，以轉切。”“兌，杜外切。”**裸讀如灌**，説文：“裸，灌祭也。从示，果聲。”段注：“大宗伯玉人字作‘果’，或作‘祼’。注兩言‘裸之言灌’。凡云之言者，皆通其音義以爲詁訓。”誠按：裸从果聲，本在歌部，而讀曰灌，則在寒部矣。**閼讀如縣**，説文：“閼，試力士錘也。讀若縣。”按：閼从戈聲，在歌部。縣聲則在寒部。**獻尊即犧尊**，周禮春官司尊彝“其朝踐用兩獻尊”，鄭司農云：“獻，讀爲犧。犧尊飾以翡翠。”釋文：“犧，素何反。”按：犧从羲聲，在歌部。**桓表即和表，是寒歌之轉也。**説文：“桓，亭郵表也。”漢書酷吏尹賞傳：“便輿出瘞寺門桓東”，集注：“如淳曰：瘞，埋也。舊亭傳於寺角西百步，築土四方，上有屋，屋上有柱出，高丈餘。有大板貫柱而出，名曰桓表，縣所治夾兩邊各一桓。陳宋之俗言桓聲如和，今猶謂之和表。”師古曰：“即華表也。”錢大昕廿二史考異八：“桓、和、華，聲皆相近。”按：桓从亘聲，右寒部。

　　青至亦有對轉。如“戜戜大猶”，今作“秩秩”；説文：“戜，大也。从大，戜聲，讀若詩‘戜戜大猷’。”今詩小雅巧言篇“戜戜”作“秩秩”。毛傳：“秩秩，進知也。”按：戜从呈聲，本在青部，而秩从失聲，則在質（至）部。廣韻：“戜，直一切。”“戜，徒結切。”**“平秩東作”又爲“辨程”，是也。**尚書堯典篇：“寅賓出日，平秩東作”。某氏傳：“平均次序東作之事以務農也。”史記“平秩”作“便程”。索隱云：“大傳‘平’爲‘辨’，周禮馮相氏鄭注作‘辨秩’。”**真支亦有對轉。如詩言“麟之定”，傳訓爲顚，本亦作“題”，**詩周南麟趾篇“麟之定”，毛傳：“定，題也。”孔疏：“傳或作顚。定本作題。”按：顚从真聲，在真部。題从是聲，在支部。**説文“䀤讀若瑱”；**説文：“䀤，迎視也。从目，是聲，讀若珥瑱之瑱。”“瑱，以玉充耳也。从玉，真聲。”廣韻：䀤，杜奚、他甸兩切。**春秋傳“西鄰責言”，責讀如瑧，是也。**原注：見集韻十九臻“緇詵切”下。此猶説文轃訓車簣，轃簣亦一聲之轉，必本舊讀。今釋文有側介反與如字二讀。案責字作去聲者，俗或作債。唐韻集韻皆側賣切，在卦韻，與介在怪韻有別。側介必是側巾之誤。○左氏僖十五年傳：“西鄰責言，不可償也。”杜注：“將嫁女于西，而遇不吉之卦,故知有責讓之言,不可報償。"按:臻从秦聲,在真部。責聲在錫部,舊附支部。**真脂亦有對轉。如"玭"古文作"蠙",**説文:"玭,珠也。从玉,比聲。蠙,夏書玭从虫賓。"按:玭从比聲,在脂部。蠙字在真部。**説文"䛕讀若指",是也。**説文:"䛕,訐也。从言,臣聲,讀若指。"按:臣聲在真部。指从旨聲,在脂部。**寒支亦有對轉。如"觶"或作"觝";**説文:"觶,鄉飲酒角也。从角,單聲。觝,禮經觶。"按:單聲在寒部。觝从氏聲,在支部。廣韻:"觶,支義切。"**地理志越嶲郡卑水,孟康音班,是也。**見地理志集注。**寒與脂隊亦有對轉。如燬轉爲烜,**説文:"燬,火也。从火,毀聲。""爟,舉火曰爟。或从亘作烜。"周禮秋官司烜氏注云:"讀如衛侯燬之燬。"按:毀聲在脂部。亘聲在寒部。廣韻:"爟,古玩切。"**欵从祟聲,**説文:"欵(款),意有所欲也。从欠,宲省。""宲,塞也。从宀,欵聲。"按:祟聲在隊部。欵聲在寒部。廣韻:"祟,雖遂切。"**旛胡爲肥胡,**説文:"旛,旛(原作福,段改)胡也。从㫃,番聲。"韻會引作"幡胡"。國語吳語"建肥胡",韋注:"肥胡,幡也。"汪遠孫曰:"胡,幅之下垂者也;肥,古與飛通。蓋言其飛揚之意也。"按:旛从番聲,在寒部。肥聲在脂部。段玉裁曰:"旛胡蓋古語。如甂瓴之名甋瓳,見廣雅。漢堯廟碑作墦塿。玉曰璠璵。艸木盛曰緐廡。皆雙聲字。"**焉使作夷使;**周禮秋官行夫"焉使則介之",釋文:"焉,劉音夷。"鄭注:"鄭司農曰:'夷使,使於四夷,則行夫爲之介。'玄謂:夷,發聲。"按:焉聲在寒部。夷聲在脂部。**沙羨音沙夷,是也。**漢書地理志:江夏郡有沙羨〔縣〕。集解:晉灼曰:"羨。音夷。"按:羨从次聲,在寒部。**此皆次對轉也。**原注:以上弇聲對轉。

　　陽魚對轉。如亡、無同訓；説文：“亡，逃也。”通作無，見于傳注者甚多。按：亡聲在陽部。無聲在魚部。**荒、蕪同訓**；説文：“荒，蕪也。从艸，巟聲。”“蕪，薉也。从艸。無聲。”按：巟聲在陽部。**旁、溥同訓**；説文：“旁，溥也。方聲。”“溥，大也。从水，尃聲。”按：方聲在陽部。尃聲在魚部。**鞾、莩同訓**；説文：“鞾（鞾），華榮也。从舜，生聲，讀若皇。”“莩，艸木華也。从采于聲。”按：鞾字在陽部。于聲在魚部。**往、于同訓**；説文：“于，於也。象氣之舒于。”“往，之也。”按：于訓往，屢見詩毛傳鄭箋。往聲在陽部。**昉**、原注：説文但作方、放。**甫同訓**；方訓併船，放訓逐，昉爲説文日部新附字，明也，皆各有本義。公羊隱二年傳：“曷爲貶，疾始滅也。始滅昉於此乎。”何注：“昉，適也。齊人語。”隸釋載漢熹平石經公羊殘碑，昉作放，見阮元校勘記。周禮考工記總目：“搏埴之工陶旊”，鄭注：“旊，讀如‘放於此乎’之‘放’。鄭司農云：‘旊讀爲甫始之甫（段玉裁周禮漢讀考云：當作讀如）。’”又：廣雅釋詁一：“方，始也。”詩召南鵲巢篇“維鵲方之”，毛傳：“方之，方有之也。”段氏云：“猶甫有之也。”**攺、撫同訓**；説文：“攺，撫也。从攴，亡聲，讀與撫同。”“撫，安也。从手，無聲。一曰循也。”**奘、駔同訓**；爾雅釋言：“奘，駔也。”郭注：“今江東呼大爲駔。駔，猶麤也。”方言一：“秦晉之間，凡人之大謂之奘，或謂之壯。”按：奘从壯聲，在陽部。駔从且聲，在魚部。**皆一語之轉也。**原注：以上軸聲對轉。

　　交紐轉者云何？ 答曰：寒宵雖隔以空界，亦有旁轉。如大雅以虐、謔、灌、蹻、耄、謔、熇、藥爲韵，大雅板之四章：“天之方虐，無然謔謔。老夫灌灌，小子蹻蹻。匪我言耄，爾用憂謔。多將熇熇，不可救藥。”説文：“耄，年九十曰耄。”段注：“今作毳,从老省,毛聲。”誠按:此詩灌字,或謂非韵(如江有誥詩經韵讀),蓋是。詩中毳字在宵部,虐、謔、蹻、熇、藥諸字均在藥部,舊附宵部。**説文訓芼曰艸覆蔓,**芼从毛聲,在宵部。蔓从曼聲,在寒部。**廣雅訓蹻曰健,**見釋詁。王念孫疏證:“蹻,讀爲趫。説文:‘趫,善緣木之才。’玉篇音去驕切。”按:蹻从喬聲,在宵部。健从建聲,在寒部。**及夫榦之與稾,**説文:“榦,築墻耑木也。从木,倝聲。”(徐鉉曰:今别作幹,非是。)“稾,稈也。从禾,高聲。”段注:“叚借爲矢榦之稾,屈平屬艸稾之稾。”按:倝聲在寒部。高聲在宵部。**翰之與豪,**説文:“翰,獸豪也。从毛,倝聲。”“豪,豕鬣如筆管者,出南郡。从希,高聲。豪,籒文从豕。”徐鉉曰:“今俗别作毫,非是。”誠按:段玉裁以豪爲篆文。**翰之爲高,**説文:“翰,天雞赤羽也。从羽,倝聲。”誠按:翰訓高,見周易賁及中孚兩卦王注,又詩小宛篇傳,四月篇箋。**乾之爲稾,**原注:周禮作薧。○説文:“稾,木枯也。从木,高聲。”“乾,上出也。”段注:“上出爲乾,下注則爲溼,故乾與溼相對。俗别其音,古無是也。”誠按:齊策及吕覽、淮南諸注:乾皆有燥之訓。説文有薧字,云“死人里也,从蒿省聲”。段注:“周禮‘乾魚謂之薧’,内則‘菫荁枌榆免薧’,鄭注:‘免,新生者,薧,乾也。’然則凡死而枯槁謂之薧,不必如許所説。”**瑑之與兆,**説文:“瑑,圭璧上起兆瑑也。从玉,篆省聲。”“𠔾,灼龜坼也。兆,古文兆省”。按:彖聲在寒部。兆聲在宵部。**彖之與逃,**説文:“彖,豕走也。从彑,从豕省。”“逃,亡也。从辵,兆聲。”**讙之與囂,灌之與澆,**廣雅釋詁二:“灌,漬也。”素問脈要精微論:“當病灌汗”,注:“灌,謂灌洗。”説文:“澆,渓也。从水,堯聲。”按:雚聲在寒部。堯聲在宵部。**囂之與號,**説文:“囂,呼也。从㗊,莧

聲,讀若讙。""號,呼也。从号、从虎。"按:囂从莧聲,在寒部。號从
号聲,在宵部。**柬選之與撟捎**,説文:"柬,分別簡之也。从束,从
八。"按:謂分別選擇也。方言二:"撟捎,選也。自關而西,秦晉之
閒,凡取物之上,謂之撟捎。"説文捎下云:"自關以西,凡取物之上
者爲撟捎。"廣雅釋詁:"撟,舉也。"按:柬選二字在寒部。撟捎二字
在宵部。**偃蹇之與夭撟**,原注:二皆見廣雅釋訓。○廣雅釋訓:
"偃蹇,夭撟也。"王念孫疏證:"此疊韵之轉也。漢書禮樂志郊祀
歌云:'靈輿位,偃蹇驤。'爾雅'人曰撟',郭注云:'頻伸夭撟。'夭
撟謂之偃蹇,故屈曲亦謂之偃蹇。淮南子本經訓云:'偃蹇蓼紏,曲
成文章。'司馬相如大人賦:'掉指撟以偃蹇',張注云:'偃蹇,委曲
貌。'是也。夭撟謂之偃蹇,故驕傲亦謂之偃蹇,崇高亦謂之偃蹇。
哀六年左傳'彼皆偃蹇',杜預注云:'偃蹇,驕傲。'楚辭離騷'望瑤
臺之偃蹇兮',王逸注云:'偃蹇,高貌。'是也。"按:偃蹇二字在寒
部。夭撟二字在宵部。**其訓詁聲音皆相轉也。談、盍、歌、
泰、雖隔以空界,亦有旁轉。如冄聲之字爲那**;按:冄聲在
談部。冄聲之那則在歌部。**勇敢謂之勇果**;禮記聘義篇"有義
之謂勇敢",論語雍也篇:"由也果",集解引包注:"果謂果敢,決斷
也。"説文:"勇,氣也。从力,甬聲。"按:敢聲在談部。果聲在歌部。
盈科借爲盈坎;孟子離婁下篇"盈科而後進",趙注:"科,坎也。"
説文:"科,程也。""坎,陷也。"按:科聲在歌部。坎从欠聲,在談部。
坎、律,銓也,坎又借爲科,是歌談之轉也。爾雅釋言郭注:
"易坎卦主法,法、律皆所以銓量輕重。"郝懿行義疏:"左氏宣十二
年杜預注:'坎爲法象。'易集解師坎下並引九家注:'坎爲法律。'"
誠按:太玄從"從水之科滿",又元攡"三儀同科",注並云:"科,法
也。"**盍借爲曷**;説文:"盍,覆也。从血大。"爾雅釋言:"曷,盍

也。"郭注:"盍,何不也。"經傳釋詞四:"盍爲何不而又爲何,聲近而義通也。"按:曷聲在泰部。**蓋又從盍**;説文:"蓋,苫也。从艸,盍聲。"按:蓋聲在泰部。**枼從世聲**,説文:"枼,艸木之葉也。从艸,枼聲。"按:枼從世聲,在泰部,而葉聲則在盍部。**世又借枼,是盍泰之轉也**。詩商頌長發篇"昔在中葉",毛傳:"葉,世也。"**此以近在肘腋**,肘腋,喻密接。三國志蜀書法正傳:"近則懼孫夫人生變於肘腋之下。"**而漫陰聲陽聲之界**,廣雅釋詁三:"漫,敗也。"列子黄帝篇"漫言曰",釋文:"漫,散也。"**故謂之變聲也**。

　　問曰:凡陽聲之收半摩半那者,從陰聲而加之鼻音,侯、幽、之、宵,寧不可加以半那,歌、泰、脂、隊、至、支,寧不可加以半摩邪? 答曰:有焉。然其埶不能上遂而復下墮,故陰聲有隔越相轉之條。宵欲對青,支欲對談,不及則適與其陰聲支宵隔越相轉,**故蜱蛸爲蟗蛸**;禮記月令篇"仲夏之月,螳蜋生",鄭注:"螳蜋,蜱蛸母也。"説文:"蛸,蟗蛸,堂蜋子。""蟗,蟗蛸也。从虫,卑聲。"按:卑聲在支部。蜱從票聲,在宵部。**左膘爲左髀**;詩小雅車攻篇毛傳"自左膘而射之",釋文:"本亦作髀。"説文:"膘,牛脅後髀前合革肉也。从肉,𤐫(票)聲。""髀,股也。从骨,卑聲。"**戎狄爲戎翟**,禮記王制篇:"北方曰狄。"國語鄭語"北有衞、燕、翟、鮮",韋注:"翟,北翟也。"按:狄從亦省聲,在錫部,舊附支部。翟聲在藥部,舊附宵部。**自古以然**。以、已本一字,經傳常見。**今敫聲、勺聲、樂聲、翟聲之字迣入錫韵者,由此也**。此四聲字,上古並在藥部。中古錫韵内:勺聲字有的、肑等,樂聲字有皪、礫等,敫聲字有激、燉等,翟聲字有籊、趨等。迤者，説文：“迤，衺行也。”尚書禹貢篇“東迤北會于匯”，某氏傳：“迤，溢也。”釋文：“馬云：靡也。”孔疏：“迤言靡迤，邪出之言，故爲溢也。”**之欲對真，至欲對蒸，不及則適與其陰聲至、之隔越相轉。故古文閾爲閩**；説文：“閾，門榍也。從門，或聲。閩，古文閾從洫。”按：或聲在職部，舊附之部。洫從血聲，在質（至）部。**肊亦爲臆**；説文：“肊，胷骨也。從肉，乙聲。臆，肊或從意。”按：乙聲在質（至）部，意聲在職（之）部。**宓羲爲伏羲**；漢書古今人表，上上聖人第一爲太昊帝宓犧氏，集注：“宓，音伏，字本作虙。”皇甫謐帝王世紀：“太昊帝庖犧氏取犧牲以充庖廚，以食天下，故號曰庖犧氏，是爲羲皇。後世音謬，故謂之伏羲，或謂之虙犧（顏氏家訓書證篇作宓犧）。”按：宓從必聲，在質（至）部。伏聲在職（之）部。**不暱爲不貏**，説文：“貏，黏也。從黍，日聲。春秋傳曰‘不義不貏。’”今左氏隱元年傳作“不義不暱”。按：日聲在質（至）部。暱從匿聲，在職（之）部。**由此也。**原注〔一〕因之與至轉，故其左右之幽、宵皆附之以轉。如小雅“神之弔矣，民之質矣”，弔、質爲韵。〇詩小雅天保篇；“神之弔矣，詒爾多福；民之質矣，日用飲食。”按：弔聲在藥（宵）部。　　原注〔二〕“發彼有的”；毛傳訓的爲質。〇見詩小雅賓之初筵篇。按：的從勺聲，本在藥（宵）部，已見前。　　原注〔三〕到之音本轉于至。〇説文：“到，至也。從至，刀聲。”錢大昕十駕齋養新録五：“古讀至亦爲陟利切，讀如鷙，舌頭非舌上也。”按：到聲在宵部。　　原注〔四〕而弔借爲到，亦借爲至。是宵至之轉也。〇爾雅釋詁：“弔，至也。”詩小雅天保及節南山毛傳同。按：弔聲在宵部。　　原注〔五〕韓詩以“蓼薪”爲“栗薪”。〇詩豳風東山篇“烝在栗薪”，毛傳：“烝，衆也。”釋文：“韓詩作蓼。”王應麟詩考：“烝在蓼薪，衆薪也。”按：蓼從翏聲，翏從翏聲,在幽部。栗聲在質(至)部。廣韵:翏,落蕭、力救兩切。

原注〔六〕禮經"軒輖"之字,詩作"軒輊",是幽至之轉也。○儀禮既夕記"志矢一乘,軒輖中",鄭注:"輖,摯也。"胡培翬正義:"軒言車輊,輖言車重,引申爲凡物之輕重。軒輖中者,謂矢前後之輕重適均而已。"詩小雅六月篇"戎車既安,如輊如軒",毛傳:"輊,摯也。"鄭箋:"戎車之安,從後視之如摯,從前視之如軒,然後適調也。"按:輖從周聲,在幽部。**幽欲對諄,脂、隊欲對冬、侵、緝,不及則適與其陰聲脂、隊、幽隔越相轉。故彤弓爲㳔弓,**孟子萬章上篇"琴朕,㳔朕",趙注:"㳔,彤弓也。"焦循正義引趙佑溫故録云:"㳔或別一弓之名,舜所常用,亦如五弦之琴爲舜自作者耳。"按:㳔以氏聲,在脂部。彤從周聲,在幽部。**琱琢爲追琢,**詩大雅棫樸篇"追琢其章",毛傳:"追,彫也。金曰彫,玉曰琢。"説文:"琱,治玉也。"彫乃借字。按:追從𠂤聲,在脂部。**遲任爲周任,**遲任其人,見尚書盤庚上篇;周任見論語季氏篇。又左氏隱六年傳、昭五年傳皆引周任説。江永羣經補義疑即書盤庚遲任。**舋昔爲誰昔,由此也。**爾雅釋訓:"誰昔,昔也。"郭注:"誰,發語辭。"郝懿行義疏:"釋詁云:'疇、孰,誰也。'故誰昔或爲疇昔。禮記檀弓篇:'疇昔之夜',鄭注:'疇,發聲也。'"誠按:説文:"舋,詍也。從白,𠁥聲。"舋者,疇之省文。𠁥聲在幽部。誰從隹聲,在脂部。**侯欲對寒,泰欲對東,不及則適與其陰聲泰、侯隔越相轉。故朱儒爲椳儒;**淮南子主術訓"短者以爲朱儒枅櫨",高注:"朱儒,梁上戴蹲跪人也。"釋名釋宮室:"椳儒也,梁上短柱也。椳儒猶朱儒。短,故以名之也。"按:朱聲在侯部。叕聲在泰部。**黿蠭爲蠮螉;**爾雅釋蟲"蠮蠮,黿蠭",郭注:"江東呼蠮螉,音掇。"

乘橃爲乘泭；爾雅釋水“庶人乘泭”，郭注：“併木以渡。”楚辭惜往日“乘氾泭以下流”，王注：“編竹木以渡水曰泭。楚人曰泭；秦人曰橃。”説文：“橃，海中大船。从木，發聲。”徐鉉曰：“今俗別作筏。”段注：“廣韵‘橃’下曰：‘木橃。’説文云：‘海中大船。’謂説文所説者古義，今義則同筏也。”按：發聲在泰部。付聲在侯部。**誦説爲誦數**，荀子勸學篇“誦數以貫之”，正名篇“誦數之儒”，又致仕篇“誦説而不陵不犯，可以爲師”，俞越荀子平議云：“誦數，猶誦説也。凡稱説必一一數之，故即謂之數。”按：説从兑聲，在泰部。數从婁聲，在侯部。**由此也。**原注〔一〕因侯與泰轉，故其比鄰之幽，亦附之以轉。投壺“若是者浮”，浮，借爲罰，亦或作匏作符，是幽、侯皆與泰轉也。〇禮記投壺篇：“魯令弟子辭曰：毋憮，毋敖，毋偝立；毋踰言，偝立踰言有常爵。薛令弟子辭曰：毋憮，毋敖，毋偝立，毋踰言，若是者浮。”鄭注：“憮，敖慢也。偝者，不正鄉前也。踰言，遠談語也。常爵，常所以罰人之爵也。浮亦謂是也。晏子春秋曰：‘酌者奉觴而進曰：君令浮。’晏子時以罰梁丘據。浮，或作匏，或作符；踰，或爲遥。”按：匏从包聲，浮从孚聲，並在幽部。符从付聲，在侯部。罰聲在月（泰）部。　　原注〔二〕因侯與泰轉，故其同列之宵亦附之以轉。説文少从丿聲，又雀聲之字爲戳。方言云：“懷爵言懷戳也。”與尐正相近。説文云：“戳，束髮少也。”段氏改爲尐小，其實小、少、尐古本同語耳。〇説文：“少，不多也。从小，丿聲。”按：廣韵：“丿，餘制切。”在泰部。而丿聲之少，則在宵部。説文：“戳，斷也。从戈，雀聲。”按：雀聲在藥（宵）部，而雀聲之戳，則在月（泰）部。此引方言，見卷八。説文：“尐，少也。从小，乀聲，讀若輟。”段注：“方言曰：‘尐、杪，小也。’廣韵十六屑曰：‘讔尐，小也。’方言‘懷爵’，注言‘懷戳也。’懷戳即讔尐。”按：爵聲在藥（宵）

部。尐字在月（泰）部。廣韵：“尐,姊列切。”“乁,敷勿切。”説文毲下云“少也”,段氏改少爲尐、小二字。云：“廣韵十六屑,十七薛引作少小二字。少乃尐之誤。”文始九：“小,孳乳爲少,不多也。轉泰變易爲尐,少也。猶㦰得聲于雀矣。方言：‘尐,杪,小也。’”誠按：此即所謂小、少、尐,古本同語也。　　　原注〔三〕因泰與侯轉,故其比鄰之隊亦附之以轉。如紃、綧同訓,柮、株同訓；拙、鈯與朱愚、銖鈍同訓,皆一語之轉也。〇説文：“紃,絳也,从糸,出聲。”“綧,純赤也。从糸,朱聲。”按：出聲在物（隊）部。説文：“柮,斷也。从木,出聲。”列子黄帝篇“吾處也若㮨株駒”,釋文：“崔譔曰：㮨株駒,斷樹也。”説文：“拙,不巧也。从手,出聲。”廣雅釋詁三：“鈯,鈍也。”莊子庚桑楚篇“不知乎,人謂我朱愚”,集釋引郭嵩燾曰：“朱愚者,智術短小之謂。”淮南子齊俗訓“其兵戈銖而無刃”,高注：“楚人謂刃頓爲銖。”莊逵吉曰：“按頓即鈍字,故頑頓即頑鈍是。”　　　原注〔四〕若夫銖訓鈍者,字本作錭。〇説文：“銖,權十絫（原作分,段改）黍之重也。从金,朱聲。”“錭,鈍也。从金,周聲。”按：銖訓鈍乃錭之借。周聲在幽部。　　　原注〔五〕而周周爲短羽,乃几几之借。緯書言“冠短周周”,亦几字之借。〇説文：“几,鳥之短羽飛几几也,讀若殊。”韓非子説林下篇：“鳥有翢翢者,重首而屈尾。”文選阮籍詠懷詩之十四李注引作“周周”。文始六：“此與佳古本雙聲,韓非以周周爲之,引申爲凡短之稱。孳乳爲短,从矢,豆聲,然則短音本如几,今入寒部者,猶矔从童聲,亦入寒部也。蓋周時音已轉矣。”誠按：御覽九一五引論語摘襄聖：“鳳有六像九苞”；九苞,“六曰冠短周”。　　　原注〔六〕與屈爲短尾又相轉也。〇説文：“屈（屈）,無尾也。从尾,出聲。”　　　原注〔七〕毛詩傳訓屈爲收,則以收拘同从丩聲,本一語之轉,故屈又爲收矣。〇詩魯頌泮水篇“屈此羣醜”，毛傳：“屈，收也。”説文：“收，捕也。从攴，丩聲。”“拘，止也。从手，从句，句亦聲。”“句，从口，丩聲。”按：丩聲在幽部。

原注〔八〕句萌或作區萌，與詘又相轉也。○禮記月令篇：“生氣方盛，陽氣發泄，句者畢出，萌者盡達。”鄭注：“句，曲生者。芒而直曰萌。”又樂記篇“區萌達”，鄭注：“屈生曰區。”説文：“詘，詰詘也。从言，出聲。誳，詘或从屈。”按：區聲在侯部，與詘爲侯、隊相轉。

然其陽聲亦往往效之。支宵隔五而轉，青談亦隔五而轉，故公羊經敬嬴作頃熊；左氏文十八年傳“敬嬴生宣公。”公羊宣八年經作“頃熊”。按：嬴聲在青部。熊，説文以爲从炎省聲，則在談部。**説文“耆讀若耿介之耿”，由此也。**説文：“耆，老人面如點也。从老省，占聲，讀若耿介之耿。”按：占聲在談部。耿聲在青部。**至、之隔五而轉，真、蒸亦隔五而轉。故菱或作蓮**；説文：“菱，芰也。从艸，淩聲。蓮，司馬相如説：菱从遴。”按：淩从夌聲，在蒸部。遴从粦聲，在真部。**矜亦讀兢**；説文：“矜，矛柄也。从矛，今聲。”段注：“各本篆作矜，解云今聲。今依漢石經論語、溧水校官碑、魏受禪表皆作矜正之。毛詩與天、臻、民、旬、填等字韵，讀如鄰，古音也”。按：令聲在真部。兢聲在蒸部。**勝屠之音，轉爲申屠**；史記酷吏周陽由傳：“由後爲河東都尉時，與其守勝屠公爭權，相告言罪。”索隱引風俗通：“勝屠即申屠。”按：勝从朕聲，在蒸部。申聲在真部。**四丘爲甸，甸可讀乘，由此也。**左氏哀十七年傳“良夫乘衷甸兩牡”，孔疏：“甸即乘也。四丘爲甸，出車一乘，故以甸爲名。”按：甸从田聲，在真部。乘聲在蒸部。**脂、幽隔五而轉，諄、侵亦隔五而轉。參聲之字爲參**，説文：“曑，商星也。从晶，㐱聲。參，曑或省。”按：㐱聲在侵部，㐱聲則在諄部、故大徐以爲夅非聲,段玉裁亦疑爲後人竄改也。**殿屎借爲唸吚,是也。**説文:"唸,吚也。从口,念聲。詩曰:'民之方唸吚。'""吚,唸吚,呻也。"今大雅板篇作殿屎。毛傳:"殿屎,呻也。"爾雅釋訓郭注:"呻吟之聲。"按:念聲在侵部。殿聲在諄部。原注〔一〕因諄與侵轉,故其比鄰之真亦附之以轉。本𣏗梣皮作秦皮是也。〇本草綱目木部,李時珍曰:"秦皮本作梣皮,其木小而岑高,故以爲名。人訛爲樿木,又訛爲秦,或云本出秦地,故得秦名也。"按:梣从岑聲,在侵部。秦聲在真部。　　　原注〔二〕真又與冬轉:大雅以天韵躬是也。〇詩大雅文王篇:"命之不易,無遏爾躬,宣昭義問,有虞殷自天。"按:天聲在真部。躬聲在冬部。　　　原注〔三〕因侵與諄轉,故其比鄰之東亦附之以轉。大雅以東韵懯、辰、瘨,淮南、史記、漢書皆以蠭門爲逢蒙,是也。〇詩大雅桑柔篇:"憂心慇慇,念我土宇,我生不辰,逢天僤怒,靡所定處,多我覯瘨,孔棘我圉。"誠按:"自西徂東"句,江有誥、朱駿聲皆謂當作"自東徂西",則東字非韵。慇从殷聲,瘨从㫺聲,與辰聲並在諄部。逢蒙,古之善射者。見孟子離婁下篇。淮南子原道訓亦作逢蒙,而史記集解引作逢門,不作蠭門。史記龜策傳:"羿名善射,不如雄渠蠭門。"漢書藝文志兵技巧有逢門射法二篇,顏注:"即逢蒙。"按:蒙聲在東部。門聲在諄部。**泰侯隔五而轉,寒東亦隔五而轉。故百官爲百工,**孟子滕文公上篇"父兄百官皆不欲",又:"百官有司,莫敢不哀",尚書堯典篇:"允釐百工,庶績咸熙。"某氏傳:"工,官。"按:官聲在寒部。工聲在東部。**袞從公聲,**公聲在東部。袞聲則在諄部。説文袞从公聲,乃在寒部。**疃從童聲,**説文:"疃,禽獸所踐處也。从田,童聲。"按:童聲在東部,疃字則在寒部。廣韵:"疃,吐緩切。"**縱或從象聲作鷙,是也。**説文:"縱,矛也。从金、從聲。錄，鏦或从彖。"按：從聲在東部，彖聲在寒部。**其幸而合會者，宵、青有轉，則三蒼訓熛爲迸火；**四分律卷一音義引三蒼："熛，迸火也。"説文："熛，火飛也。"按：熛从票聲，在宵部。迸从并聲，在青部。**説文訓䌯爲縹色：**説文："縹，帛青白色也。"**莊子洴澼絖即漂絖；**莊子逍遥遊篇："宋人有善爲不龜手之藥者，世世以洴澼絖爲事。"釋文引李云："洴澼絖者，漂絮於水上。"**淮南生藁即生蓱。**原注：地形訓："容華生藁，藁生蘋藻。"廣雅釋草："薸，蓱也。"〇蘋，淮南通行本作萍。説文以苹訓蓱，王念孫廣雅釋草疏證："薸與藨同，蓱與萍同。"**之、真有轉。則説文讀𣦼爲迅，**説文："𣦼，列也。从𣦼，吏聲，讀若迅。"按：吏聲在之部。迅从卂聲，在真部。**訓嬪爲服，**原注：與婦同訓。〇嬪从賓聲，在真部。服聲在職部，舊附之部。婦字自在之部。**釋木以櫬、采薪、即薪爲同名，是也。**櫬从親聲，在真部。采聲在之部。即聲在質(至)部。**幽諄有轉。則昷聲之字爲媪；**説文："昷，仁也。""媪，女老稱也。从女，昷聲。"按：昷聲在諄部，昷聲之媪，則在幽部。廣韻："媪，烏晧切。"**𦎫聲之字爲䵻；**説文："𦎫，孰也。从亯，从羊，讀若純。""䵻(孰)，食飪也。从丮，𦎫聲。"按：𦎫聲在諄部。孰聲在覺部，舊附幽部。**大雅彫弓乃爲敦弓；**詩大雅行葦篇"敦弓既堅"，毛傳："敦弓，畫弓也。"孔疏："敦與彫古今之異，彫是畫飾之義，故云敦弓畫弓也。"按：彫从周聲，在幽部。**司几筵每敦一几，敦讀曰燾，是也。**周禮春官司几筵鄭注："敦，讀曰燾。燾，覆也。"按：燾从壽聲，在幽部。**侯、寒有轉。則説文短从豆聲；**按：豆聲在侯部，而豆聲之短則在寒部。**耎聲、需聲之字，往往相變；**錢大昕養新録卷四有"需有耎音"一則,章氏管子餘義從之(説見幼官篇),而段玉裁注説文則謂需、叜二聲分別畫然,不容相亂。兩家所論,段氏爲長。誠嘗作需有叜音辨一文詳之,謂需叜相亂,漢時已然矣。**敂關爲款關,**周禮地官司關:"凡四方之賓客敂關,則爲之告。"鄭注:"敂關,猶謁關人也。"史記商君列傳:"由余聞之,款關請見。"集解引韋昭曰:"款,叩也。"按:敂從句聲,在侯部。款聲在寒部。**款款爲叩叩,是也。**楚辭卜居"吾寧悃悃款款卜以忠乎",王注:"志純一也。"廣雅釋訓:"叩叩,誠也。"王念孫疏證:"楚辭九歎'行叩誠而不阿兮',叩亦誠也。重言之則曰叩叩。"**支談有轉。則产有危**、原注:魚毁切**檐兩讀,**説文:"产,仰也。从人在厂上。"廣韵:"产,職廉切。"注云:"本魚毁切。"按:产聲在談部,讀魚毁切,則在支部。**釋宮"堁謂之坫",亦由是轉是也。**説文:"堁,毁垣也。从土,危聲。""坫,屏也。从土,占聲。"按:危聲在支部。占聲在談部。廣韵:"堁,過委切。""坫,都念切。"**至蒸有轉。則釋詁訓凌爲溧;**爾雅釋言"凌,慄也",郝懿行義疏:"爾雅古本作凌溧,故釋文引樊注作凌。慄者,溧之假借。"誠按:凌從夌聲,在蒸部。溧從栗聲,在質(至)部。又章氏誤記釋言爲釋詁。**荀子言陵謹,言節族欲陵,並即徇栗、嚴栗之栗,**原注:本作瑮。**是也。**荀子富國篇:"其於禮義節奏也,陵謹盡察。"又致士篇:"凡節族欲陵,而生民欲寬。"盧文弨曰:"陵謹義相近。"王念孫曰:"陵,謂嚴密也,故與寬相反。富國篇曰:'其於貨財取與計數也,寬饒簡易;其於禮義節奏也,陵謹盡察。'陵謹與寬饒亦相反。"誠按:禮記大學篇:"瑟兮僩兮者,徇慄也。"鄭注:"徇,或作峻,讀如嚴峻之峻。言其容貌嚴栗也。"瑮者,説文:"玉英華羅列秩秩。"段注:"爾雅釋訓:'秩秩,清

也。'毛傳:'秩秩,有常也。'琭、列雙聲,琭、秩疊韵。聘義説玉云:
'縝密以栗。'"**隊、緝有轉。則古文以入爲內:**文始二:"説文:
'入,内也。''内,入也。'古文本以入爲内。入本在緝部,轉入隊。
而内聲之訥、詩亦與合、邑爲韵,讀入緝部。"**以立爲位,是也。**
周禮春官小宗伯"掌建國之神位",鄭注:"故書位作立。"按:立聲
在緝部。位聲在隊部。**泰、東有轉。則以閲爲容,**原注:詩"我
躬不閲",傳曰:"閲,容也。"○詩邶風谷風篇"我躬不閲,遑恤我
後",毛傳:"閲,容也。"鄭箋:"我身尚不能自容,何暇憂我後所生
子孫也。"按:閲从兑聲,在月(泰)部。容聲在東部。**以達爲通,**
原注:達本訓行不相遇,無通義。○説文:"達,行不相遇也。从辵,
羍聲(依段校)。""通,達也。从辵,甬聲。"禮記中庸篇"天下之達
道五",鄭注:"達者常行,百主所不變也。"漢書公孫弘傳載弘上
書,達道作通道。按:羍聲在月(泰)部。甬聲在東部。**以蓬爲
坺,是也。**原注:蓬顝勃壞,皆借爲坺。○説文:"坺,治也;一曰
臿土謂之坺;一曰塵貌。从土,犮聲。"漢書賈山傳:"使其後世曾不
得蓬顝蔽冢而託葬焉。"集注引晉灼曰:"東北人名土塊爲蓬顝。"博
物志卷二:"徐州人謂塵土爲蓬塊。"顏氏家訓書證篇:"北土通呼物
一凷,改爲一顆(按:凷即塊字)。"周禮地官草人:"勃壞用狐。"鄭
注:"勃壞,粉解者。"按:犮聲在月(泰)部。蓬从逢聲,在東部。**此
皆奇牾錯出,不别龡佟,不入旁轉對轉之條。**説文:"奇,異
也。""牾,逆也。"**而亦成條貫,有分理。**條貫,猶言條理。漢書
黄霸傳:"條貫詳備,不可復加",分理,猶言文理。説文叙:"見鳥獸
蹏远之迹,知分理之可相别異也。"**蓋餘分閏位,**漢書王莽傳贊:
"紫色䵟聲,餘分閏位。"集注:應劭曰:"紫,閒色;䵟,邪音也。"服虔

曰:"言莽不得正王之命,如歲月之餘分爲閏也。"**聲音之閒氣也,**
後漢書郎顗傳注,御覽皇王、人事、治道諸部,類聚帝王部並引春秋
緯演孔圖云:"正氣爲帝,閒氣爲臣。"**不爲常率,**常率,猶言常律。
廣雅釋言:"律,率也。"顏氏家訓書證篇:"率字自有律音。"**又非**
可泯絕其文,故謂之變聲爾。詩大雅桑柔篇"靡國不泯",毛
傳:"泯,滅也。"爾雅釋詁:"泯,滅,盡也。"**音之正者:呼侯、幽、**
之、宵諸韵,聲固近撮脣。呼歌、泰、脂、隊、至、支諸韵,
聲固近上舌矣。循是而施鼻音,既有常典,故範圍不可
過。摩那二音,曷能更互以施焉。

國故論衡疏證上之三

音理論

　　此<u>章氏</u>關於字母及聲韵等第之學説也。在三十六字母中，牙、舌、脣三類，皆以四音爲列：清音各二，濁音各一，收聲有濁無清。齒音之精、清兩母與照、穿兩母，亦只各配有一濁母。故<u>潘</u>耒作<u>類音</u>，分別補入<u>舅</u>、<u>杜</u>、<u>語</u>、<u>乃</u>等十九母，復删去知、徹、澄、娘、敷等五母，而總爲五十母，並撰圖説以闡明之。至<u>章氏</u>則以爲"作字母者本以羣承見、谿，定承端、透，非謂羣專爲谿之濁；定專爲透之濁；然據例自當二清二濁，收聲亦當有濁有清。轉益緐多，三十六者可爲五十"云云。其增補以後之數，雖同<u>潘氏</u>，而視<u>類音</u>以"自然之音必皆陰陽相麗"，並以之强配字母，足成五十者，揆諸音理，誠後勝於前矣。<u>章氏</u>又謂："合、撮之閒，或開、齊之閒，不容更有佗音，否則哽介不能作語。"乃就<u>明</u>代以後變音言之耳。若在<u>宋元</u>，則開合二呼實各具四等也。自音變史實觀之，<u>元明</u>之際，舌上聲母已分別變入正齒諸聲。其後，正齒之二等三等兩類，再混同爲舌尖後音。喉音之影喻兩母，不復異讀。而全濁又按聲調之不同，分別變入送氣清音與不送氣清音。在韵母中，發音原有區別之一、二等韵，或合二爲一；或二等韵在牙音聲母之後產生；介音而以漸混入三等韵；三四兩等韵又緣主要元音之演變而漸趨於一致。至若介音，原爲複音之iu，化爲單音之y。合i、u及不帶介音之韵，形成四種韵頭。綜上所述，宋元之四等兩呼，在明代，先是變爲兩等兩呼，而後等呼結合，化爲四呼。至清人潘耒，遂明定開、齊、合、撮之稱焉。章氏以四呼審音，是也。以兩呼八等爲破碎，則似不尋端緒矣。

韵紐者，慧琳一切經音義稱梵文"阿"等十二字爲聲執，"迦"等三十五字爲體文。聲執者韵，體文者紐也。

慧琳音義卷二十五，大般涅盤經音義第八：㝈（阿可反）、啊（阿箇反、阿字去聲兼引）、瞖（伊以反、伊字上聲）、繬（伊異反、伊字去聲兼引）、塢（烏古反、或作鄔、亦通）、污（塢固反、引聲牙關不開）、翳（嬰計反）、僾（哀葢反、引聲、正體愛字也）、污（襖固反、大開牙引聲、雖即重用污字、其中開合有異）、奥（阿告反、引聲）、暗（菴紺反、菴音阿甘反）、惡（阿各反、正體惡字也），已上一十二字，是翻梵字之聲勢也。迦（居佉反、又取上聲）、佉（墟迦反、佉字取上聲、墟音丘於反）、誐（魚迦反、迦字准上音）、伽（渠賀反、伽字去聲重）、仰（虛軮反、兼鼻音、軮音央兩反）、左（藏可反、上聲）、瑳（倉可反、上聲）、嵯（慈我反）、醝（嵯賀反、引聲重）、孃（女兩反、兼鼻音）、綺（陟賈反）、姹（坼賈反）、絮（絮雅反）、槎（茶夏反、去聲引）、挐（儜雅反、兼鼻音）、觰（多可反）、佗（他可反、他字上聲、正體他字也）、捼（那我反）、馱（陀賀反、重）、曩（乃朗反、鼻音）、跛（波下反）、頗（陂我反）、麼（莫我反、無鼻音）、湝（婆賀反、去聲重）、麼（忙滂反、鼻音）、野（如本字音也）、囉（羅字上聲、兼彈舌呼之）、砢（勒可反）、囀（舞可反）、捨（尸也反）、灑（沙賈反）、縒（桑可反）、賀（何馱反）、乞灑（二合兩字合爲一聲，此一字不同衆例也），已上三十四字，名爲字母。誠按：玄應音義大般涅槃經文字品所述梵文十四音爲衰、阿、壹、伊、塢、烏、理、鼇、鼞、藹、污、奧、菴、惡等，視慧琳所傳，多理、鼇二母、而慧琳所列四助聲（乙上聲、乙去聲、力短聲、力去聲），他家或譯爲魯、留（又作流）、盧、婁（又作樓），亦即理、鼇二母（今所謂聲化元音）之長短音分列也。要之，兩家所述，實是一事。徒以數計之，則有十二（慧琳）、十四（玄應）、十六（十二聲勢並四助聲）之異矣。又按：日本大正藏經悉曇部悉曇集記卷中有"體文亦曰字母"之語。林記云：體文亦曰字母者，此字爲體，增以麼多而成十二，故云體文。又此字爲母，能生十二；故云字母。凡列迦、佉、伽（輕）、伽（重）、哦（已上牙聲）、者、車、社（輕）、社（重）、若（已上齒聲）、吒、侘、茶（輕）、茶（重）、拏（已上舌聲）、多、他、陀（輕）、陀（重）、那（已上喉聲）、波、頗、婆（輕）、婆（重）、麼（已上脣聲）、也、囉、羅、縛、奢、沙（音近沙可反）、沙（音近婆可反）、訶、濫、叉（已上遍口聲）等三十五字。然又謂"後章用三十四字爲體，唯濫字全不能生，餘隨所生，具如當章論之"云云，是不計濫字，則三十五爲三十四矣。**斯蓋前代韵書之言。**黃淬伯慧琳一切經音義反切考、慧琳經音義所據之韵書説："唐貞元、元和間，西明寺僧慧琳撰大藏音義一百卷。采用音切，乃天寶時元廷堅所作之韵英也。經音義開卷注覆載二字云：'上敷務反，見韵英，秦音也。諸字書皆敷救反，吳楚之音也。'"然則韵英一書，準音定切，所依憑者爲此時之關中音。今欲上窺千百年前之關中音系，探其涯略，則經音義實爲之奧藏。"**北史徐之才傳曰："尤好劇談體語，公私言聚，多相嘲戲。"**原注：案南北朝人好以雙聲語相戲弄，故云然。北齊書"體"作"謔"，義異。○徐之才傳附見北史卷九十徐謇傳。自注引北齊書，見卷三十三。明南北兩監本，清武英殿及金陵局本"體"作"謔"。南宋三朝本、汲古閣本仍作"體"。張元濟云:"按體語即反切隱語,見封演聞見記卷二。"誠按:南史羊玄保傳:"子戎,少有才氣,而輕薄少行檢,語好爲雙聲。江夏王義恭嘗設齋,使戎布牀,須臾王出,以牀狹,乃自開牀。戎曰:'官家恨狹,更廣八分。'王笑曰:'卿豈惟雙聲,乃辯士也。'文帝好與玄保棊,嘗中使至,玄保曰:'今日上何召我邪。'戎曰:'金溝清泚,銅池搖颺,既佳光景,當得劇棋。'"北史魏收傳:"博陵崔巖嘗以雙聲嘲收曰:'遇魏收衰曰愚魏。'魏答曰:'顏巖腥瘦,是誰所生,羊頤狗頰,頭團鼻平,飯房笿籠,著孔(當作札)嘲玎。'"又洛陽伽藍記云:"龍西李元謙能雙聲語:嘗經郭文遠宅,問曰:'是誰宅第?'婢春風曰:'郭冠軍家。'元謙曰:'凡婢雙聲。'春風曰:'儜奴慢罵。'"類此皆以雙聲語相戲弄之事也。**封演聞見記曰:"周顒好爲體語,因此切字皆有紐,紐有平上去入之異。"**今玉篇、廣韻所附雙聲疊韻法及神珙四聲五音九弄反紐圖中所舉章、掌、障、灼、廳、頲、聽、剔等字,正是綜合雙聲與四聲加以歸納而爲聲紐也。**然則收聲稱埶,發聲稱體,遠起齊梁閒矣。**徐之才,北齊丹陽人。周顒,南齊汝南安城人。**或以字母未出,儒者所傳切語,以上字爲雙聲標識,其文有定,亦若晚世三十六字。**原注:陳氏切韻攷説。○陳澧切韻考通論:"韵書分部,用東、冬、鍾、江諸字以爲標目。若雙聲之分類,則唐末僧家始有字母。字母未出之前,儒者傳習切語之學,以何者爲雙聲之標識乎?必以切語上一字矣。切語上字,凡雙聲皆可用。今考廣韻切語上字四十類,每類之中,常用者數字耳。合四十類,常用者不過百餘字。此非獨廣韻切語常用之,凡隋唐以前諸書切語皆常用之。孫叔然爾雅音,今見於釋文者數十條。其切語上字,即廣韻常用之字。可知此等字實孫叔然以來,師師相傳,以爲雙聲之標目。"**雖然,造反語者非始孫叔然**

也。原注:案經典釋文序例謂漢人不作音,而王肅周易音,則序例無疑辭,所録肅音用反語者十餘條。尋魏志肅傳云:"肅不好鄭氏,時樂安孫叔然授學鄭玄之門人,肅集聖證論以譏短玄。叔然駁而釋之。"假令反語始于叔然,子雝豈肯承用其術乎?又尋漢地理志廣漢郡梓潼下應劭注:"潼水所出,南入墊江,墊音徒浹反。"遼東郡沓氏下應劭注:"沓,水也。音長答反。"是應劭時已有反語,則起於漢末也。〇王肅字子雝(雍),孫炎字叔然,各見三國志魏書本傳。應劭字仲遠,見後漢書本傳。誠按:顏之推家訓音辭篇、陸德明經典釋文叙錄、張守節史記正義論例、皆謂反切創自孫炎。如章氏説,應劭時已有反語,而劭下距孫炎,歷年未久,要之均在漢季,則顏之推所謂漢末人獨知反語,説當可信。**叔然承襲舊文,體語已有數家。**郝懿行曰:"反語非起於孫叔然,鄭康成、服子慎、應仲遠年輩皆大於叔然,並解作反語,具見儀禮、漢書注,可考而知。"時賢周祖謨氏云:"反切之事,決非一人所能獨創。章太炎即謂造反語者非始於孫叔然。而應劭音外、復有服虔音數則,故唐人亦謂反切肇自服虔。如景審慧琳一切經音義序云:'古來反音,多以旁紐而爲雙聲,始自服虔,原無定旨。'唐末日本沙門安然悉曇藏引唐武玄之韵詮反音例亦云:服虔始作反音,亦不詰定(大正新修大藏經)。是皆謂反切始自服虔也。服、應爲漢靈帝、獻帝閒人,是反切之興,時當漢末,固無疑矣。"誠按:日本大矢透氏據後漢書和帝紀李賢注,又考見許慎亦嘗用反切注音(見趙蔭棠等韵源流)。周氏又云:"反切之所以興於漢末者,當與象教東來有關。"誠按:宋之鄭樵、沈括、陳振孫,清之紀昀、姚鼐,均先有是説。**故反語上字無定,見於爾雅音。**原注:爾雅音中反語如九遇、居衛、古貴,一類分用三字。苦穴、犬縣、虛貴、去貧,一類分用四字。五果、吾補、牛

蒸、魚句，一類分用四字。大才、徒答，一類分用二字。直略、丈耕，
一類分用二字。如羊、人垂、汝均，一類分用三字。是叔然一人所
用，已非盡一也。○誠按：劉盼遂反切不始於孫叔然辨謂經典釋文
所引孫氏爾雅音，共有六十五條。今檢孫音，絢音九遇反（釋器），
蠤音居衛反（釋地），桄（孫作光）音古黃反（釋言），湙音苦穴反（釋
水），駧音犬縣反（釋畜），鱥音虛貴反（釋詁），顠音五果反（釋詁），
辿音吾補反（釋言），凝音牛蒸反（釋器），寓又魚句反（釋獸），胎音
大才反（釋詁），遝音徒答反（釋言），著音直略反（釋天），杠音丈耕
反（釋蟲），儀音如羊反（釋詁），委音人垂反（釋草），犉音汝均反
（釋畜），斯即章氏所引之文也。又按：此所舉切語上字中：九、居、
古三字同屬見紐，苦、犬、虛、去四字同屬溪紐，五、吾、牛、魚四字同
屬疑紐，大、徒二字同屬定紐，直、丈二字同屬澄紐，如、人、汝三字
同屬日紐。**及周顒整而一之，惜其不傳也。**南史周朗傳附顒
傳云：“始著四聲切韵行於時。”**而晚唐五季閒，字母自茲起。**
唐末沙門守溫據梵藏體文，擬定三十字母。**喉、牙、舌、齒、唇
者，分類就列，取於印度。**詳悉曇集記。又玄應音義載大般涅
槃經有比聲二十五字，曰舌根聲，舌齒聲，上腭聲，舌頭聲，唇吻聲。
此外超聲九字，包括二合音與今之所謂擦音及半元音。論語季氏
篇“陳力就列”，集解引馬融，以位釋列。**印度五音爲列，此土
以四。**錢大昕潛研堂答問十二：“其（按：謂三十六母）與梵書相似
者：見、溪、羣、疑即涅槃之迦、呿、伽、㕈（其柯）、俄也，而去其一。
照、穿、床、審、禪即涅槃之遮、車、闍、膳（時柯），若（耳賀反）也，而
去其一。知、徹、澄、孃即涅槃之吒、咃（丑加反）、茶、咤、拏也，而去
其一。端、透、定、泥即涅槃之多、他、陀、馱、那（奴賀）也，而去其
一。邦、滂、並、明即涅槃之波、頗、婆、婆（去）也，而去其一。”**故**

見、谿與羣，端、透與定；其間可補苴也。原注：自來言字母者，皆以羣爲谿之濁，定爲透之濁，而見、端無濁音。返觀梵文，五字爲行；二清二濁，一爲收聲。而中土獨二清一濁一收，何以不相比類？蓋羣、定等字，揚氣呼之，爲谿、透之濁，抑氣呼之，爲見、端之濁。今北音多揚，南音多抑。又北音平去亦有抑揚之異，如呼羣皆揚如谿之濁，呼郡則抑氣如見矣；呼亭皆揚如透之濁；呼定則抑氣如端矣。同此一母而平去異貫，則知曩日作字母者，本以羣承見、谿，定承端、透，非謂羣專爲谿之濁，定專爲透之濁。然據例自當二清二濁，故潘耒類音爲之補苴焉。○潘耒類音卷二有五十母圖説，謂："諸書所列字母，多寡不一（中略）。今以自然之陰聲陽聲審之，定爲五十母。徹與穿，澄與牀，異呼而同母。知與照，孃與泥則一呼，故刪之。非與敷亦異呼而同母，故去敷字而移奉以配非之陰聲。其羣、疑、來、定、泥、日、牀、邪、從、微、並、明十二母，有陽無陰，則增舅、語、老、杜、乃、繞、朕、巳、在、武、棒、美十二母爲陰聲以配之（原注：凡上聲多屬陰，舅、語等十二字皆上聲。巳爲辰巳之巳，邪母之陰聲也）。心母有陰無陽，則以些字爲陽聲以配之（原注：韻書些字即屬心母，但心母別無陽聲之字，不得已借用此字）。其'而'字雖獨音，然有平、上、去聲，有陰、陽、輕、重，則居然一母。且韻書中多以而字出切者，謂古讀爲如；未必然也。故增而母爲陽聲，復增耳母爲陰聲以配之。至如牀、從，濁母之下，確有二母，與疑、泥相類。以其爲甚濁之音，故混而難辨。細審連讀，當自得之。各有陰陽，故增四母（中略）。舊三十六母，今刪者五，增者十九；遂成五十母。略如邵子之四十八而加詳焉。其陰陽者，非清濁之謂也。輕清爲陽，重濁爲陰，泛言之耳。審音則輕者爲陽爲濁，重者爲陰爲清。自昔相承，不可改也。若夫既立爲母，而其字或空或借,則以有其音而無其字,寧空寧借以存之,不可以無字而遂廢其音也。"誠按:新序刺奢篇云:"衣弊不補,履決不苴。"漢書賈誼傳云:"冠雖敝,不以苴履。"說文:"補,完衣也。""苴,履中艸。"禮記曲禮篇釋文:"苴,藉也。"**收聲音濁,而其上有清,清音復可補苴也**。原注:今音那、黏等字皆作清音,亦當補。○三十六字母中之疑、泥、娘、明、微、來、日等七紐、皆次濁也。江永音學辨微、錢大昕十駕齋養新録、江有誥等韵叢說、陳澧切韵考外篇等,均目之爲收聲。至那黏二字,雖或讀入陰調,而其聲則濁而非清也。**轉益緜多,三十六者可爲五十**。如于見、端、知、幫、非、精、照等七紐各加一濁聲,收聲七紐各加一清聲與之相配,則又得十四紐,與舊三十六紐並計,共爲五十。**又不知百年以後,音之分擘,將何底邪**,誠按:若以今北京音系與中古音系對比,則聲母自三十六損爲二十一(並零聲母計之,則爲二十二),韵母自六十左右損爲三十五。是漢語語音之發展,其主流當是由繁趨簡,而非有益無損,分別之無底止也。擘者,廣雅釋詁:"擘,分也。"底者,左氏昭元年傳"勿使有所壅蔽湫底以露其體",釋文引服虔云:"底,止也。"(廣雅"擘"字,各本皆脫,王念孫據衆經音義引補。)**江慎修欲以大衍之數皮傅,其未知聲音損益,隨世而異也**。周易繫辭傳"大衍之數五十",韓注引王弼說:"演天地之數,所賴者五十也。"孔疏引京房云:"五十者,謂十日、十二辰、二十八宿也,凡五十。"後漢書張衡傳"且河洛六藝,篇録已定,後人皮傅,無所容簒",李注引揚雄方言曰:"秦晉言非其事謂之皮傅。謂不深得其情核,皮膚淺近,强相傅會也。"經傳釋詞五:"其,擬議之詞也。"按:江永音學辨微論圖書爲聲音之原曰:"河圖五十五點,洛書四十五點,合之得百,半之五十,是爲大衍之數,而聲音亦應之。故圖書者,聲音之源也。陽侵陰而缺其七濁，陰侵陽而缺其七清，故能制字之音，止於三十六也。"

又始作字母者，未有分等。據敦煌寫本守溫韵學殘卷，有四等重輕例，其所分等與宋元轉攝圖如韵鏡、七音略、四聲等子、切韵指掌圖、切韵指南之屬，每圖各分韵爲四等，悉相符合。是四等之分，守溫前即已有之。章氏未見此殘卷，故有是説。**同母之聲，大別之不過闔口開口。**宋元等韵，只分開口闔口二呼，廣韵末所附辯十四聲例法已採用之。江永音學辨微云："音呼有開口合口；合口者吻聚，開口者吻不聚。"按江氏所云吻聚、吻不聚，即今稱之圓脣、不圓脣也。**分齊視闔口而減者爲撮口，分齊視開口而減者爲齊齒，闔口開口皆外聲，撮口齊齒皆內聲也。**詩小雅楚茨篇："既齊既稷"，釋文："齊，一音才細反。謂分之齊也。"誠按：開齊合撮四呼之名，始定於潘耒類音，從此，宋元等韵之四等（開合各具四等、並計則爲八等）二呼，遂變爲清代等韵之開齊合撮四呼矣。潘耒四呼圖説云："一字必有四呼。凡音皆自內而外。初出於喉，平舌舒脣，謂之開口；舉舌對齒，聲在舌腭之間，謂之齊齒；斂脣而蓄之，聲滿頤輔之間，謂之合口；蹙脣而成聲，謂之撮口。撮口與齊齒相應，合口與開口相應。此四音者，本一語展轉而成。欲明音韵者，先明四呼，其餘自迎刃而解矣。鄭漁仲言，'人只知縱有四聲，不知橫有七音。'余亦言人止知縱有四聲，不知橫有四呼。神珙以來，未論及此。"誠按：唐宋以來，既按發音狀況之差異，將漢語全部韵母分別納入四個等列，又按發音部位及發音方法之不同，析聲母爲四等。因此，所謂等者，兼韵與聲而言之也。而明人又或從聲區分四呼。清趙紹基拙庵韵語，且以呼爲聲之發端。至章嘉胡土克圖撰同文韵鏡，更以呼爲等稱四呼爲四等矣。章氏所云,蓋本於此。又外聲內聲之説,見戴震聲韻考卷二。**依以節限,則闔口爲一等,撮口其細也。開口爲一等,齊齒其細也。** 撮口原屬合口,如虞韵在廣韵中爲合口三等。齊齒原屬開口,如尤韵在廣韵中爲開口三等之類。節限者,釋名釋形體云:"節,有限節也。" 禮記中庸篇云"發而皆中節謂之和",孔疏:"雖復發動,皆有節度。" **本則有二,二又爲四,此易簡可以告童孺者。** 周易繫辭上傳:"易則易知,簡則易從,易簡而天下之理得矣。" **季宋以降,或謂闔口開口皆四等,而同母同收者可分爲八。** 宋人有四聲等子及四聲等第圖,此以"等"名其韵書者也。羅常培氏云:"所謂等者,即指介音之有無及元音之弇侈而已。" 誠按:據廣韵音系:韵分開合兩呼,而每呼又各分四等,是以爲八。**是乃空有名言,** 尚書僞大禹謨篇:"名言兹在兹",某氏傳:"名言此事,必在此義。" 孔疏:"名目言談此事,必在此事之義而名言之。" 誠按:名言亦佛氏用語。華嚴經三十二云:"於一一法名言,悉得無邊無盡法藏。" **其實使人哽介不能作語。** 説文:"哽,語爲舌所介也。" **驗以見母收舌之音,昆** 原注:闔口、**君** 原注:撮口、**根** 原注:開口、**斤** 原注:齊齒**以外,復有佗聲可容其閒邪。** 章氏意謂四呼已足盡韵類之異,不能再加細分。**原其爲是破碎者,嘗覩廣韵、集韵諸書,分部繁穰,不識其故,欲以是通之爾。** 廣韵平聲五十七韵,上聲五十五韵,去聲六十韵,入聲三十四韵,凡二百零六韵。集韵分部,與之全同。原者,漢書薛宣傳:"原心定罪",顏注:"原,謂尋其本也。" 穰者,廣雅釋詁:"穰,豐也。" **不悟廣韵所包,兼有古今方國之音,非並時同地得有聲埶二百六種也。** 原注:且如東、冬於古有別,故廣韵兩分之,在當時固無異讀。是以李涪刊誤以爲不須區別也。支、脂、之三韵，惟之韵無闔口音，而支、脂開闔相間，必分爲二者，亦以古韵不同，非必唐音有異也。若夫東鍾、陽唐、清青之辨，蓋由方國殊音，甲方作甲音者，乙方則作乙音。乙方作甲音者，甲方或又作乙音。本無定分，故殊之以存方語耳。**昧其因革，操繩削以求之，**文心雕龍物色篇有"因革以爲功"之語。荀子王制篇"中和者，聽之繩也"，楊注："繩，所以辨曲直。"淮南子本經訓"無所錯其剞劂削鋸"，高注："削，兩刃鉤刀也。"後漢書蘇竟傳李注："削，一曰書刀也。"**由是侏離不可調達矣。**後漢書南蠻西南夷列傳李注："侏離，蠻夷語聲也。"調達，謂和暢。晉人已用是語。詩品評張協詩，亦有風流調達之語。**唐韵分紐，本有不可執者。若五質韵中，一、壹爲於悉切，乙爲於筆切，必以下二十七字爲卑吉切，筆以下九字爲鄙密切，蜜、謐爲彌畢切，密、蓾爲美畢切，悉分兩紐。**廣韵一、弌、壹三字，同在一紐，乙、鳦、乚三字又同在一紐。必、畢、筆、觱、瑮、趯、蹕、滭、鷩、鵯、觱、珌、澤、熚、嫓、彃、樋、繂、鮅、饆、鏎、芈、嵂、鞁、禪、罼等二十七字同在一紐，筆、潷、鉍、柲、泌、撆、咇、瑾、蹕等九字又同在一紐。蜜、蠠、謐、醯、檻、峚、宓、滵、瞳（敦煌本王韵作瞳，集韵同）等九字同在一紐，密、宓、蓾、宓、滵、沕、檻、昒（説文作否）、鷭、瞇等十字又同在一紐。（美畢切，切三及故宮本、敦煌本王韵、唐韵均作美筆反）。誠按：廣韵支、脂、祭、真、仙、宵、侵、鹽八韵中之喉、牙、脣音字，因其反切上字有對立，故韵圖分別置於三、四等。如此所舉，一在四等，乙在三等，必在四等，筆在三等，蜜在四等，密在三等。此即今之所謂重紐。時賢公認：重紐在語音上實有區別。**一屋韵中、育爲余六切、囿爲于六切、亦分兩紐也。**等韵圖育在四等，囿在三等。**夫其開闔未**

殊而建類相隔者,其殆切韵所承聲類、韵集諸書、羋嶽不齊,未定一統故也。因是析之,其違於名實益遠矣。説文叙:"建類一首"。周易繫辭下傳:"其殆庶幾乎。"禮記檀弓篇鄭注:"殆,幾也。"呂氏春秋自知篇高注:"殆,猶必也。"誠按:魏李登撰聲類(隋志著録十卷)、晉吕静撰韵集(隋志著録六卷),二書久佚,其詳不可得聞。但據前人所引,知其曾用反語。如顔師古匡謬正俗引"聆音力丁反",玄應音義雜寶藏經音義引"䤡,昌紙反",後漢書馮魴傳李賢注引"鬀音他計反"等,皆出自聲類。陸德明詩有瞽篇釋文引"編,布千反",蕭該漢書朱博傳音義引"蟜,己兆反",裴駰史記留侯世家集解引徐廣史記音義"鮐音此垢反"等,皆出自韵集。凡此音切,當爲陸法言所承用。又按:説文:"羋,叢生艸也。象羋嶽相並出也。讀若浞。"段注:"羋嶽,疊韵字。或作嵳嶽。"若以是爲疑者,更舉五支韵中文字證之:媧切居爲,規切居隋,兩紐也;廣韵媧、規二字皆三等合口呼而分爲兩紐。韵圖媧列合三;規列合四。虧切去爲,闚切去隨,兩紐也;廣韵虧、闚二字皆三等合口呼而分爲兩紐。韵圖虧列合三,闚列合四。奇切渠羈,岐切巨支,兩紐也;廣韵奇、岐二字皆三等開口呼而分爲兩紐。韵圖奇列開三,岐列開四。皮切符羈,陴切符支,兩紐也。廣韵皮、陴二字皆三等開口呼而分爲兩紐。韵圖皮列開三,陴列開四。是四類者:媧、虧、奇、皮,古在歌。規、闚、岐、陴,古在支。魏晉諸儒所作反語,宜有不同。及唐韵悉隸支部,反語尚猶因其遺迹,斯其證驗最著者也。左氏僖四年傳:"一薰一蕕,十年尚猶有臭。"詩小雅小弁篇"尚求其雌",鄭箋:"尚,猶也。"審音者不尋尚緒,欲無回惑,得乎。淮南子精神訓："反覆終始,不知其端緒。"又兵略訓："一晦一明,孰知其端緒。"
詩齊風載驅序孔疏："端,謂頭緒也。"回惑者,詩大雅大明篇"厥德
不回",毛傳："回,違也。"揚雄甘泉賦"目駁耳回",李注："回,謂回
皇也。"荀悅申鑒政體篇："肅恭其心,慎修其行,內不回惑,外無異
望(明本"回"作"忒")。"

　　一母或不兼有闓撮開齊,斯又口舌所礙也。李光地音
韻闡微凡例："依韵辨音,各有呼法。舊分開合二呼,每呼四等。近
來審音者,於開口呼內又分齊齒呼,於合口呼內又分撮口呼。每呼
二等,以別輕重。"誠按:中古三十六字母自見、溪、疑、影、曉、來六
紐及重脣四紐各具四等音外;其他舌頭四紐,齒頭四紐(除邪紐),
只有一、四兩等。舌上四紐,正齒四紐(除禪紐),只有二、三兩等。
匣紐只有一、二、四等。喻紐只有三、四兩等。而輕脣四紐及羣、
禪、日三紐,則只有三等。邪紐則只有四等。再就韵部觀之,兼具
四呼者,如支韵等是。僅有合撮者,如東韵等是。僅有開齊者,如
之韵等是。正齒撮齊即齒頭,齒頭闓開爲正齒。按正齒實
有二等音,齒頭亦有一等音,兩類音皆各具洪細也。及夫疑、尼
二母,其音易以爻錯。説文："爻,交也。"尼母即娘母。本卷正
言論附表列有疑紐誤娘紐界:謂除廣東,他省多有。今世呼疑、
牛、顒、仰,皆亂於尼,銀、鄂、吾、危,又亂於喻,獨廣東不
誤,江浙間微出入耳。誠按:今成都方音,亦大抵若此。惟顒讀
若容(餘封切),讀鄂正在疑紐耳。然疑母至於撮口齊齒,終
不得不與尼母同呼。語、俁之譌如宇,雖近正者,財如
女。顒之譌如容,雖近正者財如濃。廣韵："語,魚巨切。"
"俁,虞矩切。""宇,王矩切。""女,尼呂切。""顒,魚容切。""容,餘

封切。”“濃,女容切”。財者,<u>史記孝文紀索隱</u>、<u>漢書文帝紀</u>、<u>李陵</u>、<u>霍光</u>等傳<u>顏</u>注並云:“財,與纔同。”**斯由聲等不能完具,韵書雖著其音,而言者猶弗能剴切本紐,況欲令開闔皆四乎。**<u>説文</u>:“剴,大鐮也。一曰摩也。”<u>徐灝段注</u>箋:“剴者迫地芟草,故謂之剴切。今人所謂剴切,仍是切實之義。”<u>誠</u>按:<u>漢書賈山傳集注</u>引<u>孟康</u>曰:“劗,謂剴切之也。”<u>詩小雅雨無正篇正義</u>引<u>書大傳注</u>:“剴,切。”**夫寄窠作規者,有其音無其字可也,本無其音可乎。**窠,謂空白之處。<u>説文</u>:“窠,空也。”<u>楚辭離騷王注</u>:“圓曰規。”按:等韵圖表於韵書無其音節之空白處作〇以表之,所謂寄窠作規也。**章炳麟曰:聲音出口,則官器限之。**<u>荀子正名篇</u>:“然則何緣而以同異,曰,緣天官。”又<u>天論篇</u>:“耳目鼻口,形能各有接而不相能也。夫是之謂天官。”<u>誠</u>按:<u>左傳</u>有“君子曰”,<u>史記</u>有“太史公曰”,<u>章</u>氏著書則有“章炳麟曰”,皆獨抒所見之語。**齫差之度,孰非一劑,非若方位算數之整齊也。**<u>荀子君道篇</u>:“天下之變,境内之事,有弛易齫差者矣。”<u>王先謙集解</u>:“齫差,參差不齊。”<u>誠</u>按:<u>説文</u>:“齫,齻齫也。”“齻齫,齒不正也。”“劑,齊也。”<u>莊子秋水篇</u>:“萬物一齊,孰短孰長。”<u>淮南子主術訓</u>:“毋小大脩短,各得其宜,則天下一齊,無以相過也。”**故言音理者;亦故而已矣,惡其鑿也。**<u>孟子離婁下篇</u>:“天下之言性也,則故而已矣。故者以利爲本。所惡於智者,爲其鑿也。”<u>趙注</u>:“惡人欲用智而妄穿鑿,不順物之性而改道以養之。”<u>朱熹集注</u>:“利,猶順也。”**所謂聲勢者,謂韵終所收,若水之走尾閭也。**<u>莊子秋水篇</u>:“天下之水,莫大於海,萬川歸之,不知何時止而不盈;尾閭泄之;不知何時已而不虛。”<u>釋文</u>引<u>司馬</u>云:“尾閭,泄海水出外者也。”<u>文選嵇康養</u>

生論李注引司馬云："尾閭，水之從海水出者也。一名沃燋。在東大海之中。尾者，在百川之下，故稱尾。閭者，聚也。水聚族之處，故稱閭也。"**異域并音，以陰聲爲主，多者不能過十名。**原注：此即今人所謂母音。印度有十二字，爲最多矣。然其閒有長短音，有開闔音，亦可併省。○并音即拼音，已見小學略説篇。母音，今多稱元音。據慧琳音義卷二十五"㰤（阿可反）之與啊（阿箇反），瑿（伊以反）之與繄（伊異反），塢（烏古反）之與污（塢固反），皆長短之異也。污（塢固反）之與污（襖固反，大開牙引聲，雖即重用污字，其中開合有異），又開合之異也。**咽喉曲折之度，雖中外不逾是矣。**説文："喉，咽也。"史記李將軍列傳"〔衛〕青欲上書報天子軍曲折"，正義："言委曲而行迴折。"説文："逾，迻進也。"尚書禹貢篇"逾于洛"，某氏傳："逾，越也。"**故古韵陰聲九類者，足以準度百代。**章氏所定古韵陰聲九類，見前成均圖。準度，猶言準則法度。漢書東方朔傳"以仁義爲準度"，顏注："準，平、法也。"**季世二百六部之譜，依于因革，非依于音理也。**季世；猶言後代。左氏昭三年傳："叔向曰：'齊其何如?'晏子曰：'此季世也。'"誠按：北宋陳彭年等所修廣韵，凡立二百六部。所以如是繁穰，蓋由有所因襲，又有所改革。説已見前。**諸陰聲皆收喉，**上古陰聲韵部或收 a，或收 e、ə，或收 o，或收 u，或收 ai、ei、ə i。皆喉音也。**陽聲或收脣收舌，悉可以喉音爲準。**上古陽聲韵，侵、談兩部收 m，真、諄、寒三部收 n，東、冬、陽、青、蒸五部收 ng。**自戴君聲類表分九類二十五部，**戴震説見聲類表卷首苔段若膺論韵。**歌、魚、鐸曰阿、烏、堊，蒸、之、職曰膺、噫、億，東、侯、屋曰翁、謳、屋，陽、宵、藥曰央、夭、約，青、支、**

錫曰嫛、娃、厬，諄、脂、質曰殷、衣、乙，寒、泰、曷曰安、靄、遏，侵、緝曰音、邑，談、盍曰醃、譀。原注：戴君收喉、收鼻、收舌、收脣之説未諦。陰陽相配，亦未精密。今但取其喉音表韵爾。○誠按：戴氏所立二十五部，全以影紐字標目，足見其深識音理。但以膺至厬皆收鼻音，其中噫（億）、謳（屋）、夭（約）、娃（厬），豈收鼻音者耶？又以殷至遏皆收舌齒，其中衣（靄）部豈收舌齒者邪？戴氏雖精於審音，此則有所未諦。至於以阿（歌）爲陽聲而與烏（魚）相配，又以夭（宵）配央（陽），以靄（祭、泰、夬、廢）爲陰聲，並其疏失之處。**若依其例以表二十三部，魚、陽曰"烏"、"㼘"；**原注：廣韵烏郎切。○戴以烏表魚部，章氏同。戴以央表陽部，央在廣韵陽韵，開口三等細音。章用㼘，㼘在廣韵、唐韵，開口一等大音。**支、青曰"娃"、**原注：廣韵：烏攜切。**"䀠"；**原注：青部今韵無可表音之字。䀠，今音嫛，依古當作一开切。○誠按：开，古賢切。戴以娃表支部，娃在廣韵佳韵，開口二等洪音。章用娃，娃在廣韵齊韵，合口四等細音。按：庚、耕、清、青四韵影紐字，惟清韵之嫛、縈是四等字，耕韵之甖、泓乃二等音也。又廣韵清韵，䀠、嫛二字並音於盈切。**至、真曰"乙"、"因"；**章氏之至部即戴氏之質部，兩家同用乙標目。戴氏真、諄不分，以"殷"表之。章氏改用"因"，"因"在廣韵真韵、開口四等細音。**脂、隊、諄曰"媁"、**原注：廣韵於非切。**"啟"、**原注：廣韵於胃切，又紆物切。**昷；**戴以"衣"表脂，"衣"爲開口三等字。章改用"媁"，"媁"爲合口三等字。隊部乃章氏所建，戴無之。"啟"在未韵，於貴切。合口三等字。戴合真諄爲一，章不從，用"昷"表諄，合口三等字。**歌、泰、寒曰"阿"、"遏"、"安"，**以"阿"表歌，以"安"表寒，戴、章所同。

戴氏既分泰、曷爲兩部，故以"䨓"表泰，以"遏"表曷。章合泰、曷（祭、月）爲一部，故但用遏。**侯、東曰"謳"、"翁"，兩家所同。幽、冬、侵、緝曰"幽"、"雡"，**原注：邕聲字，近人皆説在東部，詩以襑、雡爲韵，沖、雡爲韵，則亦轉入冬部，故舉以表冬韵。**"猎"，**原注：廣韵：乙咸切。**邑，**幽部乃戴氏弟子段玉裁所建，章即以幽表之。冬部又戴氏弟子孔廣森所建。章氏據詩經用韵，以"雡"字表之。所引襑、雡爲韵，見召南何彼襑矣篇。沖、雡爲韵，見小雅蓼蕭篇。又以"邑"表緝，兩家所同。戴以"音"表侵，三等字。章改"猎"，二等字。二十三部音準云："侵當稱咸。"**之、蒸曰"埃"、"膺"，**戴氏以"噫"表之部，噫與之同爲開口三等字。黃以周改標之部曰咍部，咍乃一等大音。章氏音準云："之當稱咍。"此以"埃"表之，埃即在咍韵。又以"膺"表蒸，兩家所同。**宵、談、盍曰"夭"、"菴"、"瘱"，**原注：廣韵、烏合切。〇以"夭"表宵，兩家所同。戴以"醃"表談，醃爲三等字。章改醃爲"菴"，一等字。戴以"䜺"表盍，三等字（䜺：余業切），章改"瘱"，一等字。**可以準音而視戴氏聲氣精幾冥合矣。**如上所析，戴氏既誤合真、諄，又誤歌爲陽，誤祭（泰）爲陰，而以"娃"表支，以"醃"表談、以"䜺"表盍，並於洪細不合。章氏又易"噫"以"埃"，易"央"以"妜"，審音精謹，皆勝戴氏。轉語序云："人之語言萬變，而聲氣之微，有自然之節限。"精幾者，説文："幾，精謹也。"段注："凛凛庶幾之意也。"誠按：柳宗元始得西山宴游記："與萬化冥合。"説文："冥，幽也。"**抑夫聲埶所收，非氾走喉音而已矣。**説文："走，趨也。"**延袤之，**延袤，迤邐連續也。史記蒙恬傳："因地形，用險制塞，起臨洮、至遼東，延袤萬餘里。"**纏縣之，**纏縣，固結不解也。文選潘岳寡婦賦："思纏綿以督亂兮,心摧傷以愴惻。"**慮無不開口者,**慮,猶言大率。已見前。**而分韵自有闔撮開齊,**原注:魚、脂、隊皆闔口,亦兼有撮口。侯幽之分,純以開口齊齒爲辨。○魚部中之模韵字,爲合口一等音,魚、虞兩韵字爲合口二、三等音。脂部中之灰韵字爲合口一等音,微韵字爲合口三等音(兼有開口三等音),皆韵字爲合口三等音(兼有開口三等音),齊韵字爲合口四等音(兼有開口四等音)。隊部中之隊韵字爲合口一等音(少數代韵字爲開口三等音),未韵字爲合口三等音(兼有開口三等音),怪韵字爲合口二等音(兼有開口二等音),至韵字兼有合口二、三、四等音(亦兼有開口三、四等音),少數祭韵字爲合口三、四等音(亦兼有開口三、四等音),少數霽韵字爲合口四等音(亦兼有開口四等音)。以上各韵之入聲字準此。是魚、脂、隊三部字兼有合撮兩呼也。又侯部中之侯韵字爲開口一等音,虞韵字爲合口二、三等音(兼有四等音),幽部中之幽韵字爲開口四等音,尤韵字爲開口三、四兩等音,其他宵、蕭兩韵字皆開口三、四等音(宵有四等合口音),脂部中部分脂韵字爲三、四等音,幽部中部分侯、豪兩韵字雖爲開口一等音,然主要乃尤、幽等韵之三、四等音,故云"侯、幽之分純以開口齊齒爲辨"也。

反語識音,其執不能無雜用,趣以臨時磑礳得聲。廣雅釋詁:"趣,遽也。"王念孫疏證:"趣,曹憲音趨,又音聚。周官縣正'趣其稼事',釋文:'趨,如字,李倉苟反,本又作趣,音促。'月令'乃命有司趣民收斂',釋文:'趣,七住反,本又作趨,又七綠反。'"磑者,説文:"磑,礶也。"引申爲凡磨之稱。太玄(四)疑"陰陽相磑,物咸雕離",范望注:"是時陰陽分數,晝夜等齊,對相切磨,萬物雕傷而離散。"誠按:廣韵:"磑,磨也。五對切。""礳,礳礫,打草田器,出字林,力摘切。"**及收韵猶當失以彖黍,**原注:"烏"之收音,實亦開口而非烏也。侯、幽收音,同是一"謳",宛無別異。○説文:"㐰,十黍之重也。"陸法言切韻序:"剖析豪氂,分別黍累。"**顧中外未有能免是也。夫以伊烏爲收者,其收時豈誠伊烏邪。**原注:收音不能不開口,伊,齊齒;烏,闔口。語歇收音,其實不爾。**窮言音理,大地將無解音之人,**文選潘岳陶徵士誄:"茫茫大地。"藝文類聚七七載温子昇寒陵山寺碑序:"雖復高天銷於猛炭,大地淪於積水,固以傳之不朽,終亦記此無忘。"**故順道大款而止。**莊子養生主篇"批大卻,導大窾,因其固然",郭注:"節解窾空,就導令殊。"成玄英疏:"因其空卻之處,然後運刃,亦因其眼見耳聞,必不妄加刀然也。"

國故論衡疏證上之四

二十三部音準

朱駿聲嘗作古今韵準,取今韵而權衡之,析一韵爲數類,以爲用韵之則,章氏此文,題曰音準,則以明所分古韵二十三部之音值。同用"準"字,而所施各異。按:清人江永頗致慊於顧炎武之古音表而歉其"考古之功多,審音之功淺",爾後學者,乃不復專以考證音類爲能事矣。惟直至章氏,始選用漢字擬儀各韵之古讀,實開近世學者全面構擬古代漢語音值之先。然既云構擬,視古讀自不能確然無閒,但求其近似,進而明其系統斯足已。而章氏晚年亦已明言及此。其序嚴刻音韵學叢書云:"余以爲江氏以上,所務在於抉發事證。古韵標準之成,其所援據已備矣。而段氏又發見之、支、脂異部之徵,戴本段氏師,反屈而從之。比嘉慶中,段氏已耋矣,能知三部異用之徵,顧不能成其理,更質之江晉三,謂得聞其義而死足以瞑目,江亦竟不能對。自是以後,言古音者漸舍事證而專求之聲勢,其根柢則猶所謂本音者是也。顧自孔氏謂南北異音,古今人又不相及。張皋文父子本之,謂當但求事證,不宜以意決稱本音。余謂本音之説亦不始陳氏,集韵"天"有鐵因切,"馬"有滿補切,"下"有後五切,是宋子京始窺本音之秘,顧不著其名耳。今之以聲勢擬儀者,誠不必確然無閒,要之得其近似,謂之假定則可矣。今遠西各國讀<u>拉丁</u>文,往往就其國所習讀者以爲定,固不盡<u>羅馬</u>正音,然不能不謂之近似也。非是則瘖者之識字而已。"誠按:<u>章</u>氏此論,至爲閎通。而其描寫音值,用<u>漢</u>字而不用音標,則時代爲之也。

古音流傳於晚世者,自二十三支分爲二百六,則有正韵支韵之異。以今觀古,侯當從正韵,不從支韵之虞。侯部以侯韵爲本音,其變音則闌入於虞。**支當從正韵,不從支韵之佳。**支部以支齊爲本音,佳則爲變音。**歌當從正韵,不從支韵之麻。**歌部以歌、戈爲本音。其變韵分爲兩支:變而仍侈者,則爲中古麻韵;變而趨斂者,則轉入支部及中古佳韵。**幽當從正韵,不從支韵之蕭。此爲以正韵定音。**幽部聲勢,介在侯、宵之閒,而轉音多入於蕭、宵、肴、豪。**脂當從支韵之微。**時賢或以脂微分爲兩部,或謂微部不能獨立。義各有當,此不詳説。**之當從支韵之咍。**之部以咍爲本音,之、尤則其變音。<u>段</u>氏雖分支、脂、之爲三部,但以之爲正音而咍爲變音,乃使三部音讀析於古而混於今。<u>黄</u>以周以咍建首,而後三部之疆界確然不復淆亂。**青當從支韵之先。**後文云:"青韵古音如今先、仙,所以異於真部。"<u>清</u>師及時賢皆無是説。青、真兩部,元音雖同而韵尾各別,本難相混。**侵當從支韵之咸。**侵部中覃、咸乃其洪音,而聲勢蓋當以侵爲主。<u>章</u>氏以音、歆、金、禽、吟、心等字爲流變之音,似尚可商。**東當從支韵之江。**原注:<u>江南</u>呼江,穹口而大異於陽、唐,<u>江西</u>尤塙。○爾雅釋詁"穹,大也",<u>郭</u>注:"穹隆亦高大也。"漢書司馬相如傳下"肇自顥穹生民",<u>顔</u>注:"穹,言形穹隆也。"**此爲以支韵定音。魚、模主模。**魚部當以模韵爲正音,此古今無變者。戴震標之爲烏。黃侃從其師説,則徑改魚爲模矣。**祭、泰、夬、廢、曷、末、鎋、月、薛主曷、末、鎋。**章氏所立泰部,去聲以泰、夬爲本音。由侈轉斂,則爲祭、廢。入聲以曷、末、黠、鎋爲本音,呼之稍斂,則爲月、薛、屑。**此爲以正韵諸部建其冢適之音。**適,通爲嫡。後漢書袁紹劉表傳李注:"冢,嫡也。"按:嫡者,正也。**非審音端諦者莫能明也。**左氏成六年傳"視流而行速",杜注:"視流,不端諦。"淮南子時則訓"端權概",高注:"端,正也。"説文:"諦,審也。"關尹子九藥篇:"諦豪末者,不見天地之大。"**段氏言古音斂,今音侈,悉以支韵還就正韵。則支、脂、之何以分,東冬何以辨焉。**段玉裁六書音均表一,古十七部音變説:"大略古音多斂,今音多侈。之變爲咍,脂變爲皆,支變爲佳,變之甚者也。"又云:"冬鍾者,音之正也;東者,冬鍾之變也。"自注:"鍾爲正音,冬韵稍侈,東韵過侈。"**錢君駁之曰:歌部字今多入支,此乃古侈今斂之徵也。**錢大昕潛研堂文集卷十五,荅問十二:"聲音或由斂而侈,或由侈而斂,各因一時之語言,而文字從之。如儀、宜、爲字,古音與歌近,今入支韵,即由侈而斂也。豈可執古斂今侈之説,一概而論乎?"**余以古人呼泰,若今北方呼麻之去。今乃與代、隊、至亂,亦古侈今斂也。**説見後。**大氏聲音轉變,若環無耑,**荀子富國篇:"至於疆埸而端已見矣",楊注:"端,首也。"家語禮運篇:"五行之端",注:"端,始也。"**終則有始。**莊子秋水篇:"消息盈虚,終則有始。"**必若往而不返,**禮記閒傳篇:"斬衰之哭,若往而不反。"**今世宜多解頤之憂矣。**漢書匡衡傳"匡説詩,解人頤",顏注:"使人笑不能止也。"

　　昔唐韵以入聲配陽聲韵,據唐韵殘卷,校以説文篆韵譜,知其韵部之排列,仍與切韵相同。而廣韵韵目之次第以及四聲之相承,則當采自<u>李舟切韵</u>。李書雖早佚亡,但尋<u>說文篆韵譜</u>,猶可窺其大略。<u>王國維觀堂集林</u>八,有<u>李舟切韵考</u>一文。略謂:"<u>李舟切韵</u>之爲<u>宋</u>韵之祖,猶<u>陸法言切韵</u>之爲<u>唐</u>人韵書之祖也。乃<u>南宋</u>以後,皆以<u>廣韵</u>本於<u>陸法言</u>、<u>孫愐</u>,遂疑其次第亦本<u>陸</u>、<u>孫</u>,致使<u>李舟</u>整齊畫一之功,不顯於世。使<u>陸</u>、<u>孫</u>二韵殘本及<u>二徐篆韵譜</u>不存,此事將湮没終古矣。"**顧氏悉取以配陰聲,**<u>顧炎武</u>所分古韵十部,以<u>質</u>、<u>術</u>、<u>櫛</u>等入聲韵配第二部<u>支</u>、<u>脂</u>、<u>之</u>等韵,以<u>屋</u>、<u>沃</u>、<u>燭</u>、<u>覺</u>等韵配第三部<u>魚</u>、<u>虞</u>、<u>模</u>、<u>侯</u>等韵,以<u>屋</u>、<u>沃</u>等韵配第五部<u>蕭</u>、<u>宵</u>等韵,而<u>緝</u>、<u>合</u>以下九韵,仍只能配<u>侵</u>、<u>覃</u>以下九韵。此云"悉取",小有語病。**及戴君言二平同入,以爲陰陽對轉之符,**<u>戴震聲類表</u>分古韵爲九類二十五部,入聲全部獨立,以之兼配陰陽。其前七類,每類三部,皆一陽一陰一入:如<u>歌</u>、<u>魚</u>、<u>鐸</u>爲一類(<u>誠</u>按:<u>戴</u>氏以<u>歌</u>、<u>戈</u>、<u>麻</u>近於陽聲,不合音理);<u>蒸</u>、<u>之</u>、<u>職</u>爲一類,<u>東</u>、<u>尤</u>、<u>屋</u>爲一類,<u>陽</u>、<u>蕭</u>、<u>藥</u>爲一類,<u>庚</u>、<u>支</u>、<u>陌</u>爲一類,<u>真</u>、<u>脂</u>、<u>質</u>爲一類,<u>元</u>、<u>寒</u>、<u>桓</u>、<u>刪</u>、<u>山</u>、<u>仙</u>、<u>祭</u>、<u>泰</u>、<u>夬</u>、<u>廢</u>、<u>月</u>、<u>曷</u>、<u>末</u>、<u>黠</u>、<u>鎋</u>、<u>薛</u>爲一類。其以入聲爲樞紐而通貫陰陽,實已開陰陽對轉之先,特未明白言之耳。至於第八類之<u>侵</u>、<u>緝</u>,第九類之<u>覃</u>、<u>合</u>,則無陰聲與之相配,惟有存而不論。**孔氏取聲焉,而復以爲古無入聲。**<u>孔廣森詩聲類</u>創陰陽對轉之說,大體本於<u>東原</u>,而分配較爲審諦(惟<u>脂</u>類兼收<u>祭</u>、<u>泰</u>、<u>月</u>、<u>曷</u>,則不如<u>戴</u>氏以<u>寒</u>、<u>泰</u>、<u>曷</u>自爲一類之善)。其言有曰:"入聲自<u>緝</u>、<u>合</u>等閉口韵外,悉當分隸自<u>支</u>至<u>之</u>七部而轉爲去聲。蓋入聲創自<u>江左</u>,非中原舊讀。"<u>誠</u>按:<u>孔</u>氏古無入聲之說,一由誤解四聲乃<u>江左</u>文人所創,一由籍隸<u>山東</u><u>曲阜</u>,乃入聲消失之北方話區,故竟有此臆論。且既標對轉之理,又謂古無入聲,尤矛盾難以自解也。**案古音本無藥、覺、職、德、沃、屋、燭、鐸、陌、錫諸部，是皆宵、之、幽、侯、魚、支之變聲也。**章氏以爲宵、之、幽、侯、魚、支諸部皆古平上韵，故無入聲，有入聲者，是其所變也。**有入聲者：陰聲有質、櫛、屑一類，曷、月、鎋、薛、末一類，術、物、没、迄一類。**質、櫛、屑一類爲至部之入，曷、月、鎋、薛、末一類爲泰部之入，術、物、没、迄一類爲隊部之入。**陽聲有緝類、盍類耳。**緝爲侵之入。盍爲談之入。**顧君以藥、覺等部悉配陰聲，**顧炎武古音表以藥、覺、沃、鐸分別兼配第三（魚、虞、模、侯）、第五（蕭、宵、肴、豪、幽）兩部，職、德皆配第二部（脂、之、微、齊、佳、皆、灰、咍），屋兼配第二、第三、第五凡三部，燭配第三部，陌配第三部，錫兼配第二第五兩部。其它質、櫛、屑、曷、月、鎋、黠、薛、末、術、物、没、迄諸韵皆配第二部。又麥、昔兩韵各兼配第二第三兩部。**徵之説文諧聲，詩、易比韵，其法契較然不迻。**説文諧聲一類，多有陰入互諧之字。詩、易等韵文中，又多陰入互押之例。顧氏據此，乃一反韵書之舊，以入配陰（惟緝韵附入陽聲韵）。爾後學者，並遵信之。惟宋之鄭庠，則以入配陽。時賢亦或謂："徵諸口耳，入聲之音感雖更近於陰韵，而就體系言之，則入聲三類正當配對陽韵三類。"持論又與顧氏以下不同。然則此謂法契較然不迻，蓋猶可以斟酌焉。比韵者，國語吳語韋注云："比，合也。"法契者，説文："契，大約也。"較然者，史記平津侯主父列傳"較然著明"，索隱："較，音角。較，明也。"迻者，今通作移。説文："迻，遷徙也。"**若"藐"得聲於"貌"，**廣韵上聲小韵："藐，亡沼切，又亡角切。"去聲效韵："貌，莫教切。"**"渓"得聲於"芺"，**廣韵入聲沃韵："渓，烏酷切。"上聲皓韵："芺，烏皓切。"**"爍"得聲於"樂"，**廣韵去聲笑韵："癜,力照切。"入聲鐸韵："樂,盧各切。又五角、五教二切。""**試**"**得聲於**"**式**",廣韵去聲志韵："試,式吏切。"入聲職韵："式,賞職切。""**特**"**得聲於**"**寺**",廣韵入聲德韵："特,徒得切。"去聲志韵："寺,詳吏切。""**蕭**"**得聲於**"**肅**",廣韵平聲蕭韵："蕭,蘇彫切。"入聲屋韵："肅,息逐切。""**竇**"**得聲於**"**竇**",廣韵去聲候韵："竇,田候切。"入聲屋韵："竇,余六切。""**博**"、"**縛**"**得聲於**"**專**",廣韵入聲藥韵："縛,符钁切。"又鐸韵："博,補各切。"平聲虞韵："專,芳無切。""**錫**"**得聲於**"**易**",廣韵入聲錫韵："錫,先擊切。"去聲寘韵："易,以豉切。又以益切。"**兹其平、上、去、入皆陰聲也,**按:蕭爲平聲,竇爲上聲(又讀入聲),癜、試、竇皆去聲。而其主諧字則皆入聲或去聲,又渎、特、博、縛、錫皆入聲也,而其主諧字則平、上、去、入皆有之(易有去入兩讀)。故云.**遞數之不能終其物。**此言陰入互諧,事例甚多,不勝枚舉。禮記儒行篇:"遽數之不能終其物,悉數也乃留,更僕未可終也。"鄭注:"遽,猶卒也;物,猶事也。"釋文:"遽,急也。卒,七忽反。"**江、戴以陰陽二聲同配一入,**戴震所配已見前。江永四聲切韵表亦以入兼配陰陽(如以昔韵兼配支、耕,以質兼配脂、真,以職兼配之、蒸,以屋兼配侯、東之類)。其言曰:"平上去入,聲之轉也。一轉爲上,再轉爲去,三轉爲入,幾於窮,僅得三十四部,當三聲之過半耳。窮則變,故入聲多不直轉;變則通,故入聲又可同用。除緝、合以下九部爲侵、覃九部所專,不爲他韵借,他韵亦不能借。其餘二十五部諸韵,或合二三韵而共一入。無入者閒有之,有入者爲多。數韵同一入,猶之江漢共一流也。何嫌於二本乎。"(四聲切韵表凡例)**此於今韵得其條理,古韵明其變遷,因是以求對**

轉,易若戳肪,説文:"戳,斷也。""肪,肥也。"文選魏文帝與鍾大理書李注引通俗文:"脂在腰曰肪。"**其實古韵之假象耳。已知對轉,猶得兔可以忘蹄也。**莊子外物篇:"荃者所以在魚,得魚而忘荃;蹄者所以在兔,得兔而忘蹄;言者所以在意,得意而忘言。"成玄英疏:"此合喻也。意,妙理也。夫得魚兔本因荃蹄,而荃蹄實異魚兔。亦由玄理假於言説,言説實非玄理。魚兔得而荃蹄忘。玄理明而名言絶。"**然顧氏以入聲麗陰聲,及緝、盍終不得不麗侵、覃。**説已見前。漢書揚雄傳上顏注:"麗,偶也。"**孔氏云無入聲,而談與緝、盍乃爲對轉,**見詩聲類。**戴氏以一陰一陽同趣入聲,至緝、盍獨承陽聲侵、談,無陰聲可承者,皆若自亂其例。**詩大雅棫樸篇"左右趣之",毛傳:"趣,趨也。"禮記曲禮篇釋文:"趨,向也。"戴説見前引聲類表。**此三君者、坐未知古平上韵與去入韵輒戳兩分,平上韵無去入、去入韵亦無平上。**坐,猶言因。樂府詩集陌上桑:"來歸相怒怨,但坐觀羅敷"。説文輒訓阢。**夫泰、隊、至者,陰聲去入韵也,緝、盍者,陽聲去入韵也。入聲近他國所謂促音。用并音則陽聲不得有促音。**先秦陽聲韵蓋只有平聲一類,不僅拼音之不得有促音也。入聲短促,平、上、去三調,則所謂舒聲。**而中土入聲,可舒可促,**時賢或謂上古入聲當分兩類;或又名之曰長入短入;其一類或長入變而爲後代之去聲,可與章説相參。**舒而爲去,收聲屬陰聲則爲陰,收聲屬陽聲則爲陽。**入聲韵皆有塞音尾。其中部分韵(即所謂次入韵),由於韵尾之失落,乃舒而爲中古祭、泰、夬、廢等部所屬之字,未可一概而論。**陰聲皆收喉,**

故入聲收喉者麗陰聲。陽聲有收脣、收舌，故入聲收脣者麗陽聲。緝、盍收脣也，舒爲侵、談去聲，其收脣猶如故。以是與侵、談同居。泰、隊、至皆有入聲，舒其入聲歸泰隊至，猶故收喉，而不與寒、諄、真同收，以是不與寒、諄、真同居。戴震、黃侃以陰、陽、入三聲鼎立，則入聲於陰陽皆不相麗矣。入聲所以乏寡者：之部非不可促，促之乃與至同；侯、幽、宵非不可促，促之聲相似也；歌、魚非不可促，促之聲相似也；蒸部促之復若緝；陽部促之復若泰；聲相疑似則止矣。呂氏春秋有疑似篇。云："疑似之迹，不可不察。"衆家之説，各有馮依，要之皆未盡其常變。原注：又案戴君聲類表云："有入者如氣之陽，如物之雄，如衣之表；無入者如氣之陰，如物之雌，如衣之裏。"有入者如擊金成聲；無入者如擊石成聲。此所謂有入無入，乃據廣韵所配言之，不取顧氏所配也。後人則皆從顧，故戴、孔、嚴陰聲陽聲之説，非有相異。今人不解，以爲戴、孔所配，陰陽適相反易，故附辯之。入聲不屬陽聲，蓋漢魏訖今所同，顧惟陸韵爲異。禮記祭統篇"顧上先下後耳"，孔疏以但釋顧。如"宿"轉去爲息救切，不入送、宋、用；廣韵屋韵："宿，息逐切。"爲東韵之入。又息救切則在宥韵而爲尤韵之去。宥韵"宿"字下注云："息救切，又音夙。""惡"轉去爲烏故切，不入漾、宕；廣韵鐸韵："惡，烏各切。"爲唐韵之入。又烏故切，則在暮韵而爲模韵之去。暮韵"惡"字下注云："烏路切，又烏各切。""易"轉去爲以豉切，不入勁、徑；廣韵昔韵："易，羊益切。"爲清韵之入。又以豉切，則在寘韵而爲支韵之去。寘韵"易"字下注云："以豉切，又以益切。""織"、"識"轉去爲職吏切、不

入證、嶝;廣韻:"嶒,之翼切。""識,賞職切。"並在職韵,爲蒸韵之
入。而志韵同收此兩字,皆職吏切,則爲之韵之去。志韵"嶒"字下
注云:"又音職。""識"字下注云:"本音式。"**"質"轉去爲陟利
切,不入震**;廣韻質韵:"質,之日切。"爲真韵之入。又音致,則在
至韵而爲脂韵之去。至韵"致"字下注云:"陟利切。"**此皆晉宋
齊梁人舊音,其餘可知也。陸韵於此循舊,佗則反之,例
自亂矣。**上舉諸字,廣韻去入兩收之。而由入轉去,並爲陰聲,蓋
當有所承受也。**徵以今音,**尚書胤征篇"明徵定保",某氏傳:
"徵,證也。"左氏昭元年傳"徵爲五聲",杜注:"徵,驗也。"**北方讀
入聲皆作去,**古入聲字,今北方讀之、平、上、去皆有,不獨作去而
已。說詳正言論疏證。**安徽、江蘇、浙江、福建、廣東五部,
其入聲嶄然促音,與去絕異。**此亦言其大體耳。韓愈柳子厚
墓志銘:"嶄然見頭角。"**而江西、湖北、湖南、廣西、四川、雲
南、貴州七部,入聲似去而加沈重。**自江西、湖南外,其他五
部皆今北方話區。古入聲之變讀,亦平、上、去並有之,特去聲字較
多耳。**此七部者,言"力"似"吏",**廣韻入聲二十四職:"力,林
直切。"去聲七志:"吏,力置切。"**言"式"似"試",**廣韻入聲二十
四職:"式,賞職切。"去聲七志:"試,式吏切。"**言"錫"似"細",**
廣韻入聲二十三錫:"錫,先擊切。"去聲十二霽:"細,蘇計切。"**言
"逖"似"遞",**廣韻入聲二十三錫:"逖,他歷切。"上聲十二薺:
"遞,徒禮切。""又亭繼切",則在去聲十二霽。**言"郭"似"故",**
廣韻入聲十九鐸:"郭,古博切。"去聲十一暮:"故,古墓切。"**言
"鐸"似"度"。**廣韻入聲十九鐸:"鐸,徒落切。"去聲十一暮:

"度，徒故切。"**其言篤言竹者**：廣韵入聲二沃："篤，冬毒切。"入聲一屋："竹，張六切。"**湖南、江西聲清，故"篤"似"鬥"，"竹"似"肘"**；廣韵去聲五十候："鬥，都豆切。"上聲四十四有："肘，陟柳切。"按：鬥在端紐，肘在知紐，皆清聲也。**其餘五部聲濁，故"篤"似"妒"，"竹"似"箸"**；廣韵去聲十一暮："妒，當故切。"去聲九御："箸，直慮切。又張略、長略二切。"按：妒在端紐，非濁聲。**旁皇幽、侯、魚、模之閒，本相轉也。**此舉諸字，肘在幽部，鬥在侯部，箸在魚部，妒從石聲，在鐸部，舊附魚部。旁皇者，史記禮書"房皇周浹"，索隱："房，音旁。旁皇，猶徘徊也。"按：又作方皇。荀子禮論篇："方皇周挾"，楊注："挾，讀爲浹，帀也。"**未有言力、式似拨、勝，**説文："拨，止馬也。"大徐本音里甄切。廣韵去聲四十七證："勝，詩證切。又詩陵切。"**言錫、逖似性、定，**廣韵去聲四十五勁："性，息正切。"四十六徑："定，徒徑切。"**言郭、鐸似桄、宕，**廣韵去聲四十一宕："桄，古曠切。""宕，徒浪切。"**言篤、竹似冬、中者。**廣韵上平聲二冬："冬，都宗切。"一東："中，陟弓切。"**此則入聲不繫陽聲，今音猶舊音也。及夫谷聲爲容，**廣韵入聲一屋："谷，古禄切。"平聲三鍾："容，餘封切。"**束聲爲竦，**廣韵入聲三燭："束，書玉切。"上聲二腫："竦，息拱切。"**中聲爲蚩，**廣韵入聲十七薛："屮，丑列切。"上聲二十八獮："蚩，丑善切（説文："蚩，蟲曳行也。讀若騁"）。"**易聲爲錫，**廣韵入聲二十二昔："易，羊益切。"下平聲十四清："錫，徐盈切。"按：錫字明本廣韵作錫。**黄聲爲彉，**廣韵下平聲十一唐："黄，胡光切。"入聲十九鐸："彉，虚郭切（説文：'彉，弩滿也'）。"**昷聲爲殟，**廣韵上平聲

二十三<u>魂</u>:"鼆,烏渾切。"入聲十一<u>没</u>:"殟,烏没切。"**兀讀如夐,**
<u>説文</u>:"兀,高而上平也。讀若夐。"<u>廣韵</u>入聲十一<u>没</u>:"兀,五忽切。"
去聲四十五<u>勁</u>:"夐,休正切。"<u>段玉裁</u>曰:"夐,今韵在四十四<u>諍</u>,古
音在<u>元</u>、<u>寒</u>部。今韵十<u>月</u>者,元之入也。兀音同月,是以朚亦作趽。
其平聲讀如涓,在十四部。"**芛讀如聿,**芛从尹聲,當在<u>諄</u>部。而
<u>廣韵</u>音餘律切,則與聿同音。兩字同收入聲六<u>術</u>。**此皆對轉變**
聲,非其相麗。以上八例,皆陽入對轉也。**陸<u>韵</u>以入聲分麗**
陽聲,雖因是得見對轉之條,<u>顧炎武</u>以下,既以入聲派入陰聲
(惟<u>緝</u>、<u>盇</u>仍配陽聲),倘無<u>陸韵</u>之入聲配陽,則陰陽對轉將失其樞
紐,故云。**卒非聲音本然之紀。**<u>白虎通</u>三綱六紀篇:"紀者理
也。"**陰陽聲者,例猶夫婦,入聲猶子。子雖合氣受形,裹**
妊必於其母。<u>説文</u>:"裹,一曰藏也。"<u>漢書外戚孝成許皇后傳</u>
"裹誠秉忠,唯義是從",<u>顔注</u>:"裹,古懷字。"**然則一平一入者,**
其説方以智,<u>周易繫辭上傳</u>"卦之德方以知",<u>韓注</u>:"方者,止而
有分,卦以方象知也。卦列爻分,各有其體,故曰方也。"**二平同入**
者,其説圓而神。<u>周易繫辭上傳</u>:"蓍之德圓而神。"<u>韓注</u>:"圓
者,運而不窮。言蓍以圓象神,唯變所適,無數不周,故曰圓。"**圓**
出於方,<u>周髀算經</u>上"圓出於方",<u>注</u>:"方,周匝也。"**未有蔑棄**
榘則而作旋規者也。<u>國語周語</u>"不共神祇而蔑棄五則",又云
"不蔑民功",<u>韋注</u>:"蔑,棄也。"<u>説文</u>:"巨,規巨也。榘,巨或从木
矢。"<u>爾雅釋詁</u>:"則,法也。"旋規者,<u>莊子達生篇</u>"旋而蓋矩",<u>釋文</u>
引<u>司馬注</u>:"旋,圓也。"<u>吕氏春秋自知篇</u>:"欲知方圓,則必規矩。"
<u>高注</u>:"規,圓也。"

問曰:<u>大江</u>上游讀術、物、没諸韵有似御、莫、遇者,北

方殆無分別矣，雖等陰聲，而分配固非其部，何也？荅曰：此其遷變久矣。**宋人以鶻突爲胡塗，**鶻突一語，宋人語録常見之，義即胡塗。宋史卷二八一吕端傳："太宗欲相端，或曰：'端爲人糊塗。'太宗曰：'端小事糊塗，大事不糊塗。'決意相之。"誠按：鶻突、元人又作糊突，見王實甫西厢記三本一折、古今名劇載馬致遠雷轟薦福碑楔子。廣韵入聲十一没："鶻，古忽切，又户骨、户八二切。""突，陀骨切。"又上平十一模："胡、糊並户吴切。塗，同都切。"**以兀尤爲烏珠，**金史卷七十七："宗弼，本名斡啜，又作兀尤，亦作斡出，或作晃斡出。太祖第四子也。"卷末國語解："兀尤曰頭。"按：清改兀尤爲烏珠。廣韵入聲十一没："兀，五忽切。"六術："尤，食聿切。"又上平十一模："烏，哀都切。"十虞："珠，章俱切。"**回鶻亦或作畏吾兒，**舊唐書卷一九五有迴紇傳，新書卷二一七則題曰回鶻傳。傳云："〔回紇可汗〕請易回紇曰回鶻，言捷鷙猶鶻然。"按：宋元時併回鶻於蒙古，改號爲畏吾兒。廣韵上平十五灰："回，户恢切。"去聲八未："畏，於胃切。"又上平十一模："吾，五乎切。"**猶曰宋後然也。**誠按：糊塗一詞，唐已有之。太平廣記四九三引張鷟朝野僉載云："滄州南皮丞郭務静性糊塗。"**前世赫連氏之白口騊城，元魏謅爲薄骨律鎮；**原注：見水經河水注。〇水經河水注："河水又北徑薄骨律鎮城，城在河渚上，赫連果城也。桑果餘林，仍列洲上。但語出戎方，不究城名。訪諸耆舊，咸言赫連之世有駿馬死此。取馬色以爲邑號，故目城爲白口騊。韵轉之謬仍今稱所未詳也。"誠按：赫連者，十六國夏國國主之姓。晉書有赫連勃勃載記。廣韵入聲二十陌："白，傍陌切。"上聲四十五厚："口，苦后切。"下平十八尤："騊，力求切。"入聲十九鐸："薄，傍各切。"十一没："骨，古忽切。"六術："律，吕卹切。"**魏略稱徐庶白堊塗**

面而曰白堊突面；見三國志蜀書諸葛亮傳裴注引。**及夫拙之爲銖，**説文：“拙，不巧也。”莊子庚桑楚篇“人謂我朱愚”，章氏莊子解故云：“王念孫説：淮南齊俗訓‘其兵戈銖而無刃’，注：‘楚人謂刃頓爲銖。’此朱愚即銖愚。案銖、朱並假借字。説文本作鈆，云鈍也。音變爲銖、爲朱，猶侏儒爲周饒矣。”誠按：廣韵入聲十七薛：“拙，職悦切。”上平十虞：“銖，市朱切。”**勿之爲無，自古以然。**詩豳風東山篇“勿士行枚”，鄭箋：“勿，無也。”按：廣韵入聲八物：“勿，文弗切。”上平十虞：“無，武夫切。”**以術、物、没闔口撮口呼之，魚、模、虞亦闔口撮口呼之，故相轉耳。**上舉諸例：朮、律在術韵，勿在物韵，骨、鶻、突、兀在没韵，拙在薛韵，並上古物部字也。胡、塗、烏、吾在模韵，珠、銖、無在虞韵，而口、驅兩字，一在厚韵，一在尤韵，上古則皆屬侯部。魚、侯通轉最近。

　　問曰：**“今人呼緝、盍諸部舒之，齊齒者如支部去聲，開口者如歌部去聲，違戾已甚。此今音不可證舊音也。”**荅曰：**“緝、盍之譌，以江河内外失收脣之音耳。呼以收脣，自轉爲侵、覃去聲，廣東固未失矣。”**今粤方言，鼻音韵尾保留古-m、-n、-g，入聲韵尾保留古-p、-t、-k，配對整齊。廈門音系亦然。禮記大學篇鄭注：“違，猶戾也。”**今人讀入聲，惟緝、盍誤爲甚；平聲惟侵、談誤爲甚，故嶺外爲正音宗。**章氏有嶺外三州語一編，其言云：“廣東惠，嘉應二州東得潮之大阜豐順，其民自晉宋踰嶺，宅於海濱，言語敦古，與土箸不相能，廣州人謂之客家。隘者且議其非漢種。余嘗問其邦人，雅訓舊音，往往而在。察其語柢，出於冠帶，不雜陸梁鄙倍之辭，足以席攻者褊心之言。”誠按：音準篇所論，凡今音合於周秦古音者謂之正，異於周秦者則謂之譌,謂之誤。章氏明知語音自有發展變化,乃爲是説,則其崇古之念使然也。

魚部陽部聲勢

魚部古皆闔口,如烏、姑、枯、吾。此四字皆廣韵模韵一等合口字:烏,哀都切。姑,古胡切。枯,苦胡切。吾,五乎切。其撮口如於、居、祛、魚者,後世之變也。此四字皆廣韵魚韵三等合口字:於,央居切。居,九魚切。祛,去魚切。魚,語居切。從是開口則近歌,魚部之元音時賢多擬爲 a,歌部同。從是齊齒則近支,支部之元音李方桂氏擬爲 i。此魚部所以常與歌、支相轉。見成均圖。對轉陽部,開闔皆備,如汪、王、荒、黃、光、匡、狂爲闔,廣韵汪、荒、黃、光四字在唐韵、皆合口一等:汪,烏光切。荒,呼光切。黃,胡光切。光,古黃切。又,王、匡、狂三字在陽韵,皆合口三等:王,雨方切;匡,去王切;狂,巨王切。央、羊、杭、岡、姜、羌、彊爲開,廣韵杭、岡二字在唐韵、皆開口一等:杭,胡郎切;岡,古郎切。央、羊、姜、羌四字在陽韵,其中央、姜、羌皆開口三等,羊則開口四等:央,於良切;姜,居良切;羌,去羊切;羊,與章切。以是推之,魚部雖無齊齒、不得言無開口。據時賢擬音亦可見。今舉烏、姑、枯、吾諸聲滿口呼之,及其語歇,收聲在烏、阿之閒,原注:較烏則口開,較阿則聲噎。○廣韵歌韵:"阿,烏何切。"噎者,詩王風黍離篇"中心如噎",孔疏:"噎,咽喉閉塞之名。"而非烏也。徵以變音:魚變爲麻,瓜、華之與家、蝦,一闔一開殊也。廣韵:"瓜,古華切。""華,呼瓜切。"皆麻韵合口二等音。"家,古牙切。""蝦,胡加切。"則開口二等音。與者,周語"少曲與焉",注:"與,類也。"**變者既備開闔,亦可以知其本。平聲韵。**廣韵麻韵兼有開口二、三、四等以及合口二等兩類。

陽部古音徑直,今或穹口。穹口者,唐韵**之江,古韵之東也。平聲韵。**爾雅釋天"穹蒼,蒼天也",郭注:"天形穹隆。"

支部青部聲執

古支部異於脂、之者,其聲與之爲縱橫,之縱而支橫也。今人得正音字九十六字,通部以是爲準。

敍、去奇切,支韵。又詭僞切,寘韵。此舉九十六字,除"迟"一字,皆據廣韵録其音切。**迟**、大徐説文音,綺戟切,陌韵。**企**、丘弭切,紙韵。又去智切,寘韵。**衹**、巨支切,支韵。**忮**、去智切,寘韵。**芰**、奇技切,寘韵;又五佳切,佳韵。**技**、渠綺切,紙韵。**岐**、巨支切,支韵。**魾**、渠羈切,支韵;又奇寄切,寘韵。**疧**、巨支切,支韵。**倪**、五稽切,齊韵。**涯**、魚羈切,齊韵。**睨**、五計切,霽韵。**郳**、五稽切,齊韵。**縊**、於賜切,寘韵;又於計切,霽韵。**娃**、烏攜切,齊韵;又口迴切,迴韵。**貤**、以豉切,寘韵,又羊至、神至兩切,至韵。**酏**、弋支切,支韵;又移爾切,紙韵。**迆**、弋支切,支韵,又移爾切,紙韵。**匜**、音同上。**歋**、弋支切,支韵。**皼**、以豉切,寘韵。**傷**、以豉切,寘韵。**佁**、音同上。又支義切。**眭**、户圭切,齊韵。**攜**、音同上。**系**、胡計切,霽韵。**繫**、古詣、胡計兩切,霽韵。**奚**、胡雞切,齊韵。**嫨**、音同上。**谿**、苦奚切,齊韵。**鼷**、胡雞切,齊韵。**雞**、古奚切,齊韵。**緹**、杜奚切,齊韵;又他禮切,薺韵。**帝**、都計切,霽韵。**諦**、音同上。**揥**、都奚切,齊韵;又丑例切,祭韵。**締**、杜奚切,齊韵;又特計切,霽韵。**鬄**、思積切,昔韵。**髢**、特計切,霽韵。**鞮**、都奚切,齊韵。**踶**、杜奚切;齊韵。**媞**、音同上。**題**、音同上。**騠**、音同上。又丁奚切。**提**、音同上。又是支切。**蹄**、池爾切,紙韵;又特計切,霽韵。**隄**、都奚切,齊韵;又杜奚切。**禘**,特計切,霽韵。**知**、陟離切,支韵。**智**、知義切,寘韵。**鼅**、陟離切,支韵。**篪**、直離切,支韵。**褫**、敕豸切,紙韵。**卮**、章移切,支韵。**梔**、音同上。**支**、音同上。**伎**、巨支切,支韵;又音技,紙韵。**枝**、章移切,支韵。**忮**、支義切,寘韵。**雄**、章移切,支韵。**只**、諸氏切,紙韵。**咫**、音同上。**枳**、音同上。又居帋切。**軹**、音同上。**翅**、施智切,寘韵。**啻**、音同上。**弛**、施是切,紙韵。**潰**、疾智切,寘韵。**積**、音同上。**朿**、七賜切,寘韵。**刺**、音同上。**斯**、息移切,支韵。**澌**、斯義切,寘韵。**榹**、先稽切,齊韵。**虒**、息夷切,支韵。**徙**、斯氏切,紙韵。**賜**、斯義切,寘韵。**氏**、承旨切,紙韵。**軝**、巨支切,支韵。**馶**、居企切,寘韵。**是**、承紙切,紙韵。**緹**、章移切,又是支切,並支韵。**匙**、是支切,支韵。**豉**、是義切,寘韵。**嬖**、博計切,霽韵。**臂**、卑義切,寘韵。**譬**、匹賜切,寘韵。**避**、毗義切,寘韵。**俾**、并弭切,紙韵。**陴**、符支切,支韵。**脾**、音同上。**髀**、卑履切,旨韵;又旁禮切,薺韵。**庳**、便俾切,紙韵。**裨**、府移切,支韵;又音陴。**婢**、便俾切,紙韵。

右九十六字，今讀橫口，乃支部正音。**平聲韵。**此九十六字中：餀、迟、技、知、智、䵴、簁、褫、厄、柂、支、伎、枝、忮、雎、只、咫、枳、軝、翅、啻、弛、氏、是、提、匙、跂等字爲開口三等，祇、歧、岐、疧、倪、涯、睨、郳、綊、酏、迆、匜、歋、敧、傷、系、繫、奚、媒、谿、鼷、雞、緹、帝、諦、掃、締、鬄、髢、鞮、蹏、嗁、題、騠、隄、禘、漬、蕷、束、刺、斯、漸、瘠、虒、徙、賜、軝、駼、躧、臂、譬、陣、脾、髀、榊等字爲開口四等，娃、畦、攜、避、俾、庳、婢等字爲合口四等。企字兼有開口四等與合口四等，芰字兼有開口二等與四等，觭、貤、伿、掃、提、蹏等字兼有開口三等與四等。

支部橫口，故對轉青亦橫口。青韵古音如今先、仙。倩、綪、瞑、摸、輧、駢、胼、蛢、汫、雅、妍、研、趼、蜓、涎、蚩 原注：**說文讀若聎、唐韵丑善切。是其正音，乃所以異於真部也。收舌，平聲韵。**據廣韵：倩，倉甸切，霰韵；又七政切，勁韵。綪，倉甸切，霰韵。瞑，莫經切，青韵；又莫賢切，先韵；莫甸切，霰韵。摸，彌殄切，銑韵。輧，薄經切，青韵；又部田切，先韵。駢，部田切，先韵。胼，音同上。蛢，薄經切，青韵。汫，苦甸切，霰韵。雅，苦堅切，先韵。妍，五堅切，先韵。研，音同上。趼，音同上。蜓，特丁切，青韵；又徒典切，銑韵；特鼎切，迥韵。涎，徒鼎切，迥韵；又堂練切，霰韵。以上諸字，皆開口四等也。至於“蚩”字，依說文讀若在静韵，開口四等，依唐韵音則在獮韵（廣韵音同），開口三等。

至部真部聲執

至部古音如今音，去入韵也。以此異支。古韵至部，王念孫創立之。此部字，<u>江永</u>質術不別，取配真諄；<u>段玉裁</u>則以質、櫛、屑配真、臻、先;孔廣森、嚴可均及江有誥又并列於脂類。惟王念孫依據詩騷,別出至質一類,以爲古有去入而無平上。所見最爲卓持,而江有誥未之能從。劉逢禄遵用王説,以質標目;黄以周謂從至之字多入聲,至韵多支、脂、微字,不當據以立部。説皆有據。而時賢王力、董同龢兩氏又以至部字及脂部之部分字合爲脂部而以脂部其餘字別立微部焉。

真部古音如今音,收舌,平聲韵。真部字以真、臻爲本音,皆讀開口。其有由開轉合者,乃與諄、文相混,又變而爲侈音,則入於先韵,且復與寒韵之細音字相淆也。

脂部隊部諄部聲埶

古脂部異於支、之者,其聲滿口而幎呼,皆闔口音也。説文:"幎,幔也。"段注:"謂冢其上也。"周禮考工記輪人:"望而眡其輪,欲其幎爾而下迆也。"鄭注:"幎,均致貌也。"**隊異於脂,去入與平異也。**隊部乃章氏新建,此歸之去入韵。而文始二乃云:"隊、脂相近,同居互轉。自、隹、畾、〔詩〕或與脂同用。"殆又以此三聲爲隊部之平聲字。王力氏據此,增收脂韵之合口呼,以微、灰爲主,於脂部外別立微部,並稱章氏隊部之去聲字爲物部。雖然,脂、微不同,自王氏所用例證外,詩三百篇仍多合韵之處。兩部是否截然有異,似乎尚可討論,故李方桂氏上古音研究亦云:"脂、微兩部的分野,仍不易分清。詩韵協韵的地方仍不少,諧聲也有例外。究竟那個字或那個偏旁應當入那一部,仍有可商榷的餘地。我們希望將來再詳細的作一番研究"云云。

今人得正音者,脂部九十七字,隊部三十八聲,二部各以是爲準。

歸、舉韋切，微韵。此所舉九十七字，據廣韵有關諸韵，分別注出音切。癸、居誄切，旨韵。揆、求癸切，旨韵。鬼、居偉切，尾韵。傀、公回切，灰韵；又口猥切，賄韵。瑰、公回，户恢兩切，並在灰韵。魁、苦回切，灰韵。夔、渠追切，脂韵。葵、音同上。睽、苦圭切，齊韵。危、魚爲切，支韵。頠、五罪切，賄韵；又魚毁切，紙韵。詭、過委切，紙韵。跪、去委切，紙韵。嵬、五灰切，灰韵；又五罪切；賄韵。隗、五罪切，賄韵。桅、烏恢切，灰韵。隈、音同上。又烏績切，隊韵。煨、烏恢切，灰韵。猥、烏賄切，賄韵。嶉、於非切，微韵；又于鬼切，尾韵。褘、許歸切，微韵。毁、許委切，紙韵。又況僞切，寘韵。燬、許委切，紙韵。徽、許歸切，微韵。微、音同上。幃、雨非切，微韵。囗、音同上。韋、音同上。違、音同上。圍、音同上；又于貴切，未韵。闈、雨非切，微韵。偉、于鬼切，尾韵。韙、音同上。葦、音同上。韡、音同上。帷、洧悲切，脂韵。維、以追切，脂韵。唯、音同上；又以水切，旨韵。惟、以追切，脂韵。煒、于鬼切，尾韵。虺、許偉切，尾韵。回、户恢切，灰韵。洄、音同上。自、都回切，灰韵。推、尺佳切，脂韵；又他回切，灰韵。蓷、他回切，灰韵；又尺佳切，脂韵。魋、杜回切，灰韵。追、陟佳切，脂韵。椎、直追切，脂韵。隹、職追切，脂韵。錐、音同上。騅、音同上。雗、音同上；又思尹切，準韵。崔、昨回、倉回兩切，並在灰韵。摧、昨回切，灰韵。催、倉回切，灰韵。誰、視佳切，脂韵。睢、息遺、許維兩切，並在脂韵；又許規切，支韵；香季切、至韵。**雔**、息遺切,脂韵。**水**、式軌切,旨韵。**缞**、倉回切,灰韵。**悲**、府眉切,脂韵。**配**、滂佩切,隊韵。**裴**、薄回切,灰韵;又符非切,微韵。**陛**、傍禮切,薺韵。**眉**、武悲切,脂韵。**湄**、音同上。**媚**、明祕切,至韵。**枚**、莫杯切,灰韵。**美**、無鄙切,旨韵。**媄**、音同上。**徽**、武悲切,脂韵;又莫佩切,隊韵。**飛**、甫微切,微韵。**非**、音同上。**誹**、音同上;又方味切,未韵。**妃**、芳非切,微韵;又滂佩切,隊韵。**菲**、芳非切,微韵;又敷尾切,尾韵;扶沸切,未韵。**匪**、府尾切,尾韵。**腓**、符非切,微韵;又扶沸切,未韵。**斐**、敷尾切,尾韵。**扉**、甫微切,微韵。**肥**、符非切,微韵。**微**、無非切,微韵。**靁**、魯回切,灰韵。**纍**、力追切,脂韵;又力遂切,至韵。**壘**、魯回切,灰韵。**讄**、力軌切,旨韵。**勛**、魯回切,灰韵;又盧對切,隊韵。**儡**、魯回切,灰韵;又落猥切,賄韵。**瓃**、魯回切,灰韵;又力追切,脂韵;力遂切,至韵。**鸁**、力追切,脂韵;又力軌切,旨韵。**耒**、力軌切,旨韵;又盧對切,隊韵。**誄**、力軌切,旨韵。**磊**、落猥切,賄韵。**桵**、儒佳切,脂韵;又如累切,紙韵;如壘切,旨韵。**蕤**、儒佳切,脂韵。

右九十七字,今讀闔口幀呼,乃脂部正音。平聲韵。以上諸字:傀、瑰、魁、嵬、隗、根、隈、煨、猥、回、洄、自、魋、崔、摧、催、缞、配、枚、靁、壘、勛、儡、磊等爲合口一等,歸、鬼、夔、葵、危、詭、跪、媁、禕、毀、燬、徽、微、幃、口、韋、遺、圍、闈、偉、躛、葦、韡、帷、煒、虫、推、追、椎、佳、錐、騅、誰、水、悲、眉、湄、媚、美、媄、飛、非、誹、菲、匪、腓、斐、扉、肥、微、纍、讄、鸁、誄、桵、蕤等爲合口三等,癸、揆、暌、維、唯、惟、雖、陛等爲合口四等,頯、蓷、裴、徽、妃、瓃、耒等各兼有合口一、三兩等，雖、睢二字各兼有合口三、四兩等。

　　　骨、古忽切，没韵。凸、苦對切，隊韵。圣、苦骨切，没韵。宼、求位切，至韵。砍、苦怪切，怪韵。兀、五忽切，没韵。陧、五結切，屑韵。鬱、紆勿切，物韵。聿、餘律切，術韵。曰、王伐切，月韵。胃、于貴切，未韵。位、于愧切，至韵。尉、於胃切，未韵。卉、許偉切，尾韵；又許貴切，未韵。欻、許勿切，物韵。旻，望發切，月韵；又許劣切，薛韵；況逼切，職韵；七役切，昔韵。、呂呼骨切，没韵。窟、音同上。

　　顡、荒内切，隊韵。惠、胡桂切，霽韵。突、陀骨切，没韵。厺、他骨切，没韵。内、奴對切，隊韵。頪、郎外切，泰韵。戾、郎計切，霽韵；又練結切，薛韵。出、赤律切，術韵；又尺類切，至韵。术、食聿、直律兩切，並在術韵。卒、子聿切，術韵；又臧没、倉没兩切，並在没韵。篲、徐醉切，至韵；又祥歲、于歲兩切，並在祭韵。率、所類切，至韵；又所律切，質韵。由、分勿切，物韵。弗、分勿切，物韵。闟、扶沸切，未韵。乀、敷勿切，物韵。勿、文弗切，物韵。旻、莫勃切，没韵。未、無沸切，未韵。采、徐醉切，至韵。

右三十八聲，今讀闟口幀呼，乃隊部正音，去入韵。原注：隊部气字，今誤橫口，懍、鑭等字，今誤開口，古當如由音。四字今誤橫口，古當如碎音。○以上三十八字：骨、凸、圣、兀、呂、窟、顡、突、厺、内、頪、旻等爲合口一等，砍、率兩字爲合口二等，宼、鬱、曰、胃、位、尉、卉、欻、出、术、由、弗、闟、乀、勿、未等爲合口三等，聿、惠、采三字爲合口四等。卒字兼有一、四兩等；旻、篲兩字兼有三、四兩等。而陧、戾兩字則爲開口四等。又按：氣，去既切，未韵，開口三等。愾,苦愛切,代韵,開口一等。鎎,許既切,未韵,開口三等。四,息利切,至韵,開口四等。而碎字音蘇内切,在隊韵,以及由字則爲合口一等。

脂隊闔口幎呼,故對轉諄亦闔口幎呼。諄部古音如今音,收舌,平聲韵。諄部以魂、諄、文爲本音,古今無變。欣、臻(部分字)則混於真部。江永合真諄爲一類,段玉裁以真、臻、先爲第十二部,以諄、文、欣、魂、痕爲第十三部。王念孫、江有誥並從之。章氏亦然。而戴震、孔廣森、嚴可均三氏則又同於慎修也。

歌部泰部寒部聲埶

古歌部如今音,歌開戈闔。平聲韵。此部以歌、戈爲本音,古今相同。時賢李新魁氏徑以歌、戈分立兩部,與章、黃以歌、戈皆古本韵而又併爲一部者不同。

古泰部音,開口橫呼,不與代近乎。闔口幎呼,不與隊同乎。皆非也。音具開闔而聲埶與今人言麻部去入同。泰部字,顧、江兩家並列在第二部,與支、脂、之三類相混。段氏列於十五部,亦與脂同居。戴震、王念孫始別立爲部,江有誥與之相合。惟王、江以祭標目,而章氏從朱駿聲爲泰,黃以周又命之曰泰、曷部;所以明其爲去入韵也。時賢李方桂氏仍獨樹祭部,李新魁氏則列之次入韵類。世人皆云古無麻音,江南始有之,自宋吳棫、明陳第以來,討論古音者,莫不以麻韵爲魚、模兩韵之變。蓋據經典釋文韋昭讀車爲尺奢反也。尚書牧誓篇釋文引韋昭辨釋名云:"車,古皆尺遮反;從漢以來,始有居音。"然爾雅注言:"江東呼華爲荂,荂,音敷。"則江東猶從古音。此釋草"華，荂也"注文。尺奢之音，蓋與音居者異紐，非異聲埶也。尺在穿紐，居在見紐。今江寧、山陰，古吳越舊都也。江寧、今江蘇南京；山陰，今浙江紹興。山陰音讀加正如哥，讀麻正如摩，讀化正如貨，其餘一切，悉同歌、戈。而江寧言家、言馬，音亦在魚、模、歌、戈閒，是則唐韵麻部，與歌小殊耳，非若今中原之張口也。時賢擬音，歌爲 ɑ 而麻爲 a，元音舌位相同，僅前後略異耳。且譯釋典者，晉宋尚矣。據開元釋教録，西晉一代，中外譯師所譯經。律及集傳等凡三三三部，五九〇卷。東晉所譯經、律、論，凡一六八部，四六八卷。劉宋所譯經、律、論，凡四六五部，七一七卷。又晉宋兩朝之著名譯師；據釋慧皎高僧傳，有釋法顯，支謙，竺佛念，寶雲，曇無竭諸人。雖逮隋唐，張口之聲猶取歌、戈而不及麻，明其時歌、麻非有大別。汪榮寶歌戈魚虞模古讀考（華國月刊一卷二期）："中國古來傳習極盛之外國語，其譯名最富，而其原語具在，不難覆按者，無知梵語。六朝唐人之譯佛書，其對音之法，甚有系統。今尋其義例，則見其凡用歌戈韵之字，所代表者必爲 a 音，否則爲單純聲母。"若是，古韵遂無張口者乎？曰：有焉。古之泰部如今中原呼麻，自麻部變爲張口，而泰部乃有橫口縱口音矣。案貰本訓賒，字從世聲，説文："貰，貸也。从貝，世聲。"廣韵世與貰同音，舒制切，在祭韵。貰又音神夜切，則在禡韵。説文又云："賒，貰買也。从貝，佘聲。"廣韵："賒，式車切。"麻韵。聲類音"埶"、見匡謬正俗七。廣韵祭韵，埶，魚祭切，周禮音世。地理志鉅鹿郡貰，師古亦音式制反，式制反與舒制切，同紐同韵。而鎦昌宗讀時夜反，劉昌宗周禮音，見匡謬正俗七。唐韵則神夜反，大徐說文："賒，神夜切。"廣韵同。按：時夜反在禪紐，神夜反在神紐，皆正齒三等字。**史記高祖本紀索隱引漢書功臣表；賖陽侯鰌纏。而史記作射陽，讀賖爲射。此則古之音賖，正如今呼賒也。**史記高祖本紀索隱：臨淮有賖陽縣。漢書功臣表：賖陽侯劉纏，而此紀作射陽，則賖亦射也。又史記高祖功臣侯者年表：兵初起，〔項伯纏〕與諸侯共擊秦，爲楚左令尹。漢王與項羽有郤於鴻門，項伯纏解難以破羽，纏嘗有功，封射陽侯。六年，賜姓劉氏。"索隱："射陽，縣名，屬臨淮。射，一作賖。"**說文稱艸之白華爲茇，**說文："茇，草根也。从艸，犮聲。一曰艸之白華爲茇。"廣韵茇有北末、蒲撥兩切，並在末韵。**釋草云："苕，陵苕；黃華，蔈；白華，茇。"**郭注："苕華色異，名亦不同。音沛。"按：廣韵沛有博蓋、普蓋、匹蓋三切，並在泰韵。**古之言茇，正如今呼葩也；**廣韵麻韵："葩，普巴切。"**推其類例，古之言蘗蘗，正如今呼芽也；**說文："櫱，伐木餘也。蘗，櫱或从木，薛聲。""糵，牙米也。从米，薛聲。"尚書盤庚上篇"若顚木之有由蘗"，王先謙漢書貨殖傳補注引劉奉世曰："蘗，讀如牙糵之糵，旁出嫩枝也。"釋名："糵，缺也。漬麥覆之，使生芽開缺也。"廣韵蘗有魚列、五割兩切，分隸薛、曷兩韵。"櫱，魚列切"，薛韵。"芽，五加切"，麻韵。**古之言迣，正如今呼遮也；**說文："迣，迾也，晉趙曰迣。从辵，世聲，讀若寔。""迾，遮也。从辵，列聲。""遮，遏也。从辵，庶聲。"廣韵："迣，征例切。"祭韵。"迾，良薛切。"薛韵。"遮，正奢切。"麻韵。**古之言泄，正如今呼寫也；**詩大雅民勞篇"俾民憂泄"，毛傳："泄，去也。"鄭箋："泄，猶出也，發也。"廣雅釋言："泄，漏也。"說文："寫，置物也。从宀，舄聲。"廣韵泄有餘制、私列兩切，分隸祭、薛兩韵。"寫,悉姐切。"馬韵。**古之言說駕,**說正如今呼卸也;詩曹風蜉蝣篇:"心之憂矣,於我歸說。"鄭箋:"說,猶舍息也。"釋文:"說,音稅。"史記李斯傳:"吾未知所稅駕也",索隱:"猶解駕。"說文:"卸,舍車解馬也,讀若汝南人書寫之寫。"廣韵禡韵:"卸,司夜切。"**古之言"召伯所說",**見詩召南甘棠篇。毛傳:"說,舍也。"釋文:"說,本或作稅,始銳反。"**說正如今呼舍也;**說文:"舍,市居也。"廣韵馬韵:書冶切。禡韵:始夜切。**古之言匄,**說文:"匄,气(乞)也。"廣韵匄有古太、古達兩切,分隸泰、曷兩韵。**正如今呼叚也;**說文:"叚,借也。"廣韵馬韵:"叚,古疋切。"**古之言逝,**說文:"逝,往也。讀若誓。"廣韵祭韵:"逝,時制切。"**正如今呼謝也;**原注:謝者辭去也。〇見說文,廣韵禡韵:"謝,辭夜切。"**古之言歇言愒,**原注:說文皆訓息。〇說文:"歇,息也。一曰氣越泄。从欠,曷聲。""愒,息也。从心,曷聲。"廣韵月韵:"歇,許謁切。"愒有苦蓋、丘竭兩切,分隸泰、薛兩韵。**正如今呼暇也;**說文:"暇,閑也。从日,叚聲。"廣韵禡韵:"暇,胡駕切。"**古之言肆,**說文:"肆,極陳也。从長,隶聲。"左氏昭十二年傳"昔穆王欲肆其心",杜注:"肆,極也。"廣韵至韵:"肆,息利切。"**正如今呼奢也,**說文:"奢,張也。"廣韵麻韵:"奢,式車切。"**皆去入聲讀之耳。**以上所舉:芰字依廣韵音爲入聲,依爾雅音則去聲。泄有餘制、私列兩切,說有舒芮、失爇、弋雪三切;愒有苦蓋、丘竭兩切,匄有古太、古達兩切,皆去入兩讀也。此外貰、迣、逝、肆四字並爲去聲。蘗、蘗、歇三字並爲入聲。**且方言"襎裷謂之幭",注云"即帊幞也",**見方言卷四。錢繹箋疏:"衆經音義十八引通俗文:'帛兩幅曰帊。'徐鉉新坿說文帊字亦云:'帛二幅曰帊。'玉篇:

'幟，帊也。幞，巾幞也。'"**廣雅幟帊亦同訓幞，**廣雅釋器："幟、帊、襆袴，幞也。"王念孫疏證："此皆巾屬，所以覆物者也。"**則古呼幟正如今呼帊也。**廣韵入聲屑韵："幟，莫結切。"去聲禡韵："帊，普駕切。"**説文云："自，讀若鼻。始生子爲鼻子。"**説文："皇，大也。从自，自，始也。自，讀若鼻。今俗以始生子爲鼻子。"**則古呼鼻正如今呼伯也，**原注：必駕切。長子曰伯。〇廣韵去聲至韵："鼻，毗至切。"入聲陌韵："伯，博陌切。"説文："伯，長也。"白虎通姓名篇："伯者，子最長，迫近父也。"按：必駕切一音見洪武正韵。**亦去入聲讀之也。蓋泰部、魚部爲張口閉口反覆之音，故泰部有此字者，音義相轉，在魚部，復成彼字。貰音本張口如俗呼賒，而賒乃閉口如今呼舒。**廣韵魚韵："舒，傷魚切。"**及泰部音變，而常語未異，由是以魚部同義之字代之矣。嘗又驗之，魚與陽爲正對轉，其雙聲連語，陽則多與泰埒，若言忼慨，**史記項羽本紀"項王乃悲歌忼慨"，説文："忼，忼慨，壯士不得志於心也（依段氏校改）。"廣韵忼有呼郎、苦朗兩切，兼入唐、蕩兩韵。**言沆瀣，**原注：沆瀣，漢書司馬相如傳作"沆溉"。〇史記司馬相如傳"潎洌沆瀣"，漢書"沆瀣"作"沆溉"。王先謙補注："沆溉猶言忼慨也。"按：廣韵沆有胡郎、胡朗兩切，在陽部。溉有居豕、古代兩切，在泰部。**言唐逮，**説文："逮，唐逮，及也。"章氏一字重音説嘗舉此字爲例。按：廣韵逮有徒耐、特計兩切，在泰部。**言唐棣，**爾雅釋木："唐棣，栘。"郭注："似白楊，江東呼爲夫栘。"廣韵："棣，特計切。"在泰部。**言疆界。**詩周頌思文篇："無此疆爾界。"説文："畕，界也，疆，或从彊土。"廣韵："疆，居良切。"在陽部"界，古拜切。"在泰部。**言滂沛，**楚辭九歖逢紛："波逢洶涌,潰滂沛兮。"廣韻："滂,普郎切。"在陽部。"沛,博蓋、匹蓋兩切。"在泰部。**皆其比類**。比類,猶言相類之事例。論衡四諱篇:"獨有一物,不見比類,乃可疑也。"**惟泰部正如今世中原麻音,故旋轉爲陽爾。今江寧山陰呼麻皆斂,而吳越間呼泰則與佗方呼麻者同,亦可以驗矣。故歌與泰爲短長同居之音,"大"音不張口**,原注:籒文大字,大徐音他達切,則本張口呼也。**則不得轉爲勑佐、唐佐、他佐諸切矣**。說文亣部:"亣,籒文大改古文,亦象人形。"錢大昕養新錄卷四有徐仙民多古音一則,云:"詩'無已大康',徐勑佐反:'旱既大甚',徐他佐反;莊子'且女亦大早計',徐李勑佐反。勑佐、他佐二反即泰之轉音(讀如唾)。今韻書更爲唐佐切,而此音遂廢。"**枤音不張口、則不得轉爲柂字矣**,淮南子說林訓"心所說毀舟爲枤",高注:"枤,舟尾。讀詩'有枤之杜'也。"按:集韻列枤爲柂之或字,訓正船木。廣韻:"枤,特計切。"集韻:"唐左切。"**今述泰部字通國皆張口呼者,通部以爲音準。**

　　聒、古活切,末韻。以下音讀,並據廣韻切語。**括**、音同上。**栝**、音同上。**活**、原注:"北流活活"之字。○誠按:廣韻活有古活、户括兩切。**刮**、古頒切、鎋韻。**葛**、古達切,曷韻。**割**、音同上。**乙**、廣韻質韻氐下注云:"說文本作乙,本烏鎋切。"**㝅**、烏括切,末韻。**轄**、苦蓋切,泰韻;又胡瞎切,鎋韻。**犎**、胡瞎切,鎋韻。**話**、下快切,夬韻。**撻**、他達切,曷韻。**獺**、音同上,又他鎋切。**大**、徒蓋切,泰韻。又唐佐切,箇韻。**達**、唐割、他達二切,並在曷韻。**刺**、盧達切,曷韻。**瘌**、音同上。**殺**、所拜切,怪韵;又所八切、轄韵。**㩁**、所八切,點韵,又山列切,薛韵。**薩**、原注:菩薩字即薛之譌○玄應音義卷三:明度無極經第一卷開士下云:梵云扶薩,又作扶薛,或言菩薩,孫星衍曰:"薩字不見説文。錢少詹謂即薛字,薛字聲形皆相近,字之誤也。"徐灝曰:"俗書辥字,變屮爲艸,變㠯爲阝,遂成薛字。梵書菩薩字,初作扶薛,復加土爲薩。"**察**、初八切,點韵。**瞥**、音同上;又千結切,屑韵。**㭰**、桑葛切,曷韵。**刷**、數括切,鎋韵;又所劣切,薛韵。**叜**、所列切、薛韵。**拔**、蒲八切,點韵;又蒲撥切,末韵;房越切,月韵。**茇**、北末、蒲撥兩切,並在末韵。**跋**、蒲撥切,末韵。**抹**、原注:正作撧。○説文:"撧,㪠也(依段校)。"廣韵:"撧,亡列切",薛韵。"抹,莫撥切",末韵。**伐**、房越切,月韵。**橃**、方肺切,廢韵;又房越切,月韵。**罰**、房越切,月韵。**發**、方伐切,月韵。**髮**、音同上。**韤**、望發切,月韵。**去入聲韵**。以上所舉:轄、殺兩字,各有去入兩讀,話、大二字爲去聲,餘皆入聲也。葛、割、撻、大、達、剌、瘌、薩、㭰等字爲開口一等;乙、齛、㩁、察等字爲開口二等,撧字爲開口三等。薛字爲開口四等。㩁字兼有開口一等與二等,瞥字兼有開口二等與四等。又聒、括、栝、活、㭰、茇、跋、抹等字爲合口一等;刮、話、刷、叜等字爲合口二等;伐、橃、罰、發、髮、韤等字爲合口三等。拔字兼有開口二等、合口一等與三等。

吳越閩泰部字張口呼者復有十餘字:

　　介,古拜切,怪韵。以下皆據廣韵録其音切。**疥**、音同上,但爲合口。**界**、音同上。**价**、音同上。**芥**、音同上。**快**、

苦夬切，夬韵。戛、古黠切，黠韵。外、五會切，泰韵。愛、
烏代切、代韵。齘、胡介切，怪韵。帶、當蓋切，泰韵。泰、他
蓋切，泰韵。賴、落蓋切，泰韵。癩、落蓋切，泰韵；又盧達
切，曷韵。拜、博怪切，怪韵。敗、薄邁、補邁兩切，並在夬
韵。拐、原注：謂折斷爲拐斷。○説文："拐、折也。"廣韵：
"魚厥切。"月韵。齾、原注：謂殘缺處爲缺齾。○説文："齾，
缺齒也。"廣韵："五割切。"曷韵。又五鎋切，鎋韵。去入聲
韵。以上所舉：癩有去入兩讀，拐、齾、戛三字爲入聲，餘皆去
聲。齾兼有開口一等與二等。其他愛、帶、泰、賴等字爲開口
一等；介、戛、齘、拜等字爲開口二等；外字爲合口一等；疥、界、
价、芥、快、敗等字爲合口二等；拐字爲合口三等。

　　雲南呼貝爲海䂱，或作海蚆，則貝之古音也。爾雅釋
魚"蚆博而頯"，郭注："頯者，中央廣，兩頭鋭。"郝懿行義疏："蚆
者，雲南人呼貝爲海蚆，蚆貝聲轉也。尤侗暹羅竹枝詞云'海䂱買
賣解香燒'，原注：'行錢用䂱。'然則䂱與蚆皆蚆之别體矣。"按：廣
韵："貝、博蓋切。"泰韵："蚆，伯加切。"麻韵：入聲韵。䂱从八聲，
當爲入聲韵。

　　歌部、泰部皆備開闔，故對轉寒亦備開闔。歌部之一、
二、三等音各有開合口字，四等有開口字。寒部古音如今音、寒
開桓闔，皆收舌。平聲韵。孔、王、嚴、江皆以元韵領此部。而
戴氏標安、章氏用寒、黄侃以寒、桓皆古本韵而仍合爲一部。李新
魁氏則寒、桓分立：歌與寒，戈與桓，陰陽相轉。

侯部東部聲埶

　　侯、幽古音分。顧氏以魚、侯合爲一部，江戴又以侯、幽合爲

一部,迄**段玉裁**始獨立侯部,自此遂爲定論。**侯開口,故有鉤、狗、瞉、彄、口、敂、謳、耦、涑、樓諸音**;以上諸字:鉤、彄、謳、樓等皆在**廣韵**侯韵,狗、口、耦在厚韵,瞉、敂在候韵。涑在屋韵,舊附侯部。**幽齊齒,故有鳩、九、究、求、綵、憂、攸、悠、猶、由、修、流諸音。**以上諸字:鳩、求、綵、憂、攸、悠、猶、由、修、流等皆在**廣韵**尤韵,九字在有韵,究字在宥韵。**又幽音徑直,侯音稍穹口呼之,其音在侯號閒。今廣州呼侯幽皆穹口,侯則是,幽則非也;諸部呼侯幽皆徑直,幽則是,侯則非也。平聲韵。**侯部韵類當以侯韵爲本音。由侈而斂,乃闌入於**虞**。而幽部轉音,則多入蕭、宵、肴、豪。此兩部之界畫也。**李方桂**氏擬侯部之元音爲 u,幽部之元音爲 ə 。

　　侯音穹口,故對轉東亦穹口。東部古音如今江西呼江部音而收脣;東部韵類以東鍾爲本音。其江、講、絳諸韵之字,本讀如東,如"邦"字讀封之重脣,"雙"讀如春,"巷"讀如閧之類是也。**江南浙江呼江韵皆穹口。或呼陽唐,亦宛轉肖之。江則是,陽、唐非也。**江韵由斂而侈。遂漸近於陽、唐矣。**江有誥**復**王石臞**先生書云:"東每與陽通,冬每與蒸、侵合,此東、冬之界限也(**音學十書**卷首)。"誠按:東、陽通協,**詩**三百篇所罕見。自**老子**以迄**淮南子**、**陸賈新語**諸書,則日以增多。兩部元音本異,而乃有此事例,故或謂爲**楚**語之徵矣。**今之呼東者,不能如江部,音亂於冬矣。湖南呼冬如登,又亂於蒸,皆非正音也。**東部中閒雜侵、蒸韵字,殆以侵、蒸閉口收脣,故能與撮脣合口之東部相轉歟。**徵之故書:孟子引書"洚水",言"洚水者洪水也",此以今語釋古語也。**見**滕文公**篇。**案說文:"洪,洚水**

也。""洚，水不遵道。"兩字同義。説文水部列字，"洪"次一百五十二、"洚"次一百五十三。洚，"一曰下也。"就如唐韵，洪、洚皆户工切，即不煩以今説古，見大徐説文。洚，又户江切。以洚在冬部，其聲徑直；洪在東部，其聲穹隆。是以古今語言微異，有待於轉譯也。原注：今廣韵洚有户公、户冬、下江三音，户冬者，洚之本音也。户公者，洪之今音也。下江者，洪之古音也。〇誠按："洚"尚有古巷一切。侯部字若叢、藂、顒、鰅、喁，轉入東、鍾、叢藂二字在廣韵東韵，並音徂紅切。顒、鰅、喁三字在鍾韵，並音魚容切。按：叢等二字从取聲，顒等三字从禺聲，此兩聲皆在侯部。講、棒、䀒則轉入講、未有轉入冬宋者、講即江之上聲，廣韵講韵："講，古項切。""棒，步項切。""䀒，胡講切（又大口切）。"按：講从冓聲，棒从音（天口切）聲，䀒从后聲，並在侯部。以是知古音東部如今江部，而與冬部聲熱殊矣。平聲韵。

幽部冬部侵部緝部聲熱

幽部古音如今音，齊齒而直，故與侯殊。平聲韵。黃以周謂幽部以鳩、輖、休、柔之類爲正音。章氏蓋亦從之。誠按：幽部字多在尤韵，而尤韵本音則在之部，故相承以幽標目。

冬部古音如今音，收脣聲直，故與東殊，與幽對轉。平聲韵。孔廣森始別立冬部，謂古音與東、鍾大殊，而與侵聲最近，與蒸聲稍遠，故在詩、易則侵韵陰、臨、諶、心、深、禽，覃韵驂字，寢韵飲字，蒸韵朋、應等字皆通協。而嚴可均則以侵、冬合爲一類。凡冬韵字皆改讀從侵，舉小戎中、驂協音，七月沖、陰協音，雲漢蟲、宮、宗、臨、躬協音，艮象傳心、躬協音，屯象傳禽、窮協音，蕩諶、終協音，公劉飲、宗協音，無羊降、飲、寢句中隔韵爲證。凡孔氏所謂侵冬通協者，皆可斷其本爲同韵也。按：章氏撰此文時，本從孔説，而晚歲論音，又改同嚴説矣。李方桂氏於冬、侵兩部元音皆擬爲ə，並謂兩部韵尾又皆爲有圓脣性之鼻音-m與-ngw，不僅音質相似，方言亦或當混-m與-ngw爲一也。

侵部古音略如今廣東音，齊齒而收脣，故與幽對轉。正音當舉會、妗、咸、緘、雂、喦、綅、潛爲準。此亦黃以周之説，而章氏从之。李培甫師曰："侵、談兩類，今日通語皆混於眞、寒。就令改侵從覃，而覃、談又復無別。若僅以大細分界，推之他部，皆不可通。既知眞、寒收舌，侵、談收脣，則兩部各有節限，不必爲此更張矣。"誠按：章氏此舉諸字，據廣韵音讀：會有於琰、於念兩切，兼入琰、㮇兩韵；妗有許咸、處占、許兼三切，兼入咸、鹽、添三韵；咸，胡讒切，咸韵。緘，古咸切，咸韵。雂有巨金、巨淹兩切，兼入侵、鹽兩韵；喦有五咸、而涉兩切，兼入咸、葉兩韵；綅有子心、七林、息廉三切，兼入侵、鹽兩韵；潛有昨鹽、慈艷兩切，兼入鹽、艷兩韵。**其流變爲音、歆、金、禽、吟、心、梣，乃作蒸部音矣。**此舉諸字，皆在廣韵侵韵。音，於金切。歆，許金切。金，居吟切。禽，巨金切。吟，魚金切。心，息林切。梣，昨淫切。李方桂氏謂侵部之部分字，其韵尾-m因受脣音聲母之異化作用而變爲切韵時代之-ng。**孔氏改侵稱綅，以綅有七林，息廉二音，**孔廣森詩聲類分部，以"綅"代"侵"，按：綅字尚有子心一切，見上。**蓋先覺是也。**孟子萬章上篇："天之生此民也，使先知覺後知，使先覺覺後覺也。"趙注："覺，謂悟其理之所以然。"**廣韵復有覃韵，**廣韵："覃，徒含切。"**其聲視咸爲開口齊齒之異，視談則舉頤下頤**

不同，禮記王制篇"視公侯"，鄭注："視，猶言比。"孟子萬章下篇
"受地視諸侯"，趙注："視，比也。"按：覃爲一等韵，咸爲二等韵。
定海黄以周嘗舉是爲侵部正音。黄以周六書通故三、覃感勘
部以驂、函、貪、南之類爲古正音。謂近之言韵者，泥於以少從多之
義，覃從侵讀，遂與真部音混。凡韵之音，又轉入談。**今以幽部
齊齒，故定對轉如咸韵音。平聲韵。**幽、侵對轉之例，見成
均圖。

　　緝部古音如今廣東音，齊齒而收脣，故與幽對轉。自
切韵以緝合以下九韵分配侵覃以下九韵，爲其入聲，清人顧炎武等
皆從之。江永、段玉裁析侵、談爲二，緝、合亦因之而分。王念孫始
專立緝、盍爲兩部，不與平聲相系。誠按：詩三百篇押韵，無與緝部
相配之陰聲韵。侵、緝可以對轉，而緝、幽殆難比例也。**緝之與
盍，緝橫而盍縱。去入韵。**緝、盍皆純入聲韵，而章氏以爲可
以轉讀去聲。

　　**侵、談皆陽聲，而緝、盍爲之入。陽聲何以有入？曰：
緝盍之音非不可去也。今之聲從及，**説文："今，是時也。从
亼，从ㄱ。ㄱ，古文及。"廣韵："今，居吟切。"**詩傳以今爲急詞，**
詩召南摽有梅篇"迨其今兮"，毛傳："今，急辭也。"段玉裁曰："今
急疊韵。"**明"及"、"急"可讀如"噤"、"禁"也。**説文："唫，口
急也。""噤，口閉也。"廣韵沁韵："噤，巨禁切。""禁，居蔭切。"**袷
與襟亦相轉相借，**説文："袷，衣無絮。从衣，合聲。"段注："小戴
記以爲交領之字。"説文又云："襟，交衽也。从衣，金聲。"段注：
"袷者，交領之正字。交領宜作袷，而毛詩、爾雅、方言作衿。殆以
衿、袷爲古今字與。"**明"袷"亦可讀如"禁"也。**廣韵洽韵：

"袷,古洽切。"説文"袷"字段注:"凡金聲今聲之字,皆有禁制之義。"**斟音子入切,**説文:"斟,斟斟,盛也。"大徐音子入切。廣韵緝韵"昌汁切",引字統云:會聚也。**詩螽斯作蟄蟄,**詩周南螽斯篇:"宜爾子孫,蟄蟄兮。"毛傳:"蟄蟄,和集也。"廣韵緝韵:"蟄,直立切。"**以斟甚聲,明"斟"可讀如"浸"也。**廣韵沁韵:"甚,時鴆切。""浸,子鴆切。"**厭厭即愔愔,**詩小雅湛露篇"厭厭夜飲",毛傳:"厭厭,安也。"釋文:"厭,於鹽反。韓詩作愔愔,和悦之貌。"左氏昭十二年傳左史倚相引詩:"祁招之愔愔",杜注:"愔愔,安和貌。"廣韵厭字有於琰、於艷、於涉三切。**明"厭"可讀如"蔭"也。**廣韵沁韵:"蔭,於禁切。"**浥、湆同義,**説文:"浥,溼也。从水,邑聲。""湆,幽溼也。从水,音聲。"廣韵:"浥,於汲切。""湆,去急切。"**明"浥"可讀如"窨"也。**説文:"窨,地室也。"廣韵:"窨,於禁切。"**給、贛同義,明"給"可讀如"禁"也。**説文:"給,相足也。""贛,賜也。"廣韵:"給,居立切。""贛,古送切。"**亼、三同義,**説文:"亼,三合也。讀若集。""三,天地人之道也。从三數。"廣韵亼有秦入、子入兩切。**明"亼"可讀如"滲"也。**説文:"滲,下漉也。从水,參聲。"段注:"今俗云滲屚。"廣韵:"滲,所禁切。"**吸爲吸气,**説文:"吸,内息也。"**歆爲神食气,**見説文。**歆之語出於吸,明"吸"可讀許禁切也。**廣韵:"歆,許金切。""吸,許及切。"**埶聲有墊、窒,明埶聲字古皆都念切也。**廣韵緝韵:"埶,之入切。"墊有都念,徒協兩切,兼收添、帖兩韵,窒有都念,丁愜兩切,亦兼收添、帖兩韵。**盍聲有豔,明盍聲字古皆以贍切也。**説文:"豔,好而長也。盍聲。"廣韵:"豔,以贍切。"**乏聲有貶、窆、要、砭,明乏聲字古皆方驗切也。**廣韵乏韵："乏,房法切。"琰韵："貶,方斂切。"豔韵："窆,方驗切。"砭有府廉、方驗兩切,兼收鹽、豔兩韵。又集韵："叏,補范切。"**及如詩之小戎,以驂、合、邑爲韵,**詩秦風小戎篇："騏馵是中,騧驪是驂。龍盾之合,鋈以觼軜。言念君子,溫其在邑。"按:廣韵覃韵:"驂,倉含切。"合韵:"合,侯閣切,又音閣。"緝韵:"邑,於汲切。"**常棣以合、琴、翕、湛爲韵,**詩小雅常棣篇："妻子好合,如鼓瑟琴。兄弟既翕,和樂且湛。"廣韵侵韵:"琴,巨金切。"緝韵:"翕,許及切。"湛有直深,丁含、徒減三切,兼收侵、覃、豏三韵。**正以平去閒叶矣。**驂、琴、湛三字者,平聲韵也。合、邑、翕三字則入聲韵。章氏謂可讀去聲。**因是知古音緝、盍可作去聲。去入同類,故通讀入耳。**

之部蒸部聲埶

古之部異於支、脂者,其聲與支爲縱橫,支橫而之縱也。說見前。今人得正音者七十九字,通部以是爲準。

陔、垓、晐、侅、該、胲、以上六字在廣韵咍韵,並古哀切。改、古亥切,海韵。戒、誡、並古拜切,怪韵。械、胡介切,怪韵。埃、烏開切,咍韵。唉、烏開、於駭兩切,兼入咍、駭兩韵。欸、烏開、於改兩切,兼入咍、海兩韵。誒、許其切,之韵。挨、於改、於駭兩切,兼入海、駭兩韵。毐、烏開、於改兩切,兼入咍、海兩韵。騃、牀史、五駭兩切,兼入止、駭兩韵。亥、胡改切,海韵。孩、戶來切,咍韵。荄、古哀、古諧兩切,並在咍韵。頦、戶來、古亥兩切,兼入咍、海兩韵。劾、胡槩切,代韵。**駭**、侯楷切,駭韵。**海**、**醢**、並呼改切,海韵。**戴**、都代切,代韵。**能**、奴代、奴來、奴登三切,兼入代、咍、登三韵。**態**、他代切,代韵。**胎**、**鮐**、並土來切,咍韵。**台**、與之、土來兩切,兼入之、咍兩韵。**臺**、**薹**、並徒哀切,咍韵。**駘**、徒哀、徒駭兩切,兼入咍、海兩韵。**怠**、**殆**、**待**、**紿**、並徒亥切,海韵。**代**、**岱**、並徒耐切,代韵。**來**、**萊**、**騋**、並落哀切,咍韵。**賚**、洛代切,代韵。**耐**、**褦**、並奴代切,代韵。**才**、**裁**、**財**、**材**、並昨哉切,咍韵。**弐**、**哉**、**栽**、並祖才切,咍韵。**載**、作代、材代兩切,代韵。**再**、**䢈**、並作代切,代韵。**偲**、倉才切,咍韵。**塞**、先代、蘇則兩切,兼入代、德兩韵。**在**、昨宰切,海韵。**甾**、**災**、並祖才切,咍韵。**宰**、作亥切,海韵。**采**、倉宰切,海韵。**菜**、倉代切,代韵。**茝**、昌紿切,海韵。**桮**、布回切,灰韵。**坏**、**肧**、並芳杯切,灰韵。**陪**、**培**、並薄回切,灰韵。**倍**、薄亥切,海韵。**葡**、**備**、並平秘切,至韵。**憊**蒲拜切,怪韵。**佩**、蒲昧切,隊韵。**苺**、莫杯、莫佩兩切,兼入灰、隊兩韵。**每**、武罪切,賄韵。**媒**、**梅**、並莫杯切,灰韵。又原注:桮等十四字如江南音。

右七十九字,今讀縱口,乃之部正音。平聲韵。

之部縱口,故對轉蒸亦縱口,之、蒸兩部之元音,時賢同擬爲ə。其收脣與侵同。蒸部本收-ng,侵部本收-m,章氏不泥於ng、m之界,故有是說。蒸、侵所以分者,蒸視侵爲舒,平聲韵。蒸部聲埶,蓋介在冬侵兩部之間。詩三百篇多以侵蒸通叶,如:秦風小戎三章以膺、弓、縢、興與音爲韵,大雅大明七章以林、興、心爲韵，魯頌閟宮五章以乘、縢、弓、綅、增、膺、懲、承爲韵，皆其例。又如成均圖所舉，膺應从雁得聲，而雁从瘖省聲，則在侵部。朋爲古文鳳字，而鳳从凡聲，又在侵部，亦蒸侵相通之證。

宵部談部盍部聲埶

宵部古音如今音。以手承頤，言侯、幽頤舉而上，言宵頤朵而下。平聲韵。趙少咸師論侈弇云：“聲音自內而外，內狹外亦斂，外斂頤必舉。內宏外亦侈，外侈頤必朵。今讀侯、幽必圓脣，故腭穹舌屈而頤朵，宵必橫口，故腭抑舌平而頤舉。然又謂侯穹口，口勢既穹，頤必下朵，又何能舉歟。”

談部古音如今廣東音。收脣，初發頤亦朵下，故與宵對轉。平聲韵。按：宵部無與相配之陽聲韵。成均圖所舉談、宵對轉之例，實即雙聲相轉耳。

盍部古音如今廣東音，收脣。今粵方言，談部字仍收 m，盍部字仍收 p。初發頤亦朵下，故與宵對轉。去入韵。按：談、盍可以對轉，而談、宵則元音互異。

章炳麟曰：說已見音理論疏證。略依儒先所定部目而爲音準，無所改作，章氏嚴刻音韵學叢書序亦謙云：“余於古韵，所自得者亦寡。”此當謂隊部之建也。校其名實：荀子彊國篇“憂患不可勝校也”，楊注：“校，計。”文選長楊賦“校武票禽”，李善引國語賈注：“校，考也。”魚當稱模，脂當稱微，之當稱咍，東當稱江，侵當稱咸。說並見前。

國故論衡疏證上之五

一字重音説

　　通觀上古漢語,單音綴詞實多於複音綴詞。就其發展言之,自單趨複,又爲通則。然別有同一詞也而兼具單複兩形,説文中即不乏其例。如"薜"即"薜荔"、"蔗"即"藷蔗"之類。此外,更有初本雙音後成單名之奇觚現象。斯蓋語言環境不同,爲用各有所宜,因而軼出常軌。尋章氏一字重音之説,可以明其遷變之迹矣。如本文所舉"唐逮"一詞,既明載之説文,自非出於虛構。而徵諸經籍,乃無用例,足見其早爲單形之"逮"所替代,而音讀仍爲雙綴。後來失落一綴,則一形一音矣。他如"解廌"、"黽勉"之屬,皆可準此類比之。自章氏此説出,物論紛紛:非之者若唐蘭氏,謂爲無稽;善之者若劉節氏,謂爲不可磨滅之事實。劉氏名原校證序云:"自餘杭章氏一字重音之説出,學者多知古有雙音綴字,齊子仲姜鎛有鑿叔,楊樹達以爲即鮑叔。荀伯篡'寶用'作'匋用',仌面父盤'匋盤'即'寶盤';説文革部'鞄'字:柔革工也,而周禮考工記作柔皮之工鮑氏;知鑿叔即鮑叔一説可信。因此而推,縊書即欒書矣。於是知匋從缶聲,而寶亦從缶聲,求之諧聲偏旁,章氏言之詳矣。則命、令一字,豊、豐一字,古語有雙音綴,乃至多音綴,已爲中國語言學上不可磨滅之事實矣。"又時賢或主上古漢語有複輔音，且或變爲雙音綴。陸宗達氏謂其與章説相得益彰，且可豐富章説，是亦不同於唐蘭者也（唐説見所著中國文字學，陸説見所著説文解字通論）。

中夏文字，率一字一音。中夏，已見小學略説篇。史記老莊申韓列傳"大抵率寓言也"，正義："率，猶類也。"**亦有一字二音者，此軼出常軌者也。**説文："軼，車相出也。"左氏隱元年傳"懼其侵軼我也"，杜注："軼，突也。"**何以證之？曰：高誘注淮南主術訓曰："鵔鸃，讀曰私鈚頭，二字三音也。"**原注：按私鈚合音爲鵔，諄、脂對轉也。頭爲鸃字旁轉音。○淮南子主術訓："趙武靈王貝（史記漢書皆作"具"）帶鵔鸃而朝，趙國化之。"高誘注："趙武靈王出春秋後，以大貝飾帶、胡服。鵔鸃讀曰私鈚頭，二字三音也。曰郭洛帶位銚鏑。"誠按：此六字當從孫詒讓説作郭洛帶私鈚鉤。私鈚，戰國策趙策作"師比"，史記匈奴傳作"胥紕"（索隱引延篤説：胡革帶鉤也），漢書匈奴傳作"犀毗"（顏注："犀毗，胡帶之鉤也。亦曰鮮卑，亦謂師比，總一物也，語有輕重耳"），史記匈奴傳索隱引班固與竇憲牋作"犀比"。凡此異文，並胡語帶鉤一名之異譯。小顏謂亦曰鮮卑，楚辭大招正用此文。蓋胡語原倮當爲鮮卑郭洛帶，漢書集解引張晏曰："鮮卑郭洛帶，瑞獸名也，東胡好服之（史記索隱引同）。鮮卑郭洛帶，節去郭洛兩音，則是鮮卑帶，只取其前兩音，則爲師比、犀比之屬，結合其首尾兩音，則爲淮南之鵔鸃，結合其首兩音與其末音，則爲高誘之私鈚頭，實係三字三音，而非二字三音也。一字重音，上古雖有其例，而章氏乃據胡語漢譯文字證之，似未深察高誘二字三音之説，在對音時，又以私鈚合音不能讀鵔（廣韻稕韻：鵔，私閏切），而强以脂、諄對轉明之，斯所以啓後生之疑也。云鸃、頭旁轉者，壽聲在幽部，豆聲在侯部，侯、幽爲近旁轉。又壽字在廣韵有韵,音殖酉切,又承呪切,中古屬禪紐,上古通舌頭。**既有其例,然不能徵其義。**帶鉤因瑞獸而得名。比年此物出土、固多作獸首形者,足徵張晏説之有據。**今以説文證之:凡一物以二字爲名者,或則雙聲,或則疊韵。**錢大昕十駕齋養新録五,謂古人名多取雙聲疊韵,草木蟲魚之名多取雙聲,其説甚是,而未盡也。蓋自雙聲疊韵之外,且多與聲韵不相系聯之複音詞;而取雙聲疊韵爲名者,亦不限於人與草木蟲魚也。至于説文所載雙聲疊韵之名,清人頗多討論,宜擇觀之。**若徒以聲音比況,即不必別爲製字。**華嚴經音義下引劉熙:徒,猶獨也。漢書刑法志:"其後姦猾巧法,轉相比況,禁罔寖密。"**然古有但製一字,不製一字者,踶跰而行,可怪也。**莊子秋水篇"夔謂蚿曰,吾以一足踶跰而行,予無如矣",成玄英疏:"趻踔,跳躍也。我以一足跳躑,快樂而行,天下簡易,無如我者"。文選陸機文賦李善注:"踶跰而行,謂脚長短也。"**若謂説文遺漏,則以二字爲物名者,説文皆連屬書之,亦不至善忘若此也。**錢氏養新録四有説文連上篆字爲句一則,謂"諸山名水名云山在某郡。水出某郡者,皆當連上篆讀。艸部蕍、蘆、茵、蘇諸字,但云艸也,亦承上爲句:謂蕍即蕍艸,蘆即蘆草耳。非艸之通稱也。芺、葵、葅、蘾、薇、薙諸字,但云菜也,亦承上讀:謂芺即芺菜,葵即葵菜也。"**然則遠溯造字之初,必以一文而兼二音,故不必別作彼字。如説文虫部有悉蟀,蟀,本字也,悉則借音字。何以不兼造蟋,則知蟀字兼有悉蟀二音也。**説文虫部:"蟀,悉蟀也。从虫,帥聲。"廣韵質韵:"悉,息七切。""蟀,所律切。"此二字古聲同爲齒音,古韵悉在質部,蟀在物部。蟋蟀字見詩唐風蟋蟀、爾雅釋蟲、方言十一。**如説文人部有焦僥。僥,本字也,焦則借音字。何以不兼造僬,則知僥字兼有焦僥二音也。** 説文:"僥,南方有焦僥人,長三尺,短之極。从人,堯聲。"段注:"見魯語。韋曰:'僬僥,西南蠻之別名。'海外南經曰:'焦僥國在三首東。'大荒南經曰:'有小人名曰焦僥之國。'許系之南方,蓋本山海經。"誠按:廣韻蕭韻:"焦,即消切。""僥,五聊切。"焦字古聲在精紐,古韻在幽部;僥字古聲在疑紐,古韻在宵部。焦僥,見荀子富國、正論兩篇,淮南子墬形訓、論衡藝增篇。僬僥,見史記孔子世家、韋昭魯語注、列子湯問篇。**如説文廌部有解廌。廌,本字也,解則借音字。何以不兼造獬,則知廌字兼有解廌二音也。** 原注:廌字兼有解廌二音,更有確證:左傳宣十七年"庶有廌乎",杜解:"廌,解也。"借廌爲解,即廌有解音之證。○説文:"廌,解廌,獸也。似牛,一角。从豸省。"廣韻蟹韻:"解,胡買、佳買兩切,又有古賣一切。""廌,宅買切。"古聲解字兼在見、匣兩紐,廌字在定紐,古韻二字同在支部。按:解廌,見漢書司馬相如傳;又作解豸,見史記司馬相如傳;作獬豸,見文選司馬相如上林賦;作觟𧣾,見論衡是應篇。**艸部有样蓈。蓈,本字也,样則借音字。何以不兼造蒢,則知蓈字兼有样蓈二音也。** 説文:"蓈,样蓈,可以作縻綆。从艸,郎聲。"段注:"縻,牛䪕也。綆,汲井綆也。"誠按:大徐説文音"样,則郎切",古聲在精紐。廣韻"蓈,乃庚切",古聲在泥紐。古韵二字同在陽部。**其他以二字成一音者,此例尚衆。如黽勉之勉,本字也,黽則借音字,則知勉字兼有黽勉二音也。** 詩邶風谷風篇"何有何亡,黽勉求之",鄭箋:"吾其黽勉勤力爲求之。"又小雅十月篇"黽勉从事,不敢告勞”，鄭箋：“自勉以从王事。”誠按：鄭以勤力説谷風之黽勉，義同説文之以彊訓勉；又以自勉説十月之黽勉，則直用勉爲黽勉，故無庸更爲黽別造專字也。黽勉又見大雅雲漢篇。其異形甚多：如密勿、蠠没、閔勉、文莫等並是。廣韵獮韵：“黽，彌兖切（又武盡切）。”“勉，亡辨切。”此二字古聲同在明紐，古韵黽在陽部，勉在諄部。**詰詘之詘，本字也，詰則借音字，則知詘字兼有詰詘二音也。**説文：“詘，詰詘也。”段注：“二字雙聲，屈曲之意。”誠按：楚辭九思遭厄篇“思哽饐兮詰詘”，許慎説文叙：“象形者，畫成其物，隨體詰詘。”廣韵質韵：“詰，去吉切。”物韵：“詘，區物切。”此二字古聲同在溪紐，古韵詰在至（質）部，詘在隊（物）部。**懲箸之懲，本字也，箸則借音字，則知懲字兼有懲箸二音也。**説文：“懲，懲箸也。从心，篤聲。”段玉裁不明箸乃借音字，乃疑箸當作躇。廣韵尤韵：“懲，直由切。”御韵：“箸，陟慮切”。古聲懲在定紐，箸在端紐，皆舌頭音。古韵懲在幽部，箸在魚部。**唐逮之逮，本字也，唐則借音字，則知逮字兼有唐逮二音也。**説文：“逮，唐逮，及也。”段注：“唐逮雙聲，蓋古語也。”誠按：唐逮雖不見於古籍，而別有唐棣一詞，與之同音，則詩傳及爾雅均有之。詩秦風晨風篇“山有苞棣”，毛傳：“棣，唐棣也。”爾雅釋木：“唐棣，栘。”唐亦作常，詩小雅有常棣之篇。又作棠，説文：“栘，棠棣也。”足見唐逮實是古語，但制逮字，唐乃借音。唐棣亦然。**此類實多，不可殫盡。**廣雅釋詁一：“殫，盡也。”**大抵古文以一字兼二音，既非常例，故後人旁駙本字，增注借音，久則遂以二字并書。**説文：“駙，一曰近也。”後漢書魯恭傳注：“駙，副也。”**亦猶越稱於越，**春秋定公十四年“於越敗吳於檇李”，杜注：“於越，越國也。"孔疏:"於越,即越也。夷言發聲謂之於越,從彼俗而名之也。"

邾稱邾婁,江永春秋地理考實於隱公元年"邾"下云:公羊傳皆作邾婁,禮記檀弓亦然,婁者邾之餘聲也。"誠按:邾婁二字,古聲同爲舌音,古韵並在侯部,江説亦自可通。但春秋時以婁作地名者,並非全是附注之字,即如春秋隱公四年之牟婁,杜注:杞邑,城陽諸縣東北有婁鄉。而水經濰水注亦云"北逕婁鄉城東",此蓋不能以婁爲附注轉入正文之字也。**在彼以一字讀二者,自魯史書之,則自增注"於"字"婁"字於其上下也。**

國故論衡疏證上之六

古音娘日二紐歸泥説

　　清錢大昕論定：古無舌上音，而於娘之歸泥，未有證明。其實泥、娘不分，切韵猶然。觀切語上字之多糾纏可知也。章氏乃援古據今，明其本非爲二，斯無復遺義矣。至日之歸泥，時賢雖尚有異論，以爲此二紐者，古聲但相近而非相同。然章氏陳義堅卓，殆難輕議。惟其徵證多囿諧聲一端，故史存直氏更舉域外譯音（曰譯吳音日爲 n）及國内方音（福州、厦門、汕頭、温州等地，日紐字多讀 n、ṇ 或 l）以證成之（史氏説見所著漢語語音史綱要）。先是切韵指掌圖有辨來日二字母切字一例，謂來、日二切則是憑韵與内外轉法異，惟有日字卻與泥娘二字母下字相通。蓋日字與舌音是親而相隔也。歌曰：“日下三爲韵，音和故莫疑（原注：如六切肉，如精切寧），二來娘處取，一四定歸泥（原注：仁頭切糯，日交切鐃）。”黄侃謂此乃娘、日二紐歸泥之始見者（見黄焯氏筆記）。章氏是否有悟於此，則非所知矣。

　　古音有舌頭泥紐，其後支別，則舌上有娘紐，半舌半齒有日紐，於古皆泥紐也。舌上及半舌、半齒之名，皆等韵家所立。**何以明之。涅從日聲，**説文：“涅，黑土在水中也。从水，从土。日聲。”廣韵：“涅，奴結切。”**廣雅釋詁：“涅，泥也。”**

"涅而不緇"，亦爲"泥而不滓"，是日、泥音同也。論語陽貨篇"涅而不緇"，史記屈原賈生列傳作"泥而不滓"。索隱："泥，亦音涅；滓，亦音緇。"貀從日聲，説文引傳"不義不貀"，考工記弓人杜子春注引傳"不義不昵"，是日、昵音同也。原注：昵，今音尼質切，爲娘紐字。古尼、昵皆音泥，見下。○説文："貀，黏也。從黍，日聲。春秋傳曰：'不義不貀（見左氏隱元年傳。今本"貀"作"暱"）。'"周禮考工記弓人"凡昵之類不能方"，鄭注："故書昵或作樴，杜子春云：'樴，讀爲不義不昵之昵。'或爲䴲，䴲，黏也。"阮元校勘記："此當經文作凡樴之類，注作故書樴或作昵，杜子春云：昵，讀爲不義不昵之昵。"傳曰："姬姓，日也。異姓，月也。"此見左氏成十六年傳。杜注："周世姬姓尊，異姓卑。"二姓何緣比況日月？説文復字從日，亦從内聲作彻，是古音日與内近；説文："復，卻也。從彳日夂。彻，復或從内。"月字古文作外，韵紐悉同，則古月、外同字。原注：日月所以比内外者：天文志曰："日有中道，月有九行。中道者黃道，一曰光道。九行者：黑道二，出黃道北；赤道二，出黃道南；白道二，出黃道西；青道二，出黃道東；是爲日道在内，月道在外。"○文始一："説文：'月，闕也。''外，遠也，夘，古文外。'鬥部古文𨳕作𨳲。外即月字。二部古文遯作𨒅，夘亦月字。然則夘乃月之古文奇字，外即夘之變也。外月並在泰部，又復同紐（誠按：廣韵：外，五會切；月，魚厥切。古聲並在疑紐），古音本不分去入，其爲一字明矣。"姬姓，内也；異姓，外也。音義同則以日月況之。太史公説武安貴在日月之際，亦以日月見外戚也。日與泥、内同音，故知其在泥紐也。史記魏其武安侯列傳："武安之貴，在日月之際。"又

云："武安侯田蚡者,孝景后同母弟也。""**入**"之聲今在日紐,廣
韵:"入,人執切。"**古文以入爲内。釋名曰:"入,内也,内使
還也。"是則入聲同内,在泥紐也。**説文:"入,内也。""内,入
也。"二字互訓。此引釋名,見釋言語。明翻宋本兩"内"字均作
"納"。"**任**"之聲今在日紐。**白虎通德論、釋名皆云:男,
任也。又曰:南之爲言任也。淮南天文訓曰:"南昌者,
任包大也。"是古音任同男。南,本在泥紐也。**廣韵:"任,
如林切。"此引白虎通,見爵篇。引釋名,見釋長幼。又以任訓南,
見白虎通禮樂篇。"**羋**"之聲今在日紐,臣鍇本言"讀若
飪",臣鉉本言"讀若能",是古音羋聲在泥紐也。**説文:
"羋,撆(刺)也。"廣韵:羋、飪並音如甚切。能,奴登切。臣鍇即南
唐徐鍇,世稱小徐。臣鉉即徐鉉、鍇之兄,世稱大徐。二徐校訂説
文之功,已詳小學略説篇疏證。**然、而、如、若、爾、耳,此六名
者,今皆在日紐。**廣韵:"然,如延切。""而,如之切。""如,人諸
切。""若,而灼切。""爾,而氏切。""耳,而止切。""**然**"之或體有
蘺,從艸,難聲。劇秦美新"蘺除仲尼之篇籍",五行志
"巢蘺墮地",皆從難聲。明然古音如難,在泥紐也。**原
注:史記周本紀"赧王延立",索隱:"按尚書中候以赧爲然。鄭玄
云:'然,讀曰赧。'王劭按:'古音人扇反,今音奴板反。'"尋王劭此
説,蓋以書赧作然,誤謂赧之古音如然之今音耳。不知古音然字正
作奴板反也。〇説文"然"之或體下段注:"按篆當作爇,或古本作
爇,轉寫奪火耳。"誠按:今文選揚雄劇秦美新文及漢書五行志,
"蘺"皆作"爇",李善小顏並云:爇,古然字。"**而**"之聲類有耐。
易屯曰"宜建侯而不寧",淮南原道訓曰"行柔而剛,用弱**

而强"，鄭康成、高誘皆讀而爲能。是古音而同耐能，在泥紐也。説文："耏，罪不至髡也。从彡而，而亦聲。耐，或从寸。"周易屯卦釋文："鄭讀而曰能。能，猶安也。""如"從女聲，古音與奴、拏同。音轉如奈，公羊定八年傳"如丈夫何"，解詁曰："如，猶奈也。"又轉如能，大雅"柔遠能邇"，箋曰："能，猶伽也。"奈、能與如皆雙聲，是如在泥紐也。廣韻："拏，女加切。"詩大雅民勞篇孔疏："伽者，謂順適其意也。"釋文："伽，檢字書未見所出。舊音如庶反，義亡難見。"胡承珙毛詩後箋引汪氏異義曰："釋文謂伽字不見字書而引廣雅：如，若也，均也，謂義音相似。疏引鄭書注：謂與恣同，皆於順伽義近。爾雅如與適同訓。説文云：'如，從隨也。''恣，縱也'，皆順適之意。釋文又云'伽，舊音如庶反'，則又當作茹。釋言'茹，度也'，度有謀義。安遠方之國，先順謀其近者，舊音宜得其義也。馬瑞辰傳箋通釋：漢督郵碑：'淽遠而邇'，即柔遠能邇也。而如古同聲，故箋訓能爲伽，伽即如也，如猶若也（廣雅），若有順意（爾雅），故箋云順伽其近者，正與安善義通。"誠按：尚書堯典、顧命、文侯之命及左氏昭二十年傳，並有柔遠能邇之語，蓋當時恒言也。"若"之聲類有諾。稱若稱乃，亦雙聲相轉，是若本在泥紐也。説文："諾，䕭也。从言，若聲。"儀禮士昏禮篇"若則有常"，鄭注："若，猶女也。"又覲禮篇"伯父無事，歸寧乃邦"，鄭注："乃，女也。"釋名曰："爾，昵也。""泥，邇也。"爾訓昵，見釋名釋典藝。泥訓邇，見釋名釋宮室。書言"典祀無豐於昵"，以昵爲禰；釋獸"長脊而泥"，以泥爲䴲。是古爾聲字皆如泥，在泥紐也。尚書高宗肜日篇釋文引馬云："昵，考也，謂禰廟也。"説文："禰，親廟也。从示，爾聲。"爾雅釋獸"威夷長脊而泥",郭注:"泥,少才力。"錢大昕曰:"泥,當爲㾟,聲近借用耳。説文:'㾟,智少力劣也。'故郭注訓泥爲少才力。"誠按:廣韻:"禰,奴禮切。""㾟,綿婢切,又乃禮切。"**漢書惠帝紀曰"內外公孫耳孫",師古以耳孫爲仍孫。仍,今在日紐,本從乃聲,則音如乃。是耳、仍皆在泥紐也。**師古曰:"仍耳聲相近,蓋一號也。"説文:"仍,因也。从人,乃聲。"廣韻:"仍,如乘切。"**耎、弱、儒、柔,此四名者今皆在日紐。耎聲之稬音奴亂切,耎聲之煗音乃管切,耎聲之㜊音奴困切,是耎本在泥紐也。**廣韻:"耎,而兗切。""弱,而灼切。""儒,人朱切。""柔,耳由切。"按:稬、煗、㜊三字之音分別見於廣韻換、緩、慁三韻。**弱聲之嫋音奴鳥切,弱聲之搦音奴歷切,弱聲之溺或以爲屎,音奴弔切**;此三音分別見於廣韻篠、錫、嘯三韻。按:廣韻搦字只有而灼一切,奴歷切有溺、惄兩字,溺又有而灼一切。説文:"屎,人小便也。从尾水。"段注:"古書多假溺爲之。"**管子水地"夫水淖弱以清"**;文選李康運命論李注引此文,"弱"作"溺"。**莊子逍遥游"淖約若處子",李頤曰:"淖約,柔弱貌。"明古音弱與淖同,故得以淖爲弱,或爲聯語。是弱在泥紐也。**淖本訓泥,見説文。廣韻:"淖,奴教切。"淖約,又見荀子,宥坐篇云"夫水,淖約微達,似察",楊注:"淖,當爲綽。綽約,柔弱也。"誠按:卓聲、弱聲、勺聲,古韻並在藥部。**儒之聲類:擩、獳、燸、㺞,廣韻竝音奴鉤切。此則儒本音擩,在泥紐也。**廣韻侯韻有此四字。**廣雅釋詁,柔訓爲弱。説文鞣、鍒皆訓爲耎。柔與弱、耎本雙聲,而義相似,故柔亦在泥紐也。**説文:"鞣,耎也。从革,从柔,柔亦聲。""鍒,鐵之耎也。从金，从柔，柔亦聲。”**明此則恁爲下齋，荏染爲柔木，其音並在泥紐、可例推也。**説文：“恁，下齋也。”鍇注：“心所齋卑下也。”段注：“廣雅云：‘恁，弱也’，與詩荏染同音通用。”誠按：詩小雅巧言篇“荏染柔木”，毛傳：“荏染，柔意也。”廣韵恁、荏二字並音如甚切；染，而琰切。**人、仁之聲，今在日紐。人聲之年爲奴顛切，仁聲之佞爲乃定切。此則人、仁本音如佞，在泥紐也。**釋名釋形體：“人，仁也。”廣韵人、仁，並音如鄰切。説文：“秊（年），穀孰（熟）也。从禾，千聲。”“千，十百也。从十，人聲。”“佞，巧讇高材也。从女，仁聲（依小徐）。”**耳之聲今在日紐。那从冄聲，則冄、那以雙聲相轉，在泥紐也。**廣韵：“冄，而琰切。”那有諾何、奴可、奴箇三切，皆泥紐也。**攘之聲今在日紐。槍攘古爲槍囊，是攘本音爲囊，㲻亦爲囊，在泥紐也。**廣韵攘有如兩、如羊兩切，又音讓，皆在日紐。“囊，奴當切”，“㲻，乃庚切”，皆在泥紐。説文：“槍，一曰槍攘也。”段注：“許無从手之搶，凡槍攘、上从木，下从手。”誠按：莊子在宥篇“乃始臠卷獊囊而亂天下也”，釋文：“獊，崔本作戕，云：戕囊猶搶攘，恩遽之貌也。”又説文：攘从襄聲，囊从襄省聲，襄又从㲻聲。“㲻，亂也。从爻工交吅，一曰窒㲻，讀若攘。”**舉此數事，今日紐者，古音皆在泥紐。其他以條列比況可也。**禮記服問篇“上附下附，列也”，鄭注：“列，等比也。”**今音泥、蚭在泥紐，**廣韵泥、蚭二字並音奴低切。**尼、昵在娘紐，**廣韵：“尼，女夷切。”“昵，尼質切。”**仲尼，三蒼作仲蚭，**顏氏家訓書證篇：“仲尼字，三蒼尼旁益丘。”**夏堪碑曰“仲泥何恠”，**隸釋卷十二載相府小史夏堪碑，云：“古命有之，仲泥何恠。”**足明尼聲之字，古音皆如蚭、泥，有泥紐，**

無娘紐也。原注：今武昌言尼如泥，此古音也。〇玉篇尼音奴啟、女飢二切。**今音男"女"在娘紐、爾"女"在日紐，**男女之女，廣韵音尼呂切；爾女之女，廣韵音人渚切。**古音女本如帑。妻帑鳥帑，其字則一；**詩小雅常棣篇"樂爾妻帑"，毛傳："帑，子也。"左氏襄二十八年傳"以害鳥帑"，孔疏："帑者，細弱之名。於人則妻子爲帑，於鳥則鳥尾曰帑。妻子爲人之後，鳥尾亦鳥之後，故俱以帑爲言也。"説文："帑，金幣所藏也。从巾，奴聲。"段注："常棣段帑爲奴，本謂罪人之子孫爲奴。引申之則凡子孫皆可稱奴。又段帑爲之。鳥尾曰帑，亦其意也。今音'帑藏'他朗切，以別於'妻帑'乃都切。"**天文志顏師古説：帑，雌也。是則帑即女矣。**按：孥字初見于字林，古無是也。清人程大中、俞樾皆有説。**爾女之音，展轉爲乃，有泥紐，無娘紐也。**原注：今武昌言女如奴而撮口，此古音也。〇周禮天官小宰"各修乃職，攷乃瀆，待乃事"，鄭注："乃，猶女也。"**狃之聲今在娘紐，公山不狃，狃亦爲擾。往來頻復爲狃，説文作㹛。擾㹛今在日紐，古無日紐、則狃亦在泥紐也。其他亦各以條列比況可也。**廣韵："狃，女久切。"左氏定五年傳：公山不狃，論語陽貨篇作公山弗擾（擾）。集解孔曰："弗擾爲季氏宰。"爾雅釋言："狃，復也。"詩鄭風大叔于因毛傳："狃，習也。"左氏桓十三年傳杜注："狃，忕也。"爾雅釋言邢疏引孫注："狃忕，前事復爲也。"説文："㹛，復也。从彳，从柔，柔亦聲。"廣韵："擾，而沼切。"大徐説文音："㹛，人九切。"**問曰：聲音者本乎水土，**左氏僖十五年傳："生其水土而知其心。"漢書地理志："凡民禀五常之性，而有剛柔緩急聲音不同，繫水土之風氣，故謂之風。"**中乎同律，**周禮春官大師："掌六律六同,以合陰陽之聲。"又典同:"掌六律六同之和,以辨天地四方陰陽之聲。"鄭注:"故書同作銅,鄭司農云:'陽律以竹爲管,陰律以銅爲管。竹;陽也;銅;陰也。各順其性,凡十二律,故大師職曰:執同律以聽軍聲。'玄謂:律,述氣者也;同,助宣陽氣與之同,皆以銅爲。"**發乎脣吶,**説文:"吶,舌皃。"廣韵:"吶,他念切。"**節族自然。**漢書嚴安傳"調五聲,使有節族",集注蘇林曰:"族,音奏。"師古曰:"節,止也。奏,進也。"**今曰古無娘日,將迫之使不言耶,其故闕也。**左氏僖五年傳:"且虞能親於桓莊乎。其愛之也。"誠按:且與將同,乎與耶同,也亦同耶,並見經傳釋詞。章氏造語,正本左傳。**荅曰:凡語言者,所以爲別。**否則無能交流思想情感,亦自無從交際。**日紐之音,進而呼之則近來,退而呼之則近禪。**本卷正言論方音表有"彈舌音變來紐界":如安徽北部。又有"彈舌音誤禪紐界":如江南、浙江、江西、湖南、雲南、貴州、廣東等地。**娘紐之音,浮氣呼之則近影,按氣呼之則近疑。**今北方話:娘或讀從喻紐。如章氏説,喻者,影之變也。粤方言中,舌上音又多轉爲牙音。疑紐者,牙音之一也。**古音高朗而徹,不相疑似,故無日、娘二紐矣。**錢大昕謂古音多侈,章氏从之。詳二十三部音準篇。又呂氏春秋有疑似篇已見前。**今閩、廣人亦不能作日紐也。**今粤方言中之日紐字:粤海、高雷兩音系轉爲 j,四邑音系轉爲 ŋ,欽廉、桂南兩音系轉爲 n。而厦門話則轉爲 d,皆不讀本紐也。

國故論衡疏證上之七

古雙聲説

此章氏古聲類通轉之學説也。以爲喉、牙者生人之元音，喉、牙足以衍百音，百音亦復軥復喉、牙。歷舉喉、牙發舒爲舌、齒、脣諸音，舌、齒、脣及半舌逌歙爲喉、牙諸音之例，以證其義。後來徐昂氏著聲紐通轉表（見文哲學報第四期），魏建功氏作音軌（見古音系研究），並承其學而益廣通轉之途，所謂變其本而加之屬矣。惟章氏此説，殆非首創。清嘉定錢坫嘗著詩音表，卷首略云：“言詩者必攷律，而言律者必正音。正音何先？先雙聲。雙聲者何、兒聲也，兒者意也，取其意之近似也。雙聲既著，究出、送、收。聲之始發爲出，從爲送，終爲收，是爲三聲。三聲既著，究通聲，通聲者何？侯（喉）音也。侯何以謂通聲，侯者生聲之母，諸聲爲子，母以統子也。牙、脣、舌、齒四音必主宰於侯者，猶人有五藏，皆主宰於心也。何以通之？與出、送、收皆協，故通之。侯無出、送、收者。凡天下之舉相似者，侯而已矣。音有南北、至侯而通，人辨舌、齒、脣，物或無之，侯則物與人亦無異焉。通音既著，究本類聲，宮、商、角、徵、羽，各自爲其類也。本類聲既著，究來音，來者聲之歸宿。凡人生而有聲，侯音即具，而歸宿必於來，來又聲之所自生也。”錢坫之言云爾。章氏於此，未必無所取裁也。又瑞典人高本漢作漢語詞類,分音變規律爲五,既繁瑣,又多臆測,兹不具論。

古音紐有舌頭,無舌上;有重脣,無輕脣,則錢大昕所證明。錢氏十駕齋養新録卷五有"古無輕脣音"一則,謂凡輕脣之音,古皆讀爲重脣(潛研堂文集十五、荅問十二説同)。同書同卷又有"舌音類隔之説不可信"一則,謂"古無舌頭舌上之分,知、徹、澄三母,以今音讀之,與照、穿、牀無別也。求之古音,則與端、透、定無異(又見潛研堂荅問十二)"。此二事者,皆以經典異文與古書注音爲據。其例甚多,不具録。再證以域外譯音及各地方音,知錢氏之説誠信而有徵矣。**娘、日二紐,古並歸泥,則炳麟所證明。**詳所著古音娘日二紐歸泥説。**正齒舌頭,慮有鴻細,**慮,猶言大概。見前。鴻細,同洪細。文選四子講德論"夫鴻均之世",李注:"鴻與洪古字通。"按:等韵圖以正齒音分隸二、三兩等,以舌頭音分隸一、四兩等,此洪細之別也。**古音不若是繁碎,**梁書王僧孺傳載其與何炯書有云"委曲同之緘縷,繁碎譬之米鹽"。又南史梁鍾嶸傳云:"繁碎職事,各有司存。"**大較不別。**大較,猶言大略。史記貨殖傳"此其大較也",索隱:"較,音角。"**齊、莊、中、正爲齒音雙聲,**禮記中庸篇:"齊莊中正,足以有敬也。"廣韵皆韵"齋"下云:"經典通用齊,側皆切。"又陽韵:"莊,側羊切。"並照紐二等字。**今音中在舌上,**廣韵:"中,陟弓切。"舌上音知紐字。**古音中在舌頭,**錢氏養新録卷五:"古音中如得。周禮師氏:'掌王中失之事。'故書中爲得。杜子春云:'當爲得。'三蒼云:'中,得也(史記索隱)。'"史記封禪書'康后與王不相中',周勃傳'勃子勝之尚公主,不相中',小司馬皆訓爲得。吕覽'以中帝心',注:'中猶得。'"

疑於類隔。類隔者,謂切語上字與所切字在聲類上有重脣與輕脣或舌頭與舌上之不相合也。養新錄云:"古人製反切,皆取音和。後儒不識古音,謂之類隔,實非古人意也。"陳澧切韵考通論云:"廣韵每卷後所記'新添類隔今更音和切'者凡二十一字。音和者,謂切語上字與所切之字雙聲也。類隔者,謂非雙聲也。如卑字府移切,府與卑非雙聲,故改爲必移切,必與卑乃雙聲也,餘皆倣此。然府、卑非雙聲者,乃後世之音,古音則府、卑雙聲。陸氏沿用古書切語,宋人以其不合當時之音,謂之類隔。方密之通雅始辯其惑,錢辛楣養新錄考辯尤詳。"**齒、舌有時旁轉,錢君亦疏通之矣。**養新錄卷五云:"古人多舌音,後代多變爲齒音,不獨知徹澄三母爲然也。"綜觀錢氏所舉例證,蓋以正齒音之三等字大部來自舌頭,其說良是。錢氏而後,鄒漢勳作五均論,亦主神、船兩母古歸定澄兩母。時賢周祖謨氏又謂禪、定兩母關係最密。實自錢氏啓之。**此則今有九音,**宋人據守溫字母以定韵譜,於脣、舌、齒、牙、喉五音之外,復增半舌、半齒而爲七音。而脣分輕重,舌分舌頭、舌上,齒分齒頭、正齒,實係十類。併半舌與舌頭計之,則爲九音。**於古則六,曰:喉、牙、舌、齒、脣、半舌也。**古無日紐,舌齒脣各僅一類,益以半舌,總爲六音。**同一音者,雖旁紐則爲雙聲。**同一音,謂同一聲符。**是故金、欽、禽、唫,一"今"聲具四喉音;**喉音,當作牙音。廣韵侵韵,今與金並音居吟切,見紐;欽,去金切,溪紐;禽,巨金切,羣紐;唫,魚金切,疑紐。**汙、吁、芋、華,一于聲具四牙音。**牙音,當作喉音。據廣韵,汙有哀都、烏路兩切,並在影紐;吁,況于切,曉紐;于與芋並羽俱切,同在喻紐;華,呼瓜切,曉紐;又户花、户化二切,匣紐。**漢魏南北朝反語,不皆音和,以**

是爲齊。觀廣韵所録“類隔今更音和諸切”，可知其概。齊者，文選長笛賦“各得其齊”，<u>李注</u>：“齊，分限也。”禮記少儀篇<u>鄭注</u>：“齊，和也。”**及夫喉、牙二音，互有蛻化，**<u>説文</u>：“蛻，蛇蟬所解皮也。”廣雅釋詁：“蛻，解也。”<u>王念孫疏證</u>：“今俗語猶謂蟲解皮爲蛻矣。”**募原相屬，**募原相屬，猶言部位相近。募原，原指胸膜與膈肌之間，此以喻發音之部位。素問舉痛論第三十九“寒氣客於腸胃之間，膜原之下”。<u>靈樞經百病始生第六十六</u>“其（邪氣）著於腸胃之募原也”。**先民或弗能宣究。**詩大雅板篇“先民有言，詢於芻蕘”，<u>鄭箋</u>：“古之賢者有言，有疑事當與薪采者謀之。”左氏僖二十七年傳“未宣其用”，<u>杜注</u>：“宣，明也。”**證以聲類，公聲爲翁、爲瓮，**廣韵公在見紐，古紅切。翁在影紐，烏紅切。瓮在喻紐，餘封切。按：<u>章氏</u>併喻於影，此亦當謂瓮爲影紐字。**工聲爲紅，**廣韵工在見紐，古紅切；紅在匣紐，户公切。**叚聲爲瑕，**廣韵叚在見紐，古疋切；瑕在匣紐，胡加切。**古聲爲胡，**廣韵古在見紐，公户切；胡在匣紐，户吳切。**久聲爲羑，**廣韵久在見紐，舉有切；羑在喻紐，與久切。**圭聲爲鼃；**廣韵圭在見紐，古攜切；鼃有烏媧、户媧兩切，兼隸影匣兩紐。**夾聲爲挾，**廣韵夾在見紐，古洽切；挾在匣紐，胡頰切。**甲聲爲狎，**廣韵甲在見紐，古狎切；狎在匣紐，胡甲切。**見聲爲莧；**廣韵見在見紐，古電切；莧在匣紐，侯襉切。**气聲爲氣，**廣韵气在溪紐，去既切；氣在曉紐，許既切。**开聲爲形，**廣韵开在見紐，古賢切；形在匣紐，户經切。**ㄥ聲爲弘，**説文：“ㄥ，古文厷，厷或从肉作肱。”廣韵肱在見紐，古弘切；弘在匣紐，胡肱切。**萑聲爲歡，**廣韵萑在見紐，古玩切；歡在曉紐，呼官切。**干聲爲汗，**廣韵干在見紐，古寒切；汗在匣紐，侯旰切。**咼聲爲禍，**

廣韵冎在溪紐,苦緺切;禍在匣紐,胡果切。**區聲爲歐,**廣韵區在溪紐,豈俱切;歐在影紐;烏后切。**谷聲爲浴,**廣韵谷在見紐,古禄切(又欲、鹿二音);浴在喻紐,余蜀切。**角聲爲斛,**廣韵角在見紐,古岳切;斛在匣紐,胡谷切。**句聲爲昫,**廣韵句在羣見兩紐,有其俱、古侯、九遇、古候四切。昫在曉紐,香句切。**羔聲爲窯,**廣韵羔在見紐,古勞切;窯在喻紐,餘昭切。**丂聲爲號,**廣韵丂在溪紐,苦浩切;號在匣紐,胡到切。**高聲爲蒿,**廣韵高在見紐,古勞切;蒿在曉紐,呼毛切。**光聲爲黃,**廣韵光在見紐,古黃切;黃在匣紐,乎光切(説文:黃,从田,从芡,芡亦聲。芡,古文光。)**斤聲爲欣,**廣韵斤在見紐,舉欣切;欣在曉紐,許斤切。**君聲爲畏,**原注:説文讀若威。○廣韵君在見紐,舉云切;畏在影紐,於非切。**軍聲爲運,**廣韵軍在見紐;舉云切;運在喻紐,王問切。**匃聲爲曷,**廣韵匃在見紐,古泰切;曷在匣紐,胡葛切。**今聲爲贪,**廣韵今在見紐,居吟切;贪在影紐,於金切。**毃聲爲繫,**廣韵毃在見紐,古歷切。繫有古詣、口奚、胡詣三切,兼隷見、溪、匣三紐。此當用胡計一切。**彑**原注:讀若罽。**聲爲彝,**廣韵彑在見紐,居例切(説文:"彑,豕之頭,讀若罽"),彝在喻紐,以脂切。按:以上羔、浴、窯、彝等字,章氏當皆歸之古影紐。**咎聲爲欨,**原注:於糾切。○廣韵咎在羣紐,其久切;欨在影紐,於糾切(説文:"欨,蹴鼻也")。**元聲爲完,**廣韵元在疑紐,愚袁切;完在匣紐,胡官切。**午聲爲許,**廣韵午在疑紐,疑古切;許在曉紐,虛呂切。**我聲爲義,**廣韵我在疑紐,五可切;義在曉紐,許羈切。**此喉音爲牙音也。**當云此牙音爲喉音也。**臣聲爲姬,**廣韵臣在喻紐,與之切;姬在見紐,居之切。**異聲爲冀,**廣韵異在喻紐,羊吏切;冀在見紐,几利切。**羊聲爲羌、爲姜,**廣韵羊在喻紐,與章切;羌在溪紐,去羊切;姜在見紐,居良切。**灰聲爲恢,**廣韵灰在曉紐,呼恢切;恢在溪紐,苦回切。**或聲爲國,**廣韵或在喻紐,雨逼切;國在見紐,古或切。**奚聲爲谿、爲雞,**廣韵奚在匣紐,胡雞切;谿在溪紐,苦奚切。雞在見紐,古奚切。**益聲爲𧮫。**廣韵益在影紐,伊昔切;𧮫在見紐,古玄切。**肙**原注:肙,烏玄切。**聲爲涓,**廣韵肙在影紐,烏玄切;涓在見紐,古玄切。**與聲爲舉,**廣韵與在喻紐,余吕切;舉在見紐,居許切。**虍聲爲虜、爲虧,**廣韵虍在曉紐,荒烏切;虜在犛紐,强魚切;虧在溪紐,去爲切。**户聲爲顧,**廣韵户在匣紐,侯古切;顧在見紐,古暮切。**爻聲爲教,**廣韵爻在匣紐,胡茅切;教在見紐,古孝切。**恒聲爲緪,**廣韵恒在匣紐,胡登切;緪在見紐,古恒切。**熒聲爲熒,**廣韵熒在匣紐,户扃切;熒在犛紐,渠營切。**㲹聲爲馶,**原注:古案切。○廣韵㲹在影紐,於幰切;馶在見紐,古案切。**于聲爲夸,**廣韵于在喻紐,羽俱切;夸在溪紐,苦瓜切。**皀聲爲卿,**廣韵皀在曉紐,許良切(説文又讀若香);卿在溪紐,去京切。**坙聲爲匡,**廣韵坙在匣紐,户光切;匡在溪紐,去王切。**玄聲爲牽,**廣韵玄在匣紐,胡涓切;牽在溪紐;苦堅切。**衍聲爲愆,**廣韵衍在喻紐,以淺切;愆在溪紐,去乾切。**咸聲爲感,**廣韵咸在匣紐,胡讒切;感在見紐,古禫切。**臽聲爲峖,**原注:苦紺切。○廣韵臽在匣紐,户猲切;峖在溪紐,苦紺切(説文:"峖,羊凝血也")。**合聲爲袷,**廣韵合在匣紐,侯閤切;袷在見紐,古洽切。誠按:*此節所舉臣、異、羊、或、與、于、衍諸字,章氏當皆歸之古影紐。*　**此牙音爲喉**

也。當云此喉音爲牙也。**是故椳柣爲椳柜**，周禮天官掌舍“掌王之會同之舍，設椳柣再重”，鄭注：“故書柣爲柜。杜子春讀爲‘椳柜’，椳柜謂行馬。玄謂行馬再重者，以周衛有外內列。”按：廣韵柜在匣紐，胡誤切；柜在羣紐，其呂切。**曲紅爲曲江**，水經注三八：“溱水又南逕曲江縣東。縣昔號曲紅，曲紅，山名也。”朱翌猗覺寮雜記下、曲江周府君碑：“府君，後漢人。碑陰載門户皆云曲紅。古字簡，多借用，故以紅爲江。酈元不曉其義，載曲江縣，乃云昔號曲紅，又云曲紅山名。以地勢考之，武谿自北來，自西入海，古郡城在其上，际江水正曲，何名爲山哉！”按：廣韵紅在匣紐，户公切；江在見紐，古雙切。**冶容爲蠱容**，周易繫辭上：“慢藏誨盗，冶容誨淫。”後漢書張衡傳注：“蠱，音冶，謂妖麗也。”又馬融傳“田開古蠱”，李注：“蠱與冶通。”按：廣韵冶在喻紐，羊者切；蠱在見紐，公户切。**肉倍好爲肉倍孔**，爾雅釋器“肉倍好謂之璧”，郭注：“肉，邊。好，孔。”按：廣韵好在曉紐，呼皓切；孔在溪紐，康董切。**芐爲大苦**，説文：“芐，地黄也。”“苦，大苦，苓也。”王念孫廣雅釋草疏證：“爾雅：‘芐，地黄。’郭注云：‘一名地髓，江東呼芐。’公食大夫禮‘鉶芼，牛藿、羊苦、豕薇’，注云：‘苦，苦荼也。今文苦爲芐。’芐乃苦之假借也。”按：廣韵芐在匣紐，侯古切；苦在溪紐，康杜切。**“何以恤我”爲“假以溢我”**，左氏襄二十七年傳引詩“何以恤我，我其收之”，今詩周頌維天之命篇作“假以溢我，我其收之”，毛傳：“假，嘉。溢，慎。”按：廣韵何在匣紐，胡歌切；假在見紐，古疋切。**“有蒲與荷”爲“有蒲與茄”**，爾雅釋草：“荷，芙蕖，其莖茄。”詩陳風澤陂篇：“彼澤之陂，有蒲與荷。”毛傳：“荷，芙蕖也。”鄭箋：“芙蕖之莖曰荷。”孔疏引樊光爾雅注引詩作“有蒲與茄”。按：廣韵荷在匣紐，胡歌切；茄在見紐，古牙切。**詞有揚搉**，莊子徐無鬼篇"則可不謂有大揚搉乎"，釋文引許注："揚搉，粗略法度。"漢書叙傳述食貨志："揚搉古今，監世盈虚。"顔注："揚，舉也；搉，引也。揚搉者，舉而引之，陳其趣也。"廣雅釋訓："揚搉，都凡也。"王念孫疏證："揚搉古今，猶約古今。"按：廣韵揚在喻紐，與章切；搉在溪紐，苦角切。**訓有諐觳**，原注：莊子天下篇釋文：諐有胡啓、苦迷、五米三反，觳有户寡、勘禍二反。其音出入喉牙，而皆爲雙聲。○莊子天下篇"諐觳無任"，郭嵩燾曰："諐觳，謂堅確能忍恥辱。"誠按：説文："諐，恥也。"廣韵諐在匣紐，胡禮切；觳在溪紐，苦卧切。**鳥有雝渠**，爾雅釋鳥："鶺鴒，雝渠。"廣韵雝在影紐，於容切；渠在羣紐；强魚切。**樂有空侯**，空侯即箜篌，見史記武帝本紀。紀云"作二十五弦及箜篌瑟自此起"，集解徐廣曰："應劭云：'武帝令樂人侯調始造箜篌。'"索隱："應劭云：'侯其姓也。'"按：廣韵空在溪紐，苦紅切；侯在匣紐，户鉤切。**形有句、股、弦**，周髀算經上："折矩以爲句，廣三；股，修四；徑隅五。"注："自然相應之法。徑，直；隅，角也，亦謂之弦。"又句股圓方圖注："句股各自乘，併之爲弦實。開方除之即弦也。"誠按：廣韵句、股均在見紐：句，古侯切；股，公户切；弦在匣紐，胡田切。**水有江、河、淮、沇**，此爾雅所謂四瀆也。尚書禹貢篇"導沇水，東流爲濟"，按：廣韵江在見紐，古雙切；河在匣紐，乎哥切；淮在匣紐，户乖切；沇在喻紐，以轉切。**山有吴、崋、恒、衡，皆雙聲也**。爾雅釋山："河南崋（又：崋山爲西嶽）；河西嶽（郭注：吴嶽。），河東岱（注：岱宗泰山），河北恒（注：北嶽恒山），江南衡（注：衡山南嶽）。按：廣韵吴在疑紐，五乎切，崋、恒、衡、並在匣紐；崋，乎化切；恒，胡登切；衡，户庚切。**囮、圝同字**，説文："囮，譯也。从囗，化聲。率鳥者繫生鳥以來之，名曰囮。讀若譌。圝，囮或从繇。"（段改爲从繇作圝）廣韵囮在

疑紐,五禾切;圖在喻紐,以周切。**油、膏通借;**油本水名,見説
文。借爲脂膏字。説文:"膏,肥也。"段注:"肥、當作脂。"按:廣韵
油在喻紐,以周切;膏在見紐,古勞切。**遽數之不能終其物。**語
見禮記儒行篇。鄭注:"遽,猶卒也;物,猶事也。"釋文:"遽,其據
反,急也。數,色主反。卒,七忽反。"**昔守溫、沈括、晁公武輩,
喉牙二音,故已互易,**守溫三十字母,以見、溪、羣、疑爲牙音,
曉、匣、影、喻爲喉音;沈括夢溪筆談以見、溪、羣、疑爲牙音角,曉、
匣、影、喻爲喉音羽;晁公武郡齋讀書志乃以見、溪、羣、疑爲喉音,
曉、匣、影、喻爲牙音。**韓道昭乃直云深喉淺喉,**韓氏五音集韵
分喉音爲深喉淺喉兩類。**斯則喉牙不有異也。**李新魁氏以見、
溪、羣、曉、匣合爲一類,蓋亦有見於此。**百音之極,必返喉牙。
喑者雖不能語,猶有喉牙八紐。**方言一:"平原謂啼極無聲,
謂之唴哴,齊宋之閒謂之喑。"説文有"瘖"字,解云:"不能言也"。
段注"喑"字云:"喑之言瘖也。"**語或兜離了戾,**後漢書董祀妻傳
"人似禽兮食臭腥,言兜離兮狀窈停",李注:"兜離,匈奴言語之
貌。"説文:"了,尥也。"段注:"尥,行脛相交也,牛行脚相交爲尥。
凡物二股或一股結糾紾縛不直伸者曰了戾。方言:'軫,戾也。'郭
注:'相了戾也。'淮南原道訓注、楊倞荀卿注、王砅素問注、段成式
酉陽雜俎及諸書,皆有了戾字,而或妄改之。"**舌上及齒必内入
喉牙而不悟憭,**説文:"悟,覺也。"素問八正神明論"慧然獨悟",
注:"悟,猶了達也。"方言三:"慧,或謂之憭。"郭注:"慧、憭,皆意
精明。"**今交廣音則然,**見本卷正言論。**北方輕脣或時入牙,**
正言論云:"除廣東、他省多有。"誠按:"牙"當作"喉"。**故喉牙者
生人之元音。**生人即生民,見孟子公孫丑上篇。唐避李世民諱,

改民爲人。遂有生人之語。元音，謂始發之音，非今語音學所謂也。**凡字從其聲類，橫則同均，縱則同音，其大齊不踰是。**大齊，猶言大限。見列子楊朱篇。**然音或有絶異，世不能通。**章氏與吳承仕書（載吳氏經籍舊音辨證卷首）云：鄙人尚記莊子音義，其音切有殊絶者：如讓王篇“土苴”，土音敕雅反，又片賈、行賈二反。敕雅爲韵轉類隔之音，無足駭異。其片賈、行賈二反，於聲紐絶遠，不知何以得此二音也。**撢鉤元始，**説文：“撢，探也。”小爾雅廣詁：“鉤，取也。”淮南子天文訓“鎭星以甲寅元始建斗”，蕭統文選序：“式觀元始，眇覿玄風。”**喉牙足以衍百音，百音亦終軏復喉牙，**説文：“軏，車約軏也。”段注：“許意蓋謂軼、輈、軥等皆有物纏束之，謂之約軏，軏之言巡也，巡繞之詞。”按：廣韵：“軏，丑倫切。”**攸聲有條，**廣韵攸在喻紐，以周切；條在定紐，徒聊切。**由聲有笛，**廣韵由在喻紐，以周切；笛在定紐，徒歷切。**睪聲有鐸，**廣韵睪在喻紐，羊益切；鐸在定紐，徒落切。**厂聲有蹎，**説文：“厂，抴也。虒字從此。”廣韵厂在喻紐，余制切；蹎在定紐，杜兮切。**亦聲有狄，**説文狄下云：“亦省聲。”廣韵亦在喻紐，羊益切。狄在定紐，徒歷切。**也聲有地，**廣韵也在喻紐，羊者切；地在定紐，徒四切。**㠯聲有台、有能，**廣韵㠯在喻紐，羊止切；台在透紐，土來切；能在泥紐，奴登切。**弋聲有代、有忒，**廣韵弋在喻紐，與職切；代在定紐，徒耐切；忒在透紐，他得切。**舀聲有稻、有韜，**廣韵舀在喻紐，以沼切；稻在定紐；徒皓切；韜在透紐，土刀切。**尚聲有當，**尚从向聲，廣韵向在曉紐，許亮切；當在端紐，都郎切。**倏聲有騰，**説文：“倏，送也。”廣韵倏在喻紐，以證切；騰在定紐，徒登切。**毐聲有毒，**廣韵毐在影紐，於改切；毒在定紐，徒沃切。**余聲**

有荼,廣韵余在喻紐,以諸切;荼在定紐,唐都切。**俞聲有婾**,廣韵俞在喻紐,羊朱切;婾在透紐,託侯切。**庚聲有唐**,廣韵庚在見紐,古行切;唐在定紐、徒郎切。**亼聲有兑**,説文:"亼,山閒陷泥地也。"廣韵亼在喻紐,以轉切;兑在定紐,大外切。**炎聲有談**,廣韵炎在喻紐,于廉切;談在定紐,徒甘切。**鹹聲有覃**,説文:"覃(覃),長味也。鹹省聲。"廣韵鹹在匣紐,胡讒切;覃在定紐,徒含切。**易聲有湯**,廣韵易在喻紐,與章切;湯在透紐,他郎切。**甬聲有通**,廣韵甬在喻紐,余隴切;通在透紐,他紅切。**貴聲有穨**,廣韵貴在見紐,居未切;穨在定紐,杜回切。**堇聲有難**,廣韵堇在見紐,居隱切;難在泥紐,那干切。**麑**原注:籀文婚。**聲有㘝**,原注:乃回切。○説文:"㘝,堲地(即涂地)。"廣韵婚在曉紐,呼昆切;㘝在泥紐,乃回切。**堯聲有嬈**,廣韵堯在疑紐,五聊切;嬈在泥紐,奴鳥切。**九聲有厹**,原注:篆文作蹂,音人久切,古泥紐,今日紐。○説文:"厹,獸足蹂地也。九聲。"廣韵九在見紐,舉有切;厹有人九、女九兩切,兼隸日、娘二紐,古並歸泥。**予聲有芧**,廣韵予在喻紐,有以諸、餘佇兩切。芧在澄紐,直吕切,古歸定紐。**此喉牙發舒爲舌音也。**以上所舉:影紐轉定紐者,有一毒字。喻紐轉透紐者有台、弍、韜、婾、湯、通六字。轉泥紐者有一能字。曉紐轉泥紐者有一㘝字。匣紐轉定紐者有一覃字,見紐轉定紐者有唐、穨二字,轉泥紐者有難、厹二字。疑紐轉泥紐者有嬈一字。而喻紐轉定紐者乃有條、笛、鐸、蹛、狄、地、代、稻、騰、荼、兑、談、芧等十三字。除炎聲爲三等,餘皆四等字,足見喻(四等)定兩紐,關係實較密切,然不得徑謂之等無差別也。又當从尚聲,而尚則从向聲,自曉轉端也。**天音如顯**,原注:釋名。○釋名釋天:"天,豫、司、兖、冀以舌腹言之，天，顯也，在上高顯也。"廣韵天在透紐，他前切；顯在曉紐，呼典切。**地訓爲易，**原注：春秋元命苞。○類聚地部、白帖地部、御覽地部一、廣韵六志並引元命苞云："地者易也，言養物懷任，交易變化，含吐應節，故其立字土力於乙者爲地。"按：廣韵地在定紐，徒四切；易在喻紐，羊益切。**弟讀爲圛**；原注：詩箋。○詩齊風載驅篇"齊子豈弟"，鄭箋："古文尚書以弟爲圛，圛，明也。"按：廣韵弟在定紐，特計切；圛在喻紐，羊益切。**田讀若引，**原注：田本作𣌾。○説文："𣌾，擊小鼓引樂聲也。"段注："周禮小師'鼓𣏟'，鄭司農云：'𣏟，小鼓名。'周頌'應田縣鼓'，箋云：'田，當作𣏟。𣏟，小鼓，在大鼓旁，應聲之屬也。聲轉字誤；變而作田。'"誠按：集韵："𣌾，同𣏟。"廣韵田在定紐，徒年切；引在喻紐，余忍切。**卤**原注：讀若調。**聲爲卥，**原注：讀若攸。○説文："卥，艸木實垂卤卤然。讀若調。""卥，氣行皃。从乃，卤聲，讀若攸。"廣韵卤在定紐，徒聊切；卥在喻紐，以周切。**多聲爲宜、爲移，**宜，亦古文宜。見説文。廣韵多在端紐，得何切；宜在疑紐，魚羈切；移在喻紐，弋支切。**自聲爲歸，**説文："自，小𨸏也。"廣韵自在端紐，都回切；歸在見紐，舉韋切。**壬**原注：他鼎切。**聲爲坙，**説文："壬，善也。从人士。""坙：水脈也，壬省聲。坙，古文坙不省。"廣韵壬在透紐，他鼎切，坙在見紐，古靈切。**彖聲爲緣，**廣韵彖在透紐，通貫切；緣在喻紐，與專、以絹兩切。**罙聲爲鰥、爲褱，**説文："罙，目相及也。""褱，俠也。"廣韵罙在定紐，徒合切，鰥在見紐，古頑切；褱在匣紐，户乖切。**兑聲爲閲，**廣韵兑在定紐，杜外切；閲在喻紐，弋雪切。**殳**原注：古音如投。**聲爲股、爲殺，**説文："夏羊牡爲殺。"廣韵殳在禪紐，市朱切，古讀定紐，度侯切；股在見紐，公户切；殺亦在見紐，音切同。**內聲爲裔、爲㶊**，說文：“㶊周，燕也。”廣韵內在泥紐，奴對切；裔在喻紐，餘制切；㶊在匣紐，戶圭切。**竹聲爲篤**，說文：“篤，窮理罪人也。”廣韵竹在知紐（張六切），古歸端紐；篤在見紐，居六切。**蟲聲爲融**，說文：“融，炊氣上出也。蟲省聲。”廣韵蟲在澄紐（直弓切），古歸定紐；融在喻紐，以戎切。**姚銚**原注：大弔切。**同聲**，姚、銚同從兆聲（廣韵：兆，治小切，在澄紐，古歸定紐）而廣韵姚在喻紐（餘昭切），銚在定紐（徒弔切）。**𤎶**原注：以冉切。**恬同聲**，說文：“𤎶（段改焱），炎光也，从炎，冄（原作舌，段改）聲。”“恬（段改𢜕），安也。从心，甜省聲（段改冄聲）。”廣韵冄在透紐，他念切；焱（𤎶）在喻紐，以冉切；恬（恬）在定紐，徒兼切。**此舌音遒斂爲喉牙也。**詩豳風破斧篇“四國是遒”，鄭箋：“遒，斂也。”此節所舉，除兆、銚二字同在定紐，其自端紐轉喻紐者有移字，轉見紐者有歸、篤二字；轉疑紐者有𡈁字。自透紐轉喻紐者有緣、焱二字；通曉者：天音如顯；轉見紐者有巠字。定紐通喻紐者如地訓易，弟讀圛，田讀引；轉喻紐者有卣、閱、融、姚四字；轉匣紐者有褢字；轉見紐者有鰥、股、殺三字。自泥紐轉喻紐者有裔字；轉匣紐者有㶊字。綜而觀之，仍以定、喻通轉之事例爲多。**魯讀若寫**，說文：“魯，獸名。从㐬，吾聲，讀若寫。”廣韵吾在疑紐（五乎切）；而寫則在心紐（悉姐切）。**午聲有卸**，說文：“卸，从卪午止，讀若汝南人寫書之寫。”廣韵午在疑紐，疑古切；卸在心紐，司夜切。**卸復有御**，廣韵御在疑紐，牛倨切。此齒又轉牙也。**魚聲有穌**，廣韵魚在疑紐，語居切；穌在心紐，素姑切。**戶聲有所**，廣韵戶在匣紐，侯古切；所在審（生）紐、疎舉切。**羊聲有詳**，廣韵羊在喻紐，與章切；詳在匣紐，似羊切。**易聲有傷**，廣韵易在喻紐，與章切；傷在審紐,式羊切。**乙聲有失,**説文:"失,从手,乙聲。"廣韻乙在影紐,於筆切;失在審紐,式質切。**失復有佚,**廣韻佚在喻紐,夷質切。此齒又轉喉也。**肯聲有屑,**説文大徐音:肯在曉紐,許迄切;廣韻屑在心紐,先結切。**血聲有恤,**廣韻血在曉紐,呼決切;恤在心紐,辛聿切。**亘聲有宣,**廣韻亘在見紐,古鄧切;宣在心紐,須緣切。**肙聲有圓,**原注:似沇切。〇説文:"肙,小蟲也。""圓,規也。"廣韻肙在影紐,烏玄切。圓在邪紐,似宣切;又火玄切,則在曉紐。**弋聲有式,**廣韻弋在喻紐,與職切;式在審紐,賞職切。**樂聲有鑠,**廣韻樂在疑紐,五角切;鑠在審紐,書藥切。**音聲有戠,**廣韻音在影紐,於今切;戠在照紐,之翼切。按:戠字、許慎所不詳,但云"从戈,从音。"**殸聲有聲,**説文:"磬,樂石也。殸,籀文省。"廣韻殸在溪紐,苦定切;聲在審紐,書盈切。**公聲有松,**廣韻公在見紐,古紅切;松在邪紐,祥容切。**谷聲有俗,**廣韻谷在見紐,古禄切;俗在邪紐,似足切。**匀聲有旬,**説文:"旬,徧也。"段注:"古旬、匀二篆,相假爲用。"按:廣韻匀在喻紐,羊倫切;旬在邪紐,詳遵切。**牙聲有邪,**廣韻牙在疑紐,五加切;邪在邪紐,似嗟切。**彥聲有産,**説文:"産,生也。彥省聲。"廣韻彥在疑紐,魚變切;産在審紐,所簡切。**也聲有施,**廣韻也在喻紐,羊者切;施在審紐,式支切。**屰聲有朔,**廣韻屰在疑紐,宜戟切;朔在審(生)紐,所角切。**契聲有偰,**説文:"偰,高辛氏之子,爲堯司徒,殷之先也。"廣韻契在溪紐,苦計、苦結兩切;偰在心紐,私列切。**執聲有褻,**廣韻執在疑紐,魚祭切;褻在心紐,私列切。**告聲有造,**廣韻告在見紐,古到切;造在清紐,七到、七刀兩切。**庫讀如舍,**原注:釋名。〇釋名釋宮室:"庫,舍也。物所在之舍也。故齊魯謂庫曰舍也。"按:廣韵庫在溪紐,苦故切;舍在審紐,始夜切。**車讀如尺奢反,**廣韵車在見紐,九魚切;又尺遮、昌遮兩切,則在穿紐。**此喉牙發舒爲齒音也。**此節所舉:自影紐轉照紐者有敨字,轉審紐者有失字,轉邪紐者有圓字。自喻紐轉審紐者有傷、施二字,轉邪紐者有旬字。自曉紐轉心紐者有屑、恤二字。自匣紐轉審(生)紐者有所字。自見紐轉清紐者有造字,轉心紐者有宣字,轉邪紐者有松、俗二字。自溪紐轉審紐者有聲、舍二字;轉心紐者有偰字。自疑紐轉審紐者有鑠字及産、朔二字(生紐),轉心紐者有魯、卸、穌、褻四字;轉邪紐者有邪字。其車字則見與穿兩讀,羊與詳則喉音喻、匣互諧也。又自齒轉牙者有御字,轉喉者有佚字。**出聲爲屈,**廣韵出在穿紐,赤律、尺類兩切;屈在見紐,九勿切。**叀聲爲袁、爲瞏,**説文:"叀,小謹也。""袁,从衣,叀省聲。""瞏,目驚視也。"廣韵叀在照紐,職緣切。袁在喻紐,雨元切。瞏在羣紐,渠營切。**彗**原注:祥歲切。**聲爲慧,**廣韵彗在邪紐,祥歲切。又于歲切,則在喻紐。慧在匣紐,胡桂切。**歲聲爲薉,**廣韵歲在心紐,相銳切;薉在影紐,於廢切。**世聲爲勚,**廣韵世在審紐,舒制切;勚在喻紐,餘制切。**戌聲爲威,**廣韵戌在心紐,辛聿切;威在影紐,於非切。**隹聲爲唯,**廣韵隹在照紐,職追切;唯在喻紐,以水切。**自聲爲洎、爲臮、爲臬,**廣韵自在從紐,疾二切;臮在羣紐,其冀切;臬在疑紐,五結切。**支聲爲芰、爲跂,**廣韵支在照紐,章移切;芰在羣紐,奇寄切;跂亦在羣紐,巨支切。**旨聲爲詣、爲稽、爲耆,**廣韵旨在照紐,職雉切;詣在疑紐,五計切;稽在見紐,古奚切;耆在羣紐,渠脂切。**只聲爲伿,**原注:以豉切。○廣韵只在照紐,諸氏切;伿在喻紐,以智、以豉兩切。**氏聲爲祇,**廣韵氏在禪紐,承紙切;祇在羣紐,巨支切。**矢聲爲疑,**廣韵矢在審紐,式視切;疑在疑紐,語其切。**咠聲爲揖,**廣韵咠在清紐,七入切;揖在影紐,伊入切。**丞聲爲巹,**廣韵丞在禪紐,署陵、常證二切;巹在見紐,居隱切。**僉聲爲劍、爲險;**廣韵僉在清紐,七廉切;劍在見紐,居欠切;險在曉紐,虛檢切。**川聲爲訓,**廣韵川在穿紐,昌緣切;訓在曉紐,許運切。**井聲爲荆,**廣韵井在精紐,子郢切;荆在匣紐,户經切。**收聲爲苬,**廣韵收在審紐,式州切;苬在羣紐,渠遥切。**舟聲爲貈,**廣韵舟在照紐,職流切;貈在匣紐,下各切。**以疋爲雅,**説文:"疋,古文以爲詩大疋字。"廣韵疋在審(生)紐,所菹切;雅在疑紐,五下切。**以所爲許,**説文:"許,伐木聲也。"詩小雅伐木篇:"伐木許許(毛傳:許許,柿貌。)"説文:"柿,削木札樸也。"説文引作"所所"。廣韵所在審(生)紐,疎舉切;許在曉紐,虛吕切。**以聲爲馨,**説文:"馨,香之遠聞也。"詩唐風椒聊篇二章"遠條且",毛傳:"言聲之遠聞也。"段玉裁曰:"聲,當作馨。"阮元揅經室集一釋磬云:"聲字與馨字,音義相近,漢人每相假借,故漢衡方碑亦借聲爲馨(碑云:"維明維允、耀此聲香")。按:廣韵聲在審紐,書盈切;馨在曉紐,呼刑切。**此齒音逜斂爲喉牙也。**此節所舉:自精紐轉匣紐者有荆字。自清紐轉影紐者有揖字,轉見紐者有劍字,轉曉紐者有險字。自從紐轉羣紐者有巹字,轉疑紐者有臬字。自心紐轉影紐者有薉、威二字。自邪紐轉匣紐者有慧字。自照紐轉喻紐者有袁、唯、佀三字,轉匣紐者有貈字,轉見紐者有稽字,轉羣紐者有睘、芰、跂、耆四字,轉疑紐者有詣字。自穿紐轉曉紐者有訓字,轉見紐者有屈字。自審紐轉喻紐者有勘字,轉曉紐者如借許爲所,借聲爲馨,轉羣紐者有苬字,轉疑紐者有疑、雅二字。自襌紐轉見紐者有罨字,轉羣紐者有祇字。而彗字又兼邪、喻兩讀也。**亯亦爲亯**,原注:今作烹。〇説文:"亯,獻也。"段注:"亯象薦孰(熟),因以爲飪物之稱,故又讀普庚切。其形薦神作亨,亦作享。飪物作亨,亦作烹。"廣韵亨(享)在曉紐,許兩切;亨(烹)在滂紐,撫庚切。又許庚切,則在曉紐。**爲聲有皮**;説文:"皮,从又,爲省聲。"廣韵爲在喻紐,薳支切;皮在並紐,符羈切。**囧**原注:讀若獷。**聲有朙、茵**,説文:"囧,窻牖麗廔闓朙。""茵,貝母也。朙省聲。"廣韵囧在見紐,俱永切;朙在明紐,武兵切;茵亦在明紐,武庚切。**蒿聲有耄**,説文:"耄,年九十曰耄。从老,蒿省聲。"段注:"今作耄,从老省,毛聲。"廣韵蒿在曉紐,呼毛切;耄在明紐,莫報切。**允聲有玧**,原注:璊之或字。〇説文:"璊,玉經色也。璊或从允。"廣韵允在喻紐,余準切;璊在明紐,莫奔切。**弓**原注:乎感切。**聲有氾**,説文:"弓,嘾也。艸木之枈未發函然。讀若含。"廣韵弓在曉紐,乎感切;氾在滂(敷)紐,孚梵切。**黑聲有默**,廣韵黑在曉紐,呼北切;默在明紐,莫北切。**昏聲有揞、有脣**,説文:"揞,撫也。从手,昏聲。"玉篇:"脣,口邊也。"廣韵昏在曉紐,呼昆切;揞在明紐,武巾切。脣亦在明(微)紐,武粉切。**开聲有幷**,説文:"开,平也。""幷,相從也。"廣韵开在見紐,古賢切;幷在幫紐,府盈切。**久聲有畞**,説文:"畮,或从田十久。"廣韵久在見紐,舉友切;畞在明紐,莫厚切。**交聲有駁**,説文:"駁,獸,如馬,倨牙,食虎豹。从馬,交聲。"廣韵交在見紐,古肴切;駁在幫紐,北角切。**此喉牙發舒爲脣音也。**此節所舉:自喻紐轉並紐者有皮字;轉明紐者有玧(璊)字。自曉紐轉滂紐者有烹、氾二字;轉明紐者有耄、默、揞、脣四字。自見紐轉幫紐者有幷、駁二字;轉明紐者有明、茵、畞三字。大抵喉牙與明紐之關係,更爲密切。**丙聲爲更,**廣韵丙在幫紐,兵永切;更(更)在見紐;古孟切。**采聲爲卷,**説文:"采,辨别也。象獸指爪分别也。讀若辨。"卷,篆作𢎖,"从卪,𢍜聲。"廣韵采在並紐,蒲莧切;卷在見紐,居轉切。**帣**原注:母官切。**聲爲繭,**説文:"帣,相當也。"廣韵帣在明紐,母官切。又亡珍、武仙二切。繭在見紐,古電切。**冒聲爲勖,**廣韵冒在明紐,莫報切;勖在曉紐,許玉切。**勿聲爲忽,**廣韵勿在明(微)紐,文弗切;忽在曉紐,呼骨切。**母聲爲悔,**廣韵母在明紐,莫厚切;悔在曉紐;荒内切。**网聲爲岡,**廣韵网在明(微)紐,文兩切;岡在見紐,古郎切。**亡聲爲巟,**廣韵亡在明(微)紐,武方切;巟在曉紐,呼光切。**品聲爲嵒,**説文:"嵒,山巖也。从山,品聲。讀若吟。"廣韵品在滂紐,丕飲切;嵒在疑紐,五咸切。**分聲爲雰,**説文:"雰,分亦聲。"廣韵分在幫(非)紐,府文切;雰在曉紐,許覲切。**雰復音門,**説文雰下段注:"方言作雯,音問。"廣韵門在明紐,莫奔切。**文聲爲虔,**廣韵文在明(微)紐,無分切;虔在羣紐,渠焉切。**未聲爲沫,**原注:即頮字。○廣韵未在明(微)紐,無沸切;沫在曉紐,荒内切。説文:"頮,古文沬。"**敁聲爲豈,**説文:"豈,還師振旅樂也。从豆,敁(段改)省聲。"廣韵敁在明(微)紐,無非切;豈在溪紐,祛狶切。**豹約同聲,**二字同从勺聲。而豹在幫紐(北教切);約在影紐(於略、於笑兩切)。**父、巨音訓,**説文:"父,巨也。家長率教者。从又舉杖。"廣韵父在並(奉)紐,扶雨切;巨在羣紐,其呂切。**此脣音逗斂爲喉牙也。**此節所舉:自幫紐轉曉紐者有雰字,轉見紐者有更字。自滂紐轉疑紐者有嵒字。自並紐轉見紐者有卷字。自明紐轉曉紐者有勖、忽、悔、忨、沫五字，轉見紐者有繭、岡二字，轉溪紐者有豈字，轉羣紐者有虔字。而雺又讀門，喉復偁脣，豹、約同聲，而幫影異讀；父、巨一義而分隸並羣。惟明曉二紐，互諧尤多。斯則最可注意者。**各聲有路，**廣韵各在見紐，古落切；路在來紐，洛故切。**京聲有涼，**廣韵京在見紐，舉卿切；涼在來紐，呂張切。**咎聲有綹，**原注：讀若柳。○廣韵咎在羣紐，其九切；綹在來紐，力久切。說文："緯十縷爲綹。讀若柳。"**柬聲有闌，**廣韵柬在見紐，古限切；闌在來紐，洛干切。**果聲有倮，**廣韵果在見紐，古火切；倮在來紐，郎果切。**兼聲有廉，**廣韵兼在見紐，古甜切；廉在來紐，力鹽切。**監聲有濫，**廣韵監在見紐，古銜切；濫在來紐，盧瞰切。**樂聲有療，**廣韵樂在疑紐，五角切；療在來紐，力照切。說文："療，治也。療，或从寮。"**聿聲有律，**廣韵聿在喻紐，餘律切；律在來紐，呂卹切。**丣聲有柳，**廣韵丣在喻紐，與久切；柳在來紐，力久切。**畾聲有量，**說文："量，从重省，畾省聲。"廣韵畾在曉紐，許兩切，又音向；量在來紐，力讓切。**魚聲有魯，**廣韵魚在疑紐，語居切；魯在來紐，郎古切。**可聲有砢，**原注：來可切。○廣韵可在溪紐，枯我切；砢在來紐，來可切。說文："砢，磊砢也。"**詩以肇革爲鋚勒，**詩小雅蓼蕭篇"鞗革沖沖"，毛傳："鞗，轡也；革，轡首也。"段玉裁曰："此謂革即勒字，古文省。攸革，古金石文字或作鋚勒。說文：'鋚，轡首銅也。'攸作鞗，淺人爲之。"誠按：小雅采芑篇"鉤膺鞗革"，鄭箋："鞗革，轡首垂也。"大雅韓奕篇"鞗革金厄"，鄭箋："鞗革，謂轡也。以金爲小環，往往纏搤之。"同頌載見篇"鞗革有鶬"，鄭箋："鞗革，轡首也。"廣韵革在見紐，古核切；勒在來紐，盧則切。**考工記故書以兩樂**

爲兩樂，周禮考工記鳧氏：“鳧氏爲鍾，兩樂謂之銑。”鄭注：“故書‘樂’作‘樂’。”杜子春云：“當爲樂，書亦或爲樂。銑，鍾口兩角。”按：廣韵樂在疑紐，五角、五教二切；樂在來紐，落官切。**此喉牙發舒爲半舌也。**此節所舉：自喻紐轉來紐者有律、栵二字。自曉紐轉來紐者有量字。自見紐轉來紐者有路、涼、闌、裸、廉、監、勒七字。自溪紐轉來紐者有硍字。自羣紐轉來紐者有絡字。自疑紐轉來紐者有癃、魯二字。而樂又爲樂，亦其例。大抵見、疑兩紐與半舌通轉爲多。**臝聲爲贏；**説文：“臝，或曰獸名。”廣韵臝在來紐，郎果切：贏在喻紐，以成切。**里聲爲悝、**原注：苦回切。**爲趄，**原注：讀若孩。○説文：“趄，留意也。讀若小兒孩。”廣韵里在來紐，良士切，悝在溪紐，苦回切：趄在匣紐，户來切。**翏聲爲膠，**説文：“翏，高飛也。”廣韵翏在來紐，力救切：膠在見紐，古肴切。**鬲**原注：郎擊切。**聲爲隔，**廣韵鬲在來紐，郎擊切：隔在見紐，古核切。**吕聲爲莒，**廣韵吕在來紐，力舉切：莒在見紐，居許切。**令聲爲矜，**説文：“矜，矛柄也。從矛，今聲。”段玉裁據漢石經論語、溧水校官碑、魏受禪表，改今聲爲令聲。按：廣韵令在來紐。力政切；矜在見紐，居陵切。又巨巾切，則在羣紐。**耒聲爲頪，**原注：讀若齧。○説文：“頪，頭不正也。讀又若春秋陳夏齧之齧。”廣韵耒在來紐，盧對切；頪在疑紐，五結切。**劍、斂同聲，**二字同從僉聲，而劍在見紐，居欠切：斂在來紐，力驗、力琰兩切。**蛾、羅一名，**説文：“蛾，羅也。”廣韵蛾在疑紐，五何切；羅在來紐，魯何切。**“總角卝兮”，地官卝人，卝讀如貫，**詩齊風甫田篇“總角卝兮”，毛傳：“卝，幼稚也。”釋文：“卝，古患反。”周禮地官有卝人之職。釋文：“卝，革猛反，又號猛反，劉侯猛反，沈工猛反。”誠按：卝本古文卯字，廣韵在來紐，盧管切。而詩禮之卝，依甫田釋文音古患反，則在見紐。**"有略其枱"，略讀如酪，**原注：酪即籀文劉字。○詩周頌載芟篇"有略其耜"，毛傳："略，利也。"釋文："酪，字書作酪，同。"説文："枱，耒耑也。"段注："枱，今經典之耜。"説文又云："劉，刀劍刃也。酪，籀文劉。"按：廣韵略在來紐，離灼切；酪在疑紐，五各切。**古文春秋以即立爲即位，**周禮春官小宗伯"掌建國之神位"，鄭注："立，讀爲位。古者立位同字。古文春秋經，公即位爲公即立。"按：廣韵立在來紐，力入切；位在喻紐，于愧切。**此半舌遒斂爲喉牙也。**此節所舉：自來紐轉喻紐者有嬴、位二字；轉匣紐者有趲字，轉見紐者有膠、隔、莒、矜四字（矜字又隸羣紐）。而劍、斂同聲，來、見異讀；卝有兩音，亦分來見。其轉爲疑紐者，自頛字外，蛾、羅一物，蛾屬疑而羅屬來；略讀如酪，亦來疑之相轉也，又來轉溪者有悝字。**略舉數事，足以明喉牙貫穿諸音。精氣爲物，游魂爲變。**此二語見周易繫辭上。韓康伯注："精氣烟熅聚而成物。聚極則散，而遊魂爲變也。遊魂，言其遊散也。"**往者屈也，來者伸也。屈伸相感，以成形聲。**語見繫辭下，"伸"作"信（釋文：信，本又作伸）"，"以成形聲"作"而利生焉"。孔疏："此覆明上日往則月來，寒往則暑來，自然相感而生利之事也。往是去藏，故爲屈也；來是施用，故爲信也。一屈一信，遞相感動而利生。"**諷誦典籍病蹇吃者，由是得調達也。**説文："吃，言蹇難也。""蹇，跛也。"段注："行難謂之蹇，言難亦謂之蹇。"

國故論衡疏證上之八

語言緣起説

　　章氏此説，成於晚清，義或可商，時爲之也。近世考古、人類、生理、語言諸學，勃爾並興，於人類語言之來歷，乃有科學之闡釋。據所研究，約前三百五十萬年至前四百萬年間，大地已有人類。年深月長，原始一始能制造工具。但由於生理限制，勞動時彼此表情達意，協調動作，第能隨其手勢而叫喊，而呼喚耳。手足分工既久，其他器官，亦以漸變化：一則腦骨增大，腦容量增加，足以發展思維，指揮言談；一則喉嚨自口中下降，與軟顎距離相越，形成咽腔口腔雙道共鳴系統，能發出清晰而分節段之聲音。自此，事物或動作及其稱謂之閒，始各有其約定之系聯，兼具明確音節及表義功能之名動諸詞，於焉出現，人人可以聞聲而喻其實。基礎既具，而語言由是興起。此近今中外學者陳義之大略也。上距章氏立論，殆將半世紀矣。又此文所云"上世先有表實之名，以次桄充，而表德表業之名因之。是故同一聲類，其義往往相似"，誠爲卓特之見。弟子沈兼士氏嘗論之曰："觀此知所舉引申義各字，十九皆是表示語根之字爲聲母與形聲字之關係，是雖不言右文，而右文之説，得此益增有力之憑證。章先生之論，更有進於前人者：（一）自來訓詁家，尟注意及語根者，章氏首先標舉語根，以爲研究之出發點，由此而得<u>中國</u>語言分化之形式，可謂獨具隻眼。（二）根據引申之説，系統的列舉形聲字孳乳之次第，亦屬創舉"云云。誠按：緣起亦<u>佛</u>氏語，謂諸法由因緣而起也。緣，今謂關係、條件。

語言者不馮虛起，説詳題解。馮者，<u>詩</u>·<u>魯頌</u>·<u>閟宫</u>篇<u>鄭</u>箋："天用是馮依而降精氣。"<u>釋文</u>："馮依，本又作憑，同。"**呼馬而馬，呼牛而牛，**<u>莊子</u>·<u>天道</u>篇："昔子呼我牛也，而謂之牛；呼我馬也，而謂之馬。"**此必非恣意妄稱也。**<u>荀子</u>·<u>正名</u>篇云："名無固宜，約定俗成謂之宜。"蓋語言初起，音義之間，並無必然聯系。及歷時滋久，以某音（或某類音）表某義（或某類義），既已衆口齊同而形成社會習慣，音與義乃結合爲一定之語言成分而不復能恣意妄稱矣。<u>説文</u>云："恣，縱也。""妄，亂也。"**諸言語皆有根，先徵之有形之物，則可覩矣。**根謂本源，徵謂證驗。**何以言雀，謂其音即足也。**<u>説文</u>："雀，依人小鳥也。讀與爵同。""爵，禮器也。象爵之形，中有鬯酒，又持之也。所以飲酒象雀者，取其鳴節節足足也。"<u>詩</u>·<u>大雅</u>·<u>卷阿</u>篇<u>孔</u>疏引<u>白虎通</u>云："鳳雄鳴曰節節。"<u>廣雅</u>·<u>釋獸</u>云："鳳皇鳴，雄曰即即，雌曰足足。"此則<u>段玉裁</u>所謂皮傅之言。**何以言鵲，謂其音錯錯也。**<u>説文</u>："舄，䧿也。象形。䧿，篆文舄从佳昔。"<u>段</u>注："䧿，隸變从鳥。"誠按：<u>淮南子</u>·<u>原道訓</u>："鵲之噆噆。"<u>本草綱目</u>："鵲，其鳴唶唶。"**何以言雅，謂其音亞亞也。**<u>説文</u>："雅，楚烏也。一名鸒，一名卑居，<u>秦</u>謂之雅。"<u>朱駿聲</u>曰："按大而純黑反哺者烏、小而不純黑不反哺者雅，雅即烏之轉聲，字亦作鴉，作鵶。"誠按：<u>淮南子</u>·<u>原道訓</u>"烏之啞啞"。**何以言雁，謂其音岸岸也。**<u>説文</u>："雁，鳥也。讀若鴈。"<u>儀禮</u>·<u>士相見禮</u>"下大夫相見以雁"，鄭注："取知時飛翔有行列也。"**何以言鴐鵝，謂其音加我也。**説文："鴐，鴐鵝也。"段注："鴐，字亦作鴐，大玄作鴐鵝，子虛、上林、南都賦皆作駕鵝。古作駕。山海經駕鳥，魯大夫榮駕鵝皆即鴐鵝也。"朱駿聲曰："按雁也，字亦作鴐，作駕。"**何以言鶻鵃，謂其音磔格鉤輈也，**説文："鶻，鶻鵃也。"爾雅釋鳥："鶌鳩，鶻鵃。"禮記孔疏引郭璞云：鶌音九勿反，鵃，音嘲。郝懿行義疏："今驗其聲，正作鶻嘲，鶻嘲聲轉又爲鉤輈格磔也。"誠按：本草綱目禽部引孔志約曰："鶻鵃生江南，行似母鷄，鳴云鉤輈格磔者是。"**此皆以音爲表者也。**此舉六名，所謂象聲詞也。劉師培物名溯原亦言之。**何以言馬，馬者武也。**原注：古音馬、武同在魚部。〇説文："馬，怒也，武也。"**何以言牛，牛者事也。**原注：古音牛、事同在之部。〇説文："牛，大牲也。""牛，件也，件，事理也。"**何以言羊，羊者祥也。**説文："羊，祥也。孔子曰：'牛羊之字，以形舉也。'"**何以言狗，狗者叩也。**説文"狗"下引孔子曰："狗，叩也。叩氣吠以守。"段注："叩氣，出其氣也。"**何以言人，人者仁也。**釋名釋形體："人，仁也，仁生物也。"**何以言鬼，鬼者歸也。**爾雅釋訓："鬼之爲言歸也。"説文："人所歸爲鬼。从人，由象鬼頭，从厶。"**何以言神，神者引出萬物者也。**説文："神，天神引出萬物者也。"**何以言祇，祇者提出萬物者也。**説文："祇，地祇提出萬物者也。"**此皆以德爲表者也。**以上八例，所謂聲訓。聲訓者，以同音或同聲或同韵之字爲訓也。遠在先秦，已有其迹，迄於兩漢，用之彌繁。而季漢劉熙，欲求事物得名之所以然，更專爲釋名一書，以廣其例。今觀其書，得失參見。其於兩字之音源流分明而稱述之者，斯爲得之。而宋人之右文説，清人之聲近義通説，皆從是出。至其穿鑿附會之失，故當據音理事理而屏棄之，不可曲爲辯護也。**要之，以音爲表，惟鳥爲衆；以德爲表者，則萬物大抵皆是。**以德爲表，非語言之初所有，説詳後。**乃至天之言顛，**説文："天，顛也。至高無上。"**地之言底，**説文："地，元氣初分，輕清揚爲天，重濁陰爲地，萬物所陳列也。"釋名釋地："地，底也。其體底下，載萬物也。"**山之言宣，**説文："山，宣也。宣氣散生萬物，有石而高，象形。"**水之言準，**原注：水在脂部，準在諄部，同類對轉。○説文："水，準也。北方之行。象衆水並流，中有微陽之氣也。"**火之言毀，**原注：古音火、毀同在脂部。○説文："火，燬也。南方之行炎而上。象形。"**土之言吐，**説文："土，地之吐生萬物者也。二，象地之下，地之中，物出形也。"**金之言禁，**白虎通五行篇："金之爲言禁也。"釋名釋天："金，禁也。氣剛毅能禁制物也。"**風之言氾，**釋名釋天："風，氾也。其氣博氾而動物也。"**有形者大抵皆爾。**山、水、火、土、金、風之訓，皆言其業，即其用也。此亦非語言之初所有。**以印度勝論之説儀之：實、德、業三，各不相離。**印度哲學有勝論派，以六諦説明宇宙萬有生起之所以。六諦者，一曰實，謂本體；二曰德，謂屬性；三曰業，謂作用；四曰有，謂萬有；五曰同異；六曰和合。同謂共通性，異與和合爲物物間之共有性。儀者，説文："儀，度也。"國語周語"儀之於民"，韋注："儀，準也。"**人云馬云，是其實也；仁云武云，是其德也；金云火云，是其實也；禁云毀云，是其業也。一實之名，必與其德若與其業相麗，故物名必有由起。**經傳釋詞七："若，猶或也。"周禮秋官大司寇"而未麗於灋"，鄭注："麗，附也。"禮記祭義篇"既入廟門，麗於碑"，鄭注："麗，猶繫也。"**雖然，大古**

草昧之世，其言語惟以表實，而德業之名爲後起。原注：
青、黄、赤、白、堅、耎、香、殠、甘、苦之名，則當在實先，但其字皆非
獨體，此不可解。〇荀子正論篇："太古薄葬，棺厚三寸，衣衾三
領。"周易屯卦象辭"天造草昧"，王注："造物之始，始於冥昧，故曰
草昧也。"孔疏："草謂草創。"故牛馬名冣先，事武之語乃由牛
馬挲乳以生。世稍文，則德業之語早成，而後施名於實，
故先有"引"語，始稱引出萬物者曰神；先有"提"語，始稱
提出萬物者曰祇。此則假借之例也。引、申（神从之）二聲
同在古韻真部；是（提从之）、氏（祇从之）二聲同在支部。

　　物之得名，大都由於觸受。觸謂接觸，受謂感受。莊子養
生主篇："手之所觸。"俱舍論四："觸者，謂根境識和合生，能有觸
對。"觸受之噩異者，動盪視聽，眩惑煢魄，則必與之特異
之名。周禮春官占夢"二曰噩夢"，鄭注引杜子春云："噩，當爲驚
愕之愕。"淮南子氾論訓："同異嫌疑者，世俗之所眩惑也。"法言修
身篇"煢魂曠枯"，李注："煢魂，司目之用者也。"其無所噩異者，
不與特名，以發聲之語命之。夫牛馬犬羊，皆與人異，故
其命名也，亦各有所取義。及至寓屬，形體知識多與人
同。爾雅釋獸有寓屬。邢疏："言此上獸屬，多寄寓木上，故題云
寓屬。"郝懿行義疏："寓，説文作禺，云：'蝯，善援，禺屬。''禺，母
猴屬。'鄭注司尊彝亦引作禺屬，今本作寓，下云寓鼠曰嗛，郭注謂
獼猴之類，寄寓木上。寓、禺古字通。"是故以侯稱猴，侯者發
聲詞也。原注：如云"侯不邁哉"，"侯其禕而"。〇爾雅釋詁：
"伊，乃也。"又云："伊、維，侯也。"郝懿行義疏："乃既語詞，故侯亦
語詞。史記樂書云'高祖過沛詩三侯之章'，索隱曰：'侯，語詞

也。’文選東京賦云‘侯其禕而’，亦以侯爲語詞也。”誠按：“侯不邁哉”，見漢書司馬相如傳，王引之經傳釋詞四巳引之。傳云“君乎君乎，侯不邁哉”，李奇注：“侯，何也。”**以爰稱猱，**爾雅釋獸：“猱、蝯，善援。”郭注：“便攀援。”説文：“蝯，善援，禺屬。蝯，又作猨。”玉篇：“猨似獼猴而大，能嘯。”**爰者發聲詞也。**爾雅釋詁“爰，于也”，又“於也”，又“曰也”。漢書禮樂志“爰五止”，司馬遷傳“爰及公劉”，顔注並云：“爰，曰也。發語辭也。”詳經傳釋詞二。**蝯之變而爲“爲”，**據甲骨文及金文，爲乃以手牽象，令其服役之形。而説文誤解爲母猴。段玉裁既沿許誤，章氏又再襲其誤。**元寒歌戈相轉，**蝯从爰聲，古韵在寒部。爲字古韵在歌部。歌寒對轉是也。謂蝯變作爲則非也。**若楥讀如撌矣。**説文：“楥，履法也。从木，爰聲，讀若指撌。”周易謙卦釋文，撌義與麾同。鄭讀撌爲宣。**以且稱狙，**廣雅釋獸：“狙，獼猴也。”**且者發聲詞也。**經傳釋詞八：“且，發語詞也，引韓非子難二、吕氏春秋貴信等篇爲證。**以佳稱蜼，**爾雅釋獸：“蜼，卬（廣韵六至、一切經音義六引作“仰”）鼻而長尾。”郭注：“蜼似獼猴而大，黄黑色，尾長數尺，似獺，尾末有岐，鼻露向上，雨即自縣於樹，以尾塞鼻，或以兩指。江東人亦取養之。爲物捷健。”説文：“蜼，如母猴，卬鼻長尾。”**佳者，發聲詞也。**原注：發聲之“維”，古彝器皆作“佳”。○金文唯多作佳，見商卣、頌簋、中山王鼎等器。維作佳，見宰梂角諸器。**以胡稱䝔，**原注：説文：“斬䝔，類蝯蜼之屬。”陸璣毛詩草木疏云：“蝯之白腰者爲獮猴。”今猶有猴孫之語。○説文：“貁，斬貁鼠。黑身，白腰。若帶，手有長白毛，似握版之狀，類蝯蜼之屬。”斬貁，史記司馬相如傳作“蝍胡”，漢書同傳作“獑胡”，文選西京賦作“獑猢”。陸璣疏卷下之下：“猱，獼猴也。楚人謂之沐猴。老者爲玃，長臂者爲猨，猨之白腰者爲獑胡。”本草綱目獸部：“獼猴〔又名〕胡孫。”注：“格古論又云：猴形似胡人，故曰胡孫（此附會之説）。唐張鷟朝野僉載：“楊仲嗣燥急，號熱鏃上猢孫。”宋楊誠齋無題詩有“坐看猢孫上樹頭”之句。**胡者發聲詞也。**經傳釋詞四：“胡也，奚也，遐也，侯也，號也，曷也，盍也，一聲之轉也。”**以渠稱貗，**爾雅釋獸：“貗，迅頭。”郭注：“今建平山中有貗，大如狗，似獼猴，黄黑色，多髯鬣，好奮迅其頭，能舉石摘人，玃類也。”説文：“貗，司馬相如説：貗，封豕之屬。”**渠者發聲詞也。**原注：如何渠亦作何遽，俗字有詎，亦即遽字。○史記陸賈傳：“使我居中國，何渠不若漢（索隱：渠，音詎。）”漢書“何渠”作“何遽”。莊子齊物論：“庸詎知吾所謂知之非不知邪，庸詎知吾所謂不知之非知邪。”又大宗師篇：“庸詎知吾所謂天之非人乎，所謂人之非天乎。”楚辭哀時命：“庸詎知其吉凶。”誠按：渠爲發聲詞，詳經傳釋詞五。**蓋形體相似，耦俱無猜，目無異視，耳無異聽，心無異感，則不能與之特異之名，故以發聲命之則止。**左氏僖九年傳：“送往事居，耦俱無猜，貞也。”杜注：“往，死者；居，生者。耦，兩也。送死事生，兩無疑恨，所謂正也。”**其在人類亦然。異種殊族，爲之特立異名。如北方稱狄，**禮記王制篇：“北方曰狄。”説文：“狄，赤狄，本犬種。”**東北稱貊，**説文：“貊，北方豸種。”周禮夏官職方氏“七閩九貊”，鄭司農注云：“北方曰貊狄。”孫詒讓正義：“秋官叙官‘貊隸’，注云：‘東北夷。’漢書高帝紀：‘北貊’，顔注云：‘貊在東北方，三韓之屬，皆貊類也’。後漢書東夷傳云：‘句驪二名貊耳。’”**南方稱蠻、稱閩，**禮記王制篇：“南方曰蠻。”説文：“蠻，南蠻，蛇種。”“閩，東南越,蛇種。”周禮夏官職方氏:“掌四夷、八蠻、七閩、五戎、六狄之人民。”鄭注:“閩,蠻之別也。七,周之所服國數也。”孔疏:“叔熊居濮如蠻,後子從分爲七種,故謂之七閩。”**其名皆特異,被以犬及虫豸之形,謂其出於獸類。**説文所謂犬種、豸種、蛇種,謂其出於獸類也。**尚考蠻、閩二字,本由髳轉。**尚,猶上也。説文:“髳,髮至眉也。詩曰‘紞彼兩髦’。髳,髳或省,漢令有髳長。”**長言爲馬流,**原注:唐以前史籍皆作馬流,或作馬留,今作馬來。**短言爲髳,**水經溫水注:“鬱水又南自壽泠縣注於海。昔馬文淵(馬援)積石爲塘,達於象浦、建金標爲南極之界。俞益期牋曰:‘馬文淵立兩銅柱於林邑岸北,有遺兵十餘家不反,居壽泠岸南而對銅柱,悉姓馬,自婚媾,今有二百户。交州以其流寓,號曰馬流。言語飲食,尚與華同,山川移易,銅柱今復在海中,正賴此民以識故處也。’林邑記曰:‘建武十九年,馬援樹兩銅柱於象林南界,與西屠國分漢之南疆也。土人以其流寓,號曰馬流,世稱漢子孫也。’”又新唐書南蠻傳:“又有西屠夷,蓋援還,留不去者才十户,隋末孳衍至三百,皆姓馬。俗以其寓,故號馬留人,與林邑分唐南境。”**牧誓言庸、蜀、羌、髳、微、盧、彭、濮,**尚書牧誓篇某氏傳:“八國皆蠻夷戎狄屬文王者國名。羌在西蜀,叟、髳、微在巴蜀,盧、彭在西北,庸、濮在江漢之南。**小雅言“如蠻如髦”;傳曰:“髦,夷髦也。”**詩小雅角弓篇孔疏:“牧誓曰:‘及庸、蜀、羌、髳、微、盧、彭、濮人。’彼髳此髦,音義同也。”釋文:“髦,舊音毛。尋毛鄭之意,當與尚書同音莫侯反也。”**髳云髦云,即馬流合音耳。**原注:今人呼西南夷爲苗,其實當作髳。書之三苗,舊説皆謂三族之不才子,乃苗裔字,非有異種名三苗也。○尚書堯典篇“竄三苗於三危”,某氏傳：“三苗，國名，縉雲氏之後，爲諸侯，號饕餮。三危，西裔。”名義考卷五：“書傳：三苗國在江南荊揚之間。地理沿革表：潭州，古三苗國。潭州，今長沙。蓋建國在長沙，而所治則江南荊揚也。國中多猫姓。”**稍變則曰蠻，又稍變則曰閩，非必是蟲類也。**髳、髦、蠻、閩，四字雙聲，上古同在明紐。**以其異族，故被之以惡名。狄、貉二名準是。**狄非必是犬類，貉非必是豸類。**抑諸夏種族自西來。**經傳釋詞三：“抑，詞之轉也。”説文：“夏，中國之人也。”論語八佾篇：“夷狄之有君，不如諸夏之無也。”集解：“包曰：諸夏，中國。”丁謙中國人種從來考：“中國史書皆始於盤古，而三皇繼之，伏羲、神農、黃帝又繼之，並無言他處遷來之事。自光緒二十年（西曆一千八百九十四年），法人拉克伯里著支那太古文明西元論引據亞州西方古史，證中西事物法制之多同。而彼間亦實有民族東遷之事，於是中東學者，翕然贊同，初無異詞。且搜采古書以證明其説：如劉氏光漢之華夏篇、思故國篇；黃氏節之立國篇；章氏太炎之種姓篇；蔣氏觀雲之中國人種考及日本人所著之興國史譚等，雖各有主張，要無不以人種西來之説爲可信。五大洲中，立國最早者莫如埃及與加勒底，埃及弗論，而加勒底朝八十六代均在西元前二千三四百年以上，是先於吾國數千年矣。故五帝之世所稱爲神聖創造之物，無一非彼間所已有。用是知中國人種由彼而來，非同臆説。”誠按：中國人種西來説，清末曾風靡一時。除此所舉，若夏曾佑，若蔣智由，並信從之。比辛亥革命以後，仍有學人據古代語言及天文、曆法諸事，比較研究，以翼其説。然至今迄無確證。但能謂之假設耳。而章氏於革命前，亦已不復道此矣。**史記稱高陽生於弱水，高辛生於江水，皆蜀西地也。**史記五帝本紀：“黃帝正妃生二子：其一曰玄囂，是爲青陽，青陽降居江水。

其二曰昌意,降居若水。昌意娶蜀山氏女,曰昌僕,生高陽。帝顓頊高陽者,黃帝之孫而昌意之子也。帝嚳高辛者,黃帝之曾孫也。高辛父曰蟜極,蟜極父曰玄囂,玄囂父曰黃帝。”索隱:“江水、若水皆在蜀,即所封國也。水經曰:‘水出毛牛徼外,東南至故關爲若水,南過邛都,又東北至朱提縣爲盧江水。’是蜀有此二水也。”**隴西之姜戎者,又四岳苗裔也。**説文:“姜,神農居姜水,以爲姓。”左氏昭十七年傳杜注:“炎帝神農氏,姜姓之祖也。”尚書堯典篇“咨四岳”,某氏傳:“四岳,即羲和之四子,分掌四岳之諸侯,故稱焉。”國語周語云:“共之從孫,四岳佐之。”又云:“胙四嶽國;命爲侯伯,賜姓曰姜氏,曰有吕。”苗裔者,離騷云“帝高陽之苗裔兮”,朱注:“苗者,草之莖葉,根所生也。裔者,衣裾之末,衣之餘也。故以爲遠末子孫之稱。”**故於西方各種,亦不爲特立異名。或稱曰羌,羌者發聲詞也。**説文:“羌,西戎牧羊人也。”楚辭離騷:“衆皆競進以貪婪兮,憑不猒乎求索,羌内恕己以量人兮,各興心而嫉妒。”王注:“羌,楚人語辭也。”廣雅釋言:“羌,乃也。”**或稱曰戎,戎者又人之聲轉也。**原注:顏師古匡謬正俗言:今之戎獸,字當作猱。戎猱一音之轉,猴類得名,亦由人之轉音,此可互證。○禮記王制篇“西方曰戎。”戎、人二字,古聲同在泥紐。匡謬正俗卷六:“或問曰:今之戎獸皮可爲褥者,古號何獸,何以謂之戎?答曰:按許氏説文解字曰:‘夒,貪獸也。’李登聲類音人周反,字或作猱(中略)。尋據諸説,驗其形狀,戎即猱也。此字既有柔音,俗語變訛,謂之戎耳。猶今之香荾謂之香戎。今謂猱別造猱字,蓋穿鑿不經,於義無取。”**東方諸國,不與中國抗衡,**史記陸賈傳“欲以區區之越與天子抗衡爲敵國”,索隱:“按崔浩云:抗,對也。衡,車軛上橫木也。抗衡,言兩衡相對拒,言不相避下。”**故美之曰仁**

人，説文羌字下云："唯東夷从大，大，人也。夷俗仁，仁者壽，有君子不死之國。孔子曰：道不行，欲之九夷，乘桴浮於海。有以也。"**號之曰夷種，**説文："夷，从大，从弓，東方之人也。"**夷本人字聲轉得名。夷，古音當讀人脂切，人夷雙聲，其韵爲脂真次對轉。**朱駿聲曰："夷，字亦作尸，與古文仁同。"章氏小學荅問云："山海經以仁羿爲夷羿。古文夷仁皆作尸。説文儿訓仁人，謂東夷俗仁，仁者壽也。"誠按：廣韵夷在脂韵，以脂切；人在真韵，如鄰切。古韵夷在脂部，人在真部。**而夷復爲發聲之語，**原注：如云"夷使則介之"，"夷考其行"。○經傳釋詞三："夷，語助也。周官行夫曰：'居於其國，則掌行人之勞辱事焉，使則介之。'鄭注：'使，故書作"夷使"。夷，發聲。'是也。孟子盡心篇'夷考其行而不掩焉者也'，言考其行而不掩也。夷，語助也。"**斯又可展轉互證矣。東胡與貉一物也，**東胡者，肅慎之後，族居匈奴之東，故有此稱。秦末勢極强，漢初爲匈奴所滅。遺衆退居烏桓、鮮卑二山，號爲烏桓、鮮卑。詳史記匈奴傳。**胡亦發聲之詞，**見前。**而以名貉種者，胡名初起，宜即九夷之輩，**爾雅釋地："九夷，八狄，七戎，六蠻，謂之四海。"論語子罕篇"子欲居九夷"，名義考："九夷，東夷也。箕子之封國，即今朝鮮。俗仁而壽，夫子欲居者此也。"按：九夷當即淮夷，詳楊伯峻氏論語譯注。輩者，説文："輩，若軍發車百兩爲輩。"段注："引申之爲什伍同等之侶。鄭注宮正云：'使之輩作輩學，相勸帥也。'"**漸以其名施之貉族，亦猶漢世以胡稱匈奴，**周禮考工記總叙"胡無弓車"，鄭司農注："胡，今匈奴。"孫詒讓正義："即今内外蒙古諸部落。"誠按：史記匈奴傳：晉北有林胡、樓煩之戎，燕北有東胡山戎。趙世家以此爲三胡。**隋唐人以胡稱**

西域耳。隋書西域傳有"商胡往來"、"胡律"、"胡粉"、"胡椒"等語。舊唐書西戎傳有"西域諸胡事火祆者皆詣波斯受法"及"文字同於諸胡"等語。新唐書地理志有"龜茲、于闐、焉耆、疏勒、河西內屬諸胡"之語。**反古復始，謂胡者宜屬九夷，非貉族之號也。**劉師培國學發微有釋胡人一則，據說文牛頤垂義推闡，不以爲稱名之轉移。然與章氏所謂視聽噩異則與以特異之名者，義正相合也。劉氏之言曰："三代之時，北族人民，未知穀食，故頤頰下垂，亦較漢民爲肥大。漢土之民，見彼族頤頰之殊於己族也，遂取頤頰下垂之義，名之爲胡。是猶見北狄辮髮下垂，名曰索虜，見南蠻趾踵相錯而名爲交趾也。"又云："東北各族，民多長須，如韋室諸國是也。今鄂倫春等部亦然。又日本有蝦夷之族，亦以髯須下垂，其狀如蝦，故錫此名。而今北方之馬賊亦稱爲紅鬍子。意古代稱北族爲胡人，兼取其多須之義乎。"誠按：禮記禮器篇有"反古脩本"之語。**由是言之，施於獸類者，形性絕異，則與之特異之名，形性相似，則與之發聲之名；施於人類者，種類絕異，則與之特異之名，種類相似，則與之發聲之名。以此見言語之分，由觸受順違而起也。**

　　人自稱與最親昵之相稱，亦以發聲之詞言之。左氏昭三十二年傳："我一二親昵甥舅，不遑啓處。"說文："暱，日近也。昵，暱或从尼。"**如古人稱先生曰兄，**爾雅釋親："男子先生曰兄。"說文："兄，長也。"段注："兄之本義訓益，引申之則爾雅曰男子先生爲兄，後生爲弟。先生之年，自多於後生者；故以兄名之。"**今稱先生曰哥，**說文："哥，聲也。"段注：此義未見用者。廣韻：哥，古作歌字，今呼爲兄也。韻會，潁川語：小曰哥，本聲也，今人以配姐字，爲兄弟之稱。誠按：唐人已呼兄爲哥。日知錄二十四：“玄宗與寧王憲書稱大哥（原注：又有同玉真公主過大哥園池詩，則唐時宮中稱父稱兄皆曰哥）”。黃汝成集釋引趙氏翼曰：“晉王存勖呼張承業爲七哥，三司使孔謙兄事伶人景進，呼進爲八哥。”此亦稱兄長也。**兄爲發聲詞**，原注：兄即況字。如詩“倉兄填兮”，“職兄斯引”，漢石經尚書無逸篇“則兄自敬德”，皆發聲詞也。○章氏新方言釋親屬：“爾雅：男子先生爲兄。詩用兄字，即今況字。兄、況古音同。段玉裁曰：‘今人呼兄爲況老，乃古語也。’朱駿聲曰：‘杭州呼兄爲阿況，亦曰況老。’章炳麟按：徽州黟縣稱兄爲況漢。”誠按：經傳釋詞四：“況，古通作兄，又作皇。桑柔曰‘倉兄填兮’，召旻曰‘職兄斯引’，傳並曰：‘兄，茲也。’書無逸曰：‘厥或告之曰，小人怨女詈女，則皇自敬德。’漢石經‘皇’作‘兄’，王肅本作‘況’。注曰：況滋益用敬德也。”**哥亦發聲詞也**。原注：哥從可聲，可從丂聲，丂即今之阿字。發聲詞也。○說文：“丂，反丂也。讀若呵。”山海經南山經：“青丘之山有鳥焉，其音若呵。”郭注：“若呵，如人相呵呼聲。”廣韻：“阿，烏何切。”“呵，虎何切。”章氏新方言釋親屬：“說文：‘周人謂兄曰罛’，古魂切，經典相承用昆爲之。見紐雙聲相轉，今稱兄爲哥，親屬相呼，本於嬰兒初語，其聲不過丂丂二者而已。呼父曰考，語本於丂；呼保母曰阿亦曰可者；字變爲娿，語本於丂；呼兄曰哥，語亦本丂（原注：可、阿、哥皆得聲於丂），或古語流傳如是也。”**至親無文**，禮記禮器篇有“至敬無文”之語。翟灝通俗編云：“俗訛爲“至親無文”。誠按：禮記三年問篇別有“至親以期斷”之語。**則稱之曰爾**，鄭君箋詩注禮，屢訓爾爲汝。如詩邶風雄雉篇“百爾君子”，箋云：“爾，汝也。”儀禮士冠禮篇“棄爾幼志，順爾成德”，注云：“爾，汝也。”即其例。**曰乃**，尚書堯典篇“乃言底可績”，某氏傳：“乃，汝也。”又盤庚上篇：“古我先王暨乃祖乃父，胥及逸勤。”**曰若**；儀禮士昏禮記篇“若則有常”，考工記梓人“惟若寧侯”，鄭注並云：“若，女也。”**此皆發聲詞也。**禮記檀弓上篇“爾毋從從爾”，鄭注：“爾，語助也。”又雜記下篇：“祝稱卜葬虞，子孫曰哀，夫曰乃。”鄭注：“乃某卜葬其妻某氏。”孔疏：“乃者，言之助也。”經傳釋詞七引王念孫曰：“若，詞之惟也。盤庚曰：‘予若籲懷茲新邑’，大誥曰‘若昔朕其逝’，君奭曰‘若天棐忱’，吕刑曰‘若古有訓’，若字皆是語詞之惟。”**自稱曰暜老子、暜亦發聲詞也。**原注：説文：“暜，曾也。”引詩“暜不畏明”。古人自稱朕，朕即暜字，正當作暜，朕乃假借耳。暜，古音或如岑，故變爲朕，與台爲舌音雙聲，之蒸對轉。○説文“暜”下段注：“曾者，詞之舒也，曾之言乃也。今民勞、十月之交，字皆作憎，憎之本義痛也。”經傳釋詞八：“爾雅：‘憎，曾也’，郭注曰：‘發語詞。’曾暜皆詞也，故其字並從曰。或言曾，或言暜，語之轉耳。”誠按：爾雅釋詁：卬，吾，台，予，朕，我也。”郭注：“古者貴賤皆自稱朕。”郝懿行義疏：“蔡邕獨斷云：‘朕，我也。古者尊卑共之，貴賤不嫌則可同號之義也。’是朕爲通稱，上下所同，故書皋陶謨‘朕言惠’，離騷云：‘朕皇考曰伯庸’，是古尊卑同號之證也。秦以後乃爲天子自稱。”誠又按：云暜古音或如岑者，暜從妖聲（廣韵：妖，子心切），岑從今聲（廣韵：岑，鋤針切），古韵並在侵部，古聲同爲齒頭。云朕與台爲舌音雙聲，之、蒸對轉者，古聲朕在定紐，台在透紐，旁紐雙聲；古韵朕在蒸部，台在之部。又徐鉉時已有“偺”字，謂即暜之譌。明人字彙又收“喒”字：注：俗云我也。篇海有“咱”字，云俗稱自己爲咱，音子葛切。鄧之誠骨董瑣記云：“周密癸辛雜識記河間府燒餅主人曰：‘咱們祖上亦是農民，流落在此。’是元初已有此稱。”**自稱曰我，**説文：“我，施身自謂也。"**我轉爲義、爲儀、爲羲，亦皆發聲詞也。**原注：書稱"義爾邦君，越爾多士，尹氏御事"。詩"我儀圖之"，義、儀皆發聲詞也。説文云："羲，气也。"凡言烏呼者，亦作於戲。戲，當作羲，猶伏羲亦作伏戲也。於戲之爲發聲，人所共曉。〇尚書大誥篇："義爾邦君"云云。詩大雅烝民篇："我儀圖之，惟仲山甫舉之。"小爾雅廣訓："烏乎，吁嗟也。"説文："烏，盱呼也。取其助氣，故以爲烏呼。"禮記大學篇引詩周頌烈文："於戲、前王不忘（今本作於乎）。"孔疏："於戲，猶言嗚呼矣。"伏戲，見莊子大宗師篇、荀子成相篇（淮南子覽冥訓作虙戲）。**自稱曰言，**原注：釋詁："言，我也。"〇郝懿行義疏："詩内言字，傳箋並訓我。莊子山木篇云：'言與之偕，逝之謂也。'釋文亦云："言，我也。"**言亦發聲詞也。**原注：如詩"言告師氏"、"言念君子"之屬。〇經傳釋詞五："言，云也。語詞也。話言之言謂之云，語詞之云亦謂之言，若詩葛覃之'言告師氏'，小戎之'言念君子'，皆與語詞之云同義。"**自稱曰阿陽，**原注：見釋詁注。〇爾雅釋詁："陽，予也。"郭注："今巴濮之人自稱阿陽。"郝懿行義疏引魏志東夷傳云："東方人名我爲阿。"**我父曰阿父，我兄曰阿兄，**木蘭詩"阿耶無大兒"，阿耶猶言我父。南史謝晦傳："晦女被髮徒跣與晦訣曰：'阿父：大丈夫當橫屍戰場；奈何狼藉都市。'"通鑑宋文帝元嘉十七年："吏部尚書王球，履之叔父也。履性進利，深結義康及〔劉〕湛。球屢戒之，不從。誅湛之夕，履徒跣告球，球謂曰：'常日語汝云何，履怖懼不得答。'球徐曰：'阿父在，汝亦何憂。上以球故，得免死。'"胡注："江南人士呼叔父伯父爲阿父，亦爲伯父叔父者以自呼。"誠按：阿兄見漢樂府焦仲卿妻。**阿即亏字，亦發聲詞也。**原注：説文："亏，气欲舒出，上礙於一也。""丂，反亏也。"〇廣韵："阿，烏何切。大徐説文音："丂，虎何切。"**讀若呵**,原注:近世言阿者,其字皆當作丂。○廣韵: "呵,虎何切。"**此皆無所噩異,故未嘗特制一稱,益明語言 之分,由觸受順違而起也。**前節所舉狄、貉、蠻、閩諸族名,近 世學者多謂殆以諸獸各別爲其圖騰。當更接近歷史真實也。

　　語言之初,當先緣天官。荀子正名篇:"然則何緣而以同 異;曰:緣天官。"天論篇:"耳、目、鼻、口、形。能各有接而不相能 也。"**然則表德之名最夙矣。**詩召南采蘩篇"夙夜在公",毛傳: "夙,早也。"**然文字可見者,上世先有表實之名,以次枑充, 而表德、表業之名因之。後世先有表德表業之名,以次 枑充,而表實之名因之。**説文:"枑,充也。从木,光聲。"朱駿 聲曰:"枑字本訓當爲橫木。許君用爾雅。爾雅:'枑、頴,充也。'實 借爲光,爲廣。"**是故同一聲類,其義往往相似,**此義自宋王聖 美倡之,所謂右文説也(見沈括夢溪筆談卷十四)。其後王觀國、張 世南、戴侗輩並有討論(王説見學林,張説見游宦紀聞,戴説見六書 故)。迄於清代,若段玉裁、王念孫、焦循、阮元、黃承吉諸公,闡述 彌多。而章氏及劉師培氏更推演其旨,別抒新見;然劉説或病穿 鑿,章説亦得失相參,此不具論。章氏弟子沈兼士氏又有右文説在 訓詁學上之沿革及其推闡一文,則總結性之作也。然亦有待後來 之補正焉。**如阮元説:从古聲者有枯槀、苦窳、沽薄諸義, 此已發其端矣。**揅經室集釋且篇陳此義。今復博微諸説。 **如立爲字以爲根,爲者母猴也。**許慎誤解"爲"字,説已見前。 下文沿許説推論。**猴喜模效人舉止,故引申爲作爲,其字則 變作偽;**荀子性惡篇:"人之性惡,其善者偽也。"楊注:"偽,爲 也。"**凡作爲者異自然,故引伸爲詐偽,**説文:"偽,詐也。"**凡**

詐僞者異眞實，故引伸爲譌誤，其字則變作譌；説文："譌，
譌言也。从言，爲聲。詩曰：'民之譌言。'"詩小雅沔水篇"民之訛
言，寧莫之懲"，鄭箋："訛，僞也。"誠按：説文有"譌"無"訛"。玉篇
譌亦訓僞。爲之對轉爲猨；説文："猨，善援，禺屬。"字又作猨，
本草綱目獸部："猨善援引，故謂之猨。俗作猿。産川廣深山中，似
猴而長大，其臂甚長，能引氣，故多壽。"按：古韵爲在歌部，猨在寒
部，爲與猨歌、寒對轉。僞之對轉復爲諼矣。説文："諼，詐
也。"漢書王吉傳"反懷詐諼之辭"，顏注："諼，詐言也。"僞與諼亦
歌、寒對轉。如立禺字以爲根，禺亦母猴也。説文："禺，母猴
屬。"段注引山海經注曰："禺似獼猴而大，赤目長尾。"誠按：本草綱
目獸部亦云："猴，處處深山有之，大而尾長赤目者禺也。"猴喜模
效人舉止，故引伸之，凡模擬者稱禺。史記封禪書云"木
禺龍欒車一駟，木禺車馬一駟"是也；封禪書索隱云："禺，一
音寓，寄也。寄龍形於木。一音偶，亦謂偶其形於木也。"又後漢書
劉表傳論："表欲臥收天運，擬踪三分，其猶木禺之於人也。"李注：
"言其如刻木爲人，無所知也。"其後木禺之字又變爲偶，説文
云："偶，桐人也。"朱駿聲説："桐、相形近而誤。相人者，像人
也。一名俑。"偶非眞物，而物形寄焉；故引申爲寄義，其字
則變作寓；説文："寓，寄也。"方言同。凡寄寓者非能常在，顧
適然逢會耳，顧，猶乃也。戰國策趙策："雖强大，不能得之於小
弱，而小弱顧能得之於强大乎？"適然者，尚書康誥篇"乃惟眚災適
爾"，蔡沈集傳以偶爾如此訓適爾。故引伸爲逢義，其字則變
作遇；説文："遇，逢也。"鍇注："遇之言偶也。"凡相遇者必有對
待，故引申爲對待義，其字則變作耦矣。左氏襄二十九年傳

“射有三耦”，杜注：“二人爲耦。”周禮考工記匠人“耜廣五寸，二耜爲耦”，孔疏：“二人各執一耜，若長沮、桀溺耦而耕，此兩人耕爲耦。”**如立乍字以爲根，乍者止亡詞也。**説文亡部：“乍，止也。一曰亡也。”段玉裁改爲“止亡詞也”，謂有人逃亡而一止之也。**倉卒遇之，則謂之乍，**段玉裁曰：“亡與止亡者皆必在倉猝，故引申爲倉猝之稱。廣雅曰‘暫也’。孟子‘今人乍見孺子將入於井’，左傳‘桓子乍謂林楚’，文意正同。”**故引伸爲冣始之義，字變爲作，**説文：“作，起也。”**毛詩魯頌傳曰：“作，始也。”**詩魯頌駉篇“思馬斯作”，毛傳：“作，始也。”**書言“萬邦作乂”，“萊夷作牧”，作皆始也；**“萬邦作乂”，見皋陶謨篇。“萊夷作牧”，見禹貢篇。經義述聞三引王念孫曰：“皋陶謨：‘烝民乃粒，萬邦作乂’，作與乃相對成文，言烝民乃粒，萬邦始乂也。禹貢‘萊夷作牧’，言萊夷水退始放牧也。‘沱潛既道，雲夢土作乂’，作與既相對成文，言雲夢之土始乂也。史記夏本紀皆以爲字代之，於文義稍疏矣。”**凡冣始者必有創造，故引伸爲造作之義，**詩周頌天作篇“天作高山”，毛傳：“作，生也。”孔疏：“作者造立之言”。春秋僖二十九年“新作南門”，杜注：“言作以興事。”公羊莊二十九年傳“春，新延廄。新延廄者何？脩舊也”，何注：“舊，故也。繕故曰新，有所增益曰作，始造曰築。”漢書禮樂志“作者之謂聖”，顏注：“作，謂有所興造也。”**凡造作者異於自然，故引伸爲僞義，其字則變爲詐；**爾雅釋詁：“詐，僞也。”説文：“詐，欺也。”**又自冣始之義，引伸爲今日之稱往日，其字則變作昨。**文選悼亡詩注引蒼頡：“昨，隔日也。”廣韻鐸韵昨字下云：“昨日，隔一宵。”**如立羊字以爲根，羊者撍也，撍者刺也。**均見説文。羊在干部，撍在手部。

其字从干，干从倒入，人一爲干，犯也，見説文。王筠曰："一非字，祇是有是物焉而不順理以入之，故从倒入。"人二爲羊，言稍甚也，其音如飪。見説文。廣韻："飪，如甚切。"羊訓爲刺，又言稍甚，其實今之甚字，由羊而變。説文云："甚，尤安樂也，从甘匹。匹，耦也。"男女之欲，安樂尤甚，亦有直刺之義。甚字在説文甘部。後人改作，凡殊尤之義，則專作甚字；論語衛靈公篇："民之於仁也，甚於水火。"凡直刺之義，則變爲揕字原注：俗作砍。史記刺客傳曰"左手把其袖，右手揕其匈"是也。刺客傳索隱："揕，徐氏音丁枕反，謂以劍刺其胸也。"按：砍字見篇海。由刺之義引伸爲勝，字變作戡，西伯戡黎是也。爾雅釋詁："戡，勝也，克也。"郭注引公羊傳："克之者何？殺之也。"説文："戡，刺也。从戈，甚聲。"段注："刺者，直傷也。平直皆得云刺，經史多叚此爲堪勝字。"西伯戡黎，尚書商書篇名。説文作"戈"，云"殺也"。引商書："西伯既戈黎。"亦借用堪，墨子非攻篇云"往攻之，予必使女大堪之"是也。爾雅釋詁："堪，勝也。"郭注引書西伯堪黎。由勝之義引伸，復爲勝任，由勝任義引伸，復爲支載，於是字變作堪。説文云："堪，地突也。"今言堪輿是也。説文"堪"字段注："突者，犬从穴中暫出也。因以爲坳突之偁。俗乃製凹凸字，地之突出者曰堪，淮南書曰（誠按：見天文訓），堪輿行雄以起雌，許注曰：'堪，天道；輿，地道也。'見文選注。堪言地高處無不勝任也，所謂雄也。輿言地下處無不容納也，所謂雌也。引申之，凡勝任皆曰堪。"誠按：論語雍也篇："人不堪其憂，回也不改其樂。"邢疏亦以任釋堪。然由甚字有尤安樂義，其字或借作湛，湛本訓没，見説文。

毛詩小雅傳曰："湛，樂之久也。"小雅鹿鳴篇"和樂且湛"，毛傳："湛，樂之久。"**其後有專樂飲酒之義，則又變爲酖字。**説文："酖，樂酒也，从酉，尤聲。"段注："樂酒者，所樂在酒，毛詩叚耽及湛以爲酖，引申爲凡樂之偁。"**樂極無厭，還以自害，故曰"宴安酖毒"，**左氏閔元年傳"宴安酖毒，不可懷也"，杜注："以宴安比之酖毒。"説文酖字段注："左傳曰：'宴安酖毒，不可懷也。'从來謂即鴆字，竊謂非也。所樂非其正即毒也。謂之酖毒。"**於是鳥可以毒人者，亦得是名，字則變爲鴆矣。**説文："鴆，毒鳥也。"段注引左傳正義："鴆鳥食蝮，以羽翮擽酒水中，飲之則殺人。"**羊之聲本同任，**廣韵寑韵："羊，如甚切。"侵韵："任，如林切。"此二字古聲同在泥紐，古韵同在侵部。**太宰"以九職任萬民"，注曰："任，猶傳也。"傳即傳刃之傳、與羊同訓刺。**周禮天官太宰"六曰事典，以任百官"，注亦云"猶傳也"，釋文："傳，側吏反。"**耕稼發土者，命之爲男，**孟子公孫丑上篇"自耕稼陶漁以至爲帝，無非取於人者"。説文："男，丈夫也。从田、从力，言男用力於田也。"周禮地官序官鄭注："種穀曰稼。"**舊皆以任訓男，即羊之字變也。**以任訓男，見大戴禮記本命篇、白虎通爵及嫁娶兩篇、釋名釋長幼、廣雅釋親。**侵冬自轉，男之字又變爲農矣。**説文："農，人也。"段氏依玄應音義改爲"耕人也"。章氏文始七："男近轉冬，變易爲農，耕也。"**如立辡字以爲根，辡者，罪人相與訟也。**原注：方免切。○此義見説文。**引伸則爲治訟者，字變作辯；**説文："辯，治也。从言在辡之閒。"段注："謂治獄也。"**治訟務能言，引伸則爲辯論、辯析；**荀子非相篇"故君子必辯"，楊注："辯，謂能談説也。"春秋穀梁傳序"公羊辯而裁"，楊疏：

“辯謂説事分明。”**由辯析義引伸，則爲以刀判物，於是字變作辨**；説文：“辨，判也。从刀，辡聲。”**由刀判義引伸，則有文理可以分析者，亦得是名，其字則變作辯**；説文：“辯，駁文也。从文，辡聲。”**由刀判義引伸，則瓜實可分者，亦得是名，其字則變作瓣矣。**説文：“瓣，瓜中實。从瓜、辡聲。”**如上所説，爲字，禺字，乍字，羊字，辡字，一字遞衍變爲數名。**原注：廣説此類，其義無邊。今姑舉五事明之。○無邊，亦佛氏用語。起信論：“虚空無邊，故世界無邊；世界無邊，故衆生無邊；衆生無邊，故心行差別亦復無邊。”**説文句部有拘、鉤，**説文：“句，曲也。从口、丩聲。”“拘，止也。从句，从手，句亦聲。”“鉤，曲也。从金，从句，句亦聲。”**叵部有緊、堅，**説文：“叵，堅也。从又，臣聲，讀若鏗鏘之鏗。古文以爲賢字（段注：謂握之固也，故从又。）”“緊，纏絲急也。从叵，从絲省（段注：緊急雙聲）。”“堅，剛也。从叵，从土（段氏改爲土剛也，引申爲凡物之剛）。”**已發斯例，**段氏“鉤”字注云“句之屬三字（誠按：句部尚有笱字，曲竹捕魚笱也），皆會意兼形聲。三字皆重句，故入句部。”“堅”字注云：“緊、堅不入糸、土部者，説見句、丩部下。”“糾”字注云：“丩之屬二字（丱、糾）不入丱、糸部者，説與句部同。”**此其塗則在轉注假借之間。轉注者，建類一首，同意相受。今所言類，則與戴、段諸君小異，考、老聲類皆在幽部，故曰建類。**見下轉注假借説。**若夫同意相受，兩字之訓，不異豪釐，**禮記經解篇“差若豪氂，繆以千里”，釋文：“豪，依字作毫。氂，李其反，本又作釐。”孔疏：“此易繫辭文也。”史記東方朔傳“失之毫氂，差以千里”，徐廣注曰：“易無此語，易緯有之。”**今以數字之意，成於遞衍，固與轉注少殊矣。**

又亦近於假借,何者? 冣初聲首未有遞衍之文,則以聲首兼該餘義。自今日言,既有遞衍者,還觀古人之用聲首,則謂之本無其字,依聲託事,故曰在轉注假借閒也。

國故論衡疏證上之九

轉注假借説

清人六書之説，皆以象形、指事、會意、形聲四者爲造字之則，轉注、假借二者爲用字之則。至章氏則以轉注、假借亦在造字之科。比於故老，誠有討論修飾之功矣。尋章氏之説，亦有所自。清曹仁虎轉注古義考云："欲定轉注之義，仍當以説文'建類一首，同意相受'上語求之。既曰建類一首，則必其字部之相同，而字部異者非轉注也。既曰同意相受，則必其字義之相合，而字義殊者非轉注也。説文於轉注，特舉考、老以起例，而考字從丂得聲，則必其字音之相近，而字音別者非轉注也。"惟曹氏以建類一首爲字之同部，章氏則以類爲聲類，首爲語基。細繹兩家之説，蓋大同而小異耳。章氏以音義爲主，而曹氏亦非遺音弗取也；曹氏以形音義並重，章氏亦但言轉注不局於同部，而非謂其多不同部也。綜觀説文全部互訓之字，其相爲轉注者，或分隸形義相近相通之部，如頁部與首部或面部，足部與止部或辵部或走部之類，其例頗衆。斯可補正曹氏字必同部之論也。而章氏側重音義，又不如曹氏之與形體並重爲得其全也。然此文所謂"轉注者繇而不殺，恣文字之孳乳者也；假借者志而如晦，節文字之孳乳者也。二者消息相殊，正負相待，造字者以爲繇省大例"云云，斯歷來治許書者所未見及，大義炳然，足以準度百代矣。

説文叙曰："轉注者，建類一首，同意相受，考、老是也。"前後異説皆瑣細無足録。詳見曹仁虎轉注古義考。**休寧戴君以爲：考，老也；老，考也；更互相注，得轉注名。**戴震荅江慎修先生論小學書："轉注之云，古人以其語言立爲名類，通以今人語言，猶曰互訓云爾。轉相爲注，互相爲訓，古今語也。説文於考字，訓之曰老也；於老字，訓之曰考也。是以序中論轉注舉之。"**段氏承之，以一切故訓，皆稱轉注。**段玉裁説文叙注："轉注，猶言互訓也。注者灌也，數字展轉互相爲訓，如諸水相爲灌注，交輸互受也。"又云："建類一首，謂分立其義之類而一其首。如爾雅釋詁第一條説'始'是也。同意相受，謂無慮諸字意怡略同，義可互受相灌注而歸於一首。如'初、哉、首、基、肇、祖、元、胎、俶、落、權輿'，其於義或近或遠，皆可互相訓釋而同謂之始是也。"**許瀚以爲同部互訓然後稱轉注。**許瀚轉注舉例："夫轉，運也；注，灌也。運以輪言，灌以水言，如輪之運轉，水之灌注，循環無端，由此及彼，無窮盡也。求轉注必求諸説文本部，許氏所謂建類一首也。部不同非轉注。必求諸同部同義，許氏所謂同意相受也。義不同非轉注。同部同義，則其字必可以相代。蓋轉注所以廣文字之用，與假借同功，凡以供臨文者之捃彼注兹，左宜右有，不使一字膠於一用焉耳。若夫不同部首亦得爲轉注者，必其部首一形相生，近如玉、玨，中、艸、舛，口、吅、品、𠯪；遠如目、見，人、衣，辛、䇂。一意相成如口、欠，又、手，巾、衣。異名同物如隹、鳥、燕、乙。異體同名如古文大，籀文大作𠀎，籀文人、古文奇字人作儿。此雖不同部，其部首固有相通之道，猶是建類一首，同意相受也。此其變例也。"**由段氏所説推之，轉注不繫於造字，不應在六書，**段氏説文

<u>叙</u>注：“有指事、象形而後有會意、形聲，有是四者爲體，而後有轉注、假借二者爲用。”<u>誠</u>按：<u>段</u>以轉注爲文字之用，即不繫造字之説。**由<u>許瀚</u>所説推之，轉注乃豫爲<u>説文</u>設**，轉注之名，雖創自<u>許慎</u>，而轉注之實，則自昔有之。<u>章氏</u>此語，似嫌稍泥。**保氏教國子時，豈縣知千載後有五百四十部書邪？** 保氏雖不能懸知<u>東漢</u>之有<u>説文</u>，然文字各有類屬，則必所審悉，且當以之教國子也。**且夫故訓既明，足以心知其意**，<u>詩大雅烝民</u>篇“古訓是式”，<u>毛</u>傳：“古，故也。”<u>鄭</u>箋：“故訓，先王之遺典也。”**虚張類例，亦爲絲碎矣。** 虚張類例，猶言空設律例。**又分部多寡，字類離合，古文、籀篆，隨時而異。** 原注：五百四十部非定不可增損也。如蠲本从蜀，而<u>説文</u>不立蜀部，乃令蜀蠲二文同隸虫部。是小篆分部，尚難正定，況益以古籀乎。○按：<u>許慎</u>於字之歸部，亦多未合。如詹訓多言，乃入八部之類是也。**今必以同部互訓爲劑**，<u>爾雅釋言</u>：“劑，齊也。”<u>説文</u>同。**<u>説文</u>鵰鴝互訓也**，<u>説文</u>：“雕，鴝也。从隹，周聲。鵰，籀文雕从鳥。”又：“鴝，雕也。从鳥，敦聲。詩曰：‘匪鴝匪鳶。’”<u>廣韻</u>雕鵰並都聊切。鳶，度官切。**雌雖互訓也**，<u>説文</u>：“雌，雖也。从隹，氏聲。鴟，籀文雌从鳥。”又：“雖，雌也。从隹，垂聲。”<u>廣韻</u>雌、鴟並處脂切。鵻，是偽切。**强蚚互訓也**，<u>説文</u>：“强，蚚也。从虫，弘聲。彊，籀文强从蚰，从彊。”又：“蚚，强也。从虫，斤聲。”<u>廣韻</u>：“强，巨良切。”“蚚，渠希切。”**形皆同部，而篆文鵰字作雕，籀文雌字作鴟，强字作彊。隹與鳥，虫與蚰，又非同部。是篆文爲轉注者，籀文則非**，如鴟與雖，彊與蚚。**籀文爲轉注者，篆文復非。** 如雕與鴝。**更<u>蒼頡</u>，<u>史籀</u>，<u>李斯</u>，二千餘年**，如以<u>蒼頡</u>爲<u>黄帝</u>史官，蓋當公元前二六九八（一説

二六九七）至前二五九七年閒人，以籀爲周宣王太史，蓋當公元前八二七至七八〇年閒人。李斯之卒，在公元前二〇八年。**文字異形，**説文叙有此語。**部居遷徙者，**説文叙：“分別部居，不相雜厠也。”**其數非徒什伯計也。**莊子徐無鬼篇：“非徒知具茨之山，又知大隗之所存。”呂氏春秋異用篇高注：“徒，猶但也。”孟子滕文公上篇“或相倍蓰，或相什百”，趙注：“什，十倍也。”阮元校勘記：“閩監毛三本，韓本“百”作“伯”。**苟形體有變而轉注隨之，故訓焉得不凌亂邪。**鮑照舞鶴賦“輕迹凌亂”，謝朓和劉繪詩“雲錦相凌亂”。**余以轉注、假借悉爲造字之則，**説文：“悉，詳盡也。”“則，等畫物也。”段注：“引申之爲法則。”**汎稱同訓者，後人亦得名轉注，非六書之轉注也。同聲通用者，後人雖通號假借，非六書之假借也。蓋字者孳乳而寖多，字之未造，語言先之矣。**説文叙段注：“孳者，汲汲生也。人及鳥生子曰乳。寖，猶漸也。字者，乳也。”此言字之始也。**以文字代語言，各循其聲，方語有殊，名義一也。其音或雙聲相轉，叠韵相迤，則爲更制一字，此所謂轉注也。**説文：“迤，衺行也。”尚書禹貢篇“東迤北會於匯”，孔疏：“迤，言靡迤。”詩秦譜孔疏：“境界廣被之意。”**孳乳日絲，即又爲之節制。故有意相引申，音相切合者，義雖少變，則不爲更制一字，此所謂假借也。**許慎以“本無其字，依聲託事”説假借。章氏更從而申明之。然於引申假借之界，似未截然盡分。**何謂建類一首？類謂聲類。鄭君周禮序曰：“就其原文字之聲類。”**賈公彥序周禮廢興引鄭玄周禮序曰：“玄竊觀二三君子之文章，顧省竹帛之浮辭。其所變易，灼然如晦之見明，其所彌縫，奄然如合符復析，斯所謂雅達廣攬者也。然猶有參錯，同事相違，則就其原文字之聲類，考訓詁，捃祕逸。"**夏官序官注曰："薙，讀如鬄小兒頭之鬄。書或爲夷，字從類耳。"**此周禮秋官序官薙氏注也。段玉裁漢讀考："經注薙皆作雉，淺人加艸於雉爲薙，猶稻人加艸於夷爲荑也。此雉或作夷，爲同音同字。"誠按：漢書揚雄傳載其甘泉賦云"列新雉於林薄"，服虔曰："新雉，香草也。雉、夷聲相近。"師古曰："新雉即辛夷耳。"今查廣韵，"雉，直几切"，爲澄紐字，古歸定紐。雉聲之薙及鬄字，並他計切，屬透紐。雉、薙、鬄三字，古爲舌音雙聲。夷，以脂切，古讀亦近定紐。**古者類、律同聲，**原注：樂記"律小大之稱"，樂書作"類小大之稱"。律曆志曰："既類旅於律呂，又經歷於日晨。"又集韵六術："類，似也，音律。"此亦古音相傳，蓋類、律聲義皆相近也。○史記樂書索隱："類，今禮作律。"按：類、律二字，古聲同在來紐，古韵同在隊部。**以聲韵爲類，猶言律矣。首者，今所謂語基。**語基，今通謂根詞。**管子曰"凡將起五音凡首"，**原注：地員篇。○章氏管子餘義："尹注：'凡首，謂音之總先也。'此説非是。凡字乃風之省借。風即宙合所謂'君失音則風律必流'之風。首者，調也。凡樂之一調，詩之一篇，皆謂之首。古詩十九首，此詩篇曰首也。莊子養生主'乃中經首之會'，崔氏以爲樂章名。蓋經即釋樂'角謂之經'之經。經首者，以角爲調也。此樂調曰首也。此風首，下文黃鍾小素之首，皆與經首義同。"**莊子曰"乃中經首之會"，**原注：養生主篇。○章氏莊子解故："釋樂'角謂之經首'，即古詩十九首之首。經首即角調矣。"**此聲音之基也。春秋傳曰"季孫召外史掌惡臣而問盟首焉"，杜解曰："盟首，載書之章首。"**此左氏襄二十三年傳及杜注文。

又襄九年傳："晉士莊子爲載書。"杜注："載書，盟書。"**史記田儋列傳曰："蒯通論戰國之權變爲八十一首。"**田儋傳有"蒯通善爲長短説"之語。**首或言頭。**吳志薛綜傳曰："綜承詔造祝祖文。權曰：'復爲兩頭，使滿三也。'綜復再祝，辭令皆新。"**此篇章之基也。**廣韵首在審紐，書九切，古通舌頭，故首或曰頭。**方言曰"人之初生謂之首"**，見方言卷十二。**初生者對孳乳寖多，此形體之基也。**孳乳寖多，説文叙語。見前。**考、老同在幽類，其義相互容受，其音小變。**考在溪紐（廣韵：苦浩切），老在來紐（廣韵：盧晧切）。來紐字常與牙音字諧聲，故云小異。**按形體，成枝別；**説文："枝，木別生條也。"鍇注："自本而分也。"**審語言，同本株；**説文："株，木根也。"鍇注："入土曰根，在土上者曰株。"**雖制殊文，**藝文類聚四十六引沈約王儉碑："殊文共會，異軫同歸。"通志六書略後，附有古今殊文圖、一代殊文圖、諸國殊文圖三篇。論之云："觀諸國殊文，知三代之時，諸國之書，有同有異，各隨所習而安，不可彊之使同。"**其實公族也。**詩召南麟之趾篇"麟之角，振振公族"，毛傳："公族，公同祖也。"**非直考、老，**非直，猶言不特。**言壽者亦同。**原注：詩魯頌傳："壽，考也。"考、老、壽皆在幽類。○詩魯頌閟宮篇"俾而壽而臧"，毛傳："壽，考也。"**循是以推，有雙聲者，有同音者，其條例不異。**何休公羊解詁序："往者略依胡毋生條例，多得其正。"後漢書班彪傳論："史記又進項羽、陳涉而黜淮南、衡山，細意委曲，條例不經。"晉書劉寔傳：撰春秋條例二十卷。**適舉考、老叠韵之字，以示一端得包彼二者矣。**孟子告子上篇"飲食之人無有失也，則口腹豈適爲尺寸之膚哉"，趙岐以豈但釋豈適。王念孫云：

“説文適、啻聲相近，故古以適爲啻。”劉淇助字辨略云：“啻，亦僅也。”誠按：詩小雅我行其野篇“成不以富，亦祇以異”，毛傳：“祇，適也。”**夫形者，七十二家改易殊體，**史記封禪書：“古者封泰山、禪梁父者，七十二家，而夷吾所記者十有二焉。”説文叙：“箸於竹帛謂之書，書者如也。以迄五帝三王之世，改易殊體，封於泰山者，七十有二代，靡有同焉。”**音者，自上古以逮李斯無變，**原始漢語之音，時賢方事探索，是否即同周秦，今日尚未敢言。**後代雖有遷譌，**後漢書方術傳贊：“如或遷訛，實乖玄奧。”**其大閾固不移。**爾雅釋宮“秩謂之閾”，郭注：“閾，門限。”**是故明轉注者，經以同訓，緯以聲音，而不緯以部居形體。同部之字。聲近義同，固亦有轉注者矣。許君則聯舉其文，以示微旨。如：芌，麻母也；萉，芌也，古音同在之類。**説文艸部列字：芌次十五，萉次十六。廣韵：“芌，疾置切。”“萉，羊吏切。”二字同在志韵，惟從、喻異紐耳。**蕾，菖也；菖，蕾也；同得畐聲，古音同在之類。**原注：蕾、菖二文，釋草已轉相訓。藒車、芞輿亦同。然實是一字。古多以同字爲訓者，如説文云：“舄，誰也。”是其例。〇爾雅釋草：“菖，蕾。”廣韵四十九宥引作“蕾，菖”。釋草又云：“藒車，芞輿。”釋文：“車，本多無此字。”臧琳經義雜記十三云：“車即輿字之駁文，猶曰藒輿云爾。”説文：“藒，芞輿也。”“芞，芞輿也。”“舄，鵲也。象形。誰，篆文舄，从隹昔。”誠按：艸部列字，蕾次一百二十九，菖次一百三十。藒次五十九，芞次六十。廣韵蕾有方副、芳福兩切。菖，方六切。藒，丘竭切。芞有去訖、許迄兩切。蕾、菖二字，僅去入之異。藒在薛韵，芞在迄韵。先秦則泰、隊相轉。**蓨，苗也；苗，蓨也。古音同在幽類。**説文艸部列字：蓨

次一百三十一,苗次一百三十二。廣韵:蔣在錫韵,他歷切。苗有
丑六、徒歷兩切,兼入錫屋兩韵。古聲二字同在透紐(或透、定異
紐)。**藕,芛輿也;芛,芛輿也。古音泰、隊相轉。**芛从气
聲,古韵在隊部。藕从稦聲,古韵在泰部。如章氏説:泰、隊旁轉。
古聲二字同在溪紐(或溪、曉異紐)。**蕭,艾蒿也;萩,蕭也。古
音同在幽類。**説文艸部列字:蕭次二百四,萩次二百五。廣韵:
蕭在蕭韵,蘇彫切,萩在尤韵,七由切。二字心、清異紐。**走,趨
也;趨,走也。古音同在侯類。**説文走部列字:走次一,趨次
二。廣韵:走有子苟、則候兩切,兼入厚、候兩韵。趨音七逾切,今
在虞韵。二字精、清異紐。**逆,迎也;迎,逢也。古音陽、魚對
轉。**説文辵部列字:逆次三十三,迎次三十四。逆从屰聲,古韵在
魚部。迎从卬聲,古韵在陽部。廣韵:逆在陌韵,宜戟切。迎有語
京、魚敬兩切,兼入庚、映兩韵。**遺,亡也;遂,亡也。**原注:遺遂
同聲。如旞或作旜,是其例。**古音出入脂、隊二類。**説文:
"旞,導車所載,全羽以爲允。允,進也。从㫃,遂聲。旜,或从遺
作。"辵部列字:遺次八十三,遂次八十四。廣韵:遺有以追、以醉兩
切,兼入脂、至兩韵。遂音徐醉切,在至韵。**遲,徐行也;邌,徐
也。古音同在脂類。**原注:遲明,或作黎明,是其聲通。〇漢書
高帝紀"遲明圍宛城三匝",顏注:"史記'遲'字作'邌'。"今史記
"邌"作"黎"。索隱:"黎,猶比也,謂比至天明也。"王念孫云:"黎
遲聲相近。故漢書作遲,黎明、遲明,皆謂比明也。"説文辵部列字:
遲次五十七,邌次五十八。廣韵遲在脂韵,直尼切。邌在齊韵,郎奚
切。**邇,近也;邇,近也。古音至、脂相轉。**説文辵部列字:邇
次九十二,邇次九十三。邇从𡊁聲,在至部。邇从爾聲,在脂部。據

成均圖：至與脂爲旁轉。廣韵遷在質韵，陟栗切。邇在紙韵，兒氏切。**誠，敕也；詔，誠也。古音同在之類。**説文言部列字；誠次五十三，詔次五十四。廣韵誠在怪韵，古拜切。詔在志韵，渠記切。**譸，詶也；詶，譸也。古音同在幽類。**説文言部列字：譸次一百四十，詶次一百四十一。廣韵：譸在尤韵，張流切。詶有職流、承呪兩切，兼入尤、宥兩韵，二字惟知、照異紐耳。**幺，小也；幼，少也。古音同在幽類。**説文幺部只此二字。廣韵幺在蕭韵，於堯切。幼在幼韵，伊謬切。**丝，微也；幽，隱也。古音同在幽類。**説文丝部列字：丝、幽相聯。廣韵幽韵：丝、幽並音於蚪切。**刑，到也；到，刑也。古音同在青類。**説文刀部列字：刑次五十九，到次六十。廣韵刑在青韵，户經切。到在迥韵，古挺切。二字匣、見異紐。**箠，擊馬也；䇳，箠也。古音同在歌類。**説文竹部列字：箠次百七，䇳次百八。廣韵箠有竹垂、之累兩切，兼入支、紙兩韵。䇳有陟瓜，徒果兩切，兼入麻、果兩韵。**標，木杪末也；杪，木標末也。古音同在宵類。**説文木部列字：標次百七十一，杪次百七十二。廣韵標有甫遥、方小兩切，兼入宵、小兩韵。杪在小韵，亡沼切。二字幫（非）、明（微）異紐。**桯，牀前几；楹，桯也。同得壬聲。古音同在青類。**説文木部列字：桯次二百六十五，楹次二百六十六。桯从呈聲，楹从㼒聲，而呈又从壬聲，㼒則从壬省聲。廣韵桯有他丁、户經兩切，並在青韵。楹音古定切，在徑韵。二字惟喉牙與舌異紐耳。**鄠，右扶風縣名；扈，夏后同姓所封在鄠。古音同在魚類。**説文邑部列字：鄠次二十一，扈次二十二。廣韵姥韵，鄠、扈並音侯古切。**晄，明也；曠，明也。同得光聲。古音同在陽類。**説文日部列字：晄次十二,曠次十三。曠从廣聲,廣从黄聲,黄,从田,从苂,苂亦聲,苂,古文光。廣韵:晃在蕩韵,胡廣切。曠在宕韵,苦謗切。二字匣、溪異紐。**晏,天清也;曐,星無雲也。古音同在寒類**。説文日部列字:晏次二十一,曐次二十二。廣韵晏有烏旰、烏澗、於諫三切,兼入翰、諫兩韵。曐音於甸切,在霰韵。**晧,日出貌;暤,晧旰也。古音宵、幽相轉。唐韵並胡老切**。説文日部列字:晧次二十四,暤次二十五。廣韵晧韵,晧、暤並音胡老切。按:晧从告聲,古韵在幽部。暤从皋聲,章氏歸入宵部。**窅,冥也;窔,窅窔,深也。古音同在宵類**。説文穴部列字:窅次四十二,窔次四十三。廣韵窅有烏皎、烏叫兩切,兼入篠、嘯兩韵。窔,烏叫切。**瘍,頭創也;癢,瘍也。古音同在陽類**。説文疒部列字:瘍次二十四,癢次二十五。廣韵瘍在陽韵,與章切。癢有似羊、餘兩兩切,兼入陽、養兩韵。**顝,無髮也;頯,禿也。古音諄、隊對轉**。説文頁部列字:顝次七十一,頯次七十二。顝从困聲,古韵在諄部;頯从气聲,古韵在隊部。廣韵顝有苦昆、苦悶兩切,兼入魂、恩兩韵。頯有苦本、苦骨兩切,兼入混、没兩韵。**焜,火也;熭,火也。古音同在脂類**。説文火部列字:焜次三、熭次四。廣韵焜,許偉切,在尾韵;熭,許委切,在紙韵。**焯,明也;照,明也。古音同在宵類**。説文火部列字:焯次八十二,照次八十三。廣韵焯在藥韵,之若切。照在笑韵,之少切。**竫,亭安也;靖,立竫也。古音同在青類。唐韵皆疾郢切**。説文立部列字:竫次七,靖次八。廣韵竫、靖二字在静韵,並疾郢切。**洪,洚水也;洚,水不遵道。古音東、冬相轉**。説文水部列字:洪次百五十二,洚次百五十三。洪从共聲,古韵在東部。洚从夅聲,古韵在冬部。廣韵洪在東韵,户公切。洚有户公、户冬、下江、古巷四切,兼入東、冬、江、絳四韵。**永,長也;羕,水長也。古音同在陽類。**説文永部只此二字。廣韵永在梗韵,于憬切。羕在漾韵,餘亮切。**霖,雨三日以往爲霖;霃,霖雨也。古音同在侵類。**説文雨部列字:霖次二十四,霃次二十五。廣韵霖、霃並在侵韵;霖,力尋切;霃,魚金切。(霃尚有五佳、擬皆兩切,乃訓雨聲。)**霽,雨止也;霋,霽謂之霋。古音同在脂類。**説文雨部列字:霽次三十四,霋次三十五。廣韵霽在霽韵,子計切。霋在齊韵,七稽切。**鯀,魚也;鰥,魚也。古音同在寒類。**原注:經典釋文:禹父之字亦書作鰥。〇説文鯀字下段注:"禹父之字,古多作骸,作骹,禮記及釋文作鰥。"誠按:説文魚部列字:鯀次十五,鰥次十六。廣韵鯀在混韵,古本切。鰥有古頑、古幻兩切,兼入山、襇兩韵。**耴,耳垂也;聑,小垂耳也。古音無舌上,耴、輒、縶皆讀如墊,耴、聑同在盍類。**説文耳部列字:耴次二,聑次三。廣韵耴在葉韵,陟葉切。聑在添韵,丁兼切。説文"耴"下引春秋傳曰:"秦公子輒者,其耳下垂,故以爲名。"穀梁昭二十年傳:"兩足不能相過,齊謂之綦,楚謂之踡,衛謂之輒。"釋文:"劉兆云:綦,連併也。踡,聚合不解也。輒,本亦作縶,劉兆云:如見絆縶也。"誠按:廣韵葉韵:輒、耴同紐,縶在緝韵,音陟立切。皆中古知紐字也。又按:耴聲古韵在盍部,聑從占聲,古韵在談部,平入相轉。**捪,引也;擢,引也。古音幽、宵相轉,同在舌頭。**説文手部列字:捪次百六十八,擢次百六十九。捪從㫃㫃聲,古韵在幽部。擢從翟聲,古韵在藥部。章氏不立藥部,以藥附宵。廣韵捪在尤韵,丑鳩切。擢在覺韵,直角切。又捪在徹紐,擢在澄紐,皆中古舌上音字,上古讀舌頭。**探,**

遠取之也；撢，探也，古音同在侵類。説文手部列字：探次百七十六，撢次百七十七。廣韻探在覃韻，他含切。撢有餘針、他含、他紺三切，兼入侵、覃、勘三韻。搰，掘也；掘，搰也。古音同在隊類。説文手部列字：搰次二百五，掘次二百六。廣韻搰在没韻，户骨切。掘有衢物、其月兩切，兼入物、月兩韻。奱，婉也；婉，順也。古音同在寒類。説文女部列字：奱次九十四，婉次九十五，大徐説文音："奱，於阮切。"廣韻婉音同。蝑，螫也；螫，蟲行毒也。古音同在魚類。説文虫部列字：蝑次百六，螫次百七。廣韻蝑（注云：亦作蛒）在鐸韻，呵各切。螫（注云：亦作蠚）在昔韻，施隻切。飂，疾風也；颮，大風也；颮，大風也。古音同在隊類。説文風部列字，飂次八，颮次九，颮次十。廣韻飂有許勿、呼骨兩切，兼入物、没兩韻。颮有于貴、王勿兩切，兼入未、物兩韻。颮在質韻，于筆切。垚，土高也；堯，高也。古音同在宵類。説文垚部，只此二字。廣韻蕭韻，垚、堯二字並五聊切。午，啎也；啎，屰也。古音同在魚類。説文午部，只此二字。廣韻午在姥韻，疑古切；啎在暮韻，五故切。若斯類者，同韻而紐或異，則一語離析爲二也。以上所舉轉注字組，其韻同紐異者，若芋之與冀，一在從紐，一在喻紐；蕭之與萩，一在心紐，一在清紐；走之與趨，一在精紐，一在清紐；遺之與遂，一在喻紐，一在邪紐；遲之與邌，一在定（澄）紐，一在來紐；遷之與逦，一在端（知）紐，一在泥（日）紐；誠之與記，一在見紐，一在羣紐；禱之與訓，一在端（知）紐，一在定（襌）紐；刑之與到，一在匣紐，一在見紐；笢之與筊，一在照紐，一在端（知）紐；標之與杪，一在幫（非）紐，一在明（微）紐；桯之與桱，一在透紐，一在見紐；晄之與曠，一在匣紐，一在溪紐,瘍之與痒,一在喻紐,一在邪紐;霖之與霵,一在來紐,一在疑紐;霽之與霋,一在精紐,一在清紐;擂之與擢,一在透(徹)紐,一在定(澄)紐;捐之與掘,一在匣紐,一在羣紐;蚩之與螫,一在曉紐,一在審紐;颲之與颶,一在曉紐,一在喻紐;颴亦在喻紐。**即紐韵皆同者,于古宜爲一字。**漢書西南夷傳集注:"即,猶若也。"按此節所舉轉注字組,蕾、蕾同在之類,又同隸幫(非)紐;蓨、苗同在幽類,又同隸透紐;幺與幼,丝與幽,既同在幽類,又同隸影紐;扈、鄂同在魚類,又同隸匣紐;晏、曹同在寒類,又同隸影紐;窅、窔同在宵類,又同隸影紐;炧、燬同在脂類,又同隸曉紐;焯、照同在宵類,又同隸照紐;婧、靖同在青類,又同隸從紐;永、羕同在陽類,又同隸喻紐;鮌、鯀同在寒類,又同隸見紐;虰、玷同在盍類,又同隸端(知)紐;探、撢同在侵類,又同隸透紐;婗、婉同在寒類,又同隸影紐;垚、嶤同在宵類,又同隸疑紐;午、牾同在魚類,又同隸疑紐。其它聲紐雖同,而韵則在對轉、旁轉之科者,如逆與迎,魚、陽對轉,同屬疑紐;顜與頷,諄、隊對轉,同屬溪紐;藕與芡,泰、隊旁轉,同屬溪紐;晧與暤,宵、幽旁轉,同屬匣紐;洪與泽,東、冬旁轉,同屬匣紐。此類字,不當徑稱爲同韵也。**漸及秦漢以降,字體乖分,音讀或小與古異。**荀子脩身篇"知慮漸深",議兵篇"是漸之也",楊注並云:"漸,進也。"**凡將、訓纂,相承别爲二文,故雖同義同音,不竟説爲同字。此轉注之可見者。**漢書藝文志:"武帝時,司馬相如作凡將篇,無復字。元帝時,黄門令史游作急就篇。成帝時,將作大匠李長作元尚篇,皆倉頡中正字也。凡將則頗有出矣。"志又云:"至元始中,徵天下通小學者以百數,各令記字於庭中。揚雄取其有用者以作訓纂篇,順續倉頡,又易倉頡中重復之字,凡八十九章。"説文叙云:"凡倉頡已下十四篇,凡五千三百四十字。羣書所載,略存之矣。"**顧轉注不局於同部,但論其聲,其部居不同若文不相次者,**説文叙云:"分別部居,不相雜厠。"部居不同,謂異部轉注也。若,猶或也。管子白心篇:"夫或者何,若然者也(詳經傳釋詞七)。"文不相次,謂雖是同部轉注,而部中列字不相比次也。**如:士與事,**説文士部:"士,事也。"史部:"事,職也。"此二字古聲同在從紐,古韻同在之部。廣韻士在止韻,鉏里切。事在志韻,鉏吏切。**了與氼,**説文了部:"了,氼也。"氿部:"氼,行脛相交也。"此二字古聲同在來紐,古韻同在宵部。廣韻了在篠韻,盧鳥切;氼在嘯韻,力弔切。**丰與莑,**説文生部:"丰,艸盛丰丰也。"艸部:"莑,艸盛。"此二字古聲同在脣音(僅滂、幫小異),古韻同在東部。廣韻丰在鍾韻,敷容切。莑在董韻,補蠓切。**火與焞、煫,**此三字古聲同在曉紐,古韻同在脂部。説文火部:"火,煫也。"焞、煫二字亦並訓火。部中列字,焞次三,煫次四,廣韻音切已見前。**羊與戠,**説文干部:"羊,撆也。讀若能。"戈部:"戠,刺也。"此二字古聲同在舌頭(羊在泥紐、戠在端紐),古韻同在侵部。廣韻羊、戠並在寑韻:羊,如審切;戠,張甚切、(又音口含切,乃別一義)。**㱿與跟,**説文㱿部:"㱿,足刺㱿也。讀若撥。"足部:"跟,步行獵跋也。"此二字古聲同在幫紐,古韻同在泰部。廣韻㱿在末韻,北末切;跟在泰韻,博蓋切。**倞與勍,**説文人部:"倞,彊也。"力部:"勍,彊也。"此二字古聲同在羣紐,古韻同在陽部。廣韻倞在映韻,渠敬切。勍在庚韻,渠京切。**辛與愆,**説文辛部:"辛,辠也。讀惹愆。"心部:"愆,過也。"此二字古聲同在溪紐,古韻同在寒部。廣韻仙韻辛、愆二字並去乾切。**恫與痛、俑,**説文心部:"恫,痛也,一曰呻吟也。"疒部:"痛,病也。"人部:"俑,痛也。"此三字古聲同在透紐,古韵同在東部。廣韵恫在東韵,他紅切(又徒弄切、則在送韵定紐)。痛在送韵,他貢切。侗亦在東韵,音同恫(又余隴切,乃别一義。)**敬與憼**,説文苟部:"敬,肅也。"心部:"憼,敬也。"此二字古聲同在見紐,古韵同在青部。廣韵敬在映韵,居慶切。憼在梗韵,居影切。**忌與惎、諅**,説文心部:"忌,憎惡也。""惎,毒也。"言部:"諅,忌也。"此三字古聲同在羣紐,古韵同在之部。廣韵志韵收此三字,並渠記切。**欺與諆**,説文欠部:"欺,詐欺也。"言部:"諆,欺也。"此二字古聲同在溪紐、古韵同在之部。廣韵之韵,收此二字,並去其切。**慐與悠**,説文心部:"慐,愁也。""悠,憂也。"慐次二百三十二,悠次二百二十四。此二字古聲同爲喉音(慐在影,悠在喻。章氏影、喻不分),古韵同在幽部。廣韵尤韵收此二字,慐,於求切。悠,以周切。**斿與游**,説文㫃部:斿游二字同義,皆訓旌旗之流也。斿次十一,游次十七。此二字古聲同在喻紐,古韵同在幽部。廣韵游在尤韵,以周切。説文斿字大徐音同。**夋、竣與蹲**,説文夂部:"夋,行夋夋也。一曰倨也。从夂,允聲。"立部:"竣,偓竣也。"足部:"蹲,踞也。"此三字古聲同爲齒頭(夋、竣在清紐,蹲在從紐),古韵同在諄部。廣韵諄韵收夋、竣二字,並七倫切。蹲在魂韵,徂尊切。**顨與鼎、畀、傆**,説文頁部:"顨,選具也。""鼎,巽也。""畀,具也。"皆在丌部。鼎次四,畀次六。又人部:"傆,具也。"此四字古聲同爲齒頭(鼎、畀同在心紐,顨、傆同在牀〔崇〕紐),古韵同在寒部。廣韵顨、傆二字在獮韵,並士免切;鼎、畀二字在㦤韵,並蘇困切。**姝與妵**,説文女部,姝、妵同訓好。姝次八十,妵次八十四。此二字古聲同在穿(昌)紐,古韵同在侯部。廣韵姝在虞韵,昌朱切。妵字大徐音同。**敝與幣**,説文㡀部:"敝,帗也。一曰敗衣。”巾部："幣，帛也。”此二字古聲同在並紐，古韵同在泰部。廣韵祭韵，帗、幣並音毗祭切。**此類尤衆。在古一文而已。其後聲音小變**，若丰與夆，一在滂紐，一在幫紐，皆脣音也。羊與哉，一在泥紐，一在端紐，皆舌音也。㥄與悠，一在影紐，一在喻紐，皆喉音也。又夋、竣與蹲，清、從異紐，畀、畁與顗、傎、心、牀異紐，皆齒音也。**或有長言短言**，長言短言，謂聲調之長短也。公羊莊二十八年傳："春秋伐者爲主，伐者爲客。”何休注："伐人者爲客，讀伐長言之；見伐者爲主，讀伐短言之。皆齊人語也。”誠按：此節所舉諸例，若勏與倞、恫與痛，乃平去之異，了與炓，憼與敬，乃上去之異，而跟與㕦，又去入之異也。**判爲異字，而類義未殊，悉轉注之例也**。説文："判，分也。”類，即上文所説聲類之類。又火與烓熿，㥄與悠，㫃與游，畀與畁，姝與妭，皆所謂文不相次者。**若夫畐、匍同在之類**。説文畐部："畐，滿也。讀若伏。”用部："匍，具也。”廣韵畐在職韵，芳逼切。匍在至韵，平祕切。**用、庸同在東類**。説文用部："用，可施行也。”"庸，用也。”次三。廣韵用爲韵目，余頌切。庸在鍾韵，餘封切。**畫、挂同在支類**。説文畫部："畫，界也。”手部："挂，畫也。”廣韵畫有胡卦、胡麥兩切，兼入卦、麥兩韵。挂在卦韵，古賣切。**𢍅、恭同在東類**。説文収部："𢍅，愨也。”心部："恭，肅也。”廣韵𢍅有九容、俱用兩切，兼入鍾、用兩韵。恭亦音九容切。（𢍅又有於角一切，乃別一義）**恥、恧同在之類**。説文心部："恥，辱也。”"恧，慙也。”恥次二百五十一，恧次二百五十五。廣韵恥在止韵，敕里切。恧有女六、女力兩切，兼入屋、職兩韵。**可、哿同在歌類**。説文可部："可，肎也。”"哿，可也。”哿次三。廣韵哿韵："可，枯我切。”"哿，古我切。”

朵、朵同在歌類。説文朵部:"朵,艸木華葉朵。象形。"木部:
"朵,樹木垂朵朵也。"廣韵朵在支韵,是爲切。朵在果韵,丁果切。

咼、瘑同在歌類。説文口部:"咼,口戾不正也。"疒部:"瘑,口咼
也。"廣韵咼在佳韵,苦緺切。瘑在紙韵,韋委切。**戀、敲同在寒
類。** 説文言部:"戀,亂也。一曰治也。一曰不絶也。"攴部:"敲,
煩也。"廣韵戀有落官、吕員、力卷三切,兼入桓、仙、線三韵。敲在
换韵,郎段切。**讘、愵、慴同在緝類。** 説文言部:"讘,失气言。
一曰不止也。傅毅讀若慴。"心部:"愵,失气也。"次二百三十六。
"慴,懼也,讀若疊。"次二百四十。廣韵葉韵:讘、愵二字並之涉切。
慴有之涉、徒協兩切,兼入葉、帖兩韵。**㲉、搉同在宵類。** 説文
攴部:"㲉,擊頭也。"手部:"搉,敲擊也。"廣韵覺韵:㲉,苦角切。
搉有古岳、苦角兩切。**夲、臯同在宵類。** 説文夲部:"夲,進趣
也。讀若滔。""臯,气臯白之進也。"次五。廣韵豪韵:夲,土刀切。
臯,古勞切。**㞑、敖同在宵類。** 説文㞑部:"㞑,放也。"放部:
"敖,出游也。"廣韵㞑在晧韵,有古老、胡老兩切:敖在豪韵,五勞
切。**㒵、傲同在宵類。** 説文㒵部:"㒵,嫚也。讀若傲。"人部:
"傲,倨也。"廣韵號韵,㒵、傲二字並五到切。**昭、照同在宵類。**
説文日部;"昭,日明也。"火部:"照,明也。"廣韵昭在宵韵,止遥
切。照在笑韵,之少切,**剎、刮隊、泰相轉。** 説文刀部,剎次四
十,刮去惡創肉也。刮次四十三,掊把也。按:剎从㓞聲,古韵在隊
部。刮从昏聲,古韵在泰部。依章氏成均圖:泰、隊旁轉。廣韵剎
在黠韵,古滑切:刮在鎋韵,古頒切。**呐、訥同在隊類。** 説文呐
部:"呐,言之訥也。"言部:"訥,言難也。"廣韵呐有女滑、内骨兩切,
兼入鎋、没兩韵;訥亦音内骨切。**氒、瘚同在泰類。** 説文氏部:

"𣏕,木本。讀若厥。"木部:"橜,弋也,一曰門梱也。"廣韻月韻:"𣏕,居月切。"橜有居月、其月兩切。**譸、詶、詘同在幽類。**譸、詶二字已見前。説文言部"詘,詶也。"次百四十三。廣韻詘在宥韻,直佑切。**迋、往同在陽類。**説文辵部:"迋,往也。"彳部:"往,之也。"廣韻迋有俱往、于放兩切,兼入養、漾兩韻;往在養韻,于兩切。**惶、恇同在陽類。**説文心部:"惶,恐也。"次二百四十五。"恇,怯也。"次二百三十四。廣韻惶在唐韻,胡光切。恇在陽韻,去王切。**妹、媦同在隊類。**説文女部:"妹,女弟也。"次四十。"媦,楚人謂女弟曰媦。"次四十二。廣韻妹在隊韻,莫佩切(又莫撥切,别一義)。媦在未韻,于貴切。**煖、煗同在寒類。**説文火部:"煖,温也。"次百。"煗,温也。"次百一。廣韻煖有況袁、乃管兩切,兼入元、緩兩韻,煗亦音乃管切。**萑、鵻同在寒類。**説文萑部:"萑,鴟屬,讀若和。"鳥部:"鵻,鴟也。"廣韻萑在桓韻,胡官切。鵻在山韻,户閒切。**午、牾、屰同在魚類。**午、牾二字已見前。説文干部:"屰,不順也。"廣韻屰在陌韻,宜戟切。**西、舌同在泰類。**原注:西,讀若誓。○説文谷部:"西,舌皃。𠧧,古文西。一曰讀若誓。"舌部:"舌,在口,所以言也,别味也。"廣韻西在㮇韻,他念切。讀若誓,則在祭韻。舌在薛韻,食列切。**潅、沃、澆同在宵類。**説文水部:"潅,灌也。"次三百四十七。"沃,溉灌也。"次二百九十三。"澆,沃也。"次四百十一。大徐説文音:潅,口角切,又公沃切,兼入覺、沃兩韻。沃,烏酷切,在沃韻。廣韻澆有古堯、五弔兩切,兼入蕭、嘯兩韻。**涿、注同在侯類。**説文水部:"涿,流下滴也。"次三百二十九。"注,灌也。"次二百九十二。廣韻涿在覺韻,竹角切;注在遇韻,之戍切。**姁、嫗同在侯類。**説文女部:

“姁，嫗也。”次三十四。“嫗，母也。”次三十二。廣韵姁在麌韵，況
羽切（虞韵之其俱、況于兩切，乃別義）；嫗在遇韵，衣遇切。**勞、勦
同在宵類。**説文力部：“勞，劇也。”次二十五。“勦，勞也。”次二
十九。廣韵勞有魯刀、郎到兩切，兼入豪、号兩韵；勦有鉏交、子小
兩切，兼入肴、小兩韵。**戮、鏐同在幽類。**説文戈部：“戮，殺
也。”金部：“鏐，殺也。”廣韵戮在屋韵，力竹切；鏐在尤韵，力求切。
瀏、漻同在幽類。説文水部：“瀏，流清皃。”次百七十二。“漻，
清深也。”次百七十六。廣韵瀏有力求、力久兩切，兼入尤、有兩韵；
漻在蕭韵，落蕭切。**晏、安同在寒類。**説文女部：“晏，安也。”宀
部：“安，静也。”大徐説文音：晏，烏諫切。廣韵寒韵：安，烏寒切。
鬌、鬀同在支類。説文髟部：“鬌，鬀髮也。”次三十五。“鬀，鬌
髮也。”次三十三。廣韵霽韵，鬌有他計、特計兩切，鬀有施隻、他歷
兩切；兼入昔、錫兩韵。**裳、褍同在脂類。**説文黹部：“裳，箴縷
所紩衣。”衣部：“褍，紩衣也。”廣韵旨韵：裳，豬几切。大徐説文音：
褍，諸几切。**启、闓、開同在脂類。**説文口部：“启，開也。”門
部：“開，張也。”次二十六。“闓，開也。”次二十七。廣韵启在旨韵，
康禮切；開在咍韵，苦哀切：闓在海韵（亦音開），苦亥切。**炙、豭
同在魚類。**説文互部：“炙，豕也。讀若瑕。”豕部：“豭，牡豕也。”
廣韵豭在麻韵，古牙切。大徐説文音：炙，乎加切。**既、嘰泰、脂
相轉。**説文皀部：“既，小食也。”口部：“嘰，小食也。”按既从旡
聲，在泰部。嘰从幾聲，在脂部。廣韵既在未韵，居豙切；嘰在微
韵，居依切。**匏、瓢幽、宵相轉。**説文包部：“匏，瓠也。”瓠部：
“瓢，蠡也。”按：匏从包聲，在幽部。瓢从票聲，在宵部。廣韵匏在
肴韵，薄交切；瓢在宵韵，符霄切。**此于古語皆爲一名，以音有**

小變，乃造殊字，此亦所謂轉注者也。此節所舉轉注字組，有僅紐異者：如畫（匣）與挂（見），哿（見）與可（溪），杢（透）與皋（見），妹（明）與媚（喻），惶（匣）與恇（溪），炗（匣）與瞂（見）是也。有僅調異者：如丙（去）與舌（入），涿（入）與注（去），启、闓（上）與開（平），庸（平）與用（去），戀（平）與戲（去），昭（平）與照（去），鎦（平）與戮（入），午、啎（上）與屰（入），葡（去）與畐（入），髸（去）與覭（入），晏（去）與安（平）是也。紐調兩異者：如乔（見上），與敖（疑平），滩（溪入），浂（影入）與溇（見平），譸（端平）與詍（定去），恥（透上）與恧（泥入），㳫（禪平）與朵（端上），尙（溪平）與瘉（喻上），姁（曉上）與嫗（影去），勞（來平）與勤（精上）是也。韵近者：如萑（桓）與鸛（山）是也。韵轉者：如劀（黠）與刮（鎋），既（泰）與嘰（脂），虣（肴）與瓢（宵）是也。此皆所謂音有小變也。其它各組，大抵皆同音也。**其以雙聲相轉，一名一義，而孳乳爲二字者，尤彰灼易知。**尚書皋陶謨篇"彰厥有常，吉哉"，某氏傳："彰，明也。"廣雅釋訓："灼灼，明也。"**如屛與藩，**説文："屛，屛蔽也。从户，并聲。""藩，屛也。从艸，潘聲。"廣韵屛有薄經、府盈、必郢三切；藩有附袁、甫煩兩切。此二字古聲同在並紐或幫紐。**并與比，**説文："并，相从也。""比，相與比叙也。"廣韵并有府盈、畀政兩切。比音卑履切，此二字古聲同在幫紐。**旁與溥，**説文："旁，溥也。""溥，大也。"廣韵："旁，步光切。"古聲在並紐。溥有滂古、補各兩切，古聲在滂或幫紐。此二字爲旁紐雙聲。**亡與蕪，**説文："亡，逃也。""無，亡也。"廣韵："亡，武方切。""無，武扶切。"此二字古聲同在明紐。**象與豫，**説文："象，長鼻牙，南越大獸，三年一乳。""豫，象之大者。"廣韵：象，徐兩切，在邪紐。豫，羊洳切。在喻紐。古雙聲説以爲喉牙與齒音可以通轉。誠按:喻四與邪,關係密切,兩紐字常互諧聲,同一字又常有喻、邪兩讀,皆可爲證。**牆與序**,説文:“牆,垣蔽也。从嗇,爿聲。”“序,東西牆也。”廣韵:牆,在良切,在從紐。序,徐吕切,在邪紐。此二字爲旁紐雙聲。**謀與謨**,説文:“謀,慮難曰謀。”“謨,議謀也。”廣韵:謀,莫浮切。謨,莫胡切。此二字古聲同在明紐。**勉與懋、慔**,説文:“勉,彊也。”懋、慔二字皆訓勉。廣韵:勉,亡辨切。懋,莫候切。慔,莫故切。此三字古聲同在明紐。**散與緢、緬**,説文:“散,妙也。”“緢,旄絲也。”“緬,微絲也。”廣韵:散,無非切。緢有武瀌,莫飽、莫教三切。緬,彌兖切。此三字古聲同在明紐。**楙、茂與霖**,説文:“楙,木盛也。”“茂,草豐盛。”“霖,豐也。”廣韵:楙、茂二字並音莫候切(楙又有莫袍一切,别一義)。霖,文甫切。此三字古聲同在明紐。**攺與撫**,説文:“攺,撫也。讀與撫同。”“撫,安也。一曰循也。”廣韵攺、撫二字並音武夫切,古聲同在明紐。**迎、逆與訝**,迎、逆已見前。説文:“訝,相迎也。”廣韵吾駕切。此三字古聲同在疑紐。**攷與敂**,説文:“攷,敂也。”“敂,擊也。讀若扣。”廣韵:攷,苦浩切。敂,苦厚切。此二字古聲同在溪紐。**笭與籠**,説文:“笭,車笭也。”“籠,舉土器也。一曰笭也。”廣韵笭有郎丁、力鼎兩切。籠有盧紅、力鍾、力董三切。此二字古聲同在來紐。**龍與龗**,説文:“龍,鱗蟲之長。”“龗,龍也。”廣韵:龍,力鍾切。龗,郎丁切。此二字古聲同在來紐。**空與窠**,説文:“空,竅也。”“窠,空也。”廣韵:空有苦紅、苦貢兩切。窠,苦禾切。此二字古聲同在溪紐。**丘與虚**,説文:“丘,土之高也。”“虚,大丘也。”廣韵:丘,去鳩切。虚,去魚切(又朽居切,别一義)。此二字古聲同在溪紐。**泱與滃**,説文:“泱,滃也。”“滃，雲氣起也。”廣韵泱有於良、烏朗兩切；滃，烏孔切。此二字古聲同在影紐。**凷與𡊄，**説文：“凷，墣也（墣，塊也）。”“𡊄（𡊄），𡊄商，小塊也。从𨸏，从夬。夬，古文蕢字。”廣韵：“凷，苦對切。𡊄，去演切。此二字古聲同在溪紐。**遝與逮，**説文：“遝，迨也。”“逮，唐逮，及也。”廣韵：遝，徒合切。逮有徒耐、特計兩切。此二字古聲同在定紐。**但與襢，**原注：古音如摘。○説文：“但，裼也。”“襢，袒也。”廣韵但有徒旱、徒旦、徒干三切，在定紐（又得按切，在端紐）；襢本先擊切（心紐），讀如摘，則在透紐。與但爲旁紐雙聲。**鴈與鵝，**説文：“鴈，鳥也。”“䳘，䟴鵝也。”廣韵：鴈，五晏切。鵝，五何切。此二字古聲同在疑紐。**揣與娷，**説文：“揣，量也。一曰捶之。”“娷，量也。”廣韵：揣，丁果切。娷，都唾切。此二字古聲同在端紐（揣又有初委切一音，在穿〔初〕紐）。**囗與圓、**
圜，説文：“囗，回也。”“圓、圜，全也。讀若員。”“圜，天體也。”廣韵：囗，雨非切。圓、圜並音王權切（圜又音户關切）。此三字古聲同在喻紐。**回與囩，**説文：“回，轉也。”“囩，回也。”廣韵：回，户恢切，在匣紐。囩，爲贇切，在喻紐。古聲二字同爲一類。**弱與柔、**
㮅、𠬪，説文：“弱，橈也。”“柔，木曲直也。”“㮅，弱兒。”“𠬪，柔皮也。”廣韵：弱，而灼切。柔，耳由切。㮅，如甚切。𠬪，尼展切。此四字古聲同在泥紐。**芮與茸，**説文：“芮，芮芮，艸生兒。讀若汭。”“茸，艸茸茸兒。”廣韵：芮，而銳切。茸，而容切。此二字古聲同在泥紐。**冃與冡，**説文：“冃，小兒蠻夷頭衣也。”“冡，覆也。”廣韵：冃，莫報切。冡，莫紅切。此二字古聲同在明紐。**究、𥶃與**
窮，説文：究、𥶃並訓躬。“窮，極也。”廣韵：究，居祐切。𥶃，居六切。窮，渠弓切。究、𥶃在見紐，窮在羣紐。此三字古爲旁紐雙聲。

誦與讀，<u>說文</u>：“誦，諷也。”“讀，誦書也。”<u>廣韵</u>：誦，似用切。讀，徒谷切。誦在<u>邪</u>紐，讀在<u>定</u>紐。<u>章</u>氏誤以邪歸禪。禪與定古聲則爲同類。**媼與嫗，**<u>說文</u>：“媼，女老偁也。讀若奧。”“嫗，母也。”<u>廣韵</u>：媼，烏晧切。嫗，衣遇切。此二字古聲同在<u>影</u>紐。**雕與鷻，**<u>說文</u>：“雕，鷻也。”“鷻，雕也。”<u>廣韵</u>：雕，都聊切。鷻（韵作鶉），度官切。雕在<u>見</u>紐，鷻在<u>定</u>紐，古爲旁紐雙聲。**依與㫃，**<u>說文</u>：“依，倚也。”“㫃，所依據也。”<u>廣韵</u>：依，於希切。㫃，於謹切。此二字古聲同在<u>影</u>紐。**爨與炊，**<u>說文</u>：“爨，齊謂之炊爨（<u>段</u>删之字）。”<u>廣韵</u>：爨，七亂切。炊，昌垂切。爨在<u>清</u>紐，炊在<u>穿</u>紐。<u>章</u>氏併清于穿，以爲一類。**此其訓詁皆同而聲紐相轉，本爲一語之變，益粲然可覩矣。若是者爲轉注。**粲然，明白之皃。已見<u>小學略説</u>篇。**類謂聲類，不謂五百四十部也；首謂聲首，不謂凡某之屬皆从某也。**説見前。**戴、段諸君，説轉注爲互訓，大義炳然。**<u>説文</u>：“炳，明也。”**顧不明轉注一科爲文字孳乳之要例，乃汎謂初、哉、首、基、肇、祖、元、胎、俶、落、權輿訓始，並爲轉注。**已見前。**夫聲韵紐位不同，則非建類也；語言根柢各異，則非一首也。**原注：十二字中，惟胎與始近轉注，自餘則非。○按：説文：“始，女之初也。”“胎，婦孕三月也。”<u>廣韵</u>：胎，土來切。在<u>透</u>紐。始，詩止切，在<u>審</u>紐（三等）。古聲通爲一類。**雖説文寴室、蓋苦之屬，展轉相解，同意相受則然矣，而非建類一首，猶不得與之轉注之名。**説文土部：“寴（塞），隔也。”穴部：“室，塞也。”<u>廣韵</u>塞有先代、蘇則兩切，皆在<u>心</u>紐。室有丁結、陟栗兩切，皆在<u>端</u>（知）紐。又艸部：“蓋，苦也。”“苦，蓋也。”<u>廣韵</u>蓋有胡臘、古太、古盍三切，分屬<u>匣</u>、<u>見</u>兩紐。苦有失廉、舒贍兩切,皆在審紐。誠按:塞之與窒,蓋之與苫,聲類既隔、聲首亦殊,故不得謂之轉注也。**二君立例過嬐,于造字之則既無與。**説文:"嬐,過差也。"穀梁僖十九年傳范注:"與,厠豫也。"釋文:"與,音豫。"**元和朱駿聲病之,乃以引申之義爲轉注,則六書之經界慢。**孟子滕文公上篇"夫仁政必自經界始",趙注:"經亦界也。"御覽刑法部五引書大傳"寬而不察是慢也。"淮南子時則訓高注:"慢,不牢也。"朱駿聲説文通訓定聲卷首論轉注云:"轉注者,即一字而推廣其意,非合數字而雷同其訓。"又云:"轉注者,體不改造,引意相受,令、長是也。凡一意之貫注,因其可通而通之,爲轉注;就本字本訓而因以展轉引申爲他訓者曰轉注。轉注一字具數字之用而不煩造字。轉者旋也,如發軔之後,愈轉而愈遠。轉者還也;發軌轍之一,雖轉而同歸。"**引申之義,正許君所謂假借。**許君以"本無其字、依聲託事"説假借,初未涉及義之引申。惟其立意雖明而語焉太簡,又適以令、長二字爲例,遂致異説叢生。精卓如戴震,乃云大致一字既定其本義,則外此音義引伸,咸六書之假借(見荅秦尚書蕙田書)。迄於章氏。亦以引申當六書之假借,而劉師培竟謂"若列引申於假借之外,則六書當易爲七書矣。"(見中國文學教科書)然假借與引申,其界域本極清明。假借者,造字之則也。引申者,用字之方也。蓋詞義本相遠,徒以音同或音近,便以彼當此,是之謂假借。自一基本義推展爲有關諸義,而形音又復無改,是之謂引申。詞義生發,賴此兩途。斯漢語所獨擅也。**轉注者,緐而不殺,恣文字之孳乳者也。**公羊僖二十三年傳"春秋辭繁而不殺者,正也"。何注:"繁,多也。殺,省也。"恣者,説文:"恣,縱也。"孟子滕文公下篇"諸侯放恣"。**假借者,志而如晦,節文字之孳乳者也。**節謂節制。左氏成十四年傳:

"春秋之稱,微而顯,志而晦。"杜注:"志,記也。晦亦微也。謂約言以記事,事叙而文微。"**二者消息相殊,正負相待,造字者以爲鯀省大例。**消謂滯止。息謂滋長。待謂對待。周易豐卦象辭:"天地盈虚,與時消息。"**知此者希,**説文叙云:"知此者稀,儻明所尤。"**能理而董之者鮮矣。**理董,謂治而正之。已見小學略説篇。

問曰:**古有以相反爲義,獨亂訓爲治,説文𤔔、亂本與𢿒分。**説文𠬪部:"𤔔,治也。幺子相亂,𠬪治之也。讀若亂同。一曰理也。"乙部:"亂,治也。从乙,乙治之也,从𤔔。"攴部:"𢿒、煩也。从攴,从𤔔,𤔔亦聲。"**其他若苦爲快,**方言卷二:"苦,快也。"郭注:"苦而爲快者,猶以臭爲香,以亂爲治,以徂爲存,此訓義之反覆用之是也。"**徂爲存,**爾雅釋詁:"徂,存也。"郭注:"以徂爲存,猶以亂爲治,以曩爲曏,以故爲今,此皆詁訓義有反覆旁通,美惡不嫌同名。"**故爲今,**爾雅釋詁:"故,今也。"郭注:"今亦爲故,故亦爲今,此義相反而兼通者。"**今雖習爲故常,都無本字,豈古人語言簡短,諸言不言非者,皆簡略去之邪?**莊子天運篇:"變化齊一,不主故常。"**苔曰:語言之始,義相同者,多從一聲而變;義相近者,多從一聲而變;義相對相反者,亦多從一聲而變。相同之例,舉如前矣。相近者亦以一聲轉變。若穀不孰爲饑;音變則疏不孰爲饉。**此爾雅釋天文。説文同。饑字(廣韵:居依切)古聲在見紐,古韵在脂部。饉字(廣韵:渠遴切)古聲在羣紐,古韵在諄部。見、羣旁紐雙聲,脂、諄陰陽對轉。按:疏不孰,今説文作蔬不孰,段注:"許書無蔬字,此蔬當是本作疏。"**地氣發天不應爲霧,音變則天氣下地不應爲**

霿。亦釋天文。今本爾雅霿作霚或作霧，段玉裁以爲皆非是。霚字（廣韵：亡遇切）古聲在明紐，古韵在侯部。霿字（廣韵：莫弄切）古聲在明紐，古韵在東部。侯、東陰陽對轉。**人之易氣爲性，音變則人之会氣爲情。**見説文心部。性字（廣韵：息正切）古聲在心紐，情字（廣韵：疾盈切）古聲在從紐。二字旁紐雙聲，古韵同在耕（青）部。**妻得聲於中，音變則爲妾。**原注：如接、捷同聲，是其例。○説文女部：“妻，婦與夫齊者也。从女，从中，从又，中聲（此二字段補）。”辛部：“妾，有辠女子給事之得接於君者。从辛女。”廣韵妻有七稽、七計兩切；妾，七接切。此二字古聲並在清紐，而韵相去甚遠。接、捷則同在盇部也。**娣從弟聲，音變則爲姪。**原注：姪，古音本徒結切，與弟雙聲。弟，古音亦可讀艐，正同姪音。○説文：“娣，女弟也。从女，从弟，弟亦聲。”“姪，兄之女也。从女，至聲。”廣韵：“娣，徒禮切。”姪有徒結、直一兩切。此二字古聲同在定紐，古韵娣章入支部，姪在至（質）部。又廣韵質韵：“艐，直一切。”古聲在定紐。説文豐部：“艐，爵之次弟也。”**紅似絳，音亦如絳。**説文：“紅，帛赤白色。”“絳，大赤也。”廣韵：紅，户公切。絳，古巷切。此二字古聲喉牙相轉，古韵紅在東部，絳在冬部。**欒似欄，音亦如欄。**説文：“欒，木似欄。从木，䜌聲。”周禮考工記幓氏“涑帛以欄爲灰”，鄭注：“以欄木之灰漸釋其帛也。”廣韵欒在桓韵，落官切；欄在寒韵，落干切。此二字古聲同在來紐，古韵同在寒部。**鴈似雁，音亦如雁。**説文：“鴈，䳘也。”“雁，鳥也。讀若鴈。”廣韵諫韵：鴈、雁並音五晏切。此二字古聲同在疑紐，古韵同在寒部。**雅似烏，音亦如烏。**説文：“雅，楚烏也。秦謂之雅。”“烏，孝烏也。”廣韵雅在馬韵，五下切；烏在模韵，哀都切。此二字古聲牙喉相轉,古韵同在魚部。**閭似驢,音亦如驢。**儀禮鄉射禮記"於郊則閭中",鄭注:"閭,獸名。如驢,一角。或曰如驢,岐蹄。"説文:"驢,似馬,長耳。从馬,盧聲。"廣韵魚韵:閭、驢並音力居切。此二字古聲同在來紐,古韵同在魚部。**江、漢、河、淮、沇,四瀆之水相似,以雙聲呼之。**爾雅釋水:"江、河、淮、濟爲四瀆。四瀆者,發源注海者也。"説文:"江水出蜀湔氐、徼外崏山,入海。从水,工聲。""漢,漾也。東爲滄浪水,从水,難省聲。""河水出焞煌塞外昆侖山,發原注海。从水,可聲。""淮水出南陽平氏桐柏大復山,東南入海。从水。隹聲。""沇水出河東東垣王屋山。東爲沛。从水,允聲。"廣韵:漢,呼旰切。其江、淮、沇四字音切,已見古雙聲説疏證。古聲江在見紐,漢在曉紐,河、淮在匣紐,沇在喻紐,並喉牙二聲字。**吳、華、恒、衡、岱,**原注:古音如弋。**五嶽之山相似,以雙聲呼之。是其則也。**爾雅釋山:"泰山爲東嶽,華山爲西嶽,霍山(即衡山)爲南嶽,恒山爲北嶽,嵩高爲中嶽。"按:此所謂五嶽也。釋山又云:"河西嶽",周禮職方注以爲吳嶽。漢書地理志"右扶風汧,吳山在西、古文以爲汧山。"尚書禹貢篇:"大行恒山,至于碣石,入于海。"説文:"華山在弘農華陰。""岱,太山也。"風俗通山澤篇:"南方衡山,一名霍山。"按:廣韵吳、華、恒、衡四字音切,已見古雙聲説疏證。岱在代韵,徒耐切。中古在定紐。章氏云古音如弋,則在喻紐。此五字者,古聲吳在疑紐,華、恒、衡在匣紐,岱在喻紐,亦皆喉牙二聲字。**相對相反者,亦以一音轉變。故先言天,從聲以變則爲地。**説文:"天,顛也。至高無上。""地,元氣初分,輕清揚爲天,重濁陰爲地,萬物所陳列也。"廣韵天在先韵,他前切;地在至韵,徒四切。古聲天在透紐,地在定紐,旁紐雙聲。**先言易,從聲以變則爲㑥。**説文:"易,開也。一曰飛揚。一曰長也。一曰彊者衆皃。”“霒，雲覆日也。仌，古文或省。”廣韵易在陽韵，與章切。霒在侵韵，於金切。古聲易在喻紐，仌在影紐，旁紐雙聲。**先言古，從聲以變則爲今。**説文：“古，故也。”“今，是時也。”廣韵古在姥韵，公户切；今在侵韵，居吟切。此二字古聲同在見紐。**先言始，**原注：古音如台。**從聲以變則爲冬。**原注：今終之本字。○説文：“始，女之初也。”“冬，四時盡也。从仌，从夂。夂，古文終字。”廣韵止韵：“始，詩止切。”在審紐。章氏云古音如台，則在透紐。又冬韵：冬，都宗切。在端紐冬韵：“終，職戎切。”在照紐；古聲始冬（終）二字，旁紐雙聲。**先言疏，從聲以變則爲數。**説文：“疏，通也。”孟子梁惠王上篇：“數罟不入洿池，魚鼈不可勝食也。”趙注：“數罟，密網也。”廣韵疏在魚韵，所葅切。數有所矩、色句、所角三切。頻數義當讀所角切。此二字古聲同在生（心）紐。**先言精，**原注：音本如青。**從聲以變則爲粗。**説文：“精，擇也。”“粗，疏也。”廣韵精在精紐，子盈切。音本如青，則在清紐。又粗在從紐，徂故切。此二字古爲旁紐雙聲。粗又音千胡切，則與精之古讀同在清紐。**先言疾，從聲以變則爲徐。**詩大雅召旻篇“昊天疾威”，鄭箋：“疾，猶急也。”淮南子説山訓：“破乃愈疾”，高注：“疾，速也。”説文：“徐，安行也。”廣韵疾在質韵，秦悉切。徐在魚韵，似魚切。古聲疾在從紐，徐在邪紐，旁紐雙聲。**先言來，從聲以變則爲逨。**説文：“來，周所受瑞麥來麰，天所來也，故爲行來之來。”“逨，去也。从去，麥聲、讀若陵。”廣韵來在咍韵，落哀切。逨在蒸韵，力膺切。此二字古聲同在來紐。**先言生，從聲以變則爲死。**説文：“生，進也。象艸木生出土上。”“死，澌也。人所離也。”廣韵生在庚韵，所庚切。死在旨韵，息姊切。古聲生在審（生）紐，死在心紐，通爲一類。**先言燥，從聲以變則爲溼。**説文：“燥，乾也。”“溼，幽溼也。”廣韵燥在晧韵，蘇老切。溼在緝韵，失入切。古聲燥在心紐，溼在審（書）紐。章氏紐目表以爲同類。**先言加，從聲以變則爲減。**説文：“加，語相增加也。”“減，損也。”廣韵加在麻韵，古牙切。減在豏韵，古斬切。古聲二字同在見紐。**先言消，從聲以變則爲息。**説文：“消，盡也。”周禮地官大司徒“以保息六養萬民”，鄭注：“保息，謂安之使蕃息也。”漢書宣帝紀“刑者不可息”，顏注：“息，謂生長也。”廣韵消在宵韵，相邀切，息在職韵。相即切。古聲二字同在心紐。**先言鋭，從聲以變則爲鈍。**説文：“鋭，芒也。”“鈍，錭也。”廣韵鋭在祭韵，以芮切。鈍在慁韵，徒困切。古聲喻（四）、定多相通轉。**先言長，**原注：古音在舌頭。**從聲以變則爲短。**説文：“長，久遠也（此引申義）。”“短，有所長短，以矢爲正。”廣韵長在陽韵，直良切。短在緩韵，都管切。古聲長在定紐，短在端紐，旁紐雙聲。**先言規，從聲以變則爲榘。**説文：“規，有法度也。”“巨，規巨也。”榘。巨或从木矢。”廣韵規在支韵，居隋切。榘在麌韵，俱羽切。古聲二字同在見紐。**先言文，從聲以變則爲武。**説文：“文，錯畫也。”“武，楚莊王曰：‘夫武，定功戢兵，故止戈爲武（此非本義）。”廣韵文在文韵，無分切。武在麌韵，文甫切。古聲二字同在明紐。**先言褒，從聲以變則爲貶。**説文：“褒，衣博裾。从衣，保省聲。保，古文保。”段注：“博裾，謂大其衰囊也。漢書‘褒衣大袑’，謂大其衣袴之上也。引申之爲凡大之稱，爲褒美。”説文又云：“貶，損也。”廣韵褒在豪韵，博毛切。貶在琰韵，方斂切。古聲二字同在幫紐。**先言男，從聲以變則爲女。**原注：古音在泥紐。〇説文:"男,丈夫也。""女,婦人也。"廣韵男在覃韵,那含切。女在語韵,尼吕切。古聲二字同在泥紐。**先言夫,從聲以變則爲婦。**説文:"夫,丈夫也。""婦,服也。"廣韵夫在虞韵,甫無切。婦在有韵,房久切。古聲夫在幫紐,婦在並紐,旁紐雙聲。**先言公,**原注:古音多借翁爲之,則音亦如翁。**從聲以變則爲媼。**説文翁本訓"鳥頸毛",段注:"俗言老翁者,借翁爲公也。"説文又云:"媼,女老偁也。讀若奧。"廣韵翁在東韵,烏紅切。媼在晧韵,烏晧切。古聲公讀如翁,則與媼同在影紐。**先言腹,**原注:得聲於畐,古音如偪。**從聲以變則爲背。**説文:"腹(腹),厚也。"段注:"謂腹之取名,以其厚大。"説文又云:"背,脊也。"廣韵腹在屋韵,方六切。背在隊韵,補妹切。古聲二字同在幫紐。**先言凭,從聲以變則爲負。**原注:古音如倍,然實借爲背。〇説文:"凭,依几也。""負,恃也。"廣韵凭在蒸韵,扶冰切。負在有韵,房久切。古聲二字同在並紐。**先言本,從聲以變則爲標。**説文:"本,木下曰本。""標,木杪末也。"廣韵本在混韵,布忖切。標有甫遥、方小兩切,兼入宵、小兩韵。此二字古聲同在幫紐。**此以雙聲相轉者也。先言起,從聲以變則爲止。**説文:"起,能立也。"詩鄘風相鼠篇"人而無止",毛傳:"止,所止息也。"禮記閒傳篇"大功貌若止",孔疏:"止,平停不動也。"廣韵起、止二字同在止韵;起,墟里切;止,諸市切。古韵二字同在之部。**先言卯,從聲以變則爲丣。**説文:"卯,冒也。""酉,就也。丣,古文酉从卯。卯爲春門,萬物已出,酉爲秋門,萬物已入。一,閉門象也。"廣韵卯在巧韵,莫飽切。丣在有韵,與久切。古韵二字同在幽部。**先言寒,從聲以變則爲煖。**説文:"寒,凍也。""煖,溫也。"廣韵寒在寒韵,胡安切。煖在元韵，況袁切。古韵二字同在寒部。**先言出，從聲以變則爲内。**説文：“出，進也。”段注：“本謂屮木，引申爲凡生長之稱。又凡言外出，爲内入之反。”説文又云：“内，入也。”廣韵出在術韵，赤律切。内在隊韵，奴對切。古韵二字同在隊部。**先言央，從聲以變則爲傍。**説文：“央，中央也。”“傍，附行也。”古韵二字同在陽部。**先言斛，**原注：本訓平，引伸訓直、經典以覺、較爲之。**從聲以變則爲曲。**説文：“斛，平斗斛也。”“曲，象器曲受物之形。”詩小雅斯干篇“有覺其楹”，鄭箋：“覺，直也。”爾雅釋詁下：“較，直也。”郝懿行義疏：“較與梏鵠聲近義同。司裘及大射儀注並云：‘鵠之言較，較，直也。’尚書大傳云‘覺兮較兮’，鄭注：‘較兮，謂直道者也’。較與覺聲義同，故楚辭遠逝篇云‘服覺酷以殊俗兮’，王逸注：‘覺、較也。’左氏襄廿一年傳‘夫子覺者也’，杜預注：‘覺，較然正直。’然則較之爲言覺也。”誠按：廣韵斛在覺韵，古岳切；曲在燭韵，丘玉切。古韵二字同在屋部，舊附侯部。**先言新，從聲以變則爲塵。**廣雅釋言：“新，初也。”文選張衡思玄賦“允塵邈而難窺”，李注：“塵，久也。”廣韵新塵並在真韵。新，息鄰切。塵，直珍切。古韵二字亦在真部。**先言水，從聲以變則爲火。**説文：“水，準也。”“火，燬也。”廣韵水在旨韵，式軌切。火在果韵，呼果切。古韵二字同在脂部。**先言晨，從聲以變則爲昏。**説文：“晨，早昧也。”“昏，日冥也。”廣韵晨在真韵，植鄰切。昏在魂韵，呼昆切。古韵二字同在諄部。**先言旦，從聲以變則爲晚。**説文：“旦，明也。”“晚，莫（暮）也。”廣韵旦在翰韵，得按切。晚在阮韵，無遠切。古韵二字同在寒部。**先言頭，從聲以變則爲足。**説文：“頭，首也。”“足，人之足也。在下。”廣韵頭在侯韵，度侯切。足在燭韵,即玉切。古韵頭在侯部;足在屋部,舊附侯部。

先言好,從聲以變則爲醜。説文:"好,美也。""醜,可惡也。"廣韵好在晧韵,呼晧切。醜在有韵,昌九切。古韵二字同在幽部。

先言老,從聲以變則爲幼。説文:"老,考也。七十曰老。""幼,少也。"廣韵老在晧韵,盧晧切。幼在幼韵,伊謬切。古韵二字同在幽部。**先言聰,從聲以變則爲聾。**説文:"聰,察也。""聾,無聞也。"廣韵聰聾同在東韵。"聰,倉紅切。""聾,盧紅切。"古韵二字亦同在東部。**先言受,從聲以變則爲授。**説文:"受,相付也。""授,予也。"廣韵受在有韵,殖酉切。授在宥韵,承呪切。古韵二字同在幽部。**先言祥,從聲以變則爲殃。**説文:"祥,福也。""殃,咎也。"廣韵祥、殃並在陽韵。祥,似羊切。殃,於良切。古韵二字亦同在陽部。**此以疊韵相迤者也。亦有位部皆同,訓詁相反者。**位謂發音部位,部謂韵部。**始爲基,終爲期爲極。**爾雅釋詁:"基,始也。"詩小雅南山有臺篇"萬壽無期",孔疏以無有期竟釋無期。按:説文期本訓會,借爲期年期月字,亦終竟之義。吕氏春秋制樂篇"衆人焉知其極",高注:"極,猶終也。"廣韵基期同在之韵。"基,居之切。""期,渠之切。"極在職韵,渠力切。古聲基在見紐,期與極在羣紐,旁紐雙聲。古韵基、期同在之部,極在職部,舊附之部。**聯爲叕,斷爲絶。**説文:"叕,聯也。""絶,斷絲也。""斷,截也。"廣韵叕、絶同在薛韵。叕,陟劣切。絶,情雪切。古聲叕在端紐,絶在從紐,舌齒音通。古韵則同在泰部。**濁亂爲淈,清治爲汩。**説文:"淈,濁也。一曰滒泥。一曰水出皃。""汩,治水也。"廣韵:淈在没韵,古忽切。汩在質韵,于筆切。古聲淈在見紐,汩在喻紐,牙喉通轉。古韵淈、汩同在隊部。**明瀞**

爲絜，蔽亂爲丰。潔淨之潔，經典作絜。史記五帝本紀"直哉維靜絜"，正義："絜，明也。"潔乃説文新附字，云"瀞也"。丰者，説文云："丰，艸蔡也。象艸生之散亂也。讀若介。"廣韵絜在屑韵，古屑切。丰在怪韵，古拜切。此二字古聲同在見紐，古韵同在泰部。**相類爲似，相殊爲異。**説文："似，象也。""異，分也。"廣韵似在止韵，詳里切。異在志韵，羊吏切。古聲邪紐字常與喻紐（四等）字互諧。古韵似、異二字同在之部。**説樂爲喜，爲僖，爲嬰，悲痛爲譆。**説文喜、僖皆訓樂，嬰訓説樂，譆訓痛。廣韵喜在止韵，虛里切。僖、嬰同在之韵。僖，許其切。嬰，與之切。譆在微韵，於希切。此四字古聲皆喉音也。古韵則同在之部。**勉力爲勸，惰事爲劵。**説文："勸，勉也。""劵，勞也。"段注："輖人'終日馳騁，左不楗'，書楗或作劵，鄭云：'劵，今倦字也。'據此則漢時已倦行劵廢矣。"誠按：廣韵勸在願韵，去願切。劵在線韵，渠卷切。古聲勸在溪紐，劵在羣紐，旁紐雙聲。古韵二字同在寒部。**具食爲饌，徹食爲餕。**原注：餕字説文不録，然禮經已有之。○説文："籑，具食也。饌，或从巽。"論語爲政篇鄭注："食餘曰餕。"按：餕字見禮記曲禮上、玉藻、祭統、郊特牲諸篇，説文新附收之。廣韵饌有雛鯇、士戀兩切，兼入潸、線兩韵。餕在稕韵，子峻切。古聲饌在牀（崇）紐，餕在精紐，通爲一類。古韵饌在寒部，餕在諄部。**上升爲陟，下降爲墊。**説文："陟，登也。""墊，下也。"廣韵陟在職韵，竹力切。墊在㮇韵，都念切（又徒協切）。此二字古聲同在端紐。古韵陟在職部（舊附之部），墊在緝部。成均圖以緝、之（職）爲次對轉。**彊力爲偲，畏慎爲愢。**説文："偲，彊力也。""愢，思之意。"段注："荀卿曰'愢愢然常恐天下之一合而軋己也'，漢書'愢'作

‘鰓’。蘇林曰：‘讀如慎而無禮則葸之葸。鰓，懼皃也。’按又作偲，又作偍，皆訓懼，與思訓義近。”按：廣韵偲在咍韵，倉才切。諰在止韵，胥里切。古聲偲在清紐，諰在心紐，旁紐雙聲。古韵二字同在之部。**從隨爲若**，原注：本如字。**不順爲婼**。說文若訓“擇菜”，與从隨義無涉，故云“本如字”，如乃訓从隨也。說文又云：“婼，不順也。”廣韵若、婼同在藥韵。若，而灼切。婼，丑略切。古聲若在泥紐，婼在透紐，旁紐雙聲。古韵二字同在鐸部，舊附魚部。**點慧爲傄，謹敕爲愿**。說文：“傄，點也。”“愿，謹也。”廣韵願韵：傄、愿並音魚怨切。此二字古聲同在疑紐，古韵同在寒部。**益之爲員**，原注：見詩小雅傳，字亦孳乳爲覭。說文：覭，外博衆多視也。**減之爲損**。詩小雅正月篇“無棄爾輔，員于爾輻”，毛傳：“員，益也。”說文：“損，減也。”“覭，外博衆多視也。讀若運。”段注：“博，大通也。外大通而多所視也。”廣韵員有王權、王分、王問三切，兼入仙、文、問三韵，損在混韵，蘇本切。古聲員在喻紐，損在心紐。章氏古雙聲説以爲喉音可以發舒爲齒音，齒音又可迨斂爲喉牙。古韵二字同在諄部。**圜者爲規，方者爲圭**。說文：“規，有法度也。”“圭、瑞玉也，上圜下方。”楚辭大招“曲眉規只”，王注：“規，圜也。”廣韵規在支韵，居隋切。圭在齊韵，古攜切。此二字古聲同在見紐，古韵同在支部。**直脩爲股，横短爲句**。說文：“股，髀也。”“句，曲也。”已詳古雙聲説疏證。廣韵股在姥韵，公户切。句在侯韵，古侯切（又古候、其俱、九遇三切，各別爲義）。此二字古聲同在見紐，古韵同在侯部。**有目爲明，無目爲盲**。禮記檀弓上篇“子夏喪其子而喪其明”，鄭注：“明，目精。”說文：“盲，目無牟子。”廣韵明、盲同在庚韵。明，武兵切。盲，武庚切。此二字古聲同在明紐，古韵同在陽部。**等畫爲則，毀則爲賊**。說文：

"則,等畫物也。从刀,从貝。貝,古之物貨也。""賊,敗也。"國語
魯語:"毀則者爲賊。"廣韵則、賊並在德韵。則,子德切。賊,昨則
切。古聲則在精紐,賊在從紐,旁紐雙聲。古韵同在職部,舊附之
部。**並以一語相變。既有殊文,故民無眩惑。**眩惑,謂所見
不瞭,目爲之眩、而中無主張也。淮南子氾論訓:"同異嫌疑者,世
俗之所謂眩惑也。"**自餘亦有制字者,然相承多用通借。若
特爲牛父,引伸訓獨,而詩傳又訓爲匹,則是讀爲等夷之
等也。**説文:"特,朴特,牛父也。"段注:"特本訓牡,陽數奇,引伸
之爲凡單獨之稱。一與一爲耦,故'實維我特'、'求爾新特',毛
傳:'特,匹也。'"誠按:段所引詩,前句見邶風柏舟篇,後句見小雅
我行其野篇。毛以外昏解新特。等夷,猶言同輩,已見小學略説篇
疏證。廣韵特在德韵,徒得切。等在等韵,多肯切。古聲特在定
紐,等在端紐,旁紐雙聲。古韵特在職部,舊附之部。等在蒸部。
特與之、蒸對轉。**介爲分畫,引伸宜訓兩,而春秋傳以介
特爲單數,則是讀爲孑孓之孑也。**説文:"介,畫也。从八,从
人,人各有介。"左氏昭十四年傳:"長孤幼,養老疾,收介特。"杜
注:"介特,單身民也。"説文了部又云:"孑,無右臂也。从了,丨象
形。""孓,無左臂也。从了、丿象形。"廣韵介在怪韵,古拜切。孑在
薛韵,居列切。此二字古聲同在見紐,古韵同在泰(月)部。**苦、
徂、故爲快、存、今,亦同斯例。**見前。**顧終古未制本字
耳。**莊子大宗師篇"終古不忒",釋文引崔注:"終古,久也。"文選
吳都賦"藏埋於終古",劉注:"終古,猶永古也。"**若從雙聲相轉
之例,雖謂苦借爲快,徂借爲存,故借爲今,可也。**苦、快同
在溪紐,徂、存同在從紐,故、今同在見紐,自可相借。

　　既作是説，逾三年，有以形體之説進者，曰：同意者不謂同義，造字之意同耳。説文稱絫頭與禽离頭同。説文絫部："絫如野牛而青。象形。與禽、离頭同。"内部："禽，走獸總名。象形。今聲。禽、离絫頭相似。""离，山神獸也。从禽頭。歐陽喬説：离，猛獸也。"廣韵絫在旨韵，徐姊切。禽在侵韵，巨金切。离在支韵，丑知切，又吕支切。兔頭與㲋頭同。説文兔部："兔，獸名，象踞、後其尾形。兔頭與㲋頭同。"㲋部："㲋，獸也。似兔青色而大。象形。頭與兔同。足與鹿同。"廣韵兔在暮韵，湯故切。㲋在藥韵，丑略切。龜頭與它頭同。説文龜部："龜，从它。龜頭與它頭同。"它部："它，蟲也。从虫而長，象冤曲垂尾形。"廣韵龜在脂韵，居追切。它在歌韵，託何切。黽頭與它頭同。説文黽部："黽，鼃黽也。从它，象形。黽頭與它頭同。"廣韵黽在耿韵，武幸切。此所謂建類一首也。巫與工同意。説文巫部："巫，祝也。女能事無形，以舞降神者也。象人兩褎舞形。與工同意。"工部："工，巧飾也。象人有規榘也。與巫同意。"廣韵巫在虞韵，武夫切。工在東韵，古紅切。壬與巫同意。説文以壬爲象人裏妊之形。段氏以巫象人兩袖舞，壬象人腹大，釋壬與巫同意句。説並非是。據金文，壬乃象大斧形也。此不具論。廣韵壬在侵韵，如林切。裘與衰同意。説文裘部："裘，皮衣也。从衣，象形。與衰同意。"衣部："衰，艸雨衣。从衣，象形。"廣韵裘在尤韵，巨鳩切。衰在戈韵，蘇禾切。高與倉、舍同意。説文高部："高，崇也。象臺觀高之形。从門口，與倉舍同意。"倉部："倉，穀藏也。"

人部：“舍，市居曰舍。”廣韵高在豪韵，古勞切。倉在唐韵，七岡切。舍在禡韵，始夜切。**臺與室、屋同意。**説文至部：“臺，觀四方而高者。从至，从高省；與室屋同意。”宀部：“室，實也。从宀，从至，至所止也。”尸部：“屋，居也。从尸，尸，所主也。一曰尸象屋形。从至，至，所止也。屋室皆从至。”廣韵臺在咍韵，徒哀切。室在質韵，式質切。屋在屋韵，烏谷切。**美與善同意。**説文羊部：“美，甘也。从羊，从大，羊在六畜主給膳也。美與善同意。”誩部：“譱，吉也。从誩、从羊，此與義美同意。善，篆文譱从言。”廣韵美在旨韵，無鄙切。善在獮韵，常演切。**譱與義美同意。**説文我部：“義，己之威儀也。从我羊。”段注：“从羊者，與善美同意。”廣韵義在寘韵，宜寄切。**坐與畱同意。**説文土部：“坐，止也。从土，从畱省。土，所止也。此與畱同意。坐，古文坐。”田部：“畱，止也。从田，丣聲。”段注“坐”字云：“皆謂所止也，故曰同意。”廣韵坐在過韵，徂臥切。畱在尤韵，力求切。**尋與𣦓同意。**説文寸部：“尋，繹理也。从工、从口、从又，从寸。工口，亂也；又寸，分理之。彡聲。此與𣦓同意。”叩部：“𣦓，亂也。从爻工交叩，讀若穰。”段注：“𣦓不云理、尋不云亂者，互見其義也。”廣韵尋在侵韵，徐林切。𣦓在庚韵，乃庚切。**此所謂同意相受也。應之曰：構造文字之恉，在一字者，指事、象形、形聲、會意盡之矣。如向諸文。不能越兹四例。**或人所舉：工字是指事也。眾、离等字是象形也。美、善等字是會意也。禽、畱等字是形聲也。**説解者必曰同，或曰同意，以其取象難明，故舉其比物以相曉**

喻。詩小雅六月篇"比物四驪",釋文:"比,毗志反,齊同也。"**説解之例,有同狀相明者,斯類是也。**荀子正名篇:"物有同狀而異所者,有異狀而同所者。"**有異狀相明者:入一爲干;**説文干部:"屰,犯也。从反入,从一。"文始云:"此合體指事也。"廣韵干在寒韵,古寒切。**入二爲羊;**説文干部:"羊,撖也(撖訓刺)。从干,入一爲干,入二爲羊。讀若飪。言稍甚也。"廣韵羊在寢韵,如甚切。**不上去而至下來,是也。**説文不部:"不,鳥飛上翔不下來也。从一。一,猶天也。象形。"至部:"至,鳥飛从高下至地也。从一,一,猶地也。象形。不上去而至下來也。"按:許氏解此二字皆誤。據甲骨文:"不"象萼蒂,當是帝之初文。"至"象矢著地,又象艸生出地面。**今以同狀相明爲轉注,異狀相明復云何?** 云何,猶言如何。詩唐風揚之水篇有"既見君子,云何不樂","既見君子,云何其憂"之句。**且以頭同者説爲一首,説文亦云"鳥鹿足相似",**説文鳥部;"鳥,長尾禽總名也。象形。鳥之足似匕。"鹿部:"鹿,獸也。象頭角四足之形。鳥鹿足相似。"廣韵鳥在篠韵,都了切。鹿在屋韵,盧谷切。**"虎足象人足",**説文虎部:"虎,山獸之君。虎足象人足。象形。"廣韵虎在姥韵,呼古切。**"彘足與鹿足同",**説文互部:"彘,豕也。後蹏廢謂之彘。彘足與鹿足同。"廣韵彘在祭韵,直例切。**"龟足與鹿同",**見前。**"魚尾與燕尾相似"。復可云建類一足、建類一尾邪。**説文魚部:"魚,水蟲也。象形。魚尾與燕尾相似。"燕部:"燕,玄鳥也。䶨口,布翄,枝尾。"廣韵魚在魚韵,語居切。燕在霰韵,於甸切。**苟舉是爲標識,終無解於考老。考從老省,説解不可言考頭與老頭同,亦不可言考從人毛,與老同意。**嵇康聲無哀樂論:"夫言非自然一定之物,五方殊俗,同事異號,舉一名以爲標識耳。"**然則向者諸文不得以例考老,審矣。**司馬遷報任安書:"且勇怯,勢也;彊弱,形也;審矣。"説文:"宷,悉也。知宷諦也。審,篆文宷从番。"

定海黄君又徵素問"肺輸精皮毛,六八面焦,髮頒白",故老從毛匕。肺氣衰則氣欲舒出,上礙於一,故曰考,其字從丂。是則考老轉注,本在肺衰,益隱曲難知矣。黄以周六書通故:"轉注者,字之意怡互相灌注者也。考、老者,人之形氣相爲表裏者也。凡人之陽氣,出於肺而會於首,壯年陽氣盛甚,髮長而直,衰則氣丂而髮曲,不久變白。素問經脈別論云:'肺朝百脈,輸精於皮毛。'六節臟象論云:'肺者氣之本,魄之處也。其華在毛,其充在皮。'上古天真論云:'六八而後,陽氣衰竭於上。面焦,髮須頒白。'是則氣丂於内,髮變於外,此物理之自然也。老之從人毛匕者,形之匕化諸外者也。考之從人毛丂者,氣之丂諸内者也。形與氣事相因,考與老義相成。"誠按:素問陰陽別論云:"不得隱曲。"

國故論衡疏證上之十

理惑論

　　此章氏關於古文字之學説也。文中自揭五疑以難吉金外，餘皆明辨甲骨之不可憑者。誠按：國故論衡於一九一〇年（清宣統二年）寫定。理惑論之作，雖尚未確知其歲月，然國人首見之甲骨文字及其考釋，莫先於劉鶚之鐵雲藏龜、孫詒讓之契文舉例。劉書於一九〇三年（清光緒二十九年）影行，孫書於一九〇四年（清光緒三十年）問世。則章氏此文當作於爾後數年閒可知。自羅振玉、王國維以來，研究甲骨文字，已成專門之業。迄於今日，斯學更蔚爲大國矣。章氏早年，由於所見不廣，又鑒於古器物之多僞造，考辨金文之多逞臆説，於是發爲此論。而晚歲所見，則頗異乎其前。一九三五年六月，與金祖同論甲骨文第一書有云："鐘鼎可信爲古器者，什有六七。甲骨之爲物，真僞尚不可知。"是於彝器已多所肯定，於甲骨已不復斷言其僞。蓋門下高弟若黃侃者，嘗先其師而知甲骨金文之不可非矣。其與人書有云："山川鼎彝，浹長所信。今不信其所信，徒執木版傳刻之篆書，以爲足以羽翼説文，抑何隘耶。"又云："近世洹上發得古龜，斷缺之餘，亦有瓌寶"云云。是豈無所爲而發哉。黃君既自求購殷虛文字存真，又嘗以所得殷虛書契前編，爲章氏壽。既用是質之於師，師於胸懷獨契之弟子，又未必不虚受其言，相從論難，而文字觀遂與年俱變。故郭沫若氏亦言："此先生爲學之進境也。再隔若干年，余深信甲骨可信爲古物者什有六七之語。必將出於章先生之筆下。"斯蓋事所必然，而惜乎先生之不享大年也。即其早歲因甲骨來歷不明而疑之，亦信如姜亮夫氏所云，固治學謹嚴者應有之態度矣。誠又按：東漢有牟子理惑論（舊題牟融撰），此文借以標題。

説文録秦漢小篆九千餘文，説文解字叙云："此十四篇，五百四十部也。九千三百五十三文。重一千一百六十三。"段注："今依大徐本所載字數覈之，正文九千四百卅一，增多者七十八文。重文千二百七十九，增多者百一十六文。此由列代有沾（添）注者。今難盡爲識別，而亦時可裁僞，去太去甚。略見注中。"**而古文大篆未備。**説文叙云："今叙篆文，合以古籀。"商承祚説文中之古文攷云："古文者，壁中書也。許氏所據，尚得其真，婁經傳鈔，遂多失型。"又云："郭忠恕汗簡、夏竦古文四聲韵，乃廣集古文以成專書。其目録多至七十餘家，十九不存於世，學者疑之。"又云："許氏慨文字之不章，古籀文之凌獵，乃著説文解字，附録古籀文，其體固別出小篆，非同小篆不録，乃不同小篆而附者。所以知其然，於部首'弼'則曰亦古文鬲（鬲亦部首），明此等字，與古文同，其它則非古文。段氏説文解字注云：'小篆之於古籀，或仍之，或省改之。仍者十之八九，省改者十之一二而已。仍則小篆皆古籀也，故不更出古籀，省改則古籀非小篆也，故更出之（"古文式"注）。'此乃擬議之辭，非許氏意。且不知文字之變遷也（籀使相同，亦不過小部分，絶不能盡合）。今試就小篆及甲骨文金文觀之：相合者不過十之二三，不合者十之七八，古籀文何能異例乎。"又云："其掇録籀文而攷之者,僅<u>王國維</u>之<u>史籀篇疏證</u>,據甲骨金文爲之爬梳,辭賅義博,其功蓋不下於<u>三蒼</u>也。"**後人抗志慕古,或趨怪妄。**抗志,猶言執意。<u>六韜文韜上賢篇</u>"士有抗志高節,以爲氣勢",<u>後漢書申屠蟠傳</u>"抗志彌高,所尚益固"。<u>説文叙</u>云:"郡國亦往往於山川得鼎彝,其銘即前代之古文,皆自相似。而世人大共非訾,詭更正文,鄉壁虛造不可知之書,變亂常行,以燿於世。"**余以爲求古文者,宜取<u>説文</u>獨體,觀其會通。攝以音訓,九千之數,統之無慮三四百名。此則<u>蒼頡</u>所始造也。**<u>周易繫辭上篇</u>:"聖人有以見天下之動而觀其會通,以行其典禮。"<u>説文手部</u>:"攝,引持也。"<u>段注</u>:"凡云攝者,皆整飭之意。"<u>廣雅釋訓</u>:"無慮,都凡也。"<u>王念孫疏證</u>:"無慮,亦大數之名。<u>宣</u>十一年<u>左傳釋文</u>云:'無慮,如字。一音力於反。'無慮,疊韵字也。"<u>誠</u>按:<u>章氏</u>造<u>文始</u>,刺取<u>説文</u>獨體,命以初文,其諸渻變,與聲具而形殘,若同體複重者,謂之準初文。都五百十字,集爲四百五十七條。討其類物,比其聲均。音義相讎,謂之變易。義自音衍,謂之孳乳。坒而次之,得五六千名(<u>文始叙</u>)。此由排斥甲骨金文,故誤以<u>許</u>書爲可盡信,誤謂初文爲<u>倉頡</u>所造,所以來後生之紛紛辨正也。**<u>五帝三王</u>之世,改易殊體。**語見<u>説文叙</u>。<u>段注</u>:"<u>黃帝</u>爲<u>五帝</u>之始。自<u>黃帝</u>而帝<u>顓頊高陽</u>,帝<u>嚳高辛</u>,帝<u>堯</u>,帝<u>舜</u>,爲五帝。<u>夏禹</u>,<u>商湯</u>,<u>周文武</u>;爲三王。其間文字之體,更改非一,不可枚舉。傳於世者,槩謂之<u>倉頡</u>古文,不皆<u>倉頡</u>所作也。"**今既不獲遠求遂古,**<u>楚辭天問篇</u>"遂古之初,誰傳道之",<u>王注</u>:"遂,往也。"又見<u>廣雅釋詁一</u>。**<u>周禮</u>故書,<u>儀禮</u>古文,有<u>説文</u>所未録者,足以補苴闕遺。**故書,猶言舊本。<u>周禮天官大宰</u>"以九貢致邦國之用,二曰嬪貢",<u>鄭注</u>:"嬪,故書作賓。"<u>孫詒讓正義</u>引<u>徐養原</u>云:"<u>周禮</u>有故書、今書之別,疏謂<u>劉向</u>未校以前爲古文，既校以後爲今文，非也。以鄭注考之，凡杜子春、鄭大夫、鄭司農所據之本，並是故書。故書、今書，猶言舊本、新本耳。"胡承珙儀禮古今文疏義序："後漢書儒林傳云：'前書魯高堂生傳禮十七篇，至梁人戴德及德兄子勝，於是德爲大戴禮，勝爲小戴禮。'"又云："鄭玄本習小戴禮，後以古經校之，取其義長者順故，爲鄭氏學。是則鄭注所謂今文者，乃小戴本，所謂古文者，則前書云古經出於魯淹中者也。鄭君作注，參用二本。從今文者，則今文在經，古文出注；從古文者，則古文在經，今文出注。然有不言今古文，但云某或作某者，殆當時行用，更有別本。此十七篇文字異同之由，而今文、古文所以流傳也。"又孫詒讓云："周禮故書、今書與儀禮古文、今文不同。儀禮自有古今文兩家之學，周禮則自劉歆以來，止有古文之學，無所謂今文。徐氏謂故書亦爲校後之本，故書、今書猶言舊本、新本，足正賈疏之誤。"誠按：補苴已見音理論篇疏證。**邯鄲淳三體石經，作在魏世，去古猶近。**章氏新出三體石經考："宋蘇望所摹三體石經，洪氏錄入隸續。洪氏考水經注，乃知正始所刻與熹平蔡邕所書者異事。前此後漢書、經典釋文、資治通鑑皆誤以三體書爲熹平所立。趙明誠先辨之（誠按：見金石錄）。衛恒既與淳有舊（誠按：見晉書衛恒傳），没時去正始才五十年。而范曄去正始幾二百年，以三體歸之蔡邕。傳聞之與目睹，虛實易辨，不須博徵。"**其間殊體，若虞字作𡘧之類，庶可案錄。**章氏於三體石經，評價甚高。其言有云："經文專取先秦故書，説文所未錄、經典釋文所闕者，於是乎可考。斯乃東序秘寶、天球河圖之亞。七八百年所不睹，而於末世獲之，誠非吾儕始願所及也。"又商承祚説文中之古文考亦云："近年來、芒洛之虛，出魏正始三字石經，其古文大都與郭、夏同。知漢唐及宋古文之學尚盛行。石經古

文,點畫多中矩,殆爲太學定本,故攷之詳。自非隨意采録,率爾操
觚者比也。"宩者,説文:"宩,藏也。呆,古文保。"段注:"宩與保音
同義近。"**旁有陳倉石鼓,得之初唐,**陳倉,今陝西寶雞市東,石
鼓之出土,時在唐初,地在天興縣(今寶雞市)南二十里三畤原。鼓
數凡十。每鼓刻四言詩十首(第八鼓已無字)。隋以前未見著録,
自唐韋應物、韓愈作石鼓歌,其名始顯。原物屢經遷徙,殘損殊甚。
宋歐陽修所録,已僅四百六十五字。清天一閣所藏北宋拓本,爲四
百六十二字。而王昶金石萃編所録,則爲四百六十四字。**晚世疑
爲宇文新器,蓋非其實,**此金馬定國、清莊述祖説。宇文者,北
周也。**雖叵復見遠流,亦大篆之次也。**原注:按石鼓不知作
於何時,必云宣王所作,史籀所書,固無其徵,然大致不相遠。○雖
叵復見遠流,用説文叙語。玄應音義二十四引三蒼云:"叵,不可
也。"誠按:以石鼓爲周宣王時物,始於唐之張懷瓘、韓愈諸人。其
它異説甚多,此不縷舉。至清乾隆帝,遂定爲宣王時矣。而近人考
證,以爲秦之遺物;視諸家爲近實也。又按:石鼓字體在籀篆之間,
自明楊慎以來,考釋之者,多有成書。時賢郭沫若氏亦有石鼓文研
究專著。**四者以外,宜在闕疑之科。**四者,指上所説説文獨
體、周禮故書與儀禮古文、正始三體石經及石鼓文。論語爲政篇
"多聞闕疑",劉寶楠正義:"闕疑者,左氏昭二十年傳注:'闕,空
也。'其義有未明,未安於心者、闕空之也。"科者,説文:"科,程也。"
廣雅釋言:"科,品也。"**而世人尊信彝器,以爲重寶。**左氏定
四年傳:"官司彝器",杜注:"彝器,常用器。"孔疏:"常用之器,蓋
鑄、罍、俎、豆之屬。"龔自珍説宗彝:"彝者常也。百器之總名也。"
王國維説彝:"尊彝皆禮器之總名也。古人作器,皆云作寶尊彝,或
云作寶尊,或云作寶彝,然尊有大共名之尊(禮器全部),有小共名

之尊（壺、卣、罍等總稱），又有專名之尊（盛酒器之侈口者），彝則爲共名而非專名。"誠按：彝器之見寶重，歷代皆然。説詳阮元商周銅器説下。**皮傅形聲，曲徵經義，顧以説文爲誤，斯亦反矣。**自宋以來，考釋金文諸家，誠有穿鑿紕繆之處。然許君闕誤，賴金文而補訂之者，正復不少。而文字變遷之跡，亦因以大明。固未可以考釋之誤而輕疑金文之本體也。雖然，末流之弊，李慈銘亦嘗慷慨言之，越縵堂日記（第十六冊）有云："金石固不可不講。而近之後生，往往全不讀書，惟持一破瓦之背，以爲是漢也、魏也；一壞象之髻，以爲是北魏也，北齊也。模粘文字，不識點畫，而曰可正説文。杜撰年號，不辨時代，而曰可補正史；文理不通，字體不正，而游揚聲氣，干謁公卿，瞀行妄言，習爲狂傲，是風氣之大害也。"按：李氏此論，深切著明，或章所未及，故並録之。皮傅者，後漢書張衡傳載其上疏云："且河洛六藝，篇録已定，後人皮傅，無所容篡。"李注："揚雄方言曰：'秦晉言非其事謂之皮傅，謂不深得其情核，皮膚淺近，强相傅會也。'無所容竄（本作篡，亦通），謂不容妄有加增也。"**彝器之出，自宋始盛。**北宋以後，高原古冢，所獲吉金，數量之多，前此未有，詳見王國維宋代金文著録表。僅就王表所録樂器、禮器、兵器、度量衡器、雜器等五類計之，即達六百四十又三事。除少數疑僞，其三代遺物，竟達五百六十又四。秦漢以後，僅六十器耳。**然郭忠恕汗簡、**宋郭忠恕撰汗簡三卷，又目録叙略一卷，分部從説文之舊。徵引古文凡七十一家，分隸諸字，即用古文之偏旁，其所徵引諸家，存於今者，不及二十之一，故後之考古文者，大抵以此書爲據依也。宋史卷四四二有郭忠恕傳。**夏竦古文四聲韻、**宋夏竦撰古文四聲韻五卷，集前後所獲古文字，準唐切韻，分爲四聲，本汗簡而成之。所得古文，標目凡九十八家，多於郭書者二十七家。宋史卷二八三有夏竦傳。**王欽若天書，即出其閒。**
宋史真宗紀："大中祥符元年春正月乙丑，有黃帛曳左承天門南鴟
尾上。守門卒塗榮告有司以聞。上召羣臣拜迎於朝元殿。啓封，
號稱天書。夏四月乙未，以知樞密院事王欽若、參知政事趙安仁爲
泰山封禪經度制置使。六月乙未，天書再降於泰山醴泉北。壬寅，
迎泰山天書於含芳園。四年正月丙申，詔以六月六日天書再降日
爲天貺節。丁酉，奉天書發京師。贊曰：及澶淵既盟，封禪事作，祥
端沓臻，天書屢降，導迎奠安，一國君臣，如病狂然。論曰：天書之
誣，造端於欽若。"又王欽若傳："大中祥符初，爲封禪經度制置使，
兼判兗州，爲天書儀衞副使。先是真宗嘗夢神人言：賜天書於泰
山，即密諭欽若，欽若因言：六月甲午，木工董祚於醴泉亭北見黃素
曳草上，有字不能識。皇城史王居正見其上有御名，以告。欽若既
得之，具威儀奉導至社首，跪授中使馳奉以進。真宗至含芳園奉
迎，出所上天書，再降祥瑞圖示百僚。"誠按：合紀傳觀之，可得天書
事之首尾。宋史紀事本末卷二十二有"天書封祀"專則。**方士詭
僞，固已多矣。**方士，謂方術之士。詭僞，猶言欺詐。史記秦始
皇本紀："三十五年，悉召文學方術士甚衆，欲以興太平。方士欲練
以求奇藥。"玉篇："詭，欺也，謾也。"類篇："詭，詐也。"誠按：正始
石經、章氏深崇信之，而其所載古文，大都同於郭、夏。然則兩家之
書，自非方士詭僞之比。**且輕用民力，莫如漢魏，浚深穿堅，
時時閒作。**兩漢三國，迭興大役。諸如修繕長城，擴展疆域，采
集銅鐵，興治水利，以及城郭宮室之建造，陂池井渠之開鑿，無不徵
用巨大人力爲之。浚者，公羊莊九年傳："浚之者何，深之也。"漢書
溝洫志"其處易浚"，顏注："浚，謂治道之令其深。"閒者，詩周頌桓
篇："皇以閒之"，毛傳："閒，代也。"後漢書班彪傳下李注："閒，迭

也。"**由晉訖隋，土均尚屬，彝器顧少掊得，**周禮地官："土均掌平土地之政，以均地守，以均地事，以均地貢。"鄭注："政，讀爲征，所平之税，邦國都鄙也。地守，虞衡之屬；地事，農圃之職；地貢，諸侯之九貢。"文選洛神賦李注："屬，急也。"顧，猶反也。傳注多言之。説文："掊，把也。今鹽官入水取鹽爲掊。"史記封禪書："見地如鈎狀，掊視得鼎。"漢書郊祀志顔注："掊，謂手杷土也。"誠按：説文叙稱："郡國亦往往於山川得鼎彝。"足見文物之出，爾時尚盛。魏晉以降，世積亂離，民生憔悴。轉慕玄虚，始扇清談之風，嗣多佛法之奉，金石專業，宜非所崇，重以歷世破壞，有如潘祖蔭列舉之六厄（詳潘氏攀古樓彝器款識自序），故宋人所載秦漢以下彝器，遂不滿百矣，豈能但憑著録之希逗疑掊得之寡哉。**下及宋世，城郭陂池之役簡於前代，而彝器出土反多，其疑一也。**宋承五季之後，民得暫蘇。重以刻書流行，人知嚮學，文物之出，宜所致意，著録日富，勢有必然。斯蓋無庸置疑者也。孟子公孫丑下篇："三里之城，七里之郭。"説文："陂，阪也，一曰池也。"**自宋以降，載祀九百，轉相積絫，其器愈多。**左氏宣三年傳"載祀六百"，詩鄘風載馳傳："載，辭也。"爾雅釋天："夏曰歲，商曰祀，周曰年；唐虞曰載。"説文："絫，增也。"按：宋太祖趙匡胤建國，在公元九六〇年，下迄清光緒二十六年，當公元一千九百年，約舉成數，故云九百。又據王國維國朝金文著録表，鮑鼎國朝金文著録表補遺及王氏原本奪漏諸器表，三者合計，凡七千一百四十有三器。其中三代之遺爲五千八百有四。列國先秦器爲一百六十有四。漢以後器爲一千一百七十有六。**然發之何地，得之何時，起自何役，獲自誰手，其事狀多不詳。就有一二詳者，又非衆所周見。其疑二也。**此殆不宜以今衡古。今之科學伐掘無論矣。即土木興建,山川行役,得一器於何時何地何人,無不詳爲紀載,以資考信。而昔人於此,雖尠措意,亦未嘗無計及者。王國維宋代金文著録表序云:"竊謂考古、博古二圖。摹寫形制,考訂名物,用力頗鉅,所得亦多。乃至出土之地,藏器之家,苟有所知,無不畢紀,後世著録家當奉爲準則。"斯可見矣。**古之簠簋、咸云竹木所爲,**説文:"簠,黍稷圜器也。""簋,黍稷方器也。"二字皆从竹。又儀禮公食大夫禮鄭注:"進稻粱者以簋,舊禮家以爲刻木爲之。"誠按:簋之別有三,或以木制,其形圓,所以盛黍稷;或以竹制,其形方,所以盛棗栗之屬;又或以銅爲之,所以盛肴饌。其形制與施用,皆有不同。**管仲鏤簋,已譏其侈,**禮記禮器篇:"管仲鏤簋朱紘,君子以爲濫矣。"鄭注:"濫亦盜竊也。鏤簋,謂刻而飾之。大夫刻爲龜耳。"又雜記下篇:"孔子曰:管仲鏤簋而朱紘,旅樹而反坫,山節而藻梲,賢大夫也,而難爲上也。"鄭注:"言其僭。天子諸侯鏤簋,刻爲蟲獸也。"**而晚世所獲,悉是鎔金,著録百數。何越禮者之多。其疑三也。**據王國維國朝金文著録表、鮑鼎國朝金文著録表補遺及王氏原本奪漏器表綜計:簠凡一百有八事(少數疑偽),簋凡八十事。誠按:器銘文字:簠作匤、作㔽、作鋪。周禮又有"旅人爲簠"之文。銘文簋作㿝,無从竹者。蓋此二器,始皆爲陶,中經竹木,後乃進於冶鑄;此制作之演進,非所論於越禮也。今傳世簠簋悉是銅制,其朔已不可見。**祭饗庸器,非匹庶之家所有;**説文:"祭,祀也。""祀,祭無已也。"段注:"統言則祭祀不別也。"周禮秋官大行人"饗禮九獻"云云,鄭注:"饗,設盛禮以飲賓也。"又春官序官典庸器,鄭注:"庸,功也。鄭司農云:'庸器,有功者鑄器銘其功。'"誠按:匹庶猶言庶民。後漢書黨錮傳序:"令行私庭,權移匹庶,任俠之方。成其俗矣。"**至於戈、戟、刀、鈹,布在行伍;**説文:"戈,平頭戟也。""䣁,有枝兵也。""刀,兵也。""鈹,大鍼也。一曰劍如刀裝者。"此四者皆兵器也。誠按:戈與戟形製相似,舊説皆以戈爲商物,傳世甚多,而戟則甚少。禮記中庸篇:"布在方策。"賈誼過秦論:"躡足行伍之閒。"又文選張衡西京賦"結部曲,整行伍",善注:"左傳曰'行出犬雞',杜預云:二十五人爲行。行亦卒之行列也。周禮曰:'五人爲伍。'"濟注:"行伍,校隊之名。"**錡、釜、耒、耨,用之家人**;詩召南采蘋篇"維錡及釜",毛傳:"錡,釜屬。有足曰錡,無足曰釜。"釋文:"錡,三足釜也。"方言:"鍑,或謂之鑊。江淮陳楚之閒謂之錡。"説文:"錡,鉏鎯也。江淮之閒,謂釜曰錡。""耒,手耕曲木也。"國語齊語韋注:"耨,鎡錤也。"此四者皆農具也。誠按:周易有家人卦。**少多之劑,千萬相越**,説文:"劑,齊也。"謂分齊也。相越,猶言相遠,已見小學略説篇疏證。**然晚世所見者,禮器有餘,兵農之器反寡,其疑四也。**遠在殷商武丁以前,已有成套禮器。武丁以後,新型彌繁。禮器者,祭祀之瑞寶,權力之信物,謂爲有繫家國宗廟之吉凶常變、興滅存亡者也。王室貴族,畸重之而首鑄之,此其所以獨多。至於兵器,宋人所紀,僅有四事,故章氏以爲寡。然清代著録,則逾五百,禮器之外,以此爲衆。斯由統治者擴充武裝所必需也。青銅農具,傳世良少。蓋既見珍視,必防損壞之易;故不甘大量鑄造,付之奴隸耳。要之,以上三者,或多或少,皆有其故,無可致疑。**刀、布埶輕,失則易墜**;荀子榮辱篇"餘刀布,有囷窌(窖)",楊注:刀、布,皆錢也。刀取其利,布取其廣。"史記平準書"農工商交易之路通,而龜貝金錢刀布之幣興焉",索隱:"布者,言貨流布。刀者,錢也。以其形如刀,故曰刀。以其利於人也。"誠按:説文:"隊,從高隊也。"今用墜。**鐘鼎質重,載之及溺**;墨子魯問篇:"攻其鄰國,殺其民人,取其牛馬粟米貨財,則書之於竹帛,鏤之於金石,以爲銘於鐘鼎,傳遺後世子孫。"詩大雅桑柔篇"載胥及溺",鄭箋:"胥,相;及,與也。皆相與陷溺於禍難"。説文:"㳶,没也。从水,从人,讀與溺同。"段注:"此沉溺之本字也。"**所以亡國之虛,下有積錢;**就戰國史實言之:各國首都既多爲鑄造金屬貨幣及其發行之主要地,又全國財賄所聚,故自古迄今;時有古幣出土。如齊都臨淄遺址之齊厺化、齊建邦造厺化兩種刀幣,燕下都遺址之各種明刀幣,秦都咸陽遺址之半兩幣,洛陽王城遺址鑄有東周、大信字樣方孔圓錢。又咸陽所出趙國鑄造之陳爰金版諸物,皆其彰彰者也。虛者,説文:"虛,大丘也。"左氏昭十七年傳:"宋,大辰之虛也。"釋文:"虛,起居反。"孔疏:"虛者,舊居之處也。"錢者,朱駿聲説文通訓定聲云:"古者貨貝而寶龜。周太公立九府圜法,乃有泉。至秦廢貝行錢。史記平準書'龜貝金錢',索隱:'本名泉,言貨之如流泉也。'周語'景王二十一年,將鑄火錢',注:'錢者金幣之名。古曰泉,後轉曰錢。'"又章氏小學荅問云:"古之鑄錢者,形如契刀,故謂之刀。亦象枲鋪,故謂之錢。"**秦致九鼎,淪入泗水;理之恒也。**左氏宣三年傳:"王孫滿曰:昔夏之方有德也,遠方圖物,貢金九牧,鑄鼎象物,百物而爲之備,使民知神姦。""桀有昏德,鼎遷於商,載祀六百,商紂暴虐,鼎遷於周。"漢書郊祀志:"禹收九牧之金,鑄九鼎,象九州。"史記秦始皇本紀:"二十八年,始皇還,過彭城、齋戒禱祠,欲出周鼎泗水,使千人没水求之,弗得。"又封禪書云:"其後(周太史儋語秦獻公之後)百二十歲而秦滅周,周之九鼎入於秦。或曰宋太丘社亡而鼎没於泗水彭城下。其後百一十五年而秦并天下。"説文:"淪,一曰没也。""恒,常也。"**自餘鱓、爵、簠、簋之倫,輕不如錢,重不如鼎,其漂流墊陷蓋少,得失之分,未諭其由。**

其疑五也。之倫，猶言之屬。説文："倫，輩也。""觶，鄉飲酒角也。受四升。""爵，禮器也。象爵之形，中有鬯酒，又持之也。"此與籩、篡皆禮器，鑄之既多，流布遂廣且久，於輕重得失無與也。説文又云："漂，浮也。""墊，下也。"荀子儒效篇"其言多當矣，而未諭也"，楊注："未諭，謂未盡曉其義。"**然則吉金著録，寧皆贗器，**吉金，謂祭禮所用鼎彝之屬。韓城鼎銘："堅久吉金，用作寶尊鼎。"贗器者，偽器也。此義今字作贋。韓非子説林下篇："齊伐魯，索讒鼎，魯以其贗往。齊人曰：贗也。魯人曰：真也。"**而情偽相雜，不可審知，**情偽，猶言真偽。周易繫辭下"聖人設卦以盡情偽"。審者，説文："宷，悉也。知宷諦也。从宀，从釆。審，篆文宷从番。"吕氏春秋察微篇"公怒不審"，高注："審，詳也。"**必令數器互讎，文皆同體，**原注：如丁作●，祖作且，惟作隹之類。〇讎謂校讎。文選魏都賦注引劉向別録云："一人讀書，校其上下得繆誤爲校，一人持本，一人讀書，若怨家相對爲讎。"誠按：丁作●，見師旂鼎、癲鍾等器。祖作且，見盂鼎、秦公鐘等器。惟作隹，見昌鼎等器。數器互讎之法，孫詒讓早用之矣。**斯隺然無疑耳。**經傳釋詞八："斯，猶乃也。"説文："隺，高至也。易曰：'夫乾隺然。'"按：今本繫辭"隺"作"確"。釋文："確，苦角反。"**單文閒見，宜所簡汰，**謂雜厠其中無可比勘之鮮見文字，當別擇而清洗之也。禮記玉藻篇、左氏隱三年傳釋文並云："閒，閒厠之'閒'。"戰國策秦策"簡練以爲揣摩"，高注："簡，汰也。"説文："汰，淅㶃也。"段注："淅字贅。釋詁曰：'汰，墜也。'汰之則沙礫去矣，故曰墜也。凡沙汰、淘汰，用淅米之義引申之，或寫作汏，多點者誤也。"**無取詭效殊文，**文選班固幽通賦"變化故而相詭兮，孰云預其終始"，李注引曹大家云：

"詭，反也。"殊文，謂異形之文字。沈約王儉碑："殊文共會。"宋鄭
樵嘗掇一代或異代異國之鐘鼎錢刀古器文同字異形者爲古今殊文
圖、一代殊文圖、諸國殊文圖三篇，附於通志六書略之後。**用相詿**
燿，謂妄言欺人以自炫燿也。説文叙云："變亂常行，以燿於世。"
故曰："索隱行怪、吾弗爲之矣。"語見禮記中庸篇，"索"作
"素"。朱熹章句："素，按漢書當作'索'。索隱行怪，言深求隱僻
之理而過爲詭異之行也。"誠按：漢書藝文志顔注："禮記載孔子之
言。索隱，求索隱暗之事而行怪迂之道。"**穿鑿之徒，務欲立異。**
穿鑿，謂字之不可通者，輒任意牽合，以求其通也。後漢書徐防傳：
"孔子稱述而不作。今不依章句，妄生穿鑿，輕侮道術，寖以成俗。"
自莊述祖、龔自珍好玩奇辭，文致璿兆。文致，猶言文飾，附
會。後漢書賈逵傳論："桓譚以不善讖流亡，鄭興以遜辭僅免，賈逵
能附會文致，最差顯貴。"李注："賈逵附會文致，謂引左氏明漢爲堯
後也。"璿兆者，説文："璿，圭璧上起兆璿也。"鍇注："璿，謂起爲
壠，若篆文之形。"段注："周禮先鄭注云：璿，有圻鄂璿起也。兆者，
垗也。塋域之象，先鄭所謂垠堮也。"誠按：莊述祖生清乾隆十五年
（公元一七五〇年），卒嘉慶二十一年（公元一八六一年），年六十七
歲，江蘇武進人。龔自珍生乾隆五十七年（公元一七九二年），卒道
光二十一年（公元一八四一年），年五十歲，浙江仁和人。莊氏著有
説文古籀疏證，鐘鼎彝器釋文，石鼓然疑等書。晚歲嘗爲口號，有
"慣看模黏字、尚攻穿鑿文"之句，此夫子自道也。龔氏著有商周彝
器文録、漢器文録、金石通考（未成）、吉金款識、泉文記、瓦録等書，
蓋自十七歲游太學見石鼓文，遂抗志欲爲此學矣。唐蘭論莊氏之
學曰："乾隆時，許學正盛行，莊述祖却想利用彝器文字來建設出一
個古籀系統來代替説文，但是他所苦的，還是材料太少，認識不足。

並且他想把一切文字都推源於甲子等二十二字。這是一種玄想。”
又論龔氏曰：“乾嘉以後，金文學雖極盛，但辨識文字方面，進步很
少。陳慶鏞、龔自珍等所釋，往往穿鑿不經”云云。**晚世則吳大
澂尤憙銅器。** 吳大澂，晚清吳縣人。酷嗜古金石器，藏有宋微子
鼎等寶物。所著如愙齋集古錄、説文古籀補、恒軒金石錄諸書，皆
有名於世。**亦有燔燒餅餌，毀瓦畫墁，以相欺給。不悟僞
迹，顧疑經典有譌，説文未諦。** 此阮元、吳大澂等見欺之事
也。章氏與金祖同論甲骨文第二書云：“近世精於賞鑒者，推阮芸
臺、吳清卿，然其受人欺給、釀爲嘲笑之事甚多，況今人之識，又下
於阮、吳甚遠耶。”毀瓦畫墁，見孟子滕文公下篇。朱熹集注：“墁，
牆壁之飾也。”給者，説文：“絲勞即給。”段注：“古多叚爲詒字。言
部曰：詒者，相欺詒也。”**迨孫詒讓，頗檢以六書，勿令離局。**
孫詒讓生清道光二十八年（公元一八四八年），卒光緒三十四年（公
元一九〇八年），年六十一歲，浙江瑞安人。於章氏爲前輩學者。
其下世之前一年，覆書章氏，有“近惟以研翫古文大篆自遣”之語。
迨者，詩召南摽有梅篇“迨其吉兮”，鄭箋：“迨，及也。”方言三：
“迨，及也。東齊曰迨。”檢者，華嚴經音義上引漢書音義：“檢，局
也。”文選演連珠李注引蒼頡：“檢，法度也。”局者，爾雅釋言：“局，
分也。”郭注：“局，謂分部也。”禮記曲禮上篇“左右有局，各司其
局”，鄭注：“局，部分也。”**近校數家，諒爲慎密。** 國語齊語“合
羣叟比校民之有道者”，韋注：“校，考合也。”詩小雅何人斯篇“諒
不我知”，鄭箋：“諒，信也。”唐蘭氏曰：“小學家不能深通金文，而
金文家不治小學，所以辨識古文字的方法和條理，沒有人去注意。
和吳氏同時的孫詒讓、以小學家兼金文家，條理清晰，方法精密，前
此未有。所著古籀拾遺、古籀餘論、契文舉例、名原等書，雖不免錯

誤,但他所懸的以<u>商周</u>文字展轉變易之迹,上推書契之初軌的鵠的,却頗有一部分的成功。"**然彝器刻畫,素非精理。**<u>孫氏古籀拾遺序</u>:"意必之論,刊除未盡,且僅據傳摩,罕覯墨本,點畫漫缺,或滋妄説。"**形有屈伸,則説爲殊體;字有暗昧,而歸之缺泐。**<u>説文</u>:"缺,器破也。""泐,水石之理也。<u>周禮</u>曰:'石有時而泐。'"<u>鍇注</u>:"言石因其脈理而解裂也。"**乃云<u>李斯</u>妄作,**<u>孫氏名原叙</u>云:<u>李斯</u>之作小篆,廢古籀,尤爲文字之大戹。<u>秦漢</u>閒諸儒傳讀經典,已不能精究古文。<u>書詩</u>傳自<u>伏生</u>、<u>毛公</u>,<u>左氏春秋</u>上於<u>張蒼</u>。<u>大毛公</u>當六國時,前於<u>李斯</u>,<u>伏</u>固<u>秦</u>博士,<u>張</u>則柱下史,咸逮見<u>李斯</u>者。三君所傳,尚不無舛駁,<u>斯</u>之學識,度未能遠過三君,而乃奮肊制作,徇俗蔑古,其違失<u>倉史</u>之恉,寧足責邪?**<u>叔重</u>貤繆,**<u>説文</u>:"貤,重次第物也。"<u>段注</u>:"重次第者,既次第之,又因而重之也。"<u>廣雅釋詁一</u>:"貤,益也。"<u>王念孫疏證</u>:"貤之言移也,移此以益彼也。"<u>誠</u>按:<u>孫氏名原</u>謂<u>許君</u>不能盡見古文,<u>説文</u>所録,頗多遺闕(見<u>説文補闕篇</u>)。其所載者。又多舛誤;於古文而異之奇字,<u>許</u>書又不悉識別(見<u>古籀撰異篇</u>)。此<u>孫氏</u>言論之大略也。**此蓋吾之所未諭也。**<u>唐蘭中國文字學前論</u>云:"我的同鄉老儒<u>金蓉鏡</u>先生寫信給我,批評<u>孫詒讓</u>桃<u>許慎</u>而祖<u>倉頡</u>。在老先生的眼光裏,這就是不可恕的罪狀。但在我們看來,只有這樣,文字學纔有新的生命、出路。"**又近有掊得龜甲者,**據<u>羅振常洹洛訪古記</u>:清光緒初年,<u>河南安陽小屯村殷</u>虛,已有甲骨出土,乃農民犂田時得之者。**文如鳥蟲,又與彝器小異。**<u>王莽</u>六書有鳥蟲書。<u>段玉裁</u>曰:"謂其或像鳥、或像蟲。"**其人蓋欺世豫賈之徒。**豫賈,見<u>荀子儒效篇</u>、<u>淮南子覽冥訓</u>、<u>史記循吏傳</u>、<u>説苑反質篇</u>,謂虛定高價以誑人也。儒效篇云:"仲尼將爲司寇,魯之粥牛馬者不豫賈。"王引之曰:"豫,猶誑也,周官司市注曰'使定物價,防誑豫'是也。豫與誑同義。"誠按:甲骨出土後,其初土人目之爲龍骨;或乃以塡枯井,藥店購之,一斤才得數錢,後漸爲骨董商人注意,於原地賤值收買,轉運京津,高價出售。一八九九年(清光緒二十五年),濰縣骨董商人范維卿初以甲骨文字介紹於世,福山王懿榮旋以重金陸續从若輩得數百片,是爲學人重視此物之始,**國土可鬻,何有文字**,爾時世變日亟,故有此憤激之語。説文:"鬻,賣也。"詩鴟鴞釋文同。劉寶楠論語里仁篇正義引後漢列女傳注:"何有,言若無有。"**而一二賢儒,信以爲質,斯亦通人之蔽。**一二賢儒,謂劉鶚、孫詒讓也。劉鶚定龜甲文爲殷人刀筆書。孫詒讓信之,謂爲不誣。劉氏既多得王懿榮遺物,又求之於來自北京琉璃廠之骨董商,與曾爲王氏奔走之趙執齋,以及與范維卿交易之友人,從中選擇一千〇五十八片,都爲一集。於公元一九〇三年(清光緒二十九年),以鐵雲藏龜之名,影印行世。斯甲骨文字著録成書之始。越年,孫詒讓資之以作契文舉例,於卜辭内容,分門別類,概爲十章。此爲考釋甲骨文字之始。質者,左氏襄九年傳"要盟無質",孔疏引服虔注:"質,誠也。"通人者,王充論衡超奇篇云:"通書千卷以上,萬卷以下,弘暢雅閑,審定文讀,而以教授爲人師者,通人也。"又許慎説文叙有"博采通人"之語。蔽者,荀子解蔽篇楊注:"言不能通明,滯於一隅,如有物壅閉之也。"**按周禮有釁龜之典,**周禮春官龜人"上春釁龜,祭祀先卜",鄭注:"釁者,殺牲以血之神之也。"誠按:詩周頌維清篇"文王之典",毛傳:"典,法也。"**未聞銘勒,**孫詒讓之説則不然。以爲"契龜刻甲,古所恒覯,不足異也。"國語晉語"其銘有之",韋注:"刻器曰銘。"禮記月令篇:"孟冬,命工師效功,物勒工名,以考其誠。"鄭注:"勒,刻也。刻工姓名於其器,以察其信。"**其餘見於龜策列傳者,乃有白雉之灌,酒脯之禮。**褚先生補史記龜策傳,述宋元王時,"漁者舉網而得神龜,龜自見夢宋元王、元王召博士衛平,告以夢龜狀。平諫王留神龜以爲國重寶,元王乃刑白雉及與驪羊,以血灌龜,脯酒禮之,身全不傷。"誠按:説文:"脯,乾肉也。"**梁卵之被,黃絹之裹,**龜策傳又云:"常以月旦被龜。先以清水澡之,以卵被之。祝曰:'今日吉,謹以梁卵焍黃被去玉靈之不祥。'"索隱:"拂洗之以水,雞卵摩之而呪。梁,米也。卵,雞子也。焍,灼龜木也。黃者,以黃絹裹梁卵以被龜也。必以黃者,中之色,主土而信,故用雞也。"**而刻畫書契無傳焉。**孟子梁惠王上篇:"是以後世無傳焉。"**假令灼龜以卜,**説文:"灼,炙也。""卜,灼剝龜也。象炙龜之形。一曰:象龜兆之縱橫也。"**理兆錯迎,釁裂自見,則誤以爲文字。**龜策傳云:"理達於理,文相錯迎。"王念孫曰:"理達於理,文不成義。理達當爲程達。程理右半相似,又涉下理字而誤也。程與呈,古字通。灼龜爲兆,其理縱橫,呈達於外,故曰程達於理,文相錯迎也。太平御覽方術部引此正作程達於理。"**然非所論於二千年之舊藏也。**甲骨乃盤庚遷殷以後之物。遷殷之舉,在公元前一四〇一年。舊藏之出,在公元十九世紀晚期。**夫骸骨入土,未有千年不壞,積歲少久,故當化爲灰塵。**近年出土古尸,有遠在兩千年以前者,足見骸骨外表,可以歷久不壞。而自其化學性質言之,則有機質分解以後,所餘無機物爲易破碎耳。**龜甲蜃珧,其質同耳。**周禮天官鼈人"以時籍魚鼈龜蜃凡貍物",鄭注:"蜃,大蛤。"爾雅釋魚:"蜃,小者珧。"誠按:龜甲與蜃珧,其質不同。從發育本源言:龜之甲來自中胚層，而蜃蛛則來自外胚層，從化學成分言：前者主要含磷酸鈣；後者主要含碳酸鈣；從分類學所處地位言：龜屬爬行動物，而蜃蛛爲軟體，品級遠低於龜。**古者隨侯之珠，**淮南子覽冥訓"隋侯之珠"，高注："隋，漢東之國，姬姓諸侯也。隋侯見大蛇傷斷，以藥傅之，後蛇於江中銜大珠以報之，因曰隋侯之珠，蓋明月珠也。"誠按：隋，説山訓及史記鄒陽傳並作"隨"。**照乘之寶，**史記田敬仲完世家："魏王與齊威王會田于郊。梁王曰：'若寡人國，小也，尚有徑寸之珠照車前後各十二乘者十枚。'"**琭玼之削，**説文："琭，蜃屬。禮：佩刀：士琭珌而珧玼（段注：詩正義作琭珌而琭玼）。""珌，佩刀上飾也。天子以玉，諸侯以金。""玼，佩刀下飾。天子以玉（段注：此當云天子以珧，諸侯以玉）。""削，鞞也。""鞞，刀室也（段注：漢人曰削，俗作鞘）。"**餘蚳之貝，今無有見世者矣。**爾雅釋魚："餘蚳，黃白文。"陸德明所見本，"蚳"作"蚳"。郭注云："以黃爲質，白文爲點。"誠按：詩小雅巷伯篇"成是貝錦"，毛傳："貝錦，錦文也。"鄭箋："錦文者，文如餘泉餘蚳之貝文也。"孔疏引李巡曰："餘蚳貝甲，黃爲質，白爲文彩。"**足明堊質白盛，其化非遠，**説文："堊，白涂也。"段注："以白物涂白之也。涂白爲堊，因謂白土爲堊。古用蜃灰。周禮：其白盛之蜃。注云：'謂飾牆使白之蜃也。今東萊用蛤，謂之叉灰云。'"誠按：六十年來，經科學伐掘，古珠玉器不斷出土。僅安陽殷虛一地，即數以千計。而一九七六年，伐掘婦好墓，所得玉器，達七百五十五事，幾占隨葬品總數百分之四十。**龜甲何靈，而能長久若是哉。**龜甲之能長久若是，早經科學鑒定矣。**鼎彝銅器，傳者非一，猶疑其僞，況於速朽之質，易薶之器，**禮記檀弓上篇"喪欲速貧，死欲速朽"，説文："薶，瘞也。"鍇注："藏於草下也。古之葬者，厚衣之以薪。"**作僞有須臾之**

便**，今觀甲骨文字，無不精雕細刻，蓋非倉猝之所能辦也。**得者**
非貞信之人，章氏僅見鐵雲藏龜、雖多得之骨董商人，然若曹所
售，寧皆贗器，更無論於爾，後之科學伐掘矣。傳之者若羅振玉輩，
亦不宜以其人而廢其言。貞者，新書道術篇云：“言行抱一謂之
貞。”釋名釋言語：“貞，定也，精定不動惑也。”章氏新方言釋言：
“説文：‘貞，卜問也。’凡貞異於常問，以有固必審諦之意，故引伸爲
真實。”**而羣相信以爲法物，**後漢書光武紀：“益州傳送公孫述瞽
師、郊廟樂器、葆車、輿輦，於是法物始備。”王先謙集解引通鑑胡
注：“法物；即上樂器、葆車、輿輦之類。”**不其僖歟。**穀梁僖二十
八年傳“以爲晉文公之行事爲已僖矣”，范注：“以臣召君，僖倒行
事。”**夫治小學者，在乎比次聲音，推迹故訓，以得語言之**
本。不在信好異文，廣徵形體。周禮春官世婦“比其具”，鄭
注：“比，次也。”推迹，已見小學略説篇。誠按：文字者語言之符號，
非即語言也。治語言可不拘牽形體。而治文字則非廣徵形體，無
以明其遞嬗之由，似未可並爲一談也。**曩令發玉牒於泰岱，**史
記封禪書：“封泰山下東方，如郊祠太一之禮。封廣丈二尺，高九
尺，其下則有玉牒書，書祕。”説文：“岱，大山也。”段注：“作太作泰
皆俗。”**探翩翼於泗淵，**史記楚世家：“吞三翩六翼，以高世主，非
貪而何。”索隱：“翩，亦作瓹，同。音歷。三翩六翼，亦謂九鼎也。
空足曰翩，六翼即六耳。”**萬人貞觀，不容作僞者，**周易繫辭下
“天地之道，貞觀者也”。禮記文王世子篇“萬國以貞”，鄭注：“貞，
正也。”**以補七十二家之微文、**史記封禪書：“古者封泰山、禪梁
父者七十二家，而夷吾所記者，十有二焉。”段玉裁説文叙注：“封大
山者七十二家，見管子、韓詩外傳、司馬相如封禪文、史記封禪書。”

備鑄器象物之遺法，左氏宣三年傳有“鑄鼎象物”之語，引見前。杜注：“象所圖物，鑄之於鼎。”**庶亦可矣。**論語先進篇“回也其庶乎”，何注：“言回庶幾聖道。”説文：“尚，庶幾也。”**若乃奉矯誣之器，**經傳釋詞七：“若乃，轉語詞也。”尚書僞仲虺之誥篇：“夏王有罪，矯誣上天，以布命於下。”某氏傳：“言託天以行虐於民，乃桀之大罪。”**信荒忽之文，**文選張衡思玄賦“追荒忽於地底兮”，李注：“荒忽，幽昧貌。”**以與召陵正書相角。**召陵正書，謂許慎所著説文解字也。慎，東漢汝南召陵縣萬歲里人。角者，漢書賈誼傳“非親角材而臣之也”，顏注：“角，校也，競也。”**斯于六書之學，未有云補。**經傳釋詞三：“云，語中助詞也。”**擬之前代，**漢書揚雄傳上“常擬之以爲式”，顏注：“擬，謂比象也。”**則新垣玉杯之刻，**史記孝文本紀：“十七年，得玉杯。刻曰：‘人主延壽。’於是天子始更爲元年。”又封禪書云：“其明年，新垣平使人持玉杯、上書闕下獻之。平言上曰：‘闕下有寶玉氣來者，已視之，果有獻玉杯者，刻曰“人主延壽”。’人有上書告新垣平所言氣神事皆詐也。下平吏治，誅夷新垣平。”**少翁牛腹之書也，**事見史記孝武本紀及封禪書。書云：“其明年，齊人少翁以鬼神方見上。居歲餘，其方益衰，神不至。乃爲帛書以飯牛，詳不知。言曰：‘此牛腹中有奇’，殺視得書，書言甚怪。天子識其手書，問其人，果是僞書。於是誅文成將軍。”**寧可與道古邪。**楚辭天問篇：“遂古之初，誰傳道之。”廣雅釋詁二：“道，説也。”

國故論衡疏證上之十一

正言論

　　晚清語文運動之大旗，曰文言合一。其義有二：一指書面語與口頭語相一致；一指文字制度與拼切語音要求相符合。前者爲當時白話文運動之原則；後者爲當時漢字改革者之主張。一八九八年，裘廷梁論白話爲維新之本，提出崇白話而廢文言之口號。一八九九年，陳榮袞論報章宜改用淺説，有"文言之禍亡中國其一端矣"之語。宋恕則在一八九一年倡造切音文字多種以便幼學之議（見六齋卑議），而黃遵憲先於一八八七年夏完成之日本國志中，已昌言漢文漢字之當改革。其學術志二有云："周秦以下，文體屢變，逮夫近世，章疏移檄，告諭批判，明白曉暢，務期達意，其文體絶爲古人所無，若小説家言。更有直用方言以筆之於書者，則語言文字幾幾乎複合矣。余又烏知夫他日者不更變一文體爲適用於今，通行於俗者乎。"又云："文字者，語言之所從出也。雖然，語言有隨地而異者焉，有隨時而異者焉，而文字不能因時而損益，畫地而施行。言有萬變，而文止一種，則語言與文字離矣。居今之日，讀古人書，徒以父兄師長遞相授受，童而習焉，不知其艱。苟迹其異同之故，其與異國之人進象胥舌人而後通其言辭者，相去能幾何哉。"凡此，並章氏所謂"時彦譁言"也。太炎文别録卷二論漢字統一會中有與此論互相發明者，茲移録之。其文云：
"俗士有恒言，以言文一致爲準。所定文法，率近小説演義之
流。其或純爲白話，而以蕴藉温厚之詞間之。所用成語，徒唐
宋文人所造。何若一返方言，本無言文歧異之徵，而又深契古
義，視唐宋儒言爲典則邪。昔陸法言作切韵，蓋集合州郡異
音，不悉以隋京爲準。今者音韵雖宜一致（原注：如所謂官音
者。然順天音過促急，平入不分，難爲準則），而殊言別語，終
合葆存。但令士大夫略通小學，則知今世方言上合周漢者衆，
其寶貴過於天球九鼎，皇忍撥棄之爲。彼以今語爲非文言者，
豈方言之不合於文，顧士大夫自不識字耳。若强立程限，非直
古書將不可讀，雖今語亦有窒礙不周者。代以同音之字，則異
地者勿能通曉。夫正名百物，所以明民共財，汗漫書之，甚無
謂也。"合兩論而觀之，益足明其立言之意矣。

文言合一，蓋時彦所譁言也。爾雅釋訓："美士爲彦。"郭
注："人所嗟詠。"説文："彦，美士有文，人所言也。""譁，讙也。"**此
事固未可猝行。**説文："猝，犬从艸暴出逐人也。"段注："段借爲
凡猝乍之稱，古多段卒字爲之。"廣雅釋詁："暴、暫，猝也。"王念孫
疏證引方言注："謂急速也。"**藉令行之，不得其道，徒令文學
日窊。**漢書陳勝傳集注引服虔："藉，猶借也。"説文："窊，汙衺
也。"段注："汙衺蓋與汙衺同，亦謂下也。"**方國殊言，聞存古
訓，亦即隨之消亡。**詩大雅大明篇："厥德不回，以受方國。"漢
揚雄撰方言，其答劉歆書，自稱殊言十五卷。此云方國殊言，即子
雲所謂別國方言也。章氏新方言序："今之殊言，不違姬漢。"即此
所謂聞存古訓也。消者，説文："消，盡也。"段注："未盡而將盡
也。"**以此閻閭烝黎，翩其反矣。**閻閭已見成均圖〔説〕疏證。

猶開明也。詩大雅有烝民篇毛傳："烝，衆也。"尚書堯典篇"黎民
於變時雍"，某氏傳："言天下衆民皆變化從上。"論語子罕篇引逸詩
"唐棣之華，偏其反而"，詩桑柔釋文："偏，本亦作翩。"**余以爲文
字訓故，必當普教國人。九服異言，咸宜揅其本始。**周禮
夏官職方氏："乃辨九服之邦國：方千里曰王畿，其外方五百里曰侯
服，又其外方五百里曰甸服，又其外方五百里曰男服，又其外方五
百里曰采服，又其外方五百里曰衞服，又其外方五百里曰蠻服，又
其外方五百里曰夷服，又其外方五百里曰鎮服，又其外方五百里曰
藩服。"鄭注："服，服事天子也。詩云：'侯服於周。'"揅者，説文云
"探也"。已見古雙聲説篇。**乃至出辭之法，**論語泰伯篇："出辭
氣，斯遠鄙倍矣。"**正名之方，**論語子路篇："必也正名乎。名不正
則言不順。"集解："馬曰：正百事之名。"又荀子有正名篇。**各得
準繩，悉能解諭。**孟子離婁上篇："聖人既竭目力焉，繼之以規
矩準繩，以爲方圓平直，不可勝用也。"朱熹集注："準，所以爲平；
繩，所以爲直。"説文："諭，告也。"段注："凡曉諭人者，皆舉其所易
明也。周禮掌交注曰：'諭，告曉也。'曉之曰諭，其人因言而曉亦曰
諭。諭，或作喻。"**當爾之時，諸方別語，庶將斠如畫一，**此用
史記曹相國世家語。錢大昕十駕齋養新錄四："'説文：斠，平斗斛
也。'古岳切，即月令角斗甬之角。鄭康成注：'角，謂平之也。'漢書
曹參傳：'蕭何爲法，講若畫一。'文穎曰：'講，或爲較，史記作顜。'
顜即斠之異文。"**安用豫設科條，彊施檃括哉。**戰國策秦策：
"科條既備，民多僞態。"荀子大略篇："乘輿之輪，太山之木也，示諸
檃括。"楊注："示，讀爲寘。檃括，矯煣木之器也。"**世人徒見遠
西諸國，文語無殊，遂欲取我華風，遠同彼土。**太炎文錄初

編別録卷一中華民國解云：“神靈之胄；自西方來，以雝梁二州爲根本。雝州之地，東南至於華陰而止。梁州之地，東北至於華陽而止。就華山以定限，名其國土曰華，則緣起如是也。其後人迹所至，徧及九州，華之名於是始廣。華本國名，非種族之號，然今世已爲通語。世稱山東人爲侉子者，侉即華之遺言矣。”誠按：歐美謂亞洲之東部曰遠東，我亦因謂歐美諸邦曰遠西。**不悟疆域異形，大小相絶，**文選左思魏都賦：“爾其疆域則旁極齊秦，結湊冀道，開胷殷衞，跨躡燕趙。”淮南子墜形訓“絶國殊俗僻遠幽閒之處”，高注：“絶，遠也。”**彼之一國，當我數道，**漢制：縣有蠻夷曰道。唐貞觀時，分天下爲十道（後析增五道爲十五道），猶今之省。清分一省爲數道，以布政司領之，體制與唐異。此文所云“道”，主要就清制言之。若亞美利加等國，則不可同日而語矣。**地既陜迫，謌俗易同。**説文：“陜，隘也。”“迫，近也。”“謌，徒歌（段注：謌、謠古今字）。”“俗，習也。”史記貨殖列傳：“夫天下物所鮮所多，人民謠俗，山東食海鹽，山西食鹽鹵，領南沙北固往往出鹽。大體如此矣。”**我則經略廣員，**左氏昭七年傳“天子經略”，杜注：“經營天下，略有四海，故曰經略。”詩商頌長發篇“幅隕既長”，毛傳：“幅，廣也；隕，均也。”鄭箋：“隕，當作圓，圓謂周也（阮元校勘記：圓，小字本作員）。”孔疏：“言中國廣大而圓周也。”**兼包區夏，**尚書康誥篇“用肇造我區夏”，某氏傳：“始爲政於我區域諸夏。”**剛柔燥溼，風土互殊。其異一也。**漢書地理志，凡民函五常之性云云，已引見古音娘日二紐歸泥説疏證。國語周語上：“是日也，瞽帥音官以省風土。”韋注：“音官、樂官以音律省土風，風氣和則土氣養也。”**又彼土常言，多原羅馬，**今歐洲羅馬尼亞語、法語、西班牙語、意大利語等皆屬印歐語系羅馬語族。其文字又皆采用拉丁字母。
乃復雜以土風，如羅馬尼亞語，即有四種方言。文選左思魏都
賦："蓋音有楚夏者，土風之乖也。"向注："土，土壤；風，風俗。"按：
左氏成九年傳："樂操土風，不忘舊也。"乃謂鄉土歌謠，非此義。
雅鄭相貿。論語陽貨篇"惡鄭聲之亂雅樂也"，集解：包曰："鄭
聲，淫聲之哀者。惡其亂雅樂。"史記集解序："世之惑者，定彼從
此，是非相貿，真偽舛雜。"説文鍇注："貿，猶亂也。"徐灝箋："貿亂
當是瞀之假借。"**借使羅馬先民，復生今日，**詩大雅抑篇："借曰
未知，亦既抱子。"毛傳："借，假也。"鄭箋："假令人云王尚幼少"云
云。先民，已見古雙聲説篇疏證。**聞彼正音，方當欤爲畔嗳。**
説文："欤，欤欤，戲笑皃。"論語先進篇"由也嗳"，集解鄭云："子路
之行，失於畔嗳。"尚書無逸篇"乃逸乃諺"，某氏傳：叛諺不恭。叛
諺與畔嗳同。詩大雅皇矣篇作畔援，漢書叙傳注作畔換，文選魏都
賦作叛換。誠按：公元前六世紀已有拉丁語文獻，隨古羅馬之擴張
而傳布於西南歐各地，而法、意、西等語，則在羅馬帝國崩潰之後，
分化而成，拉丁語之消亡久矣。**夫以非正爲正，則正者譎矣；
兩在非正之位，則一不獨正矣。**説文："譎，權詐也。益梁曰
謬。"莊子天下篇："而倍譎不同，相謂別墨。"成玄英疏："譎，異也。
俱誦墨經，而更相倍異，相呼爲別墨。"**反觀諸夏語言，承之在
昔，**諸夏，已見小學略説篇疏證。承，謂承續。詩商頌那篇："自古
在昔，先民有作。"毛傳："先王稱之曰在（當作自）古，古曰在昔，昔
曰先民。"**殊方俚語，各有本株，**班固西都賦："踰崑崙，越巨海，
殊方異類，至於三萬里。"誠按：班固所云，蓋指異域，此則謂方國
爾。俚語，猶言俗語。五代史王彥章傳："彥章武人，不知書。常爲

俚語謂人曰：‘豹死留皮，人死留名。’本株，已見轉注假借説篇疏
證。”太炎文別録卷二於此曾舉數例云：“小爾雅肆訓極、説文肆訓
極陳，大雅‘其風肆好’，肆好者，極好也。今遼東謂極備曰有得肆，
蘇州謂極熱曰熱得肆，訓肆爲極，是與古同。楚人發語言羌，今湖
北黄梅人冠語多用羌字，音斂如姜。釋詁訓都爲於，今江南蘇州人
言於則用都字，音促如篤。冰出爲凌，見諸國風、宜禮，淮西猶謂雨
而木冰爲油光凌，暴雨爲涷，徵之楚辭、淮南、川陝閒猶謂夏月暴雨
曰偏涷雨。”類此即俚語之本株也。**故執旋機以運大象，**尚書堯
典篇：“在璿璣玉衡，以齊七政。”璿璣，大傳作琁機、史記天官書及
律書作旋璣，漢書律曆志作旋機。史遷以北斗七星爲旋璣玉衡，鄭
玄以璿璣玉衡爲渾天儀（見史記集解及宋書天文志）。老子三十五
章“執大象，天下往”，王注：“大象，天象之母也。”奚侗曰“大象，道
也。道本無象，彊云大象，四十一章所謂大象無形也。”誠按：周易
乾卦“象曰”孔疏：“此大象也。十翼之中，第三翼總象一卦，故謂之
大象。”**得環中以應無窮，**莊子齊物論篇“樞始得其環中，以應無
窮”，郭注：“夫是非反復，相尋無窮，故謂之環，環中空矣。今以是
非爲環，而得其中者，無是無非也。無是無非，故能應夫是非；是非
無窮，故應亦無窮。”成疏：“夫絕待獨化，道之本始，爲學之要，故謂
之樞。”**比合土訓，在其中乎。**周禮地官土訓“掌道地圖以詔地
事”，鄭注：“道，説也，説地圖九州形勢，山川所宜，告王以施其事
也。”**若枉徇偏方，**枉徇，猶言曲從。説文：“枉，衺曲也。”段注：
“本謂木衺曲，因以爲凡曲之稱。”左氏文十一年傳“國人弗徇”，杜
注：“徇，順也。”三國志吳書薛綜傳：“遂受偏方之任，總河北之
軍。”**用爲權槩，**禮記月令篇“正權槩”，鄭注：“稱錘曰權。槩，平
斗斛者。”説文：“槩，扢斗斛也。”段注：“槩本器名，用之平斗斛亦

曰槩。凡平物曰杚，所以杚斗斛曰槩。”**既無雅俗之殊，寧得隨情取舍，其異二也。** 經傳釋詞六：“甯（寧），猶豈也。成二年左傳曰‘甯不亦淫從其欲以怒叔父’是也。”**又彼土自日耳曼以來，仍世樸塞，** 日爾曼族屬印歐族歐洲派。今之德、奧、英諸國，皆其後裔。仍世，猶言累代。晉書武帝紀“粤在魏室，仍世多故。”樸塞者，淮南子精神訓“契大渾之樸”，高注：“樸，猶質也。”又主術訓“此治道之所以塞”，高注：“塞，猶閉也。”**畫革旁行，無過迻書聲氣，** 史記大宛列傳：“〔安息〕畫革旁行，以爲書記。”集解韋昭云：“外夷書皆旁行。今扶南猶中國，直下也。”迻者，說文：“迻，遷徙也。”段注：“今人假未相倚移之移爲遷迻字。”誠按：周易乾文言云：“同聲相應，同氣相求。”**雖有增華，離質非遠。** 蕭統文選序：“踵其事而增華，變其本而加厲。”**我則口耳竹帛，文質素殊，** 口耳相傳者口語也，箸之竹帛者文學語也。**今若以語代文，便將廢絕誦讀；若以文代語，又令喪失故言；文語交困，未見其益。其異三也。** 劉歆移讓太常博士書：“往者綴學之士，不思廢絕之闕，苟因陋就寡，分文析字，煩言碎辭。”**世方瞽惑，** 說文：“瞽，低目謹視也。”段注：“班志云區霿，服虔云人儤瞽，荀卿云儤猶瞽儒。他書或云婪瞽，或云彀瞽，或云怐愁。說文子部云‘彀瞽’，皆謂冒亂不明。其字則霿爲正字。雨部云：‘霿，晦也。’”**余之所懷，旦莫難遂。** 說文：“懷，念思也。”旦莫即旦暮。言時之短速也。莊子齊物論篇：“萬世之後而一遇大聖，知其解者，是旦暮遇之也。”遂者，禮記月令篇“百事乃遂”，鄭注：“遂，猶成也。”呂氏春秋圜道篇“遂於四方”，高注：“遂，達也。”**猶願二三知德君子、考合舊文，索尋古語。** 論語衛靈公篇：“知德者鮮

矣。”國語周語韋注：“考，合也。”禮記曲禮下篇“大夫以索牛”，鄭
注：“索，求得而用之。”**庶使夏聲不墜，**詩檜風素冠篇“庶見素冠
兮”，毛傳：“庶，幸也。”鄭箋：“覬幸一見素冠。”夏聲，謂諸夏之聲。
左氏襄二十九年傳：“吳公子札來聘，請觀於周樂，爲之歌秦。曰：
此之謂夏聲。”杜注：“秦去戎狄之音而有諸夏之聲，故謂之夏聲。”
國語晉語“敬不墜命”，韋注：“墜，失也。”**萬民以察，**説文叙：“萬
品以察。”**芳澤所被，不亦遠乎。**鄭玄詩譜序：“欲知芳臭氣澤
之所及，則傍行而觀之。”司馬遷報任安書：“斯不亦遠乎。”經傳釋
詞三：“凡言不亦者，皆以亦爲語助。”

　　今以紐韵正音料簡州國，釋名有釋州國篇。料簡，猶言量
選。蔡邕太尉楊秉碑：“沙汰虛冗，料簡貞實（見本集及藝文類聚四
十六）。”**譌音變節，隨在而有，**太炎文别録卷二駁中國用萬國新
語説：“今之聲韵，或正或譌，南北皆有偏至。北方分紐，善符於神
珙，而韵略有函胡；廣東辨韵，眇合於法言，而紐復多殽混。”**妙契
中聲，亦或獨至。**妙契，猶言善符。莊子寓言篇“九年而大妙”，
王注：“妙，善也。”管子輕重乙篇“使無券契之責”，尹注：“合之曰
契。”中聲，已見小學略説篇疏證。章氏前文又云：“南北相校，惟江
漢處其中流。江陵武昌，韵紐皆正。然猶須旁采州國，以成夏聲。”
明當以短長相覆，爲中國正音，相覆，謂易短爲長也。**既不
可任偏方，亦不合慕京邑。**偏方，猶言一方。京邑，今言首都。
顏氏家訓音辭篇云：“自兹厥後（按指反切行用以後），音韵鋒出，各
有土風，遞相非笑，指馬之喻，未知孰是。共以帝王都邑參校方俗，
考覈古今，爲之折衷。摧而量之，獨金陵（按：孫吳、東晉、宋、齊、
梁、陳，皆建都於此）與洛下（按：曹魏、西晉、後魏，皆建都於此，亦

周漢之東都也)耳。"誠按:此以京邑音爲正音之説也。而章氏文別錄卷二論漢字統一會有云:"今者音韵雖宜一致(原注:如所謂官音者),然順天音過促急,平入不分,難爲準則。"則又不慕京邑之説也。**其表如左方。**吾友詹伯慧氏,今之精研方言者也。誠嘗寫書與論此表,欲乞爲之訂補。伯慧乃語我云:"章氏所論方言概況,限於當時條件,自難完美無疵。倘以今日之是而苛責先輩學者,殊非歷史主義觀點,不如存其真之爲妙,不妄置評述之爲宜也。"所見良爲閎通。今從其議,於下表所列各事,非必要不復申論。以見八十年前,章氏爲此之不易。且自審獨力難周,更有博徵海内之舉矣。又按:章氏此表,原係旁行,今易直行,以利省覽而便箋釋。

濁音去聲變清音界:直隸、山東、河南、山西。今北方話去聲,大抵不分清濁,不獨冀、魯、豫、晉爲然。按清置直隸省、民國改稱河北省,今仍之。**清音去聲變濁音界:湖北、湖南、廣東、廣西、福建。**今湘方言(如長沙)、粵方言(如廣州、潮州)、閩方言(如厦門、福州)、客家話(廣東梅縣),去聲皆分清濁。**濁音上聲變去聲界:除浙江嘉興、湖州二府,他處皆然。**濁上,指全濁聲母之上聲字。今温州、廣州、潮州、博白等地,濁上仍保留原讀。按:明置湖州府,清仍之,轄歸安等七縣,民國廢。**去聲不別影喻二紐界:除江南、浙江,他省皆然。上聲似平界:陝西。入聲似去界:直隸、山東、河南、山西。**今北京話,清入字分別變讀陰、陽、上、去,全濁入聲變陽平,次濁之入乃讀去聲。濟南話清入轉陰平,其餘與北京話同。洛陽話全濁入聲歸陽平,次濁入聲及清入歸陰平。而太原話清入及次濁之入皆讀陰入,全濁之入讀陽入,大同則入聲不論清濁,仍讀促調。**舌上音歸舌頭**

界:福建。今廈門、福州、建甌、潮州等地皆然。**舌上音歸喉音界:廣東**。喉音當作牙音。下同。已詳小學略説篇疏證。**舌上音變正齒界:江南、浙江、廣東、湖南、廣西、雲南、貴州**。**輕脣音歸牙音界:除廣東,他省多有**。牙音,當作喉音。下同。詳小學略説篇疏證。今湘、贛、閩、粤、客家等方言,大都輕脣與曉匣不分。江淮方言、西南方言,亦或混讀。如"夫"與"呼"同音,"飛"與"灰"同音,"方"與"荒"同音之類。而閩方言固無輕脣聲母,輕脣字之讀書音,一般歸喉。**牙音誤輕脣音界:廣東**。在粤方言中:中古非、敷、奉三紐字與曉、匣兩紐之合口韵字聲母不分。如"呼"、"夫"同聲,"灰"、"飛"同聲,"荒"、"方"同聲,"昏"、"分"同聲之屬。**喉音誤齒頭音界:廣東**。**齒頭音歸喉音界:各省多有**。**齒頭音變正齒音界:各省多有**。**匣紐變喻紐界:浙江**。**疑紐誤娘紐界:除廣東,他省多有**。**泥紐變娘紐界:除雲南、貴州,他省多有**。**泥紐變來紐界:直隸、山東、河南、江蘇北部、安徽北部**。中古泥來兩紐字,在大部分西南方言、一部分江淮方言與西北方言中,大抵混讀不分。惟吳、粤、客家諸方言以及華北、東北地區,分別比較清楚。此所云泥變來,如"南"字本屬泥紐、而南京、揚州、南昌諸地皆讀爲來紐矣。**彈舌音變來紐界:安徽北部**。**彈舌音誤禪紐界:江南、浙江、江西、湖南、雲南、貴州、廣東**。

魚韵誤支韵界:雲南、貴州、廣東、浙江。客家、閩南等方言以及雲南、貴州一帶,韵頭惟有齊齒、合口兩類。其撮口呼韵母,或與齊齒呼合流(如昆明、梅縣),或與合口呼合流(如廈門),或分別轉爲開合兩呼(如潮州)。**鼻音收舌收脣無別界:除廣**

東,他省皆然。今北方、吳、湘、贛等方言,-m 尾韵俱已消失而併入-n 尾韵中。惟粵、客家、閩南等方言,仍保存之,自我體系。**東冬二韵無別界:除湖南、江西、安徽,他省皆然。青真二韵無別界:除廣東,他省皆然。真諄二韵無別界:除嶺北諸省,迤南諸省皆然。江陽二韵無別界:除江西,他省皆然。術、物等韵誤入模韵界:直隸、河南、湖北、湖南。麻韵誤如曷、末平聲界:除江蘇江寧府,浙江紹興府,他處皆然。**清置江寧府,轄江寧、上元等七縣。南宋置紹興府,明清因之,轄山陰、會稽等八縣。**麻韵誤先韵幽韵界:除浙江、江西、湖南、廣東,他省皆有。**

國故論衡疏證中之一

綦江龐俊學

文學總略

論語先進篇：“文學，子游、子夏。”墨子非命中篇：“凡出言談，由文學之爲道也。”又荀子大略、非相、王制，韓非子五蠹顯學等篇，俱言文學，其名義至廣，蓋儱有一切學術藝文之部。今之所論，則爲一切文辭之法式。其關於小學者，則上卷論之；關於哲學者，則下卷論之。故此所云文學與周秦亦別也。漢志言劉歆“總羣書而奏其七略”。略者，說文云“經略土地也”，吳都賦注云“分界也”，檢論徵七略云“略者，封畛之正名。傳曰：天子經略”。此篇專論文學之界義，故曰“文學總略”。

文學者，以有文字著於竹帛，故謂之文；論其法式，謂之文學。 此言文學之定義。或病其過爲廣漠，然文學本以文字爲基，無句讀文、與有句讀文、初無根本之別，其容至博，不可削之使狹。證之西方，亦有謂游克力之幾何、牛頓之物理，莫非文學者矣。專主藻采，則必遠於修辭立誠之旨。世人惟不能抉破一切狹陋文論，故有應用文與美文之別。流宕不反，竟有謂美文乃可不重内容，乃可不求人解，乃可不受常識與論理之裁判者，良由持論偏狹，故不勝末流之弊矣。**凡文理、文字、文辭皆言文。言其采色發揚，謂之彣。** 說文“彣，䢃也”，段注曰：“有部：‘䢃，有彣彰也。’

是則有彣彰者謂之彣。彣與文義別。凡言文章，皆當作彣彰，作文章者省也。文訓道畫，與彣義別。”**以作樂有闋，**說文：“闋，事已閉門也。”文王世子“有司告以樂闋”，鄭注云：“闋，終也。”**施之筆札，**漢書郊祀志、司馬相如傳注並云：“札，木簡之薄小者也。”**謂之章。**說文：“章，樂竟爲一章。从音十。十，數之終也。”**說文云：“文，錯畫也。象交文。”“章，樂竟爲一章。”“彣，㦡也。”“彰，文彰也。”或謂文章當作彣彰，則異議自此起。**段玉裁之說，見上注。**傳曰“博學於文”，**語見論語雍也篇。劉寶楠正義曰：“博文者，詩書禮樂與凡古聖所傳之遺籍是也。”傳者，禮記曲禮疏云：“傳謂傳述爲義，或親承聖旨，或師儒相傳。”按：論語爲孔子應答時人及弟子相與言而接聞於夫子之語。是即親承聖旨，師儒相傳之典籍。又其書書以八寸策，不同於二尺四寸之經，故謂之傳也。**不可作彣。雅曰“出言有章”，**語見小雅都人士篇。箋曰：“吐口言語，又有法度文章。”**不可作彰。古之言文章者，不專在竹帛諷誦之間。孔子稱堯舜“煥乎其有文章”，**語見論語泰伯篇。何晏集解云：“煥，明也。其立文垂制又著明。”劉寶楠正義云：“上世人質，歷聖治之，漸知禮義，至堯舜而後文治以盛，故尚書獨載堯以來。自授時外，復作大章之樂。”又大戴禮五帝德言堯事云：“黃黼黻衣，丹車白馬，伯夷主禮，夔教舞。”皆是立文垂制之略可考見也。**蓋君臣朝廷尊卑貴賤之序，車輿衣服宮室飲食嫁娶喪祭之分，謂之文。八風從律，百度得數，謂之章。**禮記樂記云“八風從律而不姦，百度得數而有常。”八風者，隱五年左傳云“舞所以節八音而行八風”，杜注：“八風，八方之風。以八音之器，播八方之風。”疏引易通卦驗云：“立春調風至,春分明庶風至,立夏清明風至,夏至景風至,立秋涼風至,秋分閶闔風至,立冬不周風至,冬至廣莫風至。"八風從律者,鄭注樂記云:"應節至也。"百度得數者,鄭云:"百度,百刻也。言日月晝夜不失正也。"尋樂記此語以言樂之成功,而章之立名,本依於樂,故云然也。**文章者,禮樂之殊稱矣。其後轉移施於篇什。**古言文章猶禮樂爾。其後名義漸移,若論語公冶長篇"夫子之文章",集解以文彩章明説之,於義爲短。皇侃義疏謂文章爲六籍,劉寶楠正義謂即詩書禮樂夫子以爲教者,斯説得之。篇什者,陸德明毛詩釋文云:"什者,若五等之君有詩,各繫其國,舉周南即題關雎,至於王者施教,統有四海,歌詩之作,非止一人,篇數既多,故以十篇編爲一卷,名之爲什。"**太史公記博士平等議曰:"謹案詔書律令下者,文章爾雅,訓辭深厚。"**原注:儒林列傳。○按:漢書注師古曰:"爾雅,近正也,言詔辭雅正而深厚也。"**此寧可書作彣彰邪?**此言文章以指詔書律令,何可以采飾爲説。**獨以五采彰施五色,有言黻,言黼,言文,言章者,**尚書皋陶謨云"以五采彰施於五色作服",注鄭康成曰:"性曰采,施曰色;未用謂之采,已用謂之色。"考工記曰:"青與赤謂之文,赤與白謂之章,白與黑謂之黼,黑與青謂之黻,五采備謂之繡。"**宜作彣彰,然古者或無其字,本以文章引伸。今欲改文章爲彣彰者,惡夫沖淡之辭,而好華葉之語,**荀子非十二子篇"神襌其辭",楊倞云:"當爲沖澹。"論衡超奇篇:"且淺意於華葉之言,無根核之深,不見大道體要,故立功者希。"**違書契記事之本矣。**易繫辭下云:"上古結繩而治,後世聖人易之以書契。"**孔子曰:"言之無文,行而不遠。"**襄二十五年左傳,記鄭子產獻捷於晉,晉不能難,引仲尼曰:"志有之:'言以足志,文以足言。'不言,誰知其志? 言之無文,行而不遠。晉爲伯,鄭入陳,非文辭不爲功。慎辭也。"**蓋謂不能舉典禮,非苟欲潤色也。**論語憲問篇云:"東里子産潤色之。"廣雅釋詁云:"潤,飾也。"**易所以有文言者,梁武帝以爲文王作易,孔子遵而修之,故曰"文言",**周易孔疏云:"文言者,是夫子第七翼也。以乾坤其易之門户邪,其餘諸卦及爻,皆從乾坤而出,義理深奧,故特作文言以開釋之。莊氏云:"文謂文飾,以乾坤德大,故特文飾以爲文言。今謂夫子但贊明易道,申説義理,非是文飾華采。"按:莊氏之説孔疏不取是也,而阮元文言説即祖莊氏,駁見下文。其言梁武帝云云者,陸德明周易釋文曰:"文言,梁武帝云是文王所制。"按:此非謂文王作此文言也,謂此名爲"文言"者,以易是文王所制,孔子贊易,因名"文言"也。宋以前無疑十翼者。陸氏語簡,故此引而釋之云爾。**非矜其采飾也。夫命其形質曰文,狀其華美曰彣,指其起止曰章,道其素絢曰彰。**論語八佾篇"素以爲絢兮",集解馬融曰:"絢,文貌。"論語釋文引鄭玄曰:"文成章曰絢。"劉寶楠正義曰:"素以爲絢,當是白采用爲膏沐之飾,如後世所用素粉矣。絢有衆飾,而素則後加,故曰素以爲絢。"**凡彣者必皆成文,凡成文者不皆彣。是故摧論文學,以文字爲準,不以彣彰爲準。今舉諸家之法,商訂如左方。**説文:"訂,平議也。"

　　論衡超奇云:"能説一經者爲儒生,漢書儒林傳云:"博士弟子一歲皆輒課,能通一蓺以上,補文學掌故缺。"又曰:"元帝好儒,能通一經者皆復。"**博覽古今者爲通人,**通人有二説。論衡云:"通書千卷以上,萬卷以下,弘暢雅閑,審定文讀,而以教授爲人師者,通人也。"此一説也。許慎説文序曰"博采通人,至於小大",段注曰:"許君博采通人,載孔子、楚莊王、韓非、司馬相如、淮南王、董仲舒、京房、劉歆、揚雄、爰禮、尹彤、逯安、王育、張林、莊都、歐陽喬、黃顥、譚長、周成、官溥、張徹、甯嚴、桑欽、杜林、衛宏、徐巡、班固、傅毅等説,皆所謂通人也。"此又一説也。**采掇傳書以上書奏記者爲文人,**文心雕龍書記篇:"戰國以前,君臣同書。秦漢立儀,始有表奏。王公國内,亦稱奏書。迄至後漢,稍有名品、公府奏記,而郡將奏箋。"**能精思著文連結篇章者爲鴻儒。"又曰:"州郡有憂,有如唐子高、谷子雲之吏,**漢書鮑宣傳:王莽時清名之士,沛郡唐林子高。又谷永傳:永字子雲,長安人。**出身盡思,竭筆牘之力,煩憂適有不解者哉?"**荀子王霸篇:"審吾所以適人,適人之所以來我也。"王氏釋詞曰:"下'適'字訓爲是。"又呂覽胥時篇:"王子光見伍子胥而惡其貌,不聽其説,而辭之曰:'其貌適吾所甚惡也。'"劉歆與揚雄書曰:"今聖朝留心典誥,發精於殊語,欲以驗考四方之事,適子雲攓意之秋也。"王氏曰:"適,猶是也。"按:此"適"字並與諸"適"字同。**又曰:"長生死後,**會稽周長生,在州爲刺史任安舉奏,在郡爲太守孟觀上書,事解憂除,州郡無事。又作洞歷十篇,上自黃帝,下至漢朝,鋒芒毛髮之事莫不紀載。並見超奇篇。又案書篇亦稱"長生爲能知之囊橐,文雅之英雄"。錢大昕養新録十二云:"周長生名樹,見北堂書鈔引謝承書。"**州郡遭憂,無舉奏之吏,以故事結不解,徵詣相屬,文軌不尊,筆疏不續也。豈無憂上之吏哉?乃其中文筆不足類也。"又曰:"若司馬子長、劉子政之徒,累積篇第,文以萬數,其過子雲、子高遠矣。然而因成前紀,無匈中之**

造。漢志：太史公百三十篇。劉向所序六十七篇。諸書並由采掇羣籍而成，非胸中之造也。**若夫陸賈、董仲舒，**漢志：陸賈二十三篇，董仲舒百二十三篇。**論説世事，由意而出，不假取於外，然而淺露易見，觀讀之者猶曰傳記。陽城子長作樂經、楊子雲作太玄經，造於助思，極宵冥之深，非庶幾之才，不能成也。**"繫辭下云"顔氏之子其殆庶幾乎"，疏云："言聖人知幾，顔子亞聖，未能知幾，但殆近庶慕而已。"**桓君山"作新論，論世間事，辯照然否，虛妄之言，僞飾之辭，莫不證定。**後漢書：桓譚，字君山，作新論二十九篇。按：此書已佚，清嚴可均輯後漢文，有新論三卷。**彼子長、子雲論説之徒，君山爲甲。**論衡定賢篇曰："世間爲文者衆矣，是非不分，然否不定，桓君山論之，可謂得實矣。論文以察實，則君山漢之賢人也。如君山得執漢平，用心與爲論不殊旨矣。孔子不王，素王之業在於春秋。然則桓君山素丞相之跡存於新論者也。"又案書篇曰："仲舒之言道德政治，可嘉美也。賈定世事，論説世疑，桓君山莫上也。故仲舒之文可及，而君山之論難追也。"**自君山以來，皆爲鴻眇之才，故有嘉令之文。**"以上論衡。**準此，文與筆非異塗。所謂文者，皆以善作奏記爲主。自是以上，乃有鴻儒。鴻儒之文，有經傳、解故、諸子，**陽成子長、楊子雲所作，經也；司馬子長、劉子政所作，傳也；董仲舒所作，傳也，解故也；陸賈、桓譚所作，諸子也。**彼方目以上第，非若後人擯此於文學外，沾沾焉惟華辭之守。**漢書竇嬰傳"魏其沾沾自喜耳"，張晏曰："沾沾，言自整頓也。"王先謙曰："沾沾自喜，猶言詡詡自得。"惟守華辭，謂若阮元之徒是也。**或以論説、記序、碑志、傳狀爲文也。以**

論説等爲文,若姚鼐之徒是也。曾國藩經史百家雜鈔序例曰:"近世一二知文之士,纂録古文,不復上及六經,以云尊經也。然溯古文所以立名之始,乃由屏棄六朝駢儷之文而返之於三代兩漢。今舍經而降以相求,是猶言孝者敬其父祖,而忘其高曾;言忠者曰:'我家臣也,焉敢知國?'將可乎哉?"又曰:"姚姬傳撰次古文,不載史傳,其説以爲史多不可勝録也。然吾觀其'奏議類'中,録漢書至三十八首,'詔令類'中,録漢書二十四首,果能屏諸史而不録乎?"**獨能説一經者,不在此列,諒由學官弟子,曹偶講習須以發策決科,**漢書黥布傳"乃率其曹偶,亡之江中",師古曰:"曹,輩也。"法言學行篇:"或曰:'書與經同而世不尚,治之可乎?'曰:'可。'或人啞爾笑曰:'須以發策決科。'"漢書儒林傳:"歲課甲科四十人爲郎中,乙科二十人爲太子舍人,丙科四十人補文學掌故。"**其所撰著,猶今經義而已,是故遮列使不得與也。**禮記玉藻篇鄭注:"列之言遮列也。"説文:"迾,遮也。"

　　自晉以降,初有文筆之分。范曄自述其後漢書曰:**"文患其事盡於形,情急於藻,義牽其旨,韻移其意。政可類工巧圖繢,竟無得也。手筆差易,文不拘韻故也。"**范曄獄中與諸甥姪書,見宋書本傳。有韻爲文,無韻爲筆。有韻之文,或拘於體式,或溺於藻采,或務辭而害意,或屈意以就韻,故文成而離質愈遠,則如工巧圖繪,無復本體可得,故不如無韻之筆,可以曲折盡意也。**文心雕龍云:"今之常言,有文有筆:有韻者文也,無韻者筆也。"然雕龍所論列者,藝文之部一切并包。是則科分文筆,以存時論,故非以此爲經界也。**文心雕龍語見總術篇。文筆之別,起自魏晉以來。晉書蔡謨傳曰:

“文筆議論，有集行於世。”史傳言文筆始此。南史顏延之傳曰：“竣得臣筆，測得臣文。”此明言文筆之異體也。南北各史言文筆者至衆，詳見阮元揅經室三集學海堂文筆策問。考梁元帝金樓子立言篇曰：“屈原、宋玉、枚乘、長卿之徒，止於辭賦，則謂之文。至如不便爲詩如閻纂，善爲章奏如伯松，若此之流，泛謂之筆。吟咏風謠，流連哀思者謂之文。”又曰：“筆退則非謂成篇，進則不云取義，神其巧惠，筆端而已。至如文者，惟須綺縠紛披，宮徵靡曼，脣吻遒會，性靈搖蕩。”此説可與范曄、劉勰之言相爲發明。劉師培中古文學史曰：“文筆區別，蓋漢魏以來，均以有藻韻者爲文，無藻韻者爲筆。東晉以還，説乃稍別。據梁元帝金樓子，惟以吟咏風謠，流連哀思者爲文。據范曄與甥姪書及雕龍所引時論，則又有韻爲文，無韻爲筆。今以宋齊梁陳各史傳證之，知當時所謂筆者，非徒全任質素，亦非偶語爲文，單語爲筆也。蓋當時世俗之文有質直序事悉無浮藻者，如今本文選任昉彈劉整文所引劉寅妻范氏詣台訴詞是也。亦有以語爲文無復偶詞者，如齊世祖敕晉安王子懋諸文是也。然史傳諸云文筆詞筆，以及所云長於載筆，工於爲筆者，筆之爲體，統該符檄、牋奏、表啓、書札，其彈事、議對之屬，亦屬於筆，史策亦然。凡文之偶而弗韻者，皆晉宋以來所謂筆類也。”又曰：“更即雕龍篇次言之，由第六訖於第十五，以明詩、樂府、詮賦、頌贊、祝盟、銘箴、誄碑、哀弔、雜文、諧讔諸篇相次，是均有韻之文也。由第十六迄於第廿五，以史傳、諸子、論説、詔策、檄移、封禪、章表、奏啓、議對、書記諸篇相次，是均無韻之筆也。此非雕龍隱區文筆二體之驗乎？或曰：彥和既區文筆二體，何所著之書總以“文心”爲名？不知當時世論，雖區分文筆，然筆不該文，文可該筆。故對言則筆與文別，散言則筆亦稱文。故史書所記無韻之作亦或統稱文章。觀於王儉七志,於集部總稱文翰;阮孝緒七錄則稱文集;而昭明文選,其所選錄,不限有韻之詞,此均文可該筆之證也。"按:劉氏此論,至爲辨晰。惟雕龍篇次,有韻無韻,各從其類,自然之體也,不必爲區分文筆之驗。至其篇中文筆並詞,若序志篇云"論文取筆",總術篇云"文場筆苑",斯亦隨俗之稱名,諒非畫疆之持論也。**昭明太子序文選也,其於史籍,則云不同篇翰,其於諸子,則云不以能文爲貴。**梁昭明太子文選序曰:"姬公之籍,孔父之書,與日月俱懸,鬼神爭奧,孝敬之準式,人倫之師友。豈可重以芟夷,加之剪截?老莊之作,管孟之流,蓋以立意爲宗,不以能文爲本。今之所撰,又亦略諸。若賢人之美辭,忠臣之抗直,謀夫之話,辨士之端,冰釋泉湧,金相玉振,所謂坐狙丘,議稷下,仲連之却秦軍,食其之下齊國,留侯之發八難,曲逆之吐六奇,蓋乃事美一時,語流千載,概見墳籍,旁出子史。若斯之流,又亦繁博,雖傳之簡牘,而事異篇章。今之所集,亦所不取。至於記事之史,繫年之書,所以褒貶是非,紀別異同,方之篇翰,亦已不同。若其讚論之綜緝辭采,序述之錯比文華,事出於沈思,義歸乎翰藻,故與夫篇什雜而集之。"**此爲裒次總集,自成一家,體例適然,非不易之定論也。抱朴子百家篇曰:"陝見之徒,**陝,與狹同。**區區執一。惑詩賦瑣碎之文,而忽子論深美之言。**文心雕龍諸子篇曰:"博明萬事爲子,適辨一理爲論。"**真僞顛倒,玉石混殽。同廣樂於桑間,**史記趙世家:"簡子寤,語諸大夫曰:'我之帝所,甚樂,與百神游於鈞天,廣樂九奏萬舞。'"禮記樂記篇:"桑間濮上之音,亡國之音也。"**均龍章於素質。"**文選趙景真與嵇茂齊書"表龍章於裸壤",李善注:"龍,袞龍之服也。章,章甫之冠也。"**斯可以箴矣。**

原注:世説文學篇注引惠帝起居注曰:"裴頠著二論以規虛誕之弊,文辭精富。"此即崇有二論也。世説又言王長史宿搆精理,並撰其才藻,往與支道林語,敘致作數百語,自謂是名理奇藻。又云:支道林通莊子漁父篇,作七百許語,敘致精麗,才藻奇拔,是皆名理之言,諸子之鼓吹也。而以精富才藻爲目,足知晉時所謂翰藻正在此類。**且沈思孰若莊周、荀卿,翰藻孰若吕氏、淮南,總集不摭九流之篇,格於科律,固不應爲之辭。**隋書經籍志曰:"總集者,以建安之後辭賦轉繁,衆家之集日以滋廣,晉代摯虞苦覽者之勞倦,於是採摘孔翠,芟剪繁蕪,自詩賦下,各爲條貫,合而編之,謂之流別。是後又集總鈔,作者繼軌,屬詞之士,以爲覃奥而取則焉。"觀此,明總集之作,本以囊括別集,采其英華,經史諸子,不登於録,其體制則然。昭明選文,本知此意,序言自非略其蕪穢,集其清英,蓋欲兼功,太半難矣。豈非摯氏之旨,乃不登子史。而必以不文及篇翰爲言,則從而爲之辭也。**誠以文筆區分,文選所集,無韻者猥衆,**魏都賦注引廣雅曰:"猥,衆也。"**寧獨諸子?若云文貴其彣邪,未知賈生過秦、魏文典論同在諸子,何以獨堪入録? 有韻文中,既録漢祖大風之曲,即古詩十九首亦皆入選,而漢晉樂府反有愁遺。**文選"樂府類"惟録古樂府以下十家,餘如郊祀、鐃歌之大,子夜、讀曲之細,皆所不取,知其所重不在音節也。愁遺者,哀十六年左傳:"不愁遺一老。"愁,語詞也。亦有用之句首者,昭廿八年左傳:"愁使吾君聞勝與臧之死也以爲快。"是也。**是其於韻文也,亦不以節奏低卬爲主,獨取文采斐然,足燿觀覽,又失韻文之本矣。是故昭明之説,本無以自立者也。**原注:晉書樂廣傳:"請潘岳爲表,便

成名筆。”成公綏傳：“所著詩賦雜筆十餘卷。”張翰傳：“文筆數十篇行於世。”曹毗傳：“所著文筆十五卷。”王珣傳：“夢人以大筆如椽與之，既覺，語人曰：‘此當有大手筆事。’俄而帝崩，哀策謚議皆珣所草。”南史任昉傳：“既以文才見知，時人云任筆沈詩。”徐陵傳：“國家有大手筆，必命陵草之。”詳此諸證，則文即詩賦，筆即公文，乃當時恆語。阮元之徒猥謂儷語爲文，單語爲筆。任昉、徐陵所作，可云非儷語邪？○按：阮元有書昭明太子文選序後，附載其略於此云：昭明所選，名之曰文，蓋必文而後選，非文則不選也。經史子不可專名曰文，故昭明特明其不選之故。必沈思翰藻，始名爲文，始以入選也。或曰：昭明必以沈思翰藻爲文，於古有徵乎？曰：事當求其始，凡以言語著之簡策，不必以文爲本者，皆經也，子也，史也。言必有文，專名之曰文者，自孔子易文言始。傳曰：“言之無文，行之不遠。”故古人言貴有文。孔子文言實爲萬世文章之祖。此篇奇偶相生，音韻相和，如青白之成文，如咸韶之合節，非清言質説者比也，非振筆縱書者比也，非佶屈澀語者比也。是故昭明以爲經也，子也，史也，非可專名爲文也。專名爲文，必沉思翰藻而後可也。自齊梁以後，溺於聲律。彦和雕龍、漸開四六之體。至唐而四六更卑。然文體不可謂之不卑，而文統不得謂之不正。又曰：如必以比偶非文之古者而卑之，而孔子自名其言曰文言，一篇之中，偶句凡四十有八，韻語凡三十有五，豈可以爲非文之正體而卑之乎？又曰：四書文之體，皆以比偶成文，真乃上接唐宋四六爲一脈，爲文之正統也。然則今人所作之古文，名之爲何？曰：凡説經講學，皆經派也；傳志記事，皆史派也；立意爲宗，皆子派也。惟沈思翰藻，乃可名之爲文也。非文者尚不可名之爲文，況名之曰古文乎？又與友人論古文書曰：昭明選序體例甚明，後人讀之，苦不加意。選序之法,於經史子三家不加甄録,爲其以立意記事爲本,非沈思翰藻之比也。今之爲古文者,以彼所棄,爲我所取,立意之外,惟有紀事,是乃子史正流,終與文章有別。以上阮氏之論,至推極八比,以爲正統,其偏狹可知也。

近世阮元,以爲孔子贊易,始著文言,故文以耦儷爲主,又牽引文筆之説以成之。 阮元文言説曰:"許氏説文:'直言曰言,論難曰語。'左傳曰:'言之無文,行之不遠。'此何也?古人以簡策傳事者少,以口舌傳事者多;以目治事者少,以口耳治事者多。故同爲一言,轉相告語,必有愆誤。是必寡其詞,協其音,以文其言,使人易於記誦,無能增改,且無方言俗語雜於其間,始能達意,始能行遠。此孔子於易所以著文言之篇也。古人歌詩、箴銘、諺語,凡有韻之文,皆此道也。孔子於乾坤之言自名曰'文',此千古文章之祖也。爲文章者,不務協音以成韻,修辭以達遠,使人易記易誦,而惟以單行之語,縱橫姿肆,動輒千言萬字,不知此乃古人所謂直言之言,論難之語,非言之有文者也,非孔子之所謂文也。孔子於此發明乾坤之藴,既多用韻,且多用偶。凡偶皆文也,於物兩色相偶而交錯之,乃得名曰文,文即象其形也。然則千古之文,莫大於孔子之言易。孔子以用韻比偶之法,錯綜其言,而自名曰'文'。何後人之必欲反孔子之道,而自命曰'文',且尊之曰'古'也。又有文韻説,謂梁時所謂韻者,固指韻脚,亦兼謂章句中之音韻,此其牽引之説也。"又學海堂文筆策問,阮福擬對,其末記云:"家大人以文筆策問課士,教福擬對,家大人以爲此可與書文選序後相發明也,命附刻三集之末。"**夫有韻爲文,無韻爲筆,是則駢散諸體,一切是筆非文。藉此證成,適足自陷。既以文言爲文,序卦、説卦又何説焉?且文辭之用,各有體**

要，周書畢命“辭尚體要，不惟好異”，某氏傳：“辭以理實爲要。”
彖、象爲占繇，閔二年左傳注：“繇，卦兆之占辭。”占繇故爲韻
語；文言、繫辭爲述贊，述贊故爲儷辭；序卦、説卦爲目錄
箋疏，目錄箋疏故爲散錄。必以儷辭爲文，何緣十翼不
能一致，豈波瀾既盡，有所謝短乎？波瀾，謂爲文之才思也。
論衡有謝短篇，謝亦短也。十翼不能一致，此由文體各有其宜，非
孔氏之才思竭盡也。十翼者，漢志云：易經十二篇。又曰：文王作
上下篇，孔子爲之彖、象、繫辭、文言、序卦之屬十篇。孔穎達周易
正義論十翼曰：“上彖一、下彖二、上象三、下象四、上繫五、下繫六、
文言七、説卦八、序卦九、雜卦十，鄭學之徒並同此説。”朱彝尊經義
考引陳淳曰：“孔子黜八索而作十翼，曰彖上傳、彖下傳，所以釋文
王所繫彖上下經文之辭。曰象上傳、象下傳，所以釋伏羲卦之上下
兩象及周公所繫兩象六爻之辭。曰繫辭上傳，繫辭下傳，所以述文
王、周公所繫卦爻辭之傳，而通論一經之大旨。曰文言傳，所以申
言乾坤彖象之旨，而爲諸卦之例。曰説卦傳，所以詳其所未盡之
意。曰序卦傳，所以序其先後。曰雜卦傳，所以錯雜而言之。”蓋
人有陪貳，物有匹耦，愛惡相攻，剛柔相易，人情不能無
然，故辭語應以爲儷。大雅蕩云“以無陪無卿”，傳曰：“無陪貳
也。”疏曰：“陪貳謂副貳。”方言注曰：“耦亦匹也。”文心雕龍麗辭
篇曰：“造化賦形，支體必雙。神理爲用，事不孤立。夫心生文辭，
運裁百慮，高下相須，自然成對。”李兆洛駢體文鈔序曰：“天地之
道，陰陽而已，奇偶也，方圓也，皆是也。陰陽相并俱生，故奇偶不
能相離，方圓必相爲用。道奇而物偶，氣奇而形偶，神奇而識偶。
孔子曰：道有動變，故曰爻；爻有等，故曰物；物相雜，故曰文。又
曰：分陰分陽，迭用柔剛，故易六位而成章，相雜而迭用。文章之

用,其盡於此乎。"**諸事有綜會,待條牒然後明者,周官所陳,其數一二三四是也**。此言排比之辭,有不得不然者。凡事有綜會,必待件別條舉,如周禮一曰某、二曰某、三曰某、四曰某之屬是也。莊子天下篇曰:"以法爲分,以名爲表,以參爲驗,以稽爲決,其數一二三四是也,百官以此相齒。"**反是或引端竟末,若禮經、春秋經、九章算術者,雖欲爲儷無由**。此言單行之辭,有不得不然者。九章算術相傳爲漢張蒼撰,魏劉徽注。**猶耳目不可隻,而胸腹不可雙,各任其事。舍是二者,單複固恣意矣。未有一用單者,亦未有一用複者**,原注:案宋代以來,言文章者皆謂儷語爲俳。阮氏之論亦發憤而作也,不悟宋人儷語亦自不少,蘇軾上皇帝書,其著者也,曾鞏戰國策序、移滄州疏,其間儷語與齊梁人不殊,下者直如當時四六矣,其他類此者衆。蓋非簡策之書而純爲單語者,世所鮮有。○按:阮氏之論諒爲矯枉之作。至單複相間,則六經已然。彥和所謂奇偶適變,不勞經營,斯則通方之論矣。**顧張弛有殊耳。文之名實,未在是也;所以爲古今者,亦未在是也**。張弛,以弓弩喻文體也。言文之單複,一張一弛,每從俗尚,有不同耳。禮記雜記曰:"一張一弛,文武之道也。"蓋文質之化常隨其時,奇偶之施各於其黨。然道有並行不悖,物有相得益彰。議者不察,則引一端以自蔽:戀齊梁之綺靡,即曰六代無高文;鑑方姚之橫流,遂推八比爲正統;反脣相稽,不已過乎? 李兆洛駢體文鈔序曰:"吾甚惜夫岐奇偶而二之者之毗於陰陽也,毗陽則躁剽,毗陰則重膇,理所必至也。"包世臣文譜曰:"討論體勢,奇偶爲先。凝重多出於偶,流美多出於奇。體雖駢,必有奇以振其氣;勢雖散,必有偶以植其骨。儀厥錯綜,至爲微妙。"朱一新無邪堂答問曰:"天地之道,有奇必有偶。周秦諸子之書,駢散互用,間多協韻,六經亦然。西京揚馬諸作,多用駢偶,皆已開其先聲。"又曰:"古文參以排偶,其氣乃厚,馬班、韓柳皆如此。今人亦莫不然,日用之而不知耳。"王闓運王志曰:"古今文體分單複二派,蓋六經以來,秦漢之後,形格日變,要莫能再創他體也。至詭異者,莫如陳隋,駢四儷六,古文所無,蓋由宮體而變。晉宋諸賦,雖有偶句,非其趣也。文孔演易,全用複體;商書多單,周書多寓複於單,尤爲雋永;而禮記文最工,雖聖作不能勝也。以檀弓、公羊傳記事與左傳比之,同記一事,精神迥異,便知七十子之聖於文矣。然皆單行,不可複也。"又曰:"文家單複二法,單者頓挫以取回轉,複者疏宕以行氣勢,鬼神相變,即所謂物雜故文也。故國策、史記、賈、鼂、向、操諸人能用單,國語、班書、東漢以至梁初諸家之文善用複,不能者襲其貌。單者純單,始於北周,而韓愈揚其波,趙宋以後奉宗之,至近代歸、方而靡矣。複而又複,始於陳隋,而王勃等淈其泥,中唐以後小變焉,至南宋汪、陸而塌矣。元結、孫樵,化複爲單,庾信、陸贄、運單成複,皆似有使轉而終限町畦,卒非先覺,反失故步。"孫德謙六朝麗指曰:"自昌黎韓氏創造古文,學者翕然從之,於是別自名家,遂與六朝駢文作鴻溝之劃,其甚者執東坡八代起衰之說,卑視六朝,黜爲俳優。近世桐城一派,且以對偶辭句,不得搖其筆端,爲古文之大戒。吾謂文無駢散,往讀賈誼過秦論,即據篇首秦孝公數語,以爲此即駢散合一之理,删除複語,純用單行,未嘗不辭簡而意足,然文則索漠無生氣矣。"又曰:"作駢文而全用排偶,文氣易致窒塞。"以上略舉諸說,足以平齊楚之得失矣。至王氏謂單以取回轉,複以行氣勢,與包氏謂體雖駢必有奇以振其氣,勢雖散必有偶以植其骨,語意尤憭,皆微至之談也。**或舉論語言辭達**

者，以爲文之與辭，較然異職。此劉師培之説，亦本之阮氏。阮福文筆對曰："孟子曰'説詩者不以文害辭'，趙岐注曰：'文，詩之文章所引以興事也。辭，詩人所歌詠之辭。'是文者，音韻鏗鏘，藻采振發之稱；辭，特其句之近于文而異乎直言者耳。"然則文言稱"文"，繫辭稱"辭"，體格未殊，而題號有異，此又何也？董仲舒云："春秋文成數萬"，兼彼經傳總稱爲文，太史公自序："余聞董生曰：春秋文成數萬，其指數千。"集解："張晏曰：'春秋萬八千字，當言減而云成，數字誤也。'駰謂太史公此辭是述董生之言，董仲舒自治公羊春秋，公羊經、傳凡有四萬四千餘字，不得如張議，但論經萬八千字便謂之誤。"猶曰今文家曲説云爾。太史公亦云"論次其文"，見自序。此固以史爲文矣。又曰："漢興，蕭何次律令，韓信申軍法，張蒼爲章程，叔孫通定禮儀，則文學彬彬稍進。"亦見自序。律令、軍法、章程、禮儀，皆爲文學，蓋即周秦文學之義。藝文志言秦"燔滅文章，以愚黔首"。文章者，謂經傳諸子，論衡書解篇及孟子題辭，並謂秦不燒諸子。章氏駁之，謂秦於祕書私匿無所不燒，説詳文録秦獻記。遷、固所稱，半非耦儷之文也。阮氏書文選序後及與友人論古文書，并引班固兩都賦序所謂文章者以爲耦儷之正名，故引漢志以駁之。屈、宋、唐、景所作，既是韻文，亦多儷語，而漢書王襃傳已有楚辭之目。王襃傳曰："徵能爲楚辭九江被公。"王逸仍其舊題，不曰"楚文"，斯則韻語耦語亦既謂之辭矣。漢書賈誼傳云："以屬文稱於郡中。"其文云何？以爲賦邪？惜誓載於楚辭，文辭不別。以爲奏記條議？適彼之所謂辭也。司馬相如傳云："景帝不好辭賦。"法言吾子云：“詩人之賦麗以則，辭人之賦麗以淫。”李軌注：
“則謂陳威儀，布法則；淫謂奢侈相勝，靡麗相越，不歸於正也。”按：
詩人謂三百篇作者，辭人謂屈宋之徒也。**或謂：‘君子尚辭**
乎？’曰：‘君子事之爲尚。李軌云：“貴事實，賤虛辭。”**事勝**
辭則伉，辭勝事則賦，事辭稱則經。’”李軌云：“夫事功多而
辭美少，則聽聲者伉其動也；事功省而辭美多，則賦頌者虛過也；事
辭相稱，乃合經典。”音義曰：“伉，健也。”**以是見韻文耦語，並**
得稱辭，無文辭之別也。且文辭之稱，若從其本以爲部
署，則辭爲口説，説文：“辭，訟也。從𤔲辛。𤔲辛猶理辜也。”
按：世人謂文辭或言辭者，字當爲詞，説文云“意内而言外也”。然
二義之本皆爲口説。**文爲文字。古者簡帛重煩，多取記臆，**
故或用韻文，或用耦語，爲其音節諧適，易於口記，不煩
紀載也。説見阮氏文言説。**戰國縱橫之士，抵掌搖脣，亦多**
積句，是則耦麗之體適可稱職。游説之士馳騁求售，往往排
比鋪張，以取聽於世主。是則排耦之文適可稱以爲辭，以辭本口説
故也。**乃如史官方策，有春秋、史記、漢書之屬，適當稱爲**
文耳。方策單行之文，彼所謂辭也。然文本文字，方策所載適當
稱爲文耳。**由是言之，文辭之分，反覆自陷，可謂大惑不解**
者矣。大惑不解，莊子天地篇語也。自阮氏爲文言説謂詞之飾者
乃得爲文，不得謂詞即文也。其子福作文筆對，復引孟子以就其
説，而知其難通也，則孫其言曰：“辭特句之近于文而異於直言者
耳。”及劉師培作文章原始，則襲阮氏之説，又引論語言“辭達而
已”，謂即不飾之辭，言“辭達”不言“文達”，足證辭與文別，不知持
論過狹適以自陷。此段兼駁二家之説，略無餘義矣。然阮氏之説

亦有不可廢者,黃侃文心雕龍札記曰:"竊謂文辭封略,本可弛張。推而廣之,則凡書以文字,著之竹帛者皆謂之文,非獨不論有文飾與無文飾,抑且不論有句讀與無句讀,此至大之範圍也。故文心書記篇,雜文多品,悉可入錄。再縮小之,則凡有句讀者皆爲文,而不論文飾與否,純任文飾,固謂之文矣,即樸質簡拙,亦不得不謂之文。此類所包,稍小於前,而經傳諸子,皆在其籠罩。若夫文章之初,實先韻語;傳久行遠,實貴偶詞;修飾潤色,實爲文事;敷文摛采,實異質言。則阮氏之言,良有不可廢者。即彥和泛論文章,而神思以下之文,乃專有所屬,非泛爲著之竹帛者而言,亦不能徧通於經傳諸子。然則拓其疆宇,則文無所不包;揆其本原,則文實有專美。特雕飾愈甚,則質日以漓,淺陋是崇,則文失其本。又況文辭之事,章采爲要,盡去既不可法,太過亦足召譏,必也酌文質之宜而不偏,盡奇偶之變而不滯,復古以定則,裕學以立言,文章之宗,其在此乎?"

或言學説文辭所由異者:學説以啓人思,文辭以增人感。曾國藩湖南文徵序曰:"人心各具自然之文,約有二端:曰理,曰情。二者人之所固有。就吾所知之理以筆諸書而傳諸世,稱吾愛惡悲愉之情,綴辭以達之,若剖肺肝而陳諸簡策,斯皆自然之文。按理文即啓思之學説,情文即增感之文辭,然謂皆爲自然之文。"文之名義廣矣,近世以學説與文辭對立,蓋本之泰西文家,與曾説相似也。謝無量中國文學史謂西人戴昆西於詩人蒲白論中,嘗釋文學曰:文學之別有二:一屬於知,一屬於情。屬於知者,其職在教;屬於情者,其職在感。譬則舟焉,知如其柁,情爲帆棹。知標其理悟,情通於和樂,斯其義矣。**此亦一往之見也。何以定之?凡云文者,包絡一切著於竹帛者而爲言,故有成句讀文,**

有不成句讀文，兼此二事，通謂之文。局就有句讀者，謂之文辭。諸不成句讀者，表譜之體，旁行邪上，梁書劉杳傳："王僧孺被敕撰譜，訪杳血脈所因。杳云：'桓譚新論云"三代世表旁行邪上"。以此而推，當起周代。'"條件相分，會計則有簿錄，算術則有演艸，地圖則有名字，不足以啓人思，亦又無以增感，不得言文辭，非不得言文也。文者，錯畫也。此等雖無句讀，要爲錯畫之文。諸成句讀者，有韻無韻則分。諸在無韻，史志之倫，記大傀異事則有感，周禮春官大司樂："凡日月食，五獄崩，大傀異烖，令去樂。"鄭注："傀，猶怪也。"記經常典憲則無感，既不可齊一矣。此説記事之文，有感人者，有不感者。持論本乎名家，辨章然否，言稱其志，未足以動人。持論當本名家，説見論式篇。然名家之論，絜約簡練，析理則察，其以感人，則不足也。過秦之倫，辭有枝葉，禮記表記："天下無道，則辭有枝葉。"鄭注："言有枝葉，是衆虛華也。"其感人顧深摯，詩關雎鄭箋曰："摯之言至也。"則本之從橫家，過秦之屬，敷張揚厲，實本戰國從橫之學。而從橫又原本詩教，故能感人深摯。章學誠文史通義曰："從橫之學，本於古者行人之官。孔子曰：'誦詩三百，授之以政，不達，使於四方，不能專對，雖多奚爲？'是則比興之旨，諷諭之義，固行人之所肆。縱橫者流推而衍之，是以能委折而入情，微婉而善諷也。"又曰："過秦、王命、六代、辨亡諸論，詩人諷諭之旨也。"然其爲論一也。此説持論之文，有感人者，有不感者。不可以感人者爲文辭，不感者爲學説。且文曲變化，荀子正論曰："聚人徒，立師學，成文曲。"非十二子曰："終日言成文曲。"章氏文始曰："文曲即文句。"其度無窮。陸雲論文，先辭後情，尚絜而不取悦澤，原注：與兄平原書。○按：
陸雲集云：“往日論文，先辭而後情，尚絜而不取悦澤。嘗憶兄道張
公父子論文，實欲自得，今日便欲宗其言。”又文心雕龍鎔裁篇謂
“士龍思劣，而雅好清省”，是其尚絜之證。既曰“後情”，又曰“不
取悦澤”，則是不重情感也。此寧可以一概齊哉？就言有韻，
其不感人者亦多矣，風雅頌者，蓋未有離於性情，獨賦有
異。詩序曰：“詩有六義：一曰風，二曰賦，三曰比，四曰興，五曰
雅，六曰頌。”夫宛轉俙隱，賦之職也。禮記閒傳鄭注：“俙，聲
餘從容也。”廣雅釋詁曰：“㥯，哀也。”按：俙、隱雙聲字。儒家之
賦，意存諫誡，若荀子成相一篇，楊倞注曰：“漢書藝文志謂之
‘成相雜辭’，蓋亦賦之類也。”俞樾曰：“此相字即舂不相之‘相’。
禮記曲禮篇‘鄰有喪，舂不相’，鄭注曰：‘相謂送杵聲。’蓋古人於
勞役之事，必爲謳歌以相勸勉，亦舉大木者呼邪許之比，其樂曲即
謂之相。請成相者，即請成此曲也。漢志有成相雜辭，足徵古有此
體也。”其足以感人安在？乃若原本山川，極命草木，文選
枚乘七發曰：“於是使博辯之士，原本山川，極命草木。”注云：“趙岐
孟子注曰：命，名也。”或寫都會、城郭、游射、郊祀之狀，若相
如有子虛，揚雄有甘泉、羽獵、長楊、河東，左思有三都，
郭璞、木華有江、海，河東賦見揚雄傳，餘並見文選。奧博翔
實，翔，與詳同。漢書西域傳曰：“其土地山川，王侯户數，道里遠
近，翔實矣。”極賦家之能事矣，其亦動人哀樂未也。其專
賦一物者，若孫卿有蠶賦、箴賦，見荀子賦篇。王延壽有王
孫賦，見古文苑。禰衡有鸚鵡賦，見文選。侔色揣稱，謝惠連
雪賦曰：“抽子祕思，騁子妍辭，侔色揣稱，爲寡人賦之。”曲成形

相,嫠婦孽子讀之不爲泣,介胄戎士詠之不爲奮。當其始造,非自感則無以爲也,比文成而感亦替,斯不可以一端論。一文之成,非自有深感,則不能工,且無以爲也。工矣而亦有不必感人者,如上所舉諸賦是也。良由處境不同,則所感亦異。是豈有成型者哉? 章學誠文史通義嘗論之曰:"比如懷人見月而思,月豈必主遠懷? 久客聽雨而悲,雨豈必有愁況? 然而月下之懷,雨中之感,豈非天地之至文? 而欲以此感此懷藏爲秘密,或欲嘉惠後學,以爲凡對明月與聽霖雨,必須用此悲感,方可領略,則適當良友乍逢及新昏燕爾之人,必不信矣。"此言情感不可以一端論也。又學説者,非一往不可感人。凡感於文言者,在其得我心。是故飲食移味,居處緼愉者,曾子立孝曰"飲食移味,居處温愉",盧注"移味"曰:"隨所欲也。"又曲禮曰"食肉不至變味",孔疏曰:"變味者,少食則味不變,多食則口味變也。"廣雅釋詁四曰:"緼,饒也。"説文:"愉,樂也。"按:温與緼同,緼、愉雙聲字。聞勞人之歌,心猶怕然。宣十五年公羊傳解詁説古代采詩民間之事云:"五穀畢入,民皆居宅。里正趨緝績,男女同巷相從夜績,至於夜中。故女工一月得四十五日,作從十月盡正月止。男女有所怨恨,相從而歌。飢者歌其食,勞者歌其事。男年六十,女年五十無子者,官衣食之,使之民間采詩。鄉移於邑,邑移於國,國以聞於天子。"説文:"怕,無爲也。"此言生事優饒,情以境異,雖陳危苦之辭,而猶怕然不動也。龔自珍與江居士箋曰:"陳餓夫之晨呻於九賓鼎食之席,則叱矣;愬寡女之夜哭於房中琴好之家,則諱矣。"亦是此義。大愚不靈,無所憤悱者,莊子天地篇曰:"大愚者終身不靈。"論語述而篇"不憤不啓,不悱不發",鄭注曰:"孔子與人言,必待其人心憤憤,口悱悱,乃後啓發爲説之。如此則識思之深也。"朱熹集註曰："憤者,心求通而未得之意。悱者,口欲言而未能之貌。"**睯眇論則以爲恒言也。**史記貨殖列傳："雖戶說以眇論,終不能化。"**身有疾痛,聞幼眇之音,則感概隨之矣。**漢書中山靖王勝傳曰："天子置酒,勝聞樂聲而泣,問其故,勝對曰:'臣聞悲者不可爲纍欷,思者不可爲歎息。故高漸離擊筑易水之上,荆軻爲之低而不食;雍門子壹微吟,孟嘗君爲之於邑。今臣心結日久,每聞幼眇之聲,不知涕泣之橫集也。'"師古曰:"幼眇,精微也。"按:幼、眇疊韻。**心有疑滯,睯辨析之論,則悦懌隨之矣。故曰:發憤忘食,樂以忘憂。**葉公問孔子於子路,子路不對,孔子自言其如此。見論語述而篇。**凡好學者皆然,非獨仲尼也。以文辭學説爲分者,得其大齊,**齊猶限也,大齊猶大界爾。列子楊朱篇曰:"百年,壽之大齊。"荀子樂論篇曰:"樂者,天下之大齊。"**審察之則不當。**

　　如上諸説,前之昭明,後之阮氏,持論偏頗,誠不足辯。最後一説,以學説文辭對立,其規摹雖少廣,然其失也,祇以尨彰爲文,遂忘文字,故學説不尨者,乃悍然擯諸文辭以外。惟論衡所説略成條貫,文心雕龍張之,其容至博,顧猶不知無句讀文,此亦未明文學之本柢也。余以書籍得名,實馮傅竹木而起,以此見言語文字,功能不齊。**世人以經爲常,以傳爲轉,以論爲倫,**一切書籍皆依其本始材朴以爲名。即如書籍二名,説文云:"書,著也。從聿,者聲。"説文序云:"著於竹帛謂之書。書者如也。""籍,簿書也,從竹耤聲。"云"世人以經爲常,以傳爲轉,以論爲倫"者,漢以來並同此説也。劉熙釋名釋典藝曰:"經,徑也,常典也,如徑路無所不通,可

常用也。”“傳，傳也，以傳示後人也。”“論，倫也，有倫理也。”又釋
書契曰：“傳，轉也。”**此皆後儒訓説，非必睹其本真。案經
者，編絲綴屬之稱。** 説文：“經，織從絲也。”“從絲”二字段玉裁
據御覽補。**異於百名以下用版者，** 聘禮記“百名以上書於策，
不及百名書於方”，鄭注：“名，書文也。策，簡也。方，版也。”**亦猶
浮屠書稱修多羅。** 魏書釋老志云：“浮屠正號曰佛陁。佛陁與
浮圖聲相近。”佛學辭典云：“又作浮頭。”修多羅通別有二説：前爲
聖教之都名，譯作契經；後者契經中直説法義長行之文，譯作法本。
**修多羅者，直譯爲線，譯義爲經，蓋彼以貝葉成書，故用
線聯貫也。此以竹簡成書，亦編絲綴屬也。傳者，專之
假借，** 論語“傳不習乎”，**魯作“專不習乎”。** 經典釋文引鄭
注云：“魯讀‘傳’爲‘專’，今從古。”**説文訓專爲“六寸簿”。簿
即手版，古謂之忽，** 原注：今作笏。**書思對命，以備忽忘，** 禮
記玉藻“史進象笏，書思對命”，鄭注曰：“思，所思念將以告君者也。
對，所以對君者也。命，所受君命者也。書之於笏，爲失忘也。”説
文段注曰：“説文無簿有薄，後人易艸爲竹，以分別其字耳。六寸
簿，蓋笏也。曰部云：‘曰，佩也。’無笏字。釋名曰：‘笏，忽也，君有
命則書其上，備忽忘也。或曰：薄可以簿疏物也。’徐廣車服儀制
曰：‘古者貴賤皆執笏，即今手版也。’杜注左傳：‘珽，玉笏也，若今
吏之持簿。’蜀志‘秦宓見廣漢太守以簿擊頰’，裴松之曰：‘簿，手板
也。’”**故引伸爲書籍記事之稱。書籍名簿，亦名爲專。** 廣
雅釋詁四曰：“專，業也。”按：業亦板也，其義足與説文相明。**專之
得名，以其體短，有異於經，** 鄭康成論語序云：春秋二尺
四寸，孝經一尺二寸，論語八寸。聘禮記、左傳序兩疏並引鄭

玄論語序云："易、詩、書、禮、樂、春秋策皆二尺四寸；孝經謙，半之；論語八寸策，三分居一，又謙焉。"**此則專之簡策當復短於論語，所謂六寸者也。**原注：漢藝文志言劉向校中古文尚書，有一簡二十五字者。而服虔注左氏傳，則云古文篆書一簡八字。蓋二十五字者，二尺四寸之經也；八字者，六寸之傳也。古官書皆長二尺四寸，故云二尺四寸之律，舉成數言則曰三尺法。經亦官書，故長如之。其非經律，則稱短書，皆見論衡。○按：服虔注左氏語，引見聘禮記正義。六經之策皆二尺四寸，説見上文。後漢周磐傳云："編二尺四寸簡，寫堯典一篇。"亦其例證。又曹襃傳云："撰次禮制，寫以二尺四寸簡。"鹽鐵論詔聖篇曰："二尺四寸之律，古今一也。"禮與律皆官書，舉成數則曰三尺法，或曰三尺律令。漢書杜周傳："君爲天下決平，不循三尺法。"朱博傳："奉三尺律令以從事耳。"是也。又論衡謝短篇云："二尺四寸，聖人文語。"宣漢篇云："虞夏商周，載在二尺四寸。"亦足與諸説相證。謝短篇又曰："漢事未載於經，名爲尺籍短書。"蓋以策短，故遂有此名也。**論者，古但作侖。比竹成册，各就次第，是之謂侖。**説文："侖，思也。從亼册。"段注曰："'龠'下曰：'侖，理也。'大雅毛傳曰：'論，思也。'論者，侖之假借；思猶魑也。凡人之思，必依其理，倫、論字皆以侖會意。從亼册者，聚集簡册，必依其次第，求其文理。"**籥亦比竹爲之，**莊子齊物論云："人籥則比竹是已。"説文云："籥，參差管樂，象鳳之翼。"段注曰："周禮小師注：'籥，編小竹管，如今賣飴餳所吹者。'周頌箋同。"**故龠字從侖。**説文："龠，樂之竹管，三孔，以和衆聲也。從品侖，侖，理也。'引伸則樂音有秩亦曰侖，**"於論鼓鐘"是也；**大雅靈臺篇文。**言説有序亦曰侖，"坐而**

論道"是也。考工記云："或坐而論道。"又曰："坐而論道,謂之王公。"論語爲師弟問答,乃亦略記舊聞,散爲各條,編次成帙,説文："帙,書衣也。"斯曰侖語。是故繩線聯貫謂之經,簿書記事謂之專,比竹成册謂之侖,各從其質以爲之名,亦猶古言方策,漢言尺牘,漢書陳遵傳："性善書,與人尺牘主皆藏去以爲榮。"説文："牘,書版也。"今言札記矣。説文："札,牒也。"釋名釋書契曰："札,櫛也,編之如櫛齒相比也。"諸書不見題署者,亦往往從質名。太公之書而稱六弢,説文："弢,弓衣也。"漢藝文志"周史六弢六篇",師古曰："即今之六韜也。蓋言取天下及軍旅之事。弢字與韜同也。"隋經籍志："太公六韜五卷,周文王師姜望撰。"黄帝之書而稱九卷,原注:今靈樞經晉時稱鍼經,漢末傷寒論序直稱九卷。直謂書囊有六,搏帛有九也。搏者,考工記云："卷而搏之,欲其無迆也。"雖古之言肄業者,原注:左氏傳:"臣以爲肄業及之也。"○昭四年左氏傳語。亦謂肄版而已。釋器云："大版謂之業。"郝懿行爾雅義疏曰:"説文云:'版,判也。''業,大版也,所以飾縣鐘鼓,捷業如鋸齒,以白畫之,象其鉏鋸相承也。'釋名曰:'簨上之板曰業,刻爲牙,捷業如鋸齒也。'詩靈臺及有瞽傳并云'業,大板也',正義引孫炎曰:'業所以飾栒,刻版捷業如鋸齒也。'明堂位注:'簨,以大版爲之謂之業。'是鄭、許、孫、劉諸家俱本毛傳,以爾雅之業爲樂縣之飾也。"書有篇第,而習者移書其文於版,原注:學童習字用觚,觚亦版也。故云肄業。管子宙合云："退身不舍端,修業不息版。"管子房玄齡注曰:"版,牘也。賢者雖復退身,終不捨其端操,不息修業,亦不息其版籍。"以是徵之,則肄業爲肄版明矣。

凡此皆從其質爲名，所以別文字于語言也。其必爲之別何也？文字初興，本以代聲氣，乃其功用有勝於言者。言語僅成線耳，喻若空中鳥迹，甫見而形已逝。故一事一義得相聯貫者，言語司之。文字代言之説，詳見上卷語言緣起説及劉師培小學發微正名隅論諸篇。言語有前後之聲響耳，後聲甫出，前聲已逝，故事義相聯，乃言語所專屬也。及夫萬類坌集，漢書司馬相如傳“坌入曾宮之嵯峨”，注：“坌，並也。”新唐書儒學傳：“四方秀艾，挾策負素，坌集京師。”芬不可理，言語之用，有所不周，於是委之文字。文字之用，足以成面，故表諜圖畫之術興焉。凡排比鋪張，不可口説者，文字司之。及夫立體建形，向背同現，文字之用，又有不周，於是委之儀象。儀象之用，足以成體，故鑄銅雕木之術興焉，凡望高測深不可圖表者，儀象司之。此論語言、文字、儀器三者功能之不同也。蓋初民治事惟恃言語，聲氣所宜，亦以周用。及夫飾僞萌生，耳治不足，意有所至，於是符號生焉，文字是也。文字既行，易無迹爲有迹，視而可識，其用至閎，非獨代言而已。然猶局於一面，顧此失彼，欲令向背畢呈，則不得不表以形器，此儀象之所以興也。線面體者，以數學爲喻也，數理精蘊曰：“凡論數度，必始於一點，自點引而爲線，自線廣之而爲面，自面積之而爲體，是名三大綱。是以有長而無闊者謂之線，有長與闊而無厚者謂之面，長與闊、厚俱全者謂之體。”然則文字本以代言，其用則有獨至，凡無句讀文，皆文字所專屬也，以是爲主。故論文學者，不得以興會神旨爲上。昔者文氣之論，發諸魏文帝典論，而韓愈、蘇轍竊焉。典論云：“文以氣爲主。氣之清濁有體,不可力强而致。"韓愈答李翊書云:"氣,水也;言,浮物也。水大而物之浮者大小畢浮,氣之與言猶是也。氣盛則言之長短與聲之高下皆宜。"蘇轍上樞密韓太尉書云:"文者氣之所形,然文不可以學而能,氣可以養而致。"**文德之論,發諸王充論衡,**原注:論衡佚文篇:"文德之操爲文。"又云:"上書陳便宜,奏記薦吏士,一則爲身,二則爲人。繁文麗辭,無文德之操。治身完行,徇利爲私,無爲主者。"**楊遵彥依用之,**原注:魏書文苑傳:楊遵彥作文德論,以爲古今辭人皆負才遺行,澆薄險忌,惟邢子才、王元景、温子昇彬彬有德素。**而章學誠竊焉。**文史通義有文德篇,略謂古人未有言文德者,以古人所言,皆兼本末,包内外,猶合道德文章而一之,未嘗就文辭之中,言其有才有學有識又有文之德也。凡爲古文辭者,必敬以恕。臨文必敬,非修德之謂也;論古必恕,非寬容之謂也。敬非修德之謂者,氣攝而不縱,縱必不能中節也;恕非寬容之謂者,能爲古人設身而處地也。嗟乎,知德者鮮,知臨文之不可無敬恕,則知文德矣。"**氣非竄突如鹿豕,德非委蛇如羔羊。**召南羔羊序云:"召南之國,化文王之政,在位皆節儉正直,德如羔羊也。"詩云"委蛇委蛇",傳曰:"委蛇,行可從迹也。"**知文辭始於表譖簿録,則修辭立誠其首也。**易乾文言曰:"修辭立其誠。"文史通義言公篇曰:"易曰:'修辭立其誠。'誠不必於聖人之極致,始足當於修辭之立也。學者有事於文辭,毋論辭之如何,其持之必有其故,而初非徒爲文具者皆誠也,有其故而修辭以副焉。是其求工於是者,所以求達其誠也。"又遺書評沈梅村古文曰:"易曰:'言有物而行有恒。'又曰:'修辭立其誠。'所謂物與誠者,本於人心之所不容已。仁者見仁,智者見智,要於實有所見,故其言自成仁智而不誣,不必遽責聖賢之極致,始謂修辭之誠也。蓋人各有能有不能,與其飾言而道中庸，不如偏舉而談狂狷，此言貴誠不尚飾也。"**氣乎德乎，亦末務而已矣**。原注：案文選序云："謀夫之話，辯士之端，雖傳之簡牘，而事異篇章。"此即語言文字之分也。然選例亦未一致，依史所載，荊卿易水，漢祖大風，皆臨時觸興而作，豈嘗先屬草稿，亦與出話何異，而文選固錄之矣。至于辭命，則有草創潤色之功，蘇張陳説，度亦先有篇章。文選錄易水、大風二歌而獨汰去辯説，亦自相鉏吾矣。士衡文賦云："説煒曄而譎誑。"是亦列爲文之一種，要于修辭立誠，有不至耳。

文選之興，蓋依乎摯虞文章流別，謂之總集。隋書經籍志曰："總集者，以建安之後辭賦轉繁，衆家之籍日以孳廣，晉代摯虞苦覽者之勞倦，於是芟翦繁蕪，自詩賦下，各爲條貫，合而編之，謂之流別。"隋志云：文章流別集四十一卷，梁六十卷，志二卷，論二卷，摯虞撰。**然則李充之翰林論，劉義慶之集林，沈約、丘遲之集鈔，放于此乎？**隋志：翰林論三卷，李充撰。梁五十四卷。集林一百八十一卷，宋臨川王劉義慶撰，梁二百卷。集鈔十卷，沈約撰。梁有集鈔四十卷，丘遲撰，亡。**七略惟有詩賦，及東漢銘誄論辯始繁，荀勖以四部變古，李充、謝靈運繼之，則集部自此著。**隋志云："魏氏代漢，采掇遺亡，藏在祕書中、外三閣。魏祕書郎鄭默始制中經，祕書監荀勖又因中經更著新簿，分爲四部，總括羣書。一曰甲部，紀六藝及小學等書；二曰乙部，有古諸子家、近世子家、兵書、兵家、術數；三曰丙部，有史記、舊事、皇覽簿、雜事；四曰丁部，有詩賦、圖讚、汲冢書，大凡四部合二萬九千九百四十五卷。惠懷之亂，京華蕩覆，渠閣文籍，靡有孑遺。東晉之初，漸更鳩聚。著作郎李充以勖舊簿校之,其見存者,但有三千一十四卷。**充遂總没衆篇之名,但以甲乙爲次。自爾因循,無所變革。**其後中朝遺書,稍流江左。宋元嘉八年,祕書監謝靈運造四部目録,大凡六萬四千五百八十二卷。"文選王文憲集序注引王隱晉書曰:"荀勗,字公曾,領祕書監,與中書令張華依劉向别録整理錯亂,又得汲冢竹書,身自撰次,以爲中經。"臧榮緒晉書:"李充,字弘度,爲著作郎,于時典籍混亂,删除頗重,以類相從,分爲四部,甚有條貫。祕閣以爲永制。五經爲甲部,史記爲乙部,諸子爲丙部,詩賦爲丁部。"據此,知荀勗中經以後,李充、謝靈運皆依其部署也。至文集之名,隋志以爲東京所創,章學誠文史通義則謂范、陳二史所次文士諸傳,皆云所著詩賦碑箴頌誄若干篇,而不云文集若干卷,則文集之實已具,而文集之名猶未立也。自摯虞創爲文章流别,學者便之,於是别聚古人之作,標爲别集,則文集之名實仿於晉代。今按:章説亦未諦。魏文帝與吴質書云:"徐陳應劉,一時俱逝,撰其遺文,都爲一集。"則晉以前已有此目,故陳壽定諸葛故事直云諸葛氏集矣。**總集者,本括囊别集爲書,故不取六藝、史傳、諸子。非曰别集爲文,其他非文也。文選上承其流,而稍入詩序、史贊、新書、典論諸篇,故不名曰集林集鈔,然已痟矣。**史記太史公自序"申、吕肖矣",集解徐廣曰:"肖,音痟。痟猶衰微。"正義曰:"申、吕後痟微。"**其序簡别三部,蓋總集之成法,顧已迷誤其本,以文辭之封域相格,慮非摯虞、李充意也。**漢書賈誼傳:"逐利不耳,慮非顧行也。"王念孫曰:"慮猶大氐也。"**經籍志别有文章英華三十卷,古今詩苑英華十九卷,皆昭明太子撰。又以詩與雜文爲異,即明昭明義例不純。文選序率爾之言,論**

語先進篇：“子路率爾而對。”陸機文賦：“或操觚以率爾。”**不爲恒
則**。釋詁：“則，法也。”**且總、别集與他書經略不定**，經略猶經
界也，説見上。**更相闌入者多矣**。漢書成帝紀“闌入尚方掖
門”，應劭曰：“無符妄入宫曰闌。”汲黯傳注亦曰：“闌，妄也。”**今以
隋志所録總集相稽，自魏朝雜詔而下，訖皇朝陳事詔，凡
十八家，百四十六卷**；隋志云：魏朝雜詔二卷。録魏吳二志詔二
卷。晉咸康詔四卷。晉朝雜詔九卷。録晉詔十四卷。晉義熙詔十
卷。宋永初雜詔十三卷。宋孝建詔一卷。宋元嘉副詔十五卷。齊
雜詔十卷。齊中興二年詔三卷。後魏詔集十六卷。後周雜詔八
卷。雜詔八卷。雜敕書六卷。陳天嘉詔草三卷。皇朝詔集九卷。
皇朝陳事詔十三卷。凡十八家，百四十六卷。**自上法書表而
下，訖後周與齊軍國書，凡七家，四十一卷**；隋志云：上法書
表一卷，虞和撰。梁中表十一卷，梁邵陵王撰。雜露布十二卷。山
公啓事三卷。范甯啓事三卷。梁魏周齊陳皇朝聘使雜啓九卷。後
周與齊軍國書二卷。凡七家，四十一卷。**而漢高祖手詔、匡衡、
王鳳、劉隗、孔羣諸家奏事書既亡佚，復傳其録**。隋志：梁
有漢高祖手詔一卷，亡。又云：梁有漢丞相匡衡、大司馬王鳳奏五
卷，孔羣奏二十二卷，亡。**然七略高祖孝文詔策悉在諸子
“儒家”**，漢志“儒家”有高祖傳十三篇，高祖與大臣述古語及詔策
也；孝文傳十一篇，文帝所稱及詔策。**奏事二十卷隸“春秋”**，
漢志“春秋家”：奏事二十篇，秦時大臣奏事及刻石名山文也。**此
則總集有六藝諸子之流矣。陳壽定諸葛亮故事，命曰諸
葛氏集**，見蜀志諸葛亮傳。**然其目録有權制、計算、訓厲、綜
覈、雜言、貴和、兵要、傳運、法檢、科令、軍令諸篇；魏氏**

春秋言"亮作八務，七戒、六恐、五懼、皆有條章，以訓厲臣子"；見諸葛亮傳注。若在往古，則商君書之流，而隋志亦在"別集"。故知集品不純，章學誠文史通義謂："漢世作者皆成一家之言，與諸子未甚相遠。其後別聚古人之作，標爲別集。而後世應酬牽率之作，決科俳優之文，亦汎濫橫裂，而爭附別集之名，是誠劉略所不能收，班志所無可附。而所爲之文，亦矜情飾貌，矛盾參差，非復專門名家之語無旁出也。"又校讎通義謂："樂家與集部之樂府子部之藝術相出入，故事與集部之詔誥奏議相出入，集部之詞曲與史部之小説相出入，非重複互注之法，無以免後學之抵牾。"又曰："漢魏六朝著述略有專門之意，至唐宋詩文之集，則浩如煙海矣。今即世俗所説唐宋大家之集論之，如韓愈之儒家，柳宗元之名家，蘇洵之兵家，蘇軾之縱橫家，王安石之法家，皆以平生所得見於文字，旨無旁出，即古人之所以自成一子者也。其體既謂之集，自不得强列以諸子部次矣。"又曰："文集熾盛，不能定百家九流之名目。四部之不能返七略，此亦其一因也。"選者亦無以自理。阮元之倫，不悟文選所序，隨情涉筆，視爲經常，而例復前後錯迕。曾國藩又雜鈔經史百家，曾説詳見上。經典成文，布在方策，不虞潰散，鈔將何爲？若知文辭之體，鈔選之業，廣陿異塗，庶幾張之弛之，並明而不相害。中庸云："萬物並育而不相害，道並行而不相悖。"凡無句讀文，既各以專門爲業，今不瓨論。圖畫、表譜、簿錄、算草，皆專門之業。有句讀者，略道其原流利病，分爲五篇，非曰能盡，蓋以備常文之品而已。其贈序、壽頌諸品，既不應法，故棄捐弗道爾。贈序之作始自唐人，本以親故離別以詩相貽，因爲之序。其後則有徒序而無詩者，牽率繁稱，適爲文弊而已。至於壽文，則元代始有作者，及明世而大行，名爲善頌，實則貢諛，益遠於修辭立誠之旨。曾國藩選經史百家雜鈔，於此二體皆擯不使與。其書歸震川文集後有曰："蓋古之知道者，不妄加毀譽於人，非特好直也。内之無以立誠，外之不足以信後世，君子恥焉。自周詩有崧高、烝民諸篇，漢有河梁之詠，沿及六朝，餞別之詩，動累卷帙，於是有爲之序者。昌黎韓氏爲此體特繁，至或無詩而徒有序，駢拇枝指，於義爲已侈矣。熙甫則未必餞別而贈人以序，有所謂賀序者，謝序者，壽序者，此何説也？"辭尚體要，戒在訛濫，曾氏之言得之矣。

國故論衡疏證中之二

原　經

古之爲政者必本於天，殽以降命。命降於社之謂殽地，降於祖廟之謂仁義，降於山川之謂興作，降於五祀之謂制度，故諸教令符號謂之經。 古人於天文度數常以經紀言之，而古之爲政必本於天，故其政令度數亦謂之經也。禮記禮運篇曰："是故夫政必本於天，殽以教命，命降於社之謂殽地，降於祖廟之謂仁義，降於山川之謂興作，降於五祀之謂制度，此聖人所以藏身之固也。"鄭注："降，下也。"正義："殽，效也。五祀，謂中霤門户竈行也。"今按：降於祖廟，即正德之事；降於山川，即利用之事；降於五祀，即厚生之事。所謂三事，皆法天以行之。管子版法曰："凡將立事，正彼天植，風雨無違，遠近高下，各得其嗣，三經既飭，君乃有國。"版法解曰："版法者，法天地之位，象四時之行，以治天下。四時之行，有寒有暑，聖人法之，有文有武。天地之位，故有前有後，有左有右，聖人法之，以建經紀。春生於左，秋殺於右，夏長於前，冬藏於後。生長之事，文也；收藏之事，武也。是故文事在左，武事在右，聖人法之，以行法令。"此亦言爲政效法天地，與禮運足相明矣。昭二十五年左傳曰："夫禮，天之經也。"又曰："禮，上下之紀，天地之經緯也。"孝經曰："夫孝，天之經也。"逸周書諡法解曰："經緯天地曰文。"禮記月令曰"毋失經紀"，鄭注："經紀，謂天文進退度數。"是古人於天文常以經紀言之也。宣十二年左傳曰:"政有經矣。"周禮天官曰:"體國經野。"古文尚書周官曰:"論道經邦。"是諸政令之行皆謂之經也。蓋經本編絲,引申有紀理組織之義。天文運行若有紀理組織者然,故謂之經;爲政者必本於天,故諸教令亦得此名也。**輓世有章學誠,以經皆官書,不宜以庶士僭擬,故深非揚雄、王通。**章學誠校讎通義原道篇曰:"六藝非孔氏之書,乃周官之舊典也。易掌太卜,書掌外史,禮在宗伯,樂隸司樂,詩領於太師,春秋存乎國史。"文史通義易教篇曰:"六經皆先王之政典也。"又曰:"六經皆先王得位行道,經緯世宙之迹,而非託於空言。故以夫子之聖,猶且述而不作。如其不知妄作,不特有擬聖之嫌,抑且蹈於僭竊王章之罪也。"經解篇曰:"異學稱經以抗六藝,愚也;儒者僭經以擬六藝,妄也。揚雄法言,蓋云時人有問,用法應之,抑亦可矣;乃云象論語者,抑何謬邪! 雖然,此猶一家之言,其病小也。其大可異者,作太玄以準易,人僅知謂僭經爾,不知易乃先王政典,而非空言,雄蓋蹈於僭竊王章之罪,弗思甚也。河汾六籍,或謂好事者之緣飾,王通未必遽如是妄也。誠使果有其事,則六經奴婢之誚,猶未得其情矣。奴婢未嘗不服勞於主人,王氏六經服勞於孔氏者,又安在乎?"漢書揚雄傳:"以爲經莫大於易,作太玄;傳莫大於論語,作法言。"王通中説禮樂篇曰:"吾續書以存漢晉之實,續詩以辯六代之俗,修元經以斷南北之疑,贊易道以申先師之旨,正禮樂以旌後王之失。"又阮逸文中子中説序曰:"中説者,子之門人對問之書也。薛收、姚義集而名之。"**案吳語稱"挾經秉枹",兵書爲經;**吳語云"建旌提鼓,挾經秉枹",韋昭注曰:"挾經,兵書也。"**論衡謝短曰"五經題篇,皆以事義別之,至禮與律獨經也",法律爲經;管子書有"經言"、"區言",**

教令爲經。管子書自牧民至幼官圖並題云“經言”，凡九篇；自任法至内業並題云“區言”，凡五篇。**説爲官書誠當，然律歷志序庖犧以來帝王代禪，號曰“世經”**；世經，猶言世紀，蓋紀年之書也。**辨疆域者有圖經，摯虞以作畿服經也。**原注：見隋書經籍志。○按：桓二年左傳正義曰：“周公斥大九州，廣土萬里，制爲九服。邦畿方千里，其外每五百里謂之一服。侯、甸、男、采、衛、要六服爲中國，夷、鎮、蕃三服爲夷狄。大司馬謂之九畿，言其有期限也。大行人謂之九服，言其服事王也。”**經之名廣矣，仲尼作孝經，漢七略始傅六藝，其始則師友讎對之辭，不在邦典；**漢書藝文志云：“孝經者，孔子爲曾子陳孝道也。”王應麟考證曰：“晁氏云：何休稱子曰‘吾志在春秋，行在孝經’。（孝經鉤命決云）信斯言也，則孝經乃孔子自著。今首章云‘仲尼居，曾子侍’，則非孔子所著明矣。詳其文義，當是仲尼弟子所爲書。”**墨子有經上、下；賈誼書有容經；韓非爲内儲、外儲，先次凡目，亦楬署經名；**周禮職幣云：“以書楬之。”按：楬一作揭，江賦注曰：“揭標皆表也。”**老子書至漢世鄰氏復次爲經傳；**漢志云：老子鄰氏經傳四篇。老子傅氏經説三十七篇。老子徐氏經説六篇。**孫卿引道經曰“人心之危，道心之微”，道經亦不在六籍中。**見荀子解蔽篇引。**此則名實固有施易，**荀子儒效篇云“若夫充虚之相施易也”，楊倞注：“施讀曰移。”**世異變而人殊化，非徒方書稱經云爾。**漢志有醫經七家，經方十一家。又“天文家”有海中五星經雜事二十二卷。數術方技之書皆得名經也。文史通義經解篇曰：“至戰國而羲、農、黃帝之書一時雜出，其書皆稱古聖，如天文之甘石星經，方技之靈素、難經，其類實繁。則猶匠祭魯般，兵祭蚩尤,不必著書者之果爲聖人,而習是術者,奉爲依歸,則亦不得不尊以爲經言者也。"**學誠以爲六經皆史,史者固不可私作。**文史通義易教篇云:"六經皆史也。"餘説見上文。**然陳壽、習鑿齒、臧榮緒、范曄諸家,名不在史官,**隋書經籍志:三國志六十五卷,晉太子中庶子陳壽撰。漢晉春秋四十七卷,晉滎陽太守習鑿齒撰。晉書一百一十卷,齊徐州主簿臧榮緒撰。後漢書九十七卷,讚論四卷,宋太子詹事范曄撰。**或已去職,皆爲前修作年歷紀傳。**原注:陳壽在晉爲著作郎,著作郎本史官,然成書在去官後,故壽卒後乃就家寫其書。又壽於高貴鄉公陳留王傳中三書司馬炎:一書撫軍大將軍新昌鄉侯炎,一書晉太子炎。武帝見在,而斥其名,豈官書之體也? 其書閒爲晉諱,稱韋昭曰韋曜,而蜀之昭烈、吳之張昭及與韋昭同述吳書之周昭又不爲諱,是又非官書之式也。壽又嘗作古國志五十篇,三國蓋亦其類耳。**太史公雖廢爲埽除隸,史記未就,不以去官輟其述作。**漢書司馬遷傳:"今已虧形爲埽除之隸,在闟茸之中。"又曰:"僕竊不遜,近自託於無能之辭,網羅天下放失舊聞,考之行事,稽其成敗興壞之理,凡百三十篇。草創未就,適會此禍,惜其不成,是以就極刑而無愠色。"**班固初草創漢書,未爲蘭臺令史也。人告固私改作國史,有詔收固,弟超馳詣闕上書,乃召詣校書部,終成前所著書。**後漢書班固傳。**令固無纍縲之禍,成書家巷,可得議邪? 且固本循父彪所述,彪爲徐令病免,既纂後篇,不就而卒。**後漢書班彪傳。**假令彪書竟成,敷文華以緯國典,**班彪傳論曰:"班彪以通儒上才,傾側危亂之間,行不踰方,言不失正,仕不急進,貞不違人,敷文華以緯國典,守賤薄而無悶容,彼將以世

運未弘，非所謂賤焉恥乎？何其守道恬淡之篤也。"**雖私作何所**
訾也？陸賈爲楚漢春秋，名擬素王。隋志云："楚漢春秋九
卷，陸賈撰。"**新汲令王隆爲小學漢官篇，依擬周禮，以知舊**
制儀品。後漢書文苑傳："王隆，字文山。建武中，爲新汲令。"續
漢書百官志"新汲令王隆作小學漢官篇"，劉昭注曰："案胡廣注隆
此篇，其論之注曰：前安帝時，越騎校尉劉千秋校書東觀，好事者樊
長孫與書曰：'漢家禮儀，叔孫通等所草創，皆隨律令在理官，藏於
几閣，無紀録者，久令二代之業闇而不彰，誠宜撰次，依擬周禮，定
位分職，各有條序，令人無愚智，入朝不惑。君以公族元老，正丁其
任，焉可以已！'劉君甚然其言，與邑子通人郎中張平子參議未定，
而劉君遷爲宗正、衛尉，平子爲尚書郎、太史令，各務其職，未暇恤
也。至順帝時，平子爲侍中，典校書，方作周官解説，乃欲以漢次述
漢事，會復遷河間相，遂莫能立也。述作之功，獨不易矣。既感斯
言，顧見故新汲令王文山爲小學漢官篇，略道公卿内外之職，旁及
四夷，博物條暢，多所發明，足以知舊制儀品。"又論衡謝短篇："高
祖詔叔孫通制作儀品十六篇。"**孔衍又次漢、魏尚書。**晉書儒
林傳："孔衍，字舒元，孔子二十二世孫。中興初，補中書郎，出爲廣
陵郡，凡所撰述百餘萬言。"按：隋志但有孔衍魏尚書八卷。唐藝文
志云：孔衍漢尚書十卷，後漢尚書六卷，魏尚書十四卷。**世儒書**
儀、家禮諸篇，宋陳振孫書録解題曰：温公書儀一卷，司馬光撰，
前一卷爲表章書啓式，餘則冠昏喪祭之禮詳焉。居家雜禮一卷，司
馬光撰。古今家祭禮二十卷，朱熹集，通典會要所載，以及唐、本朝
諸家祭禮皆存焉。朱氏家禮一卷，朱熹撰。四庫簡明目録曰：書儀
十卷，朱子語録稱二程横渠、多是古禮，温公則大抵本儀禮，而參以
今之可行者。家禮五卷，附録一卷，舊本題朱子撰，據王懋竑白田

雜著所考，蓋依託也。**亦悉規摹士禮。此皆不在官守，而著書與六藝同流，不爲僭擬。諸妄稱者，若東觀漢記署"太史官"，雖奉詔猶當絕矣。** 原注：文選西征賦注引東觀漢記太史官曰："票駮蓬轉，因遇際會。"又太史曰："忠臣畢力。"三國名臣序贊注引東觀漢記太史官曰："耿況、彭寵，俱遭際會，順時承風，列爲蕃輔，忠孝之策，千載一遇也。"是其論贊亦稱太史。然後漢太史已不主記載，漢記實非太史所爲，署之爲妄。○按：後漢書文苑傳："李尤安帝時爲諫議大夫，受詔與謁者僕射劉珍等俱撰漢記。"史通正史篇曰："謁者僕射劉珍及諫議大夫李尤雜作紀、表、名臣、節士、儒林、外戚諸傳，起自建武，訖乎永初。事業垂竟，而珍、尤繼卒。復命侍中伏無忌與諫議大夫黄景作諸王、王子、功臣、恩澤侯表，南單于、西羌傳，地理志。至元嘉元年，復令太中大夫邊韶、大軍營司馬崔寔、議郎朱穆、曹壽雜作孝穆、崇二皇（當作"獻穆、孝崇二皇后"）及順烈皇后傳，又增外戚傳，入安思等后，儒林傳入崔篆諸人。寔、壽又與議郎延篤雜作百官表，順帝功臣孫程、郭願及鄭衆、蔡倫等傳。凡百十有四篇，號曰漢記。熹平中，光禄大夫馬日磾、議郎蔡邕、楊彪、盧植著作東觀，接續紀傳之可成者。"據此，明漢記實非太史所作。又據續漢百官志，太史令掌天時星曆，實不主記載也。

且夫治歷明時，義和之官也； 易曰："澤中有火，萃，君子以治歷明時。"堯典曰："乃命義和，欽若昊天，歷象日月星辰，敬授民時。"釋文引馬融曰："義氏掌天官，和氏掌地官。"**關石和鈞，大師之所秉也。** 周語云："夏書有之曰：關石和鈞。"僞五子之歌某氏傳曰："金鐵曰石，供民器用，通之使和平。"正義曰："關者，通也。"律歷志："三十斤爲鈞，四鈞爲石。"又周語謂："先王之制鍾也，大不出鈞，重不過石，律度量衡於是乎生，小大器用於是乎出。"周禮謂大師"掌六律六同以合陰陽之聲"。故鈞石爲太師之秉也。**故周公作周髀算經**，周髀算經二卷，宋鮑澣之跋曰："其書出於商周之間。自周公受之於商高，周人志之，謂之周髀，其所從來遠矣。"**張蒼以計相定章程，而次九章算術。**史記張丞相傳："蒼封北平侯，遷爲計相。"太史公自序曰："張蒼爲章程"，集解如淳曰："章，歷數之章數也。程者，權衡丈尺斛斗之平法也。"瓚曰："茂陵書'丞相爲工用程數'，其中言百工用材多少之量及制度之程品者是也。"四庫目録云：九章算術九卷，蓋周禮保氏之遺法，漢張蒼删補校正，而後人又有所附益也。**然後人亦自爲律歷籌算之書，以譏王官失紀。**漢書律歷志曰："三代既没，五伯之末，史官喪紀，疇人子弟分散。"**明堂、月令授時之典，**漢志、明堂陰陽三十三篇。小戴記月令疏曰："此於別録屬明堂陰陽記。"又蔡邕有明堂月令論曰："古者諸侯朝正於天子，受月令以歸，而藏諸廟中，天子藏之於明堂，每月告朔朝廟，出而行之。"**民無得奸焉，而崔寔亦爲四民月令。**隋志：四人月令一卷，後漢大尚書崔寔撰。**古之書名掌之行人保氏，**周禮地官保氏："養國子以道，乃教之六藝。五曰六書。"秋官大行人："九歲屬瞽史，諭書名，聽聲音。"**故史籀在官則爲之，李斯、胡毋敬在官則爲之。**漢志：史籀十五篇，周宣王太史，作大篆十五篇，建武時亡六篇矣。蒼頡一篇，上七章秦丞相李斯作。爰歷六章，車府令趙高作。博學七章，太史令胡毋敬作。許慎説文序同。**及漢有凡將、訓纂，**漢志：凡將一篇，司馬相如作。訓纂一篇，揚雄作。**即非王官之職。許叔重論譔説文解字，自爾有吕忱、顧野王諸家，**後漢儒林傳：許慎字叔重，汝南召陵人也，爲郡功曹，舉孝廉，再遷除洨長。隋志云：説文十五卷,許慎撰。字林七卷,晉弦令吕忱撰。玉篇三十一卷,陳左將軍顧野王撰。**詩續不絶,**儀禮特牲、少牢二禮並云"詩懷之",鄭注:"詩,猶承也。"禮記内則云"詩負之",鄭注:"詩之言承也。"**世無咎其僭擬者。吴景帝、唐天后位在考文,**禮記中庸云:"非天子不議禮,不制度,不考文。"**而造作異形,不合六書,**吴志注引吴録載孫休詔曰:"今爲四男作名字。太子名䨮,䨮音爲湖水灣澳之灣;字𦺅,𦺅音如迄今之迄。次子名𩅟,𩅟音如兕觥之觥;字𦒭,𦒭音如元𪉖首之𪉖。次子名壾,壾音如草莽之莽;字昷,昷音如舉物之舉。次子名𠆊,𠆊音如褒衣下寬大之褒;字𤅹,𤅹音如有所擁持之擁。此都不與世所用者同,故鈔舊文,會合作之。"通鑑唐紀天授元年:"鳳閣侍郎河東宗楚客改造天地等十二字以獻。"注云:"十二字:照爲曌,天爲𠑺,地爲埊,日爲㘰,月爲𠥱,星爲〇,君爲𠺞,臣爲𢘑,人爲𤯔,載爲𡕀,年爲𠡦,正爲𠙺,又證爲𪜀,𡔈爲聖,二字。"通志六書略略同。**適爲世所鄙笑,今康熙字典依是也。古之姓氏掌之司商,**國語周語"司商協民姓",韋昭注云:"司商,掌賜族受姓之官。商金聲清,謂人姓,合定其姓名也。"**其後有世本,**漢志"春秋家"有世本十五篇,古史官記黄帝以來訖春秋時諸侯大夫。王應麟考證曰:"周官瞽矇世奠繫,小史定繫世,辨昭穆。司馬遷傳贊:'世本録黄帝以來至春秋時帝王公侯卿大夫祖世所出。'司馬遷采世本。劉向曰:'世本,古史官明於古事者所記録黄帝以來帝王諸侯及卿大夫系謚名號,凡十五篇。'隋志:'世本王侯大夫譜二卷;又世本二卷,劉向撰;又四卷,宋衷撰。'又云:'漢初得世本,敘黄帝以來祖世所出。'春秋正義云:'今之世本與司馬遷言不同,世本多誤,不足依憑。'顔之推曰:'世本左丘明所書(此説出皇甫謐帝王世紀),而有燕王喜、漢高祖,非本文也。"**然今人亦自**

爲譜録，林寶承詔作元和姓纂，書録解題云："唐太常博士三元林寶撰。元和中，朔方别帥天水閻某者，封邑太原，以爲言，上謂宰相李吉甫曰：'有司之誤，不可再也，宜使儒生條其源系，考其郡望，子孫職任，並總緝之，每加爵邑，則令閲視。'吉甫以命寶，二十旬而成。"**言不雅馴，**史記五帝本紀贊曰："百家言黄帝，其文不雅馴。"正義："馴，訓也，謂百家之言皆非典雅之訓。"**見駁於鄧名世。**書録解題云："古今姓氏書辨證四十卷，校書郎史館校勘臨川鄧名世元亞撰，其子椿年緒成之。"**以是比況，古之作者創制而已，後生依其式法條例則是，畔其式法條例則非，不在公私也。王通作元經，匡其簡陋與逢迎索虜，**元經十卷，唐藝文志不著録，題云唐薛收傳，宋阮逸註。晁公武郡齊讀書志疑即阮逸僞作也。其書始晉惠帝，終陳亡，凡三百年事，而納之短書，故曰"簡陋"。其卷九書後魏孝文帝四年春正月，文中子曰："或問孝文，子曰：可與興化矣。"又曰："中國之道不替，孝文之力也。"又曰："太和之政近雅矣。"又曰："修元經以斷南北之疑。董常問元經之帝魏，何也？子曰：亂離瘼矣，吾誰適歸？天地有奉，生民有庇，且居先王之國，受先王之道，予先王之民矣，謂之何哉？"其言如此，故曰"逢迎索虜"。索虜者，南人詆北人之名，宋書有索虜傳也。**斯悦已。**法言君子篇："或曰：孫卿非數家之書悦也，至於子思、孟軻，詭哉！"新方言釋詞篇云："廣雅：'悦，可也。'文選神女賦'悦薄裝'，注：'悦，好也，可也。'此謂薄裝正相堪可，然則古言悦者，猶今言對耳。今人言愿可曰對，不愿可曰不對。曹憲雖音悦爲他括反，而李善云悦與娧同，他外切，則爲去聲。又悦從兑聲，自可讀兑，易言商兑，正謂商量可否也。四川、湖南皆讀對聲如兑矣。法言云云,以今語通之,倪即是對,詭即是拐。揚子書好用古訓殊語,而證之今人,音訓詞氣眇合如此,誰謂古語不在今之方言乎?”**謂不在史官不得作,陸賈爲楚漢春秋,**陸賈見上。漢書云賈爲太中大夫。**孫盛爲晉陽秋,**隋志:晉陽秋三十二卷,迄哀帝,孫盛撰。晉書云盛爲長沙太守。**習鑿齒爲漢晉春秋,**習鑿齒見上。**何因不在誅絶之科? 學誠駁汪琬説云:布衣得爲人作傳。**文史通義傳記篇曰:“明自嘉靖而後,論文各分門户,其有好爲高論者,輒言傳乃史職,身非史官,豈可爲人作傳! 世之無定識而强解事者,羣焉和之。夫後世文字於古無有,而相率而爲之者紛紛皆是。若傳則本非史家所創,馬班以前早有其文,今必以爲不居史職,不宜爲傳。試問傳、記有何分別,不爲經師,又豈宜更爲記耶? 記無所嫌而傳爲厲禁,則是重史而輕經也。”又曰:“必拘拘於正史列傳而始可爲傳,則雖身居史職,苟非專撰一史,又豈可别自爲私傳耶? 若但爲應人之請,便與撰傳,無以異於世人所撰,惟他人不居是官,例不得爲,己居其官,即可爲之,一似官府文書之須印信者然。是將以史官爲胥吏,而以應人之傳爲倚官府而舞文之具也,説尤不可通矣。”**既自倍其官守之文,又甚裁抑王通。準其條法,仲尼則國老耳,**哀十一年左傳:“季孫欲以田賦,使冉有訪諸仲尼。仲尼曰:‘丘不識也。’三發,卒曰:‘子爲國老,待子而行,若之何子之不言也?’”**已去司寇,出奔被徵,**孔子以定公十四年去魯,哀公十一年魯人以幣召之乃歸。詳左傳及世家。**非有一命之位,儋石之禄,**周禮大宗伯云:“壹命受職。”典命云:“公之大夫再命,其士一命。”史記淮陰侯列傳:“守儋石之禄者,闕卿相之位。”集解晉灼曰:“揚雄方言:海岱之間名罌爲儋石。石,斗也。”

其作春秋亦僭也。揚雄作太玄，儒者比於吳楚僭王，晁公武郡齋讀書志云："揚雄準易作太玄經，其自序稱玄盛矣，而諸儒或以爲猶吳楚僭王，當誅絕之罪，或以爲度越老子之書。"謂其非聖人，不謂私作有誅也。雄復作樂四篇，原注：見藝文志。○按：見"儒家"揚雄所序三十八篇下注。是時陽成子長亦爲樂經，原注：見論衡超奇篇。儒者不譏，獨譏太玄，已過矣。易之爲書，廣大悉備，繫辭上云："夫易廣矣大矣，以言乎遠，則不禦；以言乎邇，則靜而正；以言乎天地之間，則備矣。"繫辭下曰："易之爲書也，廣大悉備；有天道焉，有人道焉，有地道焉。"然常用止於別蓍布卦。漢書東方朔傳："朔自贊曰：臣嘗受易。請射之，迺別蓍布卦而對。"師古曰："別，分也。"春官："太卜掌三兆之法：一曰玉兆，二曰瓦兆，三曰原兆。"鄭注："兆者，灼龜發於火，其形可占者，其象似玉瓦原之璺罅，是用名之焉。上古以來作其法，可用者有三。原，原田也。杜子春云：玉兆，帝顓頊之兆；瓦兆，帝堯之兆；原兆，有周之兆。"其經兆之體皆百有二十，其頌皆千有二百。鄭注："頌猶繇也。三法體繇之數同，其名占異耳。百二十每體十繇。體有五色，又重之以墨坼也。五色者，洪範所謂曰雨，曰濟，曰圛，曰蟊，曰尅。"掌三易之法：一曰連山，二曰歸藏，三曰周易。鄭注："易者，揲蓍變易可占者也。名曰連山，似山出内氣變也。歸藏者，萬物莫不歸而藏於其中。杜子春云：連山，宓戲；歸藏，黃帝。"其經卦皆八，其別皆六十有四。鄭注："三易卦別之數亦同，其名占異也。每卦八別者，重之數。"掌三夢之法：一曰致夢，二曰觭夢，三曰咸陟。鄭注："夢者，人精神所寤可占者。致夢，言夢之所至，夏后氏作焉。咸，皆也。陟之言得也,讀如王德翟人之德,言夢之皆得,周人作焉。杜子春云:觭讀爲奇偉之奇,其字當直爲奇;玄謂觭讀爲諸戎觭之觭。觭亦得也,亦言夢之所得,殷人作焉。"**其經運十,其別九十。**鄭注:"運或爲'緷',當爲煇。是視祲所掌十煇也。王者於天日也,夜有夢則書視日旁之氣,以占其吉凶,凡所占者十煇,每煇九變,此術今亡。"**仲尼贊易而易獨貴。其在舊法世傳之史,**莊子天下篇:"其明而在數度者,舊法世傳之史,尚多有之。"**則筮書與卜夢等夷。**史記留侯世家:"今諸將與陛下故等夷。"**數術略,"蓍龜家"有龜書、夏龜、南龜書、巨龜、雜龜,"雜占家"有黃帝長柳占夢、甘德長柳占夢,書皆別出,雖易亦然。是故六藝略有易經十二篇,數術略"蓍龜家"復有周易三十八卷,此爲周世既有兩易,猶逸周書七十一篇別在尚書外也。**原注:左氏説秦伯伐晉,筮卦遇蠱曰:"千乘三去,三去之餘,獲其雄狐。"成季將生,筮遇大有之乾曰:"同復於父,敬如君所。"説者或云是連山、歸藏,或云筮者之辭。尋連山、歸藏,卦名或異;筮者占卦,其語當指切情事,知皆非也。宜在三十八卷中。○按:全祖望經史問答曰:"陳潛室謂易卜筮所常用,然掌在太易,屬之太史。列國蓋無此書,故左傳所載列國卜筮繇辭各不與周易同,而別爲一種占書;獨周、魯所筮,則皆周易。以此見周易惟周、魯有之。陳説大略得之,然尚未盡。漢志有大次雜易三十卷,即所謂自成一種占書者也。杜預明言當時有雜占筮辭,但春秋列國非竟無周易筮法也,文獻不足而失之。故左傳載筮辭,其用周易者,則必曰以周易筮,不使與他筮相混。莊二十年:"周史有以周易見陳侯者,陳侯使筮敬仲,遇觀之否。昭五年:叔孫穆子之生,莊叔以周易筮之,遇明夷之謙。

哀九年：陽虎爲趙鞅以周易筮救鄭，遇泰之需。若襄九年穆姜居西宮，筮得艮之隨。昭十二年：南蒯之叛，筮得坤之比。則雖不言以周易筮，而其占皆引周易之文，是潛室所謂周易用於周、魯可證者也。乃昭七年孔成子立衛靈，再筮皆以周易。僖二十五年：晉文公筮納王，襄二十五年崔杼筮納室，雖不以周易筮，而皆引周易之文，則不得謂列國皆不用也，特用之者少耳。閔元年：畢萬筮仕於晉，遇屯之比。僖十五年：秦穆公筮伐晉，遇蠱；晉伯姬筮適秦，遇歸妹之睽。成十二年：晉厲公筮伐楚，遇復。皆用雜占。是潛室謂列國別爲一種占書可證者也。乃閔二年成季之生，筮大有之乾，亦引雜占，則魯亦未嘗不兼用他書也，特用周易者多耳。疑諸繇辭不與周易同者，爲在大次雜易中。”按：全説亦自可通。要之，易在周世，已有數種，斯可決也。**蓋易者，務以占事知來，惟變所適，不爲典要**，繫辭上曰：“極數知來之謂占。”繫辭下曰：“象事知器，占事知來。”又曰：“易之爲書也不可遠，爲道也屢遷，變動不居，周流六虛，上下无常，剛柔相易，不可爲典要，唯變所適。”**故周世既有二家駁文。韓宣子觀書於太史氏，見易象與魯春秋**，曰：**“周禮盡在魯矣。”**見昭二年左氏傳。經史問答曰：“蓋當周之初，典禮流行，易象一經必無不頒之列國者。至是而或殘失，不能不參以雜占。惟魯以周公之舊、太史之藏如故，此宣子所以美之也。”**尚考九流之學**，尚書大傳“尚考大室之義”，鄭注：“尚考，猶言古考。”**其根極悉在有司**，極者，本原之名。莊子繕性篇：“不當時命而大窮乎天下，則深根寧極而待。”極亦根也。**而易亦掌之太卜。同爲周禮，然非禮器制度符節璽印幡信之屬不可刊者，故周時易有二種，與連山、歸藏而四。及漢，揚**

雄猶得摹略爲之，墨子小取篇："摹略萬物之然，論求羣言之比。"是亦依則古初，不愆於素。宣十一年左氏傳："事三旬而成，不愆於素。"學誠必以公私相格，是九流悉當燔燒，何獨太玄也。晉書束晳傳言汲郡人不準盜發魏襄王墓，得易經二篇，與周易上、下經同；易繇陰陽卦二篇，與周易略同，繇辭則異；卦下經一篇，似說卦而異；易繇陰陽卦者，亦三十八卷之倫。以是知姬姓未亡，玉步未改，定五年左傳"改步改玉"，疏云："步謂行也。"玉藻"君與尸行接武，大夫繼武士中武"，鄭玄云："尊者尚徐。接武，蹈半迹；繼武，迹相及也；中武，迹間容迹。"是君臣步不同也。玉藻又云："公侯佩山玄玉，大夫佩水蒼玉。"是君臣玉不同也。昭公之出，季氏行君事，爲君行，佩君玉。及定公立，季氏復臣位，故步玉皆改矣。而周易已分析爲數種。姚際恒不曉周易有異，乃云魏文侯最好古，魏冢無十翼，明十翼非仲尼作。姚際恒古今僞書考首列易傳，又作易傳通論六卷，未見傳本。然則易繇陰陽卦者，顧仲尼所爲三絕韋編，以求寡過者耶？史記孔子世家：孔子晚而喜易，讀易韋編三絕，曰："假我數年，若是，我於易則彬彬矣。"論語述而篇："子曰：'加我數年，五十以學易，可以無大過矣。'"凡說古藝文者，不觀會通，繫辭上曰："聖人有以見天下之動，而觀其會通。"不參始末，專以私意揣量，隨情取捨，上者爲章學誠，下者爲姚際恒，疑誤後生多矣。自太玄推而極之，至於他書，其類例悉準是。外有經方、相人、形法之屬。並見漢志。至於釋道，其題號皆曰經，學誠所不譏。術數稱經，章氏不譏，說見上文。其於釋道，則云："東漢秦景之使天竺，四十二章,皆不名經。其後華言譯受,附會稱經,則亦文飾之辭。老子初不稱經,隋志乃依阮錄稱老子經。意者阮錄出於梁世,梁武崇尚異教,則佛老皆列經科,其所倣也。而加以道德真經,與莊子之加以南華真經,列子之加以冲虛真經,則開元之玄教設科,附飾文致,又其後而益甚者也。韓退之曰:'道其所道,非吾所謂道。'則名教既殊,又何妨於經其所經,非吾所謂經乎?"又曰:"佛老之書,本爲一家之言,非有綱紀政事,其徒欲專其教,自以一家之言尊之過於六經,無不可也。"**誠格以官書之律,釋者有修多羅,傳自異域,與諸夏異統,不足論。道士者,亦中國之民,何遽自恣;而老子又非道士所從出,不能以想爾之注,姦令之條文致也。**原注:經典釋文:老子想爾注二卷,不詳何人,一云張魯,或云劉表。典略曰:妖賊張修,使人爲姦令祭酒,祭酒主以老子五千文使都習,號爲姦令,爲鬼吏主爲病者請禱。此道士託名最先者也。觀論衡道虛篇言"世或以爲老子之道,可以度世",則俗論已有是言。仲長統云:"安神閨房,思老氏之玄虛;呼吸精和,求至人之仿佛。"似漢末儒者亦以老子附會房中神仙之術。然七略道家與神仙、房中絕非一類,韓非解老、喻老更可證明。至論衡道虛三篇稱道家,皆指服食不死者言,則名號已混亂矣。○按:老子書言長生久視,言玄牝,言守雌,其名弔詭,故神仙房中諸家隨而附之,實則君人南面治國用兵之術,與方技絕殊,不可以道士僞託,文致其辭,而目以異教也。云"文致"者,後漢書陳寵傳曰"解妖惡之禁,除文致之請",章懷注云:"文致,謂前人無罪,文飾致於法中也。"**本出史官,與儒者非異教,故其徒莊周猶儒服。**原注:見莊子說劍篇。**儒家稱經即誖,而道家稱經即我誖,**原注:墨子、韓子準此。**何其自相伐也? 章炳麟曰:**史記爲文,於更端處則署

“太史公曰”，此效其體也。**老聃、仲尼而上，學皆在官。老聃、仲尼而下，學皆在家人。**古代學術擅之貴族，編户齊民固無得而扞焉。自仲尼受業於老聃，徵藏之策得以下布。退而設教，遂有三千之化，則學術自此興。故曰“老聃、仲尼而下，學皆在家人”也。文獻通考經籍考引金華應氏曰：“樂正崇四術以訓士，則先王之詩書禮樂其設教固已久。易雖用於卜筮，而精微之理非初學所可語。春秋雖公其記載，而策書亦非民庶所得盡窺。故易象春秋，韓宣子適魯始得見之，則諸國之教未必盡備六者。蓋自夫子刪定讚繫筆削之餘，而後傳習滋廣，經術流行。”按：應氏之説蓋猶明而未融。章氏檢論訂孔篇曰：“自老聃寫書徵藏，以貽孔氏，然後竹帛下庶人。六籍既定，諸書復稍出金匱石室間。民以昭蘇，不爲徒役。九流自此作，世卿自此墮”。又文録有駁建立孔教議，謂孔子所以爲中國斗杓者，在制歷史，布文籍，振學術，平階級四事。其説布文籍云：“周官所定鄉學事盡六藝，然大禮猶不下庶人。當時政典掌在天府，其事蹟略具於詩書，師氏以教國子，而齊民不與焉。是故編户小氓欲觀舊事，則固閟而無所從受，故傳稱宦學事師，宦于大夫，明不爲貴臣僕隸，則無由識其緒餘。自孔子觀書柱下，述而不作，删定六書，布之民間，然後人知典常，家識圖史，其功二也。”説振學術云：“九流之學，靡不出於王官，守其一術而不徧覽文籍，則學術無以大就。自孔子布文籍，又自贊周易，吐論語，以寄深湛之思，於是大師接踵，宏儒鬱興，雖所見殊塗，而提振之功在一，其功三也。”此論老孔以下學術遍布，則既信而有徵矣。其説布歷史者，詳見下文。**正今之世，**正猶當也。**封建已絕矣，周秦之法已朽蠹矣，猶欲拘牽格令，以吏爲師，以宦於大夫爲學，**文史通義原道中篇曰：“秦人禁偶語詩書，而云欲學法令，以吏

爲師,則亦道器合一,而官師治教未嘗分歧爲二之至理也。"(校讎
通義原道篇略同)又史釋篇曰:"以吏爲師,三代之舊法也。秦人之
悖於古者,禁詩書而僅以法爲師爾。三代盛時,天下之學無不以吏
爲師,周官三百六十,天人之學備矣,其守官舉職而不墜天工者,皆
天下之師資也。東周以還,君師政教不合於一,於是人之學術不盡
出於官司之典守。秦人以吏爲師,始復古制,而人乃狃於所習,轉
以秦人爲非耳。秦之悖於古者多矣,猶有合於古者,以吏爲師也。"
一日欲修方志以接衣食,則言家傳可作,説見上文。**援其
律於東方管輅諸傳,**文史通義傳記篇曰:"陳壽三國志裴注引
東京、魏晉諸家私傳相證明者,凡數十家,即見於隋、唐經籍、藝文
志者,如東方朔傳、陸先生傳之類,亦不一而足,事固不待辨也。彼
挾兔園之册,但見昭明文選、唐宋八家鮮入此體,遂謂天下之書不
復可旁證爾。"**其書乃遠在揚雄後;舊目七略,今目四部,自
爲校讎通義,**校讎通義三卷,凡十八篇。**又與四庫官書齟齬;
既薄宋儒,**文史通義原道下篇曰:"夫子教人博學於文,而宋儒則
曰玩物而喪志;曾子教人辭遠鄙倍,而宋儒則曰工文則害道。夫宋
儒之言,豈非末流良藥石哉? 然藥石所以攻臟腑之疾耳,宋儒之意
似見疾在臟腑,遂欲並臟腑而去之;將求性天,乃薄記誦而厭辭章,
何以異乎?"又文理篇曰:"伊川先生謂工文則害道,明道先生謂記
誦爲玩物喪志。雖爲忘本而逐末者言之,然推二先生之立意,則持
其志者不必無暴其氣,而出辭氣之遠於鄙倍。辭則欲求其達,孔、
曾皆爲不聞道矣。"又辨似篇曰:"程子見謝上蔡多識經傳,便謂玩
物喪志,畢竟與孔門一貫不似。"**又言誦六藝爲遵王制,**文史通
義經解中篇曰:制度之經,時王之法,一道同風,不必皆以經名,而
禮時爲大,既爲當代臣民,固當率由而不越,即服膺六藝,亦出遵王

制之一端也。**時制五經在學官者，易詩書皆取宋儒傳注，**清制易用朱熹本義及程傳；詩用朱熹集傳；書用蔡沈集傳；其春秋初用胡安國傳，乾隆中，改用左傳杜注；禮記用陳澔集説。**則宋儒亦不可非。諸此條例，所謂作法自弊者也。**史記商君列傳："商君亡至關下，欲舍客舍，客人不知其是商君也，曰：'商君之法，舍人無驗者坐之。'商君喟然歎曰：'嗟乎，爲法之敝，一至此哉！'"

　　問者曰：經不悉官書，今世説今文者，以六經爲孔子作，豈不然哉？説今文者，依於公羊家素王改制之説，謂六經皆孔子制作，如廖平、康有爲、皮錫瑞諸人皆是也。廖氏知聖篇曰："素王一義爲六經之根株綱領。此義一立，則羣經皆有統宗，互相啓發。自失此義，以六經分以屬帝王、周公、史臣，則孔子遂流爲傳述家，不過如許鄭之比，何以宰我、子貢以爲賢於堯舜？"又曰："作者謂聖，述者謂賢。使皆舊文，則孔子之修六經不過如今評文選詩，何以天下萬世獨宗孔子？今欲推求孔子禮樂政德之實迹，不得不以空言爲實事。孔子統集羣聖之成，以定六藝之制，則六藝自爲一人之制，而與帝王相殊，故弟子據此以爲賢於堯舜。實見六藝美備，非古所有，以六經爲一王之大典，則不能不有素王之説。"又曰："六經孔子一人之書，劉歆以前，皆主此説，故移書以六經皆出於孔子。後來欲攻博士，故牽涉周公以敵孔子，遂以禮樂歸之周公，詩書歸之帝王，春秋因於史文，易傳僅注前聖。以一人之作，分隸帝王、周公，如是則六藝不過如選文選詩，孔子碌碌無所建樹矣。學者以己律人，亦欲將孔子説成一教授老儒，不過選本多，門徒衆，語其事業功效，全無實迹。豈知素王事業，與帝王相同，位號與天子相埒，欲爲之事全見六藝也。"又古學考曰："使孔子但作春秋，則詩書易禮當爲舊制，必有異同。今一貫同原，知無新舊之異。六經垂教,不能參差四代同文,必由一人手定可知。劉歆移書,猶以徑歸孔子;以後報怨,乃以歸之文王、周公、史官。東漢以後,雖曰治經,實則全祖歆説。"康氏作孔子改制考,有六經皆孔子改制所作考一卷,專明孔子之作而非述,大氐祖述廖氏。其序略曰:"孔子爲教主,爲神明聖王,配天地,育萬物,無人無事無義不範圍於孔子大道中,乃所以爲生民未有之大成至聖也。若詩書禮樂易皆伏羲、夏、商、文王、周公之舊典,於孔子無與,則孔子僅爲後世之賢士大夫,比之康成、朱子尚未及也,豈足爲生民未有,範圍萬世之至聖哉?章實齋謂集大成者周公也,非孔子也,可謂極背謬矣。然如舊説,孔子僅在明者述之之列,則是説豈非實錄哉?漢以來皆祀孔子爲先聖,唐貞觀乃以周公爲先聖,而黜孔子爲先師,可謂極背謬矣。然如舊説,孔子之僅爲先師,豈不宜哉?然以詩書禮樂易爲先王周公舊典,春秋爲赴告策書,乃劉歆創僞古文之説也。歆欲奪孔子之聖,而改其聖法,故以周公易孔子也。漢以前無是説也。"又曰:"孔子之爲教主,爲神明聖王何在?曰:在六經。六經皆孔子所作也。孔子所作謂之經;弟子所述謂之傳,又謂之記;弟子後學展轉所口傳謂之説。凡漢前傳經者無異論。故惟詩書禮樂易春秋六藝爲孔子所手作,故得謂之經,如釋家佛所説爲經,禪師所説爲論也。"皮氏經學歷史曰:"孔子以前不得有經,漢初舊説分明不誤。東漢以後,聖學榛蕪,孔子所作之易,以爲止有十翼,則孔子於易,不過爲經作傳,如後世箋注家。陳摶又雜以道家之圖書,乃有伏羲之易,文王之易,加於孔子之上,而易義大亂矣。孔子所定之詩書,以爲並無義例,則孔子於詩書,不過如昭明之文選、姚鉉之唐文粹,編輯一過,稍有去取。王柏又作詩疑、書疑,恣意删改,而詩書大亂矣。孔子所作之春秋,以爲本周公之凡例,則孔子於春秋,不過如漢書之本史記,後漢書之本三國志,鈔録一過,稍有增損。杜注孔疏又不信一字褒貶,概以爲闕文疑義。王安石乃以春秋爲斷爛朝報,而春秋幾廢矣。凡此皆由不知孔子作六經教萬世之旨,不信漢人之説,或尊周公以壓孔子,(如杜預之春秋是),或尊伏羲、文王以壓孔子(如宋人之説易是)。孔子手定之經,非特不以教世,且不以經爲孔子手定而屬之他人,經學不明,孔教不尊,非一朝一夕之故,其所由來者漸矣。故必以經爲孔子作,始可以言經學;必知孔子作經以教萬世之旨,始可以言經學。"皮氏所説與廖、康大同。其他類此之言尚衆,不復具引。又皮氏論易,謂卦爻下辭爲孔子作;其説王制,以爲孔子改制之書;説禮,以爲士喪禮亦自孔子制定。皆與康、廖之言如出一轍。章氏並有駁議,詳見文録卷一中。**應之曰:經不悉官書,官書亦不悉稱經。**原注:史籀篇、世本之屬。**易、詩、禮、樂、春秋者,本官書,又得經名。孔子曰:"述而不作,信而好古。"明其亡變改。**廖氏知聖篇曰:"春秋據舊史言,則曰修;從取義言之,則曰作。修即所謂述,當日繙定六藝,是爲聖作,人亦稱孔子爲作,其云述而不作,言不作即作也,言述即非述也。"尋正言若反,固道家之微文;而修辭立誠,亦聖人之極致。端居而爲詭語,不亦異乎? 廖説非也。**其次春秋以魯史記爲本,猶馮依左丘明。左丘明者魯太史**,原注:見藝文志。**然則聖不空作,因當官之文,春秋、孝經,名實固殊焉。**原注:春秋稱經從本名,孝經稱經從施易之名。**孟子曰:"王者之迹息而詩亡,詩亡然後春秋作。"迹息者,謂小雅廢;詩亡者,謂正雅正風不作。**原注:見説大疋小疋。○按:文録有小疋大疋説。其略曰:"説文:'疋,足也。古文以爲詩大疋字。或曰胥字。

一曰:疋,記也.'按:黃帝之史倉頡見鳥獸蹄远之迹,知分理之可相
別異也,初造書契,是故記錄稱疋,取義於足迹。今字作疏,疏寫古
音同,故亦爲寫。大、小疋者,詩序曰:言天下之事,形四方之風,謂
之雅。頌者,美盛德之形容,以其成功,告於神明。頌本頌皃字。
褒美則曰形頌,紀事則曰足迹,是故雅頌相待爲名。孟子曰:'王者
之迹息而詩亡,詩亡然後春秋作。'范甯述之曰:'孔子就大師而正
雅頌,因魯史而脩春秋,列黍離於國風,齊王德於邦君,所以明其不
能復雅,政化不足以被羣后也。'此則王者之迹,謂之大疋小疋,故
訓敔如也。世人欲改迹爲迊,復謂變風終於陳靈,雅雖亡,不爲詩
絕。案其年世,春秋之作後陳靈百二十年,不相比次,管子言爲春
秋者賜一金之衣,此復在陳靈前。論語"式負版者",則孔子時圖籍
猶上王朝,迊人之守未息。'余謂范甯以迹爲雅則是,然雅亡在孔子
春秋前四十八年,復不相値。以爲春秋編年國史之錄,蓋始造于宣
王之世,詩序所謂小雅盡廢時也,故太史錄年序始於共和,明前此
無編年書。迹息者,謂正雅之治不用。詩亡者,謂自是正風正雅不
復用,故夫疋之爲迹明矣。"**詩序曰:"文武以天保以上治內,**
采薇以下治外。""六月者,宣王北伐。"小雅之變,自此始
也。其序通言正雅二十二篇廢而王道缺,終之曰:"小雅
盡廢,則四夷交侵,中國微矣。"小雅魚麗篇序曰:"文武以天
保以上治內,采薇以下治外。"六月篇序曰:"六月,宣王北伐也。鹿
鳴廢,則和樂缺矣;四牡廢,則君臣缺矣;皇皇者華廢,則忠信缺矣;
常棣廢,則兄弟缺矣;伐木廢,則朋友缺矣;天保廢,則福祿缺矣;采
薇廢,則征伐缺矣;出車廢,則功力缺矣;杕杜廢,則師衆缺矣;魚麗
廢,則法度缺矣;南陔廢,則孝友缺矣;白華廢,則廉恥缺矣;華黍
廢,則蓄積缺矣;由庚廢,則陰陽失其道理矣;南有嘉魚廢,則賢者

不安,下不得其所矣;**崇丘**廢,則萬物不遂矣;**南山有臺**廢,則爲國之基墜矣;**由儀**廢,則萬物失其道理矣;**蓼蕭**廢,則恩澤乖矣;**湛露**廢,則萬國離矣;**彤弓**廢,則諸夏衰矣;**菁菁者莪**廢,則無禮儀矣。**小雅盡廢,則四夷交侵,中國微矣。"**國史之有編年,宜自此始。故太史公録十二諸侯年表始於共和,明前此無編年書。**檢論春秋故言篇自注:汲冢紀年著三代事,事皆有年,則魏史臆推之也。六家歷譜起於周末,妄以歷數差第年月,非有成證。三代世表云:"余讀諜記,黄帝以來皆有年數。古文咸不同,乖異。"汲冢紀年即其類。**墨子明鬼篇引周、燕、齊、宋四國春秋,三事皆在隱桓以下,周春秋乃記杜伯射宣王事,**墨子引燕春秋記燕簡公殺莊子儀事,引齊春秋記齊莊君時王里國中里徼爭訟事,引宋春秋記宋文君時神殺祊觀辜事,詳見彼文。燕簡公當魯昭公時。齊莊君即莊公,宋文君即文公;一當魯襄公世,一當魯宣公世。俱在隱桓下也。**宣王以上,欲明鬼,其徵獨有詩書,明始作春秋者爲宣王大史。蓋大篆布而春秋作,**周之太史以主典藉者,書名及記載皆領焉。**五十凡例,尹吉甫、史籀之成式,非周公著也。**杜預春秋序謂發凡言例,皆周公之垂法。此不用其説。尹吉甫、史籀並爲宣王史官。今推春秋之作宜在宣世,則其凡例必此時史官爲之也。云尹吉甫者,王應麟漢志考證曰:"左傳稱史佚"。晉語胥臣曰:"文王訪於辛尹。"注:"辛甲、尹佚,皆周大史。"説苑政理引成王問政於尹佚。梁玉繩古今人表考曰:"史佚亦曰尹逸。"通志氏族略:"少昊之子封於尹城,因以爲氏,子孫世爲周卿士,食采於尹。"檢論春秋故言曰:"周史官自尹佚始,其後世世踐之,故宣王命程伯休父,襄王命重耳,皆屬尹氏,是其徵。"按:詩常武篇曰"王謂尹氏",箋云:"尹氏,天子世大夫也。"六月篇曰"文武

吉甫",崧高篇曰"吉甫作誦",蓋吉甫即尹佚之後,或以尹爲官名
者,非也。(潛夫論氏姓篇)云史籀者,漢志及許慎説文序並謂大篆
十五篇,周宣王太史籀作也。**晉羊舌肸習於春秋,則爲乘;楚
士亹教太子春秋,則爲檮杌。孟子曰:"晉之乘,楚之檮
杌,魯之春秋,一也。"**此言春秋爲史記之名,宣王以後,各國具
有之也。孟子語見離婁下篇。趙岐注曰:"此三大國史記之名異。
乘者,興於田賦乘馬之事,因以爲名。檮杌者,嚚凶之類,興於記惡
之戒,因以爲名。春秋以二始舉四時,記萬事之名。"杜預春秋序
曰:"春秋者,魯史記之名也。"孔氏正義曰:"昭二年韓起聘魯,稱見
魯春秋。外傳晉語司馬侯對晉悼公云:'羊舌肸習於春秋。'楚語申
叔時論傅太子之法云:'教之以春秋',禮坊記曰:'魯春秋記晉喪
曰:殺其君之子奚齊。'又經解曰:'屬辭比事,春秋教也。'凡此諸文
所説,皆在孔子之前,則知未修之時,舊有春秋之目。"**惑者不睹
論纂之科,不銓主客。文辭義理,此也;典章行事,彼也。
一得造,一不得造。**此言論纂之科有主有客:文辭義理可以爲
主觀之發攄,所謂主也;典章行事但能爲客觀之記載,所謂客也。
此主也,彼客也;屬於此者,可以探懷而道,屬於彼者固不得馮臆爲
説也。**今以仲尼受天命爲素王,變易舊常,虛設事狀,以
爲後世制法;**哀十四年公羊傳云:"制春秋之義,以俟後聖。"漢人
因有爲漢制法之説,云孔子爲素王,亦漢人相傳之舊義,讖記諸家
並有其語。近世言今文者,尤樂道之也。孔穎達左傳正義曰:"董
仲舒對策云:孔子作春秋,先正王而繫以萬事,見素王之文焉。賈
逵春秋序云:孔子覽史記,就是非之説,立素王之法。鄭玄六藝論
云:孔子既西狩獲麟,自號素王,爲後世受命之君制明王之法。盧
欽公羊序曰:孔子自因魯史而修春秋,制素王之道。是先儒皆言孔

子立素王也。孔子家語稱齊大史子餘歎美孔子言曰：'天其素王之乎?' 素，空也，言無位而空王之也。彼子餘美孔子之深，原上天之意，故爲此言耳，非是孔子自號爲素王。先儒蓋因此而謬，遂言春秋立素王之法。"按：家語僞書，不足據也。然其説素王之義實較諸家爲長，正義取之是矣。至讖記言素王者，如春秋緯云：麟出周亡，故立春秋，制素王，授當興也。論語緯云：子夏曰，仲尼爲素王，顏淵爲司徒。又云：子夏六十四人共撰仲尼微言以事素王。孝經緯云：吾作孝經，以素王無爵禄之賞，斧鉞之誅，故稱明王之道。據此，知論語、孝經諸家並有其語也。**且言左氏與遷固皆史傳，而春秋爲經，經與史異**。原注：劉逢禄、王闓運、皮錫瑞皆同此説。○按：劉逢禄左氏春秋考證曰："春秋非史文，言左氏者以史文視春秋，宜其失義也。"王闓運公羊箋曰："春秋不記事，雖開國王不見謚，君夫人略不書，盟會征伐隨所筆削，略者一見，詳者百出，既不可自釋其例，唯以屬比見之。故其文無之而非義，其詞無在而非事，至哀十三年所以發明者，乃備於此。若必終其一年，仍是史而非經也。則止於春者，示春秋之非史也。"皮錫瑞春秋通論曰："説春秋者，須知春秋是孔子作，作是做成一書，不是鈔録一過。又須知孔子所作者，是爲萬世作經，不是爲一代作史。經史體例所以異者：史是據事直書，不立褒貶，是非自見；經是必借褒貶是非以定制立法，爲百王不易之常經。春秋是經，左氏是史。後人不知經史之分，以左氏之説爲春秋，而春秋之旨晦；又以杜預之説誣左氏，而春秋之旨愈晦。據孟子説，孔子作春秋是一件絶大事業，若如杜預經承舊史，史承赴告之説，止是鈔録一過，並無褒貶義例，則略識文字之鈔胥皆能爲之，何必孔子? 即曰據事直書，不虚美，不隱惡，則古來良史如司馬遷、班固等，亦優爲之，何必孔子乎?"以上三家之説云爾。餘如廖平古學考亦云：“董子謂春秋有詭名、詭實之例。當時所無之制，欲興之，則不能不詭其人；義所當諱之事，欲掩之，則不能不詭其實。意不欲言則削之，制所特起則筆之，春秋有筆削，凡涉筆削，皆不可以史説之。”又康有爲孔子改制考、新學僞經考，其説亦並與諸家大同而益之以悍言。要之，春秋是經非史，近世説今文者之所同也。**蓋素王者，其名見於莊子，**原注：天下篇。〇按：當作“天道篇。”**責實有三：伊尹陳九主素王之法，守府者爲素王；**此云素王，謂有其位而無其權者。素讀如素餐之素也。史記殷本紀，伊尹從湯，“言素王及九主之事”，集解云：“駰案劉向別録曰：九主者，有法君，專君、授君、勞君、等君、寄君、破君、國君、三歲社君，凡九品，圖畫其形。”索隱云：“素王者，太素上皇，其道質素，故稱素王。九主者，三皇五帝及夏禹也。或曰：九主謂九皇也。然按注劉向所稱九主，載之七録，名稱甚奇，不知所憑據耳。”尋素王九主，明載別録，且畫其形，其必有所憑據。索隱不從，而隨臆爲説，非也。彼云素王與寄君、破君等連言，則索隱以爲太素上皇，未必然也。素者，空也，謂空據王者之名而已。國語周語曰：“今天降禍災於周室，余一人僅亦守府。”又曰：“守府之謂多，胡可興也？”謂但可守司府藏，更無權藉，此則伊尹所謂素王者矣。**莊子道玄聖素王，無其位而德可比於王者；**此云素王，謂有其德而無其位者。莊子天道篇曰：“夫虛静恬淡、寂寞無爲者，萬物之本也。以此處上，帝王天子之德也；以此處下，玄聖素王之道也。”郭注曰：“此皆無爲之至也。有其道爲天下所歸；而無其爵者，所謂素王自貴也。”**太史公爲素王眇論，多道貨殖，其貨殖列傳已著素封，無其位，有其富厚崇高，小者比封君，大者擬天子。**此云素王，謂有其財而無其位者。御覽四百七十二引太史公素王妙論曰："諸稱富者,非貴其身得志也,乃貴恩覆子孫而澤及鄉里也。"
又曰："黃帝設五法,布之天下,用之無窮,蓋世有能知者,莫不尊親,如范子可謂曉之矣,子貢、呂不韋之徒頗預焉。自是之後,無其人,曠絶二百有餘年。管子設輕重九府,行伊尹之術,則桓公以霸,九合諸侯,一匡天下。范蠡爲越相,三江五湖之閒,民富國强,卒以擒吳,功成而弗居,變名易姓,自謂朱公,十術之計,二十一年,三致千金,再散與貧。(越世家集解北堂書鈔四十五又御覽四百四,並引素王妙論。隋志子部"五行家":"梁有太史公素王妙論二卷,亡。")據此,是其書多道貨殖也。史記貨殖列傳曰:"今有無秩禄之奉,爵邑之入,而樂與之比者,命曰素封。"索隱云:"謂無爵邑之入,禄秩之奉,則曰素封。素,空也。"正義云:"言不仕之人自有園田收養之給,其利抵於封君,故曰素封也。"詳覽妙論之説,證以史記之文,則此素王謂有財無位者明矣。**此三素王之辨也。**素王本爲通名,其義有三,非孔子之所專,則受命制法之説蹟矣。**仲尼稱素王者,自後生號之。王充以桓譚爲素丞相**,論衡定賢篇曰:"孔子不王,素王之業在於春秋。然則桓君山素丞相之跡,存於新論者也。"**非譚生時以此題署。顧言端門受命,爲漢制法,**哀十四年公羊傳解詁曰:"得麟之後,天下血書魯端門曰:'趨作法,孔聖設,周姬亡,彗東出。秦政起,胡破術,書記散,孔不絶。'子夏明日往視之,血書飛爲赤烏,化爲白書,署曰演孔圖,中有作圖制法之狀。孔子仰推天命,俯察時變,却觀未來,預解無窮,知漢當繼大亂之後,故爲撥亂之法以授之。"公羊傳卷一疏引閔因敍云:"昔孔子受端門之命,制春秋之義,使子夏等十四人求周史記,得百二十國寶書。九月,經立。感精符、考異郵、説題辭具有其文。"後漢書東平王蒼傳:"孔子曰:行夏之時,乘殷之輅,服周之冕,爲漢制法也。"論衡程材篇曰："董仲舒表春秋之義,稽合于律,無乖異者,然則春秋漢之經,孔子制作,垂遺於漢。"須頌篇曰："是故春秋爲漢制法,論衡爲漢平説。"佚文篇曰："文王之文,傳在孔子;孔子爲漢制文,傳在漢也。"許冲上説文表曰："猶復深惟五經之妙,皆爲漢制。"韓勅碑曰："孔子近聖,爲漢定道。"孔龢碑曰："孔子大聖,則象乾坤,爲漢制作。"以上衆説,並是本之讖緯,不可據爲典要。**循是以言,桓譚之爲新論,則爲魏制法乎?**世儒執孔子爲素王,爲漢制法,然則桓譚爲素丞相,將爲魏制法乎?此佛法所謂同彼破也。**春秋二百四十二年之事,不足盡人事蕃變,典章亦非具舉之。即欲爲漢制法,當自作一通書,若賈生之草具儀法者。**原注:後世王冕、黄宗羲之徒亦嘗爲此。〇按:賈生草具儀法,見漢書本傳。明史文苑傳:王冕,字元章,嘗做周官著書一卷,曰:"持此遇明主,伊吕事業不足多也。"黄宗羲爲明夷待訪録,備陳經國之法,其序引王冕事云:"冕之書未得見。"**今以不盡之事,寄不明之典,言事則害典,言典則害事,令人若射覆探鈎,卒不得其翔實。故有公羊、穀梁、騶、夾之傳,爲説各異,是則爲漢制惑,非制法也。**世儒執春秋制法,然世事之變無窮,而春秋之年有限,即言典章,如朝聘會盟之屬,亦非能一一舉之也。且制法者,故當剴切昭彰、明效其説,今紀有限之事,而寄以不明之法,事不爲事,法不爲法,則如射覆探鈎,終不得實。故有數家之傳,人人異端,隱語廋詞,徒資疑眩,又失制法之本矣,此佛法所謂違宗破也。云"射覆探鈎"者,漢書東方朔傳"上嘗使數家射覆",師古曰:"於覆器之下而置諸物,令闇射之,故云射覆。"荀子君道篇曰:"探籌投鈎者,所以爲公也。"慎子曰:"投鈎以分財。"鈎並與闉同。古人言投鈎，今人言拈闉，亦即荆楚歲時記所謂藏彄也。
云公羊、穀梁、鄒、夾之傳者，漢志云："及末世口説流行，故有公羊、
穀梁、鄒、夾之傳。"**言春秋者，載其行事，憲章文武，下遵時
王，懲惡而勸善，有之矣；制法何與焉?** 史記太史公自序：
"子曰：'我欲載之空言，不如見之於行事之深切著明也。'"中庸曰：
"仲尼祖述堯舜，憲章文武。"成十四年左傳曰："春秋之稱，微而顯，
志而晦，婉而成章，盡而不汙，懲惡而勸善，非聖人孰能修之?" **經
與史自爲部，始晉荀勖爲中經簿，以甲乙丙丁差次，非舊
法。** 七略太史公書在"春秋家"，其後東觀、仁壽閣諸校
書者，若班固、傅毅之倫未有變革，訖漢世依以第録。見
隋志。**雖今文諸大師，未有經史異部之録也。今以春秋
經不爲史，自俗儒言之即可。** 俗儒見公羊序徐彦疏曰："辭理
失所，名之爲俗；教授於世，謂之儒。"**劉逢禄、王闓運、皮錫瑞
之徒，方將規摹皇漢，高世比德於十四博士，**史記封禪書
曰："高世比德於九皇。"後漢書儒林傳曰："立五經博士，各以家法
教授。易有施孟、梁丘、京氏，尚書歐陽、大、小夏侯，詩齊、魯、韓，
禮大、小戴，春秋嚴、顏，凡十四博士。"**而局促於荀勖之見。**史
記魏其武安列傳"局趣效轅下駒"，正義："局趣，纖小之貌。"古詩
曰："蟋蟀傷局促。"促與趣同。**荀勖分四部，本已陵雜，丙部
録史記，又以皇覽與之同次，**説見前。皇覽一百二十卷，隋志
在子部"雜家"也。**無友紀，**詩大雅雲漢篇"散無友紀"。**不足以
法，後生如王儉猶規其過。**原注：據隋書經籍志，王儉撰七志：
一曰經典志，紀六藝、小學、史記、雜傳；二曰諸子志，紀今古諸子；
三曰文翰志，紀詩賦；四曰軍書志，紀兵書；五曰陰陽志，紀陰陽圖

緯;六曰術藝志,紀方技;七曰圖譜志,紀地域及圖書。其道、佛附見,合九條。然則七志本同七略,但增圖譜、道、佛耳。其以六藝小學史記雜傳同名爲經典志,而出圖緯使入陰陽,卓哉! 二劉以後一人而已。**今陳荀勖之法於石渠、白虎諸老之前,**漢書宣帝紀:"甘露三年,詔諸儒講五經同異,太子太傅蕭望之等平奏其議。上親稱制臨決焉。"錢大昭漢書辨疑曰:"時與議石渠者,易家博士沛施讎、黃門郎東萊梁丘臨,書家博士千乘歐陽地餘,博士濟南林尊、譯官令齊周堪、博士扶風張山拊謁者陳留假倉,詩家淮陽中尉魯韋玄成、博士山陽張長安、沛薛廣德,禮家梁戴聖、太子舍人沛聞人通漢,公羊家博士嚴彭祖、侍郎申輓、伊推宋顯、許廣,穀梁家議郎汝南尹更始、待詔劉向、梁周慶、丁姓、中郎王亥。其可考者,凡二十三人;議奏之見於藝文志者,書四十二篇,禮三十八篇,春秋三十九篇,論語十八篇,五經雜議十八篇,凡一百六十五篇。易、詩二經獨無議奏,蓋班氏失載之耳。"後漢書章帝紀:"建初四年,下太常將大夫博士議郎郎官及諸生諸儒,會白虎觀,講五經同異,使五官中郎將魏應承制問,侍中淳于恭奏,帝親稱制臨決,如孝宣甘露、石渠故事,作白虎議奏。"班固傳云:"遷玄武司馬,天子會諸儒講論五經,作白虎通德論,令固撰集其事。"儒林傳云:"建初中,大會諸儒於白虎觀,考詳同異,連月迺罷,肅宗親臨稱制,如石渠故事,顧命史臣,著爲通義。"**非直古文師誚之,唯今文師亦安得聞是語乎?** 唯,通作雖,見釋詞。**今文家所貴者家法也,**後漢書質帝紀曰:"令郡國舉明經年五十以上,七十以下,詣太學,自大將軍至六百石,皆遣子受業,四姓小侯先能通經者,各令隨家法。"徐防傳曰:"伏見太學試博士弟子,皆以意説,不修家法,以遵師爲非義,意説爲得理,誠非詔書實選本意。"左雄傳曰:"雄上言郡國所舉孝廉,請皆詣公府,諸生試家法。"儒林傳曰:"立五經博士,各以家法教授。"宦者傳曰:"帝以經傳之文多不正定,乃選通儒謁者劉珍及博士良史詣東觀,各校讎家法。"以上並是漢世貴守家法之證。家法者,左雄傳章懷注曰:"儒有一家之學,故稱家法也。"**博士固不知有經史之分,則分經史者與家法不相應。夫春秋之爲志也,董仲舒說之,以爲上明三王之道,下辨人事之紀,萬物之散聚,皆在春秋。**史記太史公自序引董生語。**然太史公自叙其書,亦曰:"厥協六經異傳,整齊百家異語,**正義曰:"異傳,謂如丘明春秋外傳國語、子夏易傳、毛公詩傳、韓詩外傳、伏生尚書大傳之流也。"**俟後世聖人君子。"**索隱曰:"此語出公羊傳,言夫子制春秋之義,以俟後聖君子。以君子之爲,亦有樂乎此也。"**班固亦云:"凡漢書,窮人理,該萬方,緯六經,綴道綱,總百氏,贊篇章。"**張晏曰:"人理,古今人表。萬方,謂郊祀志有日月星辰天下山川人鬼之神。六經,藝文志也。"**其自美何以異春秋。春秋有義例,其文微婉,遷固亦非無義例也。遷、陳壽微婉志晦之辭尤多。**言遷固義例者,自史漢自序及本傳外,如劉勰文心雕龍、劉知幾史通、鄭樵通志,下至近世趙翼陔餘叢考、二十二史劄記、章學誠文史通義等,文煩不可録。其婉微之意,今姑舉一例。顧炎武日知録曰:"古人作史,有不待論斷而於序事之中即見其指者,惟太史公能之,平準書末載卜式語,王翦傳末載客語,荆軻傳末載魯勾踐語,晁錯傳末載鄧公與景帝語,武安侯田蚡傳末載武帝語,皆史家於序事中寓論斷法也。後人知此法者鮮矣,惟班孟堅閒一有之,如霍光傳載任宣與霍禹語,見光多作威福;黄霸傳載張敞奏,見祥瑞多不以實,通傳皆褒,獨此寓貶,可

謂得<u>太史公</u>之法者矣。"又<u>章氏菿漢</u>微言論刺客列傳,所以救<u>春秋</u>
之窮而斡其蠱;論<u>屈賈</u>列傳,足以觀世質文,即<u>孔子</u>删<u>詩</u>之意,非有
深心遠識者不能爲。其説精卓幼眇,亦以文長不録。其言<u>三國志</u>
書法,如<u>趙翼二十二史劄記</u>等,今亦略之,姑舉一事,<u>晁公武郡齋讀
書志</u>云:"<u>王通</u>數稱<u>壽書</u>,今細觀之,實高簡有法,如不言<u>曹操</u>本生,
而載<u>夏侯惇</u>及<u>淵</u>於諸<u>曹</u>傳中,則見<u>嵩</u>本<u>夏侯氏</u>之子也。<u>高貴鄉公</u>
書卒,而載<u>司馬昭</u>之奏,則見公之不得其死也,他皆類是。"**<u>太山</u>、
<u>梁父</u>,崇卑雖異哉,其類一矣。**<u>史記</u>封禪書"古者封<u>泰山</u>禪<u>梁
父</u>者七十二家",正義:"<u>括地志</u>云:<u>梁父山</u>在<u>兗州泗水縣</u>北八十里
也。"**然<u>春秋</u>所以獨貴者,自<u>仲尼</u>以上,<u>尚書</u>則闊略無年
次,**<u>檢論春秋故言</u>曰:"<u>尚書</u>傳序相隔,年月闊略,諸稱王稱文侯
者,非序則不知其時與國也(<u>吕刑</u>之王,非序不知爲<u>穆王</u>;<u>粊誓</u>、<u>秦
誓</u>之公,非序不知爲<u>伯禽穆公</u>;<u>文侯之命</u>,非序不知爲<u>晉文侯</u>)。<u>甘
誓</u>首書大戰於<u>甘</u>,乃召六卿,而不説主客云何。<u>金縢</u>直書克<u>商</u>二
年,隨文泛説,不以一王踐祚爲統,若<u>相如難蜀父老</u>所題<u>漢</u>興七十
有八載者,史法草茞。鹽哉! <u>羲和</u>遲任所爲也。"**<u>百國春秋</u>之志,
復散亂不循凡例;**<u>史通六家</u>篇、<u>隋書李德林</u>傳並引<u>墨子</u>云:"吾
見<u>百國春秋</u>。"(今<u>墨子</u>無此文)<u>閔因公羊</u>叙,亦言求百二十國寶書,
知諸侯皆有<u>春秋</u>。觀<u>墨子</u>所引<u>周</u>、<u>燕</u>、<u>齊</u>、<u>宋</u>、<u>春秋</u>,雜記神怪,知其
散亂也。**又亦藏之故府,不下庶人,國亡則人與事偕絶,<u>太
史公</u>云"史記獨藏<u>周</u>室,以故滅",**見<u>史記六國表</u>序。**此其
效也;是故本之<u>吉甫</u>、<u>史籀</u>,紀歲時月日,以更<u>尚書</u>,傳之
其人,令與<u>詩</u>、<u>書</u>、<u>禮</u>、<u>樂</u>等治,以異<u>百國春秋</u>,然後<u>東周</u>
之事粲然著明。**<u>尚書</u>之體年月闊略,今紀歲時月日,則其事詳。

春秋之策昔藏故府，今以布之徒衆，則其傳廣。然後**東周二百四十二年之事，人人與知焉**。荀子非相篇曰：“欲觀聖王之跡，則於其粲然者矣，後王是也。”楊倞曰：“粲然，明白之貌。”**令仲尼不次春秋，今雖欲觀定哀之世，求五伯之迹，尚荒忽如草昧。**易屯彖曰：“天造草昧。”**夫發金匱之藏，被之萌庶，令人人不忘前王，**史記太史公自序“紬石室金匱之書”，索隱云：“石室金匱，皆國家藏書之處。”萌借爲甿，一作甿，漢書燕刺王傳注師古曰：“甿，庶人。”周頌列文篇曰：“於乎前王不忘。”**自仲尼、左丘明始。**春秋經傳相爲表裏，其用始彰，故孔、左並言之也。且經傳爲孔、左同著。檢論春秋故言篇嘗說其義曰：“太史公號丘明曰魯君子。案：桓二年傳：君子以督爲有無君子心，而後動於惡，故先書弑其君，是丘明主書此也。史記稱秦穆公薨，葬殉以人，從死者百七十人，君子譏之，故不書卒。依傳文有君子譏三良爲殉之辭，是春秋不書秦伯任好卒者，史遷以爲丘明主之，經有丘明所作者矣。傳文時舉諸事不見經者，而稱聖論定其是非，明諸所錄事狀，獲麟以上，皆造郯受意焉，故傳亦兼仲尼作也。此其爲書，猶談遷之記，彪固之書，父子戮力，丸揉不分，故桓譚曰：左氏傳於經，猶衣之表裏，相持而成。經而無傳，使聖人閉門思之，十年不能知也。且經與傳猶最目與委曲細書。韓非內儲上下皆自爲經；又自爲説，敍其旨意。司馬光通鑑又先爲目錄，囊括大法。經何嫌有丘明，傳何嫌有仲尼邪？令傳非仲尼、丘明同著者，即春秋爲直據魯史無所考正之書，內多忌諱，外承赴告，以蔽實録，史通惑經之難，雖百大儒無以解也。令經非仲尼、丘明同著者，晉世家稱孔子讀史記，至文公曰：諸侯無召王，王狩河陽者，春秋諱之也。是爲春秋故書已然，而傳文復以新出聖意，是隱古良史名，爲仲尼攘善也。以故書從已先定，而**仲尼**依用之，已既自處**仲尼**圈屬，故歸功於尊長，不爲比周。後代所題經稱**仲尼**，傳稱**丘明**，徒以著於竹帛字蹤筆迹之所發者，則據爲主名耳。"**且蒼頡徒造字耳，百官以治，萬民以察，**易繫辭下曰："百官以治，萬民以察，蓋取諸**夬**。"韓康伯注曰："**夬**，決也，書契所以決斷萬事也。"**後嗣猶蒙其澤。況於年歷晻昧，行事不彰，獨有一人，抽而示之，以詒後嗣，令遷固得持續其迹，訖於今兹。**孟子滕文公下篇"今兹未能"，閻若璩四書釋地三續曰："兹，年也。"左僖傳十六年"今兹魯多大喪，明年齊有亂"，杜注曰："今兹，此歲。"呂氏春秋："今兹美禾，來兹美麥。"史記蘇秦傳："今兹效之，明年又復求割地。"後漢明帝紀："昔歲五穀登衍，今兹蠶麥善收。"**則耳孫小子，耿耿不能忘先代，**漢書惠帝紀曰："上造以上，及内外公孫耳孫。"晉灼曰："耳孫，玄孫之曾孫也。"師古曰："耳孫，即仍孫。"**然後民無攜志，**國語周語"民乃攜貳"，韋注："攜，離也。"僖七年左傳杜注同。**國有與立，**昭元年左傳曰"國於天地，有與立焉"，杜注："言欲輔助之者多。"**實仲尼、左丘明之賜。故春秋者，可以封岱宗，配無極。**古之王者功至德洽，則用事於泰山，謂之封禪。此言春秋之作功德至大，亦可以封於泰山，配天無窮也。**今異春秋於史，是猶異蒼頡於史籀、李斯，祇見惑也。蓋生放勳、重華之世者，不知帝力所以厚生；**皇甫謐帝王世紀：堯時老人擊壤於道曰："吾日出而作，日入而息，鑿井而飲，耕田而食，帝何力於我哉？"**而策肥馬，乘堅車者，亦不識先人作苦。**漢書楊惲傳曰："田家作苦。"**今中國史傳連蔬，**蔬，與綴通。漢書叔孫通傳之"緜蕝"，即禮記樂記之"綴兆"，蓋皆取連綴之義。**百姓與知，以爲記事不足重**

輕，爲是没丘明之勞，謂仲尼不專記録。藉令生印度、波斯之原，自知建國長久，文教浸淫，説文：“淫，浸淫隨理也。”段注曰：“以漸而入也。司馬相如難蜀父老曰：‘六合之内，八方之外，浸淫衍溢。’史記作‘浸潯’。”而故記不傳，無以褒大前哲，然後發憤於寶書，哀思於國命矣。原注：余數見印度人言其舊無國史，今欲搜集爲書，求雜史短書以爲之質，亦不可得。語輒扼腕，彼今文家特未見此爾。

漢世五經家既不逆睹，欲以經術干禄，漢書儒林傳贊曰：“自武帝立五經博士，開弟子員，設科射策，勸以官禄，訖於元始，百有餘年，傳業者寖盛，支葉蕃滋，一經説至百餘萬言，大師衆至千餘人，蓋利禄之路然也。”故言爲漢制法。卒其官號郡縣刑辟之制本之秦氏，爲漢制法者李斯也，非孔子甚明。近世綴學之士，大戴禮記小辨篇：“若丘也，綴學之徒，安知忠信？”孔廣森補注曰：“綴學，捃拾聞見以爲學也。”又推孔子制法訖於百世。法度者，與民變革，古今異宜，雖聖人安得豫制之？原注：易稱開物成務，彰往察來，孔子亦言百世可知，皆明其大體耳。蓋險阻日通，階級日夷，工巧日繁，禮節日殺，鬼神日遠，刑法日寬，法契日明，此在周代可以豫知後世者也；若夫官號爵秩、税則軍制之繁，地域廣輪、郡縣增減之數，孔子安得豫知之？譬如觀象，日月星辰之行雖在數百歲上，可以豫知；風雨旱潦之變非臨時測候，不能知也。蓋變遷有常者可知，變遷無常者不可知，是故緯候之言不能傅會孔氏也。春秋言治亂雖繁，識治之原，上不如老聃、韓非，下猶不逮仲長統。故曰春秋經世先王之志，聖人議而不辯，原注：莊子齊物論語。經猶紀也，三十

年爲一世，經世猶紀年耳。志即史志之志，世多誤解。○按：齊物
論釋曰："經世亦見外物篇。律曆志有世經，則曆譜世紀之書，其短
促者乃是紀年。春秋以十二公名篇，亦曆譜世紀也。志即史志，慎
子云：'詩，往志也；書，往誥也；春秋，往事也。'往事即先王之志，明
非爲後世制法也。春秋有所臧否，祇隨成俗。左氏多稱君子，是其
事類。若夫加之王心，爲漢制法，斯則曲辯之言，非素王之志矣。"
又曰："春秋者，先王之陳迹，詳其行事，使民不忘故常；述其典禮，
後生依以觀變。聖人之意盡乎斯矣。天下篇曰：'春秋以道名分。'
名定故無君帝寧王之殊號，分得故無漂杵胾磨之盈辭，斯其所以爲
美。其他懲惡勸善，率由舊章。若欲私徇齒牙，豫規王度，斯未知
無方之傳，應物不窮，豈以姬周末世，而能妄臆嬴劉之變哉？老子
曰：'前識者，道之華而愚之首也。'明孔父本無是言，公羊曲學成此
大愚也。"以上說春秋經世之義豁然確斯。蓋孔父之書，本以紀世，
若言制法，則老聃明道，實爲君守之資；韓非言法，極陳禁姦之術；
下至仲長統之昌言，適時矯弊，義皆劌切，猶賢於春秋之晻昧闊略
也。仲長氏書已佚，後漢書本傳載其理亂、損益、法誡三篇，嚴可均
搜輯諸書，定著爲二卷，約餘萬言。**明其藏往，**易繫辭上曰："神
以知來，知以藏往。"**不亟爲後王儀法。左氏有議，**議謂平訂
是非，傳中雜引"君子"之言，所謂議也。**至於公羊而辯。**原注：
范武子云："公羊辯而裁。"○按：范甯穀梁序云："左氏豔而富，其失
也巫；穀梁清而婉，其失也短；公羊辯而裁，其失也俗。"**持繁露之
法以謁韓非、仲長統，必爲二子笑矣。**繁露之法，謂託古改
制諸說也。繁露楚莊王篇曰："王者必改制。"玉杯篇曰："孔子立新
王之道。"符瑞篇曰："託乎春秋正不正之閒，而明改制之文。"俞序
篇曰："吾因行事加吾王心焉。"三代改制篇曰："春秋應天作新王之

事,變周之制。"漢書董仲舒傳曰:"孔子作春秋,先正王而繫以萬事,見素王之文焉。"諸此説義並是言公羊者所倚以爲根株者也。**夫制法以爲漢則隘,以爲百世則夸。世欲奇偉尊嚴孔子,顧不知所以奇偉尊嚴之者。**章炳麟曰:國之有史久遠,則亡滅之難。自秦氏以訖今兹,四夷交侵,王道中絶者數矣;然揹者不敢毀棄舊章,説文:"揹,掘也。"案:字亦作"猾",書舜典"蠻夷猾夏",鄭注:"猾夏,侵亂中國也。"**反正又易,**哀十四年公羊傳:"撥亂世反諸正,莫近諸春秋。"**藉不獲濟,而憤心時時見於行事,足以待後,故令國性不墮,民自知貴於戎狄,非春秋孰維綱是。**莊子天運篇曰:"孰主張是? 孰維綱是?"**春秋之績,其什伯於禹邪。禹不治洚水,**孟子滕文公下篇:"書曰:'洚水警余',洚水者,洪水也。"趙岐注曰:"水逆行洚洞無涯,故曰洚水。"**民則溺,民盡溺即無苗裔,亦無與俱溺者;孔子不布春秋,前人往,不能語後人,後人亦無以識前,乍被侵掠,則相安於輿臺之分。**昭七年左傳:"皂臣輿,僕臣臺。"**詩云:"宛其死矣,他人是偷。"**詩唐風蟋蟀篇"宛其死矣,他人是愉",釋文云:"鄭作'偷',取也。"**此可爲流涕長潸者也。**史記扁鵲倉公傳"魂精泄橫,流涕長潸",索隱曰:"長潸者,謂長垂淚也。"**然則繼魏而後,民且世世左袵,**論語憲問篇:"微管仲,吾其被髮左袵矣。"劉寶楠正義曰:"説文:'袵,衣裣也。''裣,交袵也。'蒼頡解詁:'袵,衣襟也。'裣、襟一字。聲類:'襟,交領也。'交領即交袵。蓋衣領下屬於衣前右幅,通稱爲袵,爲裣,爲襟。必言交者,謂領兩頭相交,周人頸也。領右則衣前幅掩向右,領左則衣前幅掩向左。中夏禮服皆右袵。深衣則用對襟,對襟用直領,故鹽鐵論散不足篇及釋名釋衣服所云直領,即指深衣而言。戎狄無禮服,亦無深衣,止隨俗所好服之,而多是左袵,故夫子舉以爲言也。"**而爲羯胡鞭撻,其憯甚於一朝之溺。春秋之況烝民,**爾雅釋詁篇:"貺,賜也。"釋文云:"貺,本作'況'。"**比之天地亡不幬持,**禮記中庸篇:"仲尼祖述堯舜,憲章文武,上律天時,下襲水土,辟如天地之無不持載,無不覆幬。"鄭注:"幬亦覆也。"**豈虚譽哉？何取神怪之説,不徵之辭,云爲百世制法乎？**檢論春秋故言曰:"嘗試論之,國無史則人離本。前世尚書,剥爛斷絶,誠無所任也。宣王史官之爲春秋,暨於董狐、南史,拘係一國,不能曠觀,猶不足知當世大略,人所厭窺。朝姓改易,故府傾圮,其書狗牽鼠齧,而莫之顧。史亡則國性滅,人無宗主,淪爲裔夷。仲尼所以爲春秋,徒爲其足以留遠耳。故郊並百王於上天(見荀子禮論),禘總羣廟於太祖,惟其審世系,盡端末,知前代興廢所由,則曰明乎郊社之禮,禘嘗之義,治國其如示諸掌乎？然猶偪於神道,不遍人事。春秋作,史道興,則禘之説可以不知,振引豪末,而膏澤天下者,其惟春秋。綜觀春秋樂道五伯,多其攘夷狄,扞族姓,雖仲尼所以自任,亦曰百世之伯主也。故曰:'竊比於我老彭。'老彭者,始自籛鏗,至於大彭,身更數代,功正夏略,爲王官之伯,而亦領録史藏。今以立言不朽,爲中國存種姓,遠殊類,自謂有伯主功,非曰素王也。漢世中國未有劇禍,經師守文,不與知春秋本旨,固無怪。繼晉之後,逮於宋明之亡,戎貉孔熾,京邑爲虚,人思夷吾而不可覯,身離其痛,而猶不喻春秋所爲作者,恣以小文苛法,黜絶桓文,其局促乃甚於漢儒,何哉？齊學之徒盜憎主人,惡言孔、左同時作述,曷足怪焉？"**又其誣者,或言孔子以上,世澒澒無文教,故六經皆孔子臆作,不竟有其事也。**此廖平之説也。澒與鴻通，瀄瀄猶瀄濛，未分之貌。廖氏古學考曰："今所傳者，均非史。若周時真事，皆怪力亂神，不可以示後人，如同姓爲婚，父納子妻，弒逐其君，桓公滅三十國，姑姊妹不嫁七人等，背禮傷教之言，乃爲真事，當時亦均視爲常事，並無非禮失禮之説。孔子全行掩之，而雅言以詩書執禮。不得於孔子後，仍守史文之説也。春秋、國語皆經也，惟譜牒乃史耳。"知聖篇曰："洪荒初開，禮制實爲簡陋，若於文備之世，傳以爲法，不惟宜俗不合，且啓人輕薄古昔之心，是帝典不能實録其事，亦一定之勢也。"又曰：孔子繙經，增減制度，變易事實，撥其不善而著其善。又曰："自夫子一出，而帝王之德皆變爲一人之事，而佚聞實寡，後世所傳習皆孔子之説，而舊典全無也。"**即如是，墨翟與孔子異流，時有姍刺，**漢書諸侯王表序"姍笑三代"，師古曰："姍，古訕字。"**今亦上道堯舜，稱誦詩書，**韓非子顯學篇曰："孔子、墨子俱道堯舜，而取舍不同。"汪中墨子後序曰："其則古昔，稱先王，言堯、舜、禹、湯、文、武者六，言禹、湯、文、武者四，言文王者三。"孫詒讓墨子後語曰："墨子之學，蓋長於詩、書、春秋。故本書引詩三百篇，與孔子所刪同；引尚書如甘誓、仲虺之誥、説命、大誓、洪範、吕刑亦與百篇之書同。又曰：'吾嘗見百國春秋。'"**何哉？三代以往，人事未極，民不知變詐之端，故帝王或以權數罔下，**説見本書原道篇。**若其節族著於官府，**荀子非相篇："文久而息，節族久而絶。"郝懿行曰："節族即節奏。"**禮俗通於烝民者，則吏職固有常矣，書契固有行矣，四民固有列矣，宮室固有等矣，械器固有度矣，歷數固有法矣，刑罰固有服矣，**書舜典云"五刑有服"，僞孔傳云："服，從也。"**約劑固有文矣，**周禮大史曰："凡邦國都鄙及萬民之有約劑者藏焉。"鄭注云:"約劑,要盟之載辭及券書也。"**學校固有師矣,歌舞固有節矣。彼以遠西質文之世相擬,遠西自希臘始有文教,其萌芽在幽平閒,因推成周以上,中國亦樸陋如麋鹿。**原注:此類繆見自江慎修已然。自有天地以至今日,年歷長短,本無可校,而慎修獨信彼教紀年,謂去今財五六千歲,因謂唐虞之視開闢,亦如今日之視秦漢。假令彼中記載録自史官,自相傳授,猶或可信。今則録在神教之書,而或上稽他國,他國之數,豈無彼教所未聞? 安知不有遠在其前者? 神教之言本多誣妄,然則管仲所謂七十二君,雖非經典所載,不視神教猶可信乎?○按:江慎修之説見翼梅卷一。**夫文教之先後,國異世,州殊歲,不得一劑。若夫印度文教之端始自吠陀,**印度典籍之最古者,曰四吠陀典,爲婆羅門所奉神典,印度上世之宗教哲學皆源於此。吠陀音義各有異譯多稱,翻明論者較通行。一黎俱吠陀,舊云阿由,或荷力,或億力等,或翻方命,或曰壽論,或云養生繕性之書,或言其明解脱法,或謂爲讀誦吠陀。二耶柔吠陀,舊云夜殊,或冶受等,或曰祠論,或云祭祠祈禱之書,或言其明善道法,或謂爲祭祝吠陀。三傞馬吠陀,舊云娑摩,或三摩等,或曰平論,或云禮儀占卜兵法軍陣之書,或言其明欲塵法,或謂爲歌詠吠陀。四阿他婆吠陀,舊云阿闥婆,或阿闥婆拿,或阿他等,或曰術論,或云異能技數梵呪醫方之書,或言其明呪術算數等法,或謂爲禳災吠陀。以上梁漱溟印度哲學概論所説,蓋參取西譯,並中土翻譯名義、三藏法數、西域記、百論疏、摩蹬伽經等而列次者。**距今亦四千年,不與希臘同流化。**原注:巴比倫、埃及補多之屬,瑣瑣天愛,不足齒録。○按:埃及之興,當此土神農之世。巴比倫當夏之中世,以其小國蒙昧,故不及之也。云天愛者,成唯識論云:"語不異能詮,人

天共了，執能詮異語，天愛非餘。"學記曰：言天愛者，弄彼名也，唯
天所愛，方得存也。又云：癡人弄言天也，如説奴爲郎君等也，調言
咄天，汝甚可於，故言天愛，天即愛也。**必欲使一劑者，大食自
隋世始有文教，**大食見唐書西域傳，即今之阿剌伯也。**推此以
方中國，復可云八代行事自王劭、牛弘臆爲之也。**隋書王
劭傳：劭字君懋，授著作郎，遷祕書少監，專典國史，撰隋書八十卷。
牛弘傳：弘字里仁，開皇初，授祕書監，拜禮部尚書，敕修撰五禮，勒
成百卷，有文集十卷。又經籍志：牛弘周史十八卷。唐藝文志：王
劭北齊志十七卷。**問者曰：孔子誠不制法，王制諸篇何故與
周禮異？**詳見廖平今古學考。**應之曰：周禮者，成周之典。
周世最長，事異則法度變，重以厲王板蕩，綱紀大亂，疇
人子弟分散，**原注：見歷書。疇人者，世其父業，漢世謂之疇官，
非專謂治歷者。〇按：檢論禮隆殺論自注云：疇人，謂世世相傳者
也。史記歷書"疇人子弟分散"，漢書律歷志亦用其語，集解引如淳
曰："家業世世相傳爲疇，律年二十三，傳之疇官，各從其父學。"義
訓甚明。龜策列傳云："雖父子疇官，世世相傳，其精微深妙多所遺
失。"是卜筮之官世居其職者，亦稱疇官。余弟子朱希祖復舉文選
注引補亡詩序曰："皙與司業疇人，肆修鄉飲之禮，然所詠之詩或有
義無辭，音樂取節闕而不備。"藝文類聚引王粲七釋曰："邯鄲才女，
三齊巧士，名唱祕舞，承閑並理，七盤陳于廣庭，疇人儼其齊俟，揄
皓袖以振策，竦並足而軒跱。"此二所説疇人皆謂樂師，是樂師世其
職者亦稱疇人也。余案漢書宣帝紀云："博陸侯功德茂盛，復其後
世，疇其爵邑，世世毋有所與。"張敞傳云："季友、趙衰、田完有功，
皆疇其庸，延及子孫。"浙本作"疇其軍邑"，邵本作"疇其官爵"。
是爵邑世世相傳，亦稱疇也。而阮伯元誤解歷書之文，遂以明算治

歷者爲疇人傳。疇人既非算家專稱，且今世明算治歷者亦豈世傳其業邪？若如程大昌以疇人爲籌人，益荒誕矣。**周禮雖有凡要，其孅悉在疇人，疇人亡則不能舉其事，雖欲不變無由。**禮隆殺論曰：“周官三百七十有餘品，約其文辭，其凡目在疇人世官，所謂官人守要，令贊大行之流具在傳記，獨不可勝數。周書有言，明堂所以明道，明道惟法；法人惟重老，重老惟寶（大匡解）。幽厲亂而疇人亡，大典雖在，其委曲事條不具，是以周制不得不變。”餘義見明解故下篇。**故左氏言春秋時制，既不悉應周官。其後天下爭於戰國，**史記儒林列傳：“天下並爭於戰國，儒術既絀焉。”**周道益衰，禮家橫見當時之法，以爲本制。若王度記言天子駕六，則見當時六驪之制也；**原注：按孫卿言“六驪”，又言“六馬仰秣”，是當時固有駕六之法。然此事蓋起春秋之末，故説苑正諫篇云：“景公正晝被髮，乘六馬，御婦人，以出正闈。”〇按：王度記言天子駕六，見公羊隱元年疏及續漢書輿服志注。孫卿言六驪，見荀子修身篇，言六馬仰秣，見勸學篇。**祭法言七祀五祀，則見楚有國殤司命之祭也。**原注：別有説。〇按：祭法云：“王爲羣姓立七祀：曰司命，曰中霤，曰國門，曰國行，曰泰厲，曰户，曰竈。王自爲立七祀。諸侯爲國立五祀：曰司命，曰中霤，曰國門，曰國行，曰公厲。諸侯自爲立五祀。大夫立三祀：曰族厲，曰門，曰行。”文録有大夫五祀三祀辯，其略曰：“司命泰厲之入七祀，斯乃近起楚俗，非周制也。漢書郊祀志言荆巫有司命，楚詞九歌之大司命，即祭法所謂王所祀者也，其少司命即祭法所謂諸侯所祀者也，九歌之國殤即祭法所謂泰厲公厲也，九歌之山鬼，祭法注曰：“今時民家祠山神，山即厲也。”是山鬼即祭法所謂族厲也。然則司命泰厲公厲族厲，皆於九歌著之，明其所言王立七祀，諸侯立五祀，

大夫立三祀,適士立二祀,庶士庶人立一祀者,皆由楚國儒先因俗,
而爲之節文矣。魯併於楚,祭法所述祀典,泰半本魯語展禽之説,
其爲楚人删集,又易知也。其在周禮,司命爲天神,厲爲人鬼,與户
竈中霤門行爲地祇者介然有别,大宗伯槱燎之祭,司命與司中風師
雨師同之,皆在天神之部。今獨取司命,以與地祇五祀比肩,此何
義也?泰厲公厲之祭,晉語有云:"鯀化爲黄熊,以入於羽淵,實爲
夏郊,三代舉之,今周室少卑,晉實繼之。"然則厲鬼之祀視因國多
寡爲制,其數不定,晉本大夏,故祀夏厲,不然亦不祀也。若夫王祭
四類,則三皇五帝九皇六十四民咸祀之(見小宗伯鄭司農注),無爲
别祀泰厲矣。故曰祭法所言則楚制也。**又以儒書所説夏殷故
事轉相傅儗。訖秦用騶子五勝,命官立度,皆往往取符
應。**史記封禪書曰:"齊威、宣之時,騶子之徒論終始五德之運。
及秦帝,齊人奏之。"歷書曰:"秦滅六國,未暇遑也,而亦頗推五勝,
自以爲獲水德之瑞,而正以十月,色上黑。"又秦始皇本紀曰:"始皇
推終始五德之傳,以爲周得火德,秦代周,德從所不勝。方今水德
之始,改年始朝賀,皆自十月朔,衣服旄旌節旗皆上黑,數以六爲
紀,符法冠皆六寸,而輿六尺,六尺爲步,乘六馬,更名河曰德水。"
文選魏都賦注引七略曰:"鄒子有終始五德,從所不勝,土德後木德
繼之,金德次之,火德次之,水德次之。"**漢初古文家如張蒼猶
不能脱,**史記張丞相傳:"蒼以高祖十月始至霸上,因故秦時本以
十月爲歲首,弗革。推五德之運,以爲漢當水德之時,尚黑如故。"
封禪書:"蒼以爲漢乃水德之始,故河決金隄,其符也。"漢志"陰陽
家"有張蒼十六篇(漢書本傳云十八篇)。是蒼亦習於五勝之説。
又儒林傳謂張蒼修春秋左氏傳,説文序謂蒼獻左氏春秋傳,故曰古
文家也。**況濡於口説者。**原注:漢世古文家惟周禮杜鄭、詩毛

公契合法制，又無神怪之説。鄭君箋注則已凌雜緯候。春秋左氏、易費氏本無奇衺，而北平侯已讜五德，賈侍中亦傅會公羊，並宜去短取長者也。荀鄭之易則與引十翼以解經者大異，猶賴王弼匡正其違。書孔氏説已不傳，太史公、班孟堅書時見大略，説皆平易。五行志中不見古文尚書家災異之説，然其他無以明焉。洪範、左氏時兼天道，然就之疏通，以見當時巫史之説可也，不得以爲全經大義所在。劉子駿推左氏日食變怪之事，傅之五行，則後生所不當道也。大氏古文家借今文以成説者，並宜簡汰去之，以復其真。其在今文，易京氏，書大小夏侯、詩轅固、春秋公羊氏妖妄之説最多。魯詩、韓詩雖無其迹，然異義言詩齊魯韓，皆謂聖人感天而生，則亦有瑕疵者也。詩古文説毛公最爲清静，其於“履帝武敏”，不取釋訓敏拇之解；於“上帝是依”則云依其子孫，斯其所以獨異。爾雅本有叔孫通、梁文所增，或毛公所見，尚無此説，亦未可知。而鄭君乃云：“天命玄鳥，降而生商。”是感天而生之明文，不悟詩非敍事之書，辭氣本多增飾，即如鄭言，“惟嶽降神，生甫及申”，亦爲感嶽而生耶？周語亦云：房后有爽德，丹朱馮身以儀之，生穆王。此即醫家所云夢與鬼交者，適生穆王，當時遂有異語，豈真謂穆王是丹朱子耶？又墨子明鬼下云：大雅曰“文王陟降，在帝左右”，若鬼神無有，則文王既死，彼豈能在帝之左右哉？毛傳乃易“陟降”之訓曰：“言文王升接天，下接人也。”此則在帝左右，但謂以道事天，如不離側耳。毛公之善，非獨事應春秋，禮應周典，其刊落神怪之言，信非三家所能企及矣。春秋穀梁氏最雅馴，獨惜於禮未善。王制之倫，亦其次也。惟士禮則古今文無大差異，今世言今文者，獨不敢説士禮，蓋條例精密，文皆質言，不容以夸言傅會，亦無通經致用之事，故相與置之矣。**故王制不應周禮，繁露、白虎通義之倫，復以五行**

相次。繁露有五行對、五行之義、五行相勝、五行相生、五行逆順、治水五行、治亂五行、五行變救、五行五事等九篇。白虎通義亦有五行篇。**其始由聞見僻陋，其終染於陰陽家言而不能滌。**夏曾佑云：漢儒之與方士，糅合不分，其所以然之故，因儒家尊君，君者，王者之所喜也；方士長生，生者，亦王者之所喜也；二者既同爲王者之所喜，則其勢必相妬，於是各盜敵之長技以謀獨擅，而二家之糅合成焉。詳夏氏中國歷史第二篇。**假令王制爲孔子作者，何緣復有周尺東田之文？**王制云："古者以周尺八尺爲步，今以周尺六尺四寸爲步。古者百畝，當今東田百四十六畝三十步。"按：王制之文，孔疏以爲出於秦漢之際，即據周尺之言，知在周亡之後也。鄭玄答臨碩云：孟子當赧王之際，王制之作復在其後。盧植云：漢文皇帝令博士諸生作之。據其文云"有正聽之"，鄭云：漢有正平，則盧說近是。至皮錫瑞作王制箋，則本之俞樾，謂王制爲素王之制，其古者周尺云云，當爲漢人之言禮者附入記中，如大戴公冠篇有孝昭冠辭之比，斯遁辭矣。**若爲漢制法邪，爵當有王侯，何故列五等？地當南盡九真，北極朔方，何故局促於三千里？西域己賓，而不爲置都護；匈奴可臣，而不爲建朝儀；以此知其妄矣。**文錄有皮錫瑞王制駁議，文長不錄。**繁露諸書，以天道極人事，又下王制數等，卒之令人拘牽數術，不盡物宜，營於機祥，恐將泥夫大道。**史記孟荀列傳："不遂大道，而營於巫祝，信機祥。"漢書趙王彭祖傳"不好治宮室機祥"，注師古曰："機祥，總謂鬼神之事也。"藝文志曰"泥於小數"，師古曰："泥，滯也。"

　　言六經皆史者，賢於春秋制作之論，巧歷所不能計

也。莊子齊物論曰："自此以往,巧歷不能得。"**雖然,史之所記,大者爲春秋,細者爲小説,故青史子五十七篇,本古史官記事。**見漢藝文志。王應麟考證曰："風俗通義有青史子書。大戴禮保傅篇:青史子之記曰:古者胎教。隋志:梁有青史子一卷。"文心雕龍云"青史由綴於街談",周壽昌校補曰:"賈執姓氏英賢録:晉太史董狐之子,受封青史之田,因氏焉。"**賈生引其胎教之道:"王后有身,則太師持銅而御户左,太宰持斗而御户右,**大戴禮記保傅篇盧辯注曰:"太師,瞽者宗伯之屬。下大夫,太宰膳夫也。冢宰之屬,上士二人,言太宰因諸侯之稱也。樂爲陽,故在左,食爲陰,故在右。"孔廣森補注曰:"銅,律管以銅爲之。漢書曰:凡律度量衡用銅者,所以同天下,齊風俗也。銅爲物之至精,不爲燥溼寒暑變其節,不爲風雨暴露改其形,是以用銅也。"**太卜持蓍龜而御堂下,諸官各以其職御於門内。太子生而泣,則曰聲中某律,**盧辯曰:"貴中月管。"孔廣森曰:"官人篇云:心氣鄙戾者,其聲嘶醜,心氣寬柔者,其聲溫好。故泣聲剛柔清濁,以律辨之,知其性術焉。古者樂官吹樂聲以詔吉凶,鼓琴瑟以奠世繫,至漢猶傳吹律定姓之法,聲音之理,微乎微矣。"**滋味上某,**盧辯曰:"上某時味。"孔廣森曰:"春上酸,夏上苦,秋上辛,冬上鹹。"**命云某,然後縣弧,**禮記内則篇:"子生,男子設弧於門左。"鄭注:"弧者,示有事於武也。"**然後卜王太子名。"**以上賈子新書胎教篇引。**是禮之别記也,而録在小説家。周考、周紀、周説亦次焉。周説者,武帝時方士虞初以侍郎爲黃車使者,采閭里得之。**漢志云:周考七十六篇,考周事也。臣壽周紀七篇,項國圉人,宣帝時。虞初周説九百四十三篇,河南人,武帝時，以方士侍郎號黃車使者。應劭曰："其説以周書爲本。"師古曰："史記云：虞初，洛陽人，即張衡西京賦'小説九百，本自虞初'者也。"王應麟考證曰："郊祀志：'雒陽虞初等以方祠詛匈奴、大宛。'"今之方志其族也。周官："誦訓，地官序官鄭注云："能訓説四方所誦習及人所作爲久時事。"掌道方志以詔觀事，鄭注云："説四方所識久遠之事，以告王觀，博古所識，若魯有大庭氏之庫，殷之二陵。"道方慝以詔辟忌，以知地俗。"鄭注云："方慝，四方言語所惡也。不辟其忌，則其方以爲苟於言語也。知地俗，博事也。鄭司農云：以詔辟忌，不違其俗也。曲禮曰："君子行禮，不求變俗。""訓方氏，夏官序官鄭注云："訓，道也，主教道四方之民。"掌道四方之政事，與其上下之志，鄭注云："道猶言也，爲王説之。四方，諸侯也；上下，君臣也。"誦四方之傳道而觀新物。"鄭注云："四時於新物出，則觀之，以知民志所好惡，志淫行辟，則當以政教化正之。"唐世次隋經籍志者，以是爲小説根本。隋志云："小説者，街談巷語之説也。傳載輿人之誦，詩美詢於芻蕘。古者聖人在上，史爲書，瞽爲詩，工誦箴，諫大夫規誨，士傳言，而庶人謗。孟春，徇木鐸以求歌謠，巡省觀人詩以知風俗。過則正之，失則改之，道聽塗説，靡不畢紀。周官誦訓云云是也。"區以爲事，南州異物、南方草木則辨其產，荆楚歲時、洛陽伽藍則道其俗，陳留耆舊、汝南先賢則表其人。南州異物志一卷，吳丹陽太守萬震撰；洛陽伽藍記五卷，後魏楊衒之撰；陳留耆舊傳二卷，漢議郎圈稱撰，又陳留耆舊傳一卷，魏散騎侍郎蘇林撰；汝南先賢傳五卷，魏周斐撰。並見隋志史部。南方草木狀三卷，晉嵇含撰；荆楚歲時記一卷，梁宗懍撰。二書隋志並不載。合以爲志，周紀之屬以方名，故諸雜傳地理之記宜在小説；儀注者，又青史氏之流。今世所録史部，宜出駙小説者衆矣。清世集四庫目録，史部總括爲十五類：曰正史，曰編年，曰紀事本末，曰別史，曰雜史，曰詔令，奏議，曰傳記，曰史鈔，曰載記，曰時令，曰地理，曰職官，曰政書，曰目録，曰史評。其雜傳地理之屬宜在小説，具如上文。即載記、職官、政書中瑣瑣故實儀注之類，皆可以駙之小説者也。周紀諸書，據偏國行事，不與國語同録於"春秋家"者，漢志：國語二十一篇，新國語五十四篇，在"春秋家"。其事叢碎，非朝廷之務也。且古者封建，王道衰，故方伯自制其區宇，國語録周以下齊、晉、楚、吳、越，皆秉方嶽之威，齊、晉、楚、吳、越皆爲大國，故言"秉方嶽之威"也。云"方嶽"者，堯典言"咨四岳"，某氏傳曰："分掌四岳之諸侯，故稱焉。"孔疏曰："岳者，四方之大山。今王朝大臣，皆號稱四岳，謂之岳者，以其分掌四岳之諸侯。舜典稱巡守至於岱宗，肆覲東后，周官説巡守之禮云：諸侯各朝於方岳之下，是四方諸侯分屬四岳也。"制儳共主，史記楚世家曰："夫弑共主，臣世君，大國不親。"索隱云："共主，言周爲天下共所宗主。"鄭故寰内諸侯，隱元年穀梁傳曰："寰内諸侯非有天子之命，不得出會諸侯。"范甯云："天子畿内大夫有采地，謂之寰内諸侯。"釋文云："寰，音縣，古縣字。一音環。"魯亦舊爲州牧，而僭禮踰等之事多矣。故國別以爲史，異於狠蕞小侯。續漢書百官志曰："其餘以肺附及公主子孫奉墳墓於京都者，亦隨時見會，位在博士、議郎下。"劉昭注云："胡廣制度曰：是爲狠諸侯。"魏都賦注引廣雅："狠，衆也。"昭七年左氏傳曰"抑諺曰蕞爾國，杜注："蕞，小貌。"自秦以降，以郡縣治民,守令之職,不與王者分重,獨如**華陽國志録公孫述、劉備、李勢之流,自治一方者,宜在春秋**。原注:今所謂史部。**其他方志小説之倫,不得以國語比。宋世范成大志吳郡,猶知流別**。四庫目録云:"吳郡志五十卷,凡分三十九門,典贍而不蕪雜,爲地志之善本。"按:吳郡志分篇三十九:曰沿革,曰分封,曰户口税租,曰土貢,曰風俗,曰城郭,曰學校,曰營寨,曰官宇,曰倉庫,曰坊市,曰古蹟,曰封爵,曰牧守,曰題名,曰官吏,曰祠廟,曰園亭,曰山,曰虎邱,曰橋梁,曰川,曰水利,曰人物,曰進士題名,曰土物,曰宫觀,曰府郭寺,曰郊外寺,曰縣記,曰冢墓,曰仙事,曰浮屠,曰方技,曰奇事,曰異聞,曰考證,曰雜詠,曰雜志。章學誠書吳郡志後,亦稱其文筆清簡,編次雅潔,惟譏其不應以平江府路冒吳郡之舊稱,體例亦參差不一,稱名亦信筆亂填,以爲翦裁筆削不合史法。蓋章氏猶未知方志之源於小説也。**輓世章學誠、洪亮吉之徒,欲以遷、固之書相擬,**章學誠記與戴東原論修志云:"方志如古國史,本非地理專門。"與甄秀才論修志云:"皇恩慶典,當録爲外紀;官師銓除,當畫爲年譜;典籍法制,則爲考以著之;人物名宦,則爲傳以列之。志乃史體,宜得史法,以外紀年譜考傳四體爲主,所以避僭史之嫌,而求紀載之實,虚名宜避國史,而實意當法古人也。"與石首王明府論志例云:"志乃史裁,全書自有體例,志中文字俱關史法。"大名縣志序云:"郡縣志乘,即封建時列國史官之遺。"報黄大尹論志書云:"方志有文人之書,學人之書,辭人之書,説家之書,史家之書,惟史家爲得其正宗。"餘如荆州府志序、石首縣志序諸篇,或云志師國語,或云志存史法,其文辭甚廣,大氏並譏後世作志專放圖經,或體近説部,皆非正裁也。説詳文史通義外篇。洪亮吉作太平寰宇記序,亦譏樂史多載雜家小説之言,有乖史例,故作乾隆府廳州縣志,於古蹟雜事一皆略之,説見更生齋文集。乾隆府廳州縣志序有云:"同知通判,分住必詳,則班生記都尉治所之意;郵亭鎮堡,隨方亦録,則馬彪載郡國鄉聚之遺。"又有與章學誠論乾隆府廳州縣志書,亦悉據正史體例爲説,蓋亦主志爲史體也。説見卷施閣文集。**既爲表志列傳,又且作紀,以録王者詔書,**章學誠作湖北通志,有皇言紀、皇朝編年紀二篇,見章氏遺書。其作和州、永清諸志,皆有皇言紀,見通義外篇。**蓋不知類。且劉紹爲聖賢本紀,而子産在其録。**隋志"雜史"有先聖本紀十卷,劉紹撰,無聖賢本紀。南史劉昭傳:"子緤,字言明,通三禮,位尚書祠部郎,著先聖本記十卷行於世。"蓋此書即聖賢本紀也。任彦昇王文憲集序注引劉紹聖賢本紀:"子産治鄭,二十年卒,國人哭於巷,婦人哭於機。"又馬汧督誄、竟陵王行狀兩引此事,俱作聖賢本紀也。**本紀非帝者上儀,**子産以列國大夫而劉紹載之本紀,是本紀之名非王者所獨擅也。典引曰:"洋洋乎若德,帝者之上儀。"**即府縣志宜以長官列紀,**以子産例之也。**何故又推次制詔,一前一卻,斯所謂失據者哉。世人又曰:志者,在官之書,府縣皆宜用今名。**陳繼儒見聞録記王鏊修姑蘇志,以楊循吉喜謠諑,不欲與之同局。志成,遣使送之循吉。循吉方櫛沐,不暇抽看,但顧簽票云不通不通。使者還,述其語。鏊以問之,循吉曰:"府志修於我朝,當以蘇州名志。姑蘇,吳王臺名也,以此名志,可乎?"章學誠亦譏范成大吳郡志稱名不當。蓋志名當用今名,諸家皆以爲定律,不可易矣。**然今府縣之志不上户部,非官書;雖爲官書,虞初奉使以采周俗,何故稱周説,不稱河南説邪? 蓋方志與傳狀異事。傳狀者,記今人,其里**

居官位宜從今；顧炎武日知録十九云："以今日之地爲不古，而借古地名；以今日之官爲不古，而借古官名，皆文人所以自蓋其俚淺也。"又引何孟春餘冬序録曰："今人稱人官，必用前代職名，稱府州縣必用前代郡邑名，欲以爲異，不知文字間若此，何益於工拙，此不惟於理無取，且於事復有礙矣。"**方志者，始自商周建國，及秦漢分郡縣，以逮近世，二三千年之事，皆在其中，即不可以今名限齊。傳曰："疆易之事，一彼一此，何常之有。"**語見昭元年左氏傳。章氏文例雜論中有一事云：今人方志，地從時王之名，斯已爲成律矣。或云府縣志非官書，烏用是拘牽法律爲？要取易瞭，故從今名，非循法也。然事有不可一成者，華陽國志，古今之名皆非所取，未聞有訾議也。余以推舉地望，古今分區，多有殊異，古者多因山水條列以分州郡，後世破碎，犬牙相錯，然土宜民俗以川原督亢爲經界，終莫能變古也。故揚子雲作方言，不以漢家郡縣爲準，有云東楚、南楚、西楚、北楚、燕、東齊、秦、晉者，由其區域廣汎，不容以王制宰割。必從時名，則偏頗不備矣。言地者當從事爲變，斯豈一端而已。**今之府縣因古舊制，而疆域迫狹者多矣。然其士女一端可稱，雖分在他府縣猶入録，**作方志者，人各私其鄉里，牽引夸飾，往往有焉。故或一事而錯見兩州，一人而互出二縣，聚訟如議禮，戲論如爭墩。李吉甫云："飾州邦而敍人物。"（語見元和郡縣志）此作志之通弊也。杜佑亦謂辛氏三秦記、常璩華陽國志、羅含湘中記、盛宏之荆州記，自述鄉國人賢物盛，參以他書，則多紕繆。（語見通典）然則高識之士猶或不免者乎？洪亮吉亦譏地志濫收，則或采傳聞，不搜載籍，借人材於異地，侈景物於一方，以致訛以傳訛，誤中復誤，如明以後迄今所修府州縣志皆是。（語見涇縣志序）非過論也。**若范成大志吳郡，闔**

閭、夫差之臣及孫氏時爲吳郡人者皆比次入其籍。闔
閭、夫差所部遠及江淮，其地不專宋之平江，其臣佐出何
鄉邑不可校，以繫吳故志之；孫氏之臣，韋昭本雲陽人，
雲陽於宋不屬平江，吳時雲陽即漢之曲阿，在吳爲侯國，屬毗陵
典農校尉，見洪氏補三國疆域志。在宋則爲鎮江府屬，不屬平江
也。以繫吳郡故志之。見吳志。若署爲平江志者，宜簡韋
昭之徒使不得與，爲是斟酌古今，以吳郡爲之號，原注：宋
世府州皆虛系郡名，如平江府亦兼稱吳郡，此本專爲封號而設，實
非地制。吳郡志者，據古吳郡，非宋吳郡也，故其人物多出平江以
外。然後其無旁溢也。今爲府縣志者，不旁溢則宜予今
名，旁溢則宜予舊名，後世府縣疆域狹於古之郡邑，作志者爲之
斷限，不令旁溢，則署今名可矣。若范氏之書，本不限於平江，其題
舊名，固不可以冒吳郡之稱議之；施宿之志會稽，亦不用紹興之名，
蓋斷限既難，則題之舊名亦非必不可通。且如王鏊之志姑蘇，其名
偏畸，見譏於循吉，世以爲不可易者矣。而錢大昕嘗辨之，以爲楊
氏知其一未知其二；昔梁克家撰三山志矣，不云福州志也；陳耆卿
撰赤城志矣，不云台州志也。文恪亦行古之道耳，志蘇州而名以姑
蘇，豈遂大失哉？（見十駕齊養新錄）則雖王志猶不爲失，況范氏
乎。多愛不忍；法言君子篇云："文麗用寡，長卿也；多愛不忍，子
長也。"士女之籍，從古郡縣所部，而題名專繫於今，甚無
謂也。史記秦始皇本紀："甚無謂，朕弗取焉。"獨舊郡過寬者，
名不可用。漢世豫章包今江西之域，而會稽籠有浙江、
福建，延及江南，今爲南昌、紹興志者，宜有省耳。格以
官書，謂之周語、國志之倫，其言無狀。秋官小行人，自

萬民之利害而下，物爲一書，每國辨異之，以五物反命於王，以周知天下之故。秋官小行人云："及其萬民之利害爲一書，其禮俗政事教治刑禁之逆順爲一書，其悖逆暴亂作慝猶犯令者爲一書，其札喪凶荒厄貧爲一書，其康樂和親安平爲一書。凡此五物者，每國辨異之，以反命於王，以周知天下之故。"管子曰："春秋者，所以記成敗也，行者，道民之利害也。"原注：山權數篇。以其掌之行人，故謂之行，原注：猶太史公書稱太史公。明與春秋異流。檢論尊史篇曰："百二十國寶書皆述國政，下不通於地齊萌俗。下通者，此謂之行，管子曰：'春秋者，所以記成敗也；行者，道民之利害也。'小行人以'萬民之利害爲一書。'名從其官，然則世本居篇自此作。"世人不知其爲小説，而以紀傳之法相牽，斯已過矣。莊周曰："飾小説以干縣令。"莊子外物篇曰："飾小説以干縣令，其於大達亦遠矣。"成玄英疏曰："干，求也。夫修飾小行，矜持言説，以求高名令問者，必不能大通於至道。"古懸字多不著心。今之爲方志者，名爲繼誦訓，其實干縣令也，而多自擬以太史天官，何其忘廉恥之分邪？儀注之書，禮記引贊大行，原注：雜記。○按：禮記雜記下篇："贊大行曰：圭，公九寸，侯伯七寸，子男五寸；博三寸，厚半寸，剡上左右各寸半玉也，藻三采六等。"鄭注云："贊大行者，書説大行人之禮者名也。"行人所書爲小説，即贊大行亦在小説可知。且諸跪拜禁忌之節，閱歲而或殊尚，又不盡制度挈定。若漢舊儀、官儀所録：隋志：漢舊儀四卷，衛敬仲撰。漢官儀十卷，應劭撰。按：二書今佚，孫星衍有輯本。八坐丞郎有交禮解交之節；通典職官典云："八座，後漢以六曹尚書並令僕二人，謂之八座。"漢舊儀云："漢制，八座丞郎初拜，並集都座交禮，遷又解交。"（御覽職官部引）漢官儀亦記此儀。（唐六典一、初學記職官部引）**郎又含雞舌香，而女侍二人執香鑪從之。**漢官儀云："尚書奏事明光殿省中，皆胡粉塗壁，其邊以丹漆地，故曰丹墀。尚書郎含雞舌香伏其下奏事，黃門侍郎對揖跪受。"（御覽職官部引）又曰："尚書郎給青縑白綾，被以錦被，帷、帳、氈、褥、通中枕；太官供食，湯官供餅餌，五熟果實，下天子一等；給尚書史二人，女侍史二人，皆選端正。從直，女侍執香鑪燒從入臺護衣。"（北堂書鈔設官部、初學記職官部、御覽職官部引）**斯皆繁登降之節，效佞幸之儀，習爲恒俗，**史記佞幸列傳云："高祖至暴抗也，然籍孺以佞幸；孝惠有閎孺。此兩人非有材能，徒以婉佞貴幸。故孝惠時郎侍中皆冠鵕鸃，貝帶，傅脂粉，化閎、籍之風也。"按：漢儀所記侍中諸郎衣飾及含雞舌，執虎子之屬，是皆效佞幸之儀也。漢官儀又記桓帝時侍中刁存，年老口臭，上出雞舌香與含之。存自嫌有過，得賜毒藥，歸舍，辭決家人。寮友聞其惷失，求視其藥，出在口香，咸嗤笑之。（北堂書鈔設官部、藝文類聚人部引）是當時含香奏事、習爲恒俗，而存不知，故被嗤笑也。**非禮律所制，然猶以爲儀注。斯固不隸禮經，而青史小説之流也。**漢儀所記，自朝廷典憲外，其事猥雜，或爲宮府之餘聞，或爲習俗之小節，既不爲史官所取，亦故非禮律所制，故斷以爲小説之流矣。

國故論衡疏證中之三

明解故上

漢書藝文志"尚書家"有大小夏侯解故二十九篇,師古曰:"故者,通其指義也。"黃以周讀漢藝文志曰:"漢儒注經,各守義例。故訓傳說,體裁不同。故訓者,疏通其文義也;傳說者,徵引其事實也。故訓之體取法爾雅,傳說之體取法春秋傳。孔子十翼本不名傳,彖象依經立訓,與故訓近,繫辭、說卦專論大義,與傳說近。詩家毛公合故訓傳爲一,仍以故訓爲主;魯齊韓諸家故與傳畫分兩書。"又曰:"漢初講經之士重故不重傳,傳多雜說,非經本指。"按:黃說分別故、傳甚明,然必謂漢人重故不重傳,則亦未有確據。古義閎廣,故、傳之名亦得相通。徵事者亦謂之故,泰誓故之屬是也;疏文者亦謂之傳,彖傳、象傳、詩故訓傳之屬是也。章氏此篇即以專明故訓傳說之事,故曰"明解故"。

校莫審於商頌,故莫先於太誓,傳莫備於周易,解莫辯於管、老。 校者,平訂書籍也。校有二科:一爲辨章學術,考鏡源流;一爲比對文字,是正奪誤,所謂校讎之學也。故者亦有二義:一爲故事,一爲故訓,總謂之故也。傳者,轉釋經義也,是有多義:有故事之傳,有通論之傳,有駙經之傳,有序録之傳,有略例之傳,五者皆傳之體也。解者,凡順說前人書者,皆解之類也。此四語提挈綱領,下文自解。**"正考父校商之名頌十二篇於周太師, 以那爲首。"** 原注:魯語。**考父爲人,三命茲益恭,** 昭七年左氏傳:"及正考父佐戴武宣,三命茲益恭,故其鼎銘曰:'一命而僂,再命而傴,三命而俯,循牆而走,亦莫余敢侮。饘於是,粥於是,以餬於口。'其恭也如是。"**故託始於那。"其輯之亂** 魯語韋昭解曰:"輯,成也。凡作篇章,篇義既成,撮其大要爲亂辭。"曰:'自古在昔,先民有作。**温恭朝夕,執事有恪。**'先聖王之傳恭,猶不敢專,稱曰'自古',古曰'在昔',昔曰'先民'。"以上魯語文。**恭人以是訓國子,** 詩小宛:"温温恭人。"春官大司樂鄭注:"公卿大夫之子弟當學者,謂之國子。"**見删定之意。孔子録詩有四始,** 見詩序。鄭箋:"始者,王道興衰之所由。"鄭志答張逸曰:"風也,小雅也,大雅也,頌也,此四者,人君行之則爲興,廢之則爲衰。"**雅頌各得其所;** 論語子罕篇文。**删尚書爲百篇,而首堯典,** 漢藝文志:"書之所起遠矣,至孔子篡焉,上斷於堯,下訖於秦,凡百篇。"**亦善校者已。** 此謂辨章學術,考鏡源流,校之上也。**其次比核文字者興,子夏讀"三豕渡河",以爲 "己亥"。** 吕氏春秋察傳篇:"子夏之晉過衛,有讀史記者曰:'晉師三豕涉河(意林作"渡河")。'子夏曰:'非也,是"己亥"也。夫己與三相近,豕與亥相似,至於晉而問之,則曰晉師己亥涉河也。'"又見家語七十二弟子解。此謂比核文字,是正奪誤,校之次也。**劉向父子總治七略,入者出之,出者入之,窮其原始,極其短長,此即與正考父、孔子何異?** 章學誠校讎通義曰:"校讎之義,蓋自劉向父子。部次條別,將以辨章學術,考鏡源流。非深明於道術精微,羣言得失之故者,不足與此。後世部次甲乙,紀録經史者，代有其人，而求能推闡大義，條別學術異同，使人由委溯源，以想見墳籍之初者，千百之中，不十一焉。"近人孫德謙著劉向校讎學纂微，張爾田序之曰："自來爲校讎者夥矣，莫高於劉向氏。大哉校讎之爲學也！非其人博通古今學術，而又審辨乎源流得失，則於一書指意，不能索其奧而詔方來。當漢成世，既命謁者陳農求遺書，向獨爲之檢校，區分類例。今觀所傳敍録，提要鉤玄，往往一二語即洞明流變，有不待詳説而釐然者。故孟堅撰史，至以辨章舊聞，推爲司籍之功。所謂辨章舊聞，蓋不徒鰓鰓於寫官之異同，與夫官私著録之考訂而已。若但取古今藏本，諟正文字，斯乃始事之所爲，向不如是也。"**辨次衆本，定異書，理譌亂，至於殺青可寫，**劉向所校諸書，其敍録並有"殺青書可繕寫"之語。御覽六百六引風俗通云："劉向別録，殺青者，直治竹作簡書之耳。新竹有汗，善朽蠹，凡作簡者，皆於火上炙乾之，陳楚之間謂之汗。汗者，去其汁也；吳越曰殺，殺亦治也。向爲孝成皇帝典校書籍二十餘年，皆先書竹，改易刊定可繕寫者以上素也。"**復與子夏同流，故校讎之業廣矣。**劉向別録："讎校者，"一人讀書，校其上下得謬誤，爲校；一人持本，一人讀書，若怨家相對，爲讎。"見文選魏都賦注引。**其後官府皆有圖書，亦時編次，獨王儉近劉氏。**原經篇自注云："七志本同七略，但增圖譜、道佛耳，其以六藝、小學、史記、雜傳同名爲經典志，而出圖緯使入陰陽。卓哉！二劉以來，一人而已。"按：王儉七志見隋經籍志。**在野有阮孝緒，**梁處士阮孝緒撰七録，見隋志。**頗復出入。自隋以降，書府失其守，校讎之事，職諸世儒。其間若顏師古定五經，**新唐書儒學傳：太宗嘗歎五經去聖遠，傳習寖訛，詔師古于秘書考定，多所釐正。帝因頒所定書於天下，學者賴之。**宋祁、曾鞏理書籍，**宋祁見宋史二百八十四，曾鞏見宋史三百十九。祁官翰林學士承旨，所校漢書引見殿本。鞏嘗編校史館書籍，其文集中有所校諸書敍錄。姚宏題戰國策云："他書時見一二舊本，有未經曾南豐校定者，舛誤尤不可讀。南豐所校，乃今所行。都下建陽刻本皆祖南豐。"**足以審定疑文，令民不惑，斯所謂上選者。然於目錄徒能部次甲乙，略記梗概，其去二劉之風遠矣。近世集四庫**，乾隆三十八年，安徽學政朱筠奏言：翰林院貯有永樂大典，內多古書，世未見者，請開局使校閱。時大學士劉統勳、于敏中在軍機。統勳沮其議，謂非爲政之要；敏中獨善筠奏，卒上之。得旨允行，遂開四庫全書館，除宗室郡王及大學士爲總裁，六部尚書及侍郎爲副總裁。其實任校纂者，爲總纂官紀昀、陸錫熊、總校官陸費墀，而昀之力尤多。時參與館事者無慮三百餘人，如校勘永樂大典纂修官有戴震、邵晉涵，校辦各省遺書纂修官有姚鼐、朱筠，篆隸分校官有王念孫，總目協勘官有任大椿，皆海內績學之士也。昀典書局凡十餘年，每進一書，輒爲提要，冠諸卷首。乾隆四十七年，全書告成，總計存書三千四百五十七部，七萬九千七十卷，存目六千七百六十六部，九萬三千五百五十六卷。特建文淵閣於文華殿後，以爲貯藏之所。並續建文源閣於圓明園，建文津閣於熱河，建文溯閣於奉天陪都，各藏一分，是爲內廷四閣。又命於揚州大觀堂之文匯閣、鎮江金山寺之文宗閣、杭州聖因寺之文瀾閣亦各藏一分，任學者鈔覽焉，是爲江浙三閣。此清世纂修四庫全書之大略也。**雖對治文字猶弗能。**李岳瑞悔逸齋筆乘云："曩讀武英殿本廿四史，惟史、漢、國志校勘精審，晉書以次則誤字不可枚舉。當時校勘諸臣何以疏忽如此？其後乃知別有原因，蓋校勘雖屬館臣，而督工監印，皆內務府司員爲之，此輩交通內監，照例一卷刊成，先以樣本進呈御覽。幾餘展閱，偶見一二誤字，必以丹毫記出，並降旨申斥館臣，而上心則頗詹詹自喜。蓋當時館臣皆海內名流，一時博雅之彥，然猶學識有所不及，必待御筆爲之改正，是則聖學淵深，誠非臣工所能仰企。故每經校出書中訛字，則是日宸衷悅豫，於是近侍授意內府諸員，故意多刊訛字，以待御筆舉正。然上雖喜校書，久而益厭，每樣本進呈，並不開視，輒朱筆大書校過無訛，照本發印，司事者雖明知其訛誤，亦不敢擅行改刊矣。君主專制時代，左右督御之側媚，乃至如此，是真不可思議者已。"按：此稗官所傳，未必可信，然館臣疏忽，固有以遺人口實，亦莫能爲之諱也。**定文之材，遏而在野。一以故書正新書，依準宋槧，不敢軼其上；其一時據舊籍，以正唐宋木石之書。**近代校勘諸家略可分此二派：黃丕烈、鮑廷博之屬，則屬於前派者也；戴震、王念孫之屬，則屬於後派者也。顧廣圻百宋一廛賦曰："夫宋也者，溽摹印之重源，延轉錄之一脈；挈長興以萌芽，拓顯德而增益。貽後留真，晞先襲迹。及靈光之猶存，舍司南其安適。"黃丕烈注曰："書之言宋槧，猶導河言積石也。上言之，則東漢一字羣經，魏三字羣經並典論鐫勒於石，此一源也。下言之，則唐元和壁經，析堅木負塗而比之，製如版櫝，此又一源也。自是至於後唐長興，九經刻版，周顯德經典釋文雕印，既省傳寫之勞，兼視豐碑爲便，人事所趨，勢固宜爾。於是終始宋代，官私所造，徧於四部，玉海及馬氏經籍考等詳其事焉。就中即有利病，究之，上承轉錄，此其嫡派，故曰貽於後而留其真，以晞於先而襲其迹也。及今遠者千年，近者猶數百年，所存乃當日千百之一二耳，幸而得之，以校後本，其有未經改竄者鮮矣。夫君子不空作，必有依據，宋槧者，亦讀書之依據也，故比之以司南。"此前派之說也。段玉裁戴東原年譜："先生言宋本不皆善，有由宋本而誤者。”又李兆洛雅不喜宋刊,見蔣彤丹稜文鈔。嚴可均亦云:“書非骨董,黃氏丕烈之聚書多宋本,余不敢效之。”見鐵橋漫稿。此後派之説也。**相提而論,據舊籍者宜爲甲。及其末流淫濫,喜依治要、書鈔、御覽諸書以定異字。**羣書治要五十卷,唐魏徵撰。北堂書鈔一百六十卷,唐虞世南撰。太平御覽一千卷,宋李昉等撰。**治要以下,其書亦在木,非無譌亂,據以爲質。此一蔽也。**朱一新曰:“王文肅(念孫)、王文簡(引之)之治經,其精審視盧紹弓輩固遠勝之,顧往往據類書以改本書,則通人之蔽。若北堂書鈔、太平御覽之類,世無善本;又其初非爲經訓而作,事出衆手,其來歷已不可恃,而以改數千年諸儒斷斷考定之本,不亦慎乎?”自注:“如胡胐明據初學記引鄭注,以定禹貢之三江,乾嘉諸儒以其説出於鄭君也翕然從之,不知初學記乃誤引,與孔疏所引鄭注迥不相侔。鄭孔本無異,而轉借此以攻孔傳,則惑矣。”(無邪堂答問卷二)**前世引書,或以傳注異讀改正文。**太史公書引用尚書,多以訓詁字代之,即其顯著之例。段玉裁有某讀爲某誤易説,俞樾古書疑義舉例有以注文改正文例。**經典古今文既異,今文有齊魯之學,古文有南北之師,**今文春秋有公羊爲齊學、穀梁爲魯學;詩有申培爲魯學,轅固爲齊學;尚書有歐陽則近於齊,大、小夏侯則近於魯;易有施、孟則近於齊,梁邱則近於魯;禮有后蒼爲魯學。皆宣帝時立在博士者也。北史儒林傳序曰:“江左周易則王輔嗣,尚書則孔安國,左傳則杜元凱。河洛左傳則服子慎,尚書、周易則鄭康成。詩則並主於毛公,禮則同遵於鄭氏。”古文南北之學,北史數言盡之矣。**不得悉依一讀,凌雜用之。此二蔽也。**清代經學,嘉道以前古今之別猶未分明,故多凌雜也。段玉裁、臧庸恨之，時出匈臆，謂世所見者悉流俗本，獨己所正爲是。其是者誠諸師所不能駁，而亦頗有錯牾。段有所定毛詩故訓傳三十卷。嚴杰云：後有爲毛詩作疏者，宜以此爲定本。臧所著拜經日記，王念孫亟稱之，用筆圈識其精確不磨者，十之六七。（揅經室二集卷六）然段所爲說文解字注，間以私意改定，而失之武斷者，蓋亦不少。鈕樹玉有訂八卷，頗多舉正；徐承慶有匡謬八卷，亦其次也。又如人部解轙儚爲足背高，車部改輴軡衣車也，見駁于孫詒讓（籀廎述林），即其錯牾之著者也。臧氏據爾雅釋文、說文，欲改采薇“我行不來”爲“我行不㑊”（拜經日記八），陳壽祺駁之曰：“爾雅釋詩之字多與毛異，與三家合，未可專執毛以繩之。采薇之‘我行不來’者，毛詩用本字也，傳云：‘來，至也。’箋云：‘來猶反也。據家曰來。’毛鄭原本作‘來’甚明。‘我行不㑊’者，三家詩用借字也。爾雅據三家詩，以“不來”釋“不㑊”，聲近爲訓。說文來部稱詩曰‘不㑊不來’，即爾雅之文。重文‘俟’云‘㑊或从亻’，今隸省作俟。俟訓大，義與至反之訓違。故謂爾雅作俟之失舊是也，謂毛詩由後人改㑊爲來，蓋不然矣。”（左海經辨二）即其錯牾之一例。又臧琳（庸之祖）經義雜記據唐石經，謂詩“蕭蕭馬鳴”當爲“肅肅馬鳴”（經義雜記八），不知杜詩已用蕭蕭（俊按：顏氏家訓文章篇亦作“蕭蕭”），又據趙岐孟子章句，謂“夫子之設科也”本爲“夫予之設科也”，不知趙岐實不如集注之得其義理。並見駁於方東樹（漢學商兌卷中之下）。琳書或云多庸所增益，此亦錯牾之例。然此諸家，比於在官之守、文人之錄，可謂精博矣。若乃總略羣書之用，猶不能企。章學誠感概欲法劉歆，弗能卒業。後生利其疏通，以多識目錄爲賢，別錄與人論國學書：“竊謂漁仲通志、實齋通義，其誤學者不少。昔嘗勸人瀏覽,惟明真僞,識條理者可爾。若讀書博雜,素無統紀,則二書實爲增病之階。學者喜鄭、章二家言,至杜佑、劉知幾則鮮留意,亦見學人苟簡專務勦竊矣。故其鋪陳流別,洋洋盈耳,實未明其條系,甄其得失也。往見鄉先生譚仲修,有子已冠,未通文義,遽以文史、校讎二種教之,其後抵掌說莊子天下篇、劉歆諸子略,然不知其義云何。又見友人某教於杭州,以博觀瀏覽導人,其徒有高第者,類能雜引短書而倜然無所歸宿。以此二事,則知學無繩尺,鮮不眯亂,徒知派別,又不足與於深造自得者,世徒以是爲國粹,其與帖括房行,相去幾何?**故有略識品目,粗記次第,聞作者姓氏,知彫鏤年月,不窺其篇,而自以爲周覽者,則觚落之害也。**以上論校。觚落者,莊子逍遙游:"剖之以爲瓢,則瓠落無所容。"簡文云:"瓠落,猶廓落也。"說文:"觚,橫大也。"瓠與觚通。

　　單襄公論孫周曰:"吾聞之太誓故曰:朕夢協朕卜,襲於休祥,戎商必克。"原注:周語。○按:見周語下。韋昭解曰:"朕,武王自謂也。協,合也。休,美也。祥,福之先者也。戎,兵也。言武王夢與卜合,又合美善之祥,以兵伐殷必克之也。"**說曰:"故,故事也。"**原注:韋解。**往者,宋之役薛,**定元年左氏傳:"孟懿子會城成周,庚寅,栽。宋仲幾不受功,曰:'滕、薛、郳,吾役也。'薛宰曰:'宋爲無道,絕我小國於周,以我適楚,故我常從宋。晉文公爲踐土之盟,曰:"凡我同盟,各復舊職。"若從踐土,若從宋,亦唯命。'仲幾曰:'踐土固然。'薛宰曰:'薛之皇祖奚仲居薛,以爲夏車正,奚仲遷於邳,仲虺居薛,以爲湯左相。若復舊職,將承王官,何故以役諸侯?'仲幾曰:'三代各異物,薛焉得有舊?爲宋役,亦其職也。'士彌牟曰:'晉之從政者新,子姑受功,歸,吾視諸故府。'"**陳之受賜,**魯語下:"仲尼在陳,有隼集於陳侯之庭而死,楛

矢貫之，石砮，其長尺有咫。陳惠公使人以隼如仲尼之館問之，仲
尼曰：‘隼之來也遠矣，此肅慎氏之矢也。昔武王克商，通道於九夷
百蠻，使各以其方賄來貢，使無忘職業。於是肅慎氏貢楛矢，石砮，
其長尺有咫。先王欲昭其令德之致遠也，以示後人，使永監焉，故
銘其栝曰“肅慎氏之貢矢”，以分大姬，配虞胡公，而封諸陳。古者
分同姓以珍玉，展親也；分異姓以遠方之職貢，使無忘服也。故分
陳以肅慎氏之貢，君若使有司求諸故府，其可得也。’使求，得之金
櫝，如之。”**其書皆在故府。楚申公得隨兕之占於故記，故
記者，藏在平府。**吕氏春秋至忠篇：“荆莊哀王獵於雲夢，射隨
兕，中之，申公子培劫王而奪之，王曰：‘何爲暴而不敬也？’命吏誅
之。左右大夫皆進諫曰：‘子培，賢者也，又爲百倍之臣，此必有故，
願察之也。’不出三月，子培疾而死。荆興師戰於兩棠，大勝晉，歸
而賞有功者，申公子培之弟進，請賞於吏曰：‘人之有功也於軍旅，
臣兄之有功也於車下。’王曰：‘何謂也？’對曰：‘臣之兄犯暴不敬之
名，觸死亡之罪於王之側，其愚心將以忠於君王之身，而持千歲之
壽也。臣之兄嘗讀故記曰：“殺隨兕者，不出三月。”是以臣之兄驚
懼而爭之，故伏其罪而死。’王令人發平府而視之，於故記果有，乃
厚賞之。”高誘曰：“故記，古書也。平府，府名也。”**漢亦有掌故
官**，見鼂錯傳儒林傳。**其以説詩有故訓。**漢志：毛詩故訓傳三
十卷。**然則先民言故，總舉之矣，有故事者，有故訓者。
毛詩以外，三家亦有魯故、韓故、齊后氏故、齊孫氏故**，漢
志：魯故二十五卷。齊后氏故二十卷。齊孫氏故二十七卷。韓故
三十六卷。**斯故訓之流也。書、春秋者，記事之籍，是以有
故事。太誓有故，猶春秋有傳。馬季長以書傳引太誓
者，今悉無有，**泰誓疏：“馬融書序曰：泰誓後得，案其文似若淺

露。又云：八百諸侯，不召自來，不期同時，不謀同辭，及火復於上，至於王屋，流爲鵰，五至，以穀俱來，舉火神怪，得無在子所不語中乎？又春秋引泰誓曰：'民之所欲，天必從之。'國語引泰誓曰：'朕夢襲朕卜，襲於休祥，戎商必克。'孟子引泰誓曰：'我武惟揚，侵于之疆，取彼凶殘，我伐用張，於湯有光。'孫卿引泰誓曰：'獨夫受。'禮記引泰誓曰：'予克受，非予武，惟朕文考無罪，受克予，非朕文考有罪，惟予小子無良。'今文泰誓皆無此語。吾見書傳多矣，所引泰誓而不在泰誓者甚多，弗復悉記，略舉五事以明之，亦可知矣。又王肅書注序，亦云泰誓近得，非其本經。"（以上疏語）按：馬、王並未悟泰誓有故，因以致疑。夫其後得而淺露，與書傳所引，而不在經文者，安知非故之類邪（馬所舉國語明有"故"字）？自此義不明，遂有斥向、歆後得之説爲傳聞之謁，而謂伏生二十九篇本有泰誓者（王引之伏生尚書二十九篇説）；有謂伏生決無泰誓，而以向、歆之説爲可信者（陳壽祺今文尚書後得説）；此爭今文之有無泰誓也。有謂今古文均有泰誓二本相同者（錢大昕潛研堂文集一）。有謂神怪之言爲史臣所增飾，要非僞本者（王鳴盛尚書後案三十）。衆説紛紜，徒滋迷亂。由今言之，今古二家皆有泰誓，而故與經相亂，清儒掇拾叢殘，猶可見其梗槩，其有神怪淺露者，以其本非經也；其有書傳引用而不在泰誓者，以其本爲故也。明此，亦可以無疑矣。自馬融致疑，其後僞孔臆譔太誓以易之，而真者遂亡，斯可惜耳。**誠知所引在故，則可與理惑也。**以上論故。**諸故事亦通言傳，**太史公曰："**孔子序書傳。**"又曰："**書傳、禮記自孔氏。**"原注：孔子世家。**明孔子序尚書兼錄其傳，故棘下生得通其文。**堯典疏鄭玄書贊云："我先師棘下生安國亦好此學，衛、賈、馬二三君子之業，則雅才好博，既宣之矣。"又水經注二十六，**張逸**問贊云：“我先師棘下生何人？答曰：**齊田氏**時善學者所會處也。**齊**人號之棘下生，無常人也。”按：棘下與稷下同。**墨翟説：“武王將事泰山隧。”孫**詒讓云：**廣雅釋詁**云：“將，行也。”**周禮小宗伯**云：“將事于四望。”**閻若璩**云：“玩其文義，乃是**武王**既定天下後，望祀山川，或初巡守**岱宗**禱神之辭，非伐**紂**時事也。”**此蓋書之經也。次引傳曰：“泰山，有道曾孫周王有事，孫**云：僞古文書**武成**襲此文云：“告於皇天后土，所過名山大川，曰：惟有道曾孫**周王發**。”**孔**疏云：“自稱有道者，聖人至公，爲民除害，以**紂**無道，言已有道，所以告神求助，不得飾以謙辭也。稱曾孫者，曲禮説諸侯自稱之辭，云‘臨祭祀外事，曰曾孫某侯某’。哀二年**左傳**，**蒯瞶**禱祖，亦自稱‘曾孫’，皆是已承藉上祖奠享之意。”**大事既獲，孫**云：**小爾雅**云：“獲，得也。”**仁人尚作，孫**云：**説文**：“作，起也。”**以祇商夏，蠻夷醜貉，孫**云：僞**武成**云：“予小子既獲仁人，敢祇承上帝，以遏亂略，華夏蠻貉，罔不率俾。”僞**孔傳**云：“仁人，謂**太公**、**周**、**召**之徒。言誅**紂**敬承天意，以絕亂路。”按：祇當讀爲振，**内則**“祇見孺子”，**鄭**注云：“祇或作振。”**國語周語**云“以振救民”，**韋**注云：“振，拯也。”此謂得仁人，以振救中國及四夷之民。僞**書**改爲“祇承上帝”，失其恉矣。醜貉者，九貉類衆多，**爾雅釋詁**云：“醜，衆也。”**雖有周親，不若仁人，萬方有罪，維予一人。”孫**云：“僞**孔傳**云：‘周，至也。’言**紂**至親雖多，不如周家之少仁人。人民之有過，在我教不至。”又**論語堯曰**篇云：“雖有周親，不如仁人，百姓有過，在予一人。”**集解孔安國**云：“親而不賢不忠則誅之，**管**、**蔡**是也。仁人，謂**箕子**、**微子**，來則用之。”又**説苑貴德**云：“**武王**克殷，問**周公**曰：‘將奈其士衆何？’**周公**曰：‘使各宅其宅，田其田，無變舊新，惟仁是親，百姓有過，在予一人。’”**尚書大傳**、**韓詩外傳**、**淮南子主術**

訓文略同。羣書治要引尸子綽子篇云："文王曰：'苟有仁人，何必周親。'"則以爲文王語，與墨子、韓詩、説苑並異。**此則書之傳也。**原注：所引見兼愛中篇。**又説以尚賢爲政之本者，"此先王之書、距年之言也。**畢沅云："距年，下篇作竪年，猶云遠年。"**傳曰：'求聖君哲人，以裨輔而身。'"**孫云：國語晉語云"裨輔先君"，韋注云："裨，補也。"此下篇云"晞夫聖武知人，以屏輔爾身。"文義較詳備，此約述之，裨輔不當有聖君，"君"蓋亦"武"之譌。**次引湯誓曰："聿求元聖，與之戮力同心，**孫云：湯誥僞孔傳云："聿，遂也。大聖陳力，謂伊尹。"孔疏云："戮力，猶勉力也。"按：説文力部云："勠，並力也。"戮，勠之借字。**以治天下。"此距年者，則湯誓之傳也。**原注：所引見尚賢中篇。其下篇引作"竪年之言曰：晞大聖武知人以屏輔而身。"**其引甘誓爲禹誓，文亦增多，**原注：見明鬼下篇。○按：明鬼下篇云："夏書禹誓曰：'大戰于甘，王乃命左右六人，下聽誓於中軍，曰："有扈氏威侮五行，怠棄三正，天用剿絶其命。"有曰："日中。今予與有扈氏爭一日之命。且爾卿大夫庶人，予非爾田野葆土之欲也，予共行天之罰也。左不共於左，右不共於右，若不共命，御非爾馬之政，若不共命。"是以賞于祖僇于社。'"**明其在傳中。孟子對湯放桀、武王伐紂之問，即曰："於傳有之。"**見梁惠王下篇。**傳者，書傳。及諸"完廩"、"浚井"、**見萬章上篇。**"仇餉"**見滕文公下篇。**之事，皆能明徵其狀，非書傳何所據依焉？婁敬引太誓，**太誓疏云："漢書婁敬説高祖云：'武王伐紂，不期而會孟津之上者八百諸侯。'僞泰誓有此文，不知其本出何書也。"按：孔疏信僞古文，不知此爲書傳，非也。**猶有伏生所不著者，敬猶習書**

傳，得徵其故。要之，書傳素多族類，自孔子時已有數種，章氏尚書故言："上世史官草略，循堯上推，則文指愈微。三皇書亦不載，而五帝獨紀堯舜，其孔子時書缺有間也。外史掌之，左史讀之，文或隱沒，而其故事遺教尚在，故孔子論五帝德，黄帝、顓頊、帝嚳之事略備，文獻所徵，所謂書傳也。太史公曰：孔子序書傳，書傳、禮記自孔氏。然則外史舊有書傳，尼父次之審矣。下及三王，書悉有傳，先於孔氏，唯墨翟亦得覽焉。孟子所述，非有傳則不能臆言，墨、孟猶在孔子後耳。單襄公引太誓故乃在孔子前，墨子引禹誓，與書序異狀，明自古書傳已有數家，孔子序而定之，則平其異同也。及漢世得諸壁中，與逸禮、禮記同傳，安國受之，而太史公見其文。伏生尚書大傳亦引書傳、書訓數事，蓋少時所講肄，比老耄猶記識之。故百篇可以觀政，其文不憂蹇產不調。晚世百篇既缺，逸二十四篇亦廢不傳，衛、杜、馬、鄭獨以二十九篇古文，循文爲説，然已不見孔壁舊傳，故其敍述故事，馬、鄭已不能同。外有三家，徒聞伏生講授之辭，無由睹事狀本末，人用其私，而説益譎奇不類。今有江、王、段、孫四家，稱引兩京師儒之義，上下數千年間，斯亦勤矣。不見書傳而説其經，猶空得春秋經，不窺左氏，終無以明其故實。外記如逸周書之流，足以考迹舊聞，猶愈馬、鄭傳注之言，而周書尚亦緼奧難知。是故二十九篇雖在，亦猶廢絶而已矣。"孔安國所以無記録者，以其故傳具在，原注：余弟子黃侃曰：夏本紀用咎繇謨語，乃變"予乘四載"爲"陸行乘車，水行乘舟，泥行乘橇，山行乘檋"，此必非孔安國所能臆説。而河渠書直引夏書曰："禹抑鴻水，十三年，過家不入門，陸行載車，水行載舟，泥行蹈毳，山行即橋，以別九州，隨山浚川，任土作貢，通九道，陂九澤，度九山。"若是孔安國傳，不得直稱夏書，明是孔壁舊傳，舊傳稱夏書，猶太誓故稱太誓也。**遭巫蠱未施行,非獨逸書二十四篇亡佚,**史記儒林傳:"逸書得十餘篇。"漢書藝文志曰:"以考二十九篇,得多十六篇。"堯典疏曰:"所增益二十四篇者,則鄭注書序舜典一、汩作二、九共九篇十一、大禹謨十二、益稷十三、五子之歌十四、胤征十五、湯誥十六、咸有一德十七、典寶十八、伊訓十九、肆命二十、原命二十一、武成二十二、旅獒二十三、冏命二十四,以此二十四爲十六卷,以九共九篇共卷,除八篇故爲十六,按:"益稷"當作"棄稷","冏命"當作"畢命"。**雖書傳亦盡敝。伏生既略記不周,馬鄭亦不見禮堂舊傳。**原注:余弟子朱希祖曰:尚書大傳:書曰"三歲考績,三考,黜陟幽明",其訓曰:"三歲而小考者,正職而行事也;九歲而大考者,黜無職而賞有功也"云云。此所引訓,則周時舊訓也。又云:"正月上日,受終于文祖,在旋機玉衡,以齊七政,旋機者何也?傳曰:旋者還也,機者幾也,微也,其變幾微,而所動者大,謂之旋機,是故旋機謂之北極。"此所引傳,則周時書傳也。又云:"書曰:高宗梁闇,三年不言,何謂梁闇也?傳曰:高宗居倚廬,三年不言,百官總已以聽於冢宰而莫之違,此之謂梁闇。"次引子張孔子問答解釋傳義,則傳在孔子前,蓋伏生略識之,孔壁乃得其全文。西京喪亂以後,傳已不存,故馬鄭説書不同太史公也。**孔、庸、司馬遺學,**漢書儒林傳:孔安國爲諫大夫,授都尉朝,司馬遷亦從安國問故,都尉朝授膠東庸生,庸生授清河胡常少子。劉歆傳:傳問民間,則有膠東庸生之遺學。**歆而不傳,無以愈伏生。古文字雖佚存也,言故事乃人人異端。世人徒守學官條教,作傳者必欲廢故事,**原注:如以左氏爲不傳春秋者,不知傳固有載故事者也。**此一蔽也。或以專説故事,不煩起例,此二**

蔽也。原注：如直書其事，善惡自見之説。○按：以上論故與傳通。**易之十翼爲傳，尚矣。**易緯乾坤鑿度云：“孔子五十究易作十翼。”史記孔子世家：“孔子晚而喜易，序彖、繫、象、説卦、文言。”漢書儒林傳：“蓋晚而好易，讀之韋編三絶而爲之傳。”史記自序引易大傳，即繫辭文。是十翼通謂之傳也。史記五帝本紀“學者多稱五帝，尚矣”，索隱：“尚言久遠也。”**文言、彖、象、繫辭、説卦、序卦、雜卦之倫，體各有異。是故有通論，有駢經，有序録，有略例，周易則然。序録與列傳又往往相出入。淮南爲離騷傳，其實序也；太史依之，以傳屈原。**洪興祖楚辭補注：“漢武帝命淮南王安爲離騷傳，其書今亡。”按屈原傳云：“國風好色而不淫，小雅怨誹而不亂，若離騷者，可謂兼之矣。”又曰：“蟬蜕於濁穢，以浮游塵埃之外，不獲世之滋垢，皭然泥而不滓，推此志雖與日月爭光可也。”班孟堅、劉勰皆以爲淮南王語，豈太史公取其語以作傳乎？**劉向爲別録，世或稱以別傳；**太平御覽引別録，或云劉向別傳，或云七略別傳。**其班次羣籍，作者或見太史公書，則云“有列傳”，明己不煩爲録也。通論之書，禮記則備；**禮記檀弓、禮運、玉藻、大傳、學記、經解、哀公問、仲尼燕居、孔子閒居、坊記、中庸、表記、緇衣、儒行、大學，共十五篇，正義引鄭目録，並云此於別録屬通論。**略例之書，左氏則備；**杜預春秋序曰：“經之條貫必出於傳，傳之義例總歸諸凡。”春秋釋例終篇曰：“稱凡者五十，其別四十有九。”春秋序正義云：“蓋以母弟二凡，其義不異故也。”**駢經之書，則當句爲釋者。古之爲傳，異於章句。章句不離經而空發，傳則有異：**沈欽韓漢書疏證曰：章句者，經師捃括其文，敷暢其義，以相教授。左宣二年傳疏，服虔載賈逵、鄭衆或人三說，解叔羊曰子之馬然也，此章句之體。
解故者，管子刑法解、墨子經說、尚書大傳、毛詩傳之類。解故不必
盡人能爲，章句各師具有，煩簡不同耳。秦恭增師法至百萬言，桓
榮受朱普學章句四十萬言，榮減爲二十萬言，其子郁復删省成十二
萬言，是也。按：沈說頗分明。漢人章句今在者，有趙岐孟子、王逸
楚辭，既有訓釋，又從而指括敷暢之，要皆不離本文，所以異於傳
也。**左氏事多離經，公羊、穀梁二傳亦空記孔子生。夫章
句始西京，以傳比廁經下，萌芽於鄭、王二師，**魏志高貴鄉
公紀：帝問淳于俊曰：“孔子作彖、象，鄭玄作注，雖聖賢不同，其所
釋經義一也。今彖、象不與經文相連，而注連之，何也？”俊對曰：
“鄭玄合彖、象於經者，欲使學者尋省易了也。”吳仁傑古周易曰：
“王弼易用康成本，謂孔子贊易之辭本以釋經，宜相附近，乃各附當
爻，每爻加象曰以別之，謂之小象，又移文言附於乾坤二卦，加‘文
言曰’三字於首。”**自是爲法，便於習讀，**毛詩正義卷第一：“漢
志毛詩經二十九卷，毛詩故訓傳三十卷，是毛爲詁訓，亦與經別，及
馬融爲周禮之注，乃云欲省學者兩讀，故具載本文，然則後漢以來，
始就經爲註。”據此，則廁傳於經始於馬氏，更在鄭、王之前矣。**非
古之成則。世人以是疑周人舊傳，此一蔽也。**以上論傳。
管子諸解，蓋晚周人爲之，稍有記錄。管子書有解五篇：牧
民解一，亡，形勢解二，立政九敗解三，版法解四，明法解五。通考
引水心葉氏曰：“管子非一人之筆，亦非一時書，莫知誰所爲，以其
言毛嬙、西施，吳王好劍推之，當是春秋末年；又持滿定傾，不爲人
客等，亦種、蠡所遵用也。”周氏涉筆曰：“管子一書，雜說所叢。”**韓
非爲解老，其義閎遠。**說見原道篇。**凡順說前人書者，皆
解之類。**以上論解。

漢世説經，務以典禮斷事，視空談誠有閒。拘文者或曰：“卒哭捨故而諱新，父不名子。孔子曰：‘鯉也死，有棺而無槨。’其實未死也。”禮記檀弓下篇：“卒哭而諱，既卒哭，宰夫執木鐸以命於宮曰：舍故而諱新。自寢門至于庫門。”曲禮下篇正義引五經異義：“公羊説：臣子先死，君父猶名之。孔子云‘鯉也死’，是已死而稱名。左氏説：既没稱字而不名，桓二年，宋督弑其君與夷及其大夫孔父，先君死，故稱其字。穀梁同左氏説。”許慎謹按同左氏、穀梁説，以爲論稱鯉也死時實未死，假言死耳。鄭康成亦同左氏、穀梁之説，以論語云“鯉也死，有棺而無槨”，是實死，未葬以前也。故鄭駁許慎云：“設言死，凡人於恩猶不然，況賢聖乎。”按：鄭駁愈于許按矣，而必説爲未葬以前，蓋猶拘於卒哭諱名之義。**循是以推**，門人既厚葬顏回，孔子猶言：“回也視予猶父。”論語先進篇文。**則是顏回死復蘇也**。魯定公名宋，孔子對哀公言：“長居宋。”見禮記儒行篇。**則是定公不薨也**。史記魯世家：定公名宋。**其蔽一矣。或以經記散言謂之典常，徵天子駕六者，傅之時乘六龍**。易乾象曰：“時乘六龍以馭天。”公羊傳隱元年疏引五經異義曰：“古毛詩説云：天子至大夫同駕四，皆有四方之事；士駕二也。詩云‘四騵彭彭’，武王所乘；‘龍旂承祀，六轡耳耳’，魯僖所乘；‘四牡騑騑，周道倭遲’，大夫所乘。公羊説：易經云‘時乘六龍以馭天下也’，知天子駕六。”謹按亦從公羊説，即引王度記云“天子駕六龍（“龍”字衍），諸侯與卿駕四，大夫駕三”以合之。鄭駁云：“易經‘時乘六龍’者，謂陰陽六爻上下耳。豈故爲禮制？王度記云‘今天子駕六’，自是漢法與古異。大夫駕三者，於經典無以言之。”**循是以推**，“載鬼一車”，易睽爻辭。**則可以傅既葬反虞之禮；**士虞禮疏：“鄭目録云：虞，安也。士既葬父母，迎精而反，日中祭之於殯宮以安之。”檀弓下：“日中而虞。”**軍行載社及遷廟主，**禮記王制篇：“天子將出，類乎上帝，宜乎社，造乎禰；諸侯將出，宜乎社，造乎禰。”疏云：“類乎上帝者，謂祭告天也。宜乎社者，此巡行方事誅殺封割，應載社主也。宜者，令誅伐得宜，亦隨其宜而告也。造乎禰者；造，至也，謂至父祖之廟也。然此出歷至七廟，知者，前歸假既云祖禰，明出亦告祖禰也。今惟云禰者，白虎通云：‘獨見禰何？辭從卑，不敢留尊者之命，至禰，不嫌不至祖也。’皇氏申之曰：行必有主，無則主命，載于齊車，書云‘用命賞於祖’是也。今出辭別，先從卑起，最後至祖，乃取遷主則行也。若先至祖，後至禰，是留尊者之命，爲不敬也。故曲禮曰‘已受命，君言不宿於家’，亦其類也。若還，則先祖後禰，如前所言也。所以然者，先應反主祖廟故也。”曾子問篇：“曾子問曰：古者師行，必以遷廟主行乎？孔子曰：天子巡守，以遷廟主行，載於齊車，言必有尊也。”孔叢子問軍禮篇：“天子使有司以特牲告社，以齋車載遷廟之主及社主行。”諸文並説軍行載主之事，知古有此禮。**亦自易著之也。其蔽二矣。或以古今名號不同而疑爾雅，**太史公曰：**“張騫窮河原，惡睹所謂昆侖乎？”**爾雅釋地云：“西北之美者，有崐崙虛之璆琳瑯玕焉。”釋水曰：“河出崐崙虛，色白。”太史公語見史記大宛傳，漢書張騫傳贊全用史公語。**循是以推，異國人聞有漢，亦將曰：“惡睹所謂虞夏商周也？”其蔽三矣。**

　　察漢世所謂爲蔽者，今或無有。所起新例，式古訓，合句度，多騰掉漢師上，亦往往有不周。大雅烝民篇：“古訓是式。”皇甫湜與李生書：“讀書未知句度，下視服、鄭。”句度即句讀也，或作句逗，或作句豆，或作句投，其義一也。清世漢學諸家發明古義，近人論之綦詳，可參閱梁啓超清代學術概論、章氏檢論清儒篇（卷四）、劉師培近儒學術統系論國粹學報所載諸文，其餘猥多，不復一一舉也。**發詞例者，謂儷語同則詞性同，**王引之曰：經文數句平列，義多相類。如其類以解之，則較若畫一，否則上下參差而失其本指矣。如洪範“聰作謀”與“恭作肅，從作乂，明作哲，睿作聖”並列，則“謀”當爲“敏”；解者以爲下進其謀，則文義不倫矣。天官宰夫掌百官府之徵令，辨其八職，“一曰正，二曰師”，與“三曰司，四曰旅”並列，則當爲羣吏之待徵令者；解者以“正”爲六官之長，“師”爲六官之貳，則文義不倫矣。地官鄉大夫，鄉射之禮五物，“一曰和，二曰容，四曰和容，五曰興舞”，與“三曰主皮”並列，則當以射言之；解者以爲和載六德，容包六行，和容興舞，爲六藝之禮樂，則文義不倫矣。禮器“設于地財”與“合於天時，順於鬼神，合於人心，理於萬物”並列，則“設”當訓爲“合”；解者以爲所設用物爲禮，各是其土地之物，則文義不倫矣。桓十八年左傳“兩政”與“並后，匹嫡，耦國”並列，則兩政當爲並於正卿；解者以爲臣擅命，則文義不倫矣。昭七年傳“官職不則”與“六物不同，民心不一，事序不類”並列，則“則”當訓爲均；解者訓則爲法，以爲治官居職，不一法則，則文義不倫矣。晉語“囂瘖不可使言，聾聵不可使聽”，與“蘧篨不可使俯，戚施不可使仰，僬僥不可使舉，侏儒不可使援，矇瞍不可使視，童昏不可使謀”並列，則“囂瘖”當爲不能言之人，“聾聵”當爲不能聽之人；解者以爲口不道忠信之言爲囂，耳不別五聲之和爲聾，則文義不倫矣。論語顏淵篇“非禮勿動”與“非禮勿視，非禮勿聽，非禮勿言”並列，則“動”當爲動容貌；解者訓“動”爲行事，以爲身無擇行，則文義不倫矣。（經義述聞卷三十二）**其可以去詰詘**

不調者矣；廣雅釋詁："詰詘，曲也。"釋訓："蹇産，詰詘也。"**汰甚則以高文典册**，西京雜記卷三：揚子雲曰："軍旅之際，戎馬之間，飛書馳檄用枚皋；廊廟之下，朝廷之中，高文典册用相如。"説文："典，五帝之書也。从册在丌上，尊閣之也。莊都説：典，大册也。"**下擬唐宋文牒之流**。原注：説文繫傳袪妄篇云："屬對允愜，文字相避，近自陳隋爾。"故言詞例者不可不知古今文勢。**案書呂刑曰："何擇非人，何敬非刑，何度非及。"墨子説之曰："能擇人而敬刑，堯、舜、禹、湯、文、武之道可及也。"**原注：尚賢下篇三"非"字皆作"不"；"何擇非人"又作"何擇否人"，以否爲不，今誤爲"言"字。○按：江聲尚書集注音疏即用墨義。俞樾古書疑義舉例有兩語似平而實側例，此亦其類。**老子曰："朝甚除，田甚蕪，倉甚虛，服文采，帶利劍，厭飲食，財貨有餘。"**老子五十三章。**七語若臚舉比類**，爾雅釋言："臚，敍也。"玉篇："臚，陳也。"**然韓非解之曰："飾巧詐則知采文，知采文之謂服文采，獄訟繁，倉廩虛，而又以淫侈爲俗，則國之傷也，若以利劍刺之，故曰帶利劍。"**韓非子解老篇。**是謂五事皆實，而服文采、帶利劍爲喻言，此豈詞例之常耶？嘗試議乎其將**，莊子田子方篇"嘗爲女議乎其將"，章氏曰：釋言"將，齊也"，郭璞曰"謂分齊也"。嘗爲女議乎其將，言爲女説其大劑。（莊子解故）**曲禮曰："坐如尸，立如齊。"一言實**，指尸言也。**一言業**，指齊言也。**性不得均**。實，體也；業，用也。尸言其體，齊言其用，故不得均。**素問曰："生而神靈，弱而能言，幼而徇齊，長而敦敏，成而登天。"**原注：上古天真篇。三

語皆一往如律,神靈徇齊敦敏,皆以兩字平列也。獨能言、登
天,均調有異,斯固言之變也。言雖同,事有不得比者。
鶡冠子曰:"天道先貴覆者,地道先貴載者,人道先貴事
者,酒保先貴食者。"原注:天則篇。○按:史記欒布傳"賃傭於
齊爲酒人保",集解引漢書音義云:"可保信故謂之保。"是言酒保
寧與三才之道等夷乎? 易説卦云:"兼三才而兩之。"史記留侯
世家:"今諸將皆陛下故等夷。"莊子曰:"聖人不謀,惡用知?
不斲,惡用膠? 無喪,惡用德? 不貨,惡用商?"莊子德充符
篇。三語皆質,"斲"云"膠"云則取譬以相成,是皆詞例
所不能均。及夫楚辭離騷之言:"湯、禹儼而求合,摯、皋
繇而能調。"繩之詞例,漢書元帝紀注:"繩謂彈治之耳。"則華
離而躓蹇也。夏官形方氏"無有華離之地",注:"杜子春云:離
當爲雜,書亦或作雜。玄謂華讀爲弧哨之弧,正之使不弧邪離絕。"
説文:"躓,跲也。"一切經音義二引通俗文云:"事不利曰躓。"漢書
淮南厲王長傳注:"蹇謂不順也。"滯於言者,睹小雅言"旐維
旟矣",必耦之曰"螽維魚矣"。小雅無羊篇"衆維魚矣",盧
文弨鍾山札記:"余友丁希曾謂:'衆'乃'螽'字之省,説文作'蟲',
與螽同。螽實蝗類,凡池湖陂澤中魚嘯子,皆近岸旁淺水處。若歲
旱,水不能復其故處,土爲風日所燥,魚子蜿蜿而動,即變爲蝗以害
苗,自大河以北土人皆知之。今螽不爲蝗而爲魚,故以爲豐年之
徵。余按:此説確不可易。如'旐雜旟矣',旐旟相爲類而小異耳,
一則人少,一則人多,故占爲室家溱溱,義順而詞顯。若衆爲魚矣,
其占爲豐年,雖曲爲之解,終不似旐旟之占,人人皆可領會。今釋
爲螽,則事皆目驗,義並貫通。"王引之曰:"此説似是而非。魚子化

蝗,固爲凶年之徵,不化蝗而仍爲魚,則不過魚子生育之常,未足爲豐年之兆。魚子逢潦歲亦不爲蝗而爲魚,則安知其不爲水災乎。且螣者蝗也,魚子已化爲蝗,而後謂之螣,未化則仍然魚子耳,不得便以螣名。而丁云魚子爲風日所燥,即變爲蝗以害苗,今螣不爲蝗而爲魚,故爲豐年之徵,是以螣爲魚子也,其誤不已甚乎!況經言'維魚',不言爲魚,本無變化之義,至下文'旐維旟矣',説爲旐化爲旟,一則統人少,一則統人多者,集傳所存或説也。按之周禮,其説本不可通。(中略)又安得有衆化爲魚之説乎。'衆維魚矣,旐維旟矣'者,上維字訓乃,下維字訓與,上句單舉一物,故毛傳曰:'陰陽和則魚衆多矣。'下句並舉二物,故傳曰:'旐旟,所以聚衆也。'後人不知'旐維旟矣'之'維'與與同義,乃猥以爲旐化爲旟,因之'衆維魚矣'亦欲以變化解之,於是異説横生,而本義湮没矣。"(經義述聞)

六)**滯於事者,睹秦風言"有條有梅",必耦之曰"有杞有棠"**。秦風終南篇"終南何有?有紀有堂",毛傳曰:"紀,基也。堂,畢道平如堂也。"鄭箋曰:"基也,堂也,亦高大之山所宜有也。畢,終南山之道名,邊如堂之牆然。"王引之曰:"以全詩之例考之,如'山有榛'、'山有扶蘇'之類,皆指山中之草木而言。又如'丘中有麻''丘中有麥'之類,凡首章言草木者,二章三章四章五章亦皆言草木,此不易之例。今首章言草木,而二章乃言山,則既與首章不合,又與全詩之例不符矣。今案:'紀''堂'讀爲'杞''棠',條梅、杞棠,皆木名也。考白帖引詩正作'有杞有棠',蓋韓詩也。"(經義述聞五)黄以周駁之曰:"鄭君初習韓詩,後習毛詩,破'紀'爲'基',不從木名,是韓詩未必作'杞''棠'也。即韓詩自作'杞''棠',鄭知之而不用,則毛義之不可易亦可見矣。毛意上句舉終南山之大名,下句釋以基堂之細名,此與國風'江有汜''江有渚''江有沱'及小雅'謂山蓋卑,爲岡爲陵'同一義例。上章'有條有梅',下章'有紀有堂',彼此互文,以見條梅則生基堂之處。此與召南羔羊之'緎''總'、王風君子陽陽之'房''敖'同一義例。陳風'中唐有甓',與此言'紀''堂'之例亦同,'邛有旨鷊',與上章言'條''梅'之例亦同。陳風兩句連文,取義且別,如王氏見,必破'紀''堂'爲'杞''棠',以對'條''梅',則'甓'字豈亦可對'旨鷊'作草木解邪?"(儆季雜著羣經説二)**是則楊彪之對曹公,**後漢書楊彪傳:子修爲曹操所殺,操見彪問曰:"公何瘦之甚?"對曰:"愧無日磾先見之明,猶懷老牛舐犢之愛。"**陸機之序豪士,**陸機豪士賦序:"落葉俟微風以隕,而風之力蓋寡;孟嘗遭雍門而泣,而琴之感以末。"**以日磾儷老牛,以孟嘗雍門儷落葉微風者,必凌亂其人物名號,改而訓之然後快,不然則類例不充。此一蔽也。**以上論古書詞例亦有奇觚不恒者。**明虛數者,若"九天"、"九死"之輩,知其文飾無實事,**原注:此汪中釋三九之説,汪氏亦本於論衡。論衡儒增篇云:"孔子至不能十國,言七十國,增之也。孟嘗、信陵、平原、春申好士不過各千餘人,言其三千,增之也。"**亦信善矣;汰甚則以"百姓"、"萬國"亦虛數。**沈彤尚書小疏云:"百姓,謂諸錫姓之家,畿内民庶,亦包其中,是以百姓爲虛數也。"江聲用論衡藝增篇文意,説"叶和萬國"云:"言堯德之大,所化者衆,中夏蠻貉,莫不離穌,故曰萬國。"(尚書集注音疏)是以萬國爲虛數也。**楚語曰:"百姓、千品,萬官、億醜。"**此觀射父對昭王語,其下文曰:"民之徹官百。王公之子弟之質能言能聽徹其官者,而物賜之姓,以監其官,是爲百姓。姓有徹品,十於王,謂之千品。王物之官陪屬萬,爲萬官。官有十醜,爲憶醜。"**内**

傳曰："執玉帛者萬國，今存者無數十。"見哀七年左氏傳。皆指尺名數，尺與斥同。以相推校，宜何説焉？蓋成數者，與虛數異方。較略之名，個説大齊，續漢書百官志："故新汲令王隆作小學漢官篇，諸文個説，較略不究。"大齊，猶大略也。詳見文學總略篇。是成數也；假設之言，不可參驗，是虛數也。漢世先師不知有成數，謂不可增減一介。原注：如説萬國者必分畫萬區；説冠者童子之數以五六相乘，六七相乘，爲七十二人；是其類。○按：説萬國者分畫萬區，咎繇謨鄭注之説也。以冠者相乘，童子相乘爲七十二人，衛宏漢舊儀之説也。（御覽五百二十六）一介，即一個也。説詳經義述聞三十一。今揉其枉，謂成數亦馮虛命之。此二蔽也。以上論古書言數有虛數成數之別。不增字解經者，以舊文皆自口出，增之則本語失其律度，堯典："同律度量衡。"王引之曰："經之文自有本訓，得其本訓則文義適相符合，不煩言而已解；失其本訓而強爲之説，則阢陧不安。乃於文句之間增字以足之，多方遷就，而後得申其説，此強經以就我，非經之本義也。治經者苟三復文義而心有未安，雖舍舊説以求之可也。"（説詳經義述聞三十二）其法不可壞矣。獨詩以四字成文，辭或割意，不可直以文曲相明。文曲猶言文句，詳見文學總略。"抑若揚兮"，傳者必曰"美色廣揚"，齊風猗嗟篇"抑若揚兮"傳："抑，美色；揚，廣揚。""式微式微"，訓者必曰"微乎微"，邶風式微篇"式微式微"箋云："式微式微者，微乎微者也。"非無增字，意則因以條達，過省則以文害辭。此三蔽也。以上論不增字解經。用直訓者曰："昔吾有先正，其言明且清。"語見禮記緇衣篇。其術亦至察矣。直以自解則善,汰甚則欲改易秦漢舊傳。舊傳存者,莫美於毛詩,毛公爲訓,有曲而中,有肆而隱,繫辭下:"其旨遠,其辭文,其言曲而中,其事肆而隱。"不專以徑易爲故。荀子性惡篇"少言則徑而省",楊注:"徑,易也。"呂氏春秋本生篇"以全天爲故",高注:"故,事也。"古者實句、德句、業句,原注:實句即今所謂名詞,德句即今所謂形容詞,業句即今所謂動詞。或展轉貤易,動變無方。古詩辭氣亦有少異于今言者。失此三事,不足明毛公微意。小雅"錫爾純嘏",傳曰:"嘏,大也。"小雅賓之初筵箋云:"嘏謂尸與主人以福也。"大雅卷阿篇"純嘏爾常矣"傳同。嘏爲尸授主人以福,世所悉知。大雅"來嫁於周,曰嬪於京",傳曰:"京,大也。"大雅大明篇、文王篇傳亦曰:"京,大也。"公羊桓九年傳:"京者何? 大也。師者何? 衆也。天子之居,必以衆大之詞言之。"京爲京師,亦世所悉知。今以大爲訓者,推其得名之本。毛義並與爾雅相應。商頌"受小球大球,受小共大共",傳曰:"球,玉;共,法也。"商頌長發篇。今人以廣雅"拱、捄"訓"法"改傳,見經義述聞七。問拱捄何故爲法? 則不能悉。夫球者,玉磬;説文及尚書益稷篇鄭注、顧命篇馬注並云:"球,玉磬也。"共者,句股之通借字。原注:共與句股東侯對轉。〇按:章氏曰:毛傳與廣雅之説文質有殊,其實不異。見小學答問。磬折、句股,皆工匠制器法式,考工記"磬氏爲磬,倨句一矩有半",鄭注:"必先度一矩爲句,一矩爲股,而求其弦,既而以一矩有半觸其弦,則磬之倨句也。"記又曰:"車人之事,半矩謂之宣,一宣有半謂之欘,一欘有半謂之柯，一柯有半謂之磬折。”**律度量衡，秉之人君，受之者合瑞而觀其同也。**白虎通瑞贄篇：“王者始立，諸侯皆見何？當受法稟正教也。尚書‘揖五瑞，覲四岳’，謂舜始即位見四方諸侯，合符信。詩云‘元王桓撥，受小國是達，受大國是達’，言湯王天下，大小國皆來見，湯能通達以禮義也。”陳立疏證曰：“小國大國並指來朝諸侯，則下文‘小球大球小共大共’亦即爲大小國所贄之瑞贄矣。”**毛公以“球”直訓“法”，令學者暗昧，推其本於玉磬，然後爲法明矣。魯頌“三壽作朋”，傳曰：“壽，考也。”箋以“三壽”爲“三卿”。**魯頌閟宫篇。**壽不訓卿，而古以三卿爲三壽，**困學紀聞：晉姜鼎銘“保其孫子，三壽是利”。又東京賦：“降至尊以訓恭，送迎拜乎三壽。”薛綜注：“三壽，三老也。”**故推其本於考，壽考老，一實也，以音相變。**壽、考、老三字以疊韻相迻。**天子三公曰老，**禮記王制篇鄭注：“老謂上公。”**諸侯三卿曰老，**儀禮聘禮記鄭注：“大夫曰老。”俞樾曰：“昭三年左傳‘公聚朽蠹，而三老凍餒’，此諸侯之國亦有三老之證。”（羣經平議）**大夫家臣曰室老。**儀禮喪服傳“公卿大夫室老士”，注：“室老，家相也。”**老者，家臣之號，以“壽”爲“考”，然後爲卿，明矣。此所謂曲而中，肆而隱。**以上毛傳之善一事。**小雅“其祁孔有”，傳曰“祁，大也”，箋以“祁”爲“麎”；**小雅吉日篇。馬瑞辰曰：“按詩疏引爾雅某氏注，亦作‘其麎孔有’，三家詩或有作‘麎’字者，故箋及某氏注本之。漢時蓋讀麎如祁，字林麎讀上尸反，徐音司，沈市尸反，是也。據大司馬鄭司農注，獸五歲爲慎，後鄭慎讀爲麎，此詩祁讀如麎，亦當讀爲五歲慎之‘慎’，謂獸之大者也。麎爲牝麋，亦爲大獸之通稱，猶豕爲豵，而獸之一歲者亦名獶也。"（毛詩傳箋通釋十八）"有壬有林"，傳曰："壬，大；林，君。"箋以"壬"爲"任"，指卿大夫，賓之初筵篇。顧廣譽曰："詳經兩"有"字箋爲得之。（學詩詳說二十一）世多右箋。說"其祁孔有"，馬氏右箋；說"有壬有林"，顧氏右箋。按：大與大者無異，諸言"小大稽首"，小雅楚茨篇。"無小無大，從公于邁"，魯頌泮水篇。皆謂小者、大者，然則"其大孔有"者，謂其大者孔有也。君亦訓大，大者亦爲君，然則"有壬有林"即絫言有君，無所致惑。商頌"幅隕既長"，傳曰："幅，廣也；隕，均也。"商頌長發篇。今人或改爲"福云既長"，自以爲調達。王引之曰："依傳則廣也均也長也三義並列，經當言'幅隕且長'文義方明，何得云'幅隕既長'乎？毛義未爲得也。且徧考書傳，無謂地廣爲幅者。今以全詩例之，如'我稼既同'，'決拾既佽'，'福祿既同'，'降福既多'之類，句首皆指其物與事，'幅隕既長'文義與之相類，句首亦當實指其所謂既長之事，不應空訓爲廣爲均。幅讀爲福，隕讀爲云。此承上文'長發其詳'言之，福亦祥也，言當禹敷土之時，商之福祥既已長矣，下文'帝立子生商'，則福長之始也。云，語助也。凡詩第二字用云者，如'卜云其吉'，'曷云能來'，'如云不克'之類，皆爲語助。字或作員，'景員維河'是也；又作隕，'幅隕既長'是也。"（經義述聞七）按："幅隕"猶言"廣員"，西山經："廣員百里。"越語："廣運百里。"均者，說文云"平徧也"。平徧則廣，舉其實曰幅隕，舉其德曰廣員、廣均。此皆名義相扶，所謂展轉貤易，動變無方者也。以上毛傳之善二事。小雅"鄂不韡韡"，傳曰："鄂猶鄂鄂然，言外發也。"箋以"承華曰鄂"爲說，小雅常

隶篇。戴震曰：“按鄂不，今字爲萼跗。國語‘華不注之山’，韋昭
云：‘華，齊地，不注，山名。’又‘蘣韋之跗注’，雜問志作‘不注’，杜
預云：‘戎服若袴，而屬於跗，與袴連。’蓋不注今字爲跗屬也。此跗
通用不之明證。程子云：‘常棣華萼相承甚力，故以興兄弟。’”（毛
鄭詩考正二）顧廣譽曰：“案説文‘作咢不韡韡’。咢，華苞也；不，華
蒂也。鄭正與許合。疏申以華以覆鄂，鄂以承華，華鄂相承覆，故
得韡韡照而光明。竊謂鄭説爲更優云。”（學詩正詁三）**世多右
箋。按：高唐賦云“蕭何千千”，善哉行云“鬱何壘壘”，此
與“鄂不韡韡”同辭；古詩雞鳴高樹顛曰“穎穎何煌煌”，
晉成帝末奢曰：“礚礚何隆隆，駕車入梓宮”，**原注：宋書五
行志。**此與“鄂不韡韡”同辭，何紛更之爲也！**史記汲黯
傳：“何乃取高皇帝約束紛更之爲？”**大雅“履帝武敏”，傳曰：
“敏，疾也。”“將事齊敏”，**大雅生民傳：“履，踐也。帝，高辛氏
之帝也。武，迹；敏，疾也。從於帝而見天，將事齊敏也。”按：此不
取釋訓“敏，拇”之訓，蓋不用感生之説也。**釋訓曰：“敏，拇
也。”**箋云：“帝，上帝也。敏，拇也。祀郊禖之時，時則有大神之
迹，姜嫄履之，足不能滿，履其拇指之處，心體歆歆然，其左右所止
住，如有人道感己者也，於是遂有身，而肅戒不復御。後則生子而
養長，名之曰弃。”陳奐毛詩傳疏二十四曰：“爾雅釋訓一篇多經漢
人增益，其釋‘履帝武敏’句，武，迹也；敏，拇也。鄭箋同雅訓，史
記、楚詞、列女傳、春秋繁露、白虎通義、正義引異義齊魯韓師説並
同。敏，爾雅舍人本作‘畝’，釋云：古者姜嫄履天帝之迹於畎畝之
中而生后稷。亦出三家詩義，主感天而生説。毛公作傳不從讖緯，
最得其正。”**世多右釋訓。**陳啓源曰：“嚴緝是毛非鄭，以爲列子

異端,緯書妄説,史遷好奇,皆不足據。然武迹敏拇之文見於釋訓,爾雅正典,已有是説也。況使后稷之生,果係人道交接,有父有母,則周不應特立姜嫄之廟,別奏先妣之樂;而生民、閟宫二詩亦何爲獨美后稷之母,不及其父乎? 天地之大,奇詭變幻,難盡以理概耳。"(毛詩稽古編十九)顧廣譽曰:"帝者上帝,敏爲拇,當從箋。凡主傳義者,如馬氏遺腹一説,王氏基諸家斥之不遺餘力,蘇氏洵謂如莊公寤生之類。果爾,經何以不明言之? 或以爲后稷如羊之七月生,懼難育而棄,或以爲羊連胞而下,恐稷生未出胎,至鳥去乃呱,則胎破而聲載路,竟涉於郢書燕説,何如箋説之直截哉。"(學詩正詁四)此並右箋之説也。按:后稷被棄之故實千古一大疑。俞越謂此義蓋在后稷呱矣一句,夫至鳥去始呱,則前此未嘗呱也。后稷生而不呱,是以見棄,詩人歌詠其事,蓋没其文於前,而著其義於後,此古人文字之奇也。(古書疑義舉例二)此説足解人頤,亦以祛諸家之惑。毛傳之義徹上徹下,不可易也。**按:聘禮記曰"賓入門皇"**,鄭注:"皇,目莊盛也。"**論語曰"入公門鞠躬如也"**,**借曰"入公門皇",即與"履帝武敏"同辭**,聘禮記之文假令少易之爲"入公門皇",即與"履帝武敏"句末用狀詞者句法相同。**記傳散語猶可,況歌詠曲折之文邪!** 曲折,謂歌聲之節奏頓挫也,唐人謂之樂句。漢藝文志有河南周歌聲曲折七篇,周謡歌詩聲曲折七十五篇。**此所謂古詩辭氣少異於今。不達詩傳之體,視以晚世兼義、釋文之流**,兼義,即唐人正義也,周易正義卷首題云"周易兼義"。釋文,謂經典釋文。**奮筆以改舊貫。**論語先進篇"仍舊貫",鄭注:"貫,事也。"**此四蔽也。**以上毛詩之善三事。**不避重語者曰:傳有"惑蠱君","覆露子",兩言**

則同義，晉語“將以驪姬之惑蠱君而誣國人”，韋注曰：“蠱，化也。”王念孫曰：蠱亦惑也，左傳莊二十八年：“楚令尹子元欲蠱文夫人。”宣八年：“晉胥克有蠱疾。”皆謂惑也。昭元年，醫和論蠱疾曰：“非鬼非食，惑以喪志。”又曰：“在周易，女惑男，風落山，謂之蠱。”又曰：“淫則生內熱惑蠱之疾。”哀二十六年：“大尹惑蠱其君。”是蠱即惑也，古人自多複語，不必分爲二義。晉語又曰“是先主覆露子也”，韋注：“露，潤也。”王引之曰：覆與露同義，覆露之言覆慮也，包絡也。釋名釋天曰：“露，慮也，覆慮物也。”釋宮室曰：“廬，慮也，取自覆慮也。”淮南時則篇：“包裹覆露，無不囊懷。”春秋繁露基義篇：“天爲君而覆露之，地爲臣而持載之。”漢書鼂錯傳：“今陛下配天象地，覆露萬民。”嚴助傳：“陛下垂德惠以覆露之。”皆謂覆慮之也。若訓露爲潤，則與覆異義矣。而高誘注淮南亦訓露爲潤；顏師古注漢書訓露爲膏澤，且云或露或覆，言養育也。不知露即訓覆，覆露爲古人之連語，上下不殊義也。並見經義述聞二十一。又述聞三十二有經傳平列二字上下同義一例，古書疑義舉例七有兩字一義而誤解例，並可相發。**其說誠審。汰甚乃以微言爲家人語，**文選移讓太常博士書注：“論語讖曰：子夏六十四人共撰仲尼微言。”史記儒林傳：“竇太后好老子書，召轅固生問老子書，固曰：‘此是家人言耳。’”**或且噂沓。**小雅十月之交篇“噂沓背憎”，傳曰：“噂猶噂噂，沓猶沓沓。”**老子曰：“谷神不死”，舊以中央空谷擬無有，**見老子六章。王弼注曰：“谷神：谷，中央無谷也，無形無影，無逆無違，處卑不動，守靜不衰，谷以之成，而不見其形，此至物也。”**近是。今說者曰：“谷宜爲穀，穀者生也。”**此俞樾之說也。其言曰：釋文河上本“谷”作“浴”，云：“浴，養也。”浴無養義，字當讀爲穀，詩小弁、蓼莪、四月並云“民不莫穀”，毛傳並云：“穀，

養也。"穀亦通作谷,爾雅釋天:"東風謂之谷風。"詩正義引孫炎曰;
"谷之言穀,穀,生也,生亦養也。"王弼本作"谷"者"穀"之叚字,河
上本作"浴"者"谷"之異文。王弼不達古字叚借之義,而有中央無
之説,斯魏晉之清談,非老氏之本旨。(老子平議)**生神不死,何
其贅也!莊子曰:"天之穿之,日夜無降,人則顧塞其
竇。"**原注:外物篇。**"降"者,以類通叚爲"函"**,原注:如函谷
亦作降谷是其例。**函者,孔也。**原注:食貨志曰:"錢圜函方。"
此言天穿不可得其朕,莊子齊物論:"若有真宰,而特不得其
朕。"案:朕有隙義,無函即無隙也。**人則反自塞之。今説者
曰:"降宜爲癃,癃者閉也。"**此亦俞氏之説也。其言曰:"降當
爲瘀,即癃字之籀文。素問宣明五氣篇:'膀胱不利爲癃。'又五帝
政大論篇:'其病癃閟,日夜無瘀。'謂不癃閟也。"(莊子平議三)**穿
則不閉,宜無待鄭重言。然則務爲平易,而更違其微旨。
此五蔽也。屏是諸蔽,則可以揚姬、孔末命,**周書顧命篇:
"道揚末命。"**理董前修之業矣。若夫援讖緯以明經制,**説
見下篇。**隨億必以改雅訓,**論語子罕篇:"毋意,毋必。"**單文節
適,膚受以求通,**論語顏淵篇"膚受之愬",馬曰:"皮膚外語,非
其内實。"文選東京賦"末學膚受",注:"膚受,謂皮傅之不經於
心。"此謂今文諸家務爲眇遠不測,以求合世人。檢論清儒篇論常
州今文之學曰:"其學皆以公羊爲宗。始武進莊存與作春秋正辭,
猶稱説周官。其徒陽湖劉逢禄始專主董生、李育,爲公羊釋例,其
辭義温厚,能使覽者説繹。及長洲宋翔鳳,最善傅會,雜以讖緯神
祕之辭,其義瑰瑋而文特華妙,與治樸學者異術,故文士尤利之。
邵陽魏源素不知師法略例,作詩書古微。凡詩今文有齊魯韓,書今

文有歐陽、大小夏侯,故不一致,而齊、魯、大小夏侯尤相攻擊如仇
讎。源一切混合之,所不能通,即歸之古文,尤亂越無條理。仁和
龔自珍與魏源相稱譽。而仁和邵懿辰爲尚書通論、禮經通論,指逸
書十六篇、逸禮三十九篇爲劉歆矯造,顧反信東晉古文,斯所謂倒
植者。要之,三子皆好姚易卓犖之辭,欲以前漢經術助其文采,不
素習繩墨,故所論支離自陷,乃往往如讕語。惟德清戴望述公羊以
贊論語,爲有師法。而湘潭王闓運徧注五經。闓運弟子有井研廖
平,自名其學,時有新義,以莊周爲儒術,左氏爲六經總傳,説雖不
根,然猶愈魏源輩絶無倫類者。"又文録説林上篇曰:"高論西漢而
謬於實證,侈談大義而雜以夸言,務爲華妙,以悦文人。相其文質,
不出辭人説經之域。若丹徒莊忠棫、湘潭王闓運又其次也,歸命素
王,以其言爲無不包絡,未來之事,如占蓍龜,瀛海之大,如觀掌上。
其説經也,略法今文,而不通其條貫,一字之近於譯文者以爲重寶,
使經典爲圖書符命。若井研廖平又其次也。"**辭詘則挾素王**,素
王之説詳見原經篇。**事繆則營三統**,三統之説,詳春秋繁露三代
改制質文篇,白虎通義三正篇、三教篇,劉逢禄公羊釋例通三統篇。
此亦今文諸家所持以爲微言者也。**此不足與四者數。**四者謂
校、故、傳、解。**揚子曰:"靈場之威,宜夜矣乎?"言正晝則
鬼物不能神也。**揚子語見法言問明篇。溯自漢世説經多援讖
記,魏晉以來此學漸絶。及清代諸儒,土苴唐宋,漢幟既樹,後出轉
精。其後綴學之士益以復古相高,語則西漢之微言,義必博士之家
法。遷流所極,而今文怪迂之説滋多於是矣。劉子駿曰:"博學者
不思多聞闕疑之義,而務碎義逃難,便辭巧説,此學者之大患也。"
然學術轉移,其事有漸。劉師培南北考證學不同論曰:"吳中學派
傳播越中,咸信緯書。惠棟治易雜引緯書,且信納甲爻辰之説;張

惠言治虞氏易亦信緯學；王昶禮器碑跋謂緯書足以證經；孫星衍作歲陰歲陽考諸篇，雜引緯書；王鳴盛引緯書以申鄭學；嘉興沈濤以五緯配五經，且多引緯書證經；皆其例。北方學者則鮮信緯書，惟旌德姚配中作周易姚氏學，頗信之。此其倡導之略也。”王昶禮器碑跋今録於此，備省覽焉。

王昶禮器碑跋

按讖緯之作，其來已久。隋經籍志云："河圖、雒書，以記易代之徵，其理幽昧，究極神道，先王恐其惑人，祕而不傳。説者又云：孔子既敍六經，別立讖緯以遺來世。其書出於前漢，有河圖九篇，雒書六篇，云自黃帝至周文王所受本文。又別有三十篇，云自周初至於孔子，九聖之所增演，以廣其意。又有七經緯三十六篇，並云孔子所作"云云。考公羊子高受經於子夏，其傳春秋多舍左傳而從春秋説，文見於何休注者甚衆，則其書傳自孔門弟子無疑。其以爲出於漢初，及起於西漢哀平之世者，皆非也。緯書中間有事涉迂繆，及後世之事，疑皆妄人附益，而以之參驗六經，殊足以資聞見。故太史公撰五帝本紀，于世本、國語三傳之外，兼采及之；孟喜注易"七日來復"，謂卦氣起中孚，則用易緯稽覽圖；賈逵注左傳"九邱"，稱孔子作春秋，立素王之法，則用春秋緯；趙岐注孟子，論尚書百二十篇，則用春秋説題辭，論命有三名，則用孝經援神契；許慎撰説文解字，引孔子云"推十合一爲士"，"禾入水爲黍"，則用元命包，引孔子欲居九夷從鳳嬉，則用論語摘衰聖；而鄭康成禮注、詩箋二書，取緯書以資發明者尤不勝舉，且鄭於河圖、易緯、尚書緯、尚書中候、禮緯、禮記默房並爲之注。可見緯與經實相表裏，不爲大儒所棄如此。漢時且詔東平王蒼正五經章句，皆命從讖。朱氏彝尊謂終東漢之世,以通七緯者爲内學,通五經者爲外學。其見於范史者無論,謝承後漢書稱姚浚尤明圖緯祕奧,又稱姜肱博通五經,兼明星緯。載稽之碑碣,於有道先生郭泰,則云考覽六經,探綜圖緯;於太傅胡廣,則云探孔子之房奧;於琅琊王傅蔡朗,則云包洞典籍,刊摘沉祕;於中郎周䱛,則云總六經之要,括河洛之機;於大鴻臚李休,則云既綜七籍,又精羣緯;於國三老袁良,則云親執經緯,罶括在手;於太尉楊震,則云明河雒緯度,窮神知變;於山陽太守祝睦,則云七典並立,又云該洞七典,探賾窮神;於成陽令唐扶,則云綜緯河雒,咀嚼七經;于酸棗令劉熊,則云敦五經之緯圖,兼古業覼其妙,七業勃然而興;於高陽令楊著,則云窮七道之奧;於郃陽令曹全,則云甄極㟭緯,靡文不綜;於藥長蔡湛,則云少耽七典;於從事武梁,則云兼通河雒;於冀州從事張表,則云該覽羣緯,靡不究窮;於廣漢屬國都尉丁魴,則云兼究祕緯;於廣漢屬國侯李翊,則云通經綜緯;至於頌孔子之聖,稱其鈎河摘雒。蓋當時之論咸以内學爲重。及昭烈即位,羣臣勸進,廣引雒書、孝經緯文。蕭綺所云讖詞煩於漢末,不誣也。昶按:唐制四部圖籍,甲部爲經,其類有十九曰圖緯,以紀六經讖候,故唐儒撰羣經正義,亦知遵信讖緯,而藝文類聚、北堂書鈔、初學記、白孔六帖諸類書徵引尤夥。蓋自漢以來,博古之士多喜習之,即有不能深信者,未竟斥亦爲異端。自歐陽氏有論九經請刪除正義中讖緯劄子,而魏了翁作九經正義,盡削去之。自是厥後,學者同聲附和,而緯書遂致散佚,僅有存者,良可歎惜也。夫讖緯中荒渺不經本所難免,且其紀述兼及三代以上帝王受命發祥制作之事。後人目不見上古之書,無從辨其是非,輒生訾毀,固無足怪。然即緯書之文證之六經,亦無大異。今試比而論之，緯言伏羲氏有天下，龍馬負圖出于河（尚書中候握河紀）。黃帝出游雒水之上，見大魚，醮之，魚流於海，始得圖書（河圖帝視萌）。蒼頡皇帝南巡元扈雒汭之水，靈龜負書以授之（河圖玉版）。堯沈璧于河，元龜負書止壇；舜沈璧於清河，黃龍負圖出水（並握河紀）。禹長于地理水泉九州，得括地象（尚書刑德放）。湯觀於雒，沈璧，而黑龍與之書（中候雒予命）。武王觀於雒，沈璧，禮畢，青龍臨壇，銜元甲之圖吐之而去；元龜負圖出雒，周公援筆以時文寫之（並握河紀）。皆與易“河出圖，雒出書，天垂象，聖人則之”，書“天錫禹鴻範九疇”之義合。天人感應理固有之，而云伏羲德洽上下，天應之以鳥獸文章，地應之以龜書，乃作易（禮含文嘉），奎主文章，蒼頡效象，雒龜耀書，丹青垂，萌畫字（援神契），又與易論包犧畫卦，取象天文地理人倫鳥獸之語悉悉相符也。緯言軒轅氏麒麟在囿，鳳凰來儀，堯即政七年，鳳凰止庭，巢阿閣讙樹，伯禹拜曰：黃帝軒提象，鳳凰巢阿閣（並中候），舜受終，鳳凰儀，黃龍感（雒書靈準聽），周公作樂而治，蓂莢生（中候），非即書擊石拊石，鳳凰來儀，國語鸑鷟鳴于岐山，禮記四靈爲畜之事乎？緯言禹授啓握元圭，刻曰延喜之玉，受德天地之佩（尚書璇璣鈴），非即禹錫元圭之事乎？緯言禹將受位，天意大變，迅風雷雨，以明將去虞而適夏（樂稽耀嘉），非即書烈風雷雨天大雷電以風之類乎？緯言大節出雷澤，華胥履之，生伏羲（時含神霧），少典妃安登遊于華陽，有神龍首感之於常羊，生神農（元命包），附寶出降大電，生帝軒（孝經鉤命決），大節如虹下流華渚，女節夢意感生朱宣（元命包），瑤光之星如蜺貫日，感女樞於幽房之宮，生黑帝顓頊（河圖），天大雷電，有血流潤大石之中,生堯母慶都,有赤龍負圖與慶都意感,有娠,生堯(春秋合誠圖),握登見大虹,意感生舜(含神霧),修己山行見流星,意感栗然,生姒戎文禹(尚書帝命驗),扶始升高邱,覿白虎,上有雲如虎之狀感己生皋陶(元命包),扶都見白氣貫月,感生黑帝湯,太任夢長人感己生文王(並含神霧),即詩天命玄鳥,降而生商,履帝武敏歆之類。而云堯母萌之,元雲入戶,蛟龍守門(易坤靈圖),堯母蔑食不飢,常若有神隨之者(合誠圖),亦與后稷鳥覆翼之,牛羊腓字之事絕相似也。緯言伏羲日角衡連珠(援神契),黑帝修頸,黃帝兌頤(並論語相輔象),蒼帝四目(演孔圖),軒轅駢幹(元命包),帝嚳駢齒(河圖握矩起),堯眉八彩(元命包),舜目四童(演孔圖),禹耳三漏,皋陶馬喙,湯臂三肘(並禮說),伊尹面赤色而髥(春秋考異郵),文王四乳,武王望羊,周公背僂(並禮說),非即左傳文公駢脅,成公黑臀,越椒蜂目豺聲之類乎？緯言神農生而能言,五日而能行,七朝而齒具,三歲而知稼穡般戲之事(元命包),附寶生軒,胸文曰黃帝子(河圖握矩),蒼帝生而能書(元命包),非即左傳周靈王生而有髭,魯夫人季友生而有乎文之事乎？緯言燧人四佐,伏羲六佐,黃帝七輔(摘輔象),即論語、春秋內、外傳舜五人,文王四友,武王十亂之類。而風后、天老、五聖、知命、窺紀、地典、力墨、七輔等名,學者以無經傳可證,斥爲偽托,則書云朱虎熊羆殳斨伯與,詩云皇父、仲允、番聚、蹶楀諸臣,亦不見於經傳,而從無人議之者,又何說也？緯言五嶽吐精生聖人(鉤命決),非即詩惟嶽降神,生甫及申之事乎？緯言堯受圖書,已有稷名在籙(中候苗興),堯夢白虎遺吾馬喙子,舉皋陶爲大理(元命包),文王夢田獲熊,而得太公望(中候雒師謀),赤雀銜丹書入酆止,昌再拜稽首，至於磻溪之水，呂尚釣涯下，王下趣拜曰：公望七年，乃見光景於斯，非即書高宗夢賚良弼，說築傅巖維肖之類乎？緯言孔子夜夢笋兒捶麟，傷其前左足，束薪而覆之，孔子發薪下麟視之，麟蒙其耳，吐書三卷，孔子精而讀之（援神契），非即孔子夢奠兩楹之類乎？緯言顓頊氏有三子生而亡去，一爲疫鬼，一爲虐鬼，一爲小鬼，非即左傳實沈、臺駘爲祟，黃熊入於羽淵，伯有爲厲之類乎？緯又言太子發渡河，中流，火流爲烏，其色赤（帝命驗、中候合符后），武王得兵鈐謀東觀，白魚入舟俯取魚以燎（璇璣鈐），按：赤烏、白魚二事即今文泰誓之文，具見史記。古文尚書既不足信，將因緯書之文而並疑今文可乎？且也五帝之稱始於三禮，而緯書詳五帝靈威仰，赤熛怒，含樞紐，白招拒，汁光紀五名，與爾雅所載青陽朱明、白藏、元英諸目何異？西王母之名始於爾雅，而緯述西王母於大荒之國得益地圖，獻之於舜（帝命驗），正合四荒之義，且與空同、丹穴、太平、大蒙諸國均無經文可證也。緯又言天皇九翼（河圖括地象），人皇九頭（命歷序），及穿胸儋耳之國（論語撰考讖），從崑崙以北九萬里，得龍伯國，人長三十丈，以東得大秦國，人長十丈，又以東十萬里，得僬人國，長三丈五尺，又以東十萬里得中秦國，人長一丈（河圖龍文）。蚩尤兄弟八十一人，並獸身人語，銅頭鐵額（龍魚河圖），北東極有人長九寸（含神霧），北極下有一脚人（玉版），核之春秋三傳，僑如、梦如兄弟，佚宕中國，及國語防風氏骨節專車之說，是上古遐陬奇怪之事，亦聖賢所樂道，而爾雅記鰈鶼邛蛩迭食迭望諸異，亦皆當時中國所無，何以言之甚悉，今比目魚海濱多有之，則其三者皆可確信。既信比肩之民，則穿胸儋耳，何獨疑之？即其所言後世事，如祖龍來，天寶開

（尚書考靈曜、河圖天靈），卯金刀，名爲劉，中國東南出荆州，赤帝後，次代周（演孔圖）。帝劉之秀，九名之世，帝行德封刻政（河圖合古篇），廢昌帝立公孫（河圖籙運法），代赤眉者魏公子（春秋玉版讖），鬼在山，禾女連，言居東，西有午，兩日並光日居下（並易說）。此等語半出妄人傅會，殊爲乖誕。然左傳所引鸛鵒之謠傳自文成之世，而已知禂父、宋父兩名，及龍尾謠云虢公其奔，取虢之旂，亦必非事後之語。而傳載列國占筮爻辭，凡數十百年以後之事，無不先有主名，鑿鑿可數，則禮所云至誠之道，必有前知，見乎蓍龜，動乎四體者，聖人亦嘗言之，以爲必無其事，豈盡然與？凡此之類，皆後人痛詆緯書，所執爲口實者。不知其說皆可與六經互證，緯可疑，經則斷不可疑也。更有取者，緯言舜以太尉受號即位爲天子（春秋運斗樞），稷爲司馬（刑德放），可廣唐虞司空、司徒、虞士諸名，以考三代官制。緯言禱請山川辭云：方今天旱，野無生稼，寡人當死，百姓何依，不敢煩民請命，願撫萬民，以身塞無狀（考異郵）。可見古人祭祀皆有祝辭，禮記祭坊、水庸，論語子路誄孔子，即其證也。學者苟能擇而從之，是亦博聞之助，安見好古苦晚耶？至其論天文日月五星變動之占及地理生物之殊異，道里之遠近，顯者足配洪範五行，精者可以考證歷書地志之誤，故蔡沈書集傳所稱周天三百六十五度四分度之一，即考靈曜及雒書增耀度之文。黑道二去黃道北，赤道二去黃道南，白道二去黃道西，青道二去黃道東，即河圖帝覽嬉之文，而朱子注論語伏羲龍馬負圖，注楚詞崑崙者地之中也，地下有八柱，互相牽制，名山大川，孔穴相通，並河圖之文。雒書四十五點，邵子以來，傳爲祕鑰，其法出於太乙九宮，實即易緯乾鑿度之文。是有宋理學大儒，亦不能盡棄其學。而歐陽氏、魏了翁輩欲皆去之，真所謂因噎而廢食矣。漢時碑刻多用讖緯成文，論金石者概譏其謬，不知緯與經原無大異，經所不盡，政當以緯補之；若以緯書荒渺，則六經之言其似緯書所云曷可勝紀，將盡删之，可乎？朱氏說緯一篇，至爲精博，而據譙敏碑語，謂其學遠出譙氏、京氏，蓋非探原之論；且不推本經義，證明其說，恐仍未能息羣喙也。昶故復申其辨於此，以袪淺見之惑。（金石萃編卷九）

國故論衡疏證中之四

明解故下

六經皆史之方，章學誠謂六經皆史，已見原經篇。龔自珍曰："六經者，周史之宗子也。易也者，卜筮之史也。書也者，記言之史也。春秋也者，記動之史也。風也者，史所采於民而編之竹帛，付之司樂者也。雅頌也者，史所采於士大夫也。禮也者，一代之律令，史職藏之故府，而時以詔王者也。小學也者，外史達之四方，瞽史諭之賓客之所爲也。今夫宗伯雖掌禮，禮不可以口舌存，儒者得之史，非得之宗伯。樂雖司樂掌之，樂不可以口耳存，儒者得之史，非得之司樂。故曰六經者，周史之大宗也。"（定盦文續集一）張爾田曰："六藝皆史也。百家道術，六藝之支與流裔也。何以知其然哉？中國文明，開自黃帝。黃帝正名百物，始備百官。官各有史，史世其職，以貳於太史。太史者，天子之史也。其道君人南面之術也，内掌八柄，以詔王治，外執六典，以逆官政，前言往行無不識，天文地理無不察，人事之紀無不達。必求博聞强識疏通知遠之士，使居其位，百官聽之，以出治也。故自孔子以上，諸子未分以前，學術政教皆聚於官守。一言以蔽之，曰史而已矣。"（史微原史篇）又曰："周易爲伏羲至文王之史，尚書爲堯舜至秦穆之史，詩爲湯武至陳靈之史，春秋爲魯東周至魯哀之史，禮樂爲統貫二帝三王之史。太史公自序曰：伏羲至純厚，造易八卦。堯舜之盛，尚書載之，禮樂作焉。湯武之隆，詩人歌之。春秋采善貶惡，推三代之德，褒周室，非獨刺譏而已也。則六藝相續爲史，可以心知其意矣。古無斷代爲史之例，易終文王，而尚書無嫌始堯舜，書雖終秦穆，而詩無嫌始湯武，詩雖終陳靈，而春秋無嫌始隱公。此亦猶太史公書本繼春秋，而託始黃帝以來，班固書本續太史，而斷自漢高以降也。是故六藝者上古之通史也，豈可以後世史法繩之哉？”（史學篇）按：二家引申文史通義之説，亦既詳明周浹。蓋經史分部，魏以前本無此説。經爲官書，掌之者史也，故謂之史。史者，主記載者也。六經皆前世施行之事實。孔子曰：“吾欲載之空言，不如見之行事之深切著明。”此不獨指春秋，蓋謂已所删述，莫非行事。然則六經爲史之方策明矣。**治之則明其行事，識其時制，通其故言，是以貴古文。**六經所載，自羲、農以至於春秋，居今稽古，舍此末由。古文之逸禮，不可見矣。然則行事之詳，莫具於左傳；時制之備，莫美於周官。故言之存，亦莫尚於斯二典者，而毛氏詩傳次之。皆古文也。太史公曰：“學者載籍極博，猶考信於六藝。”又曰：“總之不離古文者近是。”此之謂也。**古文者，壁中所得，河間所寫，張蒼所獻是已。**藝文志：武帝末，魯恭王壞孔子宅，而得古文尚書及禮記、論語、孝經，凡數十篇，皆古字也。孔安國悉得其書，以考二十九篇，得多十六篇。又曰：禮古經者，出於魯淹中及孔氏，與十七篇文相似，多三十九篇。劉歆傳：“魯恭王壞孔子宅，而得古文于壞壁之中。逸禮有三十九，書十六篇。”釋文敍録：“鄭六藝論云：後得孔氏壁中，河間獻王古文禮五十六篇。”據上諸文，明逸書、逸禮、論語、孝經並得之魯壁。河間獻王傳：“從民得善書，必爲好寫與之，留其真。”又曰：“獻王所得書，皆古文先秦舊書，周官、尚書、禮、禮記、孟子、老子之屬，皆經傳説記，七十子之徒所論。”許慎説文解字敍曰："北平侯張蒼獻左氏春秋傳。"**書、禮得於孔壁，周官得於河間，左氏獻於張蒼。**亦有交相涉者，景十三王傳云："**獻王所得書，皆古文先秦舊書，周官、尚書、禮、禮記、孟子、老子之屬。**"明河間亦有書、禮。而書有在魯壁以外者，如王莽傳引逸書嘉禾篇曰："周公奉鬯，立於阼階，延登，贊曰：假王涖政，勤和天下。"律曆志引畢命豐刑曰："惟十有二年六月庚午朏，王命作策豐刑。"**鄭注尚書亦云有册命霍侯之事。**畢命正義引鄭玄云："今其逸篇有册命霍侯之事不同，與此序相應，非也。"江聲云："當云'不與此序相應'，誤多'同'字。抑或'不同'承'册命'言，謂册命事不同。下別言'與此序不相應'，引少一'不'字爾。逸篇是册命霍侯，此序言作册畢公，是不相應也。云'非也'者，既不相應，則逸篇非此篇書矣。"（尚書集注音疏十一）按：此知漢世有畢命篇，劉歆、鄭玄俱見之。鄭但怪其與篇名不合，云"與此序相應非也"者，謂以書文與此序相比對，則不合也，不必謂少一"不"字。**鄭志趙商問曰："案成王周官，立大師、大傅、大保，兹惟三公。"**見周禮大司徒序官"保氏"疏引。**嘉禾畢命周官皆不在逸十六篇中，**見上篇注。**是必河間所得無疑也。論語古文皆孔壁所得，而河間本亦有軼出其外者，**如論衡正説篇曰：論語**"甚多，數十百篇。漢興失亡，至武帝發取孔子壁中古文，得二十一篇，**藝文志云："論語古二十一篇，出孔子壁中。兩子張。"論衡佚文篇："恭王壞孔子宅，聞絃歌之聲，懼復封塗，上言武帝。武帝遣吏發取古經論語。"**齊魯二，**藝文志云：齊二十二篇，多問王、知道。魯二十篇。此云"齊魯二"，疑有誤。**河間九篇，**

三十篇。"是河閒古論語多于壁中九篇也。左氏爲張蒼所獻，而壁中亦有之，如論衡案書篇曰："孝武皇帝時，魯共王壞孔子教授堂以爲宫，得佚春秋三十篇，左氏傳也。"論衡佚文篇亦云："恭王壞宅，得春秋三十篇。"斯皆三家互備之徵。三家，謂魯壁河間張蒼也。史記河閒獻王、魯恭王世家不載獻王得書，恭王壞壁二事。説者因謂漢書爲劉歆僞作，鄉壁虛造以成其僞經之説。又以史記中諸言古文縱跡，莫非劉歆竄入。其説悍矣。然漢武時事，班有而馬無者多矣，不可悉以爲僞。藉令史具其文，又將以爲竄入，此操兩端之説也。夫既處心竄亂，其於得書壞壁，是爲古文命脈，而不置一辭，何邪？此不足證漢書之作僞，而適以明史記之無竄耳。若指其闕者則曰真本，指其具者則曰僞跡，是爲隨情取捨，言無儀法，立朝夕於圜鈎之上，豈有定乎？"後世依以稽古，其學依準明文，不依準家法。成周之制，言應周官經者是，不應周官經者非。覃及穆王以下，六典寑移，書序："吕命穆王訓夏贖刑，作吕刑。"某氏傳曰："吕侯以穆王命作書訓暢夏禹贖刑之法，更從輕以布告天下。"按：國語上起穆王，其制與周官多異，是成周之典至是漸改。或與舊制駁，原注：周禮猶今會典，時有增改。穆王以後，制異周官經者多矣，然其爲周禮一也。言應左氏内、外傳者是，不應左氏内、外傳者非，不悉依漢世師説也。何以言之？傳記有古、今文；今文流別有數家，原注：如春秋二家，詩三家，書三家，禮三家，易七家，漢博士亦未備。○按：百官公卿表：宣帝時博士增員十二人。後漢儒林傳：凡十四博士。一家之中又自爲参錯；原注：如公羊家分胡毋生、董仲舒二師。董氏之徒，又分嚴、顏。何休依胡毋生條例，則不取嚴、顏。嚴與顏亦相攻。張玄爲顏氏博士，諸生以其兼說嚴氏攻之，光武令還署。是其事也。〇按：今文諸師立異相攻，蓋亦利祿使然。廖平今古學考曰：“東漢以後，今學與古學爭。西漢以前，則今學自與今學爭。夫一家之中，何有長短，乃意氣報復，自生荆棘，如轅固、黃生之論湯武，彭祖、安樂之持所見，必於家室之中，別圖門户之建。蓋諸人貪立太常，邀求博士。漢法凡弟子傳先師說，苟其同也，則立其師，倘有同異，則分立弟子，故當時恒思變異以求立。嚴、顏因此得並在學官，大、小夏侯、大、小戴意亦如此，其分門爲利祿也。以此倡導學者，宜乎人思立異，實本一家，而奪席廷爭，務欲取巧，遂致同室操戈。後來古學大盛，今學遂不自攻，而深相結納，以禦外侮，而已有不敵之勢。無事則相攻，有事乃相結，唐棣之詩，何不早誦乎？”**古文準是。**原注：如劉、杜、鄭、賈、馬、鄭，各有異說。**又古文師出今文後者，既染俗說，弗能棄捐，或身自傅會之，違其本真。**原注：如賈逵謂左氏同公羊者什有七八之類。**今文傳記師說，或反與周官、左氏應，古文師說顧異。略此三事，則足以明去就之塗矣。**

言六宗者，劉歆以爲易卦“六子”，堯典：“禋于六宗。”大宗伯疏引禮論：“王莽時劉歆、孔昭以爲易、震、巽六子之卦爲六宗。今舜典正義孔光、劉歆以六宗謂乾坤六子，水火雷風山澤也。”**于典籍無所徵。伏生則曰：“萬物非天不覆，非地不載，非春不生，非夏不長，非秋不收，非冬不藏，禋于六宗，此之謂也。”**見尚書大傳：“禋”作“煙”，注云：“煙，祭也。字當爲‘禋’。”**歐陽、夏侯，則伏生**今文之徒，**其言六宗，則云上不謂天，下不謂地，旁不謂四方，在六者之間，助陰陽變化，**

見**五經異義**。**乃自與伏生異。馬融治古文，六宗則舍劉歆從伏生**，原注：見續漢書祭祀志注引。○按：又見舜典正義。**蓋嘗驗以大宗伯所掌，以玉作六器；以蒼璧禮天，以黃琮禮地，以青圭禮東方，以赤璋禮南方，以白琥禮西方，以玄璜禮北方。**鄭注：此禮天以冬至，謂天皇大帝在北極者也。禮地以夏至，謂神在崑崙者也。禮東方以立春，謂蒼精之帝，而大昊、勾芒食焉。禮南方以立夏，謂赤精之帝，而炎帝、祝融食焉。禮西方以立秋，謂白精之帝，而少昊、蓐收食焉。禮北方以立冬，謂黑精之帝，而顓頊、玄冥食焉。禮神者必象其類：璧圜象天；琮八方象地；圭銳象春物初生；半圭曰璋，象夏物半死；琥猛象秋嚴；半璧曰璜，象冬閉藏，地上無物，唯天半見。"按：鄭以二至四立之祭爲説，殆非也。孫詒讓曰："以玉作六器，以禮天地四方，實即古六宗之遺典，亦即禮經所謂方明。伏馬説六宗與此天地四方略相類，但四時所迎者，即五帝五神，雖未嘗不晐於天地之中，而六宗實非專祀五帝五神也。周無祭六宗之文，而朝覲會同有方明（見覲禮）。漢書律歷志又引伊訓説，伊尹祀先王，誕資有牧方明，蓋商周方明之神即唐虞六宗之遺典。覲禮以方明爲盟神，楚辭九章惜誦説誓事云：'令五帝以折中兮，戒六神與嚮服。'王注以六神爲即六宗。以禮考之，亦即方明之神。彼於六神之外特舉五帝，明方明泛禮衆神，不專屬五帝矣。況五帝有黃帝，而方明不及中央，六天純天神，而方明兼及地示，名殊禮異，不辨可知。又國語越語：'越王誓范蠡封地云：皇天后土四鄉地主正之。'韋注曰：'鄉，方也，四方神主。'蓋誓盟事相因，其神同，皇天后土，即禮天地，四鄉地主，即禮四方，彼此亦可互證。推校禮意，蓋大會同會合羣神以詔盟誓，其神衆多，不可盡設其主位，故爲方明，通舉六方之神合而告禮之。以其神之尊貴言之,則云六宗;以其神之著明言之,則曰方明。其義一也。其禮無所專主,本與二郊四時之特祀及明堂大饗之祭不同,且因事告禮,當有牲幣,而無迎尸獻酬之節,與祭禮隆殺亦迥異,故不謂之祭,而謂之禮。觀禮又有禮日月四瀆山川丘陵之等,亦猶是也。觀禮注云:'六色象其神,六玉以禮之。'又云:'設玉者刻其木而著之。'蓋誓告禮殺,則不可以用常祭之牲玉,故特依方色作此六器,而牲幣亦放而制焉,此其差等之精,不容淆混者也。續漢祭祀志注引司馬彪援此經以説六宗云:'天宗,日月星辰寒暑之屬也;地宗,社稷五祀之屬也;四方之宗者,四時五帝之屬也。'彪雖不以此六玉爲禮方明,然以六宗羣神爲釋,則正協古義,足正鄭誤。"(周禮正義三十三、三十五)按:此疏周禮最爲詳晐。周禮明而尚書明,伏馬雖以四時爲言,即此四方可無疑也。**六宗之祀,逮月令尚有天宗,**禮記月令篇"孟冬之月,天子乃祈來年於天宗",鄭注:"天宗,謂日月星辰。"吕氏春秋孟冬紀高誘注曰:"凡天地四時,皆爲天宗。萬物非天不生,非地不載,非春不動,非夏不長,非秋不成,非冬不藏。書曰'禋於六宗',此之謂也。"按:高説與伏馬同。**知自虞至周不替,**此謂周時雖不名六宗,其遺典固存。**以周明虞,故馬融取伏生也。**以上論六宗之説。伏生與周官相應,故爲馬融所取。**禘者,大祭也。**爾雅釋天:"禘,大祭也。"按:禘爲大祭之通名,而祭天爲最大,故其字從帝,而其義在釋天篇中。此就本始之名言之,諸言審諦昭穆者,皆就轉移之名言之。**春秋外傳數以"禘郊"並舉,**國語周語:"定王曰:禘郊之事,則有全烝。"魯語:"天子日入監九御,使潔奉禘郊之粢盛。"楚語:"禘郊不過繭栗,烝嘗不過把握。"又曰:"天子禘郊之事,必自射其牲,王后必自舂其粢。諸侯宗廟之事,必自射其牛,刲羊擊豕,夫人必自舂其盛。"又曰：“天子親春禘郊之盛，王后親繰其服。”禮運亦云：“魯之郊禘，非禮也。”諸文並以“禘郊”或“郊禘”並舉，又與烝嘗宗廟相對爲文。然則禘之本名專屬圜丘之祭明矣。**則圜丘爲禘，**大司樂：“冬日至，於地上之圜丘奏之，若樂六變，則天神皆降，可得而禮矣。”**故字从帝。**禘從示從帝，本爲會意。白虎通義郊祀篇：“禘之爲言諦也，序昭穆諦父子也。”（據疏證本）説文：“禘，諦祭也。從示帝聲。周禮曰‘五歲一禘’。”許意亦謂審諦昭穆。皆非禘之本義。**宗廟之祭，周官未有言禘祫者。**禘本圜丘之祭，既而地示人鬼之祭，亦得通焉。周頌正義引鄭志云：“禘，大祭，天人共之。”大司樂云：“樂六變則天神皆降，樂八變則地示皆出，樂九變則人鬼可得而禮。”鄭注：“此三者皆禘大祭也。”賈疏：“案爾雅云：‘禘，大祭。’不辨天神人鬼地祇皆有禘稱。祭法禘黄帝之等，皆據祭天於圜丘。大傳云：‘王者禘其祖之所自出。’據夏正郊天，論語禘自既灌，據祭宗廟，是以鄭云三者皆禘大祭也。”據此，明禘爲通名，但周官無明文。**大宗伯：“以肆獻祼享先王，以饋食享先王。”後鄭以爲禘祫，先師無其文。**原注：按今人考定肆獻祼饋食爲廟祭通制，非謂禘祫，此説得之。○按：大宗伯云：“以肆獻祼享先王，以饋食享先王，以祠春享先王，以禴夏享先王，以嘗秋享先王，以烝冬享先王。”鄭注：“宗廟之祭，有此六享，肆獻祼饋食在四時之上，則是祫也，禘也。肆者，進所解牲體，謂薦熟時也。獻，獻醴，謂薦血腥也。祼之言灌，灌以鬱鬯，謂始獻尸求神時也。郊特牲曰：‘魂氣歸於天，形魄歸于地，故祭所以求諸陰陽之義也。殷人先求諸陽，周人先求諸陰。’灌是也，祭必先灌，乃後薦腥薦孰。於祫逆言之者，與下共文，明六享俱然。祫言肆獻祼，禘言饋食者，著有黍稷，互相備也。魯禮、三年喪畢而祫於大祖。明年春，禘於羣廟。自爾以後,率五年而再殷祭,一祫一禘。"吴紱曰:"鄭説非也。肆獻裸者,享先王之隆禮。饋食者,享先王之殺禮。以二者統昌於上,而以四時之祭分承於下。肆獻裸饋食不專一祭,隨所值而當之者也。"江永曰:"此説發前人所未發。禘祫大祭也,皆於四時祭中行之,故司尊彝謂之四時之閒祀。如行於春夏,即以禘祫爲祠禴;行於秋冬,即以禘祫爲嘗烝。非禘祫則行於三祭時以饋孰爲始耳。"(周禮疑義舉要四)孫詒讓曰:"凡禘祫及時祭,皆兼有肆獻裸饋食諸節,故司尊彝説祠禴嘗烝及間祀追享朝享皆有裸彝,明二裸九獻,禮無不備。鄭、賈以肆獻裸分屬禘祫,殆非經義。"(周禮正義三十三)**司尊彝:"凡四時之閒祀追享、朝享。"先鄭以爲禘祫,後鄭又不從。**司尊彝注:"鄭司農云:追享、朝享,謂禘祫也,在四時之間,故曰閒祀。玄謂追享謂追祭遷廟之主,以事有所請禱;朝享謂朝受政於廟。"按:周官無禘祫明文,故後鄭別爲之説,然究以先鄭之説爲確。任啓運曰:"閒祀,不常舉也。追享,大禘也,以追所自出,故曰追享。朝享,大祫也,合於大廟,若大朝然,故曰朝享。"(肆獻裸饋食禮纂)陳壽祺曰:"禘祫大祭,周禮不應舍此而舉他。其文或在時享之上,或在時享之下,不足爲異,當如先鄭之説。"(五經異義疏證)**春秋文二年:"大事於大廟,躋僖公。"公羊傳曰:"大事者何? 大祫也。"昭十五年:"有事於武宮。"左氏傳曰:"禘於武公。"學者相習以大事爲祫,有事爲禘久矣。**學者習於二傳及鄭君之説,多主祫大而禘小,祫合而禘分。鄭説詳詩周頌雝箋禮王制注及所爲魯禮禘祫志(引見禮王制疏,詩閟宮、玄鳥、長發疏)。**然按文二年大事,魯語説之曰:"夏父弗忌爲宗,烝,將躋僖公。宗有司曰:'商周之烝也,未嘗躋湯與文武。'"韋昭曰:"弗忌,魯大夫夏父展之後也。宗,宗伯也。**

此魯文公三年喪畢,祫祭先君於大廟,升羣廟之主,序昭穆之時也。凡祭祀,秋曰嘗,冬曰烝。此八月而言烝,用烝禮也。傳曰:'大事者,祫祭也。毀廟之主,陳於太祖;未毀廟之主,皆升,合食於太祖。躋僖公,逆祀也。逆祀者,先禰而後祖也。'宗有司,宗官司事臣也。"**是則大事爲烝。司勳曰:"凡有功者,祭於大烝。"**夏官司勳云:"凡有功者,銘書於王之大常,祭於大烝,司勳詔之。"鄭注:"死則於烝先王祭之,詔謂告其神以辭也。盤庚告其卿大夫曰:'茲予大享于先王,爾祖其從與享之。'是也。"**大烝故謂之大事,亦謂之嘗禘。祭統曰:"大嘗禘,升歌清廟,下管象。"是也。**祭統云:"昔周公旦有勳勞於天下。周公既没,成王、康王追念周公之所以勳勞者,而欲尊魯,故賜之以重祭。外祭則郊社是也,内祭則大嘗禘是也。夫大嘗禘,升歌清廟,下而管象,朱干玉戚以舞大武,八佾以舞大夏,此天子之樂也。"**左氏傳亦曰:"烝、嘗、禘於廟。"**僖三十三年左傳:"凡君薨,卒哭而祔,祔而作主,烝、嘗、禘於廟。"**烝、嘗本時享,**爾雅釋天:"春祭曰祠,夏祭曰礿,秋祭曰嘗,冬祭曰烝。"**始殺而嘗,閉蟄而烝,事之制也。**桓五年左傳:"凡祀,啓蟄而郊,龍見而雩,始殺而嘗,閉蟄而烝。"杜注:"建酉之月,陰氣始殺,嘉穀始熟,故薦嘗於宗廟。建亥之月,昆蟲閉户,萬物皆成,可薦者衆,故烝祭宗廟。"**會有合祭,則烝、嘗不拘秋冬。春秋書"烝""嘗"爲"時享";書"大事"爲"大烝"、"大嘗";"禘"其通名,傳言"魯有禘樂"是也。**襄十年左傳:"荀偃、士匄曰:魯有禘樂,賓祭用之。"**劉歆、賈逵以爲禘、祫一祭二名,禮無差降。**通典禮九:"禘祫二禮俱是大祭,先賢所釋義各有殊:馬融、王肅皆云禘大祫小;鄭玄注二禮,以祫大禘小；賈逵、劉歆則云一祭二名，禮無差降。"按：魏書禮志引王肅云："禘祫一名也，合而祭之故稱祫，審禘之故稱禘，非兩祭之名。"僖三十三年左傳疏、杜解左傳都不言祫者，以左傳無祫語，則祫、禘正是一義，此與劉、賈説同。**然則"大烝""大嘗"爲別名，"大事"爲共名，"禘"爲通號，"祫"舉其事。**別名、共名見荀子正名篇。禘之名所賅最廣，祫之名謂合食之也。**毛詩傳曰："諸侯夏禘則不礿，秋祫則不嘗。"**魯頌閟宮傳。**禘、祫者，互文相避。**禘、祫同義，錯舉之以避複耳。**諸云"五年而再殷祭"，"三歲一祫，五歲一禘"者，今文、讖記之言，**"五年而再殷祭"，公羊文二年傳文。"三歲一祫，五歲一禘"，禮緯稽命徵文。（見南齊書禮志引）**非周官、左氏所有。劉歆言"大禘則終王"，是也；**漢書韋玄成傳："劉歆以爲禮去事有殺，故春秋外傳曰：日祭，月祀，時享，歲貢，終王。祖禰則日祭，曾高則月祀，二祧則時享，壇墠則歲貢，大禘則終王。"周語韋注云："終謂終世也，朝嗣王，及即位而來見。"**又説"三年一禘"，**五經異義：古春秋左氏説："古者先王日祭於祖考，月薦於高曾，時享及二祧，歲禱於壇，禘及郊宗石室。謹按：叔孫通宗廟有日祭之禮，知古而然也。三歲一祫，此周禮也。五歲一禘，疑先王之禮也。"陳壽祺曰："此文有譌脱。當作：'三歲一祫，五歲一禘，此周禮也。三歲一禘，疑先王之禮也。'古春秋左氏説本於劉歆，以禘爲三年一祭。"（異義疏證）**滯於今文，爲之異説也。**劉歆謂大禘終王，則必一君終世，乃有大禘也，無所謂三年。**春秋獨文二年書"大事"，**襄十六年傳，**晉悼公卒，逾歲，晉人曰："寡君未禘祀。"明烝、嘗、禘專在喪終。"有事於武宮"，"吉禘於莊公"，徒祭一廟，非合**

祭之班。推此，“有事於大廟”，“禘於大廟，用致夫人”，亦不得與大事比。按春秋書時享，有“烝”、“嘗”，無“祠”、“礿”，此則魯從殷禮。夏祭稱“禘”，禮王制：“天子諸侯宗廟之祭，春曰礿，夏曰禘，秋曰嘗，冬曰烝。”鄭注：“此蓋夏殷之祭名。周則改之：春曰祠，夏曰礿，以禘爲殷祭。”凡非“烝”、“嘗”者並得此名。原注：閔二年五月，“吉禘於莊公”。昭十五年二月癸酉，“有事於武宮”。五月，夏三月；二月，夏十二月也。僖八年秋七月，“禘於大廟”。宣八年夏六月辛巳，“有事於大廟”。七月，夏五月。他月皆不當烝嘗之月。宣八年六月，正當殷之禘月，故皆言“有事”言“禘”。“禘於大廟，得致夫人”者，五廟皆禘，則致夫人于莊公廟也。言大廟者，舉尊，明非如吉禘莊公，不及他廟也。昭二十年傳：“將禘於襄公，萬者二人。”此亦特禘一廟，然不知其何月。定八年從祀先公，傳曰“冬十月，順祀先公而祈焉。辛卯，禘于僖公。”上言順祀先公，即舉大事之禮，通言所謂禘者也；下言禘于僖公，此爲特禘一廟，與順祀爲二事。推此可知有事之與大事，必不得同爲殷祭，然大事本在喪終，而此舉於八年者，陽虎所爲，本非常典。二“有事”，二“禘”，皆時享也。禘、祫之言，謿詾爭論既二千年，商頌玄鳥疏引魯禮禘祫志云：“儒家之説禘祫也，通俗不同，學者競傳其聞，是用謿詾爭論，從數百年來矣。”若以禘、祫同爲殷祭，文二年公羊傳解詁曰：“殷，盛也。”祫名大事，禘名有事，是爲禘小於祫，何大祭之云！僖三十三年左傳疏引劉炫云：“正經無祫文，唯禮記、毛詩有祫字耳。釋天文：‘禘，大祭也。’則祭無大於禘者，若祫大於禘，禘焉得稱大乎？”故知周之廟祭有大嘗大烝，有秋嘗冬烝。禘、祫者，大嘗、大烝之異語；大事者，大嘗、大烝之約言；有事、吉禘者，夏殷時享承用於魯之殊號。原注：魯祭周公用白牡，本殷色，則春夏祭用殷名亦宜。○按：白牡説見魯頌閟宮及文十三年公羊傳。知此，則不爲今文、讖記惑也。以上論禘祫之説。古文並無五年再殷及三祫五禘之説。廟主之説，左氏傳：“衛孔悝反祏於西圃。”哀十六年左傳，杜注：“西圃，孔氏廟所在。祏，藏主石函。”説文曰：“祏，宗廟主也。”公羊傳亦曰：“大夫聞君之喪，攝主而往。”昭十五年公羊傳。是古今文皆謂大夫有主。公羊師説則曰：“卿大夫非有士之君，不得祫享昭穆，故無主。大夫束帛依神，士結茅爲菆。”彼見少牢、特牲二禮不明言主，故立説傳之。五經異義公羊説：“卿大夫非有士之君，不得祫享昭穆，故無主。大夫束帛依神，士結茅爲菆。”許慎據春秋左氏傳曰：“衛孔悝反祏於西圃。祏，石主也，言大夫以石爲主。今山陽民俗祠有石主。”鄭駁云：“少牢饋食，大夫祭禮也，束帛依神。特牲饋食，士祭禮也，結茅爲菆。大夫以石爲主，禮無明文。孔悝之反祏，所出公之主爾。”陳壽祺曰：“何休注公羊文二年傳引士虞記云：‘桑主不文，吉主皆刻而謚之’。魏書禮志，清河王懌引饋食設主，見於逸禮。此逸禮言大夫、士有主之明文。郊特牲‘直祭祝於主’，鄭注：‘薦孰時也。如特牲、少牢饋食之爲也。’則鄭亦據大夫士禮以釋之矣。特牲饋食禮曰：‘祝洗酌奠於鉶南，主人再拜稽首，祝在左。’鄭注：‘祝在左，當爲主人釋辭於主也。’則鄭亦以士有主矣。薦孰在迎尸之前，將爲陰厭，神必有所馮依。祝之祝也，主人之拜也，無主則何祝何拜？士虞禮‘明日以其班祔’，無主則何所祔以班昭穆？束帛茅菆得無誕乎？通典載徐邈説，魏書載

<u>清河王懌</u>議，並辨大夫士有主，義證甚明。"**即如是，二禮寧有束帛結茅之文？以此疑主，而反自賊。<u>左氏</u>内、外傳言天子諸侯廟有屏攝，<u>鄭衆</u>曰："攝，攝束茅以爲屏蔽。"**昭十八年<u>左傳</u>"使<u>子寬</u>、<u>子上</u>巡羣屏攝"，<u>正義</u>引<u>鄭衆</u>云云。<u>楚語</u>"屏攝之位"，<u>韋</u>解曰："昭謂屏，屏風也；攝，如今要扇。"**是束茅爲王侯制，又非士禮。公羊師説自違其傳，傳本今文，乃反與古文相應也。**以上論廟主之説，今古所同，而今文師説乃自與傳違。**納妃之禮，<u>左氏</u>説："天子至尊無敵，故無親迎之禮。諸侯有故若疾病，則使上大夫迎，上卿臨之。"公羊説："自天子至庶人皆親迎。"**五經異義："禮戴説：天子親迎。春秋公羊説：自天子至庶人皆親迎。左氏説：天子至尊無敵，故無親迎之禮。諸侯有故若疾病，則使上大夫迎，上卿臨之。<u>許氏</u>謹按：<u>高祖</u>時皇太子納妃，<u>叔孫通</u>制禮，以爲天子無親迎，從<u>左氏</u>義也。<u>鄭</u>駁云：<u>太姒</u>之家在<u>渭</u>之涘，<u>文王</u>親迎於<u>渭</u>，即天子親迎明文也。禮記'冕而親迎。繼先聖之後，以爲天地宗廟社稷之主'，非天子則誰乎？"異義又曰："春秋左氏説：王者至尊，無親迎之禮。<u>祭公</u>迎王后，未至京師而稱后，知天子不行而禮成也。<u>鄭</u>君釋之曰：<u>文王</u>親迎於<u>渭</u>，即天子親迎之明文。天子雖尊，其於后猶夫婦，夫婦判合，禮同一體，所謂無敵，豈施此哉？"**案春秋襄十五年："劉夏逆王后於齊。"左氏傳曰："官師從單靖公逆王后於齊。卿不行，非禮也。"**襄十五年<u>左傳</u>疏："祭法云：官師一廟。<u>鄭玄</u>云：官師，中士下士也。"**單靖公者卿，劉夏者官師，官師從卿逆非禮，明當遣卿往迎，三公臨之。左氏師説與傳應。公羊傳曰："劉夏者何？天子之大夫也。"解詁曰："禮迎王**

后當使三公，故貶去大夫，明非禮。"**何休説與師説不相應。鄭氏據**文王親迎於渭，禮記言繼先聖後，爲天地宗廟社稷主，證天子有親迎禮，又曰："天子雖尊，其於后猶夫婦，所謂無敵，豈施此哉？"文王本在世子位，禮記孔子之言自論魯國，皆非其證。哀公問疏："昏禮親迎，二傳不同，如鄭此言，從公羊義也。又詩説云：文王親迎於渭，紂尚南面，文王猶爲西伯耳。以左氏義爲長，鄭駁未定。"桓八年左傳疏："文王之迎大姒，身爲公子，迎在殷世，未可據此以爲天子禮也。孔子之對哀公，自論魯國之法，魯周公之後，得郊祀上帝，故以先聖天地爲言耳，非説天子禮也。且鄭玄注禮，自以先聖爲周公，及駁異議，則以爲天子二三其德，自無定矣。"**若以夫婦敵體爲詞者，孫卿固云天子無妻，告人無匹也。**原注：君子篇。**孫卿者，亦左氏後師，**左傳疏引別録及釋文敍録並云：左丘明作傳，以授曾申，申傳衛人吳起，起傳其子期，期傳楚人繹椒，椒傳趙人虞卿，卿傳荀卿名況，況傳武威（史記作"陽武"）張蒼，蒼傳洛陽賈誼。**足以塞鄭氏之難。然何休本治公羊，今其言合左氏，不與公羊先師之説相容，斯鄭氏所不達也。**以上論納妃之禮，以古文説爲長。今文後師説與古文合。**嬪御之數，**天官序官注曰："嬪，婦也。御猶進也，侍也。"**天官序官有九嬪，世婦、女御不言數。**世婦注云："不言數者，君子不苟於色，有婦德者充之，無則闕。"**周語曰："內官不過九御，外官不過九品。"**韋解："九御，九嬪也。九品，九卿。周禮：'內有九室，九嬪居之；外有九室，九卿朝焉。'"**魯語曰："天子日入監九御使絜奉粢盛，而後即安。"王度記曰："天子一娶九女。"**原注：白虎通嫁娶篇引。○按：

白虎通云："天子諸侯一娶九女者何？重國廣繼嗣也。適九者何？法地有九州，承天之施，無所不生也。一娶九女，亦足以承君之施也。九而無子，百亦無益也。"**公羊家貢禹亦云："宮女不過九人，秣馬不過八匹。"**漢書貢禹傳："元帝初即位，徵禹爲諫大夫。是時年歲不登，禹奏言古者宮室有制，宮女不過九人，秣馬不過八匹。"儒林傳：董生爲江都相，弟子遂之者蘭陵褚大、東平、嬴公。嬴公授魯眭孟。始貢禹事嬴公，成於眭孟。**此今文師説，**後漢書郎顗傳，顗條便宜七事，其四曰："臣竊見皇子未立，儲宮無主。禮天子一娶九女，嫡媵畢至。"又劉瑜傳："古者天子一娶九女，娣姪有序。河圖授嗣，正在九房。"按：顗習京氏易，瑜明圖讖，亦皆今文家。**與古文應者也。昏義曰："天子立三夫人，九嬪，二十七世婦，八十一御妻。"此今文家自相錯。周禮本古文，而後鄭反引昏義爲證，**引見序官"九嬪"下。**猶不如淳于髡、貢禹之合也。**以上論嬪御之數。今文師説與古文合。言淳于髡者，禮記雜記下正義："按別録王度記云，似齊宣王時淳于髡等所説也。"**封域之數，大司徒言"諸公五百里，諸侯四百里，諸伯三百里，諸子二百里，諸男百里"。**大司徒："凡建邦國，以土圭土其地而制其域。諸公之地，封疆方五百里，其食者半。諸侯之地，封疆四百里，其食者參之一。諸伯之地，封疆方三百里，其食者參之一。諸子之地，封疆方二百里，其食者四之一。諸男之地，封疆方百里，其食者四之一。"鄭司農曰："其食者半，公食租税得其半耳。其半皆附庸小國也，屬天子，參之一者亦然。故魯頌曰：'錫之山川，土地附庸，奄有龜蒙，遂荒大東，至於海邦。'論語曰：'季氏將伐顓臾，孔子曰：先王以爲東蒙主，且在邦域之中，是社稷之臣。'此非七十里所能容。然則方五百里，四百里合於魯頌、論語之言。諸男食者四之一，適方五百里，獨此與今**五經家說合耳**。"**王制本孟子說**，言"**公、侯皆方百里，伯七十里，子、男五十里**"。王制鄭注曰："此地殷所因夏爵三等之制也。殷有鬼侯、梅伯。春秋變周之文，從殷之質，合伯子男以爲一。則殷爵三等者，公侯伯也，異畿内謂之子。武王初定天下，更立五等之爵，增以子男，而猶因殷之地，以九州之地尚狹也。周公攝政致太平，斥大九州之界，制禮成武王之意，封王者之後爲公，及有功之諸侯。大者地方五百里，其次侯四百里，其次伯三百里，其次子二百里，其次男百里。所因殷之諸侯，亦以功黜陟之。其不合者，皆益之地爲百里焉。是以周世有爵尊而國小，爵卑而國大者。"又曰："春秋傳云：禹會諸侯於塗山，執玉帛者萬國。言執玉帛，則是唯謂中國耳。中國而言萬國，則是諸侯之地，有方百里，有方七十里，有方五十里者。禹承堯舜而然矣。要服之内，地方七千里，乃能容之。夏末既衰，夷狄内侵，諸侯相並，土地滅，國數少。殷湯承之，更制中國方三千里之界，亦分爲九州，而建此千七百七十三國焉。周公復唐虞之舊域，分其五服爲九。其要服之内，亦方七千里。而因殷諸侯之數，廣其土，增其爵耳。孝經說曰：千八百諸侯，布列五千里内，此文改周之法，關盛衰之中，三七之間以爲說也。"**然左氏亦言"天子之地一圻，諸侯一同"**。襄二十五年左傳：鄭子產獻捷于晉，晉人曰："何故侵小？"對曰："先王之命，唯罪所在，各致其辟。且昔天子之地一圻，列國一同，自是以衰。今大國多數圻矣，若無侵小，何以至焉？"杜注："圻方千里，同方百里。"**諸侯者斥晉**，兩"諸侯"並當作"列國"。**則是侯方百里也。要以周初封制自異夏殷，而夏殷舊封亦不改。**夏氏既衰，夷狄内侵，殷湯承之，終不能復禹之迹。章氏文錄封建考曰："自桀奔南巢，周世有巢伯來朝事，比於九州之外世一見者。然則淮水以南，殷不能臣也。周自后稷封邰，公劉遷豳，大王遷岐，周地縣亘已數百里，不以殷法宰制。及文王受命，建號稱王，不僑於吳楚之僭。此則岐山以西，殷亦不能臣也。"案：此說殷世疆域迫陝，理證甚明。地陝故封制亦陝矣。周公相武王，誅紂踐奄，滅國者五十，兼夷秋，驅猛獸，而百姓寧。（見孟于）鄭君所謂斥大九州之界是也。地廣故封制亦廣矣。職方氏云："凡邦國千里，封公以方五百里，則四公；方四百里，則六侯；方三百里，則七伯；方二百里，則二十五子；方百里，則百男。"鄭注："是每事言則者，設法也。設法者，以待有功而大其封。"賈疏云："必知不即封，而言設法以待有功者，以其稱公者惟有二王後，及東西大伯。今八州皆言方千里，封公則四公，八州豈有三十二公乎？明知五者皆是設法以待有功，乃大其封也。若無功，縱本是公爵，惟守百里地，謂若虞公、虢公舊是殷之公，至周仍守百里國，以無功故也。"據此，明周變殷制，設法以待有功，其有殷之舊封，無功則無所增地，仍其舊爵而已。**其葭莩支屬**，漢書景十三王傳："今羣臣非有葭莩之親，鴻毛之重。"師古曰："葭，蘆也。莩者，其筩中白皮至薄者也。葭莩喻薄，鴻毛喻輕薄甚也。"**無功於王室，雖受地爲列侯，猶從夏殷**；支屬無功者雖受爵爲侯，猶從百里之封也。**功最多者，魯七百里**，禮記明堂位曰："成王以周公爲有勳勞於天下，是以封周公於曲阜，地方七百里。"**衛兼殷畿千里，三分其號，又過上公之等**。漢書地理志曰："河內本殷之舊都，周既滅殷，分其畿內爲三國。詩風邶、庸、衛國是也。鄭君詩譜曰：邶、鄘、衛者，商紂畿內方千里之地，其封域在禹貢冀州大行之東，北踰衡、漳，東及兗州、桑土之野。自紂城而北謂之邶，南謂之鄘，東謂之衛。成王既黜殷命，殺武庚，復伐三監，更於此三國建諸侯，以殷餘民封康叔於衛，使爲之長，後世子孫，稍並彼二國，混而名之。"**此皆斟酌損益之制，非正法也。左氏記子產語，本以斥晉唐叔非魯衛之儕，素封小國，**江永曰："子產對晉之辭與孟子、王制合，與周禮違，當觀其所以立言之意。此因晉人責其侵小，而晉人自有兼數圻之失，故子產不欲舉大國虛寬大數，而惟舉一同之制，以顯兼數圻之多。使晉人因其言反詰之，若曰鄭之先豈能七十里之制乎？則鄭亦豈能無瑕。而晉人不敢以是反詰者，兼數圻之瑕大也。子產亦知其不敢詰也，故爲是言。然則孟子亦因當時列侯地大過制，故舍虛寬之數不言，而惟舉百里七十里五十里之制，其言有所爲也。王制則述孟子者也。不然，孟子生近齊魯，豈真不知齊魯始封尚有餘地，而云儉於百里哉。"（周禮疑義舉要二）江說於義亦通。所云虛寬大數者，謂周禮封域之數並計附庸及諸山川藪澤斥鹵不食之地，故曰虛寬也。要之，子產、孟子之言皆有爲而發，非成周經制。此云斥唐叔本小國，尤得其理也。**其後曲沃武公亦以一軍爲晉侯，**莊十六年左傳："王使虢公命曲沃伯以一軍爲晉侯。"杜注："曲沃武公遂並晉國，僖王因就命爲晉侯，小國故一軍。"**則如小國百里制。王制以爲正法，則謬也。**以上論封域之數，王制不合周禮，本非正法。**君臣之等，左氏記晉侯召王曰："以臣召君，不可以訓。"**僖二十八年左傳："是會也，晉侯召王，以諸侯見，且使王狩。仲尼曰：'以臣召君，不可以訓。故書曰"天王狩於河陽"，言非其地也。'"**又記天王出居於鄭曰："天子無出。"**僖二十四年左傳："天子無出。書曰'天王出居於鄭'，辟母弟之難也。"**故師說以爲諸侯天子藩衛純臣，公羊**

師說諸侯不純臣，鄭氏以稱賓敵主人駮左氏。五經異義："公羊說：諸侯不純臣。左氏說：諸侯者，天子藩衛純臣。許慎謹按：禮王者所不純臣者，謂彼人爲臣，皆非已德所及。易曰利建侯，侯者，王所親建，純臣也。鄭氏駮云：玄之聞也，賓者，敵主人之稱，而禮諸侯見天子，稱之曰賓，不純臣諸侯之明文矣。"陳壽祺曰："白虎通曰：王者不純臣諸侯何？尊重之，以其列土，子孫世世稱君，南面而治，朝則迎之於著，覲則待之於阼階，升降自西階，爲庭燎，設九賓，享禮而後歸，是異於衆臣也。以異義證之，則白虎通用公羊說也。"**然孫卿固曰："天子，四海之内無客禮，告無適也。**原注：適即敵字。**詩曰：'普天之下，莫非王土。率土之濱，莫非王臣。'"**原注：君子篇。**夫内入諸侯亦稱賓，外出而天子猶無所敵，以是見純臣之義。傳曰："宋於周爲客。"**僖二十四年左傳："宋成公如楚。還，入於鄭。鄭伯將享之，問禮於皇武子。對曰：'宋，先代之後也，於周爲客，天子有事，膰焉；有喪，拜焉。'"**純客者獨有杞、宋，**杞，夏後；宋，商後。二王之後，於周爲純客也。白虎通義王者不臣篇曰："不臣二王之後者，尊先王；通天下之三統也。詩曰'有客有客，亦白其馬'，謂微子朝周也。尚書'虞賓在位'，謂丹朱也。"孝經鈎命決曰："不臣二王之後，謂觀其法度，故尊其子孫也。"**諸侯則暫。凡稱賓者，鄉大夫尚賓興其民，**見地官大司徒及鄉大夫職。**當其飲射則爲賓。就如鄭言，六鄉之民於鄉大夫亦不爲純民邪？且夫天子無出，春秋三家所同。**左氏義見上文。僖二十四年"天王出居於鄭"，公羊傳曰："王者無外，此其言出何？不能乎母也。"穀梁傳曰："天子無出，出失天下也。"**宰周公會諸侯，何休以爲職大尊重，**

當與天子參聽萬機，而下爲諸侯所會，惡不勝任。僖九年公羊傳解詁。**天子嫁女于諸侯，公羊亦云"必使同姓諸侯主之"。**莊元年傳文。解詁曰："不自爲主者，尊卑不敵。其行婚姻之禮，則傷君臣之義；行君臣之禮，則廢婚姻之好。故必使同姓有血脈之屬，宜爲父道，與所適敵禮者主之。"**夫婚姻之禮，甥舅之好，猶不相爲賓主。**白虎通義嫁娶篇："王者嫁女，必使同姓主之何？昏禮貴和，不可相答，爲傷君臣之義，亦欲使女不以天子尊乘諸侯也。"陳立曰："案此命諸侯主昏，謂天子嫁女於侯伯下也。若嫁于二王之後，則不必同姓主昏。知者，莊四年公羊注：'禮天子諸侯絕期，天子唯女之適二王後者恩得伸。'又禮記檀弓：'齊穀王姬之喪，魯莊公爲之大功。或曰：由魯嫁，故爲之服姊妹之服。'然則由諸侯嫁者，則諸侯爲所主之女服姊妹之服，天子不服可知。今天子爲嫁於二王後者服，知其不必就諸侯主之，亦若諸侯嫁女於諸侯之例矣。"（白虎通疏證十）按：陳説足補傳所未及，自非先代之後爲純客者則不相爲賓主也。**北面之宰，南面之侯，猶不相從會盟。**杜氏春秋釋例曰："未有臣而盟君。臣而盟君，是子可盟父，故春秋王世子以下會諸侯者，皆同會而不同盟。洮之盟，王室有子帶之難，襄王懼不得立，告難於齊，遣王人與諸侯盟。故傳釋之曰'謀王室'，以明王室敕其來盟，非諸侯所敢與也。踐土之盟，王子虎臨會諸侯，而不與同歃，故經唯列諸侯，而傳具載其實，此實聖賢之垂意，以爲將來之永法也。一年之間，諸侯輯睦，翼戴天子。而翟泉之盟，子虎在列。君子以爲非天子之命，虧上下常節，故不存魯侯而人子虎，示篤戒也。"**此皆與左氏應，而公羊師説者非其本也。**以上論君臣之等，公羊師説違其本義。

若夫法制變更，穆王以下漸與成周異矣。周之刑二千五百，秋官司刑："掌五刑之灋，以麗萬民之罪。墨罪五百，劓罪五百，宫罪五百，刖罪五百，殺罪五百。"鄭注："周改臏作刖。書傳曰：決關梁，踰城郭，而略盜者，其刑臏；男女不以義交者，其刑宫；觸易君命，革輿服制度，姦軌盜攘傷人者，其刑劓；非事而事之，出入不以道義，而誦不詳之辭者，其刑墨；降畔寇賊，劫略奪攘撟虔者，其刑死。此二千五百罪之目略也，其刑書則亡。夏刑大辟二百，臏辟三百，宫辟五百，劓墨各千。周則變焉，所謂刑罰世輕世重者也。"賈疏："夏刑三千，墨劓俱千。至周減輕刑入重刑，俱五百。是夏刑輕，周刑重。"**吕刑用夏則三千，其法蓋輕於成周。**吕刑云："墨罰之屬千，劓罰之屬千，剕罰之屬五百，宫罰之屬三百，大辟之罰其屬二百，五刑之屬三千。"江聲曰："周禮五刑屬各五百，合二千五百。此三千者，罪之條目，秝時輒曾也。然墨劓倍于其初，宫與大辟皆減焉。以是差之，玆爲輕矣。此穆王詳刑之意也。"**春秋書晉殺三郤二趙，**成十七年："晉殺其大夫郤錡、郤犨、郤至。"成八年："晉殺其大夫趙同、趙括。"**各從其主，不以滅家書其氏，則是秋官屋誅之法已廢也。**以上刑法之變。秋官司烜氏"邦若屋誅，則爲明竁焉"，鄭司農云："屋誅，謂夷三族，無親屬收葬者，故爲葬之也。三夫爲屋，一家田爲一夫，以此知三家也。"後鄭讀屋爲"其刑剭"之"剭"，此所不從。**覲禮："天子不下堂而見諸侯。"夷王下堂，則覲禮遂絶。**禮記郊特牲云："覲禮，天子不下堂而見諸侯。下堂而見諸侯，天子之失禮也，由夷王以下。"鄭注："夷王，周康王之玄孫之子也。時微弱，不敢自尊於諸侯。"疏云："案覲禮，天子負斧依南面，侯氏執玉入，是不下堂見諸侯也。

若春朝夏宗，則以客禮待諸侯，以車出迎。熊氏云：春夏受三饗之時，乃有迎法，義或然也，故齊僕云：各以其等爲車迎之節。注云謂王乘車迎賓客及送相去遠近之數是也。”**傳言王覲者，徒空名。**隱四年左氏傳：“州吁未能和其民，厚問定君於石子，石子曰：‘王覲爲可。’”疏云：“於王處行覲禮。”**晉侯朝王出入三覲者，**見僖二十八年左氏傳，杜注：“出入，猶去來也。”**亦猶通語，是故春秋僖二十八年冬、夏皆書“公朝於王所”。夏五月者，爲夏正三月，本朝時；**春官大宗伯：“春見曰朝，夏見曰宗，秋見曰覲，冬見曰遇。”五經異義：“公羊説：諸侯四時見天子及相聘皆曰朝，以朝時行禮。卒而相逢於路曰遇。古周禮説：春曰朝，夏曰宗，秋曰覲，冬曰遇。”**冬爲夏正之秋，不言覲，明是時已無覲也。**以上覲禮之廢。**典命卿與大夫異爵。**典命云：“王之卿六命，大夫四命；公之卿三命，大夫再命；侯伯亦如之；子男之卿再命，大夫一命。”**東周以降，卿大夫雖殊號，既爲一科，其本爲大夫者，或通言“佐”。左氏傳曰：“惟卿爲大夫。”**襄十七年左氏傳：“齊晏桓子卒，晏嬰麤縗斬，苴絰帶，杖菅屨，食鬻居倚廬，寢苫枕草，其老曰：‘非大夫之禮也。’曰：‘唯卿爲大夫。’”**又曰：“晉有趙孟以爲大夫，有伯瑕以爲佐。”**襄三十年左氏傳：“於是魯使者在晉，歸以語諸大夫。季武子曰：‘晉未可喻也，有趙孟以爲大夫，有伯瑕以爲佐。’”**春秋是以書“殺其大夫”，未有書“殺其卿”者也。**杜氏春秋釋例曰：“諸侯大國之卿，皆必有命，固無所疑，其總名亦曰大夫也。故經傳卿大夫之文相涉，晉殺三卿，而經書大夫；邢邱之會，傳稱大夫，亦皆卿也。蜀之盟，齊國之大夫；溴梁之盟，小邾之大夫。此不命一命之大夫，故不書也。”**典命：**

"上公九命，侯、伯七命，子、男五命。"典命注云："上公謂王之三公有德者，加命爲二伯。二王之後，亦爲上公。"大宗伯："五命賜則，七命賜國。"大宗伯注："鄭司農云：則者，法也，出爲子男。玄謂：則，地未成國之名，王之下大夫四命，出封加一等，五命。賜之以方百里二百里之地者，方三百里以上爲成國。王莽時以二十五成爲則，方五十里，合今俗説子男之地，獨劉子駿等識古有此制焉。"亦有異。東周制度浸變，春秋釋例曰："公侯伯子男及其卿大夫命數，周官具有等差，當春秋時，漸已變改。是以仲尼、丘明據時之宜，仍其行事，從而然之，不復與周官同。而先儒考合周官、禮記，各致異端。今詳推經傳，國之大小皆據當時土地人民，不復依爵，故書齊楚之卿，而略於滕、薛也。"故左氏傳曰："在禮，卿不會公、侯，會伯、子、男可也。"僖二十九年傳。又曰："鄭伯，男也。"昭十三年杜注："言鄭國在甸服外，爵列伯子男，不應出公侯之貢。"正義曰："鄭伯男也，舊有多説。鄭衆、服虔云：鄭伯爵在男服也。周禮男服在三，距王城千五百里，鄭去京師，不容此數。賈逵云：男當作南，謂南面之君也。子產爭國小賦重，輒言鄭伯爲南面之君，復所何益，南面君者，豈貢得輕乎？鄭志云：男謂子男也，周之舊俗，雖爲侯伯，皆食子男之地。鄭之此言，不知所出。鄭食子男之地，不知復在何時。武公既遷東鄭，並十邑爲國，不得食子男之地，若西鄭之時食子男之地，則今爲大國，自當貢重。子產不得遠言上世國小，以距今之貢重。晉之朝士焉肯受屈，而自日中以爭至於昏乎？原此諸説，悉皆不通。周語云：鄭伯男也，王而卑之，是不尊貴也。王肅注此與彼，皆云鄭伯爵而連男言之，猶言曰公侯，足句辭也。杜用王説，言鄭國在甸服之外，其爵列於伯子男，言己爵卑國小，不應出公侯之貢也。今使從公侯之貢，懼弗給也。

諸侯地有五等,命有三等,伯居五等之中,與侯同受七命,據地小大,分爲三等,則侯同於公,伯同子男。僖九年在喪之例云,公侯曰子,言不及伯,是不得同於侯也。僖二十九年大夫會國君之例云:在禮卿不會公侯,會伯子男可也。是伯國下同子男也。子産自言其君爵卑,下引子男爲例,故云鄭伯男也。"則七命之侯上擬公,七命之伯下儕男。公羊傳亦曰:"春秋伯、子、男一也。"此猶有所聞於舊史。董仲舒、何休之倫橫言:春秋改周之文從殷之質,合伯、子、男爲一。文家爵五等,法五行;質家爵三等,法三光。春秋繁露三代改制質文篇:"樂制宜商('樂制'當作'制爵'),合伯子男爲一等。"又云:"春秋曰:伯子男一也。辭無所貶,何以爲一? 曰:周爵五等,春秋三等。春秋何三等? 曰:王者以制一商一夏,一質一文,商質者主天,夏文者主地,春秋者主人,故三等也。"桓十一年公羊傳:"春秋伯子男一也,辭無所貶。"何氏解詁曰:"春秋改周之文,從殷之質,合伯子男爲一,一辭無所貶,皆從子。又曰:王者起所以必改質文者,爲承衰亂救人之失也。天道本下,親親而質省;地道敬上,尊尊而文煩。故王者始起,先本天道以治天下,質而親親。及其衰敝,其失也,親親而不尊。故后王起,法地道以治天下,文而尊尊。及其衰敝,其失也,尊尊而不親,故復反之於質也。質家爵三等者,法天之有三光也;文家爵五等者,法地之有五行也。"疏云:"注質家爵三等,法天之有三光也以下,皆春秋説也。"王制鄭注曰:"春秋變周之文,從殷之質,合伯子男以爲一,則殷爵三等者,公侯伯也。異畿内謂之子。"疏云:"何休之意合伯子男爲一,皆從稱子也。鄭康成此注之意,合伯子男以爲一,皆稱伯也。與何休不同。"按:董、何、鄭三説大同小異,皆今春秋説。不知五等本成周正法,其後有異,乃東周變制也。

何其鄙也！ 此謂今文説傅會天地，令王制夷於巫言，故斥以爲鄙陋耳。**典命："公之孤四命，以皮帛眡小國之君。"** 典命注云："視小國之君者，列於卿大夫之位，而禮如子男也。"**東周猶有孤，晉侯請於王，以黻冕命士會將中軍，且爲太傅是也。** 原注：黻冕即周官之希冕。○按：見宣十六年左氏傳，杜注云："黻冕，命卿之服。大傅，孤卿。"疏云："周禮司服：孤之服自希冕而下。此士會黻冕，當是希冕也。天子大傅，三公之官也；諸侯大傅，孤卿之官也。周禮典命云：公之孤四命。鄭衆云：九命上公，得置孤卿一人。春秋時晉爲霸主，侯亦置孤卿。文六年有大傅陽子，大師賈佗，則晉常置二孤。"**雖然，卿亦上隆，故左氏傳載叔孫婼之言曰："列國之卿，當小國之君，固周制也。"** 原注：按傳叔孫婼但受三命，未四命也。○以上爵命之易。按：叔孫婼之言，見昭二十三年傳；但受三命，見昭十二年傳。**職方氏大行人皆説："九州之内，方七千里。"東周四夷交侵，地稍迫削。管子言："立六千里之侯，則大人從。"** 原注：幼官篇。**謂齊桓爲侯伯，而所制者六千里，明蠻服已棄在九州外。是故荆、揚邊裔吳、楚諸國，初見春秋，則從夷狄書之也。** 以上疆域之削。從夷狄書之者，謂春秋吳、楚諸國俱書子也。曲禮曰："其在東夷、北狄、西戎、南蠻，雖大曰子。"文録封建考曰："周以七千里爲九州，内齊要服而止，夷鎮藩時去時來者也。九服相距爲萬里。其後削弱，徒有衛服以内。故並據二面者，管子幼官言齊桓立爲六千里之侯。偏據一面者，吕氏慎勢言冠帶之國舟車所通，不用象譯狄鞮，方三千里。後轉削弱，國風不采幽、並、荆、揚四州。故孫武曰：帝王處四海之内，居五千里之中。此皆據衰世爲説。而漢世五經家以五千里爲成周舊法,不合大司馬職方氏所言。尋書序康王既尸天子,朝者惟有侯甸男邦采衛,不蔇要服,已不逮周公世。及穆王特申職方之典,著在周書,故諸書皆頌成康。而管子獨稱昭穆,云世法文武,遠績以成名,蓋自昭后南征,求白雉以溺漢水,至穆王乃卒成父志,經略最遠。復周官職方之典者,惟穆王耳。前世夏商之間,中夏徒有五千里,五五二十五,七七四十九,則五千處七千之半,故說者曰陽一君而二民,君子之道也;陰二君而一民,小人之道也。成周爲君子,夏商爲小人。”又曰:“或言古疆域視今迫陿,陸梁諸郡,自秦始皇始兼之。漢猶棄珠崖、儋耳,使鱗介不易冠裳。張掖四郡,又故爲匈奴地。明古九州非如漢十三部也。應之曰:東周以後,四夷交侵,豫州息壤,猶有陸渾之戎,其遠者不率王略則宜。成周時固不然,且殷地雖蹙,孤竹、朝鮮猶隸於王,故夷齊不爲貉人,箕子得遠走以稱君長,況周公兼夷狄以後乎?周之既削,瓜州猶屬秦晉,惠公得誘其種人以入。瓜州者,漢敦煌郡。明四郡本隸中國,蓋始爲月氏得,終入匈奴,非匈奴固有其地也。春秋傳說肅慎爲周北土,即今滿洲、國語道成王岐陽之會,楚與鮮卑守燎,鮮卑又出滿洲西北,則今西北利亞,明東北所通至遠也。獨南方無明文,而越固周室所封,漢閩粵王無諸,猶句踐後,明越地遠及閩。秦始皇命尉佗略定揚粵,揚粵者,揚州之粵,明儋耳等九郡自周時揚州分也。”又曰:“周時九州之冪,當今二千五十八萬里。必以古小今大爲稽者,殷氏之域促于禹貢,三國之地陿於兩漢,宋齊之略迫于全晉,宋明之迹局於隋唐。一盛一衰,自古已然。何有聖明經略,河神授圖,而金版不完,短於後嗣者乎?”**天官、春官所載,婦人本與賓客事,**天官內宰職云:“正后之服位,而詔其禮樂之儀,贊九嬪之禮事,凡賓客之祼獻瑤爵皆贊。”九嬪職云:“若有賓客則從后。"春官世婦職云:"詔王后之禮事,大客賓之饗食亦如之。"諸文並是婦人與賓客之事。**自陽侯殺蓼侯,竊其夫人,故大饗廢夫人之禮。**禮記坊記:"子云:禮,非祭男女不交爵,以此坊民。陽侯猶殺繆侯而竊其夫人,故大饗廢夫人之禮。"淮南氾論篇:"陽侯殺蓼侯而竊其夫人。"繆與蓼同。**自是以後,君母出門則乘輜軿,下堂則從傅姆,進退則鳴玉佩,內飾則結綢繆。**原注:漢書張敞傳語,此左氏師說。〇按:漢書注師古曰:"輜軿,衣車也。綢繆,組紐之屬,所以自結固也。"張敞治左氏春秋,見儒林傳。**故春秋"夫人姜氏享齊侯於祝丘",**莊四年經,杜注曰:"兩君相見之禮,非夫人所用。直書以見失。"**左氏從"會禚書姦"之例,**莊二年傳:"冬,夫人姜氏會齊侯於禚,書姦也。"按:左氏於此發傳,故四年祝丘之享無文,從可知也。**穀梁且言饗甚於會。**穀梁傳云:"婦人既嫁不踰竟,踰竟非正也。婦人不言會,言會非正也,饗甚矣。"又**"公與夫人姜氏如齊",左氏亦言:"女有家,男有室,無相瀆也。"**以上饗禮之革。桓十八年左氏傳:"十八年春,公將有行,遂與姜氏如齊。申繻曰:'女有家,男有室,無相瀆也。謂之有禮。'"**有參會舊令新令者,大行人:"諸侯之邦交,歲相問也,殷相聘也,世相朝也。"**大行人鄭注:"小聘曰問。殷,中也。久無事,又於殷朝者及而相聘也。父死子立曰世。凡君即位,大國朝焉,小國聘焉。此皆所以習禮考義,正刑一德,以尊天子也。必擇有道之國而就修之。鄭司農說殷聘以春秋傳曰:孟僖子如齊殷聘,禮也。"按:禮記聘義云:"故天子制諸侯,比年小聘,三年大聘。"鄭注云:"比年小聘,所謂歲相問也。三年大聘,所謂殷相聘也。"鄭說禮記與此同。**春秋文十一年"曹伯來朝",**

左氏傳曰：“**即位而來見也。**”此即世朝之明文。大行人賈疏云：“己是小國，己往朝大國。”襄元年傳：“邾子來朝，禮也。”邾小國，故君自來朝。“**衛子叔、晉知武子來聘，禮也。**衛、晉大國，故使卿來聘。**凡諸侯即位，小國朝之，大國聘焉。**”鄭注大行人云：“凡君即位，大國朝焉，小國聘焉。”按：鄭與傳異者：鄭據即位之君朝聘他國言，故言大朝小聘；傳據他國來朝聘即位之君言，故云小朝大聘。立文不同，其義一也。**昭九年傳曰：“孟僖子如齊殷聘，禮也。**”此即殷聘之明文。大行人賈疏引服虔注云：“殷，中也。自襄二十年叔老聘於齊，至今積二十一年聘齊，故中復盛聘，與此中年數不相當。引之者（鄭司農説殷聘引傳），年雖差遠，用禮則同，故引爲證也。”按：服虔説與司農同。至杜注訓殷爲盛，此所不用。**此即如大行人制。**左傳所載世朝殷聘之禮與大行人合，是成周舊令猶存於春秋也。**又曰：“明王之制，歲聘以志業，**昭十三年左傳杜注：“志，職也，歲聘以修其職業。”**間朝以講禮，**杜注：“三年而一朝，正班爵之義，率長幼之序。”**再朝而會以示威，**杜注：“六年而一會，以訓上下之則制財用之節。”**再會而盟以顯昭明，**杜注：“十二年而一盟，所以昭信義也。凡八聘四朝再會，王一巡守，盟於方嶽之下。”**自古未之或失。**”**此則十二年之間，八聘、四朝、再會、一盟，穆王以後則然。**五經異義：“左氏説：十二年之間，八聘、四朝、再會、一盟。”左傳正義曰：“計此十二年間，凡八聘、四朝、再會、一盟，方嶽之下也。此上聘朝會，雖以爲諸侯於天子之禮，然諸侯相朝亦當然也。故云志業於好，講禮於等，示威於衆。其昭明於神，雖天子於諸侯之禮，然王官之伯及霸主，亦得與諸侯爲盟。故晉爲盟主，以此告齊，令齊受

盟也。必知此朝聘文兼諸侯者，以<u>釋例</u>引明王之制八聘、四朝，云
<u>文</u>、<u>襄</u>之制，因而簡之，三歲而聘，五歲而朝，以諸侯爲文，明歲聘間
朝，兼諸侯相朝也。知盟年朝會俱行者，以傳云再朝而會云云，故
知盟年朝會不廢也。"又云："歲聘以志業，不言再聘以行朝，故知朝
年不行聘禮，但以朝聘君臣不等，盟會敵禮相當，故朝年不行聘，盟
年得有朝會。知有盟者，傳云同盟至故也。"按：此聘朝會盟，文兼
天子諸侯，疏説甚明，與周官<u>大行人</u>制不合，由<u>大行人</u>歲問殷聘世
朝之制，變爲十二年之間而八聘、四朝，再會、一盟，蓋<u>穆王</u>以後之
新令也，每歲有聘，惟朝年不行聘禮，故十二年除去四朝而八聘也。

<u>文</u>、<u>襄</u>之霸，又定朝牧伯法，傳言"三歲而聘，五歲而朝"，
<u>昭三年</u><u>左傳</u>："昔<u>文</u>、<u>襄</u>之霸也，其務不煩諸侯，令諸侯三歲而聘，五
歲而朝，有事而會，不協而盟。"<u>杜注</u>："明王之制，歲聘間朝，今簡
之。"<u>正義</u>："此説諸侯朝聘霸主大國之法也。"**故<u>曹伯</u>首尾五年
朝<u>魯</u>，傳曰："禮也。<u>文</u>十一年，十五年，並數之共五年。諸侯
五年再相朝，以修王命，古之制也。"**<u>文</u>十五年<u>正義</u>曰："傳言
古之制，以<u>文</u>、<u>襄</u>已改故也。"按：<u>章氏</u>不從<u>正義</u>，謂五歲而朝，據朝
年並數之，凡五年也。五年再相朝，據首尾數之，是再朝也。所謂
古制，即是<u>文</u>、<u>襄</u>之命。**<u>穆王</u>雖近，於<u>春秋</u>爲古。**<u>昭十三年</u>傳，
見上文。**<u>文</u>、<u>襄</u>之命而言古制，猶曰故事云爾。**以上<u>春秋</u>時
制，參會新舊之法。**有制似鄰類其實異者，**鄰類二字雙聲一意。
<u>吕氏春秋</u><u>安死</u>篇："詩曰：'不敢暴虎，不敢馮河。人知其一，不知其
他。'此言不知鄰類也。"**<u>左氏傳</u>曰："官有世功則有官族。"**<u>隱</u>
八年<u>左氏傳</u>。**周官以氏命職者衆矣。**地官有三氏，春官四氏，
夏官十四氏，秋官二十三氏，<u>考工記</u>十一氏，以氏命職者計有五十

五官。**庶官得世，而執政不得世。左氏述晏子之言，知齊其爲陳氏；叔向言晉事，則曰"政在家門"，**昭三年左氏傳："齊侯使晏嬰請繼室于晉，晏子受禮，叔向從之宴，相與語。叔向曰：'齊其何如？'晏子曰：'此季世也，吾弗知齊其爲陳氏矣。'叔向曰：'然。雖吾公室，今亦季世也。民聞公命，如逃寇讎，欒、郤、胥、原、狐、續、慶、伯降在皁隸，政在家門，民無所依。公室之卑，其何日之有。'"尋晏子之言，則謂齊不當世授陳氏；詳叔向之語，則謂晉不當政在家門。故俱致其歎傷，以爲季世。然則諸侯舊法執政必不世授明也。**而春秋書"趙鞅叛"；**孔子書此，所以明執政世位之禍也。定十三年春秋："晉趙鞅入於晉陽以叛。"釋例曰："古之大夫，或錫之田邑，或分之都城。故有千室之邑，百乘之家。君之祿義則進，否則奉身以退。若專祿以周旋，雖無危國害主之事，皆書曰叛。叛者，反背之辭也。"**史墨論魯君失國，季氏世政，則曰"慎器與名，不可以假人"。**昭三十二年左氏傳："趙簡子問於史墨曰：'季氏出其君而民服焉，諸侯與之。君死於外，而莫之或罪也。'對曰：'天生季氏，以貳魯侯，爲日久矣。民之服焉，不亦宜乎？政在季氏，於此君也四公矣，民不知君，何以得國。是以爲君慎器與名，不可以假人。'"按：史墨之言如此，可見春秋譏世卿之意。假令法當世及，雖欲慎之無由，史墨何得空爲此言乎？證以吳起、張敞之語，則古制愈明矣。**此明執政不得世授。後師吳起對元年之問曰："執民柄者，不在一族。"**原注：見說苑建本篇。○按：說苑云："魏武侯問元年於吳子。吳子對曰：'言國君必慎始也。慎始奈何？曰正元。正元奈何？曰明智，智不明何以見正，多聞而擇焉，所以明智也。是故古者君始聽治，大夫而一言，士而一見，庶人有謁必達，公族請問必語，四方至者勿距，可謂不壅蔽矣。分祿必及，用刑必中，君心必仁，思民之利，除民之害，可謂不失民衆矣。君身必正，近臣必選，大夫不兼官，執民柄者，不在一族，可謂不權勢矣。此皆春秋之意，而元年之本也。’”云“後師”者，左傳正義卷一引劉向別錄云：“左丘明授曾申，申授吳起，起授其子期（經典釋文序錄同）。”是起爲後師，明所説則左氏古義也。**後師張敞説之曰：“公子季友有功於魯，趙衰有功於晉，大夫田完有功於齊，皆疇其庸，延及子孫。終後田氏篡齊，趙氏分晉，季氏顓魯。故仲尼作春秋，迹盛衰，譏世卿最甚，由此也。”**見張敞傳。疇者，宣帝紀“疇其爵邑”，張晏注：“律非始封十減二。疇者，等也，言不復減也。”又按：劉逢禄云：“張敞説春秋譏世卿最甚，本公羊義。”（春秋左傳考證）章氏駁曰：“張子高説正見左氏舊學，兼二家之長而去其短，蓋左氏微等書先有此説也。又子高説世卿指魯季氏、晉趙氏、齊田氏，非尹氏、崔氏也。異義引左氏説，世禄不世位，蓋本此。昭三十二年傳，史墨論季氏逐昭公事曰：‘是以爲君慎器與名，不可以假人。’傳有明文，何與公羊事。”（春秋左傳讀敍錄）**然叔向復悲欒、郤、胥、原、狐、續、慶、伯降在草隸，**見上。**明大臣皆得以食邑傳世。後師吳起教楚悼王，使封君之子孫三世而收爵禄。**原注：見韓非和氏篇。**三世當收，即二世有禄可知。異義引左氏師説：“卿大夫得世禄，不得世位。父爲大夫，死，子得食其故采。”**五經異義：“卿得世不？公羊穀梁説：卿大夫世則權並一姓，妨塞賢路，事（當作‘專’）政犯君，故經譏周尹氏，齊崔氏也。左氏説：卿大夫得世禄，不得世位。父爲大夫死，子得食其故采。而有賢才，則復升父位，故曰官有世功，則有官族。謹按：易爻位三爲三公，二爲卿大夫,曰'食舊德'(陳壽祺云:'曰'上當脱'訟六三'三字),食舊德,謂食父故禄也。尚書:'古我先王暨乃祖乃父,胥及逸勤。予不敢動用非罰,世選爾勞,予不絶爾善。'論語曰:'興滅國,繼絶世。'國謂諸侯,世謂卿大夫。詩云'凡周之士,不顯亦世。'孟子曰:'文王之治岐也,仕者世禄。'知周制世禄也。"由此也。以上春秋時制相似而異之例。**此皆依據明文,不純以師説爲正。褒貶之事,或有新意,**杜氏春秋序曰:"其發凡以爲例,皆經國之常制。周公之垂法,史書之舊章,仲尼從而修之,以成一經之通體(疏云:此一段説舊發例也)。其微顯闡幽,裁成義類者,皆據舊例而發義,指行事以正褒貶(疏云:此下説新意也)。諸稱書、不書、先書、故書、不言、不稱、書曰之類,皆所以起新舊,發大義,謂之變例(疏云:諸傳所稱書、不書之類,皆所以起新舊之例,令人知發凡是舊,七者是新,發明經之大義,謂之變例,以凡是正例,故謂此爲變例)。然亦有史所不書,即以爲義者。此蓋春秋新意,故傳不言凡,曲而暢之也(疏云:此説因舊爲新也)。"**猶在其外。左氏有五十凡例,**見上。**傳所旐表,**説文:"旐,旗曲柄也,所以旐表士衆。"按:旐所以表,故旐表連文,猶旌表也。**以詒後昆。**釋言:"昆,後也。"晉語"延及寡君之紹續昆裔",韋解:"昆,後也。"**漢師猶依違二家,橫爲穿鑿,斯所以待杜預之正也。**原注:杜所述典禮訓詁多不逮漢師,其簡二傳,去異端,則識在漢師上。**若乃行事之詳不以傳聞變,故訓之異不以一師成,**此説古學之所長也。劉歆傳曰:"歆以爲左丘明好惡與聖人同,親見夫子。而公羊、穀梁在七十子後。傳聞之與親見之,其詳略不同。"桓譚亦言左氏經之與傳猶衣之表裏,相持而成。經而無傳,使聖人閉門思之,十年不能知也。（御覽六百十引新論）後漢陳元亦謂丘明至賢，親受孔子，而公羊、穀梁傳聞於後世。今論者沈溺所習，翫守舊聞，固執虛言傳受之辭，以非親見實事之道。所謂小辯破言，小言破道者也。（陳元傳）此則舊法世傳，布在方策，其必不得惑於口耳之間，虛言失實者矣。又其學既以明文爲準，而師說錯迕，則無妨駁而正之。信而有徵，公而不黨，斯古學之所以取貴也。**忽其事狀，是口說而非傳記**，劉歆移讓太常博士書：「信口說而背傳記，是末師而非往古。」**則雖鼓篋之儒，載筆之史，猶冥冥也**。此說惑於傳聞者也。禮記學記篇「入學鼓篋」，鄭云：「鼓篋，擊鼓警衆，乃發篋出所治經業也。」曲禮篇「史載筆」，鄭云：「筆謂書具之屬。」**違其本志，則守達詁而不知變。高子以小弁爲小人之詩，孟仲子以"不已"爲"不似"，先師之訓，可悉從邪？** 此說拘於師說者也。春秋繁露精華篇：「詩無達詁。」達詁猶通訓也（說苑奉使篇：傳曰詩無通故）。拘於師說者，但守常訓，而不知違其本志也。孟子告子篇：「高子曰：『小弁，小人之詩也。』孟子曰：『何以言之？』曰：『怨。』曰：『固哉高叟之爲詩也。』」周頌維天之命篇傳云：「孟仲子曰：大哉天命之無極，而美周之禮也。」正義曰：「譜云：子思論詩，於穆不已，仲子曰：於穆不似。此傳雖引仲子之言，而文無不似之義，蓋取其所說，而不從其讀。」按：高子、孟仲子俱傳詩之先師。趙岐注孟子云：「高子齊人，嘗學於孟子。」釋文引徐整云：「子夏授高行子。」毛詩序云：「絲衣，繹賓尸也。高子曰：靈星之尸也。」高子即高行子，學於子夏，又學於孟子，則其齒長可知，故稱以爲叟。陸璣草木蟲魚疏云：「子夏授曾申，申授李克，克授孟仲子，二人俱傳詩，而孟子、毛公不從其訓，苟違其本，則理在必爭，乃善學也。」**要之，糅雜古今文者，不悟明文與師說異**；師說與明文異，則當質以明文，無取師説，如漢師之依違於今文即不知此。**拘牽漢學者，不知魏晉諸師猶有刊剟異言之績。**今文讖記之學至魏晉而絀。隋書經籍志云："魏代王肅推引古學，王弼、杜預從而明之，自是古學稍立也。"**故曰："知德者鮮。"**論語衛靈公篇："子曰：'由，知德者鮮矣。'"按：孟子言君子深造之以道，欲其自得之也，自得之謂德。乃若惑於傳聞而失其真，拘於成説而不能騁，可謂不自得矣。故曰"知德者鮮"。**豈虛語哉！世有君子，引而伸之，觸類而長之，洋洋浩浩，具存乎斯文矣。**此言己作此篇，開發頭角，陳之藝極。學者由是盡心，觸類引伸，則高明光大，無窮之業，於是乎在。趙岐孟子篇敍曰："蓋所以佐明六藝之文義，崇宣先聖之指務，王制拂邪之隱栝，立德立言之程式也。洋洋浩浩，具存乎斯文矣。"此用趙氏語。

國故論衡疏證中之五

論　式

　　編竹以爲簡，有行列觚理，故曰侖。侖者，思也。大雅曰："於論鼓鐘。" 文學總略篇曰："論者，古但作侖。比竹成册，各就次第，是之謂侖。簫亦比竹爲之，故侖字從侖。引申則樂音有秩亦曰侖，'於論鼓鐘' 是也；言説有序亦曰侖，'坐而論道' 是也。"**論官有司士之格，** 禮記王制曰"凡官民材，必先論之"，鄭注："論謂考其德行道藝。"周禮夏官司士："掌羣臣之版，以治其政令。歲登下其損益之數，辨其年歲與其貴賤，周知邦國都家縣鄙之數，卿大夫士庶子之數。以詔王治，以德詔爵，以功詔禄，以能詔事，以久奠食。"**論囚有理官之法，** 後漢書陳寵傳"季秋論囚"。章懷注："論，決也。"禮記月令曰"命理瞻傷"，鄭注："理，治獄官也。有虞氏曰士，夏曰大理，周曰大司寇。"**莫不比方。** 墨子明鬼下篇："百獸貞蟲，允及飛鳥，莫不比方。"莊子田子方篇："日出於東方，而入於西極，萬物莫不比方。"**其在文辭，論語而下，莊周有齊物，** 原注：齊物論，舊讀皆謂齊物之論，物兼萬物、物色、事物三義。王介甫始謂齊彼物論，蓋欲以七篇題號相對，不可與道古。〇按：文心雕龍論説篇："昔仲尼微言，門人追記，故仰其經目，稱爲論語。蓋羣論立名，始於茲矣。"又曰："莊周齊物，以論爲名。"是舊讀皆以齊物連文（劉淵林注魏都賦、劉琨答盧諶書並可證），原注王介甫之語未詳。介甫作杜嬰挽詩云"接物工齊物",則仍從舊讀。"介甫"字疑當作"伯厚",語見困學紀聞。又凡篇中所引成文,其習見者不載,可省略者省略之,不可省略,則具載焉。下皆準此。**公孫龍有堅白、白馬,**公孫龍子有堅白論、白馬論。**孫卿有禮、樂,**荀子有禮論、樂論。**呂氏有開春以下六篇。**呂氏春秋有開春、慎行、貴直、不苟、似順、士容六論。**前世著論在諸子,未有率爾持辯者也。九流之言,擬儀以成變化者,皆論之儕。**易繫辭上:"擬之而後言,議之而後動,擬議以成其變化。"釋文云:"陸、姚、桓玄、荀柔之'議之'作'儀之'。"**別錄署禮記亦有通論,**見明解故上篇。**不專以題名爲質。**廣雅釋詁:"質,主也。"又云:"質,定也。"**其辭精微簡練,本之名家,與縱橫異軌。由漢以降,賈誼有過秦,在儒家;東方朔設非有先生之論,**朔書二十篇,則於雜家著錄;並見漢志。**及王褒爲四子講德,始別爲辭人矣。晚周之論,内發膏肓,**成十年左氏傳:"居肓之上,膏之下。"說文云:"肓,心下鬲上也。"後漢書鄭玄傳:"任城何休著公羊墨守、左氏膏肓、穀梁廢疾。玄乃發墨守鍼膏肓起廢疾。"**外見文采,**老子云:"服文采。"**其語不可增損。漢世之論,自賈誼已繁穰,其次漸與辭賦同流,千言之論,略其意不過百名。揚子爲法言稍有裁制,以規論語,然儒術已勿能擬孟子、孫卿,**馬氏經籍考,晁氏曰:"雄之學自得者少,其言務擬聖人,靳靳然如影之守形,既鮮所發明,又往往違其本指,正古人所謂畫者謹毛而失貌者也。"程子曰:"揚子無自得者也,故其言漫衍而不斷,優柔而不決。"**而復忿疾名法。或問:"公孫龍詭辭數萬以爲法,法與?"曰:"斷木爲棋,挽革爲**

鞙,捖與刮通。周禮考工記"刮摩之工五",鄭注:"故書'刮'作'捖'。"亦皆有法焉。不合乎君子之道者,君子不法也。"原注:吾子篇。或曰:"刑名非道邪,何自然也?"曰:"何必刑名,圍棋擊劍,反目眩形,亦皆自然也。由其大者作正道,由其小者作姦道。"原注:問道篇。今以揚子所云云者,上擬龍、非,謂公孫龍韓非。則跛鼈之與騏驥也。荀子修身篇:"故頤步而不休,跛鼈千里。"又曰:"彼人之才性之相縣,豈若跛鼈之與六驥足哉。"漢世獨有石渠議奏,文質相稱,語無旁溢,猶可爲論宗。文心雕龍論説篇:"至石渠論藝,白虎通講聚("通"字疑衍)述聖言通經("經"下疑奪一字),論家之正體也。"餘見原經篇。沈欽韓漢書疏證曰:石渠禮議唐時尚存,引見通典禮三十三、三十七、四十一、四十三、四十九、五十、五十二、五十六、五十九、六十三各卷中。詩既醉疏、禮王制疏亦引石渠論。後漢諸子漸興,訖魏初幾百種。見隋書經籍志。然其深達理要者,辨事不過論衡,議政不過昌言,方人不過人物志,此三家差可以攀晚周。論語憲問篇集解孔曰:"方人,比方人也。"檢論學變篇曰:"華言積而不足以昭事理,故王充始變其術曰:夫筆著者,欲其易曉而難爲,不貴難知而易造;口論務解分而可聽,不務深迂而難睹也。作爲論衡,趣以正虛妄,審鄉背,懷疑之論,分析百端,有所發摘,不避上聖。漢得一人焉,足以振恥,至於今亦尟有能逮者也。然善爲鋒芒摧陷,而無樞要足以持守,惟内心之不光頻,故言辯而無繼。東京之末,刑賞無章也,儒不可任,而發憤者變以法家。王符之爲潛夫論也,仲長統之造昌言也,崔寔之述政論也,皆辯章功實,而深疾浮淫靡靡,又惡夫以寬緩之政,治衰弊之俗。**昌言**最恢廣，上視**揚雄**諸家，牽制儒術，奢闊無施，而三子闊遠矣。名法之教，任賢考功，期於九列皆得其人，人有其第，官有其位，故**劉劭人物志**、**姚信士緯**作焉。"**其餘雖嫻雅，悉腐談也。自新語、法言、申鑒、中論**，隋志"儒家"：新語二卷，陸賈撰。揚子法言十五卷，揚雄撰。申鑒五卷，荀悅撰。中論六卷，徐幹撰。**為辭不同，皆以庸言為故，**吕氏春秋本生篇"以全天為故"，高誘注云："故，事也。"**豈夫可與酬酢，可與右神者乎？**此言新語以下諸家皆持論平平，雅而不核，不足與窮物理，贊神化也。易繫辭上曰："是故可與酬酢，可與祐神矣。"韓康伯曰："可以應對萬物之求，助成神化之功也。酬酢，猶應對也。"正義曰："言易道如此，若萬物有所求，為此易道，可與應答也。祐，助也，易道弘大，可與助成神化之功也。"**當魏之末世，晉之盛德，**易繫辭下曰："易之興也，其當殷之末世，周之盛德邪？"**鍾會、袁準、傅玄皆有家言，**隋志"雜家"有芻蕘論五卷，鍾會撰。傅子百二十卷，傅玄撰。"儒家"有袁子正論十九卷，袁準撰。家言，謂一家之言也。荀子大略篇："此家言邪學之所以惡儒者也。"**時時見他書援引，視荀悅、徐幹則勝。此其故何也？老莊刑名之學逮魏復作，故其言不牽章句，單篇持論，亦優漢世。然則王弼易例、**經典釋文敍錄云："弼字輔嗣，山陽高平人，魏尚書郎，年二十四卒。注易上、下經六卷，作易略例一卷。"按：易略例坿見相臺本易經，唐邢璹註。謂其可以經天緯地，探測鬼神。經義考引沈珩曰："輔嗣明卦、明爻諸篇，舉義明徹，不特掃象占之溺，亦出漢經師訓詁之上。"**魯勝墨序、**晉書隱逸傳：魯勝字叔時，代郡人，為著作郎，遷建康令，稱疾去官。其著述為世所稱，遭亂遺失，惟注墨辯存。其敍曰："名者，所以別同異，明是非，道義之門，政化之準繩也。孔子曰：必也正名，名不正則事不成。墨子著書，作辯經以立名本。惠施、公孫龍祖述其學，以正刑（刑與形通）名顯於世。孟子非墨子，其辯言正辭則與墨同。荀卿、莊周等皆非毀名家，而不能易其論也。名必有形，察形莫如別色，故有堅白之辯。名必有分明，分明莫如有無，故有無序之辯。是有不是，可有不可，是名兩可；同而有異，異而有同，是之謂辯同異。至同無不同，至異無不異，是謂辯同辯異。同異生是非，是非生吉凶，取辯於一物，而原極天下之汙隆，名之至也。自鄧析至秦時名家者，世有篇籍，率頗難知，後學莫復傳習，於今五百餘歲，遂亡絕。墨辯有上、下經，經各有說，凡四篇，與其書衆篇連第，故獨存。今引說就經，各附其章，疑者闕之，又采諸家雜集爲刑名二篇，略解指歸，以俟君子。其或興微繼絕者，亦有樂乎此也。"**裴頠崇有**，晉書：裴頠，字逸民，司空裴秀少子，官至尚書左僕射。頠深患時俗放蕩，不尊儒術。何晏、阮籍素有高名於世，口談浮虛，不遵禮法。至王衍之徒，聲譽太盛，不以物務自嬰，風教陵遲。乃著崇有之論以釋其蔽。其略曰："夫利欲可損，而未可絕有也；事務可節，而未可全無也。蓋有飾爲高談之具者，深列有形之累，盛陳空無之美。形器之累有徵，空無之義難檢；辯巧之文可悅，似象之言足惑。衆聽眩焉，溺其成說，雖頗有異此心者，辭不獲濟，屈于所言。因謂虛無之理，誠不可蓋，一唱百和，往而不反。遂薄綜世之務，賤功利之用，高浮游之業，卑經實之賢。人情所徇，名利從之。於是文者衍其辭，訥者贊其旨。立言藉於虛無，謂之玄妙；處官不親所職，謂之雅遠；奉身散其廉操，謂之曠達。故砥礪之風，彌以陵遲。放者因斯或悖吉凶之禮，忽容止之表，瀆長幼之序，混貴賤之級。甚者至於裸裎襃慢，無所不至，士行又虧矣。

夫萬物之有形者，雖生於無，然生以有爲已分，則無是有之所遺者也。故養既化之有，非無用之所能全也，治既有之衆，非無爲之所能修也。心非事也，而制事必由於心，然不可謂心爲無也。匠非器也，而制器必須於匠，然不可謂匠非有也。是以欲收重淵之鱗，非偃息之所能獲也；隰高埤之禽，非静拱之所能捷也。由此而觀，濟有者皆有也，虚無奚益于已有之羣生哉？”（文具本傳，此依通鑑省略。）**性與天道，布在文章，**論語公治長篇，子貢曰：“夫子之文章可得而聞也，夫子之言性與天道不可得而聞也。”**賈、董卑卑，**史記老莊申韓列傳贊曰：“申子卑卑。”**於是謝不敏焉。經術已不行於王路，**漢末經術極盛。既而天下三分，頻年喪亂，觀魚豢魏略謂正始中詔議圜丘，而應書與議者略無幾人。（詳王肅傳注）則經學之沈隕久矣。**喪祭尚在，冠昏朝覲猶弗能替舊常，故議禮之文亦獨至。陳壽、賀循、孫毓、范宣、范汪、蔡謨、徐野人、雷次宗者，**壽字承祚，官著作郎。循字彥先，官太常。毓字休朗，官長沙太守。宣字宣子，徵士。汪字玄平，官東陽太守。謨字道明、官司空。徐廣，字野民，避唐諱改“人”，官祕書監。次宗，字仲倫，宋處士。以上諸人議禮之文多見杜氏通典及晉、宋書。**蓋二戴、聞人所不能上。**戴德、戴聖、聞人通漢並見原經篇。**施于政事，張裴晉律之序，**張裴，通典刑二、通考刑三並引作張斐；隋志、唐志並作張裴。御覽刑法部同晉書刑法志，曰：武帝泰始三年，賈充等修律令畢，帝親自臨講，使裴楷執讀。四年正月，大赦天下，乃班新律。其後明法據張裴又注律表上之。其要曰：“律始於刑名者，所以定罪制也；終於諸侯者，所以畢其政也。王政布於上，諸侯奉於下，禮樂撫於中，故有三才之義焉。其相須而成，若一體焉。刑名所以經略罪法之輕重，正加減之等差，明發衆篇之多義，補其章條之不足，較舉上下綱領。其犯盜賊詐偽請賕者，則求罪於此。作役、水火、畜養、守備之細事，皆求之作本名。告訊爲之心舌，捕繫爲之手足，斷獄爲之定罪，名例齊其法（依通典補）制。自始及終，往而不窮，變動無異，周流四極，上下無方，不離於法律之中也。其知而犯之謂之故，意不以爲然謂之失（‘不’字依通典補），違忠欺上謂之謾，背信藏巧謂之詐，虧禮廢節謂之不敬，兩訟相趣謂之鬭，兩和相害謂之戲，無變斬（通典作‘相’）擊謂之賊，不意誤犯謂之過失（通典無‘失’字），逆節絕理謂之不道，陵上僭貴謂之惡逆，將害未發謂之戕，倡首先言謂之造意，二人對議謂之謀，制衆建計謂之率，不和謂之强，攻惡謂之略，三人謂之羣，取非其物謂之盜，貨財之利謂之贓。凡二十者，律義之較名也。夫律者，當慎其變，審其理。若不承用詔書，無故失之，刑當從贖。謀反之同伍，實不知情，當從刑。此故失之變也。卑與尊鬭皆爲賊。鬭之加兵刃水火中，不得爲戲，戲之重也。向人室盧道徑射，不得爲過，失之禁也。都城人衆中走馬殺人爲賊，賊之似也。過失似賊，戲似鬭，鬭而殺傷傍人又似誤，盜傷縛守似强，盜呵人取財似受賕，囚辭所連似告劾諸勿聽理似故縱，持質似恐猲（通典作‘喝’）。如此之比，皆爲無常之格也。五刑不簡，正于五罰。五罰不服，正于五過。意善功惡，以金贖之。故律制生罪不過十四等，死刑不過三，徒加不過六，囚加不過五，累作不過十一歲，累笞不過千二百，刑等不過一歲，金等不過四兩，月贖不計日，日作不拘月，歲數不疑閏。不以加至死，並死不復加。不可累者，故有並數。不可並數，乃累其加。以加論者但得其加，與加同者連得其本。不在次者，不以通論。以人得罪與人同，以法得罪與法同。侵生害死，不可齊其防。親疏公私,不可常其教。禮樂崇於上,故降其刑;刑法閑於下,故全其法。是故尊卑敍,仁義明,九族親,王道平也。律有事狀相似而罪名相涉者,若加威勢下手取財爲强盜,不自知亡爲縛守,將中有惡言爲恐猲(通典作'喝'),不以罪名呵爲呵人,以罪名呵爲受賕(通典作'贓'),劫名(通典作'召')其財爲持質。此八者,以威勢得財而名殊者也。即不求自與爲受求所監,求而後取爲盜賊(通典作'贓'),輸入呵受爲留難,斂人財物積藏於官爲擅賦,加毆擊之爲戮辱。諸如此類,皆爲以威勢得財而罪相似者也。夫刑者司理之官,理者求情之械,情者心神之使。心感則情動於中而形於言,暢於四支,發於事業,是故奸人心愧而面赤,内怖而色奪。論罪者務本其心,審其情,精其事,近取諸身,遠取諸物,然後乃可以正刑。仰手似乞,俯手似奪,捧手似謝,擬手似訴,拱臂似自首,攘臂似格鬭,矜莊似威,怡悦似福。喜怒憂懽(通典作'懼'),貌在聲色;奸貞猛弱,候在視息。出口有言當爲告,下手有禁當爲賊。喜子殺怒子當爲戲,怒子殺喜子當爲賊。諸如此類,自非至精不能極其理也。律之名例,非正文而分明也。若八十非殺傷人他皆勿論,即誣告謀反者反坐;十歲不得告言人,即奴婢捍主,主得謁(通典作'喝')殺之;賊燔人盧舍積聚,盜賊贓五匹以上棄市,即燔官府積聚盜亦當與同;毆人教令者與同罪,即令人毆其父母,不可與行者同得重也。若得遺物强取强乞之類,無還贓法,隨例界之。文法律中諸不敬違儀失式,及犯罪爲公爲私,贓入身不入身,皆隨事輕重取法,以例求其名也。夫理者精玄之妙,不可以一方行也;律者幽理之奧,不可以一體守也。或計過以配罪,或化略不循常,或隨事以盡情,或趣舍以從時,或推重以立防,或引輕而就下。公私廢避之宜,除削重輕之變,皆所以監時觀釁。使用法執銓者,幽於未制之中,采其根牙之微,致之於機格之上，稱輕重於毫銖，考輩類於參伍，然後乃可以理直刑正。夫奉聖典者，若操刀執繩，刀妄加則傷物，繩妄彈則侵直，梟首者惡之長，斬刑者罪之大，棄市者死之下，髡作者行之威，贖罰者誤之誠。王者立此五刑，所以寶君子而逼小人。故爲敕慎之經，皆擬周易，有變通之體焉。欲令提綱而大道清，舉略而王法齊，其旨遠，其辭文，其言曲而中，其事肆而隱。通天下之志，唯忠也；斷天下之疑，唯文也；切天下之情，唯遠也；彌天下之務，唯大也；變無常體，唯理也。非天下之賢聖，孰能與於斯？夫形而上者謂之道，形而下者謂之器，化而裁之謂之格。刑殺者，是冬震曜之象；髡罪者，似秋彫落之變；贖失者，是春陽悔吝之疵也。五刑成章，輒相依準，法律之義焉。"**裴秀地域之圖**，晉書裴秀傳：秀字季彦，河東聞喜人，官至司空。以禹貢山川地名從來久遠，多有變易，後此說者或彊牽引，漸以暗昧。於是甄摘舊文，作禹貢地域圖。其序曰："圖書之設，由來尚矣。自古立象垂制而賴其用，三代置其官，國史掌厥職。既漢屠咸陽，丞相蕭何盡收秦之圖籍。今秘書既無古之地圖，又無蕭何所得，惟有漢氏輿地及括地諸雜圖，各不設分率，又不考準望，亦不備載名山大川，雖麤形皆不精審，不可依據，或荒外迂誕之言，不合事實，於義無取。大晉龍興，混一六合，以清宇宙，始於庸蜀，窛入其阻。文皇帝乃命有司撰訪吳蜀地圖。蜀土既定，六軍所經，地域遠近，山川險易，征路迂直，校驗圖記，罔或有差。今上考禹貢山海川流，原隰陂澤，古之九州，及今之十六州郡國縣邑，疆界鄉陬，及古國盟會舊名、水陸徑路，爲地圖十八篇。制圖之體有六焉：一曰分率，所以辨廣輪之路也；二曰準望，所以正彼此之體也；三曰道里，所以定所由之數也；四曰高下，五曰方邪，六曰迂直，此三者各因地而制宜，所以校夷險之異也。有圖象而無分率，則無以審遠近之差；有分率而無準望，雖得之於一隅，必失之於他方；有準望而無道里，則施之於山海隔絕之地，不能以相通；有道里而無高下方邪迂直之校，則徑路之數必與遠近之實相違，失準望之正矣。故以此六者參而考之，然遠近之實定於分率，彼此之實定於道里，度數之實定於高下方邪迂直之筭。故雖有峻山鉅海之隔，絕域殊方之迥，登降詭曲之因，皆可得舉而定者。準望之法既正，則曲直遠近，無以隱其形也。"**其辭往往陵轢二漢。由其法守，朝信道矣，工信度矣，**孟子離婁篇："上無道揆也，下無法守也，朝不信道，工不信度。"**及齊梁猶有繼迹者，而嚴整差弗逮。夫持論之難，不在出入風議，**小雅北山云"或出入風議"，箋云："風猶放也。"**臧否人羣，**大雅抑云"未知臧否"。世說德行篇："晉文王稱阮嗣宗至慎，未嘗臧否人物。"**獨持理議禮爲劇。**後漢書曹世叔妻傳"不辭劇易"，註："劇猶難也。"**出入風議，臧否人羣，文士所優爲也。持理議禮，非擅其學莫能至。自唐以降，綴文者在彼不在此。觀其流勢，洋洋纚纚，**韓非子難言篇："言順比滑澤，洋洋纚纚，然則見以爲華而不實。"**即實不過數語。又其持論不本名家，外方陷敵，內則亦以自債，**禮記大學篇注云："債猶覆敗也。"**惟劉秩、沈既濟、杜佑，**唐書：秩字祚卿，知幾子也，官至閬州刺史，著政典。既濟，蘇州吳人，楊炎執政，薦既濟有良史才，召拜左拾遺，史館修撰。佑字君卿，京兆萬年人，德宗宰相。先是劉秩摭百家，倣周六官法，爲政典三十五篇，房琯稱才過劉向。佑以爲未盡，因廣其闕，參益新禮爲二百篇，自號通典。奏之，優詔嘉美，儒者服其書約而詳。**差無盈辭。**後漢書班彪傳："故其書刊落不盡，尚有盈辭。"**持理者，獨劉、柳論天**

爲勝,柳宗元天説略曰:"韓愈謂柳子曰:今人有疾痛、倦辱、饑寒甚者,因仰而呼天曰:殘民者昌,佑民者殃! 又仰面呼天曰:何爲使至此極戾也? 若是者,舉不能知天。夫果蓏既壞,蟲生之;血氣敗逆爲癰痔,蟲生之;木朽而蝎中,草腐而螢飛,是豈不以壞而後出耶? 物壞,蟲由之生;元氣陰陽之壞,人由而生。蟲之生而物益壞。其有能去之者,有功於物者也;繁而息之者,物之讎也。吾意有能殘斯人便日薄歲削,禍元氣陰陽者滋少,是則有功於天地者也;蕃而息之者,天地之讎也。今人不能知天,故爲是呼且怨也。吾意天聞其呼且怨,則有功者受賞必大矣,其禍焉者受罰必大矣。柳子曰:子誠有激而爲是耶? 彼天地元氣陰陽雖大,無異果蓏癰痔草木也。假而有能去其攻穴者,是物也,其能有報乎? 蕃而息之者,其能有怒乎? 天地,大果蓏也;元氣,大癰痔也;陰陽,大草木也,其烏能賞功而罰禍乎? 子而信子之仁義以游其內,生而死爾,烏置存亡得喪於果蓏、癰痔、草木耶?"劉禹錫天論曰:"世之言天者二道焉。拘於昭昭者曰:天與人實影響。泥於冥冥者曰:天與人實相異。余之友柳子厚作天説、蓋有激而云,非所以盡天人之際。故余作天論,以極其辯云:大凡入形器者,皆有能有不能。天,有形之大者也。人,動物之尤者也。天之能,人固不能也;人之能,天亦有所不能也。故余曰:天與人交相勝爾。其説曰:天之道在生植,其用在強弱;人之道在法制,其用在是非。人之能勝乎天者,法也。法大行,則是爲公是,非爲公非。天下之人,蹈道必賞,違善必罰,故其人曰:天何預乃事耶? 法小弛則是非駁,賞不必盡善,罰不必盡惡。故其人曰:彼宜然而信然,理也。彼不當然而固然,豈理耶? 天也。法大弛則是非易位,賞恒在佞而罰恒在直,義不足以制其彊,刑不足以勝其非,人之能勝天之實盡喪矣。夫實己喪而名徒存,彼昧者方挈挈然提無實之名,欲抗乎言天者,斯數窮矣。故曰天之所能者,生萬物也;人之所能者,治萬物也。天恒執其所能以臨乎下,非有預乎治亂云爾;人恒執其所能以仰乎天,非有預乎寒暑云爾。生乎治者人道明,咸知其所自,故德與怨不歸乎天;生乎亂者人道昧不可知,故由人者舉歸乎天,非天預乎人爾。"又曰:"夫旅者羣適乎莽蒼,求休乎茂木,飲乎水泉,必疆有力者先焉,斯非天勝乎?羣次乎邑郛,求陰於華榱,飽於餼牢,必聖且賢者先焉,斯非人勝乎?苟道乎虞芮,雖莽蒼猶郛邑然;苟由乎匡宋,雖郛邑猶莽蒼然。是一日之途,天與人交相勝矣。吾固曰:是非存焉,雖在野,人理勝也;是非亡焉,雖在邦,天理勝也。然則天非務勝乎人者也。何哉?人不宰則歸乎天也。人誠務勝乎天者也。何哉?天無私,故人可務乎勝也。或者曰:若是,則天之不相預乎人也信矣。古之人曷引天爲?答曰:若知操舟乎?夫舟行乎瀟淄伊洛者,疾徐存乎人,次舍存乎人。風之怒號,不能鼓爲濤也;流之沂洄,不能峭爲魁也。適有迅而安,亦人也;適有覆而膠,亦人也。舟中之人,未嘗有言天者,何哉?理明故也。彼行乎江、河、淮、海者,疾徐不可得而知也,次舍不可得而必也。鳴條之風可以沃日,車蓋之雲可以見怪。恬然濟,亦天也;黯然沉,亦天也;阽危而僅存,亦天也。舟中之人未嘗有不言天者,何哉?理昧故也。問者曰:吾見其騈焉而濟者,風水等爾,而有沈有不沈,非天曷司歟?答曰:水與舟,二物也。夫物之合並,必有數存乎其間焉。數存,然後勢形乎其間焉。一以沈,一以濟,適當其數,乘其勢爾。本乎徐者其勢緩,故人得以曉也;本乎疾者其勢遽,故難得以曉也。彼江、海之覆,猶伊、淄之覆也,勢有疾徐,故有不曉爾。問者曰:子之言數存而勢生,非天也,天果狹於勢耶?答曰:天形恒圓而色恒青,周回可以度得,晝夜可以表候,非數之存乎？恒高而不卑，恒動而不已，非勢之乘乎？今夫蒼蒼然者，一受其形於高大，而不能自還於卑小；一乘其氣於動用，而不能自休於俄頃，又惡能逃乎數而越乎勢耶？吾固曰：萬物之所以爲無窮者，交相勝而已矣，還相用而已矣。天與人，萬物之尤者爾。問者曰：天果以有形而不能逃乎數，彼無形者，子安所寓其數耶？答曰：若所謂無形者，非空乎？空者，形之希微者也，爲體也不妨乎物，而爲用也恒資乎有，必依於物而後形焉。今爲室廬而高厚之形藏乎內也，爲器用而規矩之形起乎內也。音之作也有大小，而響不能踰；表之立也有曲直，而影不能踰，非空之數歟？夫目之視，非能有光也，必因乎日月火炎而後光存焉。所謂晦而幽者，目有所不能燭爾。彼狸猩犬鼠之目，庸謂晦爲幽耶？吾固曰：以目而視，得形之粗者也；以智而視，得形之微者也。烏有天地之內有無形者耶？古所謂無形，蓋無常形爾。必因物而後見爾，烏能逃乎數耶？”又曰：“大凡入乎數者，由小而推大必合，由人而推天亦合。以理揆之，萬物一貫也。倮蟲之長，爲智最大，能執人理，與天交勝，用天之利，立人之紀。紀綱或壞，復歸其始。<u>堯舜</u>之書，首曰稽古，不曰稽天；<u>幽厲</u>之詩，首曰上帝，不言人事。在<u>舜</u>之庭，元凱舉焉，曰舜用之，不曰天授；在<u>殷高宗</u>，襲亂而興，心知說賢，乃曰帝賚。堯民之餘，難以神誣；商俗已訛，引天而斁。由是而言，天預人乎？”**其餘並廣居自恣之言也。**<u>孟子</u>滕文公下云：“居天下之廣居。”**宋又愈不及<u>唐</u>，濟以譁讀。**廣雅釋言云：“讀嘩，啁欺也。”**近世或欲上法六代，然上不窺六代學術之本，惟欲屬其末流。<u>江統徙戎</u>，**見晉書江統傳。**<u>陸機辯亡</u>，<u>干寶晉紀</u>，**並見文選。**以爲駿極不可上矣。自餘能事，盡於送往事居，不失倡侑。以甄名理，則僻違而無類；**荀子非十二子曰：“甚僻違而無類。"**以議典憲，則支離而不馴。余以爲持誦文選，不如取三國志、晉書、宋書、弘明集、通典觀之，縱不能上窺九流，猶勝於滑澤者。**廣雅釋言云："滑，澤也。"**嘗與人書道其利病曰：文生於名，名生於形。**春秋繁露深察名號篇云："鳴而命施謂之名。"鄭玄注周禮外史、論語子路並云："古曰名，今曰字。"是名即字也。累字以成文，故曰文生於名矣。莊子天地篇云："物生成理謂之形。"形成而名立，故曰名生於形矣。**形之所限者分，名之所稽者理。**淮南子本經篇云"各守其分"，高誘注云："分猶界也。"韓非子解老篇云："理者，成物之文也。"**分理明察，**説文敍云："見鳥獸蹄远之迹，知分理之可相別異也。"**謂之知文。小學既廢，則單篇挩落；**小學既廢，則用字不精。辭不足以盡情，名不足以指實，故挩落也。挩者，昭二十一年左傳云"大者不挩"，注云："橫大不入。"莊子逍遥游云"則瓠落無所容"，釋文簡文注："猶廓然也。"瓠興挩同。挩落疊韻連語。**玄言日微，故儷語華靡。**江左文士猶以名理相尚，其後惟侈華辭，子論深美之言希矣。**不溥其本，以之肇末，**齊語云"比綴以度，溥本肇末"，韋注："溥，等也，肇，正也。謂先等其本，以正其末。"**人自以爲楊劉，家相譽以潘陸，何品藻之容易乎？**品謂評論，藻謂藻飾也。法言重黎篇："或問左氏，曰品藻。"世説新語有品藻門。**僕以下姿，智小謀大，謂文學之業窮於天監。**天監，梁武帝年號。**簡文變古，志在桑中，**南史梁簡文紀謂帝辭藻艷發，博綜羣言，然傷於輕靡，時號宮體。論曰：簡文文明之姿，稟乎天授，宮體所傳，且變野朝。鄘風桑中序云："桑中，刺奔也。"**徐、庾承其流**

化。北周書庾信傳云：父肩吾，爲梁太子中庶子。東海徐擒爲左衛率，擒子陵及信並爲抄撰學士，父子在東宫既有盛才，文並綺艷，故世號爲徐庾體。隋書文學傳序曰："自大同以後，徐陵、庾信分路揚鑣，而其意淺而繁，其文匿而采。"唐杜確岑嘉州集序曰："梁簡文帝及庾肩吾之屬，始爲輕浮綺靡之辭，名曰宫體。自後沿襲，務爲妖豔焉。"**平典之風，於兹沫矣。**鍾嶸詩品序云："孫、許、桓、庾，平典似道德論，建安之風盡矣。"**燕、許有作，方欲上攀秦漢。**張説封燕國公，蘇頲封許國公，並詳唐書。姚鉉唐文粹序曰："張燕公以輔相之才，專撰述之任，雄辭逸氣，聳動羣聽。蘇許公繼以宏麗，丕變習俗。"**逮及韓、吕、柳、權、獨孤、皇甫諸家。**韓愈、吕温、柳宗元、權德輿、獨孤及、皇甫湜，並詳唐書。**劣能自振，議事確質不能如兩京，辯智宣朗不能如魏晉。晚唐變以譎詭，兩宋濟以浮夸，斯皆不足邵也。**法言重黎篇"賢皆不足邵也"，李軌注云："邵，美也。"説文云："邵，高也。"**將取千年朽蠹之餘，反之正則，雖容甫、申耆，**汪中、李兆洛，皆法六代爲儷語者。**猶曰采浮華，棄忠信爾。皋文、滌生，**張惠言、曾國藩，皆法八家爲散文者。**尚有諼言，**漢藝文志注："諼，詐言也。"**詎非修辭立誠之道。夫忽略名實，則不足以説典禮；浮辭未翦，則不足以窮遠致。言能經國，詘於籩豆有司之守；**忽略名實，故言之成理而不能持之有故，所謂作史不能成書志，屬文不能兼疏證，蓋文家蔽此者多矣。論語泰伯篇云："籩豆之事，則有司存。"**德音孔膠，**小雅隰桑云"德音孔膠"，傳云："膠，固也。"**不達形骸智慮之表。故篇章無計薄之用，文辯非窮理之器。**鄭樵通志序云："江淹有言，修史之難，無出於志，誠以志者,憲章之所繫,非老於典故,不能爲也。"按:典禮之文每易失之繁碎,故曰"篇章無計薄之用"也。曾國藩與吳敏樹書云:"古文之道,無施不可,但不宜説理耳。"按:性道之文每易失之繳繞,故曰"文辯非窮理之器"也。**彼二短者,僕自以爲絶焉,所以塊居獨處,**荀子性惡篇注:"塊然獨處之貌。"**不欲奇羣彦之數也。**易説卦云:"參天兩地而倚數",周禮媒氏注引,"倚"作"奇"。**如鼂者一二耆秀,皆浮華交會之材,**曹操與孔融書:"撫養戰士,殺身爲國,破浮華交會之徒,計有餘矣。"**譁世取寵之士,**漢藝文志:"苟以譁世取寵。"**嘘枯吹生之文,**後漢書鄭太傳:"孔公緒清談高論,嘘枯吹生。"章懷注云:"言談論有所抑揚。"**非所謂文質彬彬者也。**論語雍也篇云:"質勝文則野,文勝質則史,文質彬彬然後君子。"**故曰:亡而爲有,虛而爲盈,約而爲泰,難乎有恒矣。**原注:以上與人書。〇按:"亡而爲有"四句並論語述而篇文。以上與鄧實書。時上海有人爲五十家文鈔,以章氏次其間,故論以自別云爾。**或言今世慕古人文辭者,多論其世,唐宋不如六代,六代不如秦漢。今謂持論以魏晉爲法,上遺秦漢,敢問所安。曰:夫言亦各有所當矣。**禮記祭義云:"夫言豈一端而已哉? 夫各有所當也。"**秦世先有韓非、黄公之倫,**漢志"名家"有黄公四篇,注云:"名疵,爲秦博士,作歌詩在秦時歌詩中。"**持論信善,及始皇並六國,其道已隘。自爾及漢,記事韻文,後世莫與比隆,然非所及於持論也。漢初,儒者與縱橫相依,逆取則飾游談,順守則主常論;游談恣肆而無法程,常論寬緩而無攻守。**自秦始皇帝統一六國,焚書殺士,百家皆絀。及漢有天下,文學復興,記事若談遷父子之史,韻文若賈、馬、淵、雲之賦，蘇、李、枚叔之詩，皆所謂後世莫與此隆者也。然漢初儒者，若陸賈、酈食其、賈誼之屬，皆承戰國餘風，學兼縱橫。觀其立言，驚聽回視，則恣爲煒燁譎誑之辭；正誼明道，則習於恢廓平庸之說。以言持論精覈，窮極攻守，固無以上攀先秦，下儕魏晉爾。**道家獨主清静，求如韓非解老已不可得。**漢世爲黃老者衆矣，大氐清静自守，所謂不在多言，然而玄理之說亦不以競。**淮南鴻烈又雜神仙辭賦之言。其後經師漸與陰陽家並，而議論益多牽制矣。漢論著者莫如鹽鐵，**晁氏讀書志曰："鹽鐵論十卷，漢桓寬撰。按班固曰：所謂鹽鐵議者，起始元中，徵文學賢良問以治亂，皆對願罷郡國監鐵酒榷均輸，務抑末，毋與天下爭利，然後教化可興。御史大夫弘羊以爲此乃所以安邊境，制四夷，國家大業，不可廢也。當時相詰難，頗有其議。至宣帝時，桓寬次公治公羊春秋，舉爲郎，至廬江太守丞，博通善屬文，推衍鹽鐵之議，增廣條目，極其論難，著數萬言，亦欲以究治亂成一家之法焉，凡十六篇。"高似孫子略曰："漢制近古，莫古乎議。國有大事，詔公卿列侯二千石議郎雜議。是以廟議匈奴，議捐朱厓，而石渠論經亦有議，皆所謂詢謀僉同者也。班氏一贊，專美乎此。然觀一時論議，其所問對，非不伸異見，騁異辭，亦無有犖然大過人者。"**然觀其駁議，御史大夫、丞相史言此，而文學賢良言彼，不相剴切；有時牽引小事，攻劫無已，則論已離其宗。或有卻擊如罵，侮弄如嘲，故發言終日，而不得所凝止。**荀子王制篇云"好假道人，而無所凝止也"，楊注："凝，定也。"**其文雖博麗哉，以持論則不中矣。董仲舒深察名號篇**，見春秋繁露。**略本孫卿，**本荀子正名篇。**爲已條秩，然多傅以疑似之言。**

原注：如王有五科：皇科、方科、匡科、黄科、往科。君有五科：元科、原科、權科、温科、羣科。雖以聲訓，傅會過當。**惜乎劉歆七略，其六録於漢志，而輯略俄空焉。**法言問神篇云："昔之説書者序以百，而酒誥之篇俄空焉。"**不然，歆之謹審權量，**論語堯曰篇："謹權量，審法度。"**斯有倫有脊者也。**小雅正月篇"維號斯言，有倫有脊"，傳云："倫，道；脊，理也。"檢論徵七略曰："自班氏爲十志，多本子駿，其法式具在。及隋遂有舊事、儀制、刑法、地理諸目，皆自子駿啓之。鄭君有言：教者開發頭角而弗洞達，則受之者其思深。非子駿孰與知此乎？"又曰："竊省春秋，孫卿以爲亂術（原注：解蔽篇，注：亂，雜也），法言亦云左氏品藻（原注：重黎）。眾庶曰品（原注：説文），雜采曰藻（原注：玉藻注）。劉氏比輯百家，方物斯志，其善制割，綦文理之史也。"**今漢籍見存者，獨有王充，不循俗迹，恨其文體散雜，非可諷誦。**高氏子略曰："論衡敍天證，敷人事，析物類，道古今，大略如仲舒玉杯、繁露，而其文詳，詳則義莫能覈而精，辭莫能肅而括，幾於蕪且雜矣。"**其次獨有昌言而已。魏晉之文，大體皆埤於漢，**埤與卑同。**獨持論仿佛晚周。氣體雖異，要其守己有度，伐人有序，**襄二十九年左傳曰："節有度，守有序。"**和理在中，**莊子繕性篇云："知與恬交相養，而和理出其性。"稽康養生論曰："和理日濟，同乎大順。"**孚尹旁達，**禮記聘義篇云："孚尹旁達，信也。"鄭注："孚讀爲浮。尹讀如竹箭之筠。浮筠，謂玉采色也。采色旁達，不有隱翳，似信也。"**可以爲百世師矣。然今世能者，多言規摹晉宋，惟汪中説周官明堂諸篇，**汪中述學内篇有周官徵文、釋媒氏文、明堂通釋諸篇。**類似禮家，阮元已不逮。**阮元揅經室集有明堂論

諸篇。**至於甄辨性道，極論空有，**後漢書西域傳論："詳其清心
釋累之訓，空有兼遣之宗，道書之流也。"章懷注云："不執著爲空，
執著爲有。"沈約内典序云："伏膺空有之説，博綜兼忘之書。"**概乎
其未有聞焉。**莊子天下篇云："概乎皆嘗有聞者也。"**典禮之學
近世有餘，名理之言近世最短。以其短者施之論辨，徒
爲繳繞，無所取材。**漢書司馬遷傳"名家苛察繳繞"，如淳曰：
"繳繞，猶纏繞也。"論語公冶長篇："由也好勇過我，無所取材。"**謙
讓不宣，固其慎也。長者亦不能自發舒，若凌廷堪**禮經
釋例**，可謂條理始終者，**江藩漢學師承記："凌廷堪，字次仲，一
字仲子，歙人也。肆經邃於士禮，披文摘句，尋例析辭，聞者冰釋。
著禮經釋例十三卷。"釋例自序略謂："儀禮委曲繁重，不得其經緯
塗徑，雖上哲亦苦其難。苟得之，中材可勉焉。經緯徑塗之謂何？
例而已矣。不會通其例，一以貫之，祇厭其膠葛重複而已，烏覩所
謂經緯塗徑者哉？於是區爲八類：曰通例上下二卷，曰飲食之例上
中下三卷，曰賓客之例一卷，曰射例一卷，曰變例一卷，曰祭例上下
二卷，曰器服之例上下二卷，曰雜例一卷，共爲卷十三。至於第十
一篇，自漢以來，説者雖多，由不明尊尊之旨，故罕得經意。乃爲封
建尊尊服制考一篇，附於變例之後。不別立宮室之例者，宋李氏如
圭儀禮釋宮已詳故也。"**及爲儷辭，文體卑近，**廷堪有校禮堂文
集，頗存規摹六代之作。**無以自宣其學。斯豈非崇信文集，
異視史書之過哉？然今法六代者，下視唐宋；慕唐宋者，
亦以六代爲靡。夫李翺、韓愈局促儒言之間，**李、韓持論皆
不離於儒家者流。柳子厚略近名家，又通釋典。此其所以異也。
未能自遂。權德輿、吕温及宋司馬光輩略能推論成敗而

已，德輿、温持論略見唐文粹。司馬光論即載通鑑中。**歐陽修曾鞏好爲大言，汗漫無以應敵，斯持論最短者也。**自明道之説倡自退之，其後文家相習，自尊其説慮無不言道者，此所謂大言汗漫是也。包世臣與揚季子論文書曰："有燖繹前人名作，摘其微疵，抑揚主義，以尊己見，所謂蠹生於木而反食其木。又或尋常小文，强推大義。二者之弊，王、曾爲多。夫事無大小，苟能明其始末，究其義類，皆足以成至文。固不必悉本忠孝，攸關國家也。"此説宋人之敝，其意略同。**若乃蘇軾父子，則佞人之戔戔者。**莊子在宥篇云："而佞人之心翦翦者，又奚足以語至道。"郭、司馬並云："翦翦，善辯也。"李云："淺短貌。"按：戔戔與翦翦同。亦即諓諓，文十二公羊傳曰"諓諓善竫言"，解詁云："諓諓，淺薄之貌。"此言蘇氏持論，騁其才辯，足耀觀聽，而實多不中檢柙也。章氏尯書有學蠱篇，亦深斥歐、蘇淫文破典，謂修之烈令嫭已者不學而自高賢，軾也使人跌逿而無主。凡此皆矯枉之言也。**凡立論欲其本名家，不欲其本縱横，儒言不勝，而取給于氣矜，**氣矜猶氣勢也，韓策：聶政死，其姊視之曰："勇哉，氣矜之隆。是其軼賁育而高成荆矣。"**游豮怒特，蹂稼踐蔬。**後漢書朱穆傳引絶交論："游豮蹂稼，而莫之禁也。"秦本紀正義引録異傳云："武都郡立怒特祠，是大梓牛神也。"説文："朴特，牛父也。"**卒之數篇之中，自爲錯牾，古之人無有也。法晉宋者知其病徵，宜思有以相過，而專務温藉，**漢書酷吏傳"義縱治敢往，少温藉"，師古曰："少温藉，言無所含容也。"**詞無芒刺。甲者譏乙，則曰鄭聲；**論語衛靈公篇："放鄭聲。"此謂慕唐宋者以六代爲靡也。**乙者譏甲，又云常語。**此謂法六代者下視唐宋也。**持論既莫之勝，**

何怪人之多言乎？鄭風將仲子云："畏人之多言。"**夫雅而不核**，雅而不核，謂其辭典雅，而失之廓落也。說文："覈，實也。考事而笮，邀遮其辭，得實曰覈。"覈通作核。**近于誦數**，誦數，猶誦說也。荀子勸學篇云："誦數以貫之。"漢人之論吐言安雅，時引詩、書，故曰近於誦數。韓非子難言篇云："時引詩書，道法往古，則見以為誦。"**漢人之短也。廉而不節**，廉而不節，謂其辭廉利而無節制也。荀子不苟篇云"廉而不劌，"楊倞注云："廉，棱也。"**近于彊鉗**，荀子解蔽篇云："案彊鉗而利口。"**肆而不制，近于流蕩，清而不根，近于草野**，漢書嚴助傳："朔皋不根持論，上頗俳優畜之。"韓非子說難篇云："慮事廣肆，則曰草野而倨侮。"此言肆而不制，謂其辭放恣而無度量；清而不根，謂其辭清潔而無依據。唐宋之論，或悍言以自衛，或漫衍而無歸，或空疏而鮮理，此其所短也。**唐宋之過也。有其利無有病者，莫若魏晉。然則依放典禮，辯其然非，非涉獵書記所能也。**言必專精其學而後能為之也。漢書賈山傳"涉獵書記不能為醇儒"，師古曰："涉若涉水，獵若獵獸，言歷覽之不專精也。"**循實責虛**，陸機文賦云："課虛無以責有。"**本隱之顯**，史記司馬相如傳贊："太史公曰：春秋推見至隱，易本隱以之顯。"**非徒竄句游心于有無同異之間也。**原注：如王守仁與羅欽順書云："格物者，格其心之物，格其意之物，格其知之物。正心者，正其物之心。誠意者，誠其物之意。致知者，致其物之知。"此種但是辭句繳繞，文義實不可通。後生有效此者，則終身為絕物矣。○按：此言有無同異，即辭句反覆繳繞之謂也。莊子駢拇篇曰："駢於辯者，竄句游心於堅白同異之間。"司馬云："竄句，謂穿鑿文句。"**效唐宋之持論者，利其齒牙；效漢之持**

論者,多其記誦,斯已給矣。**效魏晉之持論者,上不徒守**
文,何休公羊序曰:"斯豈非守文持論,敗績失據之過哉?"**下不可**
禦人以口,論語公冶長篇云"禦人以口給",皇侃疏云:"禦猶對也。
給,捷也。言佞者口辭對人捷給無實。"**必先豫之以學。**

　　文章之部行于當官者,謂一切上達下行之公文也。云當官
者,文十年左傳曰:"當官而行,何彊之有?"**其原各有所受:奏、**
疏、議、駁近論,詔、冊、表、檄、彈文近詩。近論故無取紛
綸之辭,史記司馬相如傳曰:"紛綸威蕤。"**近詩故好為揚厲之**
語。禮記樂記云:"發揚蹈厲之已蚤。"**漢世作奏,莫善乎趙充**
國,充國陳兵利害書、屯田奏並詳本傳。**探籌而數,辭無枝葉。**
晉世杜預議考課,晉書杜預傳:預字元凱,京兆杜陵人。泰始
中,守河南尹。受詔為黜陟之課,略云(以下依通鑑):"古者黜陟,
擬議於心,不泥於法。末世不能紀遠,而專求密微,疑心而信耳目,
疑耳目而信簡書。簡書愈繁,官方愈偽。魏氏考課,即京房之遺
意,其文可謂至密。然失於苛細,以違本體,故歷代不能通也。豈
若申唐堯之舊制,取大捨小,去密就簡,俾之易從也。夫曲盡物理,
神而明之,存乎其人。去人而任法,則以文傷理。莫若委任達官,
各考所統,歲第其人,言其優劣。如此六載,主者總集,采案其言。
六優者超擢,六第者廢免,優多劣少者平敘,劣多優少者左遷。其
間所對不鈞,品有難易,主者固當準量輕重,微加降殺,不足曲以法
盡也。其有優劣徇情,不叶公論者,當委監司,隨而彈之。若令上
下公相容過,此為清議大頹,雖有考課之法,亦無益也。"**劉毅議罷**
九品中正,晉書劉毅傳:毅字仲雄,東萊掖人。武帝時,官尚書左
僕射。以魏立九品,權時之制,未見得人,乃上疏曰(以下依通鑑):

"今立中正,定九品,高下任意,榮辱在手,操人主之威福,奪天朝之權勢。公無考校之負,私無告訐之忌。用心百態,營求萬端。廉讓之風滅,爭訟之俗成。竊爲聖朝恥之。蓋中正之設,於損政之道有八。高下逐彊弱,是非隨興衰,一人之身,旬日異狀,上品無寒門,下品無勢族,一也。置州都者,本取州里清議,咸所歸服,將以鎮異同,一言議也;今重其任而輕其人,使駁違之論橫於州里,嫌讎之隙結於大臣,二也。本立格之體,爲九品者謂才德有優劣,倫輩有首尾也;今乃使優劣易地,首尾倒錯,三也。陛下賞善罰惡,無不裁之以法,獨置中正,委以一國之重,曾無賞罰之防,又禁人不得訴訟,使之縱橫任意,無所顧憚,諸受枉者抱怨積直,不獲上聞,四也。一國之士,多者千數,或流徙異邦,或取給殊方,面猶不識,況盡其才,而中正知與不知,皆當品狀,采譽于臺府,納毀於流言,任己則有不識之蔽,聽受則有彼此之偏,五也。凡求人才,欲以治民也,今當官著效者,或附卑品,在官無績者更獲高敍,是爲抑功實而隆空名,長浮華而廢考績,六也。凡官不同人,事不同能,今不狀其才之所能,而但第爲九品,以品取人,或非才能之所長,以狀取人,則爲本品之所限,徒結白論,而品狀相妨,七也。九品所下不彰其罪,所上不列其善,各任愛憎,以植其私,天下之人,焉得不懈德行而銳人事,八也。由此論之,職名中正,實爲姦府;事名九品,而有八損。古今之失,莫大於此。愚臣以爲宜罷中正,除九品,棄魏氏之敝法,更立一代之美制。"**范甯議土斷**,晉書范甯傳:甯字武子,安北將軍汪之子也。孝武帝時,爲豫章太守。上疏陳時政,略曰:"昔中原喪亂,流寓江左,庶有旋反之期,故許挾注本郡。自爾漸久,人安其業。今宜正其封疆,以土斷人户,明考課之科,修閭伍之法。難者必曰:'人各有桑梓,俗自有南北,一期屬户,長爲人隸,君子則有土風之

概,小人則懷下役之慮。'斯誠並兼者之所執,而非通理者之篤論
也。古者失地之君猶臣所寓之主,列國之臣亦有違適之禮。且今
普天之人原其氏出,皆隨世遷移,何至於今而獨不可?凡荒郡之
人,星居東西,而舉召役調,期會差違,輒至嚴坐,人不堪命。今荒
小郡縣皆宜並合,不滿五千戶不得爲郡,不滿千戶不得爲縣。守宰
之任宜得清平之人。頃者選舉惟以郵貧爲先,雖制有六年,而富足
便退。又郡守長吏牽置無常,或兼臺職,或帶府官。夫府以統州,
州以監郡,郡以莅縣。如令互相領帖,則是下官反爲上司,賦調役
使,無復節限。且牽曳百姓,營起廨舍,東西流遷,人人易處,文書
簿籍少有存者。先之室宇皆爲私家,後來新官復應修立。其爲弊
也,胡可勝言!又方鎮去官皆割精兵器仗,以爲送故,米布之屬不
可稱計。送兵多者至千餘家,少者數十戶。既力入私門,復資官廩
布。兵役既竭,枉服良人。若是功勳之臣,則已享裂土之祚,豈應
封外復置吏兵乎!謂送故之格宜爲節制,以三年爲斷。夫人性無
涯,奢儉由勢。今並兼之士亦多不贍,非力不足以厚身富家,是得
之有由而用之無節也。官制謫兵不相襲代。頃者小事便以補役,
一愆之違,辱及累世,戶口減耗,亦由於此。皆宜料遣,以全國信。
禮,十九爲長殤,以其未成人也。今以十六爲全丁,十三爲半丁,所
任非復童幼之事。豈可傷天理,困百姓,乃至此乎!今宜修禮文,
以二十爲全丁,十六至十九爲半丁,則人無夭折,生長滋繁矣。"**孔
琳之議錢幣**,晉書食貨志曰:"安帝元興中,桓玄輔政,立議欲廢
錢用穀帛。孔琳之議曰:"洪範八政,貨爲食次,豈不以交易所資,
爲用之至要者乎?若使百姓用力於爲錢,則是妨爲生之業,禁之可
也。今農自務穀,工自務器,各隸其業,何當致勤於錢。故聖王製
無用之貨,以通有用之財,既無毀敗之費,又省難運之苦,此錢所以

嗣功龜貝，歷代不廢者也。穀帛爲寶，本充衣食，分以爲貨，則致損甚多，又勞毀於商販之手，耗棄於割截之用。此之爲弊，著自於曩。故鍾繇曰：巧僞之人，競濕穀以要利，制薄絹以充資。魏世制以嚴刑，弗能禁也。是以司馬芝以爲用錢非徒豐國，亦所以省刑。錢之不用，由於兵亂積久，自致於廢，有由而然，漢末是也。今既用而廢之，則百姓頓亡其利。今括囊天下之穀，以周天下之食，或倉廩充溢，或糧靡並儲，以相資通，則貧者仰富。致富之道，實假於錢，一朝斷之，便爲棄物。是有錢無糧之人，皆坐而飢困，以此斷之，又立弊也。且據今用錢之處，不以爲貧，爲穀之處，不以爲富。又人習來久，革之必惑。語曰：利不百，不易業。況用錢便於穀耶！魏明帝時錢廢，穀用既久，不以便於人，乃舉朝大議。精才達政之士莫不以宜復用錢，下無異情，朝無異論。彼尚舍穀帛而用錢，足以明穀帛之弊著於已誠也。世或謂魏氏不用錢久，積累巨萬，故欲行之，利公富國，斯殆不然。晉文後舅犯之謀，而先成季之信，以爲雖有一時之勳，不如萬世之益。于時名賢在列，君子盈朝，大謀天下之利害，將定經國之要術。若穀實便錢，義不昧當時之近利，而廢求用之通業，斷可知矣。斯實由困而知革，改而更張耳。近孝武之末，天下無事，時和年豐，百姓樂業，穀帛殷阜，幾乎家給人足，驗之實事，錢又不妨人也。頃兵革屢興，荒饉薦及，飢寒未振，實此之由。公既援而拯之，大革視聽，弘敦本之教，明廣農之科，敬授人時，各從其業，游蕩知反，務末自休，同以南畝競力，野無遺壤矣。於此以往，將升平必至，何衣食之足卹！愚謂救弊之術，無取於廢錢。”南史孔琳之傳：琳之字彥琳，會稽山陰人也。桓玄輔政爲太尉，以爲西閣祭酒。**皆可謂綜覈事情矣。然王充于漢獨稱谷永**，見文學總略篇。**谷永之奏猶似質不及文**，詳見漢書。

而獨爲後世宗，終之不離平徹者近是。陸機文賦曰："奏平徹而閑雅。"王闓運王志曰："奏施君上，故必氣平理徹。"史記五帝本記贊曰："總之不離古文者近是。"**典論云："奏議宜雅，書論宜理。"**見文選。**亦得其辜較云。**孝經云"蓋天子之孝也"，正義："案孔傳云：蓋者，辜較之辭。劉炫云：辜較猶梗概也。"**若夫詔書之作，自文景猶近質，武帝以後時稱詩書，潤色鴻業，始爲詩之流矣。**班固兩都賦序："以興滅繼絶，潤色鴻業。"又曰："賦者，古詩之流也。"**武帝册三王，上擬尚書。**武帝册封齊王閎、燕王旦、廣陵王胥，見史記三王世家。**至潘勗册魏公，爲枚賾尚書本。**潘勗字元茂，作册魏公九錫文，其辭句規摹經典，見文選。李善注之，凡引尚書三十餘條，其不在二十八篇者，即枚賾僞書所本。**晉以下代用其律，**自魏以後，凡帝位禪代，必先加九錫，其册文規摹經典，皆用潘氏之格也。**比于崧高、韓奕，徒無韻耳。**册九錫文主於頌美，故比於崧高、韓奕。二詩並見大雅，序並云："尹吉甫美宣王也。"**漢氏表以陳情，與奏議異用，**文心雕龍章表篇云："漢定禮儀，則有四品：一曰章，二曰奏，三曰表，四曰議。章以謝恩，奏以按劾，表以陳情，議以執異。"**若薦禰衡、求自試諸篇**，並見文選。**文皆琛麗煒曄可觀。**爾雅釋言："琛，寶也。"釋文引舍人曰："美寶曰琛。"後漢書西域傳贊云："土物琛麗。"陸機文賦云："説煒曄而譎誑。"**蓋秦漢間上書，如李斯諫逐客、鄒陽獄中上梁孝王已然。**並見文選。**其後別名爲表，至今尚辭，無取陳數，亦無韻之風也。彈文始不可見，任昉、沈約詆人罪狀，言在法外。**文選載任彥昇奏彈曹景宗一首、奏彈劉整一首，沈休文奏彈王源一首。劉以寡嫂訴薄，王以嫁女求利，皆法所不問也。**蓋自宋世荀伯子善彈文，醜詞巧詆，辱及祖禰。**宋書荀伯子傳："爲御史丞，凡所奏劾，莫不深相謗毀，或延及祖禰，示其切直。又頗雜嘲戲，故世人以此非之。"**今雖不著，明其爲任沈法。詩之惡惡，莫如巷伯，**小雅巷伯序云："刺幽王也。寺人傷於讒，故作是詩也。"禮記緇衣曰"惡惡如巷伯"，鄭云："巷伯六章曰：'取彼譖人，投畀豺虎；豺虎不食，投畀有北；有北不受，投畀有昊。'此其惡惡欲其死亡之甚也。"**然猶戮及其身。今指斥及于腐骨，其疾惡甚于詩人矣。文選不錄奏、疏、議、駁，徒有書、表、彈文之流，爲其文之著也。**禮記中庸曰："詩曰'衣錦尚絅'，惡其文之著也。"**檄之萌芽，在張儀檄楚相，徒述口語，不見緣飾。**史記張儀傳：張儀既相秦，爲文檄告楚相曰："始吾從若飲，我不盜爾璧，若笞我。若善守汝國，我顧且盜爾城。"**及陳琳、鍾會以下，**陳琳有爲袁紹檄豫州、檄吳將部曲二文，鍾會有檄蜀文、並載文選。**專爲恣肆。顏竣檄元凶劭，其父延之覽書而知作者，**宋書顏延之傳："元凶弒立，以爲光祿大夫。先是，子竣爲世祖南中郎諮議參軍。及義師入討，竣參定密謀，兼造書檄。劭召延之，示以檄文，問曰：'此筆誰所造？'延之曰：'竣之筆也。'又問：'何以知之？'延之曰：'竣筆體臣不容不識。'劭又曰：'言辭何至乃爾？'延之曰：'竣尚不顧老父，何能爲陛下？'劭意乃釋。"**亦無韻之賦也。大氐近論者取于名，近詩者取于縱橫。其當官奮筆一也，而風流所自有殊。**嵇康琴賦序曰："歷世才士並爲之賦頌，其體制風流，莫不相襲。"李善注引淮南子曰："晚世風流俗敗禮義廢。"仲長子昌言：

"乘此風,順此流而下走,誰復能爲此限者哉!"沈約宋書謝靈運傳
論:"周室既衰,風流彌著",注曰:"如風之散,如水之流也。"覽文
者觀於文選之有無,足以知其好尚異也。

國故論衡疏證中之六

辨　詩

此篇廣論一切韻文,而名以"辨詩"者,以詩有廣狹二義。若從廣義,則有韻者皆詩之流,與文畫界即在於此。今人或連綴俚辭,盡廢聲韻,而自以爲詩,蓋失其本。章君嘗答人書,持論闢之,略謂:"詩之有韻古今無所變,惟周頌有數首似無韻者,則以古詩用韻錯綜無定,若以孔氏詩聲類法求之,仍非無韻也。來書疑僕所論祇問形式,不論精神。夫文辭之體甚多,而形式各異,非求之形式,則彼此無以爲辨。形式已定,乃問其精神耳,非能脱然於形式也。又言女子不著裙,不失爲女子,詩無韻,亦不失爲詩。所引非其例。女子自然之物,不以著裙得名;詩乃人造之物,正以有韻得名,不可相喻。又疑百家姓等雖有韻,不得爲詩。不知以狹義言,詩之名則限於古今體詩,旁及賦與詞曲而止耳;以廣義言,凡有韻者皆詩之流,箴誄哀詞悉入詩類。百家姓者,昉於宋人姓氏急就篇,其源則史游急就篇開之,臚列事物,比而成句,編排各句,合而成韻。百家姓然,醫方歌括亦然。以工拙論,詩人或不爲;以體裁論,亦不得謂非詩之流也。"又曰:"中國無無韻之詩,苟取歐美偶有之事爲例,此亦歐美人之紕漏耳,何足法焉?"

春官:瞽矇"掌九德、六詩之歌"。九德,謂九功之德也。

文七年左傳曰："九功之德,皆可歌也,謂之九歌。六府、三事,謂之九功。水、火、金、木、土、穀,謂之六府;正德、利用、厚生,謂之三事。"六詩,謂風、雅、頌、賦、比、興,見周禮大師、詩大序。**然則詩非獨六義也,猶有九歌。其隆也,**荀子禮論篇"以隆殺爲要",楊倞云:"隆,豐厚也。"按:此言隆者,謂恢廓其封域,猶言廣義也。**官箴占繇皆爲詩。**襄九年左傳;"辛甲之爲太史也,命百官官箴王闕。"儀禮少牢饋食禮注;"吉凶之占繇。"**故詩序庭燎稱箴,沔水稱規,鶴鳴稱誨,祈父稱刺,**小雅序云:"庭燎,美宣王也,因以箴之。沔水,規宣王也。鶴鳴,誨宣王也。祈父,刺宣王也。"**明詩外無官箴。辛甲諸篇悉在古詩三千之數矣。**漢志"道家"有辛甲二十九篇。史記孔子世家:"古者詩三千餘篇,及至孔子,去其重,取可施於禮義,上采契、后稷,中述殷周之盛,至幽厲之缺,始於衽席,故曰關雎之亂以爲風始。鹿鳴爲小雅始,文王爲大雅始,清廟爲頌始。三百五篇孔子皆弦歌之,以求合韶武雅頌之音。"詩譜序正義曰:"如史記之言,則孔子之前詩篇多矣。案書傳所引之詩,見在者多,亡逸者少,則孔子所録,不容十分去九。馬遷言古詩三千餘篇,未可信也。"檢論六詩説曰:"九德六詩,校今風雅頌五倍。風雅頌已三百篇,復尚有見删者,五倍之則千五百篇以上也。是十五流以外。六代之樂,九夏之舞,又當依其節奏,和其聲容,以爲歌曲,兼諸官箴、容經、弟子職、醮祭之詞,凡有韻者,悉亦詩之陪貳。周官瞽矇言諷誦詩,世奠繫。杜子春曰:世奠繫,謂帝繫、諸侯卿大夫世本之屬也。小史主次序先王之世,昭穆之繫,述其德行。瞽矇主誦詩,並誦世繫,以勸戒人君。世繫可誦,宜如急就章道姓名,次爲韻語,亦詩之流也。從是推之,言古詩三千餘篇,尚省略矣。"**詩賦略録隱書十八篇,**王應麟漢志考證曰:"文心雕龍諧讔篇:讔者隱也,遯詞以隱意,譎譬以指事也。至東方曼倩,尤巧辭述。晉語有秦客廋辭於朝。新序:齊宣王發隱書而讀之。"**則東方朔、管輅射覆之辭所出。**詳漢書及魏志。**又成相雜辭者**,漢志云:成相雜辭十一篇。王應麟考證曰:"荀子成相篇注:蓋亦賦之流也。"淮南王亦有成相篇,見藝文類聚。**徒役送杵**,禮記曲禮篇云"鄰有喪,舂不相",鄭注曰:"相謂送杵聲。"**其句度長短不齊**,見荀子。**亦悉入録。揚摧道之**,文選魏都賦注引許慎淮南子注曰:"摧,揚摧略也。"**有韻者皆爲詩,其容至博。其殺也**,荀子禮論篇注云:"殺,減降也。"按:此言殺者,謂降減其封域,猶言狹義也。**孔子删詩,求合於韶武,比賦興不可歌,因以被簡。**原注:其詳在六詩説。○按:六詩説謂比賦興各自有主名區處,不與四始相挈。藝文志曰:"不歌而誦謂之賦。"韓詩外傳説孔子游景山上曰:"君子登高必賦。"子路、顏淵各爲諧語,其句讀參差不齊。次有屈、荀諸賦,篇章閎肆。此則賦之爲名,文繁而不可被管絃,其事比于簡閱甲兵,簿録車乘貴其多陳臚,而聲歌依詠鮮用,故周樂與三百篇皆無賦矣。比者,辨也,凡龔事治具,周官言比、庀,漢世言辯、辨,其聲相轉。自伏戲有駕辨,夏后啓乃有九辨、九歌,晚周宋玉猶儀刑之。其文亦肆,不被管弦,與賦同,故周樂與三百篇皆無比矣。興者,周官字爲廞。大師:"大喪,帥瞽而廞作匱謚",鄭君曰:"廞,興也,興言王之行,謂諷誦其治功之詩。故書'廞'爲'淫'。"鄭司農云:"淫,陳也,陳其生時行迹爲作謚"瞽矇諷誦詩,鄭君曰:主謂廞作柩謚時也,諷誦王治功之詩以爲謚。此爲興與誄相似,亦近述贊,則詩之一術已。誄或時無韻,興無韻者。亦或取以稱説天官,張衡爲靈憲作興(見續漢書天文志注)。古者讀誄觀象皆太史之守,故其文通曰興。觀象者既不可歌,王侯衆多,誄述不可徧觀,又亦不益教化,故周樂與三百篇皆無興矣。按:此説比賦興別立新義,又謂各有區處,則詩之封域始擴,古詩三千篇之説乃可通也。**屈原、孫卿諸家爲賦多名。孫卿以賦、成相分二篇,題號已別;然賦篇復有"佹詩"一章,**荀子賦篇云"天下不治,請陳佹詩",楊倞云:"佹異激切之詩。"**詩與賦未離也。漢惠帝命夏侯寬爲樂府令,及武帝采詩夜誦,**漢書禮樂志:"周有房中樂,至秦名曰壽人。高祖樂楚聲,故房中樂楚聲也。孝惠二年,使樂府令夏侯寬備其簫管,更名曰安世樂。至武帝乃立樂府,采詩夜誦,有趙代秦楚之謳。"**其辭大備。七略序賦爲四家,其歌詩與之別。漢世所謂歌詩者,有聲音曲折可以弦歌,**原注:如河南周歌聲曲折七篇,周謠歌詩聲曲折七十五篇是也。○並詳藝文志。**故三侯、天馬諸篇,太史公悉稱詩,**史記樂書:"高祖過沛詩三侯之章,令小兒歌之。至今上即位,嘗得神馬渥洼水中,復次以爲太一之歌。後伐大宛得千里馬,馬名蒲梢,次作以爲歌,歌詩曰"云云。**蓋樂府外無稱歌詩者。自韋孟在鄒,至古詩十九首以下,**韋孟詩見漢書韋賢傳。十九首見文選。**不知其爲歌詩邪,將與賦合流同號也?**詩有聲音曲折,即在樂府,是謂歌詩。其無聲音曲折,即與徒誦之賦同流。顧漢人之詩往往互見樂府,十九首中,驅車上東門篇即在樂府雜曲歌辭,人生不滿百篇見晉樂西門行。則十九首非必不可歌也,但在當時嘗被簫管以否,無以定之。**要之,七略分詩賦者,本孔子删詩意:不歌而誦,故謂之賦;**漢志云:"誦其言謂之詩,詠其聲謂之歌。"又曰:"傳曰:不歌而誦謂之賦。"**叶於簫管,故謂之詩。**

其他有韻諸文漢世未具,亦容附於賦録。古者大司樂以樂語教國子,春官大司樂:"以樂語教國子,興道諷誦言語。"蓋有韻之文多矣。有古爲小名而今爲大,古爲大名而今爲小者。一名之義,其所攝持,有古小而今大者,亦有古大而今小者,所謂名無固宜是已。周語曰:"公卿至列士獻詩,瞽獻曲,史獻書,師箴,瞍誦。"以上周語。瞽、師、矇瞍皆掌聲詩,春官序官注鄭司農云:"無目眹謂之瞽,有目眹而無見謂之矇,有目無眸子謂之瞍。"即詩與箴一實也。故自虞箴既顯,襄四年左傳,虞人之箴曰:"芒芒禹迹,畫爲九州,經啓九道,民有寢廟,獸有茂草,各有攸處,德用不擾。在帝夷羿,冒于原獸,忘其國恤,而思其麀牡,武不可重,用不恢于夏家。獸臣司原,敢告僕夫。"揚雄、崔駰、胡廣爲官箴,氣體文旨皆弗能與虞箴異。漢書揚雄傳曰:"箴莫善於虞箴,作州箴。"後漢書胡廣傳:"初,揚雄依虞箴作十二州二十五官箴,其九箴亡闕,後涿郡崔駰及子瑗又臨邑侯劉騊駼增補十六篇,廣復繼作四篇,文甚典美。乃悉撰次首目,爲之解釋,名曰百官箴,凡四十八篇。"按:諸家箴文並見古文苑,嚴可均全漢文所考尤詳備。蓋規箴誨刺者其義,詩爲之名。後世特以箴爲一種,與詩抗衡,此以小爲大也。箴本詩之一義,後遂別於詩而特立,附庸而爲敵國,故曰以小爲大。賦者,六義之一家。毛詩傳曰;"登高能賦,可以爲大夫。"毛詩定之方中傳曰:"建邦能命龜,田能施命,作器能銘,使能造命,升高能賦,師旅能誓,山川能説,喪紀能誄,祭祀能語。君子能此九者,可謂有德音,可以爲大夫也。"漢志"升高"作"登高"。登高孰謂,謂壇堂之上,揖讓之時。詩正義云:"升高能賦者,謂升高有所見,能爲詩賦其形狀,鋪陳其事勢也。”按:正義以“升高”爲泛指登涉,然傳文復有“山川能説”,將無複歟? 章君以壇堂揖讓説之,則九事介然有辨,此義殊勝。**賦者孰謂,謂微言相感。歌詩必類,**漢志曰:“古者諸侯卿大夫交接鄰國,以微言相感,當揖讓之時,必稱詩以諭其志,蓋以别賢不肖而觀盛衰焉。故孔子曰:不學詩,無以言也。”襄十六年左傳:“晉侯與諸侯宴于温,使諸大夫舞,曰:歌詩必類。”杜預注:“歌古詩,當使各從義類。”**故九能有賦無詩,明其互見。漢世賦爲四種,而詩不過一家,此又以小爲大也。**原注:誄文有韵者古亦似附詩類。漢北海相景君銘“乃作誄曰”,後有“亂曰”,則誄亦是詩。**銘者自名,**禮記祭統云:“夫鼎有銘。銘者自名也,自名以稱揚其先祖之美,而著之後世者也。”鄭注:“銘謂書之刻之以識事者也。自名,謂稱揚其先祖之德,著己名於下。”**器有題署,若士卒揚徽,**昭二十一年左傳;“揚徽者,公徒也。”杜注:“徽,識也。”**死者題旌,**禮記檀弓下云:“銘,明旌也,以死者爲不可别已,故以其旗識之,愛之斯録之矣。”**下及榻木以記化居,**尚書皋陶謨云“懋遷有無化居”,孫星衍疏云:“化即古貨字。古布以化爲貨。居者,積貯之名也。”**落馬以示毛物,**莊子秋水篇“落馬首”,“落”蓋借爲“烙”。周禮校人云:“辨六馬之屬:種馬一物,戎馬一物,齊馬一物,道馬一物,田馬一物,駑馬一物。”賈疏云:“六者皆有毛物不同,故皆以物言之。”小雅六月云“比物四驪”,傳云:“物,毛物也。”**悉銘之屬。揚雄自言“作繡補、靈節、龍骨之銘詩三章”,**古文苑揚雄答劉歆書:“作繡補、靈節、龍骨之銘詩三章,成帝好之。”章、樵注云:“繡補,疑是裀褥之類,加繡其上。靈節,靈壽杖也。漢書注:木似竹,有枝節,長不過八九尺,圍三四寸,自然合杖制。龍骨,水車也,禁苑中或用以引水。"**又比詩類。今世專以金石韻文爲銘,**銘之義所賅至廣,如上所説,物有題署,斯謂之銘矣。如揚雄言,則又與詩爲類。其在金石自不以有韻爲限。黃宗羲金石要例曰:"墓誌無銘者,蓋敍事即銘也。昌黎張圓之誌云敍次其族世名字事始終,而銘曰云云。蓋所謂誌銘者,通一篇而言之,非以敍事屬誌,韻語屬銘。"又曰:"正考父鼎銘、比干銅盤銘、漢滕公石室銘,此有韻之銘也。孔子銘季子墓、孔悝鼎銘,此無韻之銘也。"(以上黃説)然則今人專以金石韻文爲銘,繆矣。**此以大爲小也。九歌者,與六詩同列。水、火、金、木、土、穀,謂之六府。正德、利用、厚生,謂之三事。**説見上文。**此則山川之頌,**董仲舒有山川頌,見春秋繁露。**江海之賦,**郭璞江賦、木華海賦,並見文選。**皆宜在九歌。後世既以題名爲異,九歌獨在屈賦,爲之陪屬,**漢志"屈原賦二十五篇",九歌在其中。**此又以大爲小也。**漢志"雜賦"中有雜山陵水泡雲氣雨旱賦,雜禽獸六畜昆蟲賦,雜器械草木賦,是皆利用厚生之事,則爲九歌所屬,故曰大也。**且文章流別,今世或繁於古,亦有古所恒睹今隱没其名者。夫宮室新成則有發,**原注:見檀弓。〇按:檀弓下曰:"晉獻文子成室,晉大夫發焉。張老曰:美哉輪焉,美哉奐焉。歌於斯,哭於斯,聚國族於斯。"鄭注:"諸大夫亦發禮以往。"**喪紀祖載則有遣,**原注:既夕禮有讀遣之文。〇按:既夕禮云:"公史自西方東面,命母哭,主人主婦皆不哭,讀遣。"鄭注:"公史,君之典禮書者。遣者,入壙之物。君使史來讀之,成其得禮之正以終也。"**告祀鬼神則有造,**原注:見春官大祝。〇按:大祝云:"掌六祈以同鬼神,二曰造。"鄭注:"故書

'造'作'竈'。杜子春讀竈爲造次之造，書亦或爲'造'。造祭於祖也。"**原本山川則有説。**原注：見毛詩傳。**斯皆古之德音，後生莫有繼作，其題號亦因不著。文章緣起所列八十五種，至於今日，亦有廢弛不舉者。**"五"當作"四"。文章緣起，梁任昉撰。其序云"凡八十四題"，今録目如下：三言詩、四言詩、五言詩、六言詩、七言詩、九言詩、賦、歌、離騷、詔、策文、表、讓表、上書、書、對賢良策、上疏、啓、奏記、牋、謝恩、令、奏、駁、論、議、反騷、彈文、薦、教、封事、白事、移書、銘、箴、封禪書、讚、頌、序、引、志録、記、碑、碣、誥、誓、露布、檄、明文、樂府、對問、傳、上章、解嘲、訓、辭、旨、勸進、喻難、誠、弔文、告、傳贊、謁文、祈文、祝文、行狀、哀策、哀頌、墓誌、誄、悲文、祭文、哀詞、挽詞、七、離合詩、連珠、篇、歌詩、遺命、圖、勢、約。**夫隨事爲名，則巧歷或不能數；**巧歷見原經篇。**會其有極，**周書洪範曰："會其有極，歸其有極。"**則百名而一致者多矣。**史記太史公自序："易大傳：天下一致而百慮。"**謂後世爲序録者，當從詩賦略改題樂語，凡有韻者悉著其中。庶幾人識原流，名無棼亂者也。**周禮所謂樂語即諸韻文也。徒誦不歌，宜歸於賦；被之絃管，則附於詩。以是爲齊，則原流較然別矣。

　　論辯之辭綜持名理，久而愈出，不專以情文貴，後生或有陵轢古人者矣。韻語代益陵遲，今遂塗地，由其發揚意氣，故感概之士擅焉。聰明思慧，去之則彌遠。詩者，本乎性情，因其政俗，感於中而形於外者也。蓋昔老聃有言，辯者不善。莊周亦謂：外重內拙，思慮徇通，而利害奪其志，文教漸漬，而哀樂失其真。故覈理或前疏而後精，言情則古長而今短。然則韻語之代益陵遲,不亦宜乎? 美人柯克斯者,深心知化之士也。嘗爲文研論美術,以謂各種美術之中,其馮藉正確之知識,與科學有相同之性質者,即有進步之可能;而其表現人之心胸與靈魂者,則美術之偉大,恃乎心胸與靈魂之偉大,即無進步之可能,或竟與進步相背趨。又曰:進步之證據求之詩歌,則尤難焉,若荷馬、但丁、喬塞、莎士比亞諸家,卓絶恒蹊,後世罕逮。故若以詩歌代表美術,則吾人不得不斷美術爲退化。蓋詩歌者,固有一飛屬天,自此之後,終不能復其故處者矣。(見學衡二十七期)此言亦平實切物理,足與章說相明。至晉世葛洪,乃謂風雅之作尚不若漢晉辭賦。(詳抱朴子鈞世篇)彼以世人一切之見,尊古卑今,故有斯談耳。顧以賦擬詩,已非其例,此爲矯弊救偏之過言,諒非兼權執計之公論也。**記稱詩之失愚,**禮記經解篇"詩之失愚",鄭注:"失謂不能節其教者也。詩敦厚近愚。"又淮南泰族篇亦云。**以爲不愚固不能詩。夫致命遂志,**易困象曰:"澤無水,困,君子以致命遂志。"**與金鼓之節相依,是故史傳所記,文辭陵厲,精爽不沬者,若荆軻、項羽、李陵、魏武、劉琨之倫,非奇材劍客,**漢書李陵傳:陵叩頭自請曰:"臣所將屯邊者,皆荆楚勇士,奇材劍客也。"**則命世之將帥也。由商周以訖六代,其民自貴,感物以形於聲,餘怒未渫,**班固東都賦云:"馬踠餘足,士怒未渫。"說文:"渫,除去也。"**雖文儒弱婦,皆能自致;至於哀窈窕,思賢材,**子夏詩序云:"哀窈窕,思賢材。"**言辭溫厚,而蹈厲之氣存焉。**孔子删詩,斷自商頌。自此以還,中更戎狄之禍屢矣,惟其民氣激揚,知恥有勇,故種姓賴以不墜。感物造端,言多壯美。蓋古之學者,讀書擊劍,業成而武節立,故司馬相如能論荆軻。(語見檢論儒俠篇）其在婦人，若班姬、蔡琰、徐淑之屬，辭情淒婉，而不若後世之靡靡，則時代爲之也。檢論道微篇曰：“漢之時，民氣讙呆，少不快意，而忼慨自到者相踵。就不自殺，則金刃加乎敵讎矣。太史公言死有重於太山，或輕於鴻毛，遠引西伯、淮陰、彭越、絳侯之倫，以自解説。時人既輕死，又以志業未就，當含垢蒙恥而爲之，亦惟在漢世故。”（以上檢論）由是言之，文辭深厚，後世莫逮，固俗尚致之。**及武節既衰，**漢書武帝紀云：“躬秉武節。”張衡東京賦云：“武節是宣。”**馳騁者至於絶臏，**史記秦本記“王與孟説舉鼎，絶臏”，正義：“臏，脛骨也。”**猶弗能企。故中國廢興之際，樞於中唐，**檢論本兵篇曰：“禮教者，優於草昧，未擬于至文也。禮教益息，文辯益盛。而懷殺之心衰，其政又一于共主，民有老死不見兵革者。唐雖置府兵，其民固弗任，故有征役悲痛之詩；又設重法，諸臨軍征討而巧詐以避征役，若有校試，以能爲不能。以故有所稽乏者，以乏軍興論。此皆漢世所未嘗睹。非漢善作戰而唐弗善也，唐之去戰國益遠也。”**詩賦亦由是不競。五季以降，雖四言之銘且拱手謝不敏，豈獨采詩可以觀政云爾。**此言采詩非獨知政而已，國勢盛衰，民氣剛柔，亦得於是焉決之。荊漢微言嘗論之曰：“觀世盛衰者，讀其文章辭賦，而足以知一代之性情。西京彊盛，其文應之，故雄麗而剛勁。東京國力少衰，而文辭亦視昔爲弱，然樸茂之氣尚存，所謂壯美也。三國既分，國力乍挫，訖江左而益弱，其文安雅清妍，所謂優美也。唐世國威復振，兵力遠屆，其文應之，始自燕、許，終有韓、呂、劉、柳之倫，其語瑰瑋，其氣駔奊，則與兩京相依。逮宋積弱，而歐、曾之文應之，其意氣實與江左相似，不在文章奇耦之閒也。明世外强中乾，弱不至如江左、兩宋，强亦不能如漢、唐，七子應之，欲法秦漢，而終有絶臏之患。元、清以外夷入主，兵力亦盛，而客主異勢，故夏人所爲文，猶優美而非壯美。
是故文辭剛柔，因世盛衰，雖才美之士，亡以自外。古者陳詩以觀
民風，詩亡然後春秋作，次春秋而有史記。史記者，通史也。鼂錯、
仲舒之對策，賈太傅之陳奏，太史皆刪剟不録，而於屈、賈、相如諸
傳，獨存辭賦。誠以諸奏對者，被時持世之言；而辭賦本于性情，其
芳臭氣澤之所被，足以觀世質文，見人心風俗得失，則棄彼取此矣。
此即孔子刪詩之志，又非有遠識者不能爲也。"按：此節雖泛論文
事，其於辭賦古詩之流蓋尤致意，最足與本章相發，故略引之。**太
史公曰："兵者，聖人所以討彊暴，平亂世，夷險阻，救危
殆。自含血戴角之獸，見犯則校，而況於人。懷好惡喜
怒之氣，喜則愛心生，怒則毒螫加，情性之理也。故六律
爲萬事根本，其於兵械尤所重。"**史記律書文。索隱曰："夫推
歷生律制器，規圜矩方，權重衡平，準繩嘉量，探賾索隱，鉤深致遠，
莫不用焉，是萬事之根本也。易稱'師出以律'，是於兵械尤重也。"
正義曰："劉伯莊云：吹律審聲，聽樂知政，師曠審歌，知晉楚之彊
弱，故云兵家尤所重。"又律吕新書云："黃鐘九寸，空圜九分，積八
百一十分，是爲律本。十一律由是損益，度量權衡亦於是受法焉。
蓋黃鐘之長九十橫黍，以爲分寸尺丈引，則曰度，而物之短長不差
毫釐。黃鐘之容千二百黍，以爲龠合升斗斛，則曰量，而物之多寡
不失圭撮。黃鐘所容千二百黍之重，以爲銖兩斤鈞石，則曰權衡，
而物之輕重不爽忽微。蓋得其本而物自不能外也。"此言六律爲萬
事根本，其文甚明。春官大師"執同律以聽軍聲而詔吉凶"，二鄭引
武王兵書及師曠事説之。又六韜五音篇、五行大義引黃帝兵決，皆
説審音知敵之事。古兵家蓋有此術，後世無傳焉。然即詩歌所發，
猶可以考其盛衰也。**自中唐以降者，死聲多矣。**襄十八年左

傳："南風不競,多死聲。"**長子帥師,弟子輿尸,**易師六五爻辭。
**相繼也。今或欲爲國歌,竟弗能就。抗而不隊,則暴慢
之氣從之矣;尨而無守,則鄙倍之辭就之矣。**禮記樂記:
"故歌者上如抗,下如墜。"周禮牧人"用尨可也",杜子春曰:"謂雜
色不純。"論語泰伯:"動容貌,斯遠暴慢矣;出辭氣,斯遠鄙倍矣。"
余以爲古者禮樂未興,則因襲前代,禮樂未興,則因襲前代。
洛誥疏引鄭注、公羊隱五年何氏解詁、漢書禮樂志並有其説。白虎
通禮樂篇曰:"王者始起何用正民? 以爲且用先代之禮樂。天下太
平,乃更制作焉。"**漢郊祀歌有日出入一章,**漢書禮樂志郊祀歌
曰:"日出入安窮? 時世不與人同。故春非我春,夏非我夏,秋非我
秋,冬非我冬。泊如四海之池,徧觀是邪謂何? 吾知所樂,獨樂六
龍,六龍之調,使我心若。訾黃其何不來下!"**其聲熙熙,**襄二十
九年左傳:"爲之歌大雅,曰:'廣哉熙熙乎。'"**悲而不傷,詞若游
仙,乃足以作將帥之氣,雖雲門、大卷弗過也。**周禮大司樂
"舞雲門、大卷",鄭注:"黃帝樂曰雲門、大卷。"**以是爲國歌者,
賢於自作遠矣。**

　　語曰:在心爲志,發言爲詩。並見詩大序。**此則吟詠情
性古今所同,而聲律調度異焉。魏文侯聽今樂則不知
倦,古樂則卧。**見禮記樂記篇。**故知數極而遷,雖才士弗
能以爲美。**吟詠情性,古今詩人之所同也。至於四五七言之遷
貿,古律絕句之演變,此所謂乘時代興,使民不倦者。蓋自飾僞萌
生,歌詠斯發,作者所期,亦期以致怨慕,宣鬱湮而已耳。及夫體制
既成,施用益廣,其始也簡微,其卒也閎肆,或以述事,或以明理,無
不於此制發之,非獨攄寫情性而已。六義九德,無所不施,人事鬼

道,無所不和,竭天下之才力以從事,極之於其所往,而一體之勢盡矣。其勢既盡,則雖有能者,不見觀美,故曰“數極而遷,雖才士弗能以爲美也。”顧炎武曰:“三百篇之不能不降而楚辭,楚辭之不能不降而漢魏,漢魏之不能不降而六朝,六朝之不能不降而唐也,勢也。”又曰:“詩文之所以代變,有不得不變者,一代之文,沿襲既久,不容人人皆道此語也。”(日知錄二十一)王國維曰:“四言敝而有楚辭,楚辭敝而有五言,五言敝而有七言,古詩敝而有律絶,律絶敝而有詞。蓋文體通行既久,染指遂多,自成習套,豪傑之士,亦難於其中自出新意,故遁而作他體,以自解脱。一切文體所以始盛終衰者,皆由於此。故謂文學後不如前,余未敢信,但就一體論,則此説固無易也。”(人間詞話)其言與章君若合符節矣。**三百篇者,四言之至也。在漢獨有韋孟,**見上。**已稍淡泊。下逮魏氏,樂府獨有短歌、善哉諸行爲激卬也。**此謂樂府中四言詩也,見樂府詩集。**自王粲而降,**王粲有贈蔡子篤、贈士孫文始、贈文叔良四言,見文選。**作者抗志欲返古初,其辭安雅,**荀子榮辱篇:“譬之越人安越,楚人安楚,君子安雅。”**而惰弛無節者衆,若束晳之補亡詩,**見文選。**視韋孟猶登天。嵇、應、潘、陸亦以楉窳,**史記五帝本紀:“河濱器皆不苦窳。”荀子議兵篇楊注:“窳,器病也。楛,濫惡,謂不堅固也。”嵇康有幽憤詩,贈秀才入軍,應貞有晉武帝華林園集詩,潘岳有關中詩、爲賈謐作贈陸機,陸機有皇太子讌玄圃宣猷堂有令賦詩、短歌行、答賈謐、贈馮文羆、遷斥丘令、贈潘尼,皆四言詩,見文選。**“悠悠太上,民之厥初”。**應貞晉武帝華林園集詩。**“於皇時晉,受命既固”。**潘岳關中詩。**蓋庸下無足觀。非其材劣,固四言之埶盡矣。漢世郊祀**

房中之樂，有三言七言者，並見漢書禮樂志。其辭閎麗詇蕩，郊祀歌云"天門開，詇蕩蕩"，如淳曰："詇讀如迭，詇蕩蕩，天體堅清之狀也。"**不本雅頌，而聲气若與之呼召。其風獨五言爲善。古者學詩有大司樂瞽宗之化，**春官大司樂："掌成均之法，以治建國之學政，而合國之子弟焉。凡有道者，有德者，使教焉。死則以爲樂祖，祭於瞽宗。"注："鄭司農云："瞽，樂人，樂人所共宗也。或曰：祭於瞽宗，祭於廟中。明堂位曰：瞽宗，殷學也。泮宮，周學也。以此觀之，祭於學宮中。"**在漢則主情性。往者大風之歌、拔山之曲，**並見史記。**高祖、項王未嘗習藝文也，然其言爲文儒所不能舉。蘇李之徒結髮爲諸吏騎士，未更諷誦，**並見漢書。**詩亦爲天下宗。及陸機、鮑照、江淹之倫，擬以爲式，終莫能至。**蘇李之詩見於文選、玉臺新詠。王闓運曰："漢初有詩，即分兩派，枚、蘇寬和，李陵清勁。自後五言莫能外之。"（王志）然自文心雕龍（明詩篇）、詩品皆論李陵，而不及蘇武。東坡答劉沔書，乃謂李陵、蘇武贈別長安，詩有江漢之語，而蕭統不悟。洪容齋又言"獨有盈觴酒""盈"字觸諱（容齋隨筆）。則並疑蘇李矣。世人多從其說，謂皆後生擬作。考之六朝文家，自文心、詩品外，顏延年謂李陵善篇，有足悲者（庭誥）；蕭子顯謂少卿才骨，難與爭鶩（南齊書）；江淹雜體亦擬從軍（擬李都尉從軍一首）；庾信賦辭，並言蘇李（哀江南賦、趙國公集序）。然則蘇李之傳久矣。盛唐以來，杜子美曰："李陵、蘇武是吾師。"（解悶）韓退之曰："蘇李首更號。"（薦士）元微之曰："蘇子卿、李少卿之徒，尤工爲五言。"（杜工部墓誌銘）白樂天曰："五言始於蘇李。"（與元九書）獨孤至之曰："五言著於蘇李。"（皇甫冉集序）懿此諸公，皆老於文學,非不辨真僞者。且揆之文質,察其風力,亦非他人所能代作。東坡、容齋之論,蓋不然也。陸機、鮑照所擬,並見文選。**由是言之,情性之用長,而問學之助薄也。**嚴羽滄浪詩話曰:"夫詩有別材,非關書也;詩有別趣,非關理也。近代諸公乃作奇特解會,遂以文字爲詩,以才學爲詩,以議論爲詩。夫豈不工,終非古人之詩也。"按:此與鍾嶸之説亦可以互證,語見下文。**風與雅、頌、賦所以異者,三義皆因緣經術,旁涉典記。故相如、子雲小學之宗,以其緒餘爲賦。**莊子讓王篇"其緒餘以爲國家",釋文:"緒者殘也。"**郊祀歌者,頌之流也。通一經之士不能獨知其辭,皆集會五經家相與共講習之。安世房中歌作于唐山夫人,而辭亦爾雅。**史記樂書曰:"至今上即位,作十九章,令侍中李延年次序其聲,拜爲協律都尉。通一經之士不能獨知其辭,皆集會五經家相與共講習讀之,乃能通知其意,多爾雅之文。"**獨風有異,憤懣而不得舒,其辭從之,無取一通之書,數言之訓。及其流風所扇,極乎王粲、曹植、阮籍、左思、劉琨、郭璞諸家,**並見文選。**其氣可以抗浮雲。**趙岐孟子題辭曰:"守志厲操者,儀之則可以崇高節,抗浮雲。"**其誠可以比金石,**荀子大略篇曰"國風之好色也",傳曰:"盈其欲而不愆其止,其誠可比於金石,其聲可納於宗廟。"**終之上念國政,下悲小己,**詩大序曰:"是以一國之事,繫一人之本,謂之風。"史記司馬相如傳贊曰:"小雅譏小己之得失,其流及上。"**與十五國風同流。其時未有雅也。謝瞻承其末流,張子房詩本之,王風哀思,周道無章,浸淫及于大小雅矣。**説文:"淫,浸淫,隨理也。"王儉七志曰:"高祖游張良廟,命僚佐賦詩,瞻之所造,冠于一時。”（文選注）詩云：“王風哀以思，周道蕩無章。卜洛易隆替，興亂罔不亡。力政吞九鼎，苛慝暴三殤。息肩纏民思，靈鑒集朱光。伊人感代工，聿來扶興王。婉婉幬中畫，輝輝天業昌。鴻門消薄蝕，垓下殞欃槍。爵仇建蕭宰，定都護儲皇。肇允契幽叟。翻飛指帝鄉。惠心奮千祀，清埃播無疆。神武睦三正，裁成被八荒。明兩燭河陰，慶霄薄汾陽。鑾輅歷頹廢，飾像薦嘉嘗。聖心豈徒甄，惟德在無忘。逝者如可作，揆子慕周行。濟濟屬車士，粲粲翰墨場。瞽夫違盛觀，竦踴企一方。四達雖平直，蹇步愧無良。飡和忘微遠，延首詠太康。”**世言江左遺彥好語玄虛，**宋書謝靈運傳論曰：“在晉中興，玄風獨扇，爲學窮於柱下，博物止乎七篇，馳騁文辭，義殫乎此。自建武暨于義熙，歷載將百，雖比響聯辭，波屬雲委，莫不寄言上德，託意玄珠，遒麗之辭，無聞焉爾。”詩品曰：“永嘉貴黃老，稍尚虛談，於時篇什。理過其辭，淡乎寡味。爰及江左，微波尚傳，孫綽、許詢、桓、庾諸公詩，皆平典似道德論。”文心雕龍明詩篇曰：“江左篇製，溺乎玄風，嗤笑狥務之志，崇盛亡機之談。”又時序篇曰：“自中朝貴玄，江左稱盛，因談餘氣，流成文體。是以世極迍邅，而辭意夷泰。詩必柱下之指歸，賦乃漆園之義疏。”**孫、許諸篇傳者已寡，**世説新語文學篇注引續晉陽秋曰：“許詢有才藻，善屬文。正始中，王弼、何晏好莊老玄勝之談，而世遂貴焉。至過江，佛理尤盛，故郭璞五言始會合道家之言而韻之。詢及太原孫綽，轉相祖尚，又加以三世之辭，而詩騷之體盡矣（文選注作‘風騷’）。”詢、綽並爲一時文宗，自此作者悉體之。至義熙中，謝混始改。”按：隋志有晉徵士許詢集三卷，晉衞尉卿孫綽集十五卷，今皆佚。**陶潛皇皇，欲變其奏，其風力終不逮。**詩品云：“晉徵士陶潛，其源出於應璩，又協左思風力，文體省淨，殆無長語，篤意真古，辭興婉恓。"**玄言之殺,語及田舍,田舍之隆,旁及山川雲物,**莊老之道遺外世務,以返於真樸,故玄言之殺則語及田舍也。山林皋壤使我欣樂,故田舍之隆則旁及山川雲物也。文心雕龍明詩篇曰:"宋初文詠,體有因革,莊老告退,山水方滋,此其遷貿之迹也。"**則謝靈運爲之主。然則風雅道變,而詩又幾爲賦。顔延之與謝靈運深淺有異,**詩品以謝居上品,顔居中品。宋書謝靈運傳云:"文章之美,與顔延之爲江左第一。縱橫俊發,過于延之,深密則不如也。"南史顔延之傳云:"延之與謝靈運俱以辭采齊名,而遲速懸絕。延之嘗問鮑照,己與靈運優劣,照曰:謝五言如初發芙蓉,自然可愛;君詩若鋪錦列繡,亦雕繪滿眼。"(詩品以爲湯惠休語)**其歸一也。自是至於沈約、丘遲,景物復窮。自梁簡文帝初爲新體,牀笫之言,揚於大庭,訖陳隋爲俗。**顔謝以下,若謝瞻、謝惠連、謝莊、鮑照、江淹、謝朓、范雲、沈約、丘遲之屬,體物緣情,窮極雕飾矣。後有作者,不得不顧而之他,故兒女輕艷之作由之以興。蓋自樂府中子夜諸篇已導其源,而惠休、鮑照之作復多淫麗,及至簡文以是爲倡,遂成百年之俗,亦其勢也。**陳子昂、張九齡、李白之倫,又稍稍以建安爲本,**王士禎漁洋詩話曰:"唐人於六朝,率攬其菁華,汰其蕪蔓,可爲學古者之法。蓋自陳子昂追建安之風,開元之際則張曲江繼之,李太白又繼之。"沈德潛說詩晬語曰:"射洪、曲江,起衰中立,此爲勝廣。"劉熙載藝概曰:"唐初四子紹陳隋之舊,故雖才力迥絕,不免致人異議。陳射洪、張曲江獨能超出一格,爲李杜開先。"王闓運王志曰:"三唐風尚,人工篇什,各思自見,故不復摹古。陳隋靡習,太宗已以清麗振之矣。陳子昂、張九齡以公幹之體自抒懷抱,李白所宗也。"**白亦下取謝**

氏，**謝**氏，謂靈運及脁。**然終弗能遠至，是時五言之埶又盡。**
李攀龍作唐詩選序，謂唐一代無五言古詩。焦循易餘籥錄曰：“五
言詩發源於漢之十九首及蘇、李，而建安而後，歷晉、宋、齊、梁、周、
隋，於此爲盛。若陳子昂、張九齡、韋應物之五言古詩，不出漢、魏
人之所範圍。”王闓運王志曰：“唐人初不能爲五言，杜子美無論矣。
所稱陳子昂、張子壽、李太白，纔劉公幹之一體耳，何足盡五言之
妙，故曰唐無五言。學五言者，漢、魏、晉、宋盡之。詳此諸説，足以
知源流，明正變。五言之作，斷自盛唐，不亦宜乎？”**杜甫以下，辟
旋以入七言。七言在周世，大招爲其萌芽，**錢大昕養新録十
六云：“七言在五言之前，楚詞招魂、大招多四言，去些只助語，合兩
句讀之，即成七言。荀子成相、荆軻送別，其七言之始乎？至漢而
大風、瓠子見于帝製，柏梁聯句一時稱盛，而五言靡聞也。”**漢則柏
梁，**見古文苑。**劉向亦時爲之，**劉向七言，今劉子政集無之。考
西京賦注引劉向七言曰：“博物多識與凡殊”，雪賦注引劉向七言曰
“時將昏暮白日午”，思玄賦注引劉向七言曰“竭來歸耕永自疎”
（張景陽雜詩注亦引此句）；王仲宣贈士孫文始詩注引劉歆七略曰
“宴處從容觀詩書”，亦當作劉向七言。所引並在同韻，或即一篇之
語也。稽叔夜贈秀才入軍詩注引劉向七言曰“山鳥悲鳴動我懷”，
此句當出別篇。**顧短促未能成體，而魏文帝爲最工。**魏文
帝燕歌行，見文選。**唐時張之以爲新曲，**王士禎古詩選敍例曰：
“開元、大歷諸家，七言始盛王、李、高、岑，篇什尤多。太白馳騁筆
力，自成一家。嘉州之奇峭，供奉之豪放，更爲創獲。工部集古今
之大成，七言大篇，尤爲前所未有，後所莫及。自錢、劉、元、白以
來，無能步趨者。”**自是五言遂無可觀者。然七言在陳、隋氣
亦宣朗，不雜傳記名物之言。唐世浸變舊貫，**論語先進篇

"仍舊貫"，鄭注："貫，事也。"**其埶則不可久。哀思主文者，獨杜甫爲可與，**詩大序"亡國之音哀以思，其民困"，又曰"主文而譎諫"，箋云："主文，主與樂之宮商相應也。"**韓愈、孟郊蓋急就章之別辭；**漢志云："元帝時，黃門令史游作急就篇。"隋、唐志並云急就章。陳振孫書録解題以爲"其文多古語古字古韻，有足觀者也"。韓、孟二人好爲奇觚，其或違於詩之正軌，故曰"急就章之別辭"。釋惠洪冷齋夜話："沈存中曰：退之詩，押韻之文耳，雖健美富贍，然終不是詩。"蔡寬夫詩話曰："退之詩，豪健雄放，自成一家，世特恨其深婉不足。"趙翼甌北詩話曰："昌黎本好爲奇崛喬皇，而東野盤空硬語，妥帖排奡，趣尚略同，才力又相等，一旦相遇，遂不覺膠之投漆，宜其傾倒之至也。"**元稹、白居易則日者瞽師之誦也。**日者之名見墨子貴義篇，史記有日者列傳，集解曰："古人占候卜筮，通謂之日者。"瞽師，即宋人所謂負鼓盲翁也。（陸游詩："負鼓盲翁正作場"）。元、白之詩，或失則鄙，故曰"日者瞽師之誦"。李肇國史補曰："元和以後詩，學淺切於白居易，學淫靡於元稹，俱名爲'元和體'。"彭乘墨客揮犀曰："白樂天每作詩，令一老嫗解之，問曰：'解否？'曰解則録之，不解則又復易之。"王闓運王志曰："白居易歌行純似彈詞，焦仲卿詩所濫觴也；五言純用白描，近於高彪、應璩，多令人厭，無文故也。"**自爾千年，七言之數以萬，其可諷誦者幾何？重以近體昌狂，篇句填委，凌雜史傳，不本情性。**近體者，對古詩而立名。嚴羽滄浪詩話曰："風雅頌既亡，一變而爲離騷，再變而爲西漢五言，三變而爲歌行雜體，四變而爲沈（佺期）、宋（之問）律詩。"律詩與絕句皆近體也（唐人絕句亦稱律詩，李漢編昌黎集可證）。自沈、宋以還，聲律益諧，偶儷益切，多取史傳辭語，以供驅遣。至晚唐溫、李，宋之西崑諸公，其弊已甚，雖有博聞强識之效，而不免偭規改錯之譏矣。**蓋詩賦者，所以訟善醜之德，泄哀樂之情也。故温雅以廣文，興諭以盡意。晚世賦頌，苟爲饒辯屈塞之辭，**楚辭九章王逸注云："塞産，詰屈也。"**競陳誣罔不然之事，潛夫引以爲譏。**原注：見潛夫論務本篇。**詩又與議奏異狀，無取數典，**議奏之文或有引詩書以明勸戒，述史傳以著興亡。若詩則無所用之。悲愉所激，直舉胸臆。故詩品云："屬詞比事，乃爲通談；吟詠情性，何貴用事？思君如流水，既是即目；高臺多悲風，亦唯所見；清晨登隴首，羌無故實；明月照積雪，詎出經史？"王國維人間詞話曰："人能於詩詞中不使隸事之句，不用粉飾之字，則於此道已過半矣。"**鍾嶸所以起例，**見上下文注。**雖杜甫媿之矣。訖於宋世，小説、雜傳、禪家、方技之言莫不徵引，**觀蘇、黃諸集注，即其明證。**夫以孫、許高言莊氏，雜以三世之辭，猶云風騷體盡，**檀道鸞續晉陽秋語，見上注。**況乎辭無友紀，**友紀，見原經注。**彌以加厲者哉！宋世詩勢已盡，故其吟詠情性，多在燕樂。**納蘭成德淥水亭雜識曰："自五代兵革，中原文獻凋落，詩道失傳，而小詞大盛。宋人專意於詞，實爲精絶。詩其塵羹土飯，故遠不及唐人。"按：成德此言又本之陳子龍。子龍嘗謂宋人不知詩而强作詩，故終宋之世無詩。然其歡愉愁苦之致，動於中而不能抑者，類發於詩餘，故其所造獨工。焦循亦謂論宋則宜取其詞，然則此非一人之私言也。**今詞又失其聲律，**詞以聲律爲先，然其術精微幽眇，非口耳指授，即不可知。宋時嘗有樂府軍成集之輯，當時各種音譜，皆具其中，其書久已失傳。故自晚唐至北宋諸詞聲律已全不可知。南宋之詞有姜夔白石道人歌曲，其旁猶著節拍；張炎詞源亦載律呂宮調諸説。世人皆謂姜譜不免脱誤，張説亦嫌含隱，則亦終不可知而已。此亦馬端臨所謂義存而數亡者。文獻通考（樂考十四）曰："郊特牲曰：禮之所尊，尊其義也。失其義，陳其數，祝史之事也。荀子曰：不知其義，謹守其數，是官人百吏所以取秩禄也。蓋流傳既久，所謂義者布在方册，而其數則湮没無聞。姑以漢事言之，若禮若易，諸儒爲之訓詁，轉相授受，所謂義也。然制氏能言鏗鏘鼓舞之節，徐生善爲容，京房、費直善占，所謂數也。今訓詁則家傳人誦，而制氏之鏗鏘，徐生之容，京、費之占，無有能知之者矣。蓋其始也，則數可陳而義難知。及其久也，則義之難明者簡編可以紀述，論説可以傳授；而所謂數者，一日而不肄習，則亡之矣。"此論聲律散亡之故，亦至明晰。**而詩尨奇愈甚。考證之士，覩一器，説一事，則紀之五言，**此謂近世言樸學者，或以考證爲詩，如翁方綱、潘祖蔭、李慈銘輩皆是。**陳數首尾，比於馬醫歌括。**此誚其遠於性情，有似歌括。云馬醫者，賤之也。列子黃帝篇曰："范氏門徒，遇乞兒馬醫，弗敢辱也。"**及曾國藩自以爲功，誦法江西諸家，矜其奇詭，天下驚逐。**尚書金縢云："公乃自以爲功。"陳衍石遺室詩話卷一云："道咸以來，何子貞、祁春圃、魏默深、曾滌生、歐陽磵東、鄭子尹、莫子偲諸老，始喜言宋詩。何、鄭、莫皆出程春海先生門下，湘鄉詩文字皆私淑江西。洞庭以南言聲韻之學者，稍改故步。"按：近人喜治宋詩，曾公倡導之力實多。言江西諸家者，胡仔漁隱叢話卷四十八云："吕居仁近時以詩得名，自言傳衣江西，嘗作宗派圖，自豫章以降，列陳師道、潘大臨、謝逸、洪芻、饒節、僧祖可、徐俯、洪朋、林敏修、洪炎、汪革、李錞、韓駒、李彭、晁沖之、江端本、楊符、謝薖、夏傀（小學紺珠"傀"作

"倪")、林敏功、潘大觀、何覬、王直方、僧善權、高荷,合二十五人,以爲法嗣,謂其源流皆自預章也。"**古詩多詰詘不可誦,近體乃與杯珓讖辭相等**。廣韻云:"杯珓,古者以玉爲之。"類篇:"珓,巫以占吉凶者。"**江湖之士,艷而稱之,以爲至美。蓋自商頌以來,歌詩失紀,未有如今日者也**。原注:詩品云:"經國文符,應資博古;撰德駁奏,宜窮往烈;至乎吟詠情性,亦何貴於用事。"顏延之喜用古事,彌見拘束,於時化之,故大明、泰始中,文章殆同書鈔。爾來作者,浸以成俗,遂句無虛語,語無虛字,拘攣補衲,蠹文已甚。"又云:"任昉博物,動輒用事,所以詩不得奇。"尋此諸論,實詩人之藥石。但顏、任諸公,足詒書鈔之誚,方今作者豈直書鈔而已? 比之歌括、杯珓,夫豈失倫。○按:此論詩歌正則,念在救弊,故立言不得不爾。至近代詩家,其爲盛唐八代者,湘潭王氏實爲大宗。自餘諸家,雖左右采獲,然其風格所見,大氐皆毗於宋矣。陳衍石遺室詩話卷三曰:"前清詩學,道光以來,一大關捩,略別兩派。一派爲清蒼幽峭,自古詩十九首、蘇、李、陶、謝、王、孟、韋、柳以下,逮賈島、姚合、宋之陳師道、陳與義、陳傅良、趙師秀、徐照、徐璣、翁卷、嚴羽、元之范梈、揭傒斯、明之鍾惺、譚元春之倫,洗鍊而鎔鑄之,體會淵微,出以精思健筆。蘄水陳太初簡學齋詩存四卷、白石山館手稿一卷,字皆人人能識之字,句皆人人能造之句,及積字成句,積句成韻,積韻成章,遂無前人已言之意,已寫之景,又皆後人欲言之意,欲寫之景。當時嗣響,頗乏其人。魏默深之清夜齋稿,稍足羽翼,而才氣所溢,時出入於他派。此一派近日以鄭海藏爲魁壘,其源合也,而五言佐以東野、七言佐以宛陵、荆公、遺山,斯其異矣。後來之秀效海藏者,皆效其似太初者也。其一派生澀奧衍,自急就章、鼓吹詞、鐃歌十八曲以下,逮韓愈、孟郊、樊宗師、盧仝、李賀、梅堯臣、黃庭堅、謝翱、楊維楨、倪元璐、黃道周之倫，皆所取法。語必驚人，字忌習見。鄭子尹之巢經巢詩鈔爲其弁冕，莫子偲足羽翼之。近日沈乙菴、陳散原實其流派，而散原奇字，乙菴益以僻典，又少異焉，其全詩亦不盡然也。其樊榭、定菴兩派，樊榭幽秀，本在太初之前；定菴瑰奇，不落子尹之後。然一則喜用冷僻故實，而出筆不廣，近人惟寫經齋、漸西村舍近焉；一則麗而不質，諧而不澀，才多意廣者時樂爲之，人境廬、樊山、琴志諸君由此其選也。觀此所論，可以略知風會。**物極則變，今宜取近體一切斷之。**原注：唐以後詩但以參考史事存之可也，其語則不足誦。**古詩斷自簡文以上，唐有陳、張、李、杜之徒，稍稍删取其要，足以繼風雅，盡正變。夫觀王粲之從軍，而後知杜甫卑闒也；**説文云："闒，少力劣也。"**觀潘岳之悼亡，而後知元積凡俗也；觀郭璞之游仙，而後知李賀詭誕也；觀廬江府吏、鴈門太守敍事諸篇，而後知白居易鄙倍也；淡而不厭者陶潛，則王維可廢也；矜而不莊者謝靈運，則韓愈可絶也。要之，本情性，限辭語，則詩盛；遠情性，喜雜書，則詩衰。**

七略次賦爲四家：一曰屈原賦，二曰陸賈賦，三曰孫卿賦，四曰雜賦。屈原言情。孫卿效物。陸賈賦不可見，其屬有朱建、嚴助、朱買臣諸家，蓋縱橫之變也。原注：揚雄賦本擬相如。七略相如賦與屈原同次，班生以揚雄賦隸陸賈下，蓋誤也。○按：七略區別四家，其義例云何今不可知。諸家之文十逸八九，據其遺篇度之，則章君此説庶幾得理。張惠言七十家賦鈔序謂屈賦出於風雅，荀賦源於禮經，其説亦美。風雅以攄哀樂，即言情矣；禮經以明制度，即效物矣。或疑陸賈、莊助俱在諸子儒家，何故賦爲縱橫？嚴忌、鄒陽俱爲説士，而漢志鄒書次於縱橫，嚴賦列之屈後，又不可解。然諸子、詩賦明爲二略，義各有當。賈生亦在儒家，而賦必隸於屈原，又何疑於陸、莊乎？嚴有效騷之篇則歸屈賦，鄒無言情之作適在縱橫，又非不可解也。文辭學術常相涉入，而亦各有義界，故七略不能不爲之分別區處，文理密察，足以有別。章君所説，誠不可易矣。**然言賦者多本屈原，漢世自賈生惜誓上接楚辭，鵩鳥亦方物卜居，**方物猶仿佛也。楚語云："民神雜糅，不可方物。"**而相如大人賦自遠游流變，枚乘又以大招、招魂散爲七發，其後漢武帝悼李夫人、班婕妤自悼、外及淮南、東方朔、劉向之倫，**惜誓、卜居、遠游、大招、招魂、淮南王招隱士、東方朔七諫、劉向九歎並見楚辭。鵩鳥見賈誼傳。大人賦見司馬相如傳。七發見文選。漢武帝悼李夫人、班婕妤自悼並見外戚傳。**未有出屈、宋、唐、景外者也。孫卿五賦寫物效情，蠶、箴諸篇與屈原橘頌異狀。**橘頌見楚辭。異狀者，孫卿效物而不主情，屈原攄情而喻於物，後世賦家多是屈體也。**其後鸚鵡、焦鷯時有方物，及宋世雪、月、舞鶴、赭白馬諸賦放焉。**禰衡鸚鵡賦、張華焦鷯賦、謝惠連雪賦、謝莊月賦、鮑照舞鶴賦、顔延年赭白馬賦，並見文選。皆所謂攄情而喻於物者也。**洞簫、長笛、琴、笙之屬，**王褒洞簫賦、馬融長笛賦、嵇康琴賦、潘岳笙賦並在文選。**宜法孫卿，其辭義咸不類。徐幹有玄猨、漏巵、圓扇、橘賦諸篇，雜書徵引，時見一端，然勿能得其全賦。**魏文帝典論云："徐幹之玄猨、漏巵、圓扇、橘賦，雖張、蔡不過也。"按：圓扇賦引見北堂書鈔一百三十四、御覽七百二又八百十四,餘均無考。**大氐孫卿之體微矣。陸賈不可得從迹。雖然,縱橫者,賦之本。古者誦詩三百,足以專對**,漢志云:"從橫家者流,蓋出於行人之官。孔子曰:'誦詩三百,使於四方,不能專對,雖多亦奚以爲?'又曰:'使乎,使乎!'言其當權事制宜,受命而不受辭,此其所長也。"**七國之際,行人胥附**,大雅縣篇"予曰有疏附",傳云:"率下親上曰疏附。"尚書大傳:"文王胥附奔奏先後禦侮,謂之四鄰。"胥與疏同,胥、疏、附並疊韻字。**折衝于尊俎閒。**晏子春秋雜上篇:"仲尼聞曰:夫不出尊俎之間,而知千里之外,其晏子之謂也,可謂折衝矣。"又見韓詩外傳八、新序雜事一。**其説恢張譎宇,紬繹無窮,解散賦體,易人心志。**荀子非十二子篇"喬宇嵬瑣",楊倞注云:"喬與譎同。宇,大也,放蕩恢大也。"俞樾曰:"宇,當讀爲訏,説文:'訏詭譌也。'然則喬宇猶言譎詭矣。"**魚豢稱魯連、鄒陽之徒援譬引類,以解締結,誠文辯之儁也。**魏志王粲傳注引魚豢語。**武帝以後,宗室削弱,藩臣無邦交之禮。**漢書諸侯王年表序曰:"武帝施主父之册,下推恩之令,使諸侯王得分户邑以封子弟,不行黜陟而藩國自析。"又曰:"武有衡山、淮南之謀,作左官之律,設附益之法,諸侯惟得衣食税租,不與政事。至於哀平之際,皆繼體苗裔,親屬疎遠,生於帷牆之中,不爲士民所尊,勢與富室亡異。"**縱橫既黜,然後退爲賦家,時有解散。故用之符命,即有封禪典引;用之自述,而答客、解嘲興。**並見文選。**文辭之繁,賦之末流爾也。**章學誠嘗謂後世文體皆備於戰國,而戰國之文又皆原於詩教。(詳文史通義)賦者,詩之一流,諸有比興以成辭,揄揚以盡義,不歌而誦,胥謂之賦矣。故曰"文辭之繁,賦之末流爾也"。餘義見文學總略篇。**雜賦有隱書者，傳曰："談言微中，亦可以解紛。"**史記滑稽列傳。**與縱橫稍出入。淳于髡諫長夜飲一篇，純爲賦體，優孟諸家顧少耳。**並見滑稽列傳。**東方朔與郭舍人爲隱，依以譎諫，**見漢書東方朔傳。**世傳靈棋經誠僞書，然其後漸流爲占繇矣，**鼂公武郡齋讀書志曰："靈棋經二卷，漢東方朔撰。又云張良、劉安，未知孰是。晉顏幼明、宋何承天注，有唐李遠敍。歸來子以爲黃石公書，豈謂以授良者邪。按：南史載"客從南來，遺我良財，寶貨珠璣，金盌玉盃"之繇，則古之遺書也明矣。凡百二十卦，皆有繇辭。"四庫目録云："舊本題東方朔撰，或題淮南王劉安撰，皆依託也。然考以南史所引，此書實出於六朝，故隋志已著録。其法以棋十二枚以所擲面背相乘，得一百二十四卦，各有繇辭，其文雅奧非後世術家所能僞。劉基之注似亦非依託。"**管輅、郭璞爲人占皆有韻，**見魏志管輅傳、晉書郭璞傳。**斯亦賦之流也。自屈、宋以至鮑、謝，賦道既極。至於江淹、沈約，稍近凡俗。庾信之作去古踰遠，世多慕小園、哀江南輩，若以上擬登樓、閒居、秋興、蕪城之儕，其靡已甚。**沈約、庾信之作，見本集及八代文粹。登樓、閒居、秋興、蕪城俱在文選。李調元賦話云："鄴中小賦，古意尚存。齊梁人效之，琢句愈秀，結字愈新，而去古亦愈遠。沈休文桐賦'喧密葉於鳳晨，宿高枝於鸞暮'，即古變爲律之漸矣。"**賦亡蓋先于詩。繼隋而後，李白賦明堂，杜甫賦三大禮，**見本集及唐文粹。**誠欲爲揚雄臺隸，猶幾弗及。世無作者，二家亦足以殿。**詩采菽傳："殿，鎮也。"孔疏："軍行在後曰殿，取其鎮重之義。"**自是賦遂泯絕。近世徒有張惠言，區區修補黃山諸賦，**區區猶勤勤也。廣雅釋訓："區區，愛也。"古詩云"一心抱區區"，陶詩云"區區諸老翁"皆是，與訓陝小者義別。張賦見茗柯文編。**雖未至，庶幾李杜之倫，承千年之絶業，欲以一朝復之，固難能也。然自詩賦道分，漢世爲賦者多無詩，自枚乘外，**文選古詩十九首：其西北有高樓、東城高且長、行行重行行、涉江採芙蓉、青青河畔草、庭前有奇樹、迢迢牽牛星、明月何皎皎八首，玉臺新詠並題云"枚乘作"。新詠尚有蘭若生春陽一首，文選未録。文心雕龍明詩篇云："古詩佳麗，或稱枚叔。"**賈誼、相如、揚雄諸公，不見樂府五言。其道與故訓相儷，故小學亡而賦不作。**

　　漢世樂府，七略録爲歌詩，**上自郊祀，下訖里巷歈趣，皆見罔羅。**楚辭招魂云"吳歈蔡謳"，王逸注："歈、謳，皆歌也。"左思吳都賦作"吳愉"，司馬相如傳作"巴俞"，皆與歈通。崔豹古今注："吳趨曲，吳人歌其地也。"趨與趣通。周禮"朝土趨且辟"，釋文云："趨本作趣。"月令"趣民收歛"，釋文云："趣本作趨。"即其例。**其外有短簫鐃歌。**崔豹古今注曰："短簫鐃歌，軍樂也，黃帝使歧伯作。漢樂有黃門鼓吹，天子以燕樂羣臣。短簫鐃歌，鼓吹之一章耳，亦以賜有功諸侯也。宋書樂志：鐃如鈴而無舌，有柄，執而鳴之，周禮以金鐃止鼓，漢鼓吹曰鐃歌。"又曰："蔡邕論敍漢樂曰：一曰郊廟神靈，二曰天子享宴，三曰大射辟雍，四曰短簫鐃歌。"按：鐃歌十八曲，其辭始見宋書。陳本禮鐃歌箋曰："鐃歌不盡軍中樂，其詩有諷有頌，有祭祀樂章；其名不見於史記、漢書，惟宋書有之，似漢雜曲，歷魏晉傳訛，宋書搜羅遺佚，遂統之於鐃歌耳。"**李延年復依西域摩訶兜勒之曲以造新聲二十八解。**晉書樂志："胡角者，本以應胡笳之聲，後漸用之橫吹，有雙角，即胡樂也。

張博望入西域，傳其法於西京，惟得摩訶兜勒一曲。李延年因胡曲更造新聲二十八解，乘輿以爲武樂。後漢以給邊，和帝時，萬人將軍得之，魏晉以來，二十八解不復具存，用者有黃鵠、隴頭、出關、入關、出塞、入塞、折楊柳、黃覃子、赤之楊、望行人十曲。”**魏晉之間，但歌白紵諸曲，猶有繼者。**晉書樂志：“但歌四曲，出自漢世。無絃節，作伎最先唱，一人唱，三人和。魏武尤好之。時有宋容華者，清徹好聲，善唱此曲，當時之特妙。自晉以來不復傳，遂絶。”又曰：“白紵舞，按舞辭有巾袍之言。紵本吳地所出，宜是吳舞也。晉俳歌又云：‘皎皎白緒，節節爲雙。’吳音呼緒爲紵，疑白紵即白緒也。”**聲有曲折，故“妃呼豨”、“幾令吾”之屬，閒雜聲氣。**漢志所謂聲曲折，唐人謂之樂句，後人謂之和聲，亦即散聲，古樂府有所思云“妃呼豨”，宋書樂志、今鼓吹鐃歌詞云“幾令吾”皆是。宋書云：“樂人以聲音相傳語，不可復解。”**鐸舞歌聖人製禮樂篇其有散聲益明。**原注：其辭載宋書樂志，云：“昔皇文武邪，彌彌舍善，誰吾時吾，行許帝道，衙來治路萬邪，治路萬邪，赫赫，意黃運道吾，治路萬邪，善道明邪金邪，善道，明邪金邪帝邪，近帝武武邪邪，聖皇八音、偶邪尊來，聖皇八音，及來義邪同邪，烏及來義邪，善草供國吾，咄等邪烏，近帝邪武邪，近帝武邪武邪，應節合用，武邪尊邪，應節合用，酒期義邪同邪，酒期義邪，善草供國吾，咄等邪烏，近帝邪武邪，近帝武武邪邪，下音足木，上爲鼓義邪，應衆義邪，樂邪邪延否，已邪烏已禮祥，咄等邪烏，素女有絶其聖烏烏武邪。”此“邪”、“烏”、“吾”等字，皆是散聲。巾舞歌公莫篇則以“吾”字“嬰”字“何”字作散聲。蓋古歌曲被管絃者一字一聲，未有如今之疊字者也，故不得不假散聲以宣其氣。宋人燕樂亦無疊字而有散聲，張炎詞源所載“哩囉”等字是也。今南方里巷小弄皆然，不失

古法。至大曲則皆疊字,古所謂鄭聲矣。**尋晉語載惠公改葬共**
世子,臭達於外,國人誦之曰:"威兮懷兮,各聚爾有以待
所歸兮。猗兮違兮,心之哀兮。"威、懷、猗、違,皆曲折詠
歎之詞,舊讀以爲有實義者非也。晉語韋解云:"威,畏也。
懷,思也。言國人畏惠公,思重耳。猗,歎也。違,去也。言民心欲
去其上,安土重遷,故心哀之。"按:韋解增字以成其義。此以詠歎
説之,於義爲長。**樂府可歌,故其辭若自口出。後人雖欲摹**
擬,既失其音,皮之不存,毛將焉附矣。皮之不存二句,僖十
四年左傳文。**然古人即辭題署,而後人虛擬其名,何世蔑**
有。破斧、候人、燕燕于飛諸篇,皆虞夏舊曲也,原注:見呂
氏春秋音初篇。○按:音初篇云:"夏后氏孔甲田于東陽萯山,天大
風晦盲,孔甲迷惑,入于民室。主人方乳,或曰:'後來,是良日也,
之子是必大吉。'或曰:'不勝也,之子是必有殃。'后乃取其子以歸,
曰:'以爲余子,誰敢殃之?'子長成人,幕動坼橑,斧砍斬其足,遂爲
守門者。孔甲曰:'嗚呼!有疾,命也夫!'乃作爲破斧之歌,實始爲
東音。禹行功,見塗山之女,禹未之遇,而巡省南土。塗山氏之女
乃命其妾候禹於塗山之陽。女乃作歌,歌曰'候人兮猗',實始作爲
南音。有娀氏有二佚女,爲之九成之臺,飲食必以鼓。帝令燕往視
之,鳴若謐隘。二女愛而爭搏之,覆以玉筐。少選,發而視之,燕遺
二卵,北飛遂不反。二女作歌,一終曰'燕燕往飛',實始作爲北
音。"按:往飛即于飛也,周南桃夭、小雅雨無正傳並曰:"于,往也。"
周之詩人因其言以成己意。破斧見豳風,候人見曹風,燕燕見
邶風。**且周世里巷歌謠本有折楊、皇華,文見莊子。**莊子
天地篇云:"大聲不入於里耳,折楊、皇荂,則嗑然而笑。"釋文:"荂,

本又作‘華’。"**皇華即小雅之篇**，小雅鹿鳴之什有皇皇者華。**而里巷襲其語。折楊以後**，李延年二十八解復有云折楊柳者。**此皆轉相因襲者也。世言樂府聲律既亡，後嗣不宜復作**。王士禛池北偶談卷十一云："風雅之後有樂府，如唐詩之後有詞曲，勢使然也。如漢朱鷺、翁離之作，魏晉諸臣擬之以鳴其一代事，易名別調，各極其長，豈以古今同異爲病哉？後世文士如李太白，則沿其目而革其詞，杜子美、白樂天之倫則創爲意，而不襲其目，皆卓然作者，後世有述焉。近乃有擬古樂府者，遂顓以擬名，其說但取漢魏所傳之詞，句撫而字合之，中間豈無陶陰之誤，夏五之脱？悉所不較。或假借以附益，或因文而增損，踽踽牀屋之下，探肱滕篋之間，乃藝林之根蠹、學人之路阱矣。以此語於作者之門，不亦惡乎！右蒙陰公文介公孝與（鼏）樂府自敍也。虞山錢牧翁嘗亟取東阿于文定公論樂府之説，不知文介此論與文定若合符節。予嘗見一江南士人擬古樂府，有‘妃求呼豨豨知之’之句，蓋樂府"妃呼豨"皆聲而無字，今誤以妃爲女，呼爲唤，豨爲豕，湊泊成句，是何文理？因於論詩絶句著其説云：‘草堂樂府擅驚奇，杜老哀時託興微。元白張王皆古意，不曾辛苦學妃豨。’亦于、公二公之緒論也。"**此則今日俗詞，寧合宋人宮律？**張炎詞源云："十二律吕各有五音，演而爲宮爲調。律吕之名總八十四，分月律而屬之。今雅俗祇七宮十二調，而角不預焉。"吳梅詞學通論云："以七音乘十二律，則得八十四音。此八十四音不名曰音，則名曰宮調。何謂宮調？以宮音乘十二律，名曰宮；以商角徵羽變宮變徵乘十二律，名曰調。故宮有十二，調有七十二。惟八十四調中，非每調各有曲子，據詞源所列，止七宮十二調有曲耳。"按：宋人詞集如張子野、柳耆卿、周清真、姜白石、吳夢窗諸人俱著宮調，而其音譜已亡，白石雖著旁譜,亦不可通,故今人填詞特長短句之詩耳。**然猶綿延勿替,何哉? 樂府或時無韻,是猶周頌諸篇不應常節,蓋其逗留曲折非韻所持,固詩之特異也。**江永古韻標準詩韻舉例云:"朱子曰:周頌多不叶韻,疑自有和聲相叶。清廟之瑟,朱弦而疏越,一倡而三歎,歎即和聲也。顧氏曰:凡周頌之詩多若韻若不韻者,意古人之歌必自有音節而今不可考矣。"**若乃古今異音,部類離合,代有遷變。文士不達其意,喜改今韻以就方言。詞之末流有甚於反舌者。**呂氏春秋爲欲篇云"蠻夷反舌殊俗異習之國",高誘注:"反舌,夷語與中國相反,故曰反舌也。"大戴禮小辨篇云:"傳言以象,反舌皆至。"**而世或言樂府興於巷陌,方國殊致,何必正音。不悟樂府雖變,其爲夏音則同,未有泯亂大略者也。沙陀、契丹、金、元以降,多雜塞外方音,唐世所未殽亂,而皆獵其部次。**唐宋以降,異族雜糅,於是有訛音變節,部次殽亂,如中原音韻、洪武正韻則其著也。元人周德清作中原音韻,蓋專爲北曲而作;而洪武正韻多宗之。周氏以平聲分爲陰陽,入聲派入三聲,分十九部:一曰東鐘,二曰江陽,三曰支思,四曰齊微,五曰魚模,六曰皆來,七曰真文,八曰寒山,九曰桓歡,十曰先天,十一曰蕭豪,十二曰歌戈,十三曰家麻,十四曰車遮,十五曰庚青,十六曰尤侯,十七曰侵尋,十八曰鹽咸,十九曰廉纖。張萱疑耀曰:"德清北人,其所著音韻皆北聲,故以六爲籀,以國爲鬼,謂之中原之音可乎? 至四聲而闕入聲,尤爲謬妄。"四庫提要曰:"詞曲本里巷之樂,不可律以正聲,其體創於唐,然唐無詞韻,凡詞韻與詩皆同,唐初回波諸篇,唐末花閒一集,可覆按也。其法密於宋,漸有以入代平,以上代平諸例。而三百年作者如

雲,亦無詞韻,間或參以方音,但取歌者悦耳而已矣。一則去古未
遠,方音猶與韻合,故無所出入;一則去古漸遠,知其不合古音,而
又諸方各隨其口語,不可定以一格,故均無書也。至元而中原一
統,北曲盛行,既已別立專門,自宜各爲一譜,此亦理勢之自然。德
清乃以後來變例,據一時以排千古,其俱殊甚。觀其'瑟'注'音
史','塞'注'音死',今日四海之内,寧有此音。不又將執此以排
德清哉!"夫載祀相隔,不踰酛稔,聲韻乃遠離其本,明自他
族挾之以變,非自變也。原注:按切韻本考合南北正音,不失
倫紀,唐韻因之,而韻英考聲見於慧琳所引者,多與之異,如富、婦
等字,讀入魚部,此乃秦音通轉,非爲謬誤。宋世官韻,猶未大變舊
制,蓋猶會合南北之音也,其詞已漸有離合。至樂府指迷、詞林韻
釋,書皆出於宋世,而部署謞觚,全無友紀,殆不似人類之言,則宋
世汴京方音已大變於古音矣。孫卿云:"使夷俗邪音不敢亂
雅,大師之事。"荀子王制篇語。楊倞云:"夷俗,蠻夷之樂。雅,
正聲也。"夫詞與南北曲者,通俗之用,樂府則已古矣。蒙
古異音,夏侯寬、杜夔諸公,夏侯寬見漢書禮樂志。杜夔見魏
志。豈能知其節邪? 或曰:李延年已采西域之音以爲武
樂,隋世亦有西涼、龜茲、天竺、康國、疏勒、安國諸部。隋
書音樂志云:"始開皇初定令,置七部樂:一曰國伎,二曰清商伎,三
曰高麗伎,四曰天竺伎,五曰安國伎,六曰龜茲伎,七曰文康伎。又
雜有疏勒、扶南、康國、百濟、突厥、新羅、倭國等伎。"又曰:"大業
中,煬帝乃定清樂、西涼、龜茲、天竺、康國、疏勒、安國、高麗、禮畢,
以爲九部,樂器工衣創造既成,大備於茲矣。"今之詞自龜茲樂
來,詞即唐宋之燕樂也。凌廷堪燕樂考原曰:"燕樂即蘇祗婆(龜

兹人）琵琶之四均二十八調也。隋書音樂志明云鄭譯用蘇祗婆琵琶弦柱相引爲均，遼史樂志又云二十八調不用黍律，以琵琶弦叶之，則燕樂原出於琵琶可知。唐志：燕樂之器以琵琶爲首。宋志亦云：坐部伎琵琶曲盛流於時。皆其證也。”夏敬觀詞調溯源曰：“觀隋、唐、遼諸志所載，足證古樂至隋雅俗並廢，所用者惟龜茲樂；且可證雅部所用爲鄭譯所演八十四調之虛名（鄭譯演八十四調，詳見隋志。實則琵琶祗有四弦，每弦七調，共二十八調，唐宋所用僅有此數）。俗部所用，則蘇祗婆之二十八調。據白居易立部伎詩注云：太常選坐部伎絶無性識者退入雅樂部。又可證雅部徒有其名，而不堪用。其真用於雅部者，亦祗是八十四調中之二十八調。而以所用之歌詞未能如燕樂腔製之美，遂以無性識之部伎充之。故余謂今之詞體即此龜茲樂之所造就者也。”**何見夷音不可用也？**

應之曰：四夷之樂用于朝會祭祀燕饗，自周官鞮師、鞬鞻氏見其尚，春宮：“鞮師，掌教鞮樂，祭祀則帥其屬而舞之，大饗亦如之。”“鞬鞻氏，掌四夷之樂與其聲歌，祭祀則龡而樂之，燕亦如之。”鄭注：“四夷之樂：東方曰鞮，南方曰任，西方曰株離，北方曰禁。詩曰‘以雅以南’是也。王者必作四夷之樂，一天下也，言與其聲歌，則云樂者主於舞。”**小雅曰“以雅以南”，傳曰：“東夷之樂曰昧，南夷之樂曰南，西夷之樂曰朱離，北夷之樂曰禁。以爲籥舞。”**朱離，後漢書班固傳作“兜離”。原注：白虎通義省言“兜”。**周時朱音如兜，兜離，則所謂摩訶兜勒者。**原注：西域即用梵語。摩訶譯言大；兜勒、兜離，譯言聲音高朗，其音本作觟𧝎𧝏，𧝎字彈舌，觟𧝎爲形容語，若作名詞即是觟勒𧝏，但周漢無麻部音，故書作兜離耳。離字古本音𧝎，詩傳作“朱離”，音亦如兜離。**明自張騫以上，鞮鞻氏已用其聲歌，然獨王者施之陳於門外，**白虎通義禮樂篇曰：“興四夷之樂，明德廣及之也。先王推行道德，和調陰陽，覆被夷狄，故夷狄安樂，來朝中國，於是作樂樂之。作之門外者何？夷在外，故就之也。夷狄無禮，義不在內。明堂記曰：九夷之國，東門之外，所以知不在門內也。明堂記曰：“納夷蠻之樂于太廟，言納，明有入也。”後漢書陳禪傳曰：“古者合歡之樂舞于堂，四夷之樂陳於門。故詩曰：‘以雅以南，韎任朱離。’”**不及侯國。漢世變爲新聲，是乃因其節奏，而文字調均從中國，猶以假給邊將，不及郡縣。隋世龜茲樂盛行閭閈，文帝尚云：“無復正聲，不祥之大。”**隋書音樂志曰：“龜茲者，起自呂光滅龜茲，因得其聲。呂氏亡，其樂分散，後魏平中原，復獲之。其聲後多變易。至隋有西國龜茲、齊朝龜茲、土龜茲等，凡三部。開皇中，其器大盛於閭閈。時有曹妙達、王長通、李士衡、郭金樂、安進貴等，皆妙絕弦管，新聲奇變，朝改暮易，持其音技，估衒公王之間，舉時爭相慕尚。高祖病之，謂羣臣曰：‘聞公等皆好新變，所奏無復正聲，此不祥之大也。自家形國，化成人風，勿謂天下方然，公家家自有風俗矣。存亡善惡，莫不繫之。樂感人深，事資和雅，公等對親賓宴飲，宜奏正聲；聲不正，何可使兒女聞也！’帝雖有此勅，而竟不能救焉。”**今之燕樂，即此胡戎歌也。其辭變夷從漢，亦與李延年同法，故自唐世已有短詞，與官韻未相出入。此則名從主人，物從中國，古之制也。**昭元年公羊傳：“晉荀吳帥師敗狄于大原，此大鹵也。曷爲謂之大原？地物從中國，邑人名從主人。”桓二年穀梁傳：“夏四月，取郜大鼎于宋。孔子曰：名從主人，物從中國。故曰郜大鼎也。"**今縱不能復雅樂，**沈括夢溪筆談卷五云："外國之聲前世自別爲四夷樂，自唐天寶十三載，始詔法曲與胡部合奏，自此樂奏全失古法。以先王之樂爲雅樂，前世新聲爲清樂，合胡部者爲宴樂。"**猶宜存其節制。詞已失其律度，南北曲復曼衍不可究論，然叶音宜以官韻爲準。樂府者最近古初，楚漢之聲存于江左，而隋唐謂之清商，隋文以爲華夏正聲。**隋書音樂志曰："清樂，其始即清商三調是也。並漢來舊曲。樂器形制，並歌章古辭，與魏三祖所作者皆被於史籍。屬晉朝遷播，夷羯竊據，其音分散。符永固平張氏，始於涼州得之。宋武平關中，因而入南，不復存於内地。及平陳後獲之。高祖聽之。善其節奏，曰：'此華夏正聲也。'"**今江南、荆蜀諸蓮弄其緒也，**文選馬融長笛賦"聽蓮弄者，遥思於古昔"，注云："弄，蓋小曲也。"**比于燕樂，尚清緩有士君子風。**通典樂六云："沈約宋書惡江左諸曲哇淫，至今其聲調猶然。觀其政已亂，其俗已淫，既怨且思矣，而從容雅緩，猶有古士君子之遺風，他樂則莫與爲比。"**宜就古二十二部，**詳上卷。**稍稍爲之分合，以存漢魏、兩晉、江左遺聲。于是有知律者，爲之調其弦匏笙簧而已矣。**中國聲樂當以江南、荆蜀爲正，無取於河朔，此義章君蓋屢言之。檢論方言篇曰："聲樂之大湊，必以水地察其恒爲都會者。齊州以河漢分南北，河衞之岸謂之唐虞，漢之左右謂之夏楚。舜以南風，紂以北鄙，劉向辨其違矣。周人作四始而音流入於南，不歸於北（原注：取説苑修文篇義）。齊州之音以夏楚爲正，與河衞絶殊，故曰能夏則大。察文王之化，西南被於庸蜀濮彭，而江漢間尤美，故克殷之役，史岑稱之曰：蒼生更始，朔風變楚。審師文王者，必不夷俗邪音楚矣。"又詩終始論曰："曩者周召之化，上游至於荆梁。其後屈原、宋玉、相如、揚雄繼之，七雄相競。吳越包在東楚之域，項羽以吳人八千北勝鉅鹿，與沛公先後入秦，由是楚漢之音興，而鄭聲廢矣。自安世房中以外，雖不純雅，猶愈桑間濮上之聲。後有枚乘、嚴夫子、嚴安之屬，復以吳士被屈原風。賈誼自周遷于長沙，始弔屈原，則惜誓、服鳥之文繼作。下得建安曹氏父子産于譙，而王粲亦客荆州，五言最盛焉。自晉之東，中原廥亂，詩樂皆起江左。如河北者，幾無一篇也（原注：拓跋孝文以還，始有篇什，比之南國，則猶擊缶之與黃鐘矣）。是時雅樂雖失其序，清商爲楚漢遺聲，獨存江表。庫者至于玉樹後庭華、金叉兩臂垂諸曲，辭近淫哇，猶舂容有士君子風。隋文帝知爲華夏正聲，異于當時燕樂外取胡戎，故知周召之風其傳遠矣。歌律當以南紀爲宗，其道千世而不易也。"

　　諸四言韻語者，皆詩之流，而今多患解弛。箴之爲體，備於揚雄諸家，其語長短不齊，陸機所謂頓挫清壯者，有常則矣。陸機文賦云："箴頓挫而清壯。"王闓運王志曰："箴當從耳聽，故尚頓挫。"自餘四言，世多宗法李斯，閒三句以爲韻，見史記秦始皇本紀。其勢易工。如其辭旨，宜本之情性，參之故訓，稽之典禮，去其縟采，泯其華飾，無或糅雜故事，以亂章句。此謂哀誄、銘箴、頌贊諸品也。文賦云："誄纏綿而棲愴，銘博約而溫潤，箴頓挫而清壯，頌優游以彬蔚。"文心雕龍論誄文曰："誄之爲制，蓋選言録行，傳體而頌文，榮始而哀終。論其人也，曖乎若可觀；道其哀也，悽焉如可傷。"論哀辭曰："隱心而結文則事愜，觀文而屬心則體奢。奢體爲辭，則雖麗不哀。"論銘箴曰："箴全禦過，故文資确切；銘兼褒讚，故體貴弘潤。其取事也，必覈以辨；其摘文也，必簡而深。"論頌贊曰："頌惟典雅，辭必清鑠，敷寫似賦，而不入華侈之區；敬慎如銘，而異乎規戒之域。贊之篇體，促而不廣，必結言於四字之句，盤桓乎數韻之辭。約舉以盡情，昭灼以送文，此其體也。”案：誄銘諸品不專貴采飾，觀於雕龍所説，其義至明矣。**先民有言：“既雕既琢，復歸於樸。”此之謂也。**大雅板曰：“先民有言。”莊子山木曰：“既雕既琢，復歸於樸。”**近世曾國藩，獨慕漢書敍傳。**曾公嘗言：“余生平於古人四言，最好韓公之作，如祭柳子厚文、祭張署文、進學解、送窮文諸四言，固皆光如皎日，響如春霆。即其他凡墓誌之銘詞，及集中如淮西碑、元和聖德詩各四言詩，亦皆於奇崛之中迸出聲光，其意不外意義層出，筆仗雄拔而已。自韓公而外，則班孟堅漢書敍傳一篇，亦四言中之最儁雅者。”（家書諭紀澤）故曾公所爲碑銘哀祭諸作無慮皆規摹班、韓也。太炎文録説林下曰：“善敍行事，能爲碑版傳狀，韻語深厚，上攀班固韓愈之輪，如曾國藩、張裕釗，斯其選也。”**四言之用自漢世已衰，敍傳雖非其至，自雅頌以下，獨有李斯、韋孟、揚雄、班固四家，復欲陵轢其上，固以難矣。韓愈稍欲理其廢絶，辭已壯麗，博而不約，鮮温潤之音，**韓公之詩，昔人恨其深婉不足。近世王闓運亦譏其襲杜粗迹，故成枯獷。（見王志）其他四言韻語蓋亦雄奇精能，才力有餘，惟於温厚之旨有未至耳。胡仔漁隱叢話（前集十八）引蘇子由云：“詩人詠歌文武征伐之事，其於克密曰：‘無矢我陵，我陵我阿，無飲我泉，我泉我池。’其於克崇曰：‘崇墉言言，臨衡閑閑，執訊連連，攸馘安安，是類是禡，是致是附，四方以無侮。’其於克商曰：‘維師尚父，時維鷹揚，諒彼武王，肆伐大商，會朝清明。’其形容征伐之盛極於此矣。退之作元和聖德詩，言劉闢之死曰：‘婉婉弱子，赤立傴僂。牽頭曳足，先斷腰膂，次及其徒，體骸撐柱，末乃取闢，駭汗如雨，揮刀紛紜，爭切膾脯。’此李斯頌秦所不忍言，而退之自謂無愧於雅頌，何其陋也。”按：所謂博而不約，鮮温潤之音，正指此類。**學之雖至猶病傀怪**，春官大司樂“大傀異裁”，注：“傀，猶怪也。”**不至乃獷獷如豺狼聲。**漢書敍傳“獷獷亡秦”，師古曰：“獷獷，麤惡之貌。”**詎非正以雅頌**，晉語云：“詎非聖人，不有外患，必有内憂。”詎非猶苟非也，詳經傳釋詞。**其可爲典刑耶？若夫碑版之辭蟬嫣不絶，體以四言末則不韻。**漢書揚雄傳注：“蟬嫣，連也。”文賦云：“碑披文以相質。”王闓運王志曰：“碑以文述事，而不可以事爲主。相質者，飾質也。”文心雕龍論蔡邕碑文曰：“其敍事也該而要，其綴采也雅而澤。”尋此諸説，以知碑版之體貴在以文飾事，蓋頌贊之流，特無韻耳，後世則漸失其度矣。説詳正齋送篇。**此自漢碑已導其原，韓愈尚優爲之。然唐人多意造辭**，近人或以爲戒。余以爲造辭非始唐人，自屈原以逮南朝，誰則不造辭者？**古者多見子夏、李斯之篇**，子夏、李斯之篇，謂爾雅倉頡小學之書也。南朝以前，士人多習小學，慮無不能造辭者。觀於昭明文選，多録沈博絶麗之文。隋志所載，釋文所引，爲經典音義者尤衆。及在唐世，杜子美猶云“讀書難字過”（漫成詩），韓退之亦謂“凡爲文辭，宜略識字”（李陽冰科斗書孝經後記），則其學猶未亡也。五代以還，始有僻違軋苗之戒，文士能爲優雅冲夷而不能爲閎麗淵奥，習常蹈故，蓋其短也。俞蔭甫曰：“宋元以來，士大夫高談性命，如聲音訓詁未及講求。王荆公固作字説者，而霸字從西從雨，茫然不知；王伯厚博極羣書，竟不知孝孛之爲二字。然則小學之衰久矣。”（小學考序）**故其文章都雅**，史記司馬相如傳“姣冶嫺都”，索隱引郭璞曰：“都，雅也。”**造之自我，皆合典言。後**

世字書既已乖離，而好破碎妄作，其名不經，史記孟子荀卿列傳："其語閎大不經。"雅俗之士所由以造辭爲戒也。太炎文録與人論文書曰："太上則雅，其次猶貴俗耳。俗者，謂土地所生習（地官大司徒注），婚姻喪紀舊所行也（天官大宰注），非猥鄙之謂。孫卿云：有雅儒者，有俗儒者。李斯云：隨俗雅化。夫以俗爲縵白，雅乃繼起以施章采，故文質不相畔。"按：此云"雅俗之士"即用是義。云"以造辭爲戒"者，曾滌生與陳右銘書有曰："識度曾不異人，或乃競爲僻宇澀句，以駭庸衆，斲自然之元氣，斯又才士之所同蔽，戒律之所必嚴。"其此之謂矣。若其明達雅故，漢書敍傳曰："函雅故，通古今。"善赴曲期，荀子正名篇曰"散名之加於萬物者，則從諸夏之成俗曲期"，楊倞注："曲期，謂委曲期會物之名者矣。"雖造辭則何害？不然，因緣緒言，莊子漁父篇曰"曩者先生有緒言而去"，釋文云："緒言，猶先言也。"巧作刻削。呼仲尼以龍蹲，御覽三百七十七引演孔圖："孔子長十尺，大九圍，坐如蹲龍，立如牽牛。"斥高祖以隆準；見本紀。指兄弟以孔懷，見小雅常棣篇。顏氏家訓文章篇曰："孔，甚也。懷，思也。"陸機與長沙顧母書，述從祖弟士璜死，乃言"痛心拔腦，有如孔懷，心既痛矣，即爲甚思。"何故言有如也，觀其此意，當謂親兄弟爲孔懷。詩云"父母孔邇"，而呼二親爲孔邇，於義通乎？稱在位以曾是。見大雅蕩篇。此雖原本經緯，非言而有物者也。易家人象曰"君子以言有物而行有恒"，正義："物，事也。"禮記緇衣曰："子曰：言有物而行有格也。"鄭注："物謂事驗也。"此謂不能造辭，而破碎妄作，因爲非是；而或因緣緒言，名義不正，不可質驗者，其弊亦均也。此等刻飾，殆原於六朝文弊之世，亦劉彥和所謂"懸領似如可辨，課文了不成義”者已。自“孔懷”諸語外，因緣摘裂，蓋亦多有。孫德謙六朝麗指曰：陶詩“再喜見友于”，以言兄弟也。任彥昇爲范尚書讓吏部封侯第一表“遠惟則哲，在帝猶難”，書知人則哲，蓋以則哲爲知人矣。謝元暉謝隨王賜左傳啓“贏金遺其貽厥”，王仲寶褚淵碑文“貽厥之寄”，詩“貽厥孫謀”，是又以“貽厥”作“孫謀”解矣。彥昇又爲庾杲之與劉居士虯書“實望賁然”，詩“賁然來思”，蓋望其來也。又曰：六朝文又有證以經傳，若不知其隸事者。梁武帝申飭選人表有“後門以過立試吏”，“八元立年”等語，“過立”與“立年”，循誦其上下文有“甲族以二十登仕”，乃知此“立”字即論語“三十而立”義也。傅季友爲宋公修張良廟教，任彥昇爲范始興作求立太宰碑表，一則言“冠德如仁”，一則言“道被如仁”，所謂“如仁”，蓋本論語孔子稱管仲語，以“如仁”隱切管仲也。又沈休文謝賜輢調絹啓“曹植還蕃，非降魏兩之賜”，“魏兩”云者，未知何解，以上句“未聞漢儲之禮”觀之，乃用易“明兩作離”，以“兩”爲太子也。若不識兩爲太子，“魏兩”二字幾不可通矣。觀孫氏所舉，皆所謂奇辭亂名，於義無取焉。方苞書史記貨殖傳後曰：春秋之制義法，自太史公發之，而後之深於文者亦具焉。義即易之所謂言有物也，法即易之所謂言有序也。義以爲經而法緯之，然後爲成體之文。故桐城之文雖枯槁，其於末流之猥語釀辭，猶有廓清之功矣。

國故論衡疏證中之七

正齎送

說文：“齎，持遺也。”周官小祝“設道齎之奠”，鄭注云：“齎猶送也。”此篇專論哀弔、行狀、象贊、碑銘諸體，其文皆爲送死而作。以末世文敝，淫濫滋多，悉當加以制裁，返諸樸質，故曰“正齎送”。

葬不欲厚，禮記檀弓篇謂孔子言死欲速朽。墨子有節葬篇，呂氏春秋有節喪篇、安死篇，論之詳矣。**祭不欲瀆。**禮記祭義篇云：“祭不欲數，數則煩，煩則不敬。”**靡財於一奠者此謂賊，**賊者，傷害之名也。文十八年左傳云：“毀則爲賊。”荀子禮論篇云：“刻生而附死謂之惑，殺生而送死謂之賊。”靡財營奠，徒害有用之物，故謂之賊矣。後漢書明帝紀，詔曰：“生者無擔石之儲，而財力盡於墳土；伏臘無糟糠，而牲牢兼於一奠。靡破積世之業，以供終朝之費。子孫饑寒，絶命於此，豈祖考之意哉？”**竭思於祝號者此謂誣。**誣者，欺也，妄也。禮記曾子問篇云：“今之祭者，不首其義，故誣於祭也。”鄭注云：“誣猶妄也。”竭思祝號則如巫祝之託於鬼神而爲欺妄，故謂之誣矣。云“祝號”者，周官大祝：“掌六祝：‘一曰順祝，二曰年祝，三曰吉祝，四曰化祝，五曰瑞祝，六曰筴祝。’辨六號：‘一曰神號，二曰鬼號，三曰示號，四曰牲號，五曰齍號，六曰幣號。’”小祝：“掌小祭祀，將事侯禳禱祠之祝號。”禮記禮運篇云"作其祝號"，鄭注云："號者，所以尊神顯物。"**諸爲歸人篡述者，亦齋送之事也。**列子天瑞篇云："古者謂死人爲歸人。"**不得其職，**爾雅釋詁云："職，常也，主也。"**甚乎以璵璠歛矣。**定五年左傳云："季平子卒，陽虎將以璵璠歛。仲梁懷弗與，曰：'改步改玉。'"呂氏春秋安死篇云："魯季孫有喪，孔子往弔之。入門而左，從客也。主人以璵璠收，孔子徑庭而趨，歷級而上，曰：'以寶玉收，譬之猶暴骸中原也。'徑庭歷級，非禮也；雖然，以救過也。"**古者弔有傷辭，謚有誄，祭有頌，**説詳下文。**其餘皆禱祝之辭，非著竹帛者也。上曲禮："知生者弔，知死者傷。"**曲禮云："知生者弔，知死者傷。知生而不知死，弔而不傷；知死而不知生，傷而不弔。"鄭注云："人恩各施於所知也，弔傷皆謂致命辭也。"雜記曰："諸侯使人弔辭曰：寡君聞君之喪，寡君使某，如何不淑。此施於生者。傷辭未聞也。説者有弔辭云：皇天降災，子遭罹之，如何不淑。此施於死者，蓋本傷辭。辭畢退皆哭。"**正義曰："弔辭口致命，傷辭書之於版。"既夕禮："知死者贈，知生者賻。書賵於方，若九，若七，若五。"**鄭注云："方，板也。書賵奠賻贈之人名與其物於板。每板若九行，若七行，若五行。"**諸在版者，皆百名以下，**見文學總略篇。**其字有定。賵之多者不過九行，傷辭多者不過百字。上世作者雖若滅若没哉，觀魏武過橋玄墓，不忘疇昔，爲辭告奠，其文約省，哀戚爲已隆矣。**魏志云："建安七年，公軍譙。遣使以大牢祀橋玄。"裴注云："襃賞令載公祀文曰：'故太尉橋公，誕敷明德，泛愛博容。國念明訓，士思令謨。靈幽體翳，邈哉晞矣！吾以幼年，逮升堂室，特以頑鄙之姿，爲大君子所納，增榮益觀，皆由奬助，猶仲尼稱不如顏淵,<u>李生</u>之厚歎賈復。士死知己,懷此無忘。又承從容約誓之言:'殂逝之後,路有經由,不以斗酒隻雞過相沃酹,車過三步,腹痛勿怪!'雖臨時戲笑之言,非至親之篤好,胡肯爲此辭乎?匪謂靈忿,能詒己疾,懷舊惟顧,念之悽愴。奉命東征,屯次鄉里,北望貴土,乃心陵墓。裁致薄奠,公其尚饗!'"**斯蓋古之令軌爲法於今者乎?誄者,誄其行迹而爲之諡。**説文云:"誄,諡也。"**禮**記曾子問注曰:"誄,累也,累列生時行迹讀之以作諡。"**記曾子問曰:"賤不誄貴,幼不誄長。天子稱天以誄之。"**鄭注云:"以其無尊焉。春秋公羊説以爲讀誄制諡於南郊,若云受之於天然。"**周官大史:"遣之日讀誄。"**鄭注云:"遣謂祖廟之庭大奠將行時也。人之道終於此,累其行而讀之,大師又帥瞽廞之而作諡。瞽史知天道,使共其事。言王之誄諡,成於天道。"**文章流別傳曰:"詩頌箴銘之篇,皆往古成文,可放依而作。惟誄無定制,故作者多異焉。見於典籍者,左傳有魯哀公爲孔子誄。"**原注:<u>文心雕龍</u>及<u>御覽</u>五百九十六引。○按:<u>隋志</u>:文章流別集四十一卷,文章流別志論二卷,並<u>摯虞</u>撰。文章流別傳即文章流別志論也。哀十六年<u>左傳</u>云:"夏四月己丑,<u>孔丘</u>卒,公誄之曰:'旻天不弔,不憖遺一老,俾屏余一人以在位,煢煢余在疚。嗚呼哀哉尼父!無自律。'"**列女傳述魯展禽妻誄夫事。**列女傳卷二云:"柳下既死,門人將誄之,妻曰:'將誄夫子之德耶?則二三子不如妾知之也。'乃誄曰:'夫子之不伐兮,夫子之不竭兮,夫子之信誠而與人無害兮。屈柔從俗,不强察兮。蒙恥救民,德彌大兮。雖遇三黜,終不蔽兮。愷悌君子,永能厲兮。嗟乎惜哉,乃下世兮。庶幾遐年,今遂逝兮。嗚呼哀哉,魂神泄兮。夫子之諡,宜爲惠兮.'門人從之以爲諫,莫能竄一字。"**古者諸侯相諫猶謂之失,**曾子問云:"諸侯相諫,非禮也。"鄭注云:"禮當請諫於天子也,天子乃使大史賜之謚。"**況以燕昵自諫其夫,似後生所託也。詩傳曰:"喪紀能諫,可以爲大夫。"**已見辨詩篇。**大夫不當有諫人事,蓋稱君命爲之辭。**原注:周禮春官"御史掌贊書",後鄭以爲佐作詔令。按:後漢書周榮傳,尚書陳忠上疏薦榮子興曰:"尚書出納帝命,爲王喉舌。臣等既愚闇,而諸郎多文俗吏,鮮有雅材。每爲詔文,宣示內外,轉相求請,或以不能,而專己自由,辭多鄙固。"是則周漢王言亦由假手,惟漢初高祖、孝文或親自作詔耳。諫亦視此。**訖於新氏,揚雄不在史官而諫元后。**元后諫見藝文類聚十五、古文苑二十。其辭云:"新室文母太后崩,天下哀痛,號哭涕泗,思慕功德,咸上樞諫之銘曰:惟我有新室文母聖明皇太后,姓出黃帝。西陵昌意,實生高陽。純德虞帝,孝聞四方;登陟帝位,禪受伊唐;爰初胙土,陳田至王;營相厥宇,度河濟旁。沙麓之靈,太陰之精;天生聖姿,豫有祥禎。作合於漢,配元生成;孝順皇姑,承家尚莊。內則純備,後烈丕光;肇初配先,天命是將;兆徵顯見,新都黃龍。漢成既終,胤嗣匪生,哀帝承祚;惟離典經,尚是言異;大命俄顛,厥年夭殞;大終不盈,文母覽之;千載不傾,博選大智。新都宰衡,明聖作佐,與圖國艱,以度厄運,徵立中山,庶其可濟;博采淑女,備其姪娣;覲禮高禖,祈廟嗣繼,靡格匪天,靡動匪地;穆穆明明,昭事上帝。弘漢祖考,夙夜匪懈;興滅繼絕,博立侯王;親睦庶族,昭穆序明;帝致支屬,靡有遺荒;咸備祚慶,冀以金火;赤仍有央,勉進大聖;上下兼該,羣祥衆瑞;正我黃來,火德將滅,惟后于斯;天之所壞,人不敢支。哀平夭折,百姓分離;祖宗之愆,終其不全。天命有託,謫在于前;屬遭不造,榮極而遷;皇天眷命,黃虞之孫;歷世運移,屬在聖新;代于漢劉,受祚于天。漢祖承命,赤傳于黃;攝帝受禪,立爲真皇;允受厥中,以安黎衆;漢廟黜廢,移定安公;皇皇靈祖,惟若孔臧;降茲珪璧,命服有常;爲新帝母,鴻德不忘;欽德伊何,奉命是行;菲薄服食,神祇是崇;尊不虛統,惟祇惟庸;隆脩人敬,先民是從;承天祇家,允恭虔恪;豐阜庶卉,旅力不射;恤民于留,不皇詭作。別計十邑,國之是度;還奉于此,以處貧薄;罷苑置縣,築里作宅;以處貧窮,哀此煢獨。起常盈倉,五十萬斛;爲諸生儲,以勸好學;志在黎元,是勞是勤;春巡灝漣,秋臻黃山;夏撫鄠杜,冬恤涇樊;大射饗飲,飛羽之門;綏宥耆幼,不拘婦人;刑女歸家,以育貞信;玄冥季冬,搜狩上蘭;寅賓出日,東秩暘谷;鳴鳩拂羽,戴勝降桑(桑字失韻,類聚作勝降桑木);蠶于繭館,躬筐執曲;帥導羣妾,咸循蠶簇;分繭理絲,女工是勑,遹通蒙祉。中外褆福,自京逮海;靡不仰德;成類存生,秉天地經;無物不理,無人不寧;尊號文母,與新有成。世奉長壽,靡墮有傾;著德太常,注諸旒旌;嗚呼哀哉! 以昭鴻名,享國六十,殞落而崩;四海傷懷,擗踊拊心;若喪考妣,遏密八音。嗚呼哀哉! 萬方不勝,德被海表,彌流魂精;去此昭昭,就彼冥冥;忽兮不見,超兮西征;既作下宮,不復故庭。爰縅伊銘,嗚呼哀哉!"**後漢大司馬吳漢薨,杜篤以獄囚上誄。**杜篤吳漢誄見類聚四十七。其辭云:"篤以爲堯隆稷契,舜嘉皋陶,伊尹佐殷,呂尚翼周,若此五臣,功無與疇。今漢吳公,追而六之。乃作誄曰:朝失鯁臣,國喪爪牙,天子愍悼,中宮咨嗟。四方殘暴,公不征茲,征茲海内,公其攸平。泯泯羣黎,賴公以寧。勳業既崇,持盈守虛,功成即退,挹而損諸。死而不朽,名勒丹書,功著金石,與日月俱。"**由是賤有誄貴者也。宗廟之樂,天子有頌,以其成功,告於神明。**見詩序。**自下蓋謂之**

祠，春祭曰祠，品物少，多文辭也。見説文。太祝六辭，一
曰祠。舊讀以爲辭令，蓋未諦。鄭注云：“鄭司農云：祠當爲
辭，謂辭令也。”按此謂祠爲文辭，即頌之屬著在竹帛者，不從司農
説。若夫攻説之文，太祝：“掌六祈以同鬼神示：一曰類，二曰造，
三曰禬，四曰禜，五曰攻，六曰説。”鄭注云：“玄謂類、造，加誠肅求
如志；禬、禜，告之以時有災變也；攻、説則以辭責之。”對於神祇，
非用之人鬼者也。凡此三族，後世稍分爲十餘種，而或
施諸刻石。文敝者宜返質，謂當刊剗殊名，説文云：“刊，剟
也。”“剗，刊也。”言從其本。

　　自傷辭出者，後有弔文。賈誼弔屈原，相如弔二世，
並見漢書本傳。録在賦篇。賈誼傳云：“爲賦以弔屈原。”相如傳
云：“奏賦以哀二世行失。”藝文志云：“賈誼賦七篇。司馬相如賦二
十九篇。”其特爲文辭，而迹可見於今者，若禰衡弔張衡，御
覽五百九十六引禰衡弔張衡。其辭曰：“南岳有精，君誕其姿。清
和有理，君達其機。故能下筆繡辭，揚手文飛。昔伊尹值湯，呂尚
遇旦。嗟矣君生，而獨值漢。蒼蠅爭飛，鳳凰已散。元龜可羈，河
龍可絆。石堅而朽，星華而滅。惟道興隆，悠悠未絶。靡滯君□，
昔與沉浮。河水有絶，石聲永流。周旦先没，發夢孔丘。余生雖
後，身亦存游。士殞知已，君其勿憂。”陸機弔魏武帝。見文選。
斯皆異時致閔，不當棺柩之前，與舊禮言弔者異。惟束
晳弔衛巨山、蕭孟恩二首，斯得職耳。御覽五百九十六引束
晳弔衛巨山曰：“元康元年，楚王瑋矯詔舉兵害太保衛公及公四子
三孫。公四子黃門郎巨山與晳有交好，時自本郡來赴其喪，作弔文
一篇以告其柩，曰：同志舊友陽平束晳，頃聞飛虎肆暴，竊矯皇制，

禍集于子,宗祊幾滅。越自異方,來赴來祭。遥望子弟,銘旌蘂立。既闐子庭,其殯盈十。徘徊感動,載號載泣。歛袂升階,子不我揖,引袂授袪,子不我執。哀哉魂兮,于焉棲集。"弔蕭孟恩文曰:"東海蕭惠孟恩者,父昔爲御史,晳先君同僚。孟恩及晳,旦夕同遊,分義早著。孟恩夫婦皆亡,門無立允。時有伯母從兄之憂,未獲自往,致文一篇,以弔其魂,並脩薄奠。其文曰:舊友人陽平束晳,謹請同業生李察,奉服脩一束,麥糈一器,以致詞于處士蕭生之墓曰:嗚呼哀哉! 精爽遐登,形骸幽匿,有耶亡耶,莫之能測。敬薦薄饋,魂兮來食。孟恩孟恩,豈猶我識!" **今之祭文,蓋古傷辭也。喪禮奠而不祭,**禮記檀弓云"奠以素器",疏云:"奠謂始死至葬之時祭名。以其時無尸,奠置於地,故謂之奠也。"説文云:"奠,置祭也。"**故既夕禮曰:"若奠,受羊如受馬,兄弟賵奠可也,所知則賵而不奠。"**鄭注云:"兄弟有服親者可且賵且奠,許其厚也。賵奠於死生兩施。所知,通問相知也,降於兄弟,奠施於死者爲多,故不奠。"**今在殯宫而命以祭,言則不度。文章緣起曰:後漢車騎郎杜篤始作祭延鍾文。**祭延鍾文今無考。**不知其吉祭耶,抑喪奠也? 神固不歆非類,**僖十年左傳曰:"神不歆非類。"**雖在吉祭,於古未有異姓爲主者。士禮既崩,近世或有功德在民,祭於州邑。**禮記祭義云:"夫先王之制祭祝也,法施於民則祀之,以死勤事則祀之,以勞定國則祀之,能禦大菑則祀之,能捍大患則祀之。"**及夫往世特達之士,比干、夷齊、魯連、鄭康成之倫,**魏麇元有弔比干文、弔夷齊文,見御覽五百九十六。**廟祀猶在,有特豚魚菽之祭,**楚語云:"士有豚犬之奠,庶人有魚炙之薦。"史記田敬仲世家云:"常之母有魚菽之祭。"**爲之**

祭文可也。其旁出者有哀辭，文章流別傳曰："崔瑗、蘇順、馬融等爲之，率施於童殤夭折，不以壽終者。"原注：御覽五百九十六引。○按：文心雕龍哀弔篇云："賦憲之諡，短折曰哀。哀者依也，悲實依心，故曰哀也。以辭遣哀，蓋不淚之悼，故不在黃髮，必施夭昏。昔三良殉秦，百夫莫贖，事均夭橫，黃鳥賦哀，抑亦詩人之哀辭乎！暨漢武封禪，而霍子侯暴亡，帝傷而作詩，亦哀辭之類矣。"蓋死而不弔者三：畏、厭、溺。禮記檀弓云："死而不弔者三，畏、厭、溺。"鄭注云："謂輕身忘孝也。畏謂人或時以非罪攻己，不能有以說之死之者。孔子畏於匡。厭謂行止危險之下。溺謂不乘橋船。"正義云："除此三事之外，其有死不得禮亦不弔。故昭二十年，衛齊豹欲攻孟摯。宗魯事孟摯，是時齊豹欲攻孟摯，宗魯許齊豹攻之，不告孟摯。及孟摯被殺而死，宗魯亦死之。孔子弟子琴張欲往弔之，孔子曰：'齊豹之盜，而孟摯之賊，女何弔焉？'是失禮者亦不弔也。"長殤以下，儀禮喪服傳云："年十九至十六爲長殤，十五至十二爲中殤，十一至八歲爲下殤，不滿八歲以下皆爲無服之殤。"與鮮死者同列，昭五年左傳云"葬鮮者自西門"，杜解云："不以壽終爲鮮。"不可致弔，於是爲之哀辭。禮以義起，禮記禮運云："禮也者，義之實也。協諸義而協，則禮雖先王未之有，可以義起也。"是故馬仲都以元舅車騎將軍之重，從駕溺死，明帝命班固於馬上三十步爲哀辭。原注：同上引。蓋君臣慎禮，不以貴寵越也。今人以哀辭施諸壽終，斯所謂失倫者。衛巨山爲楚王瑋矯詔所誅，方之舊典，宜哀辭，而束晳自郡赴喪，爲文以弔，亦少襃矣。禮記樂記篇鄭注云："襃猶進也。"淮南主術篇高注云："襃，大也。"史記司馬穰苴傳,太史公曰:"余讀司馬兵法,閎廓深遠,雖三代征伐未能竟其義,如其文也。亦少褒矣。"**其餘輓歌之流,當古虞殯,徒役相和,若舂杵者有歌焉,不在士友。**劉孝標注世説新語任誕篇曰:"譙子法訓云:有喪而歌者,或曰:'彼爲樂喪也,有不可乎?'譙子曰:'書云四海遏密八音,何樂喪之有?'曰:'今喪有挽歌者何哉?'譙子曰:'周聞之,蓋高帝召齊田橫至于尸鄉亭自刎,奉首,從者挽至於宮,不敢哭而不勝哀,故爲歌以寄哀音。彼則一時之爲也。鄰有喪,舂不相,引挽人衒枚,孰樂喪者邪?'"按:莊子曰:"緋謳所生,必於斥苦。"司馬彪注曰:"緋,引柩索也。斥,疏緩也。苦,用力也。引緋所以有謳歌者,爲人有用力不齊,促急之也。"春秋左氏傳曰:"魯哀公會吳伐齊,其將公孫夏命歌虞殯。"杜預曰:"虞殯,送葬歌,示必死也。"史記絳侯世家曰:"周勃以吹簫樂喪。"然則挽歌之來久矣,非始起於田橫也。然譙氏引禮之文頗有明據,非固陋者所能詳,聞疑以傳疑,以俟通博。**有傷辭,則弔文輓歌可以省。**以上論傷辭之流。

自誄出者,後有行狀。誄之爲言,象其行迹而爲之謚,故文心雕龍曰:"序事如傳,辭靡律調,誄之才也。"此則後人行狀,實當斯體。**唐世行狀,以上考功,**唐世行狀上之考功以請謚,如韓愈作董晉行狀,末云:"謹具歷官行事狀,伏請牒考功並牒太常議所謚,牒史館請垂編録,謹狀。"即其例也。唐書百官志云:"考功、郎中、員外郎各一人,掌文武百官功過善惡之考法及其行狀;若死而傳於史官,謚於太常,則以其行狀質其當不;其欲銘於碑者,則會百官議其宜述者以聞,報其家。"**固爲議謚作也。然以誄無恒制,多制華辭,爲方人之言。聖賢羣輔**

録列二十四狀，皆與序事有異；陶潛集聖賢羣輔録下，列杜喬以下至皇甫規二十四人，云：魏文帝初爲丞相魏王，所旌表二十四賢，後明帝乃述撰其狀。見文帝令及甄表狀。按喬狀云：“喬治尚書、禮記、春秋，晚好老子，隱居不仕。年四十，爲郡功曹，立朝正色，有孔父之風。”規狀云：“規少有岐嶷正直之節，對策指刺黄門，梁冀不能用，退隱山谷，敦樂詩書。”是其辭多擬議，故與序事殊也。**且作狀者既爲先賢，即與讀誄議謚異用。文章緣起曰：漢丞相倉曹、傅幹，始作楊元伯行狀。**原注：舊作“傅胡幹”，誤。**蓋漢末文士事不師古，以意題別其名。**行狀起於漢末，觀裴松之三國志注每引先賢行狀，是其徵也。吳曾能改齋漫録疑行狀始於六朝，疏矣。**其時別傳又作，**漢末文士多作別傳，魏晉尤衆。自隋、唐志所著録外，章宗源考諸書，又得一百八十四家，見隋志考證。**漢司空李郃有家書，**原注：見續漢書祭祀志引。**荀氏亦有家傳，**見魏志及世説新語注。**斯並譜牒之細。其越代作傳者又異是，若管輅別傳作於弟辰，**見魏志注。**斯行狀之方也。知行狀爲誄者，則行狀可以省。今人議謚，上不因誄，下不緣行狀，誄與行狀皆空爲之。欲辨章是非，記其伐閱者，獨宜爲別傳。誄、行狀所以議謚，謚有美惡，而誄、行狀皆諛，不稱其職。別傳作於故舊，其佞猶多，在他人斯適矣。**以上論誄之流。趙翼陔餘叢考卷三十二論行狀曰：“古人行狀，本以上太常司徒議謚法。魏書云：舊制凡薨亡者，大鴻臚本州大中正條其行蹟，移公府，下太常博士議謚。不應謚法者，博士坐如選舉不實，若狀不實，中正坐如博士。封氏聞見記曰：唐制太常博士掌謚三品以上薨亡者，故吏録行狀申尚書省考功校勘,下太常博士議擬申省,省司議訖,然後奏聞。是古人於行狀,原有核實之法,然人已死而子孫及故吏爲之,自必多溢美,而主其議者,亦多以善善欲長,誰肯爲刻覈之舉。雖有中正博士處分,及考功校勘,而濫者接踵。魏袁翻謂今之行狀,皆出其私家臣子自言其君父之行,無復是非。今之博士又與古不同,惟知依其行狀,便爲議謚,請敕太常,有言詞流宕,無復節限者,不得聽受。唐李翱亦謂行狀謚牒,皆故吏門生苟言虛美,願敕考功虛者勿受。按當時行狀有中正博士之處分,考功之校勘,尚不免多虛譽,何況近代之行狀,不必經太常考功,人人可以自譔,又何怪乎虛詞讕語連篇累牘也。"**自頌出者,後有畫象贊,所謂形容者也。文章緣起曰:"司馬相如始爲荆軻贊。"**此文無考。**聞之舊訓,贊者,佐也,**原注:士冠禮、士昏禮注。**助也。**原注:天官太宰注。**孔子贊易,禮有贊大行,**見原經篇。**班固漢書贊及食貨、郊祀、溝洫諸志,非獨紀傳。然則贊者,佐助其文,非褒美之謂也。**文心雕龍頌讚篇曰:"讃者,明也,助也。昔虞舜之祀樂正重讃,蓋唱發之辭也。及益讃於禹,伊陟贊於巫咸,並颺言以明事,嗟歎以助辭也。故漢置鴻臚,以唱拜爲讃,即古之遺語也。至相如屬筆,始讃荆軻,及遷史、固書託讃褒貶,約文以總録,頌體以論辭。又紀傳後評,亦同其名,而仲洽流別,謬稱爲述,失之遠矣。及景純注雅,動植必讃,義兼美惡,亦猶頌之變耳。"**言辭不盡,更爲增廣,在賦稱重,**重曰見潘岳寡婦賦。**在六藝諸子稱贊。荆軻贊今不可見,而七略"雜家"有荆軻論五篇,司馬相如所次。**見藝文志。**論有不足,輔之以贊,自佐其論,非以佐軻。諸爲畫象贊者,佐其圖畫,非佐其人。世**

人昧於字訓，以贊爲褒美之名。**畫象有頌，自揚雄頌趙充國始。**見漢書本傳。**斯則形容物類，名實相應。贊之用不專於畫象，在畫象者乃適與頌同職，其同異之故宜定。**頌贊之義皆有通有局。周禮太師注曰："頌之言誦也，容也。"是頌有二義。誦其辭，節其聲，斯謂之頌矣（大司樂注云："倍文曰諷，以聲節之曰誦。"疏云："諷是直言之無吟詠，誦則直背文，又爲吟詠，以聲節之"），是通義也。其曰形容告神，義在褒美，此局義也。贊之言佐也，助也。文有未盡，增廣其辭，斯謂之贊矣，是通義也。其在畫象，則與形容之頌同類，其辭則多揄揚，是局義也。

若夫銘刻之用，要在符契，孔琳之有言："官莫大於皇帝，爵莫尊於公侯；而傳國之璽列代遞用，襲封之印奕世相傳。"宋書孔琳之傳，琳之建言曰："夫璽印者，所以辨章官爵，立符契信。官莫大於皇帝，爵莫尊於公侯；而傳國之璽歷代迭用，襲封之印奕世相傳。貴在仍舊，無取改作。今世內外羣官每遷悉改。若謂官各異姓，與傳襲不同，則未若異代之爲殊也。若論其名器，雖有公卿之貴，未若帝王之重。若以或有誅夷之臣，忌其凶穢，則漢用秦璽，延祚四百。帝王公侯之尊不疑於傳璽，人臣衆僚之卑何嫌於即印？而終年刻鑄，喪功消實，費不可言，非所以因循舊貫易簡之道。愚謂衆官即用一印，無煩改作。"**此其最朴略者已。周禮："大約劑書於宗彝，小約劑書於丹圖。"**秋官司約文。鄭注云："劑謂券書也。丹圖未聞，或有彤器簠簋之屬有圖象者與。"**宗彝有銘，聖人之操左契。**老子："是以聖人執左契而不責於人。"**其在下士，王褒僮約亦決券書之，**見古文苑。**非以揚功德也。諸有服器，物勒工名以致其誠，**禮記月令云："孟冬之月,命工師效功,陳祭器,按度程,毋或作爲淫巧以蕩上心,必功致爲上,物勒工名,以考其誠,功有不當,必行其罪以窮其情。"**非以事鬼神也。上自槃盂,下逮几杖,皆有辭以自飭,**路史有黃帝巾几銘。禮記大學引湯之盤銘。大戴記武王踐阼篇載武王户席几杖諸銘。**非以祝壽考也。鐘鼎庸器,**周禮春官"典庸器",鄭注:"庸器,伐國所藏之器,若崇鼎貫鼎及以其兵物所鑄銘也。"**告於神明,周之尸臣,**漢書郊祀志云:"美陽得鼎獻之。張敞好古文字,按鼎銘勒而上議曰:'臣聞郊梁鄜鎬之間,周舊居也,宜固有宗廟壇場祭祠之臧。今鼎出於郊東,中有刻書曰:"王命尸臣,官此栒邑,賜爾旂鸞,黼黻琱戈,尸臣拜手稽首曰:敢對揚天子丕顯休命。"臣愚不足以迹古文,竊以傳記言之,此鼎殆周之所褒賜大臣,大臣子孫刻銘其先功,臧之於宮廟也。'"師古曰:"尸臣,主事之臣也。"**衛之孔悝,**禮記祭統云:衛孔悝之鼎銘曰:"六月丁亥,公假於大廟,公曰:'叔舅,乃祖莊叔,左右成公,成公乃命莊叔隨難于漢陽,即宮于宗周,奔走無射。啓右獻公,獻公乃命成叔,纂乃祖服。乃考文叔,興舊耆欲,作率慶士、躬恤衛國,其勤公家,夙夜不解,民咸曰休哉。'公曰:'叔舅,予女銘,若纂乃考服。'悝拜稽首曰:'對揚以辟之,勤大命,施於烝彝鼎'。"**莫敢僭頌名。而叔世立石自頌變。秦始皇太山諸刻猶不稱碑,**見史記秦始皇帝紀。**其後死人之里,**漢書武五子傳云"蒿里召兮郭門閱",師古曰:"蒿里,死人里。"**鬼神之宅,刻碑者浸衆。碑表、神道、石闕其始皆在寢廟,後扡于墓。宮庭有碑,以此識景,廟則從之,又麗牲焉。**聘禮鄭注云:"宮必有碑所以識日景,引陰陽也。凡碑引物者,宗廟則麗牲焉,以取毛血。其材宮廟以石,窆用木。"

疏云："言宮必有碑者,案諸經云三揖者,鄭注皆云入門將曲揖,既北面揖,當碑揖。若然,士昏及此聘禮是大夫、士廟内皆有碑矣。鄉飲酒、鄉射言三揖則庠序之内亦有碑矣。祭義云君牽牲麗于碑,則諸侯廟内有碑明矣。天子廟及庠序有碑可知,但生人寢内不見有碑。雖無文,兩君相朝,燕在寢,豈不三揖乎? 明亦當有碑矣。言所以識日景者,周禮匠人云:'爲規識日出之景,與日入之景者,自是正東西南北。'此識日景,唯可觀碑景邪正,以知日之早晚也。又云:引陰陽者,又觀碑景南北長短。十一月日南至,景南北最長,陰盛也;五月日北至,景南北最短,陽盛也。二至之間景之盈縮,陰陽進退可知。云凡碑引物者,識日景,引陰陽,皆是引物,則宗廟之中是引物,但廟碑又有麗牲。麗,繫也。案祭義云:君牽牲麗于碑,以其鸞刀以取血毛,毛以告純,血以告殺,兼爲此事也。云其材宮廟以石,窆用木者,此雖無正文,以義言之,葬碑取縣繩縴,暫時之間,往來運載,當用木而已;其宮廟之碑、取其妙好,又須久長,用石爲之,理勝於木。故云宮廟以石,窆用木也。是以檀弓云:公室視豐碑,三家視桓楹,時魯與大夫皆僭,言視桓楹,桓楹宮廟兩楹之柱,是葬用木之驗也。**記檀弓曰:"公室視豐碑**,鄭注云:"言視者,時僭天子也。豐碑,斲大木爲之,形如石碑,於椁前後四角樹之,穿中,於間爲鹿盧,下棺以縴繞。天子六縴四碑,前後各重鹿盧也。"**三家視桓楹**,鄭注云:時僭諸侯,諸侯下天子也,斲之形如大楹耳。四植謂之桓。諸侯四縴二碑,碑如桓矣;大夫二縴二碑,士二縴無碑。"**桓楹故謂之表**,説文:"桓,亭郵表也。"**及其在墓,碑者所以下棺,表即無有,漢世乃增建之。**漢元初元年謁者景君始有墓表,見金石録及隷竹堂碑目。**石闕者,周官所謂"象魏"。**周禮天官冢宰云"乃縣治象之灋于象魏",注云:"鄭司農云：象魏，闕也。"賈疏云："周公謂之象魏，雉門之外，兩觀闕高魏魏然。孔子謂之觀，春秋左氏定二年夏五月'雉門災及兩觀'是也。"**梁陸倕爲石闕銘，正在兩觀。**陸倕石闕銘見文選。**然自舜墓已爲石郭，故楚語曰**："楚"當作"吳"。**"楚靈王築臺於章華之上，闕爲石郭，陂漢以象帝舜，象九疑之冢也。**史記五帝本紀集解引皇覽曰："舜冢在零陵營浦縣，其山九谿皆相似，故曰九疑。"**神道者，**説文云："墭，祭神道也。"釋宫曰："廟中路謂之唐。"唐即墭字。**索祭祝于祊，**禮記郊特牲云："直祭祝于主，索祭祝于祊。"説文云："祊，門内祭，先祖所旁皇也。"祊，祊或從方。**自祊而入，故其路謂之神道。漢有嵩山太室神道石闕銘，與説文言"墭"相應。**原注：周禮天神地祇不祭於屋下，太室立廟亦不應禮，此但證廟有神道耳。〇按：嵩山太室神道石闕銘，元初五年立，在登封中嶽廟南，見顧炎武金石文字記及畢沅中州金石記。**其後墓道象之。孟子曰："孔子殁，子貢築室於墭。"**孟子滕文公上。**則墓有神道矣。自漢以降，碑表二名轉相亂，及今無有知神道爲廟制者。墓前神道始見漢李蔡傳，**漢書云：李蔡以丞相坐詔賜冢地陽陵，當得二十畝，蔡盜取三頃，頗賣得四十餘萬，又盜取神道外壖地一畝葬其中，當下獄自殺。**及晉神道猶在碑前爲二石柱，**原注：水經陰溝水注："過水南有譙定王冢。冢前有碑，碑南二百許步有兩石柱高丈餘，石牓云：晉故使持節散騎常侍都督江州諸軍事安東大將軍譙定王河内溫司馬公墓之神道。"是神道與碑爲二。〇按：後漢書中山簡王焉傳云"大爲修冢塋，開神道"，章懷注云："墓前開道，建石柱以爲標，謂之神道。"據此亦足證神道舊制，本與碑别也。**而晚世象**

稱爲神道碑。神道與碑本爲二事，此文證之明矣。考後漢太尉楊震碑額題"漢故太尉楊公神道之碑"十字，則此稱由來已久。守文不綜其實，因以盲瞽。潘昂霄金石例曰："釋名：'碑，被也。葬時所設，臣子追述君父之功以書其上。'事祖廣記云：晉宋之世始又有神道碑，天子及諸侯皆有之。其刻文云：某帝或某官神道之碑。其初由立於葬兆之東南，地理家言以東南爲神道，故以名碑。"按：此未知神道之義，乃引地理家言，亦其鄙也。觀漢世刻石，稱銘者記其物，稱頌者道其辭，斯則刻石皆頌也。周制天子始有頌，原注：記言善頌善禱，謂善形容，非真作頌。漢則下逮庶官，漢刻石頌庶官，如司隸校尉楊孟文頌、武都太守李翕西狹頌、析里橋郙閣頌（見金石錄及隸釋）諸文皆是。名號從是弛矣。昔魯有駉頌，自季孫行父請周，而史克作之；詩序云："駉，頌僖公也。僖公能遵伯禽之法，儉以足用，寬以愛民，務農重穀，牧于坰野，魯人尊之，於是季孫行父請命於周，而史克作是頌。"漢楊雄爲趙充國頌，猶奉天子命也；文章緣起曰："漢惠帝始爲四皓碑"，此文無考。猶帝者賜之也。今以匹士專作頌辭，與賤者誄貴等。雖然，自朱穆、蔡邕私立諡號，後漢書朱穆傳云：穆父卒，穆與諸儒考依古義，諡曰貞宣先生。及穆卒，蔡邕復與門人共述其體行，諡爲文忠先生。荀爽聞而非之；張璠以爲諡者上之所贈，非下之所造，朱、蔡各以衰世臧否不立，故私議之。朱穆傳注引袁山松書曰："蔡邕議曰：魯季文子，君子以爲忠，而諡曰文子。又傳曰：忠，文之實也。忠以爲實，文以彰之，遂共諡穆。荀爽聞而非之，故張璠論曰"云云。按：國史無璠傳，所撰後漢紀，隋志列於袁宏之次，蓋晉人。又荀爽傳云：“時人私謚其君父及諸名士，爽皆引據大義，正之經典，雖不悉變，亦頗有改。”**準是，則立碑固不可訓。後漢士庶專務朋游，**漢末人士多務朋黨，詳見徐幹中論譴交篇。又葛洪抱朴子漢過篇亦有譏漢末俗敝，士多結黨之語。**故吏私人黨附舊主。鴟鴞之惡喻以鳳皇，斗筲之材比於伊管，稱譽過情，有亂觀聽。**羣書治要引傅子云：“漢末公卿大夫刻石爲碑，鐫石爲虎，碑虎崇僞，陳于三衢，妨功喪德，異端竝起，衆邪之亂正若此，豈不哀哉！”**晉武帝以石獸碑表私褒長僞，下詔禁之，犯者雖會赦皆當毀壞。**原注：見宋書禮志。○按：禮志云：“漢以後，天下送死，多作石室石獸碑銘。建安十年，魏武帝以天下雕弊，下令不得厚葬；又禁立碑。高貴鄉公時，碑禁尚嚴，後復弛替。晉武帝咸寧四年又詔曰：‘石獸碑表，既私褒美，興長虛僞，傷財害人，莫大於此，一禁斷之，其犯者雖會赦令皆當毀壞。’至元帝太興元年，故驃騎府主簿故恩營葬舊君顧榮，求立碑詔，特聽立，自是禁又漸頹。義熙中，尚書祠部郎中又議禁斷，於是至今。”**延及宋世，裴松之以良史陪屬，申議禁斷，**松之注陳壽三國志，鳩集傳記，增廣異聞，故云“良史陪屬”也。宋書本傳云：“松之以世立私碑有乖事實，上表陳之云：俗敝僞興，華煩已久。孔悝之銘行是人非，蔡邕制文每有愧色。而自時厥後，其流彌多，勒銘寡取信之實，刊石成虛僞之常，真假相蒙，殆使合美者不貴。但論其功費，又不可稱。以爲諸欲立碑者宜悉令言上，朝議所許，然後聽之，庶使百世之下，知其不虛，由是竝斷。”**誠懼其妨正也。唐律：“諸在官長吏，實無政迹，輒立碑者，徒一年。若遣人妄稱己善，申請於上者，杖一百；有贓重者坐贓論，受遣者各減一等。”**見唐律十一長吏輒立碑條。疏義曰：“在官長吏，謂内外百司長官以下臨統所部者，未能導德齊禮，移風易俗，實無政迹，妄述己功，崇飾虛辭，諷諭所部輒立碑頌者，徒一年。所部爲其立碑頌者爲從坐。若遣人妄稱己善，申請於上者，杖一百。若虛狀上表者，從上書詐不實，徒二年。有贓重者坐贓論，謂計贓重於本罪者從贓而斷。受遣者各減一等，各謂立碑者徒一年上減，申請於上者杖一百上減。若官人不遣立碑，百姓自立及妄申請者，從不應爲重科杖八十，其碑除毀。”**然猶許死者立碑，爲之等制。**通典卷一百八，碑碣石獸，五品以上立碑，螭首龜趺，高不過九尺；七品以上立碑，圭首方趺，趺上高四尺。其獸等二品以上六事，五品以上四事。**夫生人立碑則亂政，死者立碑而亂史。生人遣人有贓，爲死者遣人獨無贓邪？漢世碑文本頌之别，雖有陳序，則考績揚搉之辭，**堯典云：“三載考績。”魏都賦注引許慎淮南子注云：“搉，揚搉略也。”**不增其事，文勝質，故不爲史官所取，無害于方策。唐世漸失其度，其後浸淫變爲序事，與别傳同方。别傳幸有他人所作，辭有進退，不壹於褒揚；碑即子孫輿金乞貸，其言不得不美，既述其事，虛張功狀，觀之若真，終于貞僞掍殽，爲史秕稗，可無斷乎？漢之立碑，或爲處士名德，民所鄉往；今乃壹爲尸位之夫，乞米以爲傳，昔人所郵。**郵通作尤。晉書陳壽傳云：“或云：丁儀、丁廙有盛名於魏。壽謂其子曰：‘可覓千斛米見與，當爲尊公作佳傳。’丁不與之，竟不爲立傳。”史通曲筆篇云：“班固受金而始書，陳壽借米而方傳。此又記言之奸賊，載筆之凶人，雖肆諸市朝，投畀豺虎可也。”**今雖不爲史官，乞米猶易，顧炎武所以惡言“義取”者**

也。以上論頌之流。顧炎武日知録卷十九云："杜甫作八哀詩，李
邕一篇曰：'干謁滿其門，碑版照四裔。豐屋珊瑚鈎，麒麟織成罽。
紫騮隨劍几，義取無虚藏。'劉禹錫祭韓愈文曰：'公鼎侯碑，志隧表
阡，一字之價，輦金如山。'可謂發露真贓者矣。昔揚子雲猶不肯受
賈人之錢，載之法言，而杜乃謂之'義取'，則又不若唐寅之直以爲
利也。戒菴隨筆言唐子畏有一巨册，自録所作文，簿面題曰'利
市'。"

　　又自胡元以降，金石略例代有增損。元潘昂霄有金石
例十卷。明王行有墓銘舉例四卷。清黄宗羲有金石要例一卷，梁
玉繩有誌銘廣例二卷，李富孫有漢魏六朝墓銘纂例四卷，郭麐有金
石例補二卷，吴鎬有漢魏六朝志墓金石例三卷、唐人墓志例一卷，
馮登府有金石綜例四卷，梁廷枏有金石稱例四卷、續例一卷，王芑
孫有碑版文廣例十卷，鮑振方有金石訂例十卷，劉寶楠有漢石例六
卷。近人黄任恒有石例簡鈔四卷。言金石義例之書略具於此。**既
崇時制，時制不適，又以前世爲準。典度雜糅，未知所
鄉。今舉其要者數事：三公稱公，九卿稱卿，此漢制也。
晉世無爵者謚稱子。唐六典：太常博士曰：凡王公以上
擬謚，皆迹其功德而爲之褒貶，無爵稱子。則知王及五
等舉爵，三公稱公。**原注：唐世如陸贄、韓愈皆未至三公，亦無
爵邑，若舉其謚，當云宣子、文子耳。而當時已云宣公、文公，此不
應法。**今世既無三公，乃以三品以上籤乏，**昭十一年左傳云
"僖子使助薳氏之籤"，杜預注云："籤，副倅也。"王念孫廣雅疏證
卷一云："副倅，即充備之意。"**自下即稱曰君。**黄宗羲金石要例
云："名位著者稱公。名位雖著，同輩以下稱君。耆舊則稱府君，昌

黎集中有董府君、獨孤府君、張府君、衛府君、盧府君、韓府君。有
文名者稱先生,如昌黎之稱施先生、貞曜先生,皇甫湜之稱昌黎韓
先生。友人則稱字,如昌黎之於李元賓、樊紹述、張孝權。姚牧菴
稱趙提刑夫人爲楊君,則變例也。"按:此所説,流俗相沿之例云爾。
實則公、君、府君之稱多不應法,其説詳在下文及疏證。**漢世賜
爵,自列侯至五大夫輩,通得言君。**原注:高帝詔曰:七大夫
公乘以上皆高爵也,爵或人君,上所尊禮。是其證。又案:秦制二
十級爵,惟兩漢踵行之,三國以還更不襲用。而晉武帝即位詔云:
賜民爵五級。宋武帝、明帝、齊高帝、陳武帝即位詔皆云賜民爵二
級,若非具文,則是承襲漢制,以其輕賤,故史志不載邪。○按:秦
制二十級爵,見漢書百官公卿表:一公士,二上造,三簪裊,四不更,
五大夫,六官大夫,七公大夫,八公乘,九五大夫,十左庶長,十一右
庶長,十二左更,十三中更,十四右更,十五少上造,十六大上造,十
七駟車庶長,十八大庶長,十九關內侯,二十徹侯。**買爵既易,宜
無有不君者。**原注:昔人稱君非專用于碑誄,自作書疏亦以稱
焉。索靖月儀十八章首尾皆署"君白";沈約捨身願疏首署"優婆塞
沈君敬白十方三世諸佛";徐陵與王僧辯書首尾皆署"孤子徐君頓
首",與章司空昭達書首署"君白",末署"徐君呈",答諸求官人書
末署"徐君白",答族人梁東海太守書末署"君問"。若云尊者與卑,
則不應施於諸佛及太尉司空也;若云門下迻書避其主諱,則索靖月
儀相承以爲靖手書也。意當時列侯卿尹皆自稱君,猶太史公之自
署耳。索、沈皆侯,索至後將軍,沈至尚書令,徐後亦至尚書僕射建
昌縣侯。惟與僧辯書時階位尚卑,豈後人追改乎? 又宋王僧達祭
顏光禄文,稱"王君以山羞野酌敬祭顏君之靈",齊劉善明欲以沙門
僧巖應舉三書譬曉,末皆署"劉君白答",似非後人追加,以僧達封

寧陵侯,善明封新塗伯耳。顏氏家訓風操篇云:"昔者王侯自稱孤
寡不穀。自茲以降,咸稱名。江南輕重各有謂號,具諸書儀。北人
多稱名者,乃古之遺風。"省此則稱君者當依爵論。而江左晉宋之
五等侯秩在開國子男下。陳承梁制,湯沐食侯第七品,鄉亭侯第八
品,並視千石,關中關外侯第九品視六百石,則亦財比漢之五大夫
也,品秩相擬,當時守令,自可稱君。近世則五等之貴,班踰執政,
非其比矣。**方今封爵至吝,下執事而君稱之,斯何禮也?**
若循時制,文官五品以上稱大夫,六品以下稱郎;武官二
品以上稱將軍,三品以下稱都尉,五品以下稱騎尉,八品
以下稱校尉。見清會典。**題曰某官某大夫、某官某郎、某**
官某將軍,自下準此,如是亦給矣。今題封贈于上,書某
公某君于下,大夫將軍而言公,郎校尉而言君,原注:按安
陸昭王碑文稱"公"者,時實贈司徒,竟陵文宣王行狀稱"蕭公"者,
時實爲太傅,非今人所可藉口。**稱名相駁,其詭一也。**文錄文
例雜論曰:"世人多云三公稱公,長老稱公,失名稱公,浮屠稱公。
其作碑版,三品以上稱公,自下稱君,長老浮屠即不得與。此則因
仍顧氏而謬者也(按顧說詳日知錄卷二十)。三品以上,不盡三公,
大理、太常正是卿職,轉至六部,亦非與三公同階。以是稱公,名實
相亂。且公云君云是皆長人之號,必三公始稱公,宜封君始稱君
矣。棠公、葉公正是縣令,古者亦以公稱,禮言諸公則大國之孤卿,
其位四品,今之六品也,安取三品以上乎? 申培稱公,容在長老,藝
文志'名家'黃公,官則博士,名則黃疵,又無長老之徵,今將奪其公
邪? 要之,古者稱公稱君,名漸下墮,猶夫子本以稱大夫,其後爲常
人之號。格以官位,今但得稱大夫稱郎,何有前代列土之名也? 又
應劭説大縣有丞左右尉,所謂命卿三人。故漢綿竹江堰碑稱縣丞

犍爲三卿,祝其縣丞墳壇稱祝其卿。乃至府丞亦爾,武榮碑有吳郡府卿之目,墳壇刻字有上谷府卿之名。與不得已,今以三師大學士稱公,尚書以至府縣稱君,同知通判縣丞主薄以下稱卿,猶愈顧君所制也。"**漢世太守所居稱府,因以號府君。自漢世祖宋武帝以稱其祖,不追王,故舉其下者尊之。**日知錄卷二十四云:"府君者,漢時太守之稱。三國志孫堅襲荆州刺史王叡,叡見堅驚曰:'兵自求賞,孫府君何以在其中?'孫策進軍豫章,華歆爲太守,葛巾迎策,策謂歆曰:'府君年德名望遠近所歸'。"馮登府金石綜例卷一云:"郡國守相得稱府君,吳葛府君碑額書'吳故衡陽郡太守葛府君之碑'。錢氏大昕曰:衡陽孫吳所置郡。漢世稱郡國守相爲府君,魏晉猶然。予收藏孫吳石刻,如谷朗及此碑,皆以太守故得府君之稱,非如後世之泛用也。余案漢梁相費汎碑,亦以相而稱府君,此漢例也。黃梨洲謂耆舊稱府君,如昌黎董府君、獨孤府君之例,蓋未深考。"劉寶楠漢石例卷一云:"衛尉衡方碑'府君諱方'云云,此歿稱府君也。河南尹蘇君碑、安平相孫根碑、梁相費汎碑並同。其生稱府君者,廟碑則宏農太守樊毅華嶽碑、濟陰太守孟郁修堯廟碑、魯相韓勑修孔廟後碑,德政碑則桂陽太守周憬功勳銘、司隸校尉楊渙石門頌、巴郡太守張納功德敍,皆生稱府君也。其墓闕稱府君者,益州太守楊宗墓道、趙相雍勸闕銘、趙傅逢君神道、益州太守高頤墓闕、交阯都尉沈君墓闕,亦歿稱府君也。費汎碑乃其孫均立,餘皆故吏門生所立,亦稱府君,則府君爲通稱。今人惟子孫稱其祖父已歿皆爲府君。若以稱他人,及生而稱之,斥爲非禮,非也。"又曰:"府君之稱著於後漢書寇恂、劉平、朱暉、王龔、臧洪、高獲、華佗、酷吏、西南夷諸傳。又傅燮傳:燮爲漢陽太守,黃衍説燮。又周嘉費長房傳、吳祐傳注引濟北先賢傳,稱太守並爲府君,不知顧氏何以不引?"章氏文例雜論云:"漢世言府君者施於太守,史記酷吏傳曰:'郡吏大府舉之廷尉。'又曰:'恐不能得,坐課累府,府亦使其不言。'斯則太守有府之徵也。今編户齊民皆以府君稱其祖禰。案宋書禮志曰:'宋武帝初受晉命爲宋王,建宗廟於彭城,依魏晉故事,立一廟,初祠高祖開封府君,曾祖武原府君、皇祖東安府君、皇考處士府君。'處士言府君,其越甚矣。帝王則然,作故自己也;其在齊民,宜革正如禮便。"**今士庶並題其父曰府君。身無半通青綸之命,而有連城剖符之號,**法言孝至篇:"不由其德,五兩之綸,半通之銅,亦泰矣。"李軌注曰:"綸如青絲繩也。五兩之綸,半通之銅,皆有秩嗇夫之印綬。"後漢書仲長統傳曰:"身無半通青綸之命,而竊三辰龍章之服。"章懷注曰:"十三州志有秩嗇夫得假半章印。續漢輿服志:"百石青紺綸一采,宛轉繆織,長丈二尺。"説文:'綸,青絲綬也。'鄭玄注禮記云:'綸,今有秩嗇夫所佩也。'"漢書諸侯王年表曰:"藩國大者夸州兼郡,連城數十。"又韓王信傳曰"與信剖符王潁川",師古曰:"剖,分也,爲合符而分之。"**其詭二也。周制:天子曰崩,諸侯曰薨,大夫曰卒,士曰不禄,庶人曰死。**見禮記曲禮篇。**赴於他國,雖君猶稱不禄;赴於君,雖大夫謂之死。**見禮記雜記篇。**唐制二品以上稱薨,五品以上稱卒,自六品達於庶人稱死。**原注:見唐書百官志"禮部郎中員外郎"下。**今度制既無明文,殁于官通言身故。若從時制,當書故,不得書卒,書卒即背於今。大學士督撫諸官或則書薨。**唐制二品言薨有明文,其輔臣大吏多有封爵,書薨可也。今無爵,則不得比諸侯。**非諸侯書薨又背於古,其詭三也。**以上稱名之詭三事。**且**

刻石皆銘也。自漢訖今，或前爲記敍，後繫以銘，記敍已刻石，非銘云何？銘義已見辨詩篇。凡物有題署，則謂之銘，故刻石即銘也。漢聞喜長韓仁銘不用韻語，而題曰銘，記敍亦銘也。別爲二事，所謂惑於用名以亂實者矣。名實不辨，而瑣瑣以言式例，其諸比於放飯流歠問無齒決者歟？孟子盡心篇曰：“放飯流歠，而問無齒決，是之謂不知務。”趙歧注曰：“於尊者前賜飯，大飯長歠，下敬之大者。齒決，小過耳。”詩傳曰“作器能銘，可以爲大夫”者，有其器，斯銘之；無有器，斯不銘矣。今世葬無窆石，廟不麗牲，而空立石爲碑，名實既爽，則碑可以廢。余念爲一人述事者固有別傳，爲神廟興作識其歲月者，刻石作記可也。昔元魏修野王孔子廟，劉明等以爲宣尼大聖，非碑頌所稱，宜立記。其文曰：“仲尼傷道不行，欲北從趙鞅，聞殺鳴犢，遂旋車而反。及其後也，晉人思之，於大行嶺南爲之立廟，蓋往時回轅處也。”原注：見水經沁水注。○按：晉殺鳴犢事，見史記孔子世家。水經沁水注云：“邗水又東南逕孔子廟東。廟庭有碑。魏太和元年，孔靈度等以舊宇毀落，上求脩復。野王令范衆愛。河內太守元真、刺史咸陽公高允表聞，立碑於廟。治中劉明、別駕呂次文、主簿向班虎、荀靈龜以宣尼大聖，非碑頌所稱，宜立記焉、云仲尼傷道不行，欲北從趙鞅，聞殺鳴犢，遂旋車而反。及其後也，晉人思之，于太行嶺南爲之立廟，蓋往時迴轅處也。”余按：諸子書及史籍之文並言仲尼臨河而歎曰：“丘之不濟，命也夫？”是非太行迴轅之言也。碑云“魯國孔氏，官於洛陽，因居廟下，以奉蒸嘗”，斯言是矣。蓋孔氏遷山下，追思聖祖，故立廟存饗耳。其猶劉累遷魯，立堯祠於山矣，非謂迴轅處也。以上酈説甚明，此引其文但以證刻石有記與頌之別，非以考地也。**此則記之與頌在石有殊。漢世亦嘗作周公禮殿記，**洪适隸釋卷一載益州太守高朕脩周公禮殿記曰：“漢初平五年，倉龍甲戌，旻天季月，脩舊作周公禮殿，始自文翁，應期鑿度，開建畔宮，立堂布觀，廟門相鉤，□司慢延，公辟相承。至于甲午，故府梓潼文君增造吏寺二百餘間。四百年之際，變異遝啓，旋機離常，玉衡失統，强桀並兼，人懷僥幸，戰兵雷合，民散失命。烈火飛炎，一都之舍，官民寺室，同日一期，合爲灰炭。獨留文翁石廟門之兩觀。禮樂崩坦，風俗混亂，誦讀已絶，倚席離散。夫禮興則民壽，樂興則民化。郡將陳留高君，節符典境，迄斯十有三載，會直擾亂，曲慮匡救齊民塗炭，閔斯丘虚，（下闕三字）冠，學者表儀，（下闕四字）大小推誠，興復第館，八音克諧，鬼方來觀，爲後昌基，（下闕一字）神不（以下闕）。”**今立廟者宜以爲法。其有山谷之士，獨行之賢，不見記録，而芳烈在民，立祠堂以昭來許，**大雅下武篇“昭茲來許”，傳曰：“許，進也。”胡承珙後箋曰：“毛訓‘許’爲‘進’，則來許似言後進。孔注論語‘先進後進’猶言‘前輩後輩’，竊意此‘來許’猶言‘來者’也。”**宜序其行事而已。若夫封墓以爲表識，藏志以防發掘，此猶隨山栞木，用記地望，**栞與刊同，一作栞，説文云“栞，槎識也，从木栞闕。夏書曰‘隨山栞木’，讀若刊。”胡渭禹貢錐指曰：“蘇氏軾曰：山行多迷，刊木以表之，且以通道。史記云：行山表木。”**本非文辭所施。世言孔子題季札墓，其情僞不可知。**孔子題吳季子墓碑凡十字，曰“於虖有吳延陵君子之墓”。唐大曆十四年蕭定重刻，在江蘇丹陽縣延陵鎮吳季子廟。後人又摹刻于縣南門外驛前，有張從申跋。

歐陽修集古錄、黄伯思東觀餘論、董逌廣川書跋皆疑非真,而范泰季札讚則云:"夫子庋止,爰詔作銘。"前人又謂李陽冰學嶧山碑,得此而後變化。據此則又似真也。又碑文"墓"字,嚴可均釋爲"葬"字,云"季子聘上國,喪子於嬴博之閒,見檀弓。此蓋孔子使子貢觀葬後題字。讀此當以'於虖'句,'有吳延陵君'句,'子之葬'句。唐宋人不識篆文,釋'葬'爲'墓',非也。**就今所摹寫者,財有題署,固無記述之文。墓志始作自項伯,**原注:水經沔水注:"元嘉六年,安陽大水,破墳得一塼,刻云:'項氏伯無子,七女造椁。'"**及王莽大司徒甄邯。**原注:見南史何承天傳。〇按:傳云:"承天博見古今,爲一時所重。張永嘗開玄武湖,遇古冢,冢上得一銅斗,有柄,文帝以訪朝士。承天曰:'此亡新威斗,王莽三公亡者皆賜之,一在冢外,一在冢内。時三台居江左者唯甄邯爲大司徒,必邯之墓。'俄而永又啓冢内,更得一斗,復有一石銘:'大司徒甄邯之墓。'"**邯志有題署,無文辭。及張氏穿中記,**隸釋卷十三載張賓公妻穿中二柱文,其一云:"維兮本造此穿者,張賓公妻、子偉伯、伯妻、孫陵。"在此石右方曲内中。其一云:"維兮張偉伯子長仲,以建初二年六月十二日與子叔元俱下世。長子元益爲之祖父穿中造内栖崖棺,葬父及弟叔元。"**傅玄爲江夏太守任君墓志銘,**藝文類聚卷五十載傅玄江夏任君銘曰:"君諱倏,承洪苗之高胄,禀岐嶷之上姿。質美珪璋,志邈雲霄。景行足以作儀範,柱石足以慮安危。弱冠而英名播乎遐邇,拜江夏太守,内平五教,外運六奇,邦國乂安,飄塵不作。銘曰:峨峨任君,應和秀生。如山之峙,如海之淳。才行闓茂,文武是經。羣后利德,泊然弗營。宜享景福,光輔上京。如何夙逝? 不延百齡。"**文稍緟矣。**原注:按南齊書禮志云:"墓銘不出禮典。近宋元嘉中,顏延之作王球石志,素族無碑策,故以紀德。自爾以來,王公以下,咸共遵用。儲妃之重,禮殊恒列。既有哀策,謂不須石志。"是則石志繁辭以代碑表耳。若復兩作,是乃辭費。**後生作者,梧酒之愛,自謂久要;** 論語憲問篇:"久要不忘平生之言",集解孔安國曰:"久要,舊約也。"**百年之化,悲其夭枉。於情爲失衷,於事爲失順。淫溢不節,權厝亦爲之志。** 原注:宋張推兒墓志云:"元徽元年十月甲辰十七日庚申,權假窆厇於西鄉。"則此事起於南朝。**作志之情,本以陵谷遷變,慮及久遠。權厝者,數年之事,當躬自發掘之,於是作志,又違其本情矣。若斯之倫,悉當約省盈辭,** 盈辭已見論式篇。**裁奪虛作。墨翟、楊王孫之事,** 見漢書楊王孫傳。**雖不可作,要之,愼終追遠,** 論語學而篇:"曾子曰:愼終追遠,民德歸厚矣。"集解孔安國曰:"愼終者,喪盡其哀;追遠者,祭盡其敬。"**貴其樸質者也。**

國故論衡疏證下之一

原　學

世之言學，有儀刑他國者，周頌我將篇："儀式刑文王之典。"有因仍舊貫得之者，論語先進篇："仍舊貫。"鄭注："貫，事也。"細徵乎一人，其鉅徵乎邦域。荷蘭人善行水，瀛寰志略曰："荷蘭，歐羅巴小國也。東界日耳曼，南界比利時，西北距大西洋海，壤地褊小。歐羅巴地形此最低陷，海潮衝齧，劃爲洲渚，港道縱橫交貫，其沮洳卑濕而土脈最腴。民擅水利，善築隄防、開溝洫，又善於操舟，能行遠。故歐羅巴海市之道行，自荷蘭始。"日本人善候地震：因也。日本開國五十年史曰：世界各國攻究地震之便，莫若日本，其攻究亦莫切於日本，此日本地震學所以佔卓越之地位也。東京帝國大學有地震學之特別講座及附屬教室，文部大臣直管之下有主攻究地震之特別委員，各地記錄地震，且觀測其震度之器械，可知日本攻究地震之顯象機關，略完備焉。山東多平原大壇，顧祖禹讀史方輿記要序曰："山東之地，雖西峙泰山，曾無重岡複嶺之限。東環大海，亦無奧窔險固之都。"禮記祭法注曰："壇之言坦也。"故騶魯善頌禮。漢書儒林傳曰："摳衣登堂，頌禮甚嚴。"又曰："魯徐生善爲頌。孝文時，徐生以頌爲禮官大夫。"史記貨殖傳曰："鄒魯濱洙泗，猶有周公遺風，俗好儒，備於禮。"又儒林傳曰："齊魯之間於文學，自古以來，其天性也。"關中

四塞便騎射,史記劉敬傳曰:"秦地被山帶河,四塞以爲固。"**故秦隴多兵家;**漢書地理志曰:"秦地五方雜厝,風俗不純,天水、隴西及安定、北地、上郡、西河,皆迫近戎狄,修習戰備,高上氣力,以射獵爲先。故秦詩曰'王于興師,修我甲兵,與子偕行',及車轔、四臷、小戎之篇,皆言車馬田狩之事。漢興,六郡良家子選給羽林、期門,以材力爲官,名將多出焉。"又趙充國辛慶忌傳贊曰:"秦漢以來,山東出相,山西出將。秦將軍白起,郿人;王翦,頻陽人。漢興,郁郅王圍、甘延壽,義渠公孫賀、傅介子,成紀李廣、李蔡,杜陵蘇建、蘇武,上邽上官桀、趙充國,襄武廉褒,狄道辛武賢、慶忌,皆以勇武顯聞。蘇、辛父子著節。此其可稱列者也,其餘不可勝數。"**海上蜃氣象城闕樓櫓,**史記天官書:"海旁蜃氣象樓臺,廣野氣成宮闕。"**恍萃變眩,**說文:"萃,疾也。"按:"恍萃"猶"恍忽"爾。**故九州、五勝怪迂之變在齊稷下:**史記孟荀列傳:"騶衍深觀陰陽消息而作怪迂之變,終始、大聖之篇十餘萬言。"又曰:"稱引天地剖判以來,五德轉移,治各有宜,而符應若茲。以爲儒者所謂中國者,於天下乃八十一分居其一分耳。中國名曰赤縣神州。赤縣神州內自有九州,禹之序九州是也,不得爲州數。中國外如赤縣神州者九,乃所謂九州也。於是有裨海環之,人民禽獸莫能相通者,如一區中者,乃爲一州。如此者九,乃有大瀛海環其外,天地之際焉。"曆書曰:"是時,獨有鄒衍明於五德之傳,而散消息之分,以顯諸侯,而亦因秦滅六國,兵戎極煩,又升至尊之日淺,未遑暇也。而亦頗推五勝。"又:稷下見田完世家、孟荀列傳、劉向荀卿子序錄、漢書藝文志。稷,齊之城門也。或云:稷,山名。**因也,地齊使然。**"齊"讀爲"劑"。王制曰:"廣谷大川異制,民生其間者異俗,剛柔輕重遲速異齊。"**周室壞,鄭國亂,死人多而生人少,故列子**

一推分命，劉向列子序錄：“至於力命篇，一推分命。”**歸於厭世，御風而行，以近神仙。**莊子逍遥游篇：“夫列子御風而行，泠然善也。”釋文：“李云：列子，鄭人，名御寇。得風仙，乘風而行，與鄭穆公同時。”**族姓定，階位成，貴人之子以武健陵其下，故釋迦令桑門去氏，比于四水入海而鹹淡無别。**印度文明史曰：“印度僧侣之階級，王、士對之爲一階級，平民自上二級貶黜而服從于其下，其服後印度文化之士民又别爲一階級，于是千年不變之四姓制度出現。四姓者：一僧侣（婆羅門），二王、士（刹帝利），三平民（吠奢，一作毗舍），四首陀（一作首陀羅，又作戌達羅）是也。僧侣、王士兩姓，使平民服從，僧侣更使王、士服從。”大般若經卷三百三十曰：“復次，善現，有菩薩摩訶薩，具修六種波羅密多，見諸有情，有四色類，貴賤差别：一刹帝利，二婆羅門，三吠舍，四戌達羅。善現，是菩薩摩訶薩見此事已，作是思惟，我當云何方便，拔濟諸有情類，令速圓滿疾證無上正等菩提。我佛土中，得無如是四種色類，貴賤差别。一切有情，同一色類，皆悉尊貴，人趣所攝。”增一阿含經苦樂品曰：“四河入海，無復河名。四姓爲沙門，皆稱釋種。”又見長阿含經第二分。**希臘之末，甘食好樂，而俗淫湎，故史多揭家務爲艱苦，作自裁論，冀脱離塵垢，死而宴樂其魂魄。**史多揭，一譯斯多噶，希臘學派名也。吉田静致西洋倫理學史曰：“雅里斯多德以後之倫理學説，特著者爲斯多噶與伊壁鳩魯二派。斯多噶派以適應自然而生活爲道德之最高原理。人與物異。人者，有理性之生類，若背理而爲情慾之奴隸，則反於人類之自然。彼物質之善，如富厚、健康等，有德者用之則爲善，不德者用之則爲惡。故如斯物質之事物，有陷人於惡之虞者，宜全然斥絶之。與其爲善，不如去惡。而情念則生惡之源，情念有娛樂、體慾、恐怖、悲哀四種。是等情念,不唯宜抑制之而已,不可不自其根本全消滅之。滅此情念,則精神安静,其道莫如退隱而獨居。故凡關係國家、社會、政治、法律之事,皆非達於幸福之生活之道,惟遁世無慾之哲學者,能得完全之安静。斯多噶派之學者,大貴自殺。彼等之貴自殺無他,惟示其不置重於生活而已。要之,無情念,則人之精神得以脱離塵世之羈絆,乃達於安静幸福之狀態焉。"**此其政俗致之矣。**以上因仍舊貫,徵於邦域。**雖一人亦有舊貫。傳曰:"良弓之子,必學爲箕;良冶之子,必學爲裘。"**學記曰:"良冶之子,必學爲裘。"鄭注:"仍見其家錮補穿鑿之器也。補器者,其金柔乃合,有似於爲裘。""良弓之子,必學爲箕。"鄭注:"仍見其家橈角幹也。橈角幹者,其材宜調,調乃三體相勝,有似於爲楊柳之箕。"**故浮屠之論人也:鍛者鼓橐以吹鑪炭,則教之調氣;浣衣者刮摩垢薉,而諭之觀腐骨。**此謂教之修習止觀。調氣即修數息觀,觀人骸骨即修無常之法也。廣如阿含部經所説。**各從其習,使易成就,猶引繭以爲絲也。**以上因仍舊貫,徵於一人。**然其材性發舒,亦往往有長短。短者,執舊不能發牙角;**牙與芽通。"牙角",猶言"萌蘖"。**長者,以譎之一得今之十。是故九流皆出王官,及其發舒,王官所不能與。**九流皆出於王官,其説發自七略。古者,治教未分,官師無别,學術本諸官守,其道有不得不然者。近人胡適始爲諸子不出於王官論,徒爲攻難,而持之無故,説雖辯而實非也。若曰"學術發舒,官不能與",斯得其理矣!詳柳詒徵論近人講諸子學者之失及繆鳳林駁胡適諸子不出王官論。**官人守要,而九流究宣其義,是以滋長。**荀子榮辱篇曰:"循法則度量刑辟圖籍,不知其義,謹守其數,慎不敢損益,是官人百吏之所以取祿秩也。"又:王霸篇曰:"官人失要則死。"楊注:"官人,列官之人。"**短者,即循循無所進取。通達之國,**莊子則陽篇曰:"知遊心於無窮,而反在通達之國,若存若亡乎?"郭注:"人迹所及爲通達。"**中國、印度、希臘皆能自恢張者也。**釋名:"張,張也。"**其餘因舊而益短拙,故走他國以求儀刑。儀刑之與之爲進,羅甸、日耳曼是矣。儀刑之不能與之爲進,大食、日本是矣。儀刑之猶半不成,吐蕃、東胡是矣。夫爲學者,非徒博識成法,挾前人所故有也。有所自得,古先正之所覬覦,**爾雅釋詁:"覬覦,茀離也。"郭注:"謂草木之叢茸翳薈也。'茀離'即'彌離','彌離'猶'蒙蘢'耳。"郝懿行曰:"'覬覦'音變爲'幕蒙',左傳云'以幕蒙之',幕蒙亦覆敝之意。又爲'溟沐',太玄云'密雨溟沐',細雨濛密之貌。又爲'蠛蠓',小蟲亂飛之貌。又爲'綿蠻',詩'綿蠻黃鳥',蓋文采緟密之貌。是皆'覬覦'一聲之轉也。'茀離'即'彌離',亦即'迷離'。又變爲'幠歷',射雉賦:'幠歷乍見。'又爲'幕歷',煙狀也。又爲'幕羅',婦人所戴也。'彌離'猶'蒙蘢',亦即'朦朧'。又聲近爲'蒙戎',詩'狐裘蒙戎',毛傳云:'蒙戎以言亂也。'亦作'尨茸',左傳注云:'亂貌也。''茀離'之爲言猶'紛綸'也。覬覦、茀離,皆古方俗之語,取其聲不論其字者也。"**聖賢所以發憤忘食,員輿之上**員與圓同,員輿謂地球也。**諸老先生所不能理,**漢書賈誼傳:"諸老先生未能言,誼盡爲之對。"**往釋其惑,若端拜而議,**荀子不苟篇曰:"君子審後王之道而論於百王之前,若端拜而議。"楊注:"若服玄端拜揖而議,言其從容不勞也。"**是之謂學。亡自得者,足以爲師保,不與之顯學之名。**韓非子顯學篇曰："世之顯學，儒、墨也。"**視中國、印度、日本，則可知矣。日本者，故無文字，雜取晉世隸書、章草爲之，又稍省爲假名。**日本國志："遣唐學生吉備、朝臣眞備、始作假名。"名即字也，取字之偏傍以假其音，謂之片假名。片之言偏也。僧空海又就草書作平假名，即今之伊呂波也。其字全本於草書，以假其音，謂之平假名。平之言全也。**言與文繆，無文而言學，已惡矣。今庶藝皆刻畫遠西，什得三四。然博士終身爲寫官，**漢書藝文志："置寫書之官。"**更五六歲，其方盡，復往轉販。一事一義無匈中之造，徒習口説而傳師業者，王充擬之郵人之過書，門者之傳教**。原注：論衡定賢篇。○按論衡云："儒者學；學，儒矣。傳先師之業，習口説以教，無胸中之造，思定然否之論。郵人之過書，門者之傳教也，封完書不遺，教審令不遺誤者，則爲善矣。傳者傳學，不妄一言，先師古語，到今具存，雖帶徒百人以上，位博士、文學，郵人、門者之類也。"**古今書教工拙誠有異，郵與閻皆不與也。中國、印度自理其業，今雖衰，猶自恢彉，其高下可識矣。貸金尊于市，不如己之有蒼璧、小璣，**呂氏春秋重己篇："人不愛崑山之玉、江漢之珠，而愛己之一蒼璧、小璣，有之利故也。"高注："蒼璧，石多玉少。珠不圓者曰璣。"**況自有九曲珠足以照夜！**馬氏繹史引衝波傳謂：孔子去衛適陳，陳人圍之，令穿九曲珠。詳繹史孔子類記。**厥夸毗者，**爾雅釋訓："夸毗，體柔也。"郭注："屈己卑身以柔順人也。"**惟彊大是信，苟言方略可也，**荀子王霸篇云："鄉方略，審勞佚。"**何與於學？**學與方略異者，學以求是，方略以致用也。方略取濟於一時，而學則可以膏沐於後世。故學不必有用，而亦未必無用。

若道家所謂蓬艾之間,有陶鑄堯舜者,此固非夸毗者之所知。**夫儀刑他國者,惟不能自恢彉,故老死不出譯胥鈔撮。能自恢彉,其不亟于儀刑,性也。然世所以侮易宗國者,**_{孟子勝文公上篇:"吾宗國魯先君莫之行。"}**諸子之書,不陳器數,非校官之業、有司之守,不可按條牒而知。**_{戰國以來,政與學殊塗,官與師異職。學者既不獲用,則各引一端而深求之,其書蓋多略事而言理,故曰"不可按條牒而知。"}**徒思猶無補益;要以身所涉歷中失利害之端,**_{周禮師氏:"掌國中失之事以教國子。"鄭注:"故書'中'爲'得'。"}**回顧則是矣。諸少年既不更世變,長老又浮夸少慮,**_{少年不更世變,則無以驗前修之得失;長老浮夸少慮,故不能閉執侮易者之口也。}**方策雖具,不能與人事比合。夫言兵莫如孫子,經國莫如齊物論,皆五六千言耳。事未至,固無以爲候;雖至,非素練其情,涉歷要害者,其效猶未易知也。是以文久而滅,節奏久而絕。**

原注:案孫子十三篇今日本治戎者皆歎爲至精,由其習於兵也。莊子齊物論則未有知爲人事之樞者,由其理趣華深,未易比切,而橫議之士、夸者之流又心忌其害己,是以卒無知者。余曩者誦其文辭,理其訓詁,求其義旨,亦且二十餘歲矣,卒如浮海不得祈嚮。涉歷世變,乃始諜然理解,知其剴切物情。老子五千言亦與是類,文義差明,不知者多以清談忽之,或以權術擯之。有嚴復者,立説差異,而多附以功利之説。此徒以斯賓塞輩論議相校耳,亦非由涉歷人事而得之也。○按:荀子非相篇云:"傳者久則論略,近則論詳。略則舉大,詳則舉小。愚者聞其略而不知其詳,聞其詳而不知其大也。是以文久而滅,節族久而絕。""節族"即"節奏"矣。其言嚴復

説老子者，復嘗以達爾文、孟德斯鳩、斯賓塞諸家之説解老子，語見嚴氏老子評點中。**即有陳器數者，今則愈古。**原注：謂歷史、典章、訓詁、音韻之屬。**故書有譜録平議以察，今之良書無譜録平議，**墨子非命上篇曰：“天下之良書，不可盡計數。”又文選注引墨子云：“墨子獻書惠王，惠王受而讀之，曰‘良書也’。”**不足以察，而游食交會者又邑之。**游食交會者，謂諸横議之士、夸者之流也。浮華交會，語見論式篇。世變既亟，要時合趨之士始有輕其舊學者。義理之書不陳器數，則見以爲迂遠而闊於事情；考證之言明徵定保，則見以爲繁碎而無關宏指。於是黠者爲之，一往捂擊。或謂中國絶無學術，或曰雖有而無進步，或曰雖嘗進步，而今則腐朽且衰息矣。此游士邑蔽之過也。**游食交會，學術之帷蓋也。外足以飾，内足以蔽人，使後生伀伀無所擇。**廣雅釋訓：“伀伀，勵也。”王氏疏證云：“楚辭九歎‘魂伀伀而南行兮’，王逸注云：‘伀伀，惶遽之貌。’司馬相如長門賦：‘魂迋迋若有亡。’梁鴻適吳詩：‘嗟恇恇兮誰留。’恇與伀亦聲近義同。”**以是旁求顯學，期于四裔。**方言十二：“裔，夷狄之總名。”郭注：“邊地爲裔，亦四夷通以爲號也。”**四裔誠可效，然不足一切潁畫，**釋名：“潁，畫也。”**以自輕鄙。何者？飴、豉、酒、酪，其味不同，而皆可于口。今中國之不可委心遠西，猶遠西之不可委心中國也。校術誠有詘，要之短長足以相覆。今是天籟之論，遠西執理之學弗能爲也；**今是，猶今夫也，説詳經傳釋詞。章氏别録四惑論曰：“言公理者，以社會抑制箇人，則無逃於宙合。然則以衆暴寡，甚於以强陵弱，而公理之慘刻少恩，尤有過於天理。乃知莊周所謂齊物者，非有正處、正味、正色之定程，而使萬物各得其所。其度趣公理之説，誠非巧歷所能計矣。"餘如齊物論釋所説，亦多遮撥執理之言，與此互明。**遺世之行，遠西務外之德弗能爲也**；李大釗東西文明根本之異點云："東人之日常生活，以静爲本位，以動爲例外；西人之日常生活，以動爲本位，以静爲例外。東人持厭世主義，以爲無論何物，皆無競爭之價值，個性之生存，不甚重要；西人持樂天主義，凡事皆依此精神以求，益爲向上進化發展，不問其究竟目的爲何，惟前進奮鬥爲首務。"（以上李説）此説東西民族之殊性耳。若夫東人遺世之行，視若無用，而爲用至廣。郭象之敍莊子曰："神器獨化於玄冥之境，而源流深長，故其長波之所蕩，高風之所扇，暢乎物宜，適乎民願。弘其鄙，解其縣，灑落之功未加，而矜夸所以散。雖復貪婪之人、進躁之士，暫而攬其餘芳，味其溢流，彷彿其音影，猶足曠然有忘形自得之懷。況探其遠情而玩永年者乎？"此則非務外者之所及者矣。餘如本書原道篇、別錄四惑論、齊物論釋並可參。**十二律之管，吹之擣衣、舂米皆效情，遠西履弦之技弗能爲也**；呂氏春秋古樂篇曰："昔黃帝令伶倫自大夏之西，乃之阮隃之陰，取竹於嶰谿之谷。以生空竅厚鈞者，斷兩節間，其長三寸九分而吹之，以爲黃鐘之宮。次制十二筒。"首楞嚴經卷八曰："於彼睡時，擣練、舂米。"史記律書曰："聖人知天地識之別，故從有以至未有，以得細若氣、微若聲。然聖人因神而存之，雖妙必效情，核其華道者明矣。"**神輸之鍼、灼艾之治，於足治頭，於背治匈，遠西刲割之醫弗能爲也**；此專就鍼灸校之。其以方藥爲治者，章氏嘗作醫術平議四篇，敍謂遠西醫術有七過：病有傳變，不審經隧，一也；衆證雜糅，不知一本，二也；苟止病能，不恤後變，三也；診脈依于左乳大氣，不知寸口趺陽，遲速之度，時有不齊，不得專求任脈，四也；處斷生死，依于熱度，不知傷寒發熱,熱雖甚不死,五也;處方依于單味藥性,不知複合而用有殊,六也;誤治壞病,不知循本救治,七也。今叢書中無此文,見<u>學林</u>第二期。**氏族之譜,紀年之書,世無失名,歲無失事,遠西闊略之史弗能爲也。**<u>章氏</u>嘗論中國歷史之發達爲世界第一,別國但有紀事本末一體,中國則有紀傳、編年、紀事本末、典章制度四體,其餘尚有多種,非別國所能及。語詳<u>教育今語</u>、<u>中國文化的根源</u>和<u>近代學問的發達</u>篇。**不定一尊,故笑上帝;**吾國開化至早,去神權益遠,故無獨尊之宗教。<u>章氏</u><u>菿漢微言</u>曰:"<u>中國</u>之民,徇通而少執著,學術、宗教,善斯受之,故終無涉血之爭也。"**不邇封建,故輕貴族;**<u>夏曾佑</u>曰:"<u>春秋</u>之世,天下皆封建,其君爲天子之同姓十之六、天子之勳戚者十之三、前代之遺留者十之一。國中之卿大夫皆公族也,皆世官也,無由布衣以躋卿相者。故其時有姓、有氏,姓爲君主所獨有,乃其出於天子之符號;國之大臣皆與君同姓,難於識別,乃就其職業、居處之異,以爲之氏。至<u>戰國</u>時,競爭既急,需材自殷,不復能拘世及之制,於是國君以外無世禄,而姓氏遂無辨矣。"(見<u>夏氏</u><u>中國歷史</u>)又<u>章氏</u>別録<u>代議然否論</u>曰:"去封建遠者,民皆平等;去封建近者,民有貴族、黎庶之分。"**不獎兼并,故棄代議;**<u>代議然否論</u>謂:"代議政體乃封建之變相,徒爲有力者傅其羽翼,使得腰膂齊民,猶不如專制之善。專制惟王者一人秉權於上,規模廓落,苛察不遍行,民猶得以紓其死。代議之制,徒助豪右,故中國無之,是其所以卓絶。"按:此説深達理要,蓋舉世所不能言也。**不誣烝民,故重滅國;**<u>襄</u>六年<u>公羊傳</u>曰:"<u>齊侯</u>滅<u>萊</u>。曷爲不言<u>萊</u>君出奔,國滅君死之,正也。"<u>何氏</u><u>解詁</u>曰:"明國當存。不書殺<u>萊</u>君者,舉滅國爲重。"又<u>莊</u>四年<u>穀梁傳</u>:"<u>紀侯</u>大去其國。大去者,不遺一人之辭也,言民之從者四年而後畢也。<u>紀侯</u>賢而<u>齊</u>

侯滅之，不言‘滅’而曰‘大去其國’者，不使小人加乎君子。”諸如春秋所書，其文繁廣，大氐行强以陵弱，則吾國聖人之所誅絶，故王者有興滅繼絶之義（見論語堯曰篇、白虎通封公侯篇）。其於制御四夷，亦曰“羈縻勿絶”而已，未有蛇豕薦食，如歐、美、日本之所爲者也。其在道家，衣養萬物，三子之樂蓬艾，雖神堯不得奪之（莊子齊物論）。章氏説之曰：“原夫齊物之用，將以内存寂照，外利有情。世情不齊，文野異尚，亦各安其貫利，無所慕往。饗海鳥以太牢，樂斥鷃以鐘鼓，適令顛連取斃，斯亦衆情之所恒知。然志存兼并者，外辭蠶食之名，而方寄言高義，若云使彼野人獲與文化，斯則文野不齊之見，爲桀、跖之嚆矢明矣。夫滅國者假是爲名，此是檮杌、窮奇之志爾。”（齊物論釋）斯亦不誣蒸民之至論也。**不恣獸行，故別男女**；中國自伏戲、女媧之世，置女媒，行儷皮，已定夫婦之制。及周而文教益息，男女之際，如曲禮、内則之所言，其防益嚴，其道益轂。今人所爲切齒腐心而道之者，其説信然。顧西俗自相匹藕，抑配强昏之事雖少，而男女切倚，不恥淫泆之過，則寄豭逃嫁（見秦始皇帝本紀），滋多於是矣。至於中道相棄，怨曠感忿而自裁者，於此爲希有，而彼則常常見之。兼權孰計，中國之拘，猶愈於西俗之縱也。**政教之言，愈于彼又遠。下及百工將作**：漢書百官公卿表：“將作少府，秦官，掌治宮室。景帝中六年，更名將作大匠。”**築橋者壘石以爲空閲**，空閲，猶空穴也。宋玉風賦“空穴來風”，莊子作“空閲”（莊子佚文，見困學紀聞十）。**旁無支柱，而千年不壞；織綺者應聲以出章采，奇文異變，因感而作，猶自然之成形，陰陽之無窮**；原注：傅子説馬鈞作綾機，其巧如此。然今織師往往能之。○按：傅玄序馬先生事，見魏志杜夔傳注。**割烹者斟酌百物以爲和味，堅者使毳**，“毳”與“脆”通，詩烝民箋"濡毳"，釋文作"濡脆"。漢書丙吉傳"甘毳"亦即"甘脆"。**淖者使清**，廣雅釋詁："淖，濁也。"**洦者使腴**，"洦"與"泊"同，謂泊淡也。**令菜茹之甘美於芻豢**；孫文學説卷一云"中西未通以前，西人於烹調獨推法國，及一嘗中國之味，莫不以中國爲冠矣。中國不獨食品發明之多，烹調方法之美，爲各國之冠，而中國人之飲食習尚，暗合於科學衛生，尤爲各國一般人所望塵不及也。"**次有圍棊、柔道**，日本之圍棊、柔道皆自中國傳受。柔道又謂之柔術，即拳術也。下川潮陳元贇與柔道："始祖陳元贇，字義都，明之虎林人。寬永十五年（崇禎十年）避亂來我國，以支那之拳法傳福野七郎右衛門等。"**其巧疑神**；莊子達生篇："用志不分，乃凝於神。"凝同疑。**孰與木杠之窳**、爾雅釋宮云："石杠謂之倚。"孟子離婁下篇云："歲十一月，徒杠成。"杠與榷一聲之轉。説文云："榷，水上橫木以渡也。"史記五帝本紀"器不苦窳"集解"窳，病也。"**織成之拙**、御覽布帛部引魏略曰："大秦國用水羊毛、木皮野繭絲作織成，皆好色。"又曰："大秦國出金織成帳。"又引吳時外國傳曰："大秦國、天竺國皆出金縷織成。"**牛戴之噱**、説文："戴，大矜也。""噱，食辛噱也。"**象戲之鄙**、西人博戲之法，當此土之象戲。周武帝作象戲，見御覽工藝部。**角抵之鈍**？西人角力之技，當此土之角抵。漢武帝元封三年作角抵戲，見本紀。**又有言文歌詩，彼是不能相貿者矣。夫贍于己者，無輕效人。若有文木**，葛洪西京雜記卷六云："魯恭王得文木一枚，中山王爲賦。"**不以青赤彫鏤；惟散木爲施鏤**。莊子人閒世篇云："散木也。"郭注云："不在可用之數，故曰散木。"**以是知儀刑者散，因任者文也。然世人大共儦弃**，荀子修身篇曰："怠慢儦弃。"楊注云:儢,輕也。"方言:"楚謂相輕薄爲儢。"**以不類遠西爲恥;余以不類方更爲榮,非恥之分也。**分,猶限齊也。**老子曰:"天下皆謂我道大,似不肖。夫惟大,故似不肖。若肖,久矣其細也夫!"**老子六十七章文。王弼曰:"'久矣其細'猶曰'其細久矣。'肖則失其所以爲大矣,故曰'若肖,久矣其細也夫。'"**此中國、日本之校已。**

國故論衡疏證下之二

原　儒

儒有三科，關達、類、私之名。關，猶通也。墨子經上篇曰：“名：達、類、私（張惠言云‘名有三義’）。”經說上篇曰：“名，物達也（孫詒讓云：‘言物爲萬物之通名。荀子正名篇曰：故萬物雖衆，有時而欲徧舉之，故謂之物。物也者，大共名也。即此義’）。有實必待文，多也（孫云：‘多疑當作名，言名爲實之文也。或謂文多當作之名，亦通’）。命之馬，類也。若實也者，必以是名也（張云：‘馬而名之馬，是類也。凡馬之實皆得名之馬。’孫云：按：張説是也。荀子正名篇云：有時而欲徧舉之，故謂之鳥獸。鳥獸也者，大別名也。即此義）。命之臧，私也（孫云：‘臧獲之臧，言於人之賤者而命爲臧，則臧非人之通名，故曰私。’張云：‘人而名之臧，是私也。’）。是名也，止於是實也（張云：‘名止於是實，凡人不得名之’）”。**達名爲儒：儒者，術士也。**原注：説文。〇按：説文云：“儒，柔也。術士之稱。”段云：“術，邑中也。因以爲道之稱。周禮：‘儒以道得民。’注曰：‘儒有六藝以教民者’云云。”按：術士謂一切有術之士，故爲達名，非專指通六藝者。如段所云，則是類名非達名也。説詳下文。**太史公儒林列傳曰“秦之季世阬術士”，而世謂之“阬儒”；**漢書亦云“殺術士”，或以經術之士説之，非是。始皇所阬諸生及求僊練藥之徒，蓋文學方術之士，通言術士矣,明非專謂誦法孔子者也。史記倉公傳曰:"公孫光曰:'意好數,公必謹遇之,其人聖儒。'"此即儒爲術士之明證。司馬相如言"列僊之儒居山澤間,形容甚臞";原注:漢書司馬相如傳語。史記"儒"作"傳",誤。趙太子悝亦語莊子曰:"夫子必儒服而見王,事必大逆。"原注:莊子説劍篇。此雖道家方士言儒也。鹽鐵論曰:"齊宣王褒儒尊學,孟軻、淳于髠之徒受上大夫之禄,不任職而論國事。蓋齊稷下先生千有餘人,湣王矜功不休,諸儒諫不從,各分散。慎到、捷子亡去,田駢如薛而孫卿適楚。"原注:論儒。○按:論儒文所稱諸儒,惟孟、孫在儒家,淳于髠學無所主宜在雜家,慎子四十二篇列於法家,捷子二篇、田子二十五篇並在道家,知九流通言儒矣。王充儒增、道虛、談天、説日、是應論衡五篇云。舉儒書所稱者,有魯般刻鳶;"儒書稱魯般、墨子之巧,刻木爲鳶,飛之三日而不集。"由基中楊;"儒書稱楚養由基善射,射一楊葉,百發能百中之。"李廣射寢石,矢没羽;"儒書言楚熊渠子出見寢石,以爲伏虎,將弓射之,矢没其衛。或曰:養由基見寢石以爲兕也,射之矢飲羽。或言李廣。"荆軻以匕首擿秦王,中銅柱入尺;"儒書言荆軻爲燕太子刺秦王,操匕首之劍刺之不得。秦王拔劍擊之,軻以匕首擿秦王不中,中銅柱,入尺"。以上並見儒增篇。女媧銷石;共工觸柱;"儒書言共工與顓頊爭爲天子,不勝,怒而觸不周之山,使天柱折,地維絶。女媧銷煉五色石以補蒼天,斷鼇足以立四極。"見談天篇。鮭觟治獄;屈軼指佞;"儒者言太平之時,屈軼生於庭之末,若草之狀,主指佞人。佞人入朝,屈軼庭末以指之,聖王則知佞人所在。"又曰:"儒者説云:鮭觟者,一角之羊也,性知有罪。臯陶治獄,其罪疑者,令羊觸之。有罪則觸,無罪則不觸。"見是應篇。**黃帝騎龍**;"儒書言黃帝採首山銅,鑄鼎於荆山下。鼎既成,有龍垂胡髯下迎黃帝,黃帝上騎龍,羣臣後宮從上七十餘人,龍乃上去。餘小臣不得上,乃悉持龍髯。龍髯拔,墮黃帝之弓。百姓仰望黃帝既上天,乃抱其弓與龍胡髯呼號。故後世因其處曰鼎湖,其弓曰烏號。"**淮南王犬吠天上,雞鳴雲中**;"儒書言淮南王學道,招會天下有道之人,傾一國之尊,下道術之士。是以道術之士並會淮南,奇方異術,莫不爭出。王遂得道,舉家升天,畜產皆仙,犬吠於天上,雞鳴於雲中。此言仙藥有餘,犬雞食之,并隨王而升天。"以上並見道虛篇。**日中有三足烏,月中有兔蟾蜍。**"儒者曰:日中有三足烏,月中有兔蟾蜍。"見說日篇。**是諸名籍,道、墨、刑法、陰陽、神仙之倫,旁有雜家所記,列傳所錄,一謂之儒,明其皆公族。**九流百氏,其學雖異而同爲術士,則同爲儒之族類。莊子庚桑楚曰:"孰知有無生死之一守者。是三者雖異,公族也。"**儒之名蓋出於需。需者,雲上于天,**周易云:"☰☵需。象曰:'雲上於天,需。'"**而儒者亦知天文,識旱潦。何以明之? 鳥知天將雨者曰鷸,**原注:說文。○按:說文云:"鷸,知天將雨鳥也。禮記曰:'知天文者冠鷸。'"**舞旱暵者以爲衣冠。**原注:釋鳥:"翠,鷸。"是鷸即翠。地官舞師:"教皇舞,帥而舞旱暵之事。"春官樂師有皇舞。故書"皇"皆作"翟"。鄭司農云:"翟舞者,以羽覆冒頭上,衣飾翡翠之羽。"尋旱暵求雨而服翡翠者,以翠爲知雨之鳥故。**鷸冠者,亦曰術氏冠,**原注:漢五行志注引禮圖。**又曰圜冠。**莊周言"儒者冠圜冠者知天時,履句屨者知地形，**緩佩玦者事至而斷**。”原注：田子方篇文，五行志注引逸周書文同莊子，圜字作“鷸”。續漢書輿服志云：“鷸冠前圜。”**明靈星舞子**，春官樂師：“凡舞有帗舞。”鄭注云：“帗析五采繒，今靈星舞子持之是也。”風俗通云：“漢書郊祀志：‘高祖五年，初置靈星，祀后稷也。’按：祀典既已立稷，又有先農，無爲靈星復祀后稷也。左中郎將賈逵説，以爲龍第三有天田星，靈者神也，故祀以報功。辰之神爲靈星，故以壬辰日祀靈星於東南，金勝木爲土相。”**吁嗟以求雨者謂之儒**。桓五年公羊傳：“大雩者何？旱祭也。”解詁曰：“雩，旱請雨祭名。使童男女各八人舞而呼雩，故謂之雩。”月令：“仲夏之月，大雩帝。”鄭注曰：“雩，吁嗟求雨之祭也。”**故曾皙之狂而志舞雩**，論語子路篇：“子曰：‘不得中行而與之，必也狂狷乎？狂者進取，狷者有所不爲也。’”孟子盡心篇：“曰：‘敢問何如斯可謂狂矣？’曰：‘如琴張、曾皙、牧皮者，孔子之所謂狂矣。’”又論語先進篇：“曰：‘點爾何如？’對曰：‘暮春者，春服既成，冠者五六人，童子六七人，浴乎沂，風乎舞雩，詠而歸。’夫子喟然歎曰：‘吾與點也。’”**原憲之狷而服華冠**，原注：華冠亦名建華冠，晉書輿服志以爲即鷸冠。華、皇亦聲之轉。〇按：建華冠即鷸冠，蔡邕已言之。獨斷曰：“建華冠以鐵爲柱，卷貫大珠九枚，今以銅爲珠，形制似縷簏。記曰：‘知天文者服之’。左傳曰：‘鄭子臧好聚鷸冠，前圜。’以爲此制是也。天地五郊、明堂月令，舞者服之。”莊子讓王篇：“原憲居魯，環堵之室，上漏下溼，匡坐而弦。子貢乘大馬軒車不容巷，往見原憲。原憲華冠縱履，杖藜而應門。”**皆以忿世爲巫，辟易放志於鬼道**。原注：陽狂爲巫，古所恒有，曾、原二生之志，豈以靈保自命哉？董仲舒不喻斯旨，而崇飾土龍，乞效蝦蟆，燔殟薦脯，以事求雨，其愚亦

甚。○按：國語吳語曰："員不忍稱疾辟易，以見王之親爲越之禽
也。"韋解云："辟易，狂疾。"漢書項羽傳曰："楊喜爲郎騎追羽，羽
還叱之，喜人馬俱驚，辟易數里。"師古曰："辟易，謂開張而易其
本處。"尋辟易二字疊韻連語，韋解近是，師古之説非也。此謂
曾、原二生，一則志巫之事，一則服巫之服，皆以疵物垢俗，陽狂遠
人而欲自託於鬼道也。其言董仲舒者，説見春秋繁露求雨篇。
古之儒知天文占候，謂其多技，故號徧施於九能，九能見
辨詩篇。**諸有術者悉晐之矣。**以上説達名之儒竟。**類名爲
儒：儒者，知禮、樂、射、御、書、數。天官曰："儒，以道得
民。"**天官："大宰之職，以九兩繫邦國之民。三曰師，以賢得民。
四曰儒，以道得民。"**説曰："儒，諸侯保氏，有六藝以教民
者。"**鄭注文。**地官曰："聯師儒。"**地官："大司徒之職，以本
俗六安萬民。四曰聯師儒。"**説曰："師儒，鄉里教以道藝
者。"**鄭注文。**此則躬備德行爲師，效其材藝爲儒。**天官
疏云："'師以賢得民'者，謂諸侯以下，立教學之官爲師氏，以有
三德、三行，使學子歸之，故云'以賢得民'。民則學子是也。'儒
以道得民'者，諸侯師氏之下，又置一保氏之官，不與天子保氏同
名，故號曰儒。"**養由基射白蝯應矢而下，尹儒學御三年受
秋駕，吕氏曰："皆六藝之人也。"**原注：吕氏春秋博志篇。
○按：博志篇曰："養由基、尹儒皆六藝之人也（'六藝'李本作'文
藝'，誤）。荆廷嘗有神白猨，荆之善射者莫之能中，荆王請養由
基射之。養由基矯弓操矢而往，未之射而括中之矣，發之則猨應
矢而下。則養由基有先中中之者矣。尹儒學御三年而不得焉，苦
痛之。夜夢受秋駕於其師，明日往朝，其師望而謂之曰：'吾非愛

道也,恐子之未可與也。今日將教子以秋駕(高誘曰:秋駕,御法也)。'尹儒反走,北面再拜曰:'今昔臣夢受之。'先爲其師言所夢,所夢固駕秋已。"**明二子皆儒者,儒者則足以爲楨榦矣。**以上說類名之儒竟。儒有六藝,其材技足用,則可爲國之楨榦也。書費誓篇:"時乃楨榦。"馬融注曰:"楨榦皆築具。楨在前,榦在兩傍。"大雅文王篇:"爲周之楨",毛傳曰:"楨,榦也。"鄭箋曰:"則是周之榦事之臣也。"**私名爲儒:七略曰:"儒家者流,蓋出於司徒之官,助人君順陰陽、明教化者也。游文于六經之中,留意於仁義之際,祖述堯、舜,憲章文、武,宗師仲尼,以重其言,于道爲最高。"**師古曰:"祖,始也。述,修也。憲,法也。章,明也。宗,尊也。言以堯、舜爲本始而遵修之,以文王、武王爲明法,又師尊仲尼之道。"**周之衰,保氏失其守,**保氏失其守,謂六藝之道不復修明也。地官保氏:"養國子以道,乃教之六藝。一曰五禮,二曰六樂,三曰五射,四曰五馭,五曰六書,六曰九數。"**史籀之書**、漢志及說文敍並云:周宣王大史籀作大篆十五篇。**商高之算**、周髀算經曰:"昔者周公問於商高曰:'竊聞乎大夫善數也。'"趙君卿注曰:"商高,周時賢大夫,善算者也。"**蠭門之射**、孟子離婁篇:"逢蒙學射於羿。"趙歧注曰:"羿有窮后。逢蒙,羿之家衆。"按:"家衆"猶言"家臣"耳。"逢蒙"、荀子王霸篇作"蠭門",史記龜策傳同。集解引七略有蠭門射法,漢志作"逢門"。呂氏春秋具備篇又作"蠭蒙"。皆一聲之轉。**范氏之御,**班固東都賦:"范氏施御。"李善注引括地圖曰:"夏德盛,二龍降之,禹使范氏御之以行經南方。"梁章鉅文選旁證曰:"孟子:'範我馳驅。'音義云:'範我或作范氏(班固傳注即作：吾爲范氏馳驅）。范氏，古之善御者。’左傳：‘范宣子曰：昔匃之祖，在夏爲御龍氏。’世稱御爲范氏之御，由此也。宋書樂志君馬黄篇：‘願爲范氏驅，雍容步中幾。’亦用此事。”**皆不自儒者傳。**晚周以還，儒者惟自託於德行政教之言，不復習於材藝。射、御則歸之技巧，算術則入於歷譜，雖史籀之篇，亦惟尉律課之，令史習之。皆不自儒者傳也。**故孔子曰：“吾猶及史之闕文也，有馬者借人乘之，今亡矣夫。”**論語衛靈公篇文。包咸注曰：“古之良史於書字有疑，則闕之以待知者。有馬不能調良，則借人乘習之。孔子自謂及見其人如此，至今無有矣。言此者，以俗多穿鑿。”**蓋名、契亂，**名即書名，契即書契，謂史文也。**執轡調御之術亦浸不正。**宋翔鳳論語發微曰：“周禮保氏教之六藝。四曰五馭，五曰六書。御與書同在六藝，皆國子之所當教，故孔子言‘執御’，又言‘正名’，言‘雅言’，所以教門弟子者，與天子諸侯之設官無以異也。史籀爲周宣王太史，作大篆十五篇。周禮外史掌達書名於四方，亦太史之屬。漢律：‘太史試學童，能諷書九千字以上，乃得爲史。又以六體試之，課最者以爲尚書、御史、史書令史。吏民上書字或不正，輒舉劾。’史書令史者，爲掌史書之令史，專以正書字爲職。故曰史書、曰史篇，皆謂書字掌於太史，而保氏以教。藝文志曰：‘古制書必同文，不知則闕，問諸故老。至於衰世，是非無正，人用其私。故孔子曰：吾猶及史之闕文也，今亡矣夫。蓋傷其寖不正。’其引論語‘史之闕文’即上。子路篇‘不知蓋闕’同義。志又言‘史籀篇，周官教學童者也。’見論語之‘史’若漢代史書、史篇之類，而不必爲記事記言之書也。許氏説文敍曰：‘詭更正文，鄉壁虛造不可知之書，以燿於世。’與班氏言衰世之弊，同孔子之所歎。許氏又曰：‘書曰：予欲觀古人之象。言必遵修舊文而不穿鑿。孔子

曰:吾猶及史之闕文,今亡矣夫。蓋非其不知而不問,人用己私,是
非無正,巧説衺辭,使天下學者疑。蓋文字者,經藝之本,王政之
始,前人所以垂後,後人所以識古。故曰:本立而道生。知天下之
至嘖而不可亂也。'班、許兩家之言,若出一涂,故論語包注云云。
凡有馬而借人乘習,則皆期於善御,亦六藝之一,弟子之事,而保氏
之所教也。五馭有一定之法,非可人用其私,故車能同軌。六書有
一定之法,非可詭更正文,故書能同文。"**自詭鄙事,言"君子不**
多能",論語子罕篇:"太宰問於子貢曰:'夫子聖者與,何其多能
也。'子貢曰'固天縱之將聖,又多能也。'子聞之曰:'太宰知我乎!
吾少也賤,故多能鄙事。君子多乎哉,不多也。'"漢書趙充國傳"自
詭必得"師古曰:"詭,責也。"**爲當世名士顯人隱諱。**此言當時
人士既已疏於六藝,故孔子自任所能乃鄙人之事。又言君子不多。
此所以爲賢者諱也。**及儒行稱十五儒,**詳見禮記。**七略疏晏**
子以下五十二家,詳見漢志。**皆粗明德行政教之趣而已,**
未及六藝也。其科於周官爲師,儒絶而師假攝其名。然
自孟子、孫卿多自擬以天子三公,荀子儒效篇云:"大儒者,天
子三公也(楊注:'其才堪王者之佐也。')。小儒者,諸侯、大夫、士
也。衆人者,工、農、商、賈也。"**智效一官,德徵一國,則劣矣。**
莊子逍遙游篇:"故夫知效一官、行比一鄉、德合一君而徵一國者,
其自視也亦若此矣。"司馬云:"徵,信也。"崔支云:"成也。"**而末**
流亦彌以譁世取寵。藝文志曰:"辟者隨時抑揚,違離道本,苟
以譁衆取寵。"尋儒家之志,要於得君行道。自孔子至於孟、孫,上
説下教,所謂幼而學之,壯而欲行之者,此固儒者之所同然。故孔
子之譏丈人,謂其不仕無義(見論語微子篇)。陳仲子之廉,辭三公

而爲人灌園,孟、孫則交詆之(見孟子滕文公、盡心二篇,荀子不苟篇)。誨人不倦,而於于蓋衆者託焉;引君當道,而曲學阿世者附焉。然則辟儒之弊,至於譁世取寵,亦必至之勢也。**及酈生、陸賈、平原君之徒,餔歠不廉,德行亦敗,**漢志儒家有平原君七篇(注云:"朱建也")、陸賈二十三篇。史記言酈生狀貌類大儒,衣儒衣,欲見沛公。沛公辭以未暇見儒人,又罵酈生爲豎儒。是酈生爲儒者也。酈生自稱高陽酒徒。陸賈使越得橐中裝,直千金。受陳平遺酒食費,奴婢百人,車馬五十乘,錢五百萬。平原君受辟陽侯百金,爲其畫計。故曰"餔歠不廉"也。**乃不如刀筆吏。**以上説私名之儒竟。**是三科者,皆不見五經家。往者商瞿、伏勝、穀梁赤、公羊高、浮丘伯、高堂生諸老,七略格之,名不登於儒籍。**原注:若孫卿書敍録云:"韓非號韓子,又浮丘伯,皆受業爲名儒。"此則韓非、浮丘並得名儒之號,乃達名矣。鹽鐵論毀學篇云:"包丘子修道白屋之下,樂其志。"或亦非專治經者。○按:商瞿傳易,伏勝傳尚書,穀梁赤、公羊高傳春秋、浮丘伯傳詩、高堂生傳士禮,詳史、漢儒林傳。其書載於六藝略,不在諸子儒家之數。**儒者游文,而五經家專致,五經家骨鯁守節過儒者,其辯智弗如,**原注:傳經之士,古文家吳起、李克、虞卿、孫卿而外,知名于七國者寡。儒家則孟子、孫卿、魯連、甯越,皆有顯聞。蓋五經家不務游説,其才亦未逮也。至漢,則五經家復以其術取寵,本末兼隕。然古文家獨異是。古文家務求是,儒家務致用,亦各有適。兼之者,李克、孫卿數子而已。五經家兩無所當,顧欲兩據其長,春秋斷獄之言,遂爲屬於天下。○按:吳起、虞卿、孫卿並傳左氏春秋,見左傳孔疏引劉向別録。李克七篇,見漢志儒家(王應麟考證曰:"韓詩外傳、説苑反質篇載魏文侯問李克,文選魏都賦注引李克書”）。注云：“子夏弟子，爲魏文侯師。”陸璣毛詩草木蟲魚疏云：“孔子删詩授卜商，商授魯人曾申，申授魏人李克。”又：漢志儒家有魯仲連子十四篇、甯越一篇。注云：“中牟人，爲周威王師（王應麟曰：‘吕覽：甯越，中牟之鄙夫也，苦耕稼之勞，謂其友曰：何爲而可以免此苦也？其友曰：莫如學，學三十歲則可以達矣。甯越曰：請以十歲〔當作十五歲〕。人將休，吾將不敢休；人將卧，吾將不敢卧。十五歲而周威王師之。説苑尊賢篇引周威王問於甯子曰：取士有道乎？’按：王引吕覽見博志篇，又不廣篇亦載甯越非趙將收齊尸語。）”**此其所以爲異。自太史公始以儒林題齊、魯諸生，徒以潤色孔氏遺業。**史記儒林傳曰：“孟子、孫卿之列，咸遵夫子之業而潤色之。”**又尚習禮樂弦歌之音，鄉飲大射，事不違藝，故比而次之。及漢有董仲舒、夏侯始昌、京房、翼奉之流，**漢書李尋傳曰：“漢興，推陰陽言災異者，孝武時有董仲舒、夏侯始昌，昭、宣則眭孟、夏侯勝，元、成則京房、翼奉、劉向、谷永，哀、平則李尋、田終術，此其納説時君著明者也。察其所言，仿佛一端。假經設誼，依託象類，或不免乎億則屢中。”師古曰：“言仲舒等億度所言既多，故時有中者耳。非必道術皆通明也。”餘詳各本傳。**多推五勝，**見原學篇。**又占天官風角，**後漢書劉寬傳注引謝承書：“寬少學歐陽尚書、京氏易，明星官、風角、算曆。”又：郎顗傳：“學京氏易，善風角、星算。”注云：“風角，謂候四方四隅之風以占吉凶也。”**與鶡冠同流，草竊三科之閒，往往相亂。**草竊者，雜亂之名也。商書微子曰：“好草竊姦宄。”江聲尚書集注音疏云：“蓐害苗爲草竊。”疏引吕氏春秋辨土篇：“凡耕之道，無與三盜任地。夫大畎、小畝爲青魚肬，苗若直獵，地竊之也。既種而無行，耕而不長，則苗相竊也。弗除則蕪，除之則虛，則草竊之也。”

按：江引呂氏以證草竊之言，其説近是，蓋本以田事爲喻。俞樾羣
經平議則云：“草竊”讀爲“草蔡”。莊子庚桑楚篇：“竊竊乎又何足
以濟世哉。”釋文“竊竊”本作“察察”。“竊”之爲“蔡”，猶“竊竊”
之爲“察察”也。草竊者，草蔡也。説文茻部：“丯，草蔡也。象草生
之散亂也。”是草蔡有散亂之意，古語然也。其本義屬草，引申則凡
散亂者，皆得謂之草蔡也。求之音義，此説爲尤通矣。**晚有古文
家出，實事求是，**漢書河間獻王傳云：“修學好古，實事求是。”**徵
於文不徵於獻。**古文家依準明文，不依準家法，説見明解故下
篇。此猶佛家依法不依人也。論語八佾篇曰：“文獻不足故也。”鄭
注：“獻，猶賢也。”獻本宗廟犬名羹獻，其訓賢者，蓋字借爲儀。釋
詁：“儀，善也。”大誥“民獻有十夫”，大傳作“民儀”，是其證。説詳
段玉裁尚書撰異。**諸在口説，雖游、夏猶黜之。斯蓋史官支
流，與儒家益絶矣。冒之達名，**冒，猶蒙也。**道、墨、名、法、
陰陽、小説、詩賦、經方、本艸、蓍龜、形法，此皆術士，何
遽不言儒？局之類名，**局，猶限也。**蹵鞠、弋道近射，曆譜
近數，調律近樂，猶虎門之儒所有事也。**原注：若以類名之
儒言，趙爽、劉徽、祖暅之明算，杜夔、阮咸、萬寶常之知樂，悉古之
真儒矣。〇地官師氏：“居虎門之左，司王朝。”鄭注：“虎門，路寢門
也。王日視朝於路寢，門外畫虎焉，以明勇猛，於守宜也。”據此，明
居虎門者爲師氏，以德行教者也。其六藝之事，則掌於保氏。而此
文云云者，惠士奇禮説云：“師氏、保氏同居門左，保氏不言者，省文
可知。”趙爽，漢人，注周髀算經。劉徽，魏人，注九章算術，撰海島
算經。祖暅之，南史有傳，撰漏刻經，見隋志。杜夔見魏志。阮咸
見晉書。萬寶常見隋書。**今獨以傳經爲儒，以私名則異，以**

達名、類名則偏。要之題號由古今異，儒猶道矣。儒之
名於古通爲術士，於今專爲師氏之守。道之名於古通爲
德行道藝，於今專爲老聃之徒。道家之名不以題方技
者，嫌與老氏掍也。傳經者復稱儒，即與私名之儒殽亂。
原注：論衡書解篇曰："著作者爲文儒，説經者爲世儒。世儒易爲。
文儒之業，卓絶不循。彼虛説，此實篇。"按：所謂文儒者，九流、六
藝、太史之屬；所謂世儒者，即今文家。以此爲別，似可就部。然世
儒之稱，又非可加諸劉歆、許慎也。**孔子曰："今世命儒亡常，
以儒相詬病。"** 儒行云："今衆人之命儒也妄常，以儒相詬病。"鄭
注："妄之言無也。言今世名儒無有常，人遭人名爲儒，而以儒靳故
相戲。此哀公輕儒之所由也。詬病，猶恥辱也。" **謂自師氏之守
以外，皆宜去儒名便，非獨經師也。** 以上言約定俗成，宜以儒
名專歸師氏，其他術士、藝人及諸傳經之士，皆宜去之。**以三科悉
稱儒，名實不足以相檢，則儒常相伐。** 所學各異，而同居一
名。各引所長，而不悟彼我之異事，此學者所以多紛紜之論。**故
有理情性，陳王道，而不麗保氏，身不跨馬，射不穿札；即
與駁者，則以啙窳詬之，** 漢書地理志："故啙窳媮生而亡積聚。"
師古曰："啙，短也。窳，弱也。言短力弱材，不能勤作。" **以多藝
匡之。是以類名宰私名也。** 宰者，制割之名。自在材藝，而祇
坐而論道者爲無用，是以類名之儒而制割私名之儒也。理情性，陳
王道，若朱、陸是已。與之駁者，若顏、李是已。戴望作顏習齋傳
云："先生寐堯舜之道在六府三事。周公教士以三物，孔子以四教，
非主静專誦讀，流爲禪學俗學者所可託。於是著存學、存性、存治、
存人四編以立教。名其居曰習齋。帥門弟子行孝弟，存忠信，日習

禮、樂、射、御、書、數,究兵農、水火諸學,堂上琴竽、弓矢、籌管森
列。嘗曰:'必有事焉,學之要也。心有事則存,身有事則修,家之
齊、國之治,皆有事也。無事則道與治俱廢。故正德、利用、厚生曰
事,不見諸事,非德、非用、非生也。德、行、藝曰物,不徵諸物,非
德、非行、非藝也。'先生之學以事物爲歸,而生平未嘗以空言立
教。"顏氏存學編曰:"即如朱、陸兩先生,有一守孔子下學之成法?
身習夫禮、樂、射、御、書、數,以及兵農、錢穀、水火、工虞之屬而精
之,凡弟子從遊者,則令某也學禮,某也學樂,某也兵農,某也水火,
則及門皆通儒,君相必實得其用,天下必實被其澤,是謂明親一致,
大學之道也。惟其不出於此,以致紙上談性天,而學朱者進支離之
譏,誠支離也。心中矜覺悟,而學陸者供近禪之誚,誠近禪也。"又:
朱子語類評曰:"千餘年來,率天下人入故紙堆中,耗盡身心氣力,
作弱人、病人、無用人者,皆晦菴爲之也。"李恕谷年譜曰:"宋儒內
外、精粗皆與聖道相反。養心必養爲無用之心,致虛守寂;修身必
修爲無用之身,徐言緩步;爲學必爲無用之學,閉門誦讀:不盡去其
病,世道不可問矣。"凡顏、李所以詬匡宋儒者,其略如此。章氏檢
論正顏篇曰:"顏氏譏李顒不能以三事、三物使人習行,顧終身淪于
講說。其學者李塨、王源,亦皆懲創空言,以有用爲臬極。周之故
言,仕、學爲一訓。何者? 禮不下庶人,非宦于大夫無所師。故學
者猶從掾佐而爲小吏,九流所萌蘗,皆疇人之法、王官之契也。然
更歲月久,而儒、道、形名侵尋張大以爲空言者,四民生生之具,至
爻錯矣。古者更世促淺,不煩爲通論。漸漬二三千歲,不推其終
始、審其流衍,則維綱不舉,故學有無已而湊于虛。且御者必辨于
駿良、玄黃,遠知馬性,而近人性之不知;射者必謹于往鏃擬的,外
知物埻,而內識埻之不知:此其業不火馳乎? 其學術不已憔領乎?

觀今遠西之有玄學，不齎萬物爲當年效用，和以天倪，上酧其言，而民亦沐浴膏澤。雖清言理學，至於桑門禪人，未其無云補也。用其不能實事求是，而思理綮紗者多，習者彌易，識者彌寡，是故文實顛償，國以削弱。今即有百人從事於三物，其一二則以名理爲空言，言必求是，人之齊量、學之同律既得矣。雖無用者，方以冥冥膏澤人事，何滯迹之有？顏氏徒見中國淹於文敝，故一切以地官爲事守，而使人無窈窕曠閒之地，非有佗也，亦無總攬之用則然。"**有審方圓，正書名**，方圓，謂器物度數也。書名，謂文字、音訓也。**而不經品庶**，説文："品，衆庶也。"**不念烝民疾痰；即與駮者，則以他技詬之**，周書秦誓篇："斷斷猗，無他技。"**以致遠匽之。**論語子張篇："子夏曰：'雖小道，必有可觀者焉。致遠恐泥，是以君子不爲也。'"**是以私名宰類名也。**審方圓，正書名，若清世漢學諸人是已。與之駮者，若姚鼐、章學誠、魏源、方東樹及諸言通經致用，訿考證殘碎者皆是已。姚氏曰："明末至今日，學者頗厭功令所載爲習聞，又惡陋儒不考古而蔽於近，於是專求古人名物、制度、訓詁、書數，以博爲量，以闌隙攻難爲功。其甚者，欲盡舍程、朱而宗漢之士。枝之獵而去其根，細之蒐而遺其鉅，夫甯非蔽與！"（贈錢獻之序）又曰："今世學者以專宗漢學爲至，以攻程、朱爲能，倡於一二專己好名之人，而相率而效者，因大爲學術之害。夫漢人之爲言，非無有善於宋而當從者也。然苟大小之不分，精麤之弗別，是即今之爲學者之陋，且有甚於往者爲詩文之士守一先生之説，而失於隘者矣！"（復蔣松如書）章氏曰："道不離器，猶影不離形。舍天下事物、人倫、日用，而守六籍以言道，則固不足與言夫道矣！"又曰："訓詁章句，考求名物，皆不足以言道。"（文史通義原道）"王伯厚諸書，謂之纂輯可也，謂之著述則不可也。謂之學者求知之功力可也，謂之成家之學術則未可也。今之博雅諸君子，疲精神於經傳、子史，而終身無得於學者，正坐宗仰<u>王氏</u>而誤執求知之功力，以爲學即在是爾。"（<u>博約</u>）"君子苟有志於學，則求當代典章，以切於人倫、日用。必求官司掌故，而通於經術精微，則學爲實事，而文非空言，所謂有體必有用也。而學者昧於知時，動矜博古，譬如考<u>西陵</u>之蠶桑，講<u>神農</u>之樹藝，以謂可禦饑寒而不須衣食也。"（<u>史釋</u>）<u>魏氏</u>曰："自<u>乾隆</u>中葉後，海内士大夫興<u>漢學</u>，而<u>大江</u>南北尤盛。<u>蘇州惠氏江氏</u>、<u>常州臧氏孫氏</u>、<u>嘉定錢氏</u>、<u>金壇段氏</u>、<u>高郵王氏</u>、<u>徽州戴氏程氏</u>爭治詁訓音聲，瓜剖釽析，視國初<u>崐山</u>、<u>常熟</u>二<u>顧</u>及<u>四明黃南雷</u>、<u>萬季野</u>、<u>全謝山</u>諸公，即皆擯爲史學非經學，或謂宋學非漢學。錮天下聰明智慧，使盡出於無用之一途。"（<u>古微堂外集</u>、<u>武進李申耆先生傳</u>）<u>方氏</u>曰："漢學諸人堅稱義理存乎訓詁、典章、制度，而如車制<u>江氏</u>有考，<u>戴氏</u>有圖，<u>阮氏</u>、<u>金氏</u>、<u>程氏</u>、<u>錢氏</u>皆言車制，同時著述，言人人殊，訖不知誰爲定論。他如<u>蔡氏</u>賦役，<u>沈氏</u>祿田，<u>任氏</u>、<u>江氏</u>、<u>盛氏</u>、<u>張氏</u>宮室，<u>黃氏</u>、<u>江氏</u>、<u>任氏</u>、<u>戴氏</u>衣服冕弁，各自專門，亦互相駁斥，不知誰爲真知定見。<u>莊子</u>所謂'有待而定'者邪？竊以此等明之固佳，即未能明，亦無關於身心性命、國計民生。學術之大，物有本末，是何足臧也？以<u>荀子</u>'法後王'之語推之，則冕服、車制、賦、田役等，雖古聖之制，亦塵飯木胾耳。"（<u>漢學商兌卷下</u>）**有綜九流，齏萬物，**<u>莊子大宗師篇</u>："齏萬物而不爲義。"<u>司馬</u>云："碎也。"<u>天道篇</u>："齏萬物而不爲戾。"<u>郭</u>云："變而相雜，故曰齏。"**而不一孔父，**謂不專崇<u>孔子</u>也。<u>孔子</u>稱孔父，見<u>後漢書申屠剛傳</u>，云："損益之際，<u>孔父</u>攸歎。"**不蹩躠爲仁義；**<u>莊子馬蹄篇</u>："蹩躠爲仁，踶跂爲義，而天下始疑矣。"<u>釋文</u>："<u>李</u>云：'蹩躠、踶跂，皆用心爲仁義之貌。'"**即與駁者，則以左道詬之，**左道見<u>禮記</u>

王制篇。**以尊師匡之。**呂氏春秋有尊師篇。**是以私名宰達名也。**鄧實古學復興論曰:"西學之入中國,自明季始。利瑪竇諸人布教之外,旁及歷數象器之學,愛約瑟即以其法、理、醫、文四科傳之中土。清初湯若望、南懷仁輩定歷明時,士大夫多習之。其後譯學日新,時局大變,言西學者又舍工藝而言政法。乾嘉以還,學者稍稍治諸子之書,如鎮洋畢氏之校墨子、呂氏春秋,陽湖孫氏之校孫子、吳子、司馬法、尸子、江都汪氏之序墨子、序賈誼新書、撰荀卿子通論年表,雖僅掇拾叢殘,讎正訛僞,然先秦之書,賴此可讀。道咸至今,學者之愛讀諸子,尊崇諸子,不謀而合。學風所轉,各改其舊日歧視之觀。其解釋諸子之書,亦日多一日,或甄明訓故,或論斷得失,或發揮新理,如孫氏之墨子閒詁、俞氏之諸子平議、劉氏之周末學術史其著也。夫以諸子之學與西來之學,其相因緣而並興者,是蓋有故焉。一則諸子之書,其所含之義理,於西人心理、倫理、名學、社會、歷史、政法、一切聲光化電之學,無所不包。任舉其一端,而皆有冥合之處,互觀參考,而所得良多。故治西學者無不兼治諸子之學。一則我國自漢以來,以儒教定一尊,傳之千餘年。一旦而一新種族挾一新宗教(宗教二字未諦)以入吾國,其始未嘗不大怪之,及久而察其所奉之教、行之其國、未嘗不治,且其治或大過於吾國,於是恍然於儒教之外復有他教,六經之外復有諸子,而一尊之説破矣。此孔、老、墨優劣之比較,孟、荀優劣之比較,及其他九流優劣之比較紛然而並起,而近人且有訂孔之篇,排孔之論也。"(國粹學報第九期)按:近世九流學術之倡導,鄧氏所言略能明其故矣。其與之駁者,則往往攘臂而起,反脣相稽,懼聖道之將亡,挽狂瀾於既倒。如:張之洞曰:"五倫之要,百行之原,相傳數千年更無異義,聖人所以爲聖人,中國所以爲中國,實在於此。故知君臣之綱，則民權之説不可行也。知父子之綱，則父子同罪、免喪廢祀之説不可行也。知夫婦之綱，則男女平權之説不可行也。"（勸學內篇第三）朱一新曰："諸子書多言經濟，亦多畔道之言，老、莊、墨、韓害道尤甚。近人於六經大道置之不講，或穿鑿文字以求勝，或疑六經而表章諸子，生心害政，靡所底止。知者過之，真足慮耳。"（無邪堂答問卷四）其餘類此者衆，前有翼教叢編之作，後有孔教保存之會，其治學有深淺，其用意有貞僞，要皆自託於聖人之徒，亦不煩廣引爾。**今令術士、藝人闒眇之學，皆棄捐儒名，避師氏賢者路，名喻則爭自息。不然，儒家稱師，藝人稱儒，其餘各名其家，汎言曰學者，旁及詩賦而汎言曰文學**，原注：文學名見韓子，蓋亦七國時汎稱也。**亦可以無相鏖矣**。鏖字本從金麃聲，作鏖者轉寫之訛。漢書霍去病傳注："打擊之甚者曰鏖。"**禮、樂世變易；射、御於今麤粗，無參連、白矢、交衢、和鸞之技**；地官保氏注："鄭司農云：'五射：白矢、參連、剡注、襄尺、井儀也。五馭：鳴和鸞、逐水曲、過君表、舞交衢、逐禽左也。'"賈疏云："'五射：白矢'者，矢在侯而貫侯過其鏃白。'參連'者，前放一矢，後三矢連續而去也。'剡注'者，謂羽頭高鏃低而去剡剡然。'襄尺'者，臣與君射，不與君並立，襄君一尺而退。'井儀'者，四矢貫侯，如井之容儀也。'五馭：鳴和鸞'者，和在式、鸞在衡。案：韓詩云：'升車則馬動，馬動則鸞鳴，鸞鳴則和應。'先鄭依此而言。'逐水曲'者，謂御車逐水勢之曲而不墜水也。'過君表'者，謂若毛傳云：'褐纏斿以爲門，裘纏質以爲樧，間容握，驅而入，聲則不得入。'穀梁亦云：'艾蘭以爲防，置斿以爲轅門，以葛覆質以爲槷，流旁握，御聲者不得入。'是其'過君表'即褐纏斿是也。云'舞交衢'者，衢，道也。謂御車在交道，車旋應於舞節。云'逐禽左'者，謂御

驅逆之車,逆驅禽獸,使左當人君以射之。人君自左射,故毛傳云
'故自左膘而射之達於右腢爲上殺',又禮記云'佐車止則百姓田
獵'是也。"獨書、數仍世益精博,凡爲學者,未有能捨是者
也。三科雖殊,要之以書、數爲本。

國故論衡疏證下之三

原道上

孔父受業於徵藏史，孔子稱孔父已見原學篇。莊子天道篇：“孔子西藏書於周室，子路謀曰：‘由聞周之徵藏史有老聃者，免而歸居。夫子欲藏書，則試往因焉。’”釋文引司馬云：“徵藏，藏名也。”一云：“徵，典也。”**韓非傳其書，**韓非子有解老、喻老二篇。**儒家、道家、法家，異也，有其同。莊周述儒、墨、名、法之變，已與老聃分流，**見莊子天下篇。**盡道家也，有其異。是樊然者，我乃知之矣。**莊子齊物論篇：“樊然殽亂。”昭十二年公羊傳：“子曰：‘我乃知之矣’。”**老聃據人事嬗變，**史記賈誼傳：“變化而嬗。”集解引服虔云：“嬗音如嬋，謂變蛻也。”**議不踦方。**後漢書班彪傳論：“班彪以通儒上才，傾側危亂之間，行不踦方。”**莊周者，旁羅死生之變、神明之運，**史記五帝本紀：“旁羅日月、星辰、水波、土石、金玉。”正義云：“旁羅，猶徧布也。”莊子天下篇：“死與生與，天地並與，神明往與！”**是以鉅細有校。儒、法者流，削小老氏以爲省，終之，其殊在量非在質也。然自伊尹、太公有撥亂之材，**公羊哀十四年傳：“撥亂世反諸正。”何氏解詁云：“撥，猶治也。”**未嘗不以道家言爲急，**原注：漢藝文志道家有伊尹五十一篇、大公二百三十七篇。**迹其行事，以間**

諜欺詐取人，爾雅釋言：“間，倪也。”郭注云：“左傳謂之諜，今之細作也。”史記李牧傳：“謹烽火，多間諜。”**異於儒、法，今可見者，猶在逸周書。**管子輕重甲篇：“女華者，桀之所愛也，湯事之以千金。曲逆者，桀之所善也，湯事之以千金。內則有女華之陰，外則有曲逆之陽，陰陽之議合，而得成其天子。此湯之陰謀也。”又孟子言葛伯仇餉。龔自珍謂：“王者取天下，雖曰天與人歸，要必有陰謀焉。葛伯不祀，湯教之祀，遺以粢盛可矣，何爲遺衆往耕？故知亳衆者，闞國者也，爲內應者也。老弱饋者，往來爲間諜者也。故葛伯懼而殺之。”（定盦文集葛伯仇餉解）章氏亦謂：“成湯、伊尹之謀，蓋藉宗教以夷人國。誠知牛羊御米非邦君所難供，放而不祀非比鄰所得問，故陳調諷，待其甕言，爾乃遺衆往耕，使之疑怖。童子已戮，得以復仇爲名。”（章炳麟齊物論釋）呂覽慎大篇說湯射伊尹事，亦陰謀也。其太公之謀，見逸周書酆謀、寤敬諸篇。史記齊太公世家曰：“周西伯昌之脫羑里歸，與呂尚陰謀修德，以傾商政。其事多兵權與奇計，故後世之言兵及周之陰權，皆宗太公爲本謀。”孫子用閒篇曰：“昔殷之興也，伊摯在夏；周之興也，呂牙在殷。”**故周公譏齊國之政，**太公封於齊尊賢上功（呂覽長見）。簡其君臣禮，從其俗，五月而報政（史記魯世家）。周公謂齊後非呂氏，必有劫殺之君也（韓詩外傳十、淮南齊俗訓、說苑政理、並載有此事）。**而仲尼不稱伊、呂。管子者，祖述太公，**管子輕重丁篇：“龍鬭於馬謂之陽、牛山之陰。管子入復於桓公曰：‘天使使者臨君之郊，請使大夫初飾、左右玄服，天之使者乎！’天下聞之曰：‘神哉！齊桓公，天使使者臨其郊。’不待舉兵而朝者八諸侯。此乘天威而動天下之道也。故智者役使鬼神而愚者信之。”按：此與大公陰謀相類。又：禮記中庸篇：“仲尼祖述堯舜。”**謂之小器，有由也。**

原注:管子八十六篇亦在道家。○按:論語八佾篇:"子曰:'管仲之器小哉!'"**老聃爲周徵藏史,多識故事,約金版、六弢之旨,**莊子徐無鬼篇:"從説之則以金版、六弢。"釋文引司馬崔云:"金版、六弢,周書篇名。"**著五千言以極其情,**史記老聃傳:"老子著書上下篇,言道德之意,五千餘言。"**則伊、吕亡所用,亡所用故歸於樸。**老子二十八章:"復歸於樸。"王弼注云:"樸,真也。"**若墨翟守城矣,巧過於公輸般,故能壞其攻具矣。**墨子公輸篇:"子墨子解帶爲城,以牒爲械,公輸盤之攻械盡,子墨子之守圉有餘。"**談者多以老聃爲任權數,其流爲范蠡、張良。**朱子語類云:"老子之學最忍。他閒時似箇虚無卑弱底人,發出來更教你支梧不住,如張子房是也。子房習老氏之學,如嶢關之戰,與秦將連和了,忽乘其懈擊之。鴻溝之役,與項羽和了,忽然回軍殺之。這箇便是他柔弱之發處,可畏,可畏。他計策不須多,只消兩三次如此,高祖之業成矣。"范蠡之事,略見越語、越絶書及吴越春秋。**今以莊周胠篋、馬蹄相角,**漢書賈誼傳"非親角材而臣之也",師古曰:"角,校也。"**深黜聖智,爲其助大盜,豈遽與老聃異哉?**義見莊子胠篋、馬蹄二篇。**老聃所言以術,將以撢前王之隱慝,**説文:"撢,探也。"僖十五年左傳:"於是臧氏有隱慝焉。"**取之玉版,**史記太史公自序:"明堂石室、金匱玉版圖籍散亂。"集解引如淳曰:"刻玉版以爲文字。"**布之短書,**論衡謝短篇:"漢事未載於經,名爲尺籍短書。"**使人人户知其術則術敗。會前世簡畢重滯,**爾雅釋器:"簡謂之畢。"郭注云:"今簡札也。"**力不行遠,故二三姦人得因自利,及今世有赫蹏雕鏤之技,**漢書外戚傳:"武發篋中有裹藥二枚,赫蹏書。"應劭曰:"赫蹏,薄小紙

也。”**其書徧行，雖權數亦幾無施矣。老聃稱：“古之善爲道者，非以明民，將以愚之。民之難治，以其智多。”**老子六十五章，王弼注曰：“明謂多見巧詐，蔽其樸也。愚謂無知守真，順自然也。”**愚之何道哉？以其明之，所以愚之。今是駔儈則欺罔人，**今是，猶今夫也。已見原學篇。漢書貨殖傳：“節駔儈。”師古曰：“儈者，合會二家，交易者也。駔者，其首率也。”**然不敢欺罔其類，交知其術也，故耿介甚。**楚辭離騷“彼堯舜之耿介兮”，王逸注云：“耿，光也。介，大也。”**以是知去民之詐，在使民戶知詐。故曰：“以智治國國之賊，不以智治國國之福，知此兩者亦稽式。”**老子六十五章。**何謂稽式？謂人有發姦擿伏之具矣。**漢書趙廣漢傳：“其發姦擿伏如神。”師古曰：“擿，謂動發之也。”**粵無鎛，燕無函，秦無盧，胡無弓車，**周禮考工記文。鄭注云：“鎛，田器。鄭司農云：‘函讀如國君含垢之含。’函，鎧也。盧讀爲纑，謂矛戟柄竹欑柲，或曰摩鋼之器。”**夫人而能之，**考工記：“粵之無鎛也，非無鎛也，夫人而能爲鎛也”云云。**則工巧廢矣。**考工記：“材美工巧。”**常知稽式，是謂玄德。玄德深遠，而與物反。**老子六十五章。**伊尹、太公、管仲雖知道，其道，盜也。得盜之情以網捕者，**李悝法經有網捕二篇，見晉書刑法志。**莫如老聃。故老聃反於王伯之輔，同於莊周，**老聃清虛自守，卑弱自持，端居深觀，以究萬物之情。其極深研幾，無爲而無不爲，所謂君人南面之術是已。莊周亦歙內聖外王之道，闇而無明，鬱而不發。則老、莊同爲經國之言，夫何疑哉？本書原學篇謂：“經國莫如齊物論。”又云：“老子五千言，莊子

齊物論，剴切物情，未可以清談忽之，權數擯之也。"**嬗及儒家，痟
矣。**史記太史公自序："申、呂肖矣。"集解引徐廣曰："肖音痟，猶
衰微。"**若其開物成務，**易繫辭上："夫易開物成務。"韓康伯注
云："言易通萬物之志，成天下之務。"**以前民用，**易繫辭上："是興
神物，以前民用。"**玄家弗能知，儒者揚雄之徒亦莫識也。**法
言問道篇："老子之言道德，吾有取焉耳。及搥提仁義，絕滅禮學，
吾無取焉耳。"**知此者韓非最賢。**原注：凡周秦解故之書，今多
亡佚，諸子尤寡。老子獨有解老、喻老二篇，後有說老子者，宜據韓
非爲大傳，而疏通證明之，其賢於王輔嗣遠矣。韓非他篇亦多言
術，由其所習不純，然解老、喻老未嘗雜以異說，蓋其所得深矣。**非
之言曰："先物行、先理動之謂前識。**王先謙曰："與物來順
應異。"**前識者，無緣而妄意度也。**王先慎曰："謂無所因而妄
以意忖度之也。"**以詹何之察，苦心傷神，而後與五尺之愚
童子同功。故曰：'前識者，道之華也，而愚之首也。'"**原
注：喻老。○按：注當作解老。韓非解老篇曰："詹何坐，弟子侍，有
牛鳴於門外。弟子曰：'是黑牛也，而白在其題。'詹何曰：'然，是黑
牛也，而白在其角。'使人視之，果黑牛而以布裹其角。嘗試釋詹子
之察，而使五尺之愚童子視之，亦知其黑牛而布裹其角也。故以詹
子之察，苦心傷神，而後與五尺之愚童子同功，故曰：'前識者，道之
華也，而愚之首也。'"**夫不事前識，則卜筮廢，**書洪範篇："七、
稽疑，擇建立卜筮人。"白虎通蓍龜篇："龜曰卜，蓍曰筮。"**圖讖
斷，**後漢書光武帝紀："李通等以圖讖說光武。"章懷注云："圖，河
圖也。讖，符命之言。"**建除、堪輿、相人之道黜矣。**淮南天文
訓："寅爲建，卯爲除。"史記日者傳有建除家。顧炎武云："建除之

名,自斗而起。蓋戰國後語也。"(説詳日知録三十)文選甘泉賦:
"屬堪輿以壁壘。"李注引許注淮南"堪輿行雄以起雌。"云:"堪,天
道;輿,地道也。"荀子非相篇:"相人,古之人無有也。"楊注云:
"相,視也。視其骨狀,以知吉凶、貴賤也。"漢志形法家有相人二十
四卷。**巫守既絶,智術穿鑿,亦因以廢,其事盡於徵表。**漢
書楚元王交傳:"徵表爲國。"師古云:"徵,證也。"**此爲道藝之
根,政令之原。是故私智不效則問人,**史記項羽本紀:"奮其
私智。"**問人不效則求圖書,圖書不效則以身按驗。**漢書平
帝紀:"詔諸有臧未發而薦舉者,皆勿案驗。"**故曰:"絶聖棄智"
者,**老子十九章。**事有未來,物有未覩,不以小慧隱度也。**
論語衞靈公篇:"好行小慧。"集解引鄭注云:"小慧,謂小小之才
知。"爾雅釋言:"隱,占也。"郭注云:"隱度。"**"絶學無憂"者,**老
子二十章。**方策足以識梗概,**禮記中庸篇:"布在方策。"鄭注
云:"方,板也。策,簡也。"後漢書杜篤傳:"略其梗概。"章懷注云:
"梗概,猶粗略也。"**古今異、方國異、**詩大雅大明篇:"以受方
國。"**詳略異,則方策不獨任也。"不上賢使民不爭"者,**老
子三章。**以事觀功,將率必出於介胄,宰相必起於州部,**韓
非顯學篇:"宰相必起於州部,猛將必發於卒伍。"**不貴豪傑,不
以流譽用人也。**原注:按:不上賢之説,歷世守此者寡,漢世選吏
多出掾史,猶合斯義。及魏晉間而專徇虛名矣。其後停年格興,弊
亦差少。選曹之官,即古司士,所不得廢也。觀遠西立憲之政,至
於朋黨爭權,樹標揭鼓,以求選任。處大官者,悉以苞苴酒食得之。
然後知老子、韓非所規深遠矣。顧炎武、黃宗羲皆自謂明習法制,
而多揚破格用人之美,攻選曹拘牽之失。夫烏知法!　○按:荀子致

士篇:"流譽流愬。"楊注云:"流者,無根源之謂。"注言"停年格"者,通典卷十四云:"崔亮爲吏部尚書,奏爲格制:官不問賢愚,以停解日月爲斷,雖復官須此人。停日後者,終不得取。庸才下品年月久者,則先擢用。時沉滯者皆稱其能。太炎別録代議然否論論遠西選任之失最詳。顧、黃之説見日知録卷八、明夷待訪録取士篇。

名其爲簡,繁則如牛毛,太平御覽四百九十六引蔣濟萬機論:"學如牛毛,成如麟角。"夫繁故足以爲簡矣,劇故足以整暇矣。莊周因之以號齊物。齊物者,吹萬不同,使其自己。莊子齊物論文。官天下者,以是爲北斗招摇。詩小雅大東篇:"維北有斗。"禮記曲禮上篇:"招摇在上。"鄭注云:"招摇在北斗杓端主指者。"不慕往古,不師異域,清問下民,書吕刑篇:"皇帝清問下民。"以制其中。故相地以衰征,國語齊語:"相地而衰征。"韋解云:"相,視也。衰,差也。視土地之美惡及所生出,以差征賦之輕重也。"因俗以定契自此始。韓非又重申束之曰:"凡物之有形者,易裁割也。何以論之? 有形則有短長,有短長則有小大,有小大則有方圓,有方圓則有堅脆,有堅脆則有輕重,有輕重則有黑白。短長、小大、方圓、堅脆、輕重、黑白之謂理,理定而物易割。故議於大庭而後言,王先謙曰:"後言者,集議而後斷之。"則立權議之士知之矣。王先慎曰:"有權謀者能決議於大庭。"故欲成方圓而隨其規矩,則萬物之功形矣。萬物莫不有規矩,議士之言,計會規矩也。聖人盡隨於萬物之規矩,故曰:'不敢爲天下先。'"原注:解老。推此以觀,其用至孅悉也。漢書食貨志:"古之治天下,至孅、至悉也。"師古曰:"孅,細也。悉,盡其事也。”**玄家或佚蕩爲簡**，漢書揚雄傳：“雄爲人簡易佚蕩。”**猶高山之與深淵，黑漆之與白堊也。**吕覽察微篇：“若高山之與深谿，若白堊之與黑泰。”**玄家之爲老息廢事服**，詩關雎篇箋云：“服，事也。”管子任法篇：“百官服事者，離法而治則不祥。”**吟嘯以忘治亂。** 韓非論之曰：“**隨時以舉事，因資而立功，用萬物之能，而獲利其上，故曰：‘不爲而成。’**”原注：喻老。**明不爲在於任官，非曠務也。** 又曰：“**法令滋章，盜賊多有。**”老子五十七章。**玄家以爲老聃無所事法。** 韓非論之曰：“**一人之作，日亡半日，十日亡五人功矣。萬人之作，日亡半日，十日亡五萬人功矣。然則數變業者，其人彌衆，其虧彌天。**”原注：解老。**明官府徵令**，周禮天官宰夫：“掌百官府之徵令。”**不可亟易，非廢法也。** 韓非解老篇：“法令更則利害易，利害易則民務變。”又：亡徵篇：“法令變易，號令數下者，可亡也。”**綜是數者，其要在廢私智，絕縣娛**，說文：“娛，量也。”廣雅作“探”。按：“娛”與“揣”同，古音歌、寒對轉。**不身質疑事**，禮記曲禮上篇：“疑事毋質。”鄭注云：“質，成也。”**而因衆以參伍。**說文：“伍，相參伍也。”段注云：“參，三也。伍，五也。凡言參伍者，皆謂錯綜以求之。易繫辭上云：‘參伍以變。’”又：韓非孤憤篇：“不以參伍審罪過。”舊注云：“參，比驗也。伍，偶會也。”**非出史官周於國聞者**，史記十二諸侯年表序：“爲成學治國聞者要删焉。”**誰與領此？然故去古之宥，成今之别**，然故，是故也。禮記少儀：“然故上無怨而下遠罪也。”（説詳王氏經傳釋詞）莊子天下篇：“接萬物以别宥爲始。”吕覽去宥篇：“凡人必别宥然後知。”畢沅云：“疑‘宥’與‘囿’同。謂有所拘礙，猶言蔽耳。”

太炎文録與劉光漢黃侃問答記：“有所蔽曰囿，或謂之宥；反宥則謂之別。”此文亦以別、宥對舉，別、宥猶言通、蔽耳。**其名當，其辭辯，小家珍説無所容其迂。**荀子正名篇：“小家珍説之所願皆衰矣。”詩鄭風揚之水篇：“人實迂女。”傳云：“迂，誑也。”**諸以僞抵讕者，**漢書文三王傳：“王陽病抵讕置辭。”師古云：“抵，拒也。讕，誣諱也。”**無所閎其姦欺。**詩邶風谷風篇：“我躬不閲。”傳云：“閲，容也。”**老聃之言，則可以保傅人天矣。大匠不斲，大庖不豆，**二句呂覽貴公篇文。**故春秋、寶書之文任之孔、左。**公羊卷一疏。按：閔因敍云：“昔孔子受端門之命，制春秋之義，使子夏等十四人求周史記，得百二十國寶書。”史記十二諸侯年表序：“孔子西觀周室，論史記舊聞，興於魯而次春秋。魯君子左邱明因孔子史記，具論其語，成左氏春秋。”**斷神事而公孟言無鬼，**見墨子公孟篇。**尚裁制而公孫論堅白，**公孫龍堅白論云：“無堅得白，其舉也二。無白得堅，其舉也二。”又云：“視之不得其所堅而得其所白者，無堅也。拊之不得其所白，而得其所堅者，無白也。”**貴期驗而王充作論衡，**論衡佚文篇云：“詩三百，一言以蔽之，曰‘思無邪’。論衡篇以十數，亦一言也，曰‘疾虛妄’。”又：自紀篇云：“傷僞書俗文多不誠實，故作論衡之書。”**明齊物而儒、名、法不道天志。**原注：按：儒家、法家皆出於道，道則非出於儒也。韓愈疑田子方爲莊子師。按：莊子所稱鉅人明哲，非獨一田子方。其題篇者，又有則陽、徐無鬼輩，將悉是莊子師邪？俗儒又云：“莊子述天下篇，首列六經，明其尊仰儒術。”六經者，周之史籍，道、墨亦誦習之，豈專儒家之業？〇按：墨子有天志三篇。道家之言齊物，泯得喪、忘是非，與天地並生，通萬物爲一。儒、法者流，廣明庶物

人倫之情,亦未嘗以天制人。至墨家之主天志,則必上同於天,動
有儀刑,次及小司,莫不上法。此其所以異也。注引韓氏之説,見
送王秀才序。俗説,謂廖平也,見所注莊子天下篇。班氏藝文志
云:"九家之説,合其要歸,亦六經之支與流裔。"管、墨諸子所述詩、
書,未易枚舉,故知非專爲儒家之業。

　　老子之道,任于漢文,而太史公儒林列傳言孝文
帝本好刑名之言。是老氏固與名、法相倚也。然孝
文假借便佞,令鄧通鑄錢布天下,見史記佞幸列傳。既
誖刑名之術;信任爰盎,淮南之獄,不自責躬,而遷怒
縣傳不發封者,見史記淮南厲王長傳。枉殺不辜,戾法
已甚,豈老氏所以涖政哉? 若其責歲計于平、勃;見史
記陳丞相世家,聽處當于釋之;見史記張釋之傳。賈生雖
賢,非歷試則不任以卿相;見史記賈誼傳。亞夫雖傑,
非勞軍則不屬以吳、楚;見史記絳侯世家。斯中老氏之
繩尺矣。蓋公、汲黯以清淨不擾爲治,見史記曹相國世
家、汲黯傳。特其一端。世人云"漢治本于黃老",夏曾
佑曰:"黃老之名,始見史記申不害傳、韓非傳、曹相國世家、陳
丞相世家,並言'治黃老術'。史記以前,未聞此名。今曹、陳
無書,申不害書僅存,韓非書則完然具在,中有解老、喻老,其
學誠深於老者,然絶無所謂黃。然則黃老之名,何從而起? 吾
意此名必起於文、景之際,其時必有以黃帝、老子之書合而成
一學説者。學既盛行,謂之黃老,日久習慣,成爲名辭,乃於古
人之單治老子術者,亦舉謂之黃老。史記孝武本紀:'竇太后
治黃老言,不好儒術。'封禪書同。儒林傳序:'竇太后好黃老

之術。'申公傳：'竇太后好老子言，不説儒術。'轅固生傳：'竇太后好老子書。'漢書郊祀志：'竇太后不好儒學。'轅固傳：'竇太后好老子書。'外戚傳：'竇太后好黃帝、老子言，景帝及諸竇不得不讀老子書，尊其術。'竇太后者，其黃老學之開祖耶？"（中國歷史）**然未足盡什一也。**章君作孫至誠老子政治思想概論序曰："余嘗謂老子如大醫，徧列方齊，寒熱攻守，雜陳而不相害，用之者則因其材性與其時之所宜，終不能盡取也。其言有甚近民治者，又有傾於君主獨裁者。觀韓非揚權篇，義亦如是，所謂徧列方齊，任人用之者也。漢世傳其術者甚衆，陳平得之爲陰謀，蓋公得之爲清静，汲黯得之爲卓行，司馬遷父子得之爲直筆。數子者，材性不同而各以成其用，與夫墨氏之徒，沾沾守一隅之術者異矣。"**諸葛治蜀，庶有冥符。夫其開誠心，布公道，盡忠益時者，雖讎必賞；犯法怠慢者，雖親必罰；服罪輸情者，雖重必釋；游辭巧飾者，雖輕必戮。庶事精練，物理其本，循名責實，虛僞不齒。**蜀志諸葛亮傳評。**聲教遺言，經事綜物，文采不豔，而過于丁寧周至。公誠之心，形于文墨，**陳壽表上諸葛氏集。**老子所經，蓋盡于此。**原注：諸葛之缺，猶在尚賢。劉巴方略未著，而云："運籌帷幄，吾不如子初遠矣。"馬謖言過其實，優于兵謀，非能親涖行陳者也，而違衆用之，以取覆敗。蓋漢末人士，務在崇獎虛名，諸葛亦未能自外爾。**漢世學者，數言救僿以忠，**史記高祖本記贊曰："夏之政忠，忠之敝，小人以野，故殷人承之以敬。敬之敝，小人以鬼，故周人承之以文。文之敝，小人以僿，故救僿莫若以忠。"集解："鄭玄曰：'儳，文尊卑之差也。'"**終其所尚，乃在正朔、服色、徽識之間，不悟禮爲忠信之薄，外炫儀容，適與忠反。不有諸葛，誰知其所底哉？杜預爲黜陟課云："使名不越功而獨美，功不後名而獨隱。"**見通典卷十五、晉書杜預傳。**亦有不尚賢遺意。韓延壽治郡，**見漢書韓延壽傳。**謝安柄國，**見晉書謝安傳。**並得老氏緒言。而延壽以奢僭致戮，謝安不綜名實，皆非其至。其在下者，談、遷父子其著也。**見史記太史公自序。**道家出於史官，故史官亦貴道家。然太史持論，過在尚賢，不察功實。李廣數敗而見稱，**史記李將軍傳："太史公曰：'傳曰：其身正，不令而行，其身不正，雖令不從。其李將軍之謂也。余睹李將軍悛悛如鄙人，口不能道辭，及死之日，天下知與不知皆爲盡哀。彼其忠實心誠信於士大夫也。諺曰：桃李不言，下自成蹊。此言雖小，可以喻大也。'"**鼂錯立效而被黜，**史記鼂錯傳："太史公曰：'鼂錯爲家令時數言事不用，後擅權多所變更，諸侯發難，不急匡救，欲報私讎，反以亡軀。語曰：變古亂常，不死則亡。豈錯等謂邪？'"**多與道家背馳，要其貴忠任質則是也。黃生以湯武弒君，**見史記轅固傳。**此不明莊子意者。**莊子非薄湯武之語，見讓王、盜跖等篇。**七國齊、晉之主，多由强臣盜位，故莊生言之則爲抗。漢世天位已定，君能恣行，故黃生言之則爲諂。要與伊、呂殊旨，則猶老氏意也。楊王孫之流，徒有一節，**見漢書楊王孫傳。**未足多尚。晉世嵇康慎**

世之流，近於莊氏；見晉書嵇康傳。李充亦稱老子而好刑名之學，深抑虛浮之士；見晉書李充傳。阮裕謂人不須廣學，應以禮讓爲先：見晉書阮裕傳。皆往往得其微旨。葛洪雖抵拒老莊，抱朴子詰鮑篇皆排拒老莊之言。然持論必與前識上賢相反。故其言曰：“叔向之母、叔向之母知叔虎必禍羊舌氏，事見襄二十一年左傳。申氏之子，申無宇知陳、蔡之亂，事見昭十一年左傳。非不一得，然不能常也。陶唐稽古而失任，謂任四凶。姬公欽明而謬授，謂使三監。尼父遠得崇替於未兆、近失澹臺於形骸，澹臺滅明字子羽。孔子曰：“吾以言取人，失之宰予；以貌取人，失之子羽。”事見史記仲尼弟子傳。延州審清濁於千載之外季札觀樂，事見襄二十九年左傳。而蔽奇士於咫尺之內。謂不知蘧設諸也，事見昭二十七年左傳。知人之難，如此其甚。郭泰所論，皆爲此人過上聖乎？但其所得者顯而易識，其失者人不能紀。”原注：抱朴子清鑒篇。是亦可謂崇實者矣。若夫扇虛言以流聞望，借玄辭以文膏粱，適與老子尚樸之義相戾。然則晉之亂尚，遠起漢末，林宗、子將郭泰、許劭，並見後漢書本傳。實爲國蠹。禍始於前王，而釁彰於叔季。若厲上賢之戒，知前識之非，浮民夸士，何由至哉？中論考僞篇曰：“今之爲名者巧人之雄、僞夫之傑，然中才之徒咸拜手而贊之，揚聲以和之，被死而後論其遺烈，被害而猶恨己不逮。”趙翼廿二史劄記：“後漢黨禍愈酷，而名愈高，天下皆以名入黨人爲榮。<u>范滂</u>初出獄歸<u>汝南</u>，<u>南陽</u>士大夫迎之者車千兩（<u>滂傳</u>）。<u>景毅</u>遣子爲<u>李膺</u>門徒，而録牒不及。毅乃慨然曰：'本謂<u>膺</u>賢，遣子師之，豈可因漏名而倖免哉！'遂自表免歸（<u>李膺傳</u>）。<u>皇甫規</u>不入黨籍，乃上表言：'臣曾薦<u>張奐</u>，是阿黨也。臣昔坐罪，太學生<u>張鳳</u>等上書救臣，是臣爲黨人所附也。臣宜坐之。'（<u>規傳</u>）<u>張儉</u>亡命困迫，望門投<u>止</u>，莫不重其名行，破家相容（<u>儉傳</u>）。此亦可見當時風氣矣。"**<u>譴交篇</u>曰："世之衰也，取士不由於鄉黨，考行不本於伐閲，多助者爲賢才，寡助者爲不肖。序爵聽無證之論，班禄采方國之晉**，漢末人士，共相標榜，作爲謡諺。如<u>黨錮傳</u>序"天下模楷<u>李元禮</u>，不畏强禦<u>陳仲舉</u>，天下俊秀<u>王叔茂</u>"之類，<u>范書</u>所載，不下數十事。其略見<u>趙翼陔餘叢考</u>卷二十二。**民見其如此者，知富貴可以從衆爲也，知名譽可以虚譁獲也。乃離其父兄，去其邑里，不修道義，不治德行，講偶時之説，結比周之黨，汲汲皇皇，無日以處。更相歎揚，迭爲表裏，檮杌生華**，<u>文</u>十八年<u>左傳</u>："謂之檮杌。"<u>賈注</u>云："<u>檮杌</u>，凶頑無匹儔之貌。"**憔悴布衣，以欺人主、惑宰相、竊選舉、盜榮寵者，不可勝數。桓、靈之世，其甚者也。自公卿、大夫、州牧、郡守，王事不恤，賓客爲務。冠蓋填門，儒服塞道，饑不暇餐，倦不獲已，殷殷沄沄，俾夜作書。下及小司，列城墨綬**，<u>漢書百官公卿表</u>："秩比六百石以上，皆銅印墨綬。"又曰："縣令秩千石至六百石。"**莫不相商以得人，自矜以下士。星言夙駕，送往迎來，亭傳常滿。吏卒傳問，炬火夜行，閽**

寺不閟。把臂捩腕，扣矢矢誓，上矢字誤，中論作"扣
天"，當據正。推託恩好，不較輕重。文書委於官曹，繫
囚積於囹圄，而不皇省也。詳察其爲，非欲憂國恤
民，謀道講德也。徒營己治私，求勢逐利而已。有策
名於朝，而稱門生於富貴之家者，比屋有之。爲之師
而無以教，弟子亦不受業。顧炎武日知錄卷二十四云：
"後漢書賈逵傳：'皆拜逵所選弟子及門生爲千乘王國郎。'是
弟子與門生爲二。歐陽公孔宙碑陰題名跋曰：'漢世公卿多自
教授，聚徒常數百人。其親受業者爲弟子，轉相傳授者爲門
生。今宙碑殘缺，其姓名、邑里僅可見者，纔六十二人。其稱
弟子者十人，門生者四十三人，故吏者八人，故民者一人。'愚
謂：漢人以受學者爲弟子，其依附名勢者爲門生。郅壽傳：'時
大將軍竇憲以外戚之寵，威傾天下。憲常使門生齎書詣壽有
所請託。'楊彪傳：'黃門令王甫使門生於京兆界辜榷官財物七
千餘萬。'憲外戚，甫奄人也，安得有傳授之門生乎。"或奉貨
行賂，以自固結，求志屬託，規圖仕進，然擲目指掌，
高談大語。若此之類，言之獨可羞，而行之者不知
恥。"以上中論。龔自珍最錄中論曰："徐幹中論論儒者之蔽，
既見要害，擊而中之。七十子没，不數數遇斯言，異哉！吾乃
遇之於漢與魏之交也。"是則林宗、子將之倫，所務可知。
儒士爲之，誠不足異，而魏氏中世，道家猝起，不矯其
失，彌益增華。莊生所云：上誠好知，"使民接迹諸侯
之境，結軌千里之外"，"矯言僞行，以求富貴"者，上
二句見胠篋篇，下二句見盜跖篇。睯乎如不聞也。王粹

嘗圖莊周於室，欲令嵇含爲贊。含援筆爲弔文曰：
"帝壻王弘遠，華池豐屋，廣延賢彥，圖莊生垂綸之
象，記先達辭聘之事。畫真人於刻桷之室，載退士於
進趣之堂，可謂託非其所，可弔不可贊也。"原注：晉書
嵇含傳。斯足以揚摧誠僞，平章黑白也。

原道中

老聃不尚賢，見上篇。墨家以尚賢爲極，墨子有尚賢三
篇。莊子天下篇："以自苦爲極。"爾雅釋詁"極，至也。"何其言之
相反也？循名異，審分同矣。老之言賢者，謂名譽、談
説、才氣也；史記李廣傳："李廣才氣，天下無雙。"列子湯問篇：
"汝志彊而氣弱。"張湛注云："氣謂質性。"墨之言賢者，謂材
力、技能、功伐也。韓非子孤憤篇："不以功伐決智行。"舊注云：
"積功曰伐。"不尚名譽故無朋黨，不尊談説故無游士，不貴
才氣故無驟官，然則材力、技能、功伐舉矣。墨者曰："以
德就列，論語季氏篇："陳力就列。"集解引馬融曰："當陳其才力，
度己所任，以就其位。"以官服事，周禮大司徒鄭衆注云："服事謂
爲公家服事者。"以勞殿賞。"原注：尚賢上篇。按：俞樾墨子平
議："殿者，定也。'殿'與'定'一聲之轉。"世之言賢，侈大而不
可斠試，説文："斠，平斗斛量也。"段注云："俗謂之校。音如教。"
朝市之地、菆井之間，文選潘岳西征賦："感市閭之菆井。"注引
説文云："菆，麻蒸也。菆井，即渭城賣蒸之市也。"揚微題褚，昭

廿一年左傳:"揚徽者,公徒也。"注云:"徽,識也。"釋文云:"說文作'徽識'。廣雅釋器:"帾,幡也。"王念孫疏證云:"帾之言題署也。廣韻:'帾,記物之處也。'"**以徇其名氏**。説文:"徇,行且賣也。"**選者尚曰"任衆",衆之所與,不繇質情,徒一二人眩之也**。史記大宛傳:"國善眩。"集解引應劭云:"眩,相詐惑。"**會在戰國,姦人又因緣外交,自暴其聲,以輿馬、瑞節之間**,韓非説疑篇:"彼又使譎詐之士,外假爲諸侯之寵使,假之以輿馬,信之以瑞節,鎮之以辭令,資之以幣帛,使諸侯淫説其主,微挾私而公議。所爲使者,異國之主也;所爲談者,左右之人也。主説其言而辯其辭,以此人者,天下之賢士也。"**而得淫名者衆**。國語吳語:"以淫名聞於天子。"韋解云:"淫,猶僭也。"爾雅釋詁:"淫,大也。"**既不校練,功楛未可知**。國語齊語:"辨其功苦。"韋解云:"功,牢;苦,脆也。"按:"楛"與"苦"同。**就有楨材,其能又不與官適。夫茹黃之駿**,呂覽直諫篇:"荆文王得茹黃之狗,宛路之矰,以畋於雲夢。"**而不可以負重;橐佗之彊,而不可以從獵。不檢其材,猥以賢徧授之官,違分職之道,則管仲、樂毅交困**。人之才性,長短有數,既不可以前識而知。苟專以令名受官,用違所宜,使管仲禦外,樂毅治内,夫烏不困。**是故古之能官人者**,尚書皋陶謨篇:"知人則哲,能官人。"**不由令名,問其師學,試之以其事。事就則有勞,不就則無勞,舉措之分以此。故韓非曰:"視鍛錫而察青黃,區冶不能以必劍;**周禮考工記鄭注云:"凡金多錫則刃白且明也。"**水擊鵠鴈,陸斷駒馬,則臧獲不疑鈍利。發齒吻形容,伯樂不能以必馬;授車就駕,而觀其末塗,則臧獲不疑駑良。觀容**

服、聽辭言，仲尼不能以必士；試之官職，課其功伐，則庸人不疑於愚智。"原注：顯學篇。**此夫所謂不尚賢者也。尚賢者，非舍功實而用人；不尚賢者，非投鈎而用人。**荀子君道篇："探籌投鈎者，所以爲公也。"按：投鈎即今之拈鬮也。慎子曰："投鈎以分財。"**其所謂賢不同，故其名異。不徵其所謂，而徵其名，猶以鼠爲璞矣。**國策秦策："鄭人謂玉未理者璞，周人謂鼠未腊者璞。周人懷璞過鄭賈曰：'欲買璞乎？'鄭賈曰：'欲之。'出其璞，視之乃鼠也。"**慎子蔽於埶，**慎子貴埶，見韓非子難埶篇。荀子解蔽篇曰："申子蔽於埶。"注云："其說但賢得權埶以刑法馭下。"此與慎子意同。**故曰："夫塊不失道，無用賢聖。"**原注：莊子天下篇。**汲黯蔽於世卿，故慎用人如積薪，使後來者居上。**史記汲黯傳："陛下用羣臣，如積薪耳。後來者居上。"**誠若二子言，則是名宗大族世爲政也夫！老聃曰："三十輻共一轂，當其無有車之用。挺埴以爲器，當其無有器之用。鑿戶牖以爲室，當其無有室之用。故有之以爲利，無之以爲用。"**老子十一章。王弼注云："轂所以能統三十輻者，無也。以其無能受物之故，故能以實統衆也。木、埴、壁所以成三者，而皆以無爲用也。言無者，有之所以爲利，皆賴無以爲用也。"**今處中者已無能矣，其左右又益罷，是重尪也。**荀子王霸篇："百姓賤之如佢。"楊注曰："字書無佢字，蓋當爲'尪'，病人也。"重尪者，言處中者與左右皆無能，則病之病也。**重尪者，安賴有君吏。明其所以任使者，皆股肱畢強、技術輻輳，**漢書劉向傳："衆輻湊於前。"師古曰："輻湊，言如車輻之歸於轂也。""湊"與"輳"通。**明刑辟而治官職者也，**韓非忠孝篇："所謂賢臣者,能明法辟,治官職,以戴其君者也。"**則此言不尚賢者,非慎、汲之所守也。君之不能,孰所踧矣。**"踧"與"蹙"同。詩小明篇:"政事愈蹙。"傳云:"蹙,促也。"説文無蹙字。**何者?辯自己成,藝自己出,器自己造之謂能,待輩羣而成者非能。往古黔首僻陋佪愚,**禮記祭義篇:"以爲黔首則。"鄭注:"黔首,謂民也。"孔疏云:"凡人以黑巾覆頭,故謂之黔首。"史記秦始皇本紀:"更名民曰黔首。"**小慧之士,得前民造作。是故庖犧作結繩,**易繫辭下:"包犧氏作結繩而爲罔罟。"**神農嘗百藥,**淮南修務訓:"神農嘗百草之味。"**黃帝制衣裳,**易繫辭下:"黃帝、堯、舜垂衣裳而天下治。"**少康爲秫酒,**説文酒下云:"杜康作秫酒。"段注:"又見巾部曰:'少康作箕帚、秫酒。'少康者,杜康也。此皆出世本。"**皆以其能登用爲長。後世官器既備,凡學道立方者,**韓非六反篇:"學道立方,離法之民也。"**必有微妙之辯,**老子十五章:"古之善爲士者,微妙玄通。"**巧絢之技,**淮南子人閒訓"絢然善也",呂氏春秋應言篇作"蝸然美","蝸"與"絢"同也。説文:"絢,健也。"注云:"方言:'絢,治也。吳越飾貌爲絢。'或謂之巧。廣雅:'絢,治也。'又曰:'絢,巧也。'"**非絕人事苦心焦形以就,則不至。人君者,在黃屋羽葆之中,**史記項羽本記:"紀信乘黃屋車,傅左纛。"正義引李斐云:"天子車以黃繒爲蓋裏。"禮記雜記下:"匠人執羽葆御柩。"疏云:"葆謂蓋也。"**有料民聽事之勞矣。**國語周語:"宣王既喪南國之師,乃料民於太原。"韋解云:"料,數也。"**心不兩役,欲與疇人百工比巧猶不得,**史記歷書:"故疇人子弟分散。"集解引如淳云："家業世世相傳爲疇。"**況其至珽察者？** 說文："珽，極巧視之也。"**君之能，盡乎南面之術矣。其道簡易，不名一器，下不比於瓦缶，上又不足當玉巵。又其成事皆待衆人，故雖庶地萬里，**庶，今斥字。小爾雅釋詁："斥，開也。"**破敵鉅億，分之即一人斬一級矣。大施鉤梯，**詩皇矣："以爾鉤援。"傳云："鉤，鉤梯也。所以鉤引上城者。"**鑿山通道，分之即一人治一坡矣。**說文："坡，坡土也。一畚土謂之坡。"段注云："一畚所起之土謂之坡，今人云'坡頭'是也。"**其事至微淺，而籌策者猶在將吏。**老子二十七章："善數不用籌策。"**故夫處大官載神器者，**老子二十九章："天下神器，不可爲也。"**佻人之功，**國語周語："佻天以爲己力。"韋解云："佻，偷也。"**則剽劫之類也。己無半技，則奄尹之倫也。**禮記月令："是月也，命奄尹申宮令，審門閭，謹房室，必重閉。"鄭注云："奄尹，主領奄竪之官也。"太炎別錄國家論曰："凡諸事業，必由一人造成，乃得稱爲出類拔萃。其集合衆力以成者，功雖烜赫，分之當在各各人中，不得以元首居其名譽，亦不得以團體居其名譽。"又曰："功利者，非必一人所能爲，實集合衆人爲之。縱有提倡其前者，猶行禮之贊相，所檀惟有口號，至於槃辟跪拜，則猶賴人自爲之也。夫其事既由人自爲之，而美名所在，不歸元首，則歸團體，斯則甚於穿窬發匱者矣。"**然不竟廢黜者，非謂天命所屬；與其祖宗之功足以垂遠也。老子固曰："無之以爲用。"**老子十一章。**君人者既不覺悟，以是自庶侈，**爾雅釋言："庶，侈也。"國語楚語："上不陳庶侈。"韋解云："庶，衆也。侈，猶多也。"**謂名實皆在己。爲民主者，又彌自意，是故齊物之論作，而達尊之位成。**凡有出類拔萃之技能者，無貴賤皆宜尊之。是不定一尊之説，正與莊生齊物之論合也。**一國之中，有力不辯官府，**説文："辯，治也。"**而俗以之功，**"功"借爲"攻"。爾雅釋詁："攻，善也。"**民以之慧、國以之華者，其行高世，其學鉅子，**莊子天下篇："以巨子爲聖人。"釋文云："向、崔本作'鉅'。向云：'墨家號其道理成者爲鉅子，若儒家之碩儒。'"**其蓺大匠，**老子七十四章："是爲代大匠斲。"**其辭瑰稱，有其一者，權藉雖薄也，**國策齊策："聖人從事，必權於藉。"又曰："權藉者，萬物之率也。"**其尊當比人主而已矣！**高世之士，不降其志，不辱其身。内則勝貪，外之使人知工宰爲世賊禍（本書辨性上）。彼其所以憤世離居，亦冀朋友之一悟，風俗之一改（太炎别録四惑論）。如許由、務光、莊周、陳仲之所爲者，其有功於末俗，固甚鉅矣。又深求學術，必避囂塵而就閒曠，然後用意耑精。所學既就，出則膏沐萬方（同上），而民以之慧、國以之華，此其所以至尊。**凡學術分科至博，而治官者多出於習政令。漢嘗黜九流獨任吏，次即賢良文學。**漢書董仲舒傳："仲舒對册，推明孔氏，抑黜百家。立學校之官，州郡舉茂材、孝廉，皆自仲舒發之。"**賢良文學既褊陋，而吏識王度、通故事，又有八體之技，**見許慎説文敘。**能窺古始，自優於賢良文學也。今即習政令最易，其他皆刳心。**莊子天地篇："夫道，覆載萬物者也。洋洋乎大哉，君子不可以不刳心焉。"郭注云："刳而去之。"按：此文雖出彼而意則殊，此言"刳心"猶云"劌目鉥心"耳。**習易者擅其威，習難者承流以仰欬唾，不平，是故名家有去尊。**原注：見原名篇。○按：吕覽愛類篇："匡章謂惠施曰：'公之學去尊。'"**凡在官者名曰"僕役"，僕役則服囚徒之服，當其在**

官,不與齊民齒。漢書食貨志:"下亂齊民。"如淳曰:"齊,等也。無有貴賤、謂之齊民,若今言平民矣。"禮記王制篇:"屏之遠方,終身不齒。"鄭注云:"齒,猶録也。"鄘風蝃蝀序曰:"淫奔之恥,國人不齒也。"箋云:"不齒者,不與相長稚。"

原道下

人君者,剽劫之類、奄尹之倫。見中篇。老聃明君術,見上篇。是同於剽劫、奄尹也。曰異是:道者,内以尊生,呂覽貴生篇:"所謂尊生者,全生之謂。"外以極人事,筬析之以盡學術,説文筬下云:"竹膚也。"段注:"膚,皮也。析之謂之筴。筴下云:'析竹筬也。'"非獨君守矣。呂覽有君守篇。莊子讓王篇曰:"道之真以治身,其緒餘以爲國家,其土苴以爲天下。"故韓非曰:"道者,萬物之所然,萬理之所稽也。書堯典鄭注:"稽,同也。"理者,成物之文;道者,萬物之所以成。物有理不可以相薄,王先謙曰:"薄,迫也。"而道盡稽萬物之理,故不得不化。王先謙曰:"稽合萬物之理,不變則不通。"不得不化,故無常操。王先謙曰:"言不執一。"無常操,是以死生氣稟焉,禮記中庸篇:"既稟稱事。"鄭注云:"'既'讀爲'餼'。餼稟,稍食也。"萬智斟酌焉,國語周語:"而後王斟酌焉。"注云:"斟,取也。酌,行也。"萬事廢興焉。天得之以高,地得之以臧,維斗得之以成其威,莊子大宗師篇:"維斗得之,終古不忒。"成疏云:"維斗,北斗也。爲衆星綱維,故謂之維斗。"日月得之以恒其光,五常得之以常其位,禮記樂記篇:"道五常之行。"鄭注云:"五常,五行也。"**列星得之以端其行**,禮記祭義篇:"以端其位。"鄭注云:"端,正也。"**四時得之以御其變氣**,詩思齊篇:"以御於家邦。"鄭箋云:"御,治也。"**軒轅得之以擅四方,赤松得之與天地統**,孫詒讓曰:"'統'疑當作'終'。言壽與天地同長也。終、統二字篆文形相近而誤。"**聖人得之以成文章。**文章,謂立文垂制,見論語泰伯篇集解。**道與堯舜俱智,與接輿俱狂,與桀紂俱滅,與湯武俱昌。譬諸歙水,溺者多歙之即死,渴者適歙之即生。譬若劍戟,愚人以行忿則禍生,聖人以誅暴則福成。故得之以死,得之以生,得之以敗,得之以成。"**原注:解老。**此其言道,猶浮屠之言如邪?**原注:譯皆作"真如",然本但一如字。**有差別此謂理,無差別此謂道。死生成敗皆道也,雖得之猶無所得,齊物之論,由此作矣。**莊子齊物論曰:"夫吹萬不同,而使其自己也,咸其自取,怒者其誰邪?"又云"如求得其情與不得,無益損乎其真",故曰"得之猶無所得"。**韓非雖解老,然佗篇娓娓以臨政爲齊**,史記張丞相傳:"娓娓廉謹。"集解引小顏云:"娓娓,特整之貌。""齊"讀爲"大齊"之"齊"。齊,猶限也。**反於政必黜,故有六反之訓、五蠹之詬。**韓非有六反五蠹二篇。**夫曰"斬敵者受賞,而高慈惠之行。拔城者受爵祿,而信廉愛之說。堅甲厲兵以備難,而美薦紳之飾。**史記五帝本紀:"薦紳先生難言之。"集解引徐廣云:"薦紳,即縉紳也。"**富國以農,距敵恃卒,而貴文學之士。廢敬上畏法之民,而養游俠私劍之屬。**史記游俠傳集解引荀悅曰:"立氣齊,作威福,結私交以立彊於世者,謂之游俠。"

舉行如此,治彊不可得也";_{原注:五蠹。}然不悟政之所行,
與俗之所貴,道固相乏。<u>宣十五年左傳</u>:"反正爲乏。"所賞者
當在彼,所貴者當在此。今無慈惠廉愛,則民爲虎狼也。
無文學,則士爲牛馬也。有虎狼之民、牛馬之士,國雖治、
政雖理,其民不人。世之有人也,固先於國。且建國以爲
人乎?將人者爲國之虛名役也?<u>太炎別錄國家論</u>:"國家初
設,本以禦外爲期,是故古文國字作或,從戈守一。生民初載,願望
不過是耳。軍容國容,漸有分別,則政事因緣而起。若夫法律治
民,不如無爲之化。上有司契,則其勢亦互相牽連,不可中止。曏
無外患,又安用國家爲?"又<u>四惑論</u>:"人者,委蛻遺形,儵然裸胸而
出,要爲生氣所流,機械所制,非爲他生。而造物無物,亦不得有其
命令者。吾爲他人盡力,利澤及彼,而不求圭撮之報酬,此自本吾
隱愛之念以成,非有他律爲之規定。吾與他人戮力,利澤相當,使
人皆有餘,而我亦不憂乏匱,此自社會趨勢迫脅以成,非先有自然
法律爲之規定。"此言建國本以爲人,而人自獨生,非爲他生,不當
爲國之虛名役也。**韓非有見於國,無見於人;有見於羣,無**
見於孑。<u>荀子天論篇</u>:"慎子有見於後,無見於先;老子有見於詘,
無見於信。"**政之弊以衆暴寡,誅巖穴之士。法之弊以愚割**
智;"無書簡之文,以法爲教;無先王之語,以吏爲師。"_原
_{注:五蠹。}今是"**有形之類,大必起於小;行久之物,族必**
起於少。"_{原注:喻老。}**韓非之所知也。衆所不類,其終足**
以立烝民;<u>列子仲尼篇</u>:"立我烝民,莫匪爾極。"**蓬艾之間,有**
陶鑄堯舜者。<u>莊子齊物論</u>:"夫三子者猶存乎蓬艾之間。"又:<u>逍</u>
<u>遙遊</u>:"是其塵垢秕穅,將猶陶鑄堯舜者也。"**故衆暴寡非也。其**

有回遹亂常，詩小旻篇："謀猶回遹。"傳云："回，邪。遹，辟也。"與眾不適者，法令所不能治，治之益甚；民以情偽相攻，即自敗。易繫辭上："聖人設卦以盡情偽。"故老子曰："常有司殺者殺。夫代司殺者殺，是謂代大匠斲。"七十四章。王注云："爲逆，順者之所惡忿也；不仁者，人之所疾也。故曰：'常有司殺'也。"韓非雖賢猶不悟。且韓非言大體，固曰："不引繩之外，不推繩之內。王先慎云："用人篇'隨繩而斲'是也。"不急法之外，不緩法之內矣。"原注：大體。明行法不足具得姦邪？貞廉之行可賤邪？"不逆天理，不傷情性。"原注：大體。人之求智慧辯察者情性也，文學之業可絕邪？"榮辱之責，在於己不在於人。"原注：大體。匹夫之行可抑邪？莊周明老聃意，而和之以齊物。推萬類之異情，以爲無正味、正色，以其相伐，使並行而不害。莊子齊物論："民食芻豢，麋鹿食薦，蝍蛆甘帶，鴟鴉耆鼠，四者孰知正味？猨猵狙以爲雌，麋與鹿交，鰌與魚游。毛嬙、麗姬人之所美也，魚見之深入，鳥見之高飛，麋鹿見之決驟：四者孰知天下之正色哉？"郭注云："利於彼者，或害於此，而天下之彼我無窮，則是非之竟無常。故唯莫之辯而任其自是，然後蕩然俱得。"禮記中庸篇："道並行而不相害。"其道在分異政俗，無令干位。故曰"得其環中，以應無窮"者，莊子齊物論："樞始得其環中，以應無窮。"郭注云："是非反覆，相尋無窮，故謂之環。環中空矣，今以是非爲環，而得其中者，無是無非也。無是無非，故能應夫是非。是非無窮，故應亦無窮。"各適其欲以流解説，史記樂書："非此和説不通，解澤不流。"各修其行以爲工宰，荀子正名篇："心也者，道之工宰也。"

陳奐云：“工，官也。官宰，猶言主宰。”**各致其心以效微妙而已矣。政之所具，不過經令；法之所禁，不過姦害。能説諸心，能研諸慮，以成天下之亹亹者，非政之所與也。**易繫辭下：“能説諸心，能研諸侯之慮，定天下之吉凶，成天下之亹亹者。”正義云：“研，精也。亹亹，勉也。”按：“侯之”字衍文，王弼易略例無“侯之”字。**采藥以爲食，鑿山以爲宫，身無室家農圃之役，升斗之税不上於王府，**國語周語“關石和鈞，王府則有。”**雖不臣天子，不耦羣衆，**韓非外儲説右篇：“不臣天子，不友諸侯。”**非法之所禁，版法格令，**管子版法解：“版法者，法天地之位，象四時之行，以治天下。”禮記緇衣篇：“言有物而行有格。”注云：“格，舊法也。”**不得剟一字也。**説文：“剟，刊也。”商子定分篇：“有敢剟定法令，損益一字以上，罪死不赦。”**操奇説者能非之，**管子七法篇：“一體之治者去奇説。”尹知章注云：“奇説，謂譎詐之言。”**不以非之剟其法，不以尊法罪其非。君臣上下六親之際，雅俗所守，**史記孟子荀卿列傳：“然要其歸，必止乎仁義節儉，君臣上下六親之施。”毛詩敍曰：“雅者，正也。”釋名曰：“俗，欲也，俗人之所欲也。”按：書傳多以雅俗對舉，荀子言“雅儒”、“俗儒”，史公言“隨俗雅化”，王充言“俗父雅子。”蓋正者謂之雅，凡者謂之俗。雅俗所守，猶言賢者與平民所共守爾。**治眇論者所駁也。**史記貨殖傳：“雖户説以眇論，終不能化。”索隱云：“眇，音妙。”**守之者不爲變，駁之者無所刑。國有羣職，**周禮天官：“各有所職。”疏云：“職，謂主也。”**王公以出治，師以式民，儒以通古今、會文理，**周禮大宰：“儒以道得民。”鄭注云：“儒，諸侯保氏，有六蓺以教民者。”荀子王制篇：“綦文理。”綦，即會也。**百**

工以審曲面埶，周禮考工記：“國有六職，百工與居一焉。或坐而論道，或作而行之，或審曲面埶，以飭五材。”鄭注云：“百工，司空官之屬。審曲面埶，審察五材曲直方面形埶之宜以治之，及陰陽之面背是也。”**立均出度。**國語周語：“律所以立均出度也。”韋解云：“均者，均鐘木，長七尺，有弦繫之以均鐘者，度鐘大小清濁也。”**其權異，其尊不異。地有九州，賦不齊上下，**見尚書禹貢。**音不齊清濁，用不齊器械，居不齊宮室，**禮記王制篇：“凡居民材必因天地、寒煖、燥溼、廣谷、大川異制，民生其間者異俗，剛柔、輕重、遲速異齊，五味異和，器械異制，衣服異宜。”**其樞同，**莊子齊物論：“謂之道樞。”釋文：“樞，要也。”**其取予不同，皆無使相干也。夫是之謂大清明，**荀子解蔽篇：“虛壹而靜，謂之大清明。”楊注云：“言無有壅蔽者。”**夫是之謂天下之至柔馳騁天下之至堅。**老子四十三章。**法家者，削小老氏以爲省，能令其國稱媞，**後漢書中山簡王焉傳：“今五國官騎百人稱媞前行。”章懷注云：“稱媞，猶齊整也。”**而不能與之爲人。黨得莊生緒言，**漢書伍被傳：“黨可以徼幸。”師古曰：“黨，讀曰儻。”莊子漁父篇：“曩者，先生有緒言而去。”俞樾云：“緒言者，餘言也。”**以自飭省，**史記秦始皇本紀：“飾省宣義。”正義云：“飾，謂文飾也。”按：禮記樂記“合情飭貌者。”釋文：“‘飭’本作‘飾’。”是“飭”、“飾”古字通。**賞罰不厭一，好惡不厭歧。一者以爲羣衆，歧者以優匹士。因道全法，則君子樂而大姦止。**韓非子大體篇：“古之牧天下者，不使匠石極巧以敗太山之體，不使賁育盡威以傷萬民之性。因道全法，君子樂而大姦止。”**其後獨王弼能推莊生意，爲易略例，**隋書經籍志有晉王弼易略例一卷。今附在相臺本周易中。**明一以象曰**：易略例明象篇：“象者，何也？統論一卦之體，明其所由之主者也。”又云：“六爻相錯，可舉一以明也。”又略例下云：“凡象者，通論一卦之體者也。一卦之體，必由一爻爲主，則指明一爻之美，以統一卦之義，䷍大有之類是也。卦體不由乎一爻，則全以二體之義明之，䷶豐卦之類是也。”**“自統而尋之，物雖衆，則知可以執一御也。**隱元年公羊傳：“大一統也。”解詁云：“統者，始也。”孟子盡心上：“猶執一也。”趙注云：“猶執一介之人。”唐邢璹易略例注：“爲之一者道也，君也（按：莊子人間世篇注云：‘千人聚不以一人爲主，不亂則散。故多賢不可以多君，無賢不可以無君，此天人之道，必至之宜’）。統而推尋：萬物雖殊，一之以神道；百姓雖殊，一之以君主也。”**由本以觀之，義雖博，則知可以一名舉也。故處旋機以觀大運，則天地之動未足怪也**；書堯典：“璿璣玉衡。”馬融云：“璿，美玉也。璣，渾天儀，可轉旋，故曰璣。”“璿璣”漢書律曆志作“旋機”。**據會要以觀方來，則六合輻湊未足多也。**莊子齊物論：“六合以外。”成疏云：“六合者，謂天地四方也。”“輻湊”已見中篇。**故舉卦之名，義有主矣；觀其彖辭，則思過半矣。**邢云：“彖摠卦義，義主中爻。簡易者，道也，君也。道能化物，君能御民。智者觀之，思過其半。”**夫古今雖殊，軍國異容，中之爲用，故未可遠也。**邢云：“古今革變，軍國殊別，中正之用，終無疏遠。”**品制萬變，宗主存焉。”**

原注：明象。**明歧以爻曰**：易略例明爻變通篇：“爻者何也，言乎變者也。”又云：“卦以存時，爻以宗變。”**“情僞之動，非數之所求也。故合散屈伸，與體相乖。**邢云：“物之爲體，或性同行乖，情貌相違，同歸殊塗，一致百慮。故萃卦六二：‘引吉，无咎。’萃

之爲體,貴相從就。六二志在静退,不欲相就。人之多辟,己獨取正,其體雖合,志則不同,故曰'合散'。乾之初九:'潛龍勿用。'初九身雖潛屈,情無憂悶,其志則伸,故曰'屈伸'。**形躁好静,質柔愛剛,體與情反,質與願違。**邢云:"風虎雲龍,嘯吟相感。物之體性,形願相從。此則情體乖違,質願相反。故歸妹九四:'歸妹愆期,遲歸有時。'四體是震,是形躁也。愆期待時,是好静也。履卦六三'武人爲于大君',志剛也。兑體是陰,是質柔也。志懷剛武,爲于大君,是愛剛也。"**巧歷不能定其算數,**莊子齊物論:"巧歷不能得。"郭注云:"雖有善數,莫之能紀也。"**聖明不能爲之典要,**禮記樂記:"作者之謂聖,述者之謂明。"易繫辭下:"不可爲典要。"注云:"不可立定準也。"**法制所不能齊,度量所不能均也。召雲者龍,命吕者律。**邢云:"雲,水氣也。龍,水畜也。召水氣者水畜,此明有識感無識。命陰吕者陽律,此明無識感有識。"**二女相違,而剛柔合體。**邢云:"二女俱是陰類而相違,剛柔雖異而合體,此明異類相應。"**隆坻永歎,遠壑必盈。**邢云:"隆,高也。坻,水中坻也。永,長也。處高坻而長歎,遠壑之中,盈響而應。九五尊高,喻於隆坻,六二卑下,同於遠壑,唱和相應也。"**投戈散地,則六親不能相保;**邢云:"投,置也。散,逃也。置兵戈於逃散之地,雖是至親不能相保守也。遯卦九四:'好遯,君子吉。'處身於外,難在於内,處外則超然遠遯。初六至親,不能相保守也。"**同舟而濟,則胡、越何患乎異心?**邢云:"逃在一舟,而俱濟彼岸,胡、越雖殊,其心皆同。若漸卦三四異體和好,物莫能間。順而相保,似若同在一舟。上下殊體,猶若胡、越。利用禦寇,何患乎異心?"**故苟識其情,不憂乖遠;苟明其趣,不煩强**

武。"原注:明爻通變。**推而極之,大象準諸此,**老子三十五章:"執大象,天下往。"王弼云:"大象,天象之母也。不寒不温不涼,故能包統萬物,無所犯傷。"**寧獨人事之云云哉!** 漢書汲黯傳:"吾欲云云。"師古曰:"猶言如此如此也。"**道若無歧,宇宙至今如摶炭,大地至今如孰乳巳!** 摶,與團通。孰,與熟同。韋爾斯世界史綱曰:"最古之石,當成於未有海以前。其時地球太熱,今所謂海者,當時當爲空氣混雜之水蒸氣。氣之上部,全是陰雲。熱雨時降,然未到地面,輒復蒸化。在蒸騰界之下,地漸凝結成巖。此最初之石,必爲炎熱流質之上層所凝結,如今之火山石。然其形似殼似皮,旋凝旋化,循歷多次,爾乃固結,所謂原生片麻巖者。蓋地球於此幼熱時代漸漸過去之期間,經多年而結成者也。"

國故論衡疏證下之四

原　名

七略記名家者流，出於禮官。古者名位不同，禮亦異數。語見漢書藝文志。隋書經籍志有七略七卷，漢劉歆撰。其書已佚，漢志蓋全本七略。**孫卿爲正名篇，道"後王之成名：**楊倞注云："後之王者，有素定成就之名，謂舊名可法效者也。"**刑名從商，爵名從周，文名從禮。**楊云："商之刑法未聞。康誥曰'殷罰有倫'，是亦言殷刑之允當也。爵名從周，謂五等諸侯及三百六十官也。文名謂節文威儀。禮即周之儀禮。"郝懿行曰："楊説是也。古無儀禮之名，直謂之禮，或謂之禮經。"**散名之加於萬物者，則從諸夏之成俗曲期。"**楊云："成俗，舊俗方言也。期，會也。曲期，謂委曲期會物之名者也。"以上荀子正名篇文。楊説"曲期"未諦，"曲"讀"鄉曲"之"曲"，"期"讀"期命"之"期"，"曲期"亦方言也。**即禮官所守者，名之一端，所謂爵名也。莊周曰："春秋以道名分。"**原注：天下篇。**蓋頗有刑、爵、文，其散名猶不辯。五石、六鶂之盡其辭，已權略矣。**僖十六年公羊傳云："春王正月戊申朔，隕石于宋五。是月六鶂退飛過宋都。曷爲先言隕而後言石？隕石記聞，聞其磌然，視之則石，察之則五。曷爲先言六而後言鶂？六鶂退飛，記見也。視之則六，察之則鶂，徐

而察之則退飛。"穀梁傳云:"先隕而後石,何也? 隕而後石也。於
宋四境之内曰宋。後數,散辭也,耳治也。六鶂退飛過宋都,先數,
聚辭也,目治也。子曰:'君子之於物,無所苟而已。石、鶂且猶盡
其辭,而況於人乎!'"**且古之名家,考伐閱,程爵位,**漢書車千
秋傳:"又無伐閱功勞。"周壽昌云:"伐閱,即閥閱,猶門第也。門在
左曰閥,門在右曰閱。"史記功臣年表:"人臣功有五品。明其等曰
閥,積日曰閱。"漢書敍傳注:"程,正也。"禮記王制注:"爵,秩次
也。"周禮大宰注:"位,爵次也。"**至於尹文,作爲華山之冠,表
上下平,**原注:莊子天下篇及注。○按:尹文子一篇在漢志名家。
莊子天下:"宋鈃、尹文作爲華山之冠以自表。"注云:"華山上下均
平。"**而惠施之學去尊。**原注:吕氏春秋愛類篇:"匡章謂惠子
曰:'公之學去尊,今又王齊王,何其到也。'"○按:漢志名家有惠子
一篇。**此猶老、莊之爲道,與伊尹、大公相塞。**語見原道上
篇。**誠守若言,則名號替,徽識絶,朝儀不作,緜蕝不布,**
周禮大司馬:"中夏教茇舍,辨號名之用。"注云:"號名者,徽識所以
相别也。鄉遂之屬謂之名,家之屬謂之號。"左傳昭二十一年杜解:
"徽,識也。"釋文云:"'徽',說文作'微'。"史記叔孫通傳:"臣願徵
魯諸生與臣弟子共起朝儀。"又云:"遂與所徵三十人西,及上左右
爲學者與其弟子百餘人爲緜蕝野外。"索隱引韋昭云:"引繩爲緜,
立表爲蕝"。"蕝"與"蕝"同。**民所以察書契者,獨有萬物之
散名而已。**易繫辭下:"上古結繩而治,後世聖人易之以書契,百
官以治,萬民以察,蓋取諸夬。"韓注云:"夬,決也。書契所以決斷
萬事也。"**曲學以徇世,欲王齊王以壽黔首之命,免民之死,**
吕氏春秋愛類篇:"惠子曰:'今可以王齊王而壽黔首之命,免民之

死,何爲不爲?'"**是施自方其命,豈不悖哉?** 書堯典篇:"方命
圯族。"孔疏云:"鄭、王以'方'爲'放',謂放棄教命。"**自吕氏患**
刑原注:當作"形"。**名異充,聲實異謂,既以若術别賢不肖**
矣。原注:<u>吕氏春秋</u><u>正名篇</u>。○按:彼文云:"名正則治,名喪則
亂。使名喪者淫説也,説淫則可不可而然不然,是不是而非不非。
故君子之説也,足以言賢者之實、不肖者之充而已矣,足以喻治之
所悖、亂之所由起而已矣,足以知物之情、人之所獲以生而已矣。
凡亂者,刑名不當也。人主雖不肖,猶若用賢,猶若聽善,猶若爲可
者,其患在乎所謂賢從不肖也。所爲善而從邪辟,所謂可從悖逆
也,是刑名異充而聲實異謂也。夫賢不肖、善邪辟、可悖逆、國不
亂、身不危奚待也。"<u>高</u>注云:"充亦實也。"王鳴盛十七史商榷:"老
莊申韓列傳:'<u>申不害</u>學本於<u>黄老</u>而主刑名。<u>韓非</u>喜刑名法術之
學。''刑'非'刑罰'之'刑','刑'與'形'同,古字通用,猶言名實。
<u>禮記</u><u>王制篇</u>云:'刑者,侀也。侀者,成也,一成而不可變。'<u>墨子</u><u>經</u>
<u>上篇</u>云:'力刑之所以奮也,生刑與知處也。'皆以'刑'爲'形'。"**其**
次鐂劭次人物志,姚信述士緯,魏文帝著士操,盧毓論九
州人士,原注:皆見<u>隋書</u><u>經籍志</u>名家。○按:<u>隋志</u>名家:士操一卷,
<u>魏文帝</u>撰。人物志三卷,<u>劉邵</u>撰。注云:"<u>梁</u>有<u>士緯</u>新書十卷,姚信
撰。九州人士論一卷,<u>魏</u>司空<u>盧毓</u>撰,亡。"**皆本文王官人之術,**
大戴禮有文王官人篇。<u>孔廣森</u>補注:"<u>逸周書</u>曰:'<u>成王</u>訪<u>周公</u>以民
事,<u>周公</u>陳六徵以觀察之,作官人。'此記題爲文王官人,與彼不
合。"按:六徵,謂觀誠、考言、視聲、觀色、觀隱、揆德。**又幾反於**
爵名。原注:按:<u>魏志</u><u>鄧艾傳</u>注引<u>苟綽</u><u>冀州記</u>曰:"<u>爰俞</u>清貞貴素,
辯於論議,采<u>公孫龍</u>之辭,以談微理。"是<u>魏</u><u>晉</u>間自有散名之學,而

世不傳。蓋所趣在品題人物，不嗜正名辯物之術也。**然自州建中正，而世謂之姦府，**晉書劉毅傳："雖職名中正，實爲姦府；事名九品，而有八損。"**浸以見薄。刑名有鄧析，**鄧析二篇，在漢志名家。左傳定公九年："鄭殺鄧析而用其竹刑。"**傳之李悝，以作具律。**李悝著法經六篇，見晉書刑法志。具律爲法經之第六篇，即唐之名例律也。見唐律疏義。**杜預又革爲晉名例，**晉書刑法志："文帝令賈充定法律，與鄭仲、荀顗、荀勖、羊祜、王業、杜友、杜預、裴楷、周權、郭頎、成公綏、柳軌、榮劭等十四人典其事，就漢九章增十一篇，仍其族類，正其體號，改舊律爲刑名法例。"又：杜預傳："預與賈充等定律令。既成，預爲之注解，乃奏之於上。"**其言曰："法者，蓋繩墨之斷例，**史記老莊申韓列傳："韓子引繩墨，切事情。"**非窮理盡性之書也。**易説卦："窮理盡性，以至於命。"正義云："窮極萬物深妙之理，究盡生靈所稟之性。"**故文約而例直，聽直而禁簡。例直易見，禁簡難犯。易見則人知所避，難犯則幾於刑厝。**漢書刑法志："三代之盛，至於刑錯"。注云："刑錯，謂置而弗用也。"**厝刑之本，在於簡直，故必審名分。**尹文子大道篇："名定則物不競，分明則私不行。物不競非無心，由名定故無所厝其心。私不行非無欲，由分明故無所措其欲。然則心物人人有之，而得同於無心無欲者，制之有道也。"**審名分者，必忍小理。古之刑書，銘之鐘鼎，鑄之金石，所以遠塞異端，使無淫巧。**論語爲政篇："攻乎異端，斯害也已。"呂覽季春紀："無或作爲淫巧，以蕩上心。"高注云："淫巧非常詭怪。"**今所注皆網羅法意，**漢書司馬遷傳："網羅天下放失舊聞。"**格之以名分,使用之者執名例以審趣舍。伸繩墨之直,去析薪之理。**"原注:晉書杜預傳。○按:以上杜預奏文。析薪,謂其破析定法,或如析薪者之越理橫斷,故去之也。**其條六百二十,其字二萬七千六百五十七**,見晉書刑法志。**而可以左右百姓,下民稱便。**書皋陶謨:"予欲左右有民。"馬融注:"我欲左右助我民"。隋書刑法志:"晉氏平吳,九州寧一,乃命賈充大明刑憲,内以平章百姓,外以和協萬邦。實曰輕平,稱爲簡易。"**惟其審刑名,**原注:按:累代法律惟晉律爲平恕,今竟亡佚,亦民之無禄也。○按:太炎文録五朝法律索隱:"商法既亡,刑名則從晉。"又云:"五朝之法,信美者有數端:一曰重生命,二曰恤無告,三曰平吏民,四曰抑富人。重生命之法有二事:一、父母殺子者同凡論。一、走馬城市殺人者,不得以過失殺人論。恤無告之法有一事:諸子姓復仇者勿論。平吏民之法有二事:一、部民殺長吏者同凡論。一、官吏犯杖刑者論如律。抑富人之法有二事:一、商賈皆殊其服。一、常人有罪不得贖。"又云:"今魏晉南朝之律雖已殘缺,舉其封略,則有損上益下之美。抽其條目,則有抑强輔微之心。後有作者,因而爲之節文,參以今制,復略采他方諸律,温故知新,亦可以弗畔矣夫。"**盡而不汙,**左傳成十四年:"盡而不汙。"杜解云:"謂直言其事,盡其事實,無所汙曲。"**過爵名遠矣。然皆名之一隅,不爲綱紀。**論語述而篇:"舉一隅不以三隅反。"詩棫樸篇:"勉勉我王,綱紀四方。"箋云:"以罔罟喻爲政,張之爲綱,理之爲紀。"**老子曰:"名可名,非常名。"**老子一章。王注云:"可名之名,指事造形,非其常也。"**名者,莊周以爲化聲,**莊子齊物論:"化聲之相待,若其不相待。"郭注云:"是非之辯爲化聲。夫化聲之相待,俱不足以相正,故若不相待也。"**荀卿亦云"名無固宜"**,見正名篇,楊注云:"名無固宜,言名本無定也。"**故無常也;然約定俗成則不易。**荀子正名篇:"名無固宜,約之以命。約定俗成謂之宜,異於約則謂之不宜。"**可以期命萬物者,惟散名爲要,其他乃與法制推移。自惠施、公孫龍名家之傑,務在求勝,其言不能無放紛,**公孫龍子十四篇,漢志在名家。今存六篇。莊子天下篇:"惠施多方,其書五車,其道舛駁,其言也不中。"又云:"桓團、公孫龍辯者之徒,飾人之心,易人之意,能勝人之口,不能服人之心,辯者之囿也。惠施日以其知與人之辯,特與天下之辯者爲怪,以反人爲實,而欲以勝人爲名,是以與衆不適也。"左傳昭十六年:"獄之放紛。"注云:"放,縱也。紛,亂也。"**尹文尤短。察之儒墨,墨有經上下,儒有孫卿正名,皆不爲造次辯論**,論語里仁篇:"造次必於是。"集解引馬融云:"造次,急遽也。"**務窮其柢。**爾雅釋言:"柢,本也。"**魯勝有言,取辯乎一物,而原極天下之汙隆,**禮記檀弓篇:"道隆則從而隆,道汙則從而汙。"鄭注云:"汙,猶殺也。"**名之至也。**魯勝墨辯注序,見論式篇。**墨翟、孫卿近之矣。**以上略言名之類別。

凡領錄散名者,莊子漁父篇釋文引司馬云:"錄,領錄也"。後漢書和帝紀章懷注云:"錄,謂總領之也。"**論名之所以成,與其所以存長者,與其所以爲辯者也。**此言名家之學,其職在論名之所以成就與名之所以存在,名之所以滋長與其所以爲辯說之道也。名有二類:人心之動,顯之則爲言詞,隱之則爲意識。二者皆謂之名。成唯識論卷八云:"名言有二:一、表義名言,即能詮義,音聲差別。二、顯境名言,即能了境,心心所法。隨二名言,所熏成種,作有爲法,各別因緣,此説明矣。"屠孝實名學綱要説名學之界義曰:"科學中有專研究思維之體用,推其變化,考其符驗,以明爲學之塗術,示以禁防之常例者,是爲名學。英語謂之邏輯。在心之意,出口之詞,皆以此名。故名學者,研究正當思維者也。詳言之,即名學者,爲求誠之故,研究思維之形式及法則,兼以示爲學之塗徑者也。"**名之成,始於受,中於想,終於思。**天親菩薩大乘百法明門論:"心所有法,遍行有五,謂作意、觸、受、想、思。"按:受即感覺,想即知覺,思即考察也。**領納之謂受,受非愛憎不箸。取像之謂想,想非呼召不徵。造作之謂思,思非動變不形。**原注:本成唯識論所説。〇按:成唯識論三:"受謂領納順違俱非境相爲性,起愛爲業,能起合離非二欲故。想謂於境取像爲性,施設種種名言爲業,謂要安立境分齊相,方能隨起種種名言。思謂令心造作爲性,於善品等役心爲業,謂能取境正因等相,驅役自心,令造善等。"**名言者,自取像生,故孫卿曰:"緣天官。凡同類同情者,其天官之意物也同,故比方之疑似而通,是所以共其約名以相期也。"**原注:以上正名篇文。〇按:楊注云"天官,耳、目、口、鼻、心、體也。謂之官,言各有所司主也。緣天官,言天官謂之同則同,謂之異則異也。同類同情,謂若天下之馬,雖白黑、大小不同,天官意想其同類,所以共其省約之名,以相期會而命之名也。"王念孫云:"約非省約之謂。'約名'猶言'名約',上文云'是謹於守名約之功也',楊彼注云:'約,要約。'是也。"**此謂想隨於受,名役於想矣。又曰:"心有徵知。徵知則緣耳而知聲可也,緣目而知形可也。然而徵知必將待天官之當簿其類然後可也。"**原注:正名篇文。〇按:楊注云:"徵,召也。言心能召萬物而知之。緣，因也。以心能召萬物，故可以因耳而知聲，因目而知形，爲之立名。心雖有知，不因耳目亦不可也。天官，耳目也。當，主也。簿，簿書也。當簿，謂如各主當其簿書，不雜亂也。類，謂可聞之物耳之類，可見之物目之類。言心雖能召所知，必將任使耳目，令各主宰其類然後可也。言心亦不能自主之也。"俞樾云："<u>楊</u>注曰：'天官，耳目也。'疑此文及<u>注</u>並有奪誤。上文云'然則何緣而以同異？曰：緣天官。'<u>注</u>云：'天官，耳、目、鼻、口、心、體也'。是天官本兼此六者而言，此何以獨言耳目乎？疑'天官'乃'五官'之誤。上云'心有徵知'，此當云'然而徵知必將待五官之當簿其類'，<u>注</u>當云'五官，耳、目、鼻、口、體也。'所以不數心者，徵知即心也。下文云'五官簿之而不知，心徵之而無說'，即承此文而言。"**接於五官曰受，受者謂之當簿。傳於心曰想，想者謂之徵知。一接焉一傳焉曰緣。凡緣有四。**原注：識以所對之境爲所緣緣，五識與意識迭相扶助，互稱爲增上緣。凡境像、名言、義理，方在意識，而能引續不斷，是有意根。故前識於後識爲等無間緣，一切心物之因名曰阿賴耶識，爲因緣。○按：<u>瑜珈師地論</u>卷三云："一、因緣，二、等無間緣，三、所緣緣，四、增上緣。因緣者，謂種子。等無間緣者，謂若此識無間諸識決定生，此是彼等無間緣。所緣緣者，謂諸心心所所緣境界。增上緣者，謂除種子餘所依，如眼及助伴法，望眼識所餘識亦爾。又：善不善性、能取愛非愛、果如是等類，名增上緣。又：由種子故，建立因緣。由自性故，立等無間緣。由所緣境故，立所緣緣。由所依及助伴等故，立增上緣。如經言，諸因諸緣能生識者，彼即此四。因緣一種，亦因亦緣；餘唯是緣。"<u>成唯識論</u>七："因緣，謂有爲法親辦自果。等無間緣，謂八現識，及彼心所，前聚於後，自類無間，等而開導，令彼定生。所緣緣,謂若有法,是帶己相,心或相應,所慮所託。增上緣,謂若有法,有勝勢用,能於餘法,或順或違。"**增上緣者,謂之緣耳知聲,緣目知形,此名之所以成也。**以上説名之所以成竟。**名雖成,藏於胸中,久而不渝,**詩羔裘篇:"舍命不渝。"傳云:"渝,變也。"**浮屠謂之法。**原注:色、聲、香、味、觸,皆感受者也。感受之境已逝,其相猶在謂之法。○按:後漢書襄楷傳:"又聞宮中立黃老浮屠之祠"。章懷注云:"浮屠,即佛陀,但聲轉耳。並謂佛也。"又:楚王英傳注云:"袁宏漢紀:'浮屠,佛也,西域天竺國有佛道焉。佛者,漢言覺也,將以覺悟羣生也。其教以修善慈心爲主。'"大乘百法明門論曰:"一切法者略有五種:一者心法,二者心所有法,三者色法,四者心不相應行法,五者無爲法。色、聲、香、味、觸,則色法所攝也。"**墨經曰:"知而不以五路,説在久。"說曰:智者"若瘧病之之於瘧也。**原注:上"之"字訓"者"。○按:墨經"瘧"本作"痣",畢沅注云:"'痣'即'瘧'省。"**智以目見,而目以火見,而火不見,惟以五路知。**原注:句。久,原注:讀。**不當以目見。**原注:句。**若以火。"**原注:經下及經説下。**此謂瘧不自知,病瘧者知之。火不自見,用火者見之。是受想之始也。受想不能無五路,及其形謝,識籠其象,而思能造作,將無待於天官,天官之用,亦若火矣。**梁啓超墨經校釋:"五路者,五官也。官而名以路者,謂感覺所經由之路,若佛典以眼、耳、鼻、舌、身爲五入矣。人之得知識,多恃五路。例如見火,目爲能見,火爲所見,火與目離,火不能獨成見也。此之謂'惟以五路知'。雖然,亦有不以五路知者,例如久是。吾人之得有時間觀念,全不恃五官之感受,與以目見火不相當。時間觀

念,純由時間相續而得來,吾人因時間而知有時間,若以火見火
也。"按梁説"五路"亦通。其説久不當以目見,若以火,則不如章説
之諦。**五路者,若浮屠所謂九緣:一曰空緣、二曰明緣、三**
曰根緣、四曰境緣、五曰作意緣、六曰分別依、七曰染淨
依、八曰根本依、九曰種子依。成唯識論七:"緣謂作意、根、
境等緣。"窺基述記云:"眼識依肉眼具九緣生,謂空、明、根、境、作
意、根本第八、染淨第七、分別俱六,能生種子,九依而生。"按:空
緣,即根境相離,中間無礙,空隙之空也。明緣,即日月燈等照燭之
明也。根緣,即發識之根也。境緣,即諸識所緣之境也。作意緣,
即遍行中之作意也。分別依,即第六識也。染淨依,即第七識也。
根本依,即第八識也。種子依,即是諸識各有自類親種子也。此中
九緣於四緣中三緣所攝,種子即因緣也,境緣即所緣緣也,餘七緣
即增上緣也。八識:謂一、眼識,二、耳識,三、鼻識,四、舌識,五、身
識,六、意識,七、末那識,八、阿賴耶識。前六從依得名,第七相應
立號,第八功能受稱。**自作意而下,諸夏之學者不亟辯,汎**
號曰智。目之見必有空、明、根、境與智。耳不資明,鼻、
舌、身不資空,述記云:"耳識依八除明,鼻、舌等三依七復除空,
以至境方取故。"廣雅釋詁四:"資,用也。"**獨目爲具五路。既**
見物已,雖越百旬,其像在,於是取之,謂之獨影。獨影境
有二種:一、有質獨影。即第六緣五塵落謝影子,以托彼外質變起
影相,故名有質。所變相分亦與能緣見分同種生,故名真獨影。亦
名似帶質。二、無質獨影。即第六識緣空花兔角及過未等所變相
分,其相分唯第六同種生,以本無空華等質,故名無質。唯從識變,
故名無質獨影。**獨影者,知聲不緣耳,知形不緣目,故曰不**

當。不當者，不直也，是故賴名。曩令所受者逝，其想亦逝，即無所仰於名矣。_{廣雅釋詁三}：“_{仰，恃也。}”此名之所以存也。以上説名之所以存竟。泰始之名，有私名足也。思以綜之，名益多。故墨經曰：“名：達、類、私。”_{原注：經上。}○按：説見<u>原儒篇</u>。<u>孫卿</u>曰：“萬物雖衆，有時而欲徧舉之，故謂之物。物也者，大共名也。有時而欲徧舉之，故謂之鳥獸。鳥獸也者，大別名也。”_{原注：正名。}○按：<u>俞樾</u>云：“此徧字乃偏字之誤。上云‘徧舉之’，乃普徧之義，故曰‘大共名’也。此云‘偏舉之’乃一偏之義，故曰‘大別名’也：‘偏’與‘徧’形似，因而致誤。”<u>嚴復</u>譯<u>穆勒名學</u>部甲：“凡名必有所名之物，顧物物不必皆有專名。物之貴者與別之而後事便者，乃有專名。此於人，<u>約翰</u>、<u>路嘉</u>、<u>毛嬙</u>、<u>西施</u>是已；於地，如<u>倫敦</u>、<u>柏林</u>、<u>泰山</u>、<u>黄河</u>是已；於畜，<u>宋鵲</u>、<u>韓盧</u>、<u>獅子花</u>、<u>玉鼻騂</u>是已。其他雖言語所常道，固無取一一而專名之，而意有所屬，乃加以區別之字，如言此日、如言<u>穀城山</u>下黄石。雖分之其字爲他日他石所同用，而當爲言之頃，固專指一日、一石，而非餘日、餘石所得混也。由是而公名生焉。公名者，類同德無數物之名也。物有公名，非僅以濟言語之窮而已。夫語言固公名之一事，顧公名之用不止此。必公名立而後有通謂之詞，而後可以離合一德於無窮之同物，而民智乃以日充也。是故物有專名、有公名者，自有言語以來，其事已起而爲名物至大之分殊也。”若則騏、騵、駽、驪爲私，馬爲類，畜爲達，獸爲別，物爲共也。有時而欲攝舉之，_{論語八佾篇}：“官事不攝。”集解引<u>包咸</u>云：“攝，猶兼也。”叢馬曰駰，叢人曰師，叢木曰林，叢繩曰網。浮屠以爲衆法聚集言論。_{原注：瑜伽師地論十六説，}

下同。〇按：衆法聚集言論，今通謂之集合名詞，或謂之總名。瑜伽師地論十六：“衆法聚集言論者，謂於衆多和合，建立自性言論。如於內色、受、想、行、識，建立種種我等言論；於外色、香、味、觸等事，和合差別，建立宅、舍、瓶、衣、車、乘、軍、林、樹等種種言論。”**孫卿曰：“單足以喻則單，單不足以喻則兼。”**原注：正名。〇按：楊注：“喻，曉也。”**人、馬、木、繩，單矣。師、駟、林、網，兼矣。有時而欲辨異擧之：以藥爲丸，其名異，自和合起；**原注：如雀卵、茹蘆、烏賊合以爲丸，其藥各殊，其丸是一。**以瓶爲敗瓦，其名異，自碎壞起；以穀爲便利，其名異，自轉變起；以金帶鉤爲指環，俄以指環爲金帶鉤，其名異，自加功起。浮屠以爲非常言論。**瑜伽師地論十六：“非常言論者，由四種相應知：一由破壞故，二由不破壞故，三由加行故，四由轉變故。破壞故者，謂瓶等破已，瓶等言捨，瓦等言生。不破壞故者，謂種種物共和合已，或丸或散，種種雜物，差別言捨，丸散言生。加行故者，謂於金段等起諸加行，造環釧等異莊嚴具，金段等言捨，環釧等言生。轉變故者，謂飲食等，於轉變時，飲食等言捨，便穢等言生。如是等類，應知名爲非常言論。”**孫卿曰：“物有同狀而異所者，雖可合，謂之二實。**楊注云：“謂兩馬同狀，各在一處，名雖可合，同謂之馬，其實二也。”**有異狀而同所者，謂之化。有化而無別，謂之一實。”**原注：正名。〇按：楊注云：“謂若老少異狀，同是一身，蠶蛾之類亦是也。狀雖變而實不別爲異所，則謂之化。化者，改舊形之名，如田鼠化爲鴽之類。雖有化而無別異，故謂之一實，言其實一也。”**此名之所以長也。**以上說名之所以長竟。**諸同類同情者，謂之衆同分。其受想同，其思同，**

是以有辯。 墨子經上："辯，爭彼也。辯勝，當也。"説曰："辯，或謂之牛，或謂之非牛，是爭彼也。是不俱當。不俱當，必或不當。不當，若犬。" **辯所依隱有三：** 揚子法言淵騫篇："依隱玩世，詭時不違。"按：此言"依隱"，隱亦依也。"隱"即"㥯"字。説文："㥯，所依據也。"孟子："隱几而卧。"莊子："道惡乎隱而有真偽，言惡乎隱而有是非。"皆㥯字也。 **墨經曰："知：聞、説、親。名、實、合、爲。"** 説曰："知，傳受之，聞也。方不㢓，** 原注：即障字。 **説也。身觀焉，親也。所以謂，名也。所謂，實也。名實偶，合也。志行，爲也。"** 原注：經上及經説上。○按：張惠言墨子經説解："知有三，聞一、説二、親三，皆合名、實而成於爲。"孫詒讓云："名、實、合、爲四者，言異而義相因。張并上爲一條，恐未塙。"按：章意亦以爲一經，謂智識所及，有此名、實、合、爲四者也。 **親者，因明以爲現量。** 窺基因明論疏："梵云'醯都費陀'。醯都言因，費陀云明。依此標名，合爲五釋。一云：明者，五明之通名；因者，一明之別稱。因體有二，所謂生、了，今明此因義，故曰因明。二云：因明者，一明之都名。因謂立論者言，建本宗之鴻緒；明謂敵證者智，照義言之嘉由。非言無以顯宗，含智義而標因稱；非智無以洞妙，苞言義而舉明名。三云：因者，言生因；明者，智了因。由言生故，未生之智得生；由智了故，未曉之義今曉。因與明異，俱是因名。四云：因謂智了。照解所宗，或即言生，淨成宗果。明謂明顯。因即是明。五云：因明者，能入所入論之通名。" 因明入正理論："現量無分別，若有正智於色等義，雖名種等所有分別，現現別轉，故名現量。" **説者，因明以爲比量。** 因明入正理論："言比量者，謂藉衆相而觀於義。相有三種，如前已説。由彼爲因，於所比義，有正智生，了知有火。或無常論，是名比量。" **聞者，因明以爲**

聲量。原注：案：傳受爲聞，故曰聲量。往古之事，則徵史傳；異域之狀，則察地志。皆非身所親歷，亦無術可以比知，其勢不能無待傳受。然印度諸宗，所甄獨在名理，故聲量唯取聖教，亦名聖教量。諸宗哲學，既非一軌，各持其聖教量以爲辯，則違立敵共許之律，故自陳那以後獨用現量、比量，而聖教量遂廢。若夫史傳地志，天下所公，則不得獨廢也。要之，聖教量者，特聲量之一耑。**赤白者，所謂顯色也。方圓者，所謂形色也。宮徵者，所謂聲也。薰殕者，所謂香也。甘苦者，所謂味也。堅、柔、燥、溼、輕、重者，所謂觸也。**瑜伽師地論卷一："眼所緣者，謂色，有見有對。此復多種，略説有三，謂顯色、形色、表色。顯色者，謂青、黃、赤、白、光、影、明、闇、雲、烟、塵、霧及空一顯色。形色者，謂長、短、方、圓、麤、細、正、不正、高、下色。表色者，謂取、捨、屈、伸、行、住、坐、卧，如是等色。""耳所緣者，謂聲，無見有對。此復多種，如螺貝聲、大小鼓聲、舞聲、歌聲、諸音樂聲、俳戲叫聲、女聲、男聲、風林等聲、明了聲、不明了聲、有義聲、無義聲、下中上聲、江河等聲、鬥諍諠雜聲、受持演説聲、論義決擇聲，如是等類，有衆多聲"。"鼻所緣者，謂香，無見有對。此復多種，謂好香、惡香、平等香、鼻所齅知根、莖、華、葉、果實之香，如是等類，有衆多香。""舌所緣者，謂味，無見有對。此復多種，謂苦、酢、辛、甘、鹹、淡、可意、不可意，若捨處所舌所嘗。""身所緣者，謂觸，無見有對。此復多種，謂地、水、火、風、輕性、重性、滑性、澀性、冷、飢、渴、飽、力、劣、緩、急、病、老、死、癢、悶、黏、疲、息、軟、怯、勇，如是等類，有衆多觸。"**遇而可知，歷而可識，雖聖狂弗能易也。**如：目能辨色，耳能辨聲等是也。**以爲名種，以身觀爲極。**以上説現量。名謂名言，種謂種子。爾雅釋詁："極，至也。"莊子天下："墨者以自苦爲極。"**阻於**

方域,蔽於昏冥,縣於今昔,非可以究省也,而以其所省者,善隱度其所未省者。廣雅釋詁一:"隱,度也。"是故身有五官,官簿之而不諦審,説文:"諦,審也。"則檢之以率。從高山下望冢上,木猶猶若箸;説文:"猶,望山谷猶猶青也。"日中視日,財比三寸盂,且暮乃如徑尺銅盤:列子湯問篇:"日初出大如車蓋,及日中則如盤盂。"校以句股重差,近得其真也。周禮保氏注:"鄭司農云:'九數:方田、粟米、差分、少廣、商功、均輸、方程、嬴不足、旁要。今有重差、夕桀、句股也。'"九章算術李籍音義云:"句短面,股長面,長短相推,以求其法,故曰句股。重,復也。差,不齊也。重差,句股名也。"又:劉徽序云:"凡望極高、測絕深而兼知其遠者,必用重差。句股則必以重差爲率,故曰重差也。"孔廣森曰:"重兩句股,取其影差,異乘同除,以知比例,若劉徽海島算經是也。"張文虎云:"重疊測望而知其差也。"官簿之而不徧,則齊之以例。"故審堂下之陰,而知日月之行,陰陽之變。見瓶水之冰,而知天下之寒,魚鼈之藏也。嘗一味肉,而知一鑊之味,一鼎之調"。以上九句,吕覽察今篇文。高注云:"鑊,味也。"又:淮南説山注云:"有足曰鼎,無足曰鑊。"官簿之而不具,則儀之以物。故見角帷牆之崇察其有牛,吕覽任數篇云:"帷牆之外而目不能見。"飄風墮麴塵庭中,周禮内司服鄭注:"鞠衣,色如麴塵。"疏云:"麴塵不爲麴字者,古通用。"知其里有釀酒者,其形雖隔,其性行不可隔,以方不障爲極。以上説比量。有言蒼頡、隸首者,我以此其有也,彼以此其無也。蒼頡、隸首之形不可見,又無端兆足以擬有無,雖發冢得其骶骨,周禮蠟氏:"掌除骴。"注:"故書

‘骶’作‘脊’。鄭司農云：‘脊讀爲漬，死人骨也。’”**人盡有骨，何遽爲蒼頡、隸首？親與説皆窮，徵之史官故記，以傳受之爲極。**以上説聲量。**今辯者所持，説爾，違親與聞，其辯亦不立。**原注：違於親者，因明謂之見量相違。違於聞者，因明謂之世間相違。如言冰熱、火寒，此見量相違者也。如未至天山而言天山無有，此世間相違者也。**此所以爲辯者也。**以上説所以爲辯竟。

辯説之道，先見其悁，廣雅釋詁三："悁，意也。"**次明其柢。取譬相成，物故可形，因明所謂宗、因、喻也。**窺基因明論疏："瑜伽論云：‘問：若一切法自相成就，各自安立己法性中，復何因緣建立二種所成立義耶？答：爲欲令他生信解故，非爲生成諸法性相。問：爲欲成就所成立義，何故先立宗耶？答：爲先顯示自所愛樂宗義故。問：何故次辯因邪？答：爲欲開顯依現見事，決定道理，令他攝受所立宗義故。問：何故次引喻耶？答：爲欲顯示能成道理之所依止現見事故。"**印度之辨，初宗、次因、次喻。**原注：兼喻體、喻依。〇按：所喻之義理曰喻體，其喻地之所依曰喻依。例如：瓶爲喻依，瓶上所作無常之義曰喻體。**大秦之辯，**太炎別録大秦譯音説："漢世稱羅馬爲大秦，至南北朝無改。魚豢、范曄皆云‘其人民長大平正，有類中國，故謂之大秦’，蓋非也。大秦至漢始通，若以其類中國人得名，當云‘大漢’，不云‘大秦’矣。"今按：大秦即剌丁，譯音小異耳。以種類稱其國，非謂狀似漢人也。**初喻體、**原注：近人譯爲大前提。**次因、**原注：近人譯爲小前提。**次宗。**按：宗，近人譯爲判斷或結語。**其爲三支比量一矣。**因明之三支，即大秦之三段論法，或曰連珠。**墨經以因爲故，其立**

量次第，初因、次喻體、次宗，悉異印度、大秦。原注：如印度量：聲是無常，所作性故，凡所作者皆是無常，喻如瓶。如大秦量：凡所作者，皆是無常，聲是所作，故聲無常。如墨子量：聲是所作，凡所作者皆是無常，故聲無常。經曰："故，所得而後成也。"説曰："故：小故，有之不必然，無之必不然。體也，若有端。大故，有之必無然，原注：按："無"是羨文。若見之成見也。"一見之成，成於見之種種因緣，蓋即浮屠所謂九緣，墨子則謂之故也。夫分於兼之謂體，無序而最前之謂耑。特舉爲體，分二爲節之謂見。原注：皆見經上及經説上。本云"見：體，盡。"説曰："見：時者，體也；二者，盡也。""時"讀爲"特"，"盡"讀爲"節"。管子弟子職曰："聖之高下，乃承厥火"。以"聖"爲"爐"，與此以"盡"爲"節"同例。特舉之則爲一體，分二之則爲數節。今設爲量曰：聲是所作。原注：因。凡所作者皆無常，原注：喻體。故聲無常。原注：宗。初以因，因局，爾雅譯言："局，分也。"後漢書袁紹傳章懷注："局，部也。"故謂之小故。原注：猶今人譯爲小前提者。○按：小故係就一事物爲説，如云"聲是所作"，專指聲言。聲僅所作者之一部，故云"因局"也。無序而最前，故擬之以耑。次以喻體。喻體通，故謂之大故。原注：猶今人譯爲大前提者。○按：大故係就所有之事物爲説，如云"凡所作者皆無常"，指一切所作者而言，故云"喻體通"也。此凡所作，體也。彼聲所作，節也。故擬以"見之成見"。原注：上見爲體，下見爲節。○按：如云"凡所作無常"，"聲所作無常"；"凡人必死"，"某人必死"等是也。因不與宗相劌切，詩雨無正正義引書傳注云："劌，切也。"故曰"有之不必然"。謂有然有不然也。如云“聲是無常所作性”，故此因與宗相剴切，蓋凡所作者皆無常也。如云“顏回短命，以好學故”，此因與宗不相剴切。蓋好學雖爲短命之因，但短命者不皆好學，好學者不必短命。故曰“有之不必然”也。**無因者宗必不立，故曰“無之必不然”。**如云“此山有火”，而無因以說明之，故其宗不能成立。**喻體次因，以相要束，**漢書高帝紀上：“待諸侯至而定要束耳。”注云：“要亦約。”按：史記正作“約”。**其宗必成，故曰“有之必然”。**喻體爲已成立之理，所以檢因。如上云“顏回好學以短命”，故其喻體當云“凡好學者皆短命”。其說自不能成立，故直無喻體之可言也。若有喻體以相要束，喻體既爲已成立之理，則凡由喻體推校而得者，其宗亦必成。故曰“有之必然”。按：因明喻法有同喻、異喻二種。同喻即合作法，異喻即離作法。如云“聲是無常，所作性故”，同喻凡所作者皆是無常，喻如瓶；異喻凡非無常者皆非所作，喻如太空。蓋無常之中，有非所作者；而所作者，則無一非無常。非無常者必皆非所作，聲是所作，故知其必無常也。**驗墨子之爲量，固有喻體無喻依矣。何者？萬物無慮有同品，**廣雅釋訓：“無慮，都凡也。”王念孫疏證云：“都凡，猶今人言大凡、諸凡也。”**而奇觚者或無同品，**急就篇曰：“急就奇觚與衆異。”莊子大宗師篇：“與乎其觚而不堅也。”成玄英云：“觚，獨也。”**以無同品則無喻。墨經曰：“不可偏去而二，說在見與俱、一與二、廣與脩。”**原注：經下。“脩”舊誤“循”。○按：孫詒讓閒詁云：“凡物有二斯有偏，有偏必可去其一；而體性相合者，則雖二而不可偏去，若下所云是也。”“見與俱”：“說文人部云：‘俱，偕也。’經上云‘同，異而俱之於一也。’又：經說上釋‘俱’爲合同，並與此義合。言所見者爲一，所含而不見者又爲一，此皆名有二而不可偏去者也。即説堅白見不見之義。”“一與二”：“即説白一堅二，色性同體者也。”“廣與脩”：“‘脩’舊誤作‘循’。俞樾云：‘循乃脩字之誤，蓋以廣、脩相對爲文。隸書脩與循相似。’按：俞校是也，今據正。此言平方之冪，有廣有脩，二者異名而數度相函，則二而仍一也。”**諸有形者，廣必有脩，脩亦必有廣矣。云“線有長無廣”者，形學之亂。**原注：謂幾何原本。此語彌兒嘗駁之。○按：禰兒即穆勒。嚴譯穆勒名學部乙：“形數諸學之所言，非真物也。智學家曰：‘幾何之所由推，推於界説。’必其所界者爲真物，而後其理從之。顧界説爲申詞，申詞無是非之可論。則由界説而有所推者，固必以世間爲有是物而後可。然幾何之所界者，世間必無是物也。世間之點必有度，而幾何之點則無度矣。世間之線必有闊陿，而幾何之線則無闊陿矣。且世何嘗有真直之線乎，而幾何有之。世間之員無輻均者，世間之方無隅正者，而幾何獨皆有之。將謂此非云其實效，特言其儲能者乎？則雖千世以往，莫有然者。”又云：“方吾之慮物也，志其一則可以忘其餘。故線可以無廣，面可以無厚。心之爲物，固能析一物以爲數觀，言長則置廣，言形則忘色，而非長之真無廣，形之果無色也。”**墨子知其不偏去，俍也。**“俍也”見原經篇。**固有有脩無廣者矣！騁而往，**説文：“騁，直馳也。”**不彭亨而及，**詩蕩：“女炰烋于中國。”傳云：“炰烋，猶彭亨也。”易大有王注：“彭亨，驕滿兒。”按：彭亨即旁字之合聲，此言不旁及也，所謂無廣。**招摇無盡，**招摇，即迢遥也。**不以鍼鑞鳥翮之寬據方分，**方分，謂有上下、左右之方位可分者也。成唯識論卷一：“若有質礙，便有方分，應可分析，如軍林等。”**此之謂時。今欲成時**

之有脩無廣也，即無同品。**雖然，若是者豈直無喻依，固無喻體**。原注：如云："凡有直往無旁及者，必有脩無廣。時是直往無旁及者，故時有脩無廣。"然除時以外，更無有直往無旁及者。心量生滅，亦有旁延之境。乃至君統世系，不計旁及之處則可，不得謂無旁及。故初句喻體，即不可説。**喻依者，以檢喻體而制其欵言**。史記太史公自序："實不中其聲者，謂之窾。窾言不聽，姦乃不生。"索隱云："欵，空也。申子曰：'欵言無成'是也。聲者，名也。以言實不稱名，則謂之空，空有聲也。"**因足以攝喻依，謂之同品定有性；負其喻依者，必無以因爲也，謂之異品徧無性**。原注：並取因明論説。○按："同品定有性"者，言同品喻中，須是定有之性。如瓶等無常，名同品喻，定有所作性義也。"異品徧無性"者，言異品喻中，須是徧無之性。如虛空等非是無常，名異品喻，周徧推求，決無所作性義也。又如云："時有脩無廣，有直往無旁及故。"然除時以外，更無有直往無旁及者，故時無同品。即不可云"凡有直往無旁及者，必有脩無廣"。若不設喻依，則何以知其有無同品，故不能檢喻體之可説不可説也。**大秦與墨子者，其量皆先喻體後宗。先喻體者，無所容喻依，斯其短於因明。立量者，常則也。有時不及用三支，若墨經之駁仁内義外曰**：孫詒讓云："此見孟子告子篇告子語，管子戒篇亦云'仁從中出，義由外作'。"**"仁，愛也。義，利也。愛、利，此也**；孫云："言愛、利心在於己，明其同在内。"**所愛、所利，彼也**。孫云："言所愛所利，惠在於人，明其俱在外。"**愛、利不相爲外、内**；張惠言云："俱内。"**所愛、利亦不相爲外、内**。張云："俱外。"**其爲'仁、内也，義、外也'**，孫云："爲，謂字通。"**舉愛與**

所利,是狂舉也。孫云:"舉之當者爲正,不當者爲狂。"**若左目出,右目入。**"原注:經説下。○按:仁、義俱有外、内,猶左、右目俱有出、入。愛、利之謂内,所愛、利之謂外。今舉仁之愛與義之所利,云"仁内義外",是猶謂左目司出,右目司入。此各舉一偏,故知其不當也。**此以三支則不可説也。破人者,有違宗,有同彼,有勝彼,**原注:大毗婆沙論二十七所説。○按:"同彼"又譯"等彼"。大毗婆沙論二十七:"佛契經中明破他説,有三路:一、勝彼破,二、等彼破,三、違宗破。勝彼破者,如長爪梵志白佛言:'我一切不忍。'佛告彼曰:'汝亦不忍此自見邪?'彼便自伏。等彼破者,如波吒梨外道白佛言:'喬答摩知幻不? 若不知者,非一切智。若知者,應是幻惑。'佛告彼言:'俱荼邑有惡人名藍婆鑄茶,破戒行惡,汝知之不?'彼言:'我知'。佛告彼曰:'汝亦應是破戒惡人。'彼便自伏。違宗破者,如鄔波離長者白佛言:'身業罪大,非意業。'佛告彼曰:'彈宅迦林、羯凌伽林等,誰之所作? 豈非仙人惡意所作?'彼答言:'爾。'佛言:'身業能作此邪?'彼言:'不能。'佛告彼曰:'汝今豈不違前所言?'彼便自伏。"**亦無所用三支。何謂違宗? 彼以物有如種極微也,**原注:如種極微,今稱原子。**而忌言人有菴摩羅識,**菴摩羅識,九識中之第九識也。佛家相宗,以菴摩羅爲阿賴耶之淨分,別無九識。性宗則立九識,譯爲清淨識、無垢識、真如識,又名如來藏識。**因言無相者無有。**原注:此即近世唯物論説。無相謂色、聲、香、味、觸皆不可得,非徒無形、無色而已。**詰之曰:"如種極微有相不?"則解矣。**太炎別録四惑論:"唯物者,自物而外,不得有他。勝論之言阿耨,伊壁鉤盧之言阿屯,黎布尼之言毛柰陀,漢語譯之皆爲原子。然彼實軼出經驗以外，以求本根于無方分者，即于物外許有他矣。"**何謂同彼？彼以異域之政可法也，古之政不可法，因言時異俗異，胡可得而法？詰之曰："地異俗異，可得法不？"則解矣。何謂勝彼？彼以世多窊言也，**韓非難二："語言辯聽之説，不度於義，謂之窊言。"孫詒讓云："昭二十一年左傳：'小者不窊。'杜注云：'窊細不滿。'蓋窊本爲空虛不充滿之言，引申之凡虛假不實者，通謂之窊。窊言者，虛言不可信以爲實也。"**謂言皆妄。詰之曰："是言妄不？"則解矣。墨經曰："以言爲盡悖。悖，説在其**原注：舊誤倒。**言。**原注：經下。按：此與上云"言皆妄"者同。**此謂勝彼破也。**

　　爲説者曰：荀子正論篇："世俗之爲説者曰。""**三支不足以原物。"故曰："漆淖、水淖，**畢沅云："'水'下舊無'淖'字，今按文義補。"**合兩淖則爲蹇，**廣雅釋詁一："淖，淫也"。高誘云："蹇，彊也。"言水漆相得，則彊而堅也。**濕之則爲乾。**高曰："乾燥也。"**金柔、錫柔，合兩柔則爲剛，燔之則爲淖。**高云："火爍金流，故爲淖也。"**或濕而乾，或燔而淖，類固不必可推知也。"**高云："漆得淫而乾燥，金遇燔而流淖，皆非其類，故云'不必可推知'也。"以上九句呂氏春秋別類篇文。**凡以説者，不若以親。**原注：按近世主經驗之論理學家多主此説。**自智者觀之，親亦有絀。行旅草次之間，**隱四年春秋杜解云："遇者，草次之期。"孔疏云："草次，猶造次。造次、倉卒，皆迫促不暇之意。"**得被髮魌頭而鬾服者，**説文："頦，醜也。今逐疫有頦頭。"周官方相氏鄭注云："冒熊皮者，以驚敺疫癘之鬼，如今魌頭也。"説文："魌，鬼服也。韓詩傳曰：‘鄭交甫逢二女魅服。’”**此親也。信目之諦，疑目之眩，將在説矣。**荀子解蔽篇：“凡人之有鬼也，必以其感忽之間、疑玄之時正之。”**眩人召圖案，**漢書西域傳：“以大鳥卵及犂靬眩人獻於漢。”文選七命：“圖案星亂，方丈華錯。”注云：“鹽鐵論曰：‘垂拱持案食者，不知蹠耒躬耕者之勤也。’”**圖案自垣一方來。**史記扁鵲傳：“視見垣一方人。”索隱云：“方，猶邊也。”**即種瓜瓝，蔭未移，**淮南主術訓：“日陰未移。”**其實子母鉤帶。**阮籍詠懷詩：“昔聞東陵瓜，近在青門外。連畛距阡陌，子母相鉤帶。”**千人見之，且剖食之。親以目、以口則信，説以心意則不信。遠視黄山氣皆青，俛察海波其白皆爲蒼，易位視之而變。**隋書天文志曰：“漢祕書郎郗萌記先師相傳云：‘天了無質。仰而瞻之，高遠無極，眼瞀精絶，故蒼蒼然也。譬之旁望遠道之黄山而皆青；俯察千仞之深谷而窈黑。夫青非真色，而黑非有體也。’”**今之親者，非昔之親者。**莊子齊物論：“今之隱机者，非昔之隱机者也。”**墨經曰：“法同則觀其同，法異則觀其宜。”**原注：經上。**親有同異，將以説觀其宜，是使親詘于説也。原物之質，聞不若説，説不若親。今有聞火浣布者，**後漢書西南夷傳：“又其竇嫁、火氊、馴禽、封獸之賦，輒積於内府。”注云：“火氊即火浣布也。神異經曰：‘南方有火山，火中有鼠，重百斤，毛長二尺餘，細如絲。恒居火中，時時出外而色白，以水逐沃之即死。績其毛，織以作布，用之若汙，以火燒之即清潔也。’傅子曰：‘長老説漢桓時，梁冀作火浣布單衣，會賓客，行酒公卿朝臣前，佯爭酒失杯而沃之。冀偽怒，解衣而燒之，布得火爆然而熾，如燒凡布。垢盡火滅，粲然潔白，如水澣也。’”**目所未覩，體所未御，**

以説又無類,因謂無火浣布,則人莫不然,謂之蔽錮。列
子湯問篇:"火浣之布,浣之必投於火,布則火色,垢則布色,出火而
振之,皓然疑乎雪。皇子以爲無此物,傳之者妄。蕭叔曰:'皇子果
於自信,果於誣理哉?'"魏志齊王芳紀:"西域重譯獻火浣布,詔大
將軍太尉臨試以示百寮。"裴注引搜神記曰:"漢世西域舊獻此布,
中間久絶。至魏初,時人疑其無有。文帝以爲火性酷烈,無含生之
氣,著之典論,明其不然之事,絶智者之聽。及明帝立,詔三公曰:
'先帝昔著典論,不朽之格言,其刊石於廟門之外及太學,與石經
並,以永示來世。'至是西域使至而獻火浣布焉。於是刊滅此論,而
天下笑之。"墨經曰:"知其所以不知,原注:"以"字當爲衍文。
説在以名取。"原注:經下。此乃使親、説交詘於聞也。凡
原物者,以聞、説、親相參伍。易繫辭上:"參伍以變。"正義
云:"參,三也。伍,五也。或三或五,以相參合,以相改變。略舉三
五,諸數皆然也。"段玉裁説文注云:"凡言參伍者,皆謂錯綜以求
之。"參伍不失,故辯説之術奏。未其參伍,未,猶非也。列
子仲尼篇曰"此未其妙者",言此非其妙者也。固無所用辯説。
且辯説者,假以明物,誠督以律令則敗。夫主期驗者任
親,亟親之而言成典,漢書刑法志注云:"亟,屢也。"爾雅釋詁:
"典,常也。"持以爲椠。椠者曰:"盡,莫不然也。必,不已
也。"原注:墨經上。而世未有盡驗其然者,則必之説廢。
今言火盡熱,非能徧拊天下之火也。拊一方之火,而因
言凡火盡熱,此爲踰其所親之域。雖以術得熱之成火,
所得火猶不徧。以是言凡火盡熱,諄。墨經通之曰:"無
窮不害兼,説在盈否知。不知其數而知其盡也,説在明

者。"原注:經下。〇按:孫據經説云"盡問人則盡愛其所問",謂
"明"疑當作"問"。經説下云:"有窮則可盡,無窮則不可盡。有
窮、無窮未可知,則可盡、不可盡未可知。人之盈否未可知,而必人
之可盡、不可盡未可知,而必人之不可盡愛也,悖(孫云:'言持此論
者不可也。蓋謂人不可盡愛,則有害于兼愛之説,故墨子非之。'
按:以上文句從孫校,下同)。人若不盈無窮,則人有窮也。盡有窮
無難。盈無窮,則無窮盡也。盡有窮無難('有'疑當作'無'。張
云:'此釋經下,無窮不害兼,説在盈否知。')。不一一知其數,惡知
愛民之盡之也。或者遺乎其問也,盡問人則盡愛其所問,若不知其
數而知愛之盡之也,無難(孫云:'依張説,此釋經下,不知其數而知
其盡也,説在明者。按:明疑即問之誤。')。"**則此言盡然不可
知,比量成而試之,信多合者,則比量不惑也。若是,言
凡火盡熱者,以爲宗則不誖,以爲喻體猶誖**。原注:宗者,
所以測未來,故雖言凡火盡熱無害。喻體者,據已往之成效言之。
已往未嘗徧驗天下之火,則言凡火盡熱,爲踰其所驗之境。**言必
有明日者,以昨往有今,以象昨往盡有今,擬儀之也**。"擬
儀",見論式篇。**物固有斷,則昨或不斷而今或斷,言必有
明日者,是猶言人必有子姓**。儀禮特牲饋食禮:"子姓兄弟如
主人之服。"鄭注云:"言子姓者,子之所生。"廣雅釋親:"姓,子
也。"**以説不比,以親即無徵**,禮記中庸篇:"上焉者雖善無徵,
無徵不信,不信民弗從。"太炎別録四惑論:"若嚴密言之,明日有
無,必非今日所能逆計。所以者何? 未至明日,而言明日之有,即
無證驗。雖昨日之視今亦爲明日,所更明日已多,而今日非昨日,
即無比例。"**是故主期驗者,越其期驗。墨經説推類之難**

曰:"**此然是必然,則俱爲糜**。"原注:"糜"讀爲"靡"。經下及經説下。**此莊周之所以操齊物夫!** 莊子齊物論:"謂吹萬不同而使其自己。"又曰:"無物不然,無物不可。"蓋辯説之術,聞、説、親皆有時而詘。然則,天地萬物之情固不可得而必知,所謂是非之理、因果之律,亦適爲小成榮華之效。此莊周之所以操齊物也。

國故論衡疏證下之五

明　見

　　九流皆言道。道者，一切學術、事理之總名，故九流皆言之。韓非子解老篇云："道者，萬物之所然也，萬理之所稽也。"韓康伯周易注云："無不通也，無不由也，況之曰道。"本書原道篇云："有差別此謂理，無差別此謂道。"是道爲學術、事理之總名。**道者，彼也；能道者，此也。**所成之道，彼也；能成其道之道，此也。彼，猶言諸家所成之學術；此，猶言諸家所持之見解。**白蘿門書謂之陀爾奢那**दर्शन（darśana），白蘿門即婆蘿門之異譯，印度之僧侶也。說見原學。**此則言見，自宋始言道學，**原注：理學、心學，皆分別之名。○按：道學之名，當起於南宋之世。元修宋史，始立道學傳。毛奇齡作道學辨，謂道學乃道家之學，宋道士陳摶與种放、李溉輩張大其學，而周、邵、二程師之，周、程諸子又倡道學總傳於宋史中，使道學變作儒學。方東樹漢學商兌駁之曰："林栗劾朱子，稱朱爲道學。葉適上疏爭之曰‘小人殘害忠良，率有指目，近創爲道學之名’云云，則道學之名，非雒、閩諸賢所自號亦明矣。至於元修宋史，非周、程諸子所及逆知，謂周、程諸子倡道學總傳於宋史中，非事實也。"**今又通言哲學矣。**哲學之名，本於希臘，音譯爲斐羅索斐（艾儒略西學凡作斐録所費亞），義譯爲愛好知識。其初本爲好知之汎語，其後乃爲學術之專名。**道學者，局於一家。**道本通名，自宋人言之則別名也，故曰“局於一家”。宋史道學傳以周、程、張、邵、朱、張爲主，程、朱門人亦以類從。餘如吕祖謙、蔡元定、陸九齡、九淵等，則皆列之儒林，意在專崇程、朱一派。斯實局促之見，其後門户爭執，益多拘制，道學之名，豈能并包衆術？故今不用之也。**哲學者，名不雅故，搢紳先生難言之。**哲學一語，原於東譯，故曰“名不雅故”。漢書敍傳曰：“函雅故，通古今，正文字，惟學林。”史記五帝本紀贊曰：“其文不雅馴，薦紳先生難言之。”**孫卿曰：“慎子有見於後，無見於先。老子有見於詘，無見於信。墨子有見於齊，無見於畸。宋子有見於少，無見於多。”**原注：天論。○按：楊倞注云：“慎到本黄老之術，明不尚賢不使能之道，故莊子論慎到曰：‘塊不失道。’以其無爭先之意，故曰‘見後不見先’也。老子著五千言，其意多以詘爲信，以柔勝剛，故曰‘見詘而不見信’也。墨子著書有上同、兼愛，是‘見齊而不見畸’也。宋鈃以人之情爲欲寡，而皆以己之情爲欲多爲過也，據此說，則是‘見少而不見多’也。”**故予之名曰見者，是葱嶺以南之典言也。**葱嶺以南，謂中國與印度也。漢書西域傳師古注引西河舊事云：“葱嶺，其山高大，上悉生葱，故以名焉。”徐松西域傳補注云：“今伊犂西南境善塔斯嶺，即葱嶺之一山，山上悉生野葱也。”**見無符驗，知一而不通類，謂之蔽。**原注：釋氏所謂倒見、見取。○按：倒見，謂顛倒之妄見也。見取，謂於薩迦耶見、邊執見等，隨執其一，以爲最勝，一切鬥諍所依爲業者也。**誠有所見，無所凝滯，謂之智。**原注：釋氏所謂正見、見諦。○按：正見謂離邪倒之正觀也。見諦，謂初地以上之聖者證悟真理也。**自縱横、陰陽以外，**九流之中，縱横家失之詐諼，陰陽家營於機祥，故不數之。**始徵藏史,至齊稷下,晚及韓子,莫不思湊單微,**韓非子有度篇云:"直湊單微,不敢相踰越。"**斟酌飽滿。**史記樂書曰:"萬民咸蕩滌邪穢,斟酌飽滿,以飾厥性。"**天道恢恢,所見固殊焉。**老子曰:"天網恢恢,疏而不失。"史記滑稽列傳曰:"天道恢恢,豈不大哉!"**旨遠而辭文,**易繫辭下曰:"其旨遠,其辭文。"正義曰:"其旨遠者,近道此事,遠明彼事,是其旨意深遠。若龍戰於野,近言龍戰,乃遠明陰陽鬥爭、聖人變革,是其旨遠也。其辭文者,不直言所論之事,乃以義理明之,是其辭文飾也。若'黃裳,元吉',不直言得中居職,乃云'黃裳',是其辭文也。"**言有倫而思循紀,**詩小雅正月曰:"維號斯言,有倫有脊。"傳曰:"倫,道。脊,理也。"春秋繁露深察名號篇曰:"此孟子之言循三綱五紀,通八端之理。"**皆本其因,不以武斷。今之所準,以浮屠爲天樞,**劉勰文心雕龍云:"動極神源,其般若之絕境乎。"(見論說篇)章君亦言談理則佛是而孔非(文錄與人論樸學報書),故此衡論九流以佛理爲天樞也。天樞者,春秋運斗樞云:"北斗七星,第一天樞。"**往往可比合。然自雒、閩諸師,比物儒書,傅之大乘,**比物者,推校辨察之謂也。小雅六月篇曰:"比物四驪。"漢書賈誼傳曰:"比物此志也。"宋世佛學大行,士大夫樂與僧接,言心言性,陵虛高行,非釋氏之說,則無以爲也。故其學爲之一變。雒、閩諸師,與釋氏交關蹤迹,日本忽滑谷快天有禪學思想史、謝无量著朱子學派,論宋代儒學與釋氏之關係,亦具言之。**卒其所擬儀者,如可知、如不可知,如可象、如不可象。**呂氏春秋察微篇曰:"且治亂存亡則不然,如可知、如不可知,如可見、如不可見。"**世又愈衰,文儒皆巧詆之曰:"是固不可以合。"**近世學者,如顧炎武、黃宗羲、顏元、戴震諸人,皆有詆宋儒墮禪學,雜老、釋之語也。**夫終日之言,必知聖之法;百發之中,必有羿、逢蒙之巧。**淮南子說林篇曰:"終日之言,必有聖之事;百發之中,必有羿、逢蒙之巧。"**自馬鳴、無著皆人也,**三國佛教略史云:"世尊滅後六百年之始,馬鳴菩薩造起信論,復興大乘,是大乘中興之祖也。菩薩爲付法藏第十一祖,其著書雖多,今所存者起信論、大宗地玄文及大莊嚴論等數部而已。自此大乘漸盛,小乘稍衰。"又曰:"世尊滅後九百年,無著菩薩踵龍樹菩薩而出,於阿輸陀國誦出彌勒菩薩瑜伽論、莊嚴論等五部大乘論,且述作攝大乘、顯揚、金剛般若諸論,大乘益振。"**而九流亦人也。以人言道,何故不可合,**荀卿言同類同情,其天官之意物同。宋儒亦謂東海、西海,心同理同。故以人言道,本無必不可合之故。**有盈蝕而已矣。**盈蝕,猶言圓滿、不圓滿。**夫其偄者,**管子參患篇:"甲不堅密與偄者同實,將徒人與偄者同實。"尹注云:"偄,單也。"**印度諸文學,始有地、水、火、風諸師,希臘放焉。**梁漱溟印度哲學概論云:"古代思想粗淺,每就目前一物舉爲衆象本原。如希臘哲學始祖闓利史說水爲本體之類。在印度則有地、水、火、風諸外道。地論者,大日經住心品:三十種外道:地等變化外道,以一切衆生萬物皆依地得生,因計地爲萬有之真因,供養地者當解脫。水論者,住心品亦攝在地等變化中。此類外道,計水能生萬物,宜應供養。又:外道小乘涅槃論第十七:'服水論師說水是萬物根本,水能生有命無命一切物。水能生物,水能壞物,水是常名涅槃因。'此殆與闓利史之說大同矣。火論者,住心品亦攝在地等變化中。此宗計火能生萬物,火爲真實。風論者,住心品亦攝在地等變化中。外道小乘涅槃論中有風仙論師,其說曰:'風能生長萬物,能壞萬物,故風爲萬物之因。'"又云："希臘闉利史之説，與水論師同。赫拉克來圖説火爲萬物之因、斯多噶派訒那説太初生火，火生風，風生水，水生地，歸世界之本原於火，與火論師略同。安那克西梅納以空氣爲萬物之本，此與風論師略同。"**希臘自闉利史明萬物皆成於水。中夏初著書者即管子，管子亦云："水者，萬物之本原，諸生之宗室。集於天地，臧於萬物，産於金石，集於諸生，故曰水神。"**原注：水地。○按：尹注云："集於天地，謂雨從天降，而亦有河漢。臧於萬物，動植之物皆含液也。産於金石，揀金於水，山石之穴或有溜泉焉。集於諸生，諸含生類皆得水而長之，莫不有水焉。不知其所以，故謂之神也。"**夫其簡者，莫不曰：道不可卷握視聽，不可有，不可言也。**老子、文子、列子、韓非子、淮南子其論道體，略皆同此。**浮屠雖至精，其言何擇？**孟子離婁篇："則與禽獸奚擇哉？"趙注云："與禽獸何擇異也。"吕氏春秋簡選篇高注云："擇，別也。"又離謂篇注云："擇，猶異也。"**儳且簡者即有同，博約淖微之論**荀子宥坐篇："淖約微達似察。"楊注云："'淖'當爲'綽'。"**寧一切異邪？要舉封界，言心莫眇於孫卿，言因莫遠於莊周，言物莫微於惠施。**原注：列子所言亦往往有合，然其書疑漢末人依附劉向敍錄爲之，故今不舉。

孫卿曰："人生而有知，知而有志。志也者，藏也。然而有所謂虛。不以已藏害所將受，謂之虛。心生而有知，知而有異。異也者，同時兼知之。同時兼知之，兩也。然而有所謂一，不以夫一害此一，謂之壹。心卧則夢，偷則自行，使之則謀，故心未嘗不動也。然而有所謂靜，不以夢劇亂知謂之靜。"原注：解蔽。臧者，瑜伽師所謂

阿羅耶識，原注：此從真諦譯。真諦又譯阿梨耶，玄奘則譯阿賴耶，今審其音，以阿羅耶爲正。本作आलय（ālaya），玄奘譯義爲藏識，校其名相，亦可言處，亦可言藏，當此土區字之義。如山名希鬘羅邪 हिमालय（hima-laya），希摩爲雪，阿羅邪爲處，合之爲希鬘羅邪。譯言雪處，亦得譯爲雪藏。又凡人所居室並以阿羅邪名。○按：唯識述記卷七云："言瑜伽者，名爲相應。此有五義，故不別翻。一、與境相應，二、與行相應，三、與理相應，四、與果相應，五、赴機相應。此言瑜伽，法相應稱，取與理相應。多説惟以禪定爲相應。瑜伽之師，即依士釋；師有瑜伽，名瑜伽師，即有財釋。"（依士、有財，六離合釋之二也，詳大乘法苑義林總料簡章）。注云阿羅耶"從真諦譯"者，真諦譯唯識論作阿羅耶也。云"譯阿梨耶"者，起信論也。玄奘所譯經論則作阿賴耶。**謂其能藏，所藏，執藏。**唯識三十論頌曰："初阿賴耶識，異熟一切種。不可知執受，處了常與觸，作意、受、想、思，相應唯捨受。是無覆無記，觸等亦如是。恒轉如瀑流，阿羅漢位捨。"又：成唯識論卷一云："初能變識，大小乘教名阿賴耶。此識具有能藏、所藏、執藏義故，謂與雜染互爲緣故，有情執爲自內我故。此即顯示初能變識所有自相，攝持因果爲自相故。此識自相分位雖多，藏識過重，是故偏説。"**持諸種，故爲能藏矣。受諸熏，故爲所藏矣。任諸根，故爲執藏矣。**阿羅耶識，所謂一切種也。持前七識諸法之種，受前七識諸法之熏，任前七識諸法之根，故有此三義。**若圜府然，鑄子母之錢以逮民，民入税，復以其錢效之圜府。圜府握百貨輕重，使無得越，故謂之藏。**藏即寶藏、庫藏之藏，故喻之圜府之法。云"圜府"者，漢書食貨志曰："太公爲周立九府圜法，退又行之於齊。至管仲相桓公，通輕重之權。民有餘則輕之，故人君歛之以輕；民不足則重之,故人君散之以重。凡輕重歛散之以時則準平。"云"子母之錢"者,周語云:"民患輕則爲作重幣以行之,於是乎有母權子而行,若不堪重,則多作輕而行之,於是乎有子權母而行。"**能臧、所臧,書之所謂志也。**原注:志,即記志之志。**而臧識者無覆,**原注:成唯識論。〇按:成唯識論卷三云:"法有四種:謂善、不善、有覆無記、無覆無記。阿賴耶何法攝耶? 此識唯是無覆無記,異熟性故。異熟若是善染汙者,流轉還滅,應不得成。又:此識是善染依故,若善染者,互相違故,應不與二俱作所依。又:此識是所熏性故,若善染者,如極香臭,應不受熏,無熏習故。染淨因果俱不成立故。此唯是無覆無記。覆謂染法障聖道故,又能蔽心令不淨故。此識非染故,名無覆。記謂善惡有愛非愛果,及殊勝自體可記別故。此非善惡故,名無記。"**無覆故不以已臧害所將受。異者,瑜伽師所謂異熟。異熟有三:孫卿之言,當異類而熟也。**相宗綱要云:"問:所謂初能變者何識是耶? 答:異熟識是也。問:異熟何義? 答:有三義:謂變異而熟,異時而熟,異類而熟。具此三義,故名異熟。問:何謂變異而熟? 答:種變異時果方熟故。問:何爲異時而熟? 答:造因果熟,定異時故。問:異類而熟? 答:因通善惡,果唯無記,因果性異,名異類熟。"**以臧識持諸種,引以生果,名異熟識,而六識名異熟生。**成唯識論卷三云:"異熟習氣,感第八識,酬引業力,恒相續故,立異熟名。感前六識,酬滿業者,從異熟起,名異熟生。"**異類而熟,官有五根,物有五塵,**三藏法數云:"根,即能生之義,根能生識。五根謂眼、耳、鼻、舌、身。塵,即染污之義,謂能染污情識,而使真性不能顯發。五塵謂色、聲、香、味、觸。"**故知而有異。凡人之知,必有五徧行**

境,謂之觸、作意、受、想、思。原注:解見原名。**五徧行者,與阿羅耶識相應。**成唯識論卷三云:"此識與幾心所相應,常與觸、作意、受、想、思相應。阿賴耶識,無始時來,乃至未轉於一切位,恒與此五心所相應,以是徧行心所攝故。"**當其觸受,色、聲、香、味、、觸可以同時兼知也。**驗之燕游飲食者,持觴以手、歠之口、臭之鼻,外接技樂歌兒,**物其儀容,**物者,辨其容色,寫其儀形之謂也。詳文錄卷一説物。**聞其奏誦,**周禮樂師注:"鄭司農云:'勅爾瞽,率爾衆工,奏爾悲誦。'"賈疏:"奏爾悲誦等似逸詩。"**則耳、目兼役之。五者輻湊以至於前,五官同時當簿其物。**當簿,説見原名篇。**雖異受,大領錄之者意識也。**後漢書和帝紀:"錄尚書事。"章懷注云:"錄,謂總領之也。"**內即依於阿賴耶識,不愆期會,與之俱轉,故曰:"不以夫一害此一。"**原注:瑜伽師地論五十一云:"云何建立阿賴耶識與轉識等俱轉轉相? 謂阿賴耶識,或於一時唯與一種轉識俱轉,所謂末那。何以故? 由此末那,我見、慢等恒共相應思量、行相,若有心位,若無心位,常與阿賴耶識一時俱轉,緣阿賴耶識以爲境界。執我起慢、思量、行相或於一時與二俱轉,謂末那及意識。或於一時與三俱轉,謂五識身隨一轉時。或於一時與四俱轉,謂五識身隨二轉時。或時乃至與七俱轉,謂五識身和合轉時,如諸心所法。雖諸心所法,性無有差別,然相異故。於一身中一時俱轉,互不相違,如是阿賴耶識與俱轉識於一身中一時俱轉,當知更互,亦不相違。又如於一瀑流,有多波浪,一時而轉,互不相違。又如於一清淨鏡面,有多影像,一時而轉,互不相違。如是於一阿賴耶識有多轉識一時俱轉,當知更互,亦不相違。又如眼識,於一時間於一事境唯取一類無異色相,或於一時頓取非一種種色相。如眼識於衆色如是,耳識於衆聲、鼻識於衆香、舌識於衆味亦爾。又如身識,或於一時頓取非一種種觸相。如是分別意識於一時間或取一境相,或取非一種種境相,當知道理亦不相違。"按:五徧行境,要至想位,方有時期先後,同時不得容兩想矣。觸、作意、受同時得容種種諸覺。非特阿羅耶識爲然,即在意識亦爾。今世言心理學者,於此多不能解。不悟五徧行境,前三如面,意識與五識偕行,後二如線,獨任意識。故前三有同時俱覺,後二無同時俱覺。今人既不知有阿羅耶識,又不知有五識,獨以意識擅識之名。無五識身而意識可以同時俱覺,宜其困於辭説矣。**莊周亦云:"心無天游,則六鑿相攘。"**原注:**外物。游者,旌旗之流。流雖多,一屬於縿,謂之天游。**説文:"游,旌旗之流也。""縿,旌旗之游所屬也。"("所屬"二字依段補)**指縿以擬阿羅耶,指流以擬六識。無阿羅耶,則六根、六識相紛拏,斯執藏之説已。**六識依於六根,六根又依阿羅耶以爲大本,亦如衆流之依於一縿。流雖多,持之者縿也;識雖多,持之者阿羅耶也。故亦謂之執藏,亦曰阿陀那識。成唯識論卷三云:"以能執持諸法種子,及能執受色根依處,亦能執取結生相續,故説此識名阿陀那。"齊物論釋云:"今欲令心受水穀,胃布血脈,耳視目聽,頭行髮持,終不可得。以是推度,明必有真我在。"此即阿陀那識任持身根者也。**凡意之起,有定中獨頭意識者,有散位獨頭意識者,有夢中獨頭意識者,有明了意識者,有亂意識者。**原注:獨頭意識,謂不與五識俱轉。明了意識、亂意識,即與五識俱轉。〇按:相宗綱要云:"明了意識者,此又名五俱意識。五俱意識,助五識令起,亦令五識明了取境。定中意識、獨散意識、夢中意識,此三又名獨頭意識,以皆不與五識俱起故。"**夢中獨頭意識**

者,書之所謂夢也。大智度論三十五云:“夢非五情所知,但內心憶想故生。”又六云:“夢有五種:若身中不調,若熱氣多,則多夢見火、見黃、見赤。若冷氣多,則多見水、見白。若風氣多,則多見飛、見黑。又復所聞見事多思惟念故,則夢見。或天與夢欲令知未來事故。是五種夢,皆無實事而妄見。”**散位獨頭意識,書之所謂謀與自行也。**散位者,別於定位言之。相宗綱要云:“散簡定心,獨簡五俱。定位意識,唯是現量。散位獨頭,通比、非量。”散位獨頭,必有分別,故非現量。所謂“通比、非量”者,如見烟知火則是比量,見繩謂蛇則是非量也。**心也者,出令而無所受令,故有自禁、自使、自奪、自取、自行、自止。**原注:解蔽。**當其自使,則有所慮盡會計,謂之謀。偷而不自使,又不自禁,如縱蝯之在林者,動躁不息,處則思佚蕩,手足顛顛無所制,謂之自行。**原注:按:此即近人所謂盲動、直動。〇按:心之爲物,念念生滅,終無止息,故曰心未嘗不動。於是分別計度以起,故有自禁、自使、自奪、自取。偷而不自使,又不自禁,彼亦任運而起,率爾而動,則謂之自行也。**然而阿羅耶識善了別。**原注:成唯識論。〇按:成唯識論卷二云:“此識行相,所緣云何?謂不可知執受處了。了,謂了別,即是行相,識以了別爲行相故。”又曰:“此中了者,謂異熟識,於自所緣,有了別用。此了別用,見分所攝。”**意識有以夢劇亂,是則無亂。**原注:按:荀子言心,兼阿羅耶、意識,此則其未析處。〇按:楊倞注云:“夢,想象也。劇,囂煩也。言處心有常,不蔽於想象囂煩,而介於胸中,以亂其知,斯爲靜也。”**彼以阿羅耶識爲依,足以知道。馬鳴有言:“心真如相,示大乘體。心生滅相,示大乘自體、相、用。”**原注:

大乘起信論。○按：論云："摩訶衍者（此云'大乘'），總説有二種：一者法，二者義。所言法者，謂衆生心。是心則攝一切世間、出世間法，依於此心，顯示摩訶衍義。何以故？是心真如相，即示摩訶衍體故；是心生滅因緣相，能示摩訶衍自體、相、用故。"又：賢首義記曰："此心體、相無礙，染淨同依，隨流返流，唯轉此心。是故若隨染成於不覺，則攝世間法；不變之本覺及返流之始覺，攝出世間法。此猶約生滅門辨。若約真如門者，則鎔融含攝，染淨不殊，故通攝也。又問：真如是不起門，但示於體者；生滅是起動門，應唯示相、用？答：真如是不起門，不起不必由起立。由無有起故，所以唯示體。生滅是起動門，起必賴不起。起含不起故，起中具三大。"又德清直解曰："經云：'如來藏轉三十二相，入一切衆生身中。'是則迷如來藏而爲識藏，乃衆生心也。以此心乃不生不滅與生滅和合而成，名阿賴耶識。而此識體，原是真如，亦名本覺，本無生滅。今因無明動彼淨心，而有生滅，故爲業識。以此心本是真如，故攝出世四聖之法。以依業識，則有生死，故攝六凡之法。故云'是攝一切世間、出世間法'故。今依此心顯示大乘義者，以法界一心，具有體、相、用三大義故。今依此一心，開真如、生滅二門。若約真如門，則離一切相，名言雙絶，但顯其體，不識相、用，故云'即示摩訶衍體'。若約生滅門，則妄依真起，即顯相、用，故於生滅門中，具顯體、相、用三大之義，是故名大。依此真妄二法，有二轉依，是故名乘。故云'依衆生心，顯示大乘義'也。"按：心有真如、生滅二性。絶相則爲真如，隨緣則爲生滅。孫卿言"知而有志"，言"知而有異"，言"未嘗不動"，此即唯是隨緣。言"虛壹而靜"，此即可以絶相。惟其能虛、能壹、能靜，所以能復於如來藏之本也。**此之謂也。故曰："未得道而求道者，謂之虛、壹而靜。作之，則**

將須道者之虛，虛則入。將事道者之壹，壹則盡。將思道者之靜，靜則察。"原注：解蔽。舊有誤，從讀書雜志校。〇按："則將須道者之虛"下，原作"則人將事道者之壹則盡盡將思道者靜則察"，王氏校之如此。云："此承上文'虛一而靜'言之，'道者'即上所謂'道人'也。言心有動作，則將須道者之虛，虛則能入。將事道者之壹，壹則能盡。將思道者之靜，靜則能察也。'虛則入'者，入納也，猶言虛則能受也，故上文云'不以所已藏害所將受謂之虛'也。'壹則盡'者，言壹心於道，則道無不盡也。'靜則察'者，言靜則事無不察也。今本'入'誤作'人'，其餘又有脫文、衍文耳。"**作之者，彼意識也。意識有枝、有傾、有貳，**荀子解蔽篇云："心枝則無知，傾則不精，貳則疑惑。"**不恒虛、壹、靜。能虛、壹、靜，若則足以體道。**原注：按："道者"即"道"，猶之言道體耳。雜志以"道者"爲"道人"，非是。**孫卿又曰："心也者，道之工宰也。道也者，治之經理也。"**原注：正名。〇按：楊注云："工能成物，宰能主物，心之於道亦然也。"陳奐曰："工宰者，工官也。官宰，猶言主宰。解蔽篇曰'心者，形之君也，而神明之主也。出令而無所受令'是其義，舊注失之。"**其能知八識者矣。生之所以然者謂之性。性之和所生，精合感應，不事而自然，謂之生。**原注：此句"性"字、"生"字舊誤倒。**性之好惡、喜怒、哀樂，謂之情。情然而心爲之擇，謂之慮。心慮而能爲之動，謂之僞。慮積焉，能習焉，謂之僞。**原注：正名。**心者，兼阿羅耶與意識。**荀子所謂心，皆兼阿羅耶、意識言之，説見上文。**性者爲末那，末那有覆。**原注：成唯識論。〇按：唯識三十論頌曰："次第二能變，是識名末那，依彼轉緣彼，思量爲性相。四煩惱常俱,謂我癡我見,并我慢我愛,及餘觸等俱。有覆無記攝,隨所生所繫。阿羅漢滅定,出世道無有。"又:成唯識論卷五云:"末那心所,何法所攝? 有覆無記,所攝非餘。此意相應,四煩惱等,是染法故,障礙聖道,隱蔽自心,説名有覆。"又:相宗綱要云:"覆有二義:一者覆障爲義,謂染法覆障聖道故。二者覆蔽爲義,謂染法能覆蔽心令不淨故。合此二義,方可名覆。"**執我以起慢,謂之惡之本。故曰:"性惡而心非惡。"**廣益百法明門論纂釋曰:"第七末那識,具足應云訖利瑟吒耶末那,此翻染污意。謂貪、嗔、見、慢四惑常俱,故名染污。恒審思量名之爲意。恒常審察思量,計第八爲我,知是思量唯第七有,餘識所無故,獨得名意。復能了別,名之爲識。問:第六名意識,今此識亦名意,何也? 曰:第六識依根得名,此識當體立號。第六識雖能分別好惡,而由此識傳送相續執取。"依根者,根乃第七識也。當體,即分別之體也。**非惡故爲道工宰。**阿羅耶無覆無記,爲道之工宰。**生之所以然者謂之性,斷性則無生。**原注:即釋氏所謂斷四煩惱也。〇按:四根本煩惱,謂我癡、我見、我慢、我愛,見成唯識論卷四。又論卷五云:"金剛喻定現在前時頓斷此種,成阿羅漢,故無學位永不復起。"**不然,則有禮義、法度化性而起僞者,**荀子性惡篇曰:"故聖人化性而起僞,僞起而生禮義,禮義生而制法度。然則禮義、法度者,是聖人之所生也。"**使我見伏,弗能使我見斷。**原注:按孫卿言性,指生之所以然者,故謂之惡。世人言性無善無惡者,即以心體爲性。由其所指之性有異,故立説有殊,其實非有異也。言性善者則反矣。〇按:人性善惡之説,詳下辨性篇。禮義、法度,但能使我見伏而不現,不能使之斷而永絶也。伏者,制伏現行之義。斷者,斷捨種子之義。**持世之言徽諸此,**徽,猶要也。**陳義則**

高,經事則庳。**此亦孫卿之所短也。** 孫卿原心,可謂窮極要
眇,而意在持世,不務超越。局促于禮義、法度之間,雖已小成榮
華,而不足以上契大道。今以浮屠爲天樞,故曰"陳義高,經事
庳"也。

　　莊周説萬物之聚散, 史記太史公自序:"萬物之散聚,皆在
春秋。"**始于黜帝,** 謂無造物者。**中于緣生,** 謂物皆待緣而生。
卒於斷時。 謂無時間。**黜帝者先徵諸物,故曰:"言之所盡,
知之所止,極物而已。** 郭注:"言表無所復有,故言知不過極物
也。"**覩道之人,不隨其所廢,不原其所起,** 郭注:"廢、起皆自
爾,無所原隨也。"**此議之所止,** 郭注:"極於自爾,故無所議。"**季
真之莫爲,接子之或使。** 郭注:"季真曰:'道,莫爲也。'接子
曰:'道,或使。或使者,有使物之功也。'"成疏云:"季真、接子並
齊之賢者,俱游稷下。莫,無也。使,爲也。季真以無爲爲道,接子
謂道有爲使物之功。各執一家,未爲通論。"**在物一曲,夫胡爲
於大方?"** 原注:則陽。○按:菿漢微言云:"或使則有作者,莫爲
則純自然。而萬物之生,皆其自化;不覺故動,則非自然。莫爲之
論,猶在一曲,況言或使耶?"**莫爲者,萬物皆自生。或使者,
本諸造物。萬物,物也。造物者,非物邪?孰指尺之者,
無指尺則無驗,是狂舉也。** 物也者,人心之影像也。造物者,
人心虛妄分別以成之者也。彼造物者,非物耶?非物則無可指斥,
苟無指斥,何以驗其必有耶?昔康德謂神之有無,超越認識範圍之
外,故不得執神爲有,亦不得撥神爲無。神,即所謂造物者也。章
君爲無神論駁之曰:"物者,五官所感覺。我者,自内所證知。此其
根柢牢固,固難驟破。而神者非由現量,亦非自證,直由比量而知。

若物若我,皆俱生執,而神則爲分別執。既以分別而成,則亦可分别而破。"又曰:"凡現量、自證之所無,而比量又不可合於論理者,虛撰其名,是謂無質獨影,不可執之爲有,而不妨撥之爲無者也。"

造物者,物耶? 且復有造之者,如是則無窮。十二門論曰:"若自在作衆生者,誰復作是自在? 若自在自作,則不然。如物不能自作,若更有作者,則不名自在。復次,若自在作萬物者,爲住何處而作萬物? 是住處爲是自在作? 爲是他作? 若自在作者,爲住何處作? 若住餘處作,餘處復誰作? 如是則無窮。若他作者,則有二自在,是事不然。是故世間萬物非自在所作。"按:印度外道執自在天作萬物,猶此土言造物者也。此論所破至爲明晰。章氏無神論亦曰:"若萬物必有作者,則作者亦更有作者,推而極之,至於無窮。然則神造萬物,亦必被造於他,此因明所謂犯無窮過。以此斷之,則無神可知矣。**故言:"有帝者兩不立。"**持造物説者,謂造物者爲物與非物,二説皆不能立。**"烏不日黔而黑,鵠不日浴而白。"**莊子天運篇文。郭注云:"自然各已足。"**無因之論,**原注:按印度無因論師亦言孔雀種種縟目,光明可愛,皆自然生。〇按:印度無因論師謂,我及世間皆無因生,見瑜伽師地論卷十。又:首棱嚴經卷十九有云:"是人於生,既見其根,知人生人,悟鳥生鳥。烏從來黑,鵠從來白;人天本竪,畜生本橫。白非洗成,黑非染造。當知今日,一切物象,皆本無因。"此即無因論師之所持也。又:印度哲學概論云:"自然論者,謂自然外道、無因外道、尼犍陀若提子等之説外道,小乘涅槃論、佛本行經、瑜伽師地論等皆有之。"**所以黜帝也。推而極之,無物不然,無物不可。"萬物皆種也,以不同形相禪,始卒若環,莫得其倫",**原注:寓言。**則萬物皆遞化矣。**原注:此即達爾文生物進化之説,亦近數論細身輪轉之説。○按：齊物論釋説萬物與我爲一，云："詳華嚴經云'一切即一，一即一切'，法藏説爲諸緣互應。寓言篇'萬物皆種也，以不同形相禪'，義謂萬物無不相互爲種。大乘入楞伽經云：'應觀一種子，與非種同印，一種一切種，是名心種種。'法藏立無盡緣起之義，與寓言篇意趣正同。彼作法界緣起章云：'本一有力爲持，多一無力爲依容入既爾；多一有力爲持，本一無力爲依容入亦爾。'其華嚴經指歸云：'此一華葉，理無孤起，必攝無量眷屬圍繞。此一華葉，其必舒己徧入一切，復能攝取一切法令人已内。'義皆與寓言篇同。"**"生也死之徒，死也生之始"**，原注：知北游。**則萬物皆輪轉矣**。原注：此即輪回之説，白蘆門、莊子、柏剌圖皆同，非獨釋氏也。○按：齊物論釋説莊周夢爲胡蝶章云："莊生多説輪回之義。大宗師篇云：'若人之形者，萬化而未始有極也。'養生主篇云：'適來，夫子時也；適去，夫子順也。指窮於爲薪，火傳也，不知其盡也。'知北游篇云：'生也死之徒，死也生之始。'田子方篇云：'生有所乎萌，死有所乎歸。始終相反乎無端而莫知其所窮。'寓言篇云：'有以相應也，若之何其無鬼耶？無以相應也，若之何其有鬼耶？'非無鬼，非有鬼，離斷常見，則必議及輪回。而彼梵土積喙相傳，有輪回義，非獨依於比量，亦由借彼重言。此土既無成證，鯀化黄熊，緩作秋柏，唯有一二事狀，而不能覘其必然，質言輪回。既非恒人所見，轉近夸誣，故徒以夢化相擬，未嘗質言實爾。"**然則權説以黜帝也，未能過物，故設有待之對**。莊子齊物論篇曰："吹萬不同，而使其自己也，咸其自取，怒者其誰耶！"又曰："若有真宰，而特不得其朕。"秋水篇曰："物之生也，若驟若馳，無動而不變，無時而不移。何爲乎？何不爲乎？夫固將自化。"詳此諸文，謂無怒者，謂不得其朕，謂物固自化，皆黜帝之説也。黜帝者，謂無造物者也。

然徒言無造物者,今人共見萬物芸芸,皆有生滅,遞化輪轉,相續不停,斯孰令爲之哉? 從是計度,則必議及因果,故復設有待之對也。**仲尼曰:"萬物有待也而死,有待也而生。吾一受其成形,而不化以待盡。"**原注:<u>田子方篇</u>。**景之諭罔兩曰:"吾有待而然者邪? 吾所待又有待而然者邪? 吾待蛇蚹蜩翼邪?"**原注:<u>齊物論</u>。**彼其有待,浮屠謂之十二緣生。**<u>大乘舍黎娑擔摩經</u>:"<u>慈氏菩薩</u>告<u>舍利子</u>言:十二緣生者,所謂無明緣行,行緣識,識緣名色,名色緣六入,六入緣觸,觸緣受,受緣愛,愛緣取,取緣有,有緣生,生緣老死、憂悲、苦惱。如是生者,即一大苦蘊生。<u>舍利子</u>:彼無明滅即行滅,行滅即識滅,識滅即名色滅,名色滅即六入滅,六入滅即觸滅,觸滅即受滅,受滅即愛滅,愛滅即取滅,取滅即有滅,有滅即生滅,生滅即老死、憂悲、苦惱滅。如是滅,即一大苦蘊滅。"按:十二緣生,或云十二因緣,或云十二緣起。佛書言此者,其文繁廣,姑以方便舉一例耳。餘如<u>俱舍論</u>卷九、卷十,<u>瑜伽師地論</u>第九、第十、第九十三,<u>對法</u>第四,<u>十地論</u>第八、又十二,<u>因緣經</u>、<u>十二因緣論</u>及<u>成唯識論述記</u>卷四十七所説尤詳。此之推論,本出小乘。此十二支,試以淺語明之:一、無明,謂過去世無始之煩惱。二、行,謂過去世之煩惱所作善惡行業。三、識,謂現在世方托母胎之一念。四、名色,謂在胎中漸有心身發育之位,名爲心法。心法不能以體示之,但能以名詮之,則爲名。色,即眼等之身。五、六入,謂六根具足,但尚未與外物接觸。六、觸,謂嬰兒墮地以後,初與外物接觸,猶未知自身之苦樂。七、受,謂自五六歲以往,對於事物,漸有識別,生苦樂感受。八、愛,謂從十四五歲後生有種種强盛愛欲。九、取,謂自二十以後,愛欲愈盛,馳逐求取。十、有,謂因愛取煩惱,作種種業,招引未來之果。十一、生,謂依現在之業,受未來之生。十二、老死,謂於來生之生,有老死苦。**緣生始於無明,卒之生死。然無明復由生時覆障,從是尋責始生。以後異熟責前異熟,異熟之初不可盡,所待亦與爲不可盡,待可疑也。故曰:"莫知其所終,若之何其無命也;莫知其所始,若之何其有命也。"**原注:寓言。○按:"有待"云者,謂甲待於乙,乙待於丙。郭象説齊物論云:"若責其所待而尋其所由,則尋責無極,卒至於無待。"故曰"待可疑"也。有待之説,即因果之律。印度外道有無因論,佛所遮撥;而佛亦有無因論者。齊物論釋云:"因、緣及果,此三名者,隨俗説有。依唯心説,即是心上種子,不可執著説有。是故緣生亦是假説。莊生云'惡識所以然,惡識所以不然'正謂此也。説無因者,亦佛法最後了義。大乘入楞伽經云:'世論婆羅門問我言:無明、愛業爲因緣故有三有邪?爲無因邪? 我言:此二亦是世論。'又曰:'爲除有生執,成立無生義。我説無因論,非愚所能了。一切法無生,亦非是無法。如乾城幻夢,雖有而無因。'此乃以無因論爲究竟。蓋諸法不生,因緣亦假,雖宣説無因,有異常斷二見也。"餘詳下文。**若然,始者果不可知,即萬論如兔角、牛翼矣。是故爲設泰初。**兔角、牛翼,求之世間,終不可得之物也。萬物生滅,若有因果,尋責既竟,其始因終不可得,故推理之言,亦無殊於兔角、牛翼矣。然因果之論,本於前後之念,故復假設泰初之説也。**"泰初有無,無有無名。**郭注:"無有故無所名。"**一之所起,有一而未形。**郭注:"一者,有之初,至妙者也,至妙故未有物理之形耳。夫一之所起,起於至一,非起於無也。然莊子所以屢稱無於初者,何哉? 初者,未生而得生,得生之難,而猶上不至於無,下不待於知,突然而自得此生矣！又何營生於已生，以失其自生哉！"**物得以生，謂之德。**郭注："夫無不能生物，而云'物得以生'，乃所以明物生之自得。任其自得，斯可謂德也。"**未形者有分，且然無間，謂之命。留動而生物，物生成理，謂之形。形體保神，各有儀則，謂之性。**郭注："夫德、形、性、命，因變立名，其於自爾一也。"**性修反德，德至同於初。**郭注："恒以不爲而自得之。"**同乃虛，虛乃大。**郭注："不同於初，而中道有爲，則其懷中故爲有物也。有物而容養之，德小矣。"**合喙鳴，**郭注："無心於言而自言者，合於喙鳴。"**喙鳴合，與天地爲合。**郭注："天地亦無心而自動。"**其合緡緡，若愚若昏。**郭注："坐忘而自合耳，非照察以合之。"**是謂玄德，同乎大順。**"原注：天地。〇按：莊生此論，章君所釋，具在下文。而子玄舊義，亦多精解。如云"得生之難，上不至無，下不待知"、"中道有爲，懷中有物"諸義，豈非所謂無始無明，妄執我法者耶？是亦深契内典，必非偶中，故具列焉。**則此言德者如也，**如即真如之如。此以如訓德，蓋指物之實相本體，所謂畢竟平等，無有差別者也。餘見"萬物幾幾皆如矣"下。**雖物亦如也。**康德即謂之物如，亦謂之物自身。**如不自生，于如而有無明。**大乘義章二曰："於法不了爲無明。"**自視若兩，**兩，謂我與諸境。**是故有所得而生矣，**涅槃經十七曰："無所得者，則名爲慧。有所得者，名爲無明。"**浮屠謂之共無明。**共無明，又曰相應無明，謂與貪等五大惑共起者也。起惑造業，於是受得此身，此爲衆生所同，故謂之共無明。**有所得，是故有分，浮屠謂之不共無明。**不共無明，又云獨頭無明。妄心孤起，不緣外境，謂之獨頭無明。**有**

分爲物，是故有理，浮屠謂之界，亦曰種子，依阿羅耶，若惡叉聚。原注：本成唯識論。〇按：楞嚴經卷二云：“一切衆生從無始來，種種顚倒，業種自然，如惡叉聚。”成唯識論卷二亦云：“一切有情，無始時來，有種種界如惡叉聚。法爾而有界，即種子差別名故。”述記曰：“惡叉形如無食子，落在地時，多爲聚故。”玄應音義曰：“惡叉，樹名。其子形如無食子，彼國多聚以賣之，如此間杏仁，故以爲喻。”**地、水、火、風、空、時、方、我，皆界也。**阿羅耶中一切種子皆具。**然則有德、有分未有時也，物生成理則有時。**種子生現行則有時。**案始有相，**種子生現行則有相。案者，語詞，猶於是也。詳釋詞。**相又有名，謂之㕙鳴。**名生於形，故有相即有名。**“名者，聲之音均詘曲”，**原注：成唯識論。〇見成唯識論卷二。**以是命相。若終古無名者，即道無由以入。**名聞而實喻，則可以別同異，明是非。故終古無名，則道無由以入。瑜伽師地論卷三十六云：“問：若如是者，何因緣故於一切法離言自性而起言説？答：若不起言説，則不能爲他説一切法離言自性，他亦不能聞如是義。若無所聞，則不能知此一切法離言自性。爲欲令他聞知諸法離言自性，是故於此離言自性而起言説。”大乘起信論云“言説之極，因言遣言”，亦斯義也。**本其有名，故與天地合。**推其有名之始，則與天地合，蓋認識之始，即宇宙之始也。老子曰：“無名天地之始，有名萬物之母也。”**浮屠志之曰：“若知一切法，雖説無有能説可説，雖念亦無能念可念，是名隨順。”**原注：大乘起信論。〇按：義記云：“言雖説雖念，皆無能所者，明念即無念，非滅於念。非滅念故，名雖念。離於斷見，即無念故。皆無能所，離於常見。於一念間，離此二見，見此無二之法，故能稱順中道,隨順法性也。又亦可雖在於彼言念等中,觀此念等,常無能所,雖未能離念,而順於無念,故名隨順。此釋方便觀也。久觀不已,即能離茲妄念,契彼無念真理,故名正觀。"**而莊周亦謂之"大順"。性修反德,德至同於初,謂之"合喙鳴"。覺者之言,與不覺者之言,非有異也。浮屠有言:"希有陀羅尼者,過諸文字,言不能入,心不能量。此法平等,無高無下,無入無出。無一文字從外而入,無一文字從內而出,無一文字駐此法中,亦無文字共相見者。"**原注:大般若經五百七十二。○按:陀羅尼者,此翻爲總持,持善法不使散,持惡法不使起之力用也。分爲四種:一法、二義、三咒、四忍。佛地論五云:"陀羅尼者,增上念慧,能總任持無量佛法,令不忘失。"**故曰"其合緡緡,若愚若昏。是謂玄德,同乎大順"矣。雖假設泰初者,亦隨順言説矣。彼物不生,彼理不成,烏得有泰初?** 有物有理,而後有泰初。此謂依於物理成就而後有前後之念。**夫未成乎心,無是非。**原注:齊物論。○按:齊物論釋云:"意根我識種子所支分者爲是非見。若無是非之種,是非現識亦無。其在現識,若不忍許何者爲是,何者爲非,事之是非,亦無明證。是非所印,宙合不同,悉由人心順違以成串習,雖一人亦猶爾也。然則係乎他者,曲直與庸衆共之;存乎己者,正謬以當情爲主。近人所云主觀、客觀矣!"**未成乎心,亦不得有今故。故曰:"天籟者,吹萬不同,而使其自己,且莫得此其所由以生。"**原注:齊物論。○按:齊物論釋云:"此者,即謂能自取識。大抵藏識流轉不駐,意識有時不起,起位亦流轉不駐。是故觸相生心,有觸、作意、受、想、思五位。受、想、思中,復分率爾墮心、尋求心、決定心、染净心、等流心五位。如是相續，即自位心證自位心覺有見在，以自位心望前位心覺有過去，以自位心望後位心比知未來。是故心起即有時分，心寂即無時分。若睡眠無夢位，雖更五夜，不異刹那。然則時非實有，宛爾可知。但以衆同分心，悉有此相，世遂執著爲實。終之甲乙二人各有時分，所以者何？時由心變，甲乙二心，界有別故。由此可知，時爲人人之私器，非衆人之公器。且又時分總相，有情似同；時分別相，彼我各異。童齓以往，覺時去遲；中年以來，覺時去速。淫樂戲忘者，少選而歲逝；春畯勤苦者，待限而不盈。復有種種別相，各各不同。雖復晷日望星，挈壺下漏，强爲契約，責其同然。然覺時去遲者，其覺日星壺漏之變亦遲；覺時去速者，其覺日星壺漏之變亦速。亦猶以尺比物，定其長短，然眼識汗漫者視物長而尺亦長，眼識精諦者視物短而尺亦短，竟無畢同之法。由斯以推，朝菌不知晦朔，惠蛄不知春秋，而冥靈大椿壽逾千百，庸知小年者不自覺其長，大年者不自覺其短乎？”又曰：“心不起滅，意識不續，中間恒審思量亦悉伏斷，則時分銷亡，而流注相續之我自喪矣。”**知旦莫之所生，起於人心分理，至矣，不可以加矣。爲説者曰：“有一、有德、有命、有物、有形，皆因與果也。有因果者，必有第次。時若未生，何由以施因果？”浮屠小乘通之曰：“諸法於世轉時，由位有異，非體有異。如運一籌，置一位名一，置十位名十，置百位名百，雖歷位有異，而籌體無異。如是諸法，經三世位，雖得三名，而體無別，以依作用，立三世別。”**原注：大毘婆沙論七十七。**此謂以作用故有時，非以時故有作。猶不決，大乘通之曰：“因與果者，如稱兩頭，氐卬時等。”**原注：

成唯識論。○按：成唯識論卷三云：“前因滅位，後果即生，如稱兩頭，低昂時等。”學記曰：“生滅同時，既中無隔，因果不斷。”**今物在衡一崇，一崇重故俛，俛故彼一崇仰。以此俛故彼仰，俛者爲因，仰者爲果。然俛仰非異時，故雖無時而有因果，謂之恒轉。恒者不斷，轉者不常。** 成唯識論卷三云：“阿賴耶識爲斷爲常，非斷非常，以恒轉故。恒謂此識無始時來，一類相續，常無間斷，是界趣生施設本故，性堅持種令不失故。轉謂此識無始時來，念念生滅，前後變異，因滅果生，非常一故，可爲轉識熏成種故。恒言遮斷，轉表非常。”**夫世人亂於暗醷之物、彊陽之氣，不知其反。** 莊子知北游篇：“自本觀之，生者，暗醷物也。”李、郭皆云：“暗醷，聚氣貌。”又曰：“天地之彊陽氣也，又胡可得而有邪？”郭云：“彊陽，猶運動也。”**聖人者，兼愛之，故兼覺之。雖然，宇之所際，宙之所極，有窮則可盡，無窮則不可盡。有窮無窮未可知，則可盡不可盡未可知。而必人之可盡愛也，誖。墨子釋之，以爲無窮不害兼。** 原注：經說上、下。○按：原注上字當衍，已見原名篇。**其義不究，**墨子以爲盡問人則盡愛其所問。如曰：“傷人乎？”則凡橫目之民，皆在所愛之中，固不必一一知其數也。然此亦所謂用名以亂實，故其義不究。**故設“未有天地”之問。** 莊子知北游篇：“冉求問於仲尼曰：‘未有天地，可知邪？’仲尼曰：‘可，古猶今也。’又曰：‘無古無今，無始無終，未有子孫而有子孫，可乎？’”**由第一義計之，無古無今，無始無終，三世者，非實有也。由世俗計之，古猶今也。時不盡，故“聖人之愛人終無已者，亦乃取於是者也。”** 原注：知北游。○按：知北游篇云：“仲尼曰：‘不以生生死，不以死死生。死生有待邪？皆有所一體。有先天地生者物邪？物物者非物。物出不得先物也，猶其有物也。猶其有物也，無已。聖人之愛人終無已者，亦乃取於是者也。"**浮屠所謂"攝化衆生"，"盡於未來"**。原注：大乘起信論。〇按：論云："復次真如用者，所謂諸佛如來，本在因地，發大慈悲，修諸波羅蜜，攝化衆生。立大誓願，盡欲度脱等衆生界，亦不限劫數，盡於未來，以取一切衆生如己身故。而亦不取衆生相，此以何義？謂如實知一切衆生，及與己身，真如平等，無別異故。"**雖然，莊周方内之聖哲也。**莊子大宗師篇云："孔子曰：'彼遊方之外者也，而丘遊方之内者也。'"**因任自然，**莊子養生主篇云："依乎天理，因其固然。"**惟恒民是適，不務超越，不求離繫。**莊子天下篇云："獨與天地精神往來，而不敖倪於萬物，不譴是非，以與世俗處。"此所謂"不務超越，不求離繫"者也。**故曰："若人之形，萬化而未始有盡，樂不勝計。"**原注：知北游。**雖足以庶神仙、輕生死，若流轉無極何？此亦莊周之所短也。**此以任運流轉，不求無上正覺爲莊生之短也。章君後作齊物論釋，已自不用此説，略謂："觀莊生義，實無欣羨寂滅之情。大乘入楞伽經指目菩薩一闡提云：'諸菩薩以本願方便，願一切衆生悉入涅槃，若一衆生未涅槃者，我終不入。此亦住一闡提趣，此是無涅槃種性相菩薩一闡提。'知一切法本來涅槃，畢竟不入，此蓋莊生所詣之地。又其特別志願，本在内聖外王，哀生民之無振，念刑政之苛殘，必令世無工宰，見無文野，自非順時利見，示現白衣，何能果此願哉？苟專以滅度衆生爲念，而忘中塗恫怨之情，何翅河清之難俟，陵谷變遷之不可豫期。雖抱大悲，猶未適於民意。夫齊物者，以百姓心爲心，故究極在此，而樂行在彼矣。"餘義廣衍，并見論釋中,恐繁且止。

惠施**厤物之意**,莊周曰:"其道舛駁,其言也不中。"又毀其徒,謂之"飾人之心,易人之意,能勝人之口,不能服人之心。"觀其所述,**惠施持十事**,辯者與惠施相應持二十一事。原注:天下。○按:莊子天下篇云:"惠施多方,其書五車,其道舛駁,其言也不中。厤物之意,曰:'至大無外,謂之大一;至小無内,謂之小一。無厚不可積也,其大千里。天與地卑,山與澤平。日方中方睨,物方生方死。大同而與小同異,此之謂小同異;萬物畢同畢異,此之謂大同異。南方無窮而有窮,今日適越而昔來。連環可解也。我知天下之中央,燕之北,越之南是也。氾愛萬物,天地一體也。'惠施以此爲大觀於天下而曉辯者,天下之辯者相與樂之。卵有毛,雞三足,郢有天下,犬可以爲羊,馬有卵,丁子有尾,火不熱,山出口,輪不蹍地,目不見,指不至,至不絶,龜長於蛇,矩不方,規不可以爲圓,鑿不圍枘,飛鳥之景未嘗動也,鏃矢之疾而有不行不止之時,狗非犬,黄馬、驪牛三,白狗黑,孤駒未嘗有母,一尺之棰,日取其半,萬世不竭。辯者以此與惠施相應,終身無窮。桓團、公孫龍辯者之徒,飾人之心,易人之意,能勝人之口,不能服人之心,辯者之囿也。"**辯者之言,獨有飛鳥、鏃矢、尺棰之辯,察明當人意。**辯者所持諸論,古今解者多家,局就三事言之,則司馬彪所説最得其理。説飛鳥之景未嘗動云:"鳥之蔽光,猶魚之蔽水,魚動蔽水而水不動,鳥動影生,影生光亡。亡非往,生非來。墨子曰:'影不徙也。'"説鏃矢不行不止云:"形分止,勢分行;形分明者行遲,勢分明者行疾。目明無形分,無所止,則其疾無閒。矢疾而有閒者,中有止也,質薄而可離,中有無及者也。"説尺棰不竭云:"若其可析,則常有兩;若不可析,其一常存。故曰'萬世不竭’。"**目不見，指不至，輪不蹍地，亦幾矣**。<u>成玄英</u><u>莊子</u>疏説目不見云："目之見物，必待於緣。緣既體空，故知目不能見之者也。"按：緣即佛書所謂九緣，説見<u>原名</u>篇。<u>公孫龍子堅白論</u>曰："白以目以火見；而火不見，則火與目不見而神見。神不見而見離。"此義亦足相明。説指不至者古今亦有多解，今謂"指"即<u>荀子儒效</u>篇"宇中六指"之"指"。<u>楊倞</u>曰："六宇，上下四方。"然則止不至者，謂空間無盡。<u>惠施</u>説南方無窮而有窮，其義故自相通。南方有窮，是之謂指；南方無窮，是之謂不至矣。説輪不蹍地者，<u>成玄英</u>疏云："車之運動，輪轉不停，前迹已過，後途未至，除却前後，更無蹍時也。"**其他多失倫。夫辯説者，務以求真，不以亂俗也。故曰"狗無色"，可；云"白狗黑"，則不可**。<u>劉向</u>別録："<u>鄒子</u>曰：'辯者別殊類使不相害，序異端使不相亂，抒意通指，明其所謂，不務相迷也。'"故自真諦言之，則物本無色。色者眼識具九緣而變現，依他以起，如幻而有，故謂"狗無色"可也。自世情言之，約定俗成，則白黑之相，觸目而别。亂名改作，徒滋眩惑，故謂"白狗黑"則不可也。**名者，所以召實，非以名爲實也。故曰"析狗至於極微，則無狗"，可；云"狗非犬"，則不可**。狗云、犬云，皆計生之假名，非狗、犬之實相。諸法實相，性離言説，故狗、犬之名皆虚。自真諦言之，則無狗可也。<u>大乘入楞伽經</u>卷二云："分析牛角乃至微塵，求其體相，終不可得。"此其義也。自世俗言之，則狗、犬者異名而同實，謂狗非犬，是惑於用名以亂實矣。<u>齊物論釋</u>曰："白表白相，黑表黑相，菽表菽事，麥表麥事，俗詮有定，則亦隨順故言。斯爲照之於天，不因己制。是故指鹿爲馬，以素爲玄，義所不許。所以者何？從俗則無爭論，私意變更，是非即又蠭起，比於向日，囂訟滋多。是以有德司契，本之約定俗成也。"**觀惠施十事，**

蓋異於辯者矣。本事有十，約之則四，四又爲三。一事，
"至大無外，謂之大一；至小無内，謂之小一"。司馬彪云：
"無外不可一，無内不可分，故謂之一也。天下所謂大、小皆非形，
所謂一、二皆非至名也。至形無形，至名無名。"又曰："無厚不
可積也，其大千里。"荀子修身篇曰：堅白、同異、有厚無厚之察，
非不察也。"呂氏春秋君守篇曰："堅白之察，無厚之辯，外矣。"譁非
子問辯篇曰："堅白、無厚之辭章，而憲令之法息。"依此諸文，知無
厚之説，爲當時之名論。"不可積"三字，即明"無厚"二字，言可積
之謂厚，不可積者，則謂之無厚也。此故爲自悟，以見趣也。
大未有不可庮，小未有不可分，雖無利器致之，校以算術
可知也。諸在形者，至小爲點，白蘿門書謂之頻度 बिन्दु
（bindu）。引點以爲線，謂之彤伕 सूत्र（sūtra）。比線以爲
面，謂之娑摩角那 सम्मुख（sammukha）。絫面以爲體，謂之
瀹伽 अङ्ग（aṅga）。點者非自然生，猶面之積已，故因而小
之。點復爲體，謂之小一，可也。點復可析，絫下而點無
盡，以爲無内，非也。因而鉅之，體復爲點，謂之大一，可
也。體復可倍，絫上而體無盡，以爲無外，非也。大小者，
所以命形也。形雖至大猶有外，雖至小猶有内，校以算術，宛爾可
知。今夫言極微者，順世、勝論以爲無方分。無方分者，
謂之因量極微，極微著見爲子微，以爲有方分。有方分
者，謂之果色極微。原注：前者今通言原子，後者今通言分子。
○按：順世、勝論，並印土教宗之名。順世外道，梵云路伽耶，或路
迦底伽。勝論宗，梵云吠世史迦，舊云衛世師或鞞世師，皆音訛略
也。方分，謂有上下左右之方面可分者也。順世、勝論二派及小乘

薩婆多部,並持極微論,建立極微以爲實體。二十唯識述記卷三
云:"其地、水、火、風是極微性。若劫壞時,此等不滅,散在處處,體
無生滅,説爲常住,有衆多法,體非是一。後成劫時,兩兩極微,合
生一子微。子微之量,等於父母,體惟是一。從他生故,性是無常。
如是散極微,皆兩兩合生一子微。子微並本,合有三微。如是復與
餘三微合生一子微。第七其子,等於六本微量,如是七微復與餘合
生一子微。第十五子微,其量等於本生父母十四微量。如是展轉
成三千界。其三千界既從父母二法所生,其量合等於父母量。其
子粗微,名爲有分,有細分故。其本細微,但名爲分,不有他故。"成
唯識論卷一云:"有外道執地、水、火、風極微,實常能生麤色,所生
麤色不越因量。雖是無常,而體實有。"述記卷六曰:"此即順世外
道所計。此唯執有實常四大生一切有情。一切有情,禀此而有,更
無餘物。後死滅時,還歸四大。其勝論所計,更許有餘物。執實、
執常、執能麤色,此是因也。"又:勝論師及此順世執所生之色,不越
因量。量只與所依父母本許大,如第三子微如一父母許大,乃至大
地與所依一本父母許大。本極微是常,子等無常,亦是實有。此二
派極微論之大略。**果色極微,書之所謂小一也。**果色可見,
故擬之以小一。**因量極微,書之所謂無厚也。**因量不可見,
故擬之以無厚。**浮屠難之曰:誠無方分,日光照柱,何故一
尚有蔭? 承光發影,必有方分明矣。有方分者,則有上
下四極,是爲六際。一不爲六,六不爲一,以六爲一,不
可。**原注:約瑜伽師地論、佛性論、成唯識論説。〇按:成唯識論卷
一云:"又諸極微,若有方分,必可分析,便非實有。若無方分,則如
非色,云何和合承光發影? 日輪纔舉,照柱等時,東西兩邊,光影各
現。承光發影處既不同,所執極微,定有方分。"又曰:"又諸極微,

隨所住處,必有上下四方差別。不爾便無共和集義,或相涉入,應不成麤。由此極微,定有方分。"又唯識二十頌曰:"極微與六合,一應成六分。若與六同處,聚應如極微。"初二句謂有方分者,必可分析;後二句謂無方分者,則不能成麤色也。**惠施固知之,言無厚不可積,又稱其大千里。不可積者,尚無杪忽,安得千里哉?要以算術析之,無至小之倪。**莊子秋水篇云:"又何以知毫末之足以定至細之倪?"章氏解故云:"'倪'借爲'儀',説文:'儀,度也。'"**故尺度無所起,於無度立有度,是度爲幻。度爲幻,即至大與至小無擇,而千里與無厚亦無擇。白蘿門書道瓢末**आकाश(ākāśa-dhātu)**之空,與特蘿驃**द्रव्य(dravya)**之實相受。**原注:瓢末今此爲空間真空,特蘿驃今此爲實。**瓢末分刌節度不可量,**漢書元帝紀:"自度曲被歌聲,分刌節度。"韋昭曰:"刌,切也。謂能分切句絶,爲之節制也。"**故特蘿驃分刌節度亦不可量。若畫工爲圖矣,分閒布白,雜采調之,**考工記:"凡畫繢之事後素功。"鄭注云:"素,白采也。後布之,爲其易漬汙也。"文選何晏景福殿賦云:"班閒賦白,疎密有章"。善注云:"廣雅曰:'班,分也。'毛萇詩傳曰:'賦,布也。'"**使無高下者而有高下,使無窐突者視之窐突。**大乘入楞伽經卷三云:"不了唯心,執著一異有無等見。譬如畫像,無高無下,愚夫妄見作高下想。"**故曰"天與地卑,**原注:卑,借爲比。〇按:孫詒讓札迻云:"'卑'與'比'通。荀子不苟篇:'山淵平,天地比。'楊注:'比,謂齊等也',亦引此文,是其證也。"廣雅釋詁:"比,近也。"此比亦接近之義。天與地相距絶遠而云相接近,猶山與澤本不平而謂之平,皆名家合異同之論也。**山與澤平",是分齊廢也。"我知天下**

之中央，燕之北，越之南是也”，司馬云：“燕之去越有數，而南北之遠無窮。由無窮觀有數，則燕越之間，未始有分也。天下無方，故所在爲中；循環無端，故所在爲始也。”**是方位廢也。“南方無窮而有窮”**，司馬云：“四方無窮也。”**是有際、無際一也。“連環可解”**，司馬云：“夫物盡於形，形盡之外則非物也。連環所貫，貫於無環，非貫於環也。若兩環不相貫，則雖連環可解也。”**是有分、無分均也。二事，曰方中方睨，物方生方死。諸言時者，有過去、見在、未來。**寶積經九十四曰：“三世，所謂過去、未來、現在。云何過去世？若法生已滅，是名過去世。云何未來世？若法未生未起，是名未來世。云何現在世？若法生已未滅，是名現在世。”**過去已滅，未來未生，其無易知，而見在亦不可駐。**維摩詰所説經菩薩品云：“若過去生，過去生已滅；若未來生，未來生未至；若現在生，現在生無住。”**時短者莫如揭沙那，**原注：舊譯刹那。按文本作 क्षण (kṣaṇa)，舊譯簡爾。○按：西域記卷二云：“時極短者謂刹那也。百二十刹那爲一呾刹那，六十呾刹那爲一臘縛，三十臘縛爲一牟呼栗多，五牟呼栗多爲一時，六時合成一日一夜。”**而揭沙那非不可析。**仁王經上，説一刹那經九百生滅。大毗婆沙論一百三十六，説壯士一彈指頃，經六十四刹那。**雖析之，執無留止，方念是時，則已爲彼時也。析之不可盡，而言有時，則是于無期立有期也。執無留止，而言是時，則彼是無別也。故雖方中方睨，方生方死可。諸有制割一期，**荀子解蔽篇云：“制割大理。”**命之以今者，以一揭沙那言今可，以一歲言今猶可。方夏言今歲，不遺春秋。方禹中言今日，**禹中，謂巳時也。淮南子天文訓云：“至於桑野，是謂晏食。至於衡陽,是謂隅中。""禺"與"隅"同。**不遺旦莫。去者、來者,皆今也。禺中適越,餔時而至。**餔時,謂申時也。淮南子天文訓云:"至於鳥次,是謂小還。至於悲谷,是謂餔時。"**從人定言之,**人定,謂亥時也。後漢書來歙傳:"臣夜人定後,爲何人所賊。"耿弇傳:"人定時,步果引去。"**命以一期,則爲今日適越矣。分以數期,則爲昔至越矣。以是見時者惟人所命,非有實也。**原注:按:"今日適越而昔來",齊物論作"今日適越而昔至",是"來"訓"至"也。**三事,大同而與小同異,此之謂小同異。萬物畢同畢異,此之謂大同異。物固無畢同者,**墨子經説上云:"二必異。"**亦未有畢異者。**説見上文"萬物皆遞化"下。**浮屠之言曰:從一青計之,以是青爲自相,以凡青爲共相,青同也。以凡青爲自相,以赤、白、黃、紫爲共相,顯色同也。**説見原名篇。**以顯色爲自相,以聲、香、味、觸爲共相,色聚同也。**原注:色聚之色,謂諸有對者,皆名爲色。○按:對者,對礙之義。色有二種:一、可見有對色,具對礙之自性而眼可見者,青、黃等色塵是也。二、不可見有對色,具對礙之自性而不可眼見者,聲等四塵、眼等五根是也。**以色聚爲自相,以受、想、行、識爲共相,法同也。**原注:本成唯識論述記説。○按:説見述記卷十二。**無畢同故有自相,無畢異故有共相。大同而與小同異,此物之所有;萬物畢同畢異,此物之所無。皆大同也,故天地一體,一體故氾愛萬物也。惠施之言,無時、無方、無形、無礙,萬物幾幾皆如矣。**佛書言如有二義:一、謂諸法各各之相,二、謂諸法之實相。大智度論三十二曰："諸法如有二種：一者各各相，二者實相。"此言惠施空諸事相，使不能立，其於萬物幾幾得其實相矣。**椎擊異論，使齏粉破碎，己亦不立。唯識之論不出，而曰"萬物無有"哉，人且以爲無歸宿。**莊子天下篇論惠施之道，惜其逐萬物而不反，是言其無所歸宿也。**故天命、五德之論，斬而復孽。**天命、五德之論，陰陽家之所持也。名家高論宇宙，分析萬物，陰陽之説，宜無以立。徒以天下沈濁，人方營於機祥，而惠施雖辯，其學不能成系統，故僻違之説，得以復孽矣。**己雖正，人以爲奇侅。**説文云："奇侅，非常也。"**騶子、南公雖僻違，**漢志陰陽家鄒子四十九篇、鄒子終始五十六篇、南公三十一篇。史記項羽本紀集解徐廣曰："南公，楚人，善言陰陽。"**人顧謂之眇道。**原注：按：騶衍深疾公孫龍之論。蓋陰陽家與名家相忌也。〇按：騶衍疾公孫龍，説見史記平原君傳集解引劉向別錄。**延及漢世，是非錯鼇矣。**原注：漢世經師，率兼陰陽，名家之傳遂絶。**此亦惠施之所短也。**

　　尚考諸家之見，旁皇周浹，荀子君道篇："古者，先王審禮以方皇，周浹於天下。"又禮論篇："方皇周浹，曲得其次序。"楊注云："方皇，讀爲仿偟，猶徘徊也。浹，讀爲浹，帀也。"**足以望先覺，與宋世鞅掌之言異矣。**小雅北山篇傳曰："鞅掌，失容也。"莊子庚桑楚篇郭注云："鞅掌，不自得也（宋陳景元校本有'不'字）。"鞅掌，蓋是粗疏不能安詳之狀。**然不能企無生，**無生者，佛法之究竟。最勝王經曰："無生是實，生是虛妄。"**而依違不定之聚者，**瑜伽師地論六十四曰："聚者有三種：一、邪性定聚，二、正性定聚，三、不定聚。"按：不定者，謂其可正可邪也。俱舍論九曰：

“正邪定餘名不定,彼待二緣可成二故。”無量壽經下曰:“諸佛國土無諸邪聚及不定聚。”**爲其多愛,不忍天地之美。**莊子天下篇曰:“判天地之美,析萬物之理。”**雖自任犀利,桀然見道真,躊躇滿志則未也。**莊子養生主篇曰:“爲之躊躇滿志。”郭注云:“逸足容豫自得之謂。”**印度雖草昧世,焱渴吠陀主有神,已言其有無明不自識知,從欲以分萬類矣。**原注:案印度舊教本有神,而與猶太、阿羅比邪言有神絶異。彼以造物歸美於神,此以造物歸過於神。故吠檀多家得起汎神之説,異夫二教之諂曲也。○按:焱渴吠陀,即黎俱吠陀。印度四吠陀,此其最古者(四吠陀已見原經篇)。梁氏印度哲學概論云:“吠陀讚誦中有曰:‘世間爲誰所作?其彼有未現形之一乎?’又有曰:‘彼一無生息而自生息,自彼外無一物(按:此即所謂主有神)。’此出黎俱吠陀第十卷一百二十九讚誦名非非有讚誦者。此讚誦述原始混沌之形,而言其非有非非有。此混沌玄冥之初,由熱意與愛欲而動(按:此即所謂無明不識以分萬類)。諸神之有,後於宇宙之闢。此其自神話宗教而入於哲學思考彰彰見矣。”又:注中言阿羅比邪,即阿剌伯。言吠檀多者,印度學派之一,釋義爲吠陀之究竟。梁氏概論云:“吠檀多者,基於鄔波尼煞曇(或名奧義書,解釋吠陀,中云‘玄理’),而釐整發揮以組成之學派也。故吠檀多之徒,亦曰鄔波尼煞曇斯。”**其後明哲閒生,至于浮屠,雖精疏殊會,**後漢書儒林傳贊曰:“精疏殊會,通閡並徵。”**其以人世幻化一也。中夏唯有老子明“天地不仁,以萬物爲芻狗”,猶非惡聲。**原注:按:老子本言“失德而後仁”,是不仁非惡名也。**高者獨有隨化,不議化之非,固稍庳下。莊周所録,惟卜梁倚爲大士。**法華文句記二云:“大士者,大論稱菩薩爲大士,亦曰開士。士謂士夫,凡人之通稱。以大開簡別,故曰大等。"**周數稱南郭子綦,**莊子齊物論、人間世、大宗師、徐無鬼諸篇,皆稱子綦。**言"吾喪我",**見齊物論。**則是入空無邊處定也。**原注:大毘婆沙論八十四云:"法爾初解脱色地,名空無邊處。依等流故,説此定名空無邊處,謂瑜伽從此定出,必起相似空想現前。曾聞苾芻出此定已,便舉兩手,捫摸虛空。有見問言:'汝何所覓?'苾芻答曰:'我覓自身。'彼言:'汝身即在牀上,如何餘處更覓自身?'"此即"吾喪我"之説。**其師女偊自言無聖人才,有才者獨卜梁倚。守而告之,參日外天下,七日外物,九日外生。已外生矣,而後能朝徹。朝徹,而後能見獨。見獨,而後能無古今。無古今,而後能入於不死不生。**原注:大宗師。**此其在遠行地哉!**原注:案:外天下至於外生,則生空觀成矣。朝徹,見獨,至於無古今,則前後際斷,法空觀成矣。凡二乘皆有生空觀,無法空觀。大乘有法空觀者,非至七地,猶未能證無生。此既成法空觀,又入於不死不生,故知爲七地爾。又彼下云:"其爲物無不將也,無不迎也,無不毀也,無不成也,其名爲攖寧。攖寧者,攖而後成者也。"所謂物者,謂如來藏。隨順法性,故無不將迎。一切染法不相應,故無不毀。究竟顯實,故無不成。依本覺有不覺,依不覺有始覺,故攖而後成。晉、宋古德,憙以莊周傳般若,誠多不諦。隋、唐諸賢,必謂莊氏所言,悉與大小乘異,亦爲不稱。如其所説卜梁倚事,雖欲立異,何可得邪!○按:佛法説修習位,三乘皆有十地。此所云者,大乘菩薩十地之一,華嚴、仁王諸經之所説也。華嚴經卷三十四云:"何等爲十?一者歡喜地,二者離垢地,三者發光地,四者燄慧地,五者難勝地,六者現前地,七者遠行地,八者不動地,九者善慧地,十者法雲地。"成唯識論卷九云："言十地者：一、極喜地：初獲聖性，具證二空，能益自他，生大喜故。二、離垢地：具淨尸羅，遠離能起微細毀犯煩惱垢故。三、發光地，成就勝定大法總持，能發無邊妙慧光故。四、燄慧地：安住最勝菩提分法，燒煩惱薪，慧燄增故。五、極難勝地：真俗兩智，行相互違，合令相應，極難勝故。七、遠行地，至無相住功用後邊，出過世間二乘道故。八、不動地：無分別智，任運相續，相用煩惱，不能動故。九、善慧地：成就微妙四無礙解，能徧十方善説法故。十、法雲地：大法智雲；含衆德水，蔭蔽一切，如空麤重，充滿法身故。"餘如十地品（華嚴經卷三十四至四十）、十住論等，所説尤詳。**子綦既不逮，莊周亦無以自達，惜夫！** 按：章君後已不用此義，見上"此亦莊周所短"下。**然七國名世之流，其言揮綽，** 莊子天運篇云："其聲揮綽，其名高明。" **下本之形魄，** 晉語："其魄兆於民矣。"韋解："魄，形也。" **其上至於無象，** 老子曰："繩繩不可名，復歸於無物，是謂無狀之狀，無物之象。" **卒未有言氣者。** 原注：言氣多本之陰陽、神仙、醫經之説，非儒、道、名、法所有。道家書可見者，今尚有列子；而天瑞篇有"太素"等名，又云"易變而爲一，一變爲七，七變爲九"，皆近易緯之説。晚周道家，必不爲此沾滯之論，故疑列子本書已亡，今本乃漢末人所僞作。又：淮南亦依託道家，尤多言氣，此所以異於晚周。淮南鴻烈兼説莊子。文選入華子岡詩注引淮南王莊子略要云："江海之士、山谷之人，輕天下，細萬物而獨往者也。"司馬彪曰："獨往，任自然不復顧世也。"按：據經典釋文，司馬彪所注莊子五十二篇，視郭象多十九篇，乃七略之舊。蓋淮南爲莊子略要，即爲雜篇之一，故彪得注之也。今其書已不傳。〇按：易緯乾鑿度云："昔者，聖人因陰陽、定消息、立乾坤以統天地也，夫有形生於无形，乾坤安從生？故曰：有太易、有太初、有太始、有太素也。太易者，未見氣也。太初者，氣之始也。太始者，形之始也。太素者，質之始也。炁形質具而未離，故曰渾淪。渾淪者，言萬物相渾成而未相離。視之不見，聽之不聞，循之不得，故曰易也。易无形畔，易變而爲一，一變而爲七，七變而爲九。九者，氣變之究也，乃復變而為一。一者，形變之始。清輕者上爲天，濁重者下爲地"云云。列子天瑞篇與此文全同。**自漢任陰陽之術，治易者與之粏，**漢書儒林傳："孟喜得易家候陰陽災變書。"藝文志有古五子、雜災異、古雜、神輸之屬，及納甲、卦氣諸説，皆陰陽之言也。**中閒黃巾祭酒之書，浸以成典。**魏志張魯傳曰："據漢中以鬼道教民。自號師君，其來學者，初名鬼卒，受本道。已信號祭酒！大都與黃巾相似。"裴注引典略云："張脩使人爲姦令祭酒，祭酒主以老子五千文使都習，號爲姦令。"按：此方士之術，三國志所謂米賊，晉書謂之五斗米道，亦曰天師道。其始以誘愚民，晉世則士大夫亦多崇信。而漢末魏伯陽著周易參同契，又爲言修養者所祖。餘風所衍，奕世不絕。越至唐世，佛老並興，方士傅會二家，亦因不廢。訖宋而有濂溪、百源之術，導道學之先路，本之則方士之説也。陳振孫書録解題曰："邵子之學出於李之才，之才受之穆修，修受之种放，放受之陳搏。"黃宗炎太極圖辨曰："周子太極圖，創自河上公。考河上公本圖名無極圖，魏伯陽得之以著參同契。鍾離權得之以授吕洞賓，洞賓後與陳圖南同隱華山，而以授陳，陳刻之華山石壁。陳又得先天圖於麻衣道者，皆以授种放，放以授穆修與僧壽涯。修以先天圖授李挺之，挺之以授邵天叟，天叟以授子堯夫。修以無極圖授周子。周子又得先天圖之偈於壽涯。"此所謂浸以成典者已。**訖于宋世，儒者之書盈篋，而言不能舍理、氣，**如程子謂："人類、禽獸、草木，莫非乾元一氣所生。"又曰："有理則有氣。"又曰："性即理也,所謂理性是也。"又曰:"論性不論氣不備,論氣不論性不明,二之則不是。"張子謂:"游氣紛擾,合而成質者,生人物之萬殊。其陰陽兩端,循環不已者,立天地之大義。"朱子謂:"天即理也。"又曰:"理難見,氣易見。"宋儒類此之説,觸卷多有。章君後撰菿漢昌言,復論之曰:"宋明諸儒之辯,困於理氣。所謂理,即道體,而五常屬焉。所謂氣,則以知覺運動當之。理猶佛典所謂法,氣猶佛典所謂生,有生已空而法未空者矣。宋儒謂理在氣先,可也。現見人類有生而後有道義。明儒謂理麗於氣,即氣之秩然不紊者,亦可也。雖然,氣者,人之呼吸所吐内者爾,以知覺運動爲氣名義已乖。黃太冲謂:'心亦氣也。'(明儒學案魏莊渠案)噫!人心至靈而謂之氣!仁,人心也;謂仁,人氣也可乎?蹶者、趨者,是氣也而反動其心,謂反動其氣可乎(蹶、趨實亦非氣,此古人不了義)?以妄見天地萬物言,唯有知。氣則知之動,理則知所搆也。以本無天地萬物言,唯有知,所謂本覺也(孔子無知,謂離見相,非無本覺)。了此者,奚困於理、氣爲(大氏諸儒所謂氣者,應改稱爲力,義始相應)?**適得土苴焉!** 呂氏春秋貴生篇高誘注云:"土苴,草蒯也。"莊子讓王篇司馬注云:"土苴,如糞草也。"

國故論衡疏證下之六

辨性上

萬物皆無自性。原注：自性者，不可變壞之謂。情界之物無不可壞，器界之物無不可變，此謂萬物無自性也。〇按：大乘入楞伽經卷二曰："一切法無自性，以剎那不住故，見後變異故，是名無自性。"攝大乘論世親釋曰："説一切法無自性意，今當顯示。自然無者，由一切法無離衆緣自然有性，是名一種無自性意。自體無者，由法滅已，不復更生，故無自性，此復一種無自性意。自性不堅住者，由法纔生，一剎那後，無力能住，故無自性。"**黃墟、大海、爞火、飄風，則心之蔭影也**。地、水、火、風，佛書謂之四大。根、身、器、界，無非四大之和合。然此四大本無自性，皆心之蔭影也。大乘入楞伽經卷二云："身及資生器世間等，一切皆是藏識影像。"又楞嚴經卷六破四大義，其説至明。**公孫尼子曰："心者，衆智之要。物皆求於心。"**原注：意林及御覽三百七十六引。〇按：漢志儒家有公孫尼子二十八篇。注云："七十子之弟子。"**其言有中。無形而見有形，志與形相有則爲生**。心生則種種相生，而心與無明本無形也。不覺故動，境界妄現，則於無形見有形矣。境界爲緣，因以起惑造業，分別執取，故曰"志與形相有則爲生"也。**生者於此，生之體於彼，説緣生者，假設以爲性。而儒者言性有五家：無善無不善，是告子也。善，是孟子也。**並

見孟子告子篇。惡，是孫卿也。見荀子性惡篇。善惡混，是
揚子也。見法言修身篇。善惡以人異，殊上中下，是漆雕
開、世碩、公孫尼、王充也。原注：此即韓愈三品之説所本。○
按：諸説見論衡本性篇。漢志儒家有漆雕子十二篇，注云：“孔子弟
子漆雕啓後。”世子二十一篇，注云：“名碩，陳人，七十子之弟子。”
五家皆有是，而身不自明其故，又不明人之故，務相斬
伐。調之者又兩可。如程子言善固性也，然惡亦不可不謂之
性。是即兩可之説。獨有控名責實，臨觀其上，以析其辭之
所謂，然後兩解。人有八識，其宗曰如來藏。以如來藏
無所對，奄忽不自知，視若胡、越，則眩有萬物。楞伽經卷
七(十卷本)云：“如來藏名阿賴邪識。”又曰：“如來藏者，爲無始虛
僞惡習所熏，名爲識藏。”又曰：“如來藏者，爲善不善因。”是如來藏
即藏識之異名。而起信論云：“依如來藏故有生滅心。所謂不生不
滅與生滅和合，非一非異，名爲阿梨耶識。”審此語趣，則如來藏非
即藏識，蓋指藏識中不生不滅者，所謂真如是也。真如不動，故曰
“無所對”。無明忽起，故曰“不自知”。圓覺經曰：“云何無明？善
男子、一切衆生，從無始來，種種顛倒，猶如迷人四方易處，妄認四
大爲自身相，六塵緣影爲自心相。譬彼病目，見空中華及第二月。”
此所謂“眩有萬物”也。然心本真如，何緣突起無明邪？菿漢微言
曰：“昔居東時，有人以此問桂伯華。桂舉起信論風水之喻答之，然
風乃外來，本非水有，而無明真如，是一心法，則斯喻原非極成。余
謂此如小兒蒙昧，不解文義，漸次修習，一旦解悟。當其既通，與昔
未通之心，非是二物。然未通之時，通性自在，喻如真如。當其未
通，喻如無明。由塞而通，喻如始覺同本。苟無通性則終不可通，
若無不通之性，何必待學習方知文義邪？雖然，斯例則通達矣，而

終不解無明突起之由。余以所謂常樂我淨者，我即指真如心。而此真如心，本唯絕對。既無對待，故不覺有我。即此不覺，謂之無明。證覺以後，亦歸絕對，而不至再迷者，以曾經始覺故。"**物各有其分職，是之謂阿羅耶。**說見明見篇。**阿羅耶者，藏萬有，既分即以起末那。末那者，此言意根。**成唯識論卷四云："頌曰：次第二能變，是識名末那。論曰：是識聖教別名末那，恒審思量勝餘識故。此名何異第六意識？此持業釋，如藏識名，識即意故。彼依主釋，如眼識等，識異意故。"（天竺辨名義之法有六離合釋：一曰持業釋，二曰依主釋，見大乘法苑義林）**意根常執阿羅耶以爲我。**菿漢微言曰："第七恒審思量，唯是執我。此最易驗。然常人以爲不遇我對，則我執不見。不知念念不已，即似無念。念念執我，即似無我。必有非我之色，忽然現前，乃覺有我。實則念念相續，俱是我執。即出話撰文，貫串成體，足以自達，亦由我執相續。乃至行生坐臥，未嘗起念想我，而終不疑是誰行、誰住、誰坐、誰臥？此即末那之用也。"**二者如束蘆，相依以立，**成唯識論卷二云："阿賴耶識與雜染法互爲因緣，如炷與燄，展轉生燒。又如束蘆，互相依住。"又卷四云："藏識染法，互爲因緣，猶如束蘆，俱時而有。"**我愛、我慢由之起。**成唯識論卷四云："此意相應有幾心所，且與四種煩惱常俱。此中俱言，顯相應義，謂從無始至未轉依，此意任運，恒緣藏識，與四根本煩惱相應。其四者何？謂我癡、我見，并我慢、我愛，是名四種。我癡者，謂無明，愚於我相，迷無我理，故名我癡。我見者，謂我執，於非我法，妄計爲我，故名我見。我慢者，謂倨傲，恃所執我，令心高舉，故名我慢。我愛者，謂我貪，於所執我，深生耽著，故名我愛。并表慢、愛，有見、慢俱，遮餘部執，無相應義。此四常起擾濁內心，令外轉識，恒成雜染。有情由此生死輪迴,不能出離,故名煩惱。"**意根之動,謂之意識。物至而知接,謂之眼、耳、鼻、舌、身、識。彼六識者,或施或受,復歸於阿羅耶。**一識變爲見、相二分。能緣分名見,所緣分名相。施謂能緣見分,受謂所緣相分。**藏萬有者,謂之初種。六識之所歸者,謂之受熏之種。諸言性者,或以阿羅耶當之,**_{告子}是也。**或以受熏之種當之,**揚子及漆雕諸家是也。**或以意根當之。**孟子、孫卿是也。**公孫龍曰:"謂彼而彼,不唯乎彼,則彼謂不行;謂此而此,不唯乎此,則此謂不行。"**原注:名實論。○按:公孫龍子名實論云:"正其所實者,正其名也。其名正,則唯乎其彼此焉。謂彼而彼,不唯乎彼,則彼謂不行;謂此而此,不唯乎此,則此謂不行。其以當,不當也;不當而當(依俞校補),亂也。故彼彼當乎彼,則唯乎彼,其謂行彼,此此當乎此,則唯乎此,其謂行此。其以當而當也;以當而當,正也。"按:墨子經説上云:"是名也,止於是實也。"名止於實,即所謂"名正,則唯乎其彼此"。名之曰彼、曰此,而其實不止於其名,則彼此之名,將不得行也。**由是相伐。孫卿曰:"生之所以然者謂之性。"夫意根斷,則阿羅耶不自執以我,復如來藏之本,若是即不死不生。**阿羅漢位則意根種子,及現行俱永斷滅,見成唯識論卷四。**生之所以然者,是意根也。孟子雖不言,固弗能異。意根當我愛、我慢。有我愛,故貪無厭;有我慢,故求必勝於人。貪即沮善;求必勝於人,是審惡也。**審惡猶言真惡,與僞惡反,説見下文。任運而起,非有所爲,是之謂審。計度而起,有爲爲之,是之謂僞。**孫卿曰:"從人之性,順人之情,必出於爭奪,合於犯分亂理、而歸於暴。"斯之謂惡。**

斯<u>孫卿</u>所以言性惡。**我見者，知人人皆有我。知之，故推我愛以愛他人，雖非始志哉，亦不待師法教化。**<u>孫卿</u>謂："必將有師法之化，禮義之道然後出於辭讓，合於文理。"然此推愛及人，惟是根於我見，故不待於師法教化。**孟子曰："今人乍見孺子將入井，皆有怵惕惻隱之心。"**見<u>公孫丑</u>篇。**是審善也。極我慢者，恥我不自勝，於我而分主客，**充其我慢，則自視若二，以能勝者爲主，所勝者爲客。**以主我角客我，**原注：我本無自性，故得如是。按：<u>瑜伽師地論</u>十二云："勝有五種：一、形奪卑下，故名爲勝。謂如有一以己勝上工巧事形奪他人，置下劣位。二、制伏羸劣，故名爲勝。謂如有一以己強力摧諸劣者。三、能隱蔽他，故名爲勝。謂瓶、盆等，能有覆障；或諸藥草、呪術、神通，有所隱蔽。四、厭壞所緣，故名爲勝。謂厭壞境界，捨諸煩惱。五、自在回轉，故名爲勝。謂世君王，隨所欲爲，處分臣僕。"按：第一、二、五種勝，皆以我慢慢人。第四種勝，是以我慢自克，厭壞所緣者。五識以五塵爲所緣，意以一切名相爲所緣，意根則以我爲所緣。**自以勝人，亦不自勝也。勝之，則勝人之心解，孫卿謂之禮義**原注："義"即今"儀"字。**辭讓，是無惡也。夫推之極之然後起，弗可謂性。然而因性以爲是，不離其樸。**<u>荀子楊倞</u>注云："樸，質也。"**是故愛之量短而似金椎，慢之量缺而似金玦，鎔之引之，不異金而可以爲環。**人有我愛，而不推其愛，則其愛己狹，故曰"短似椎"矣。有我慢而不慢於己，則其慢未周，故曰"缺似玦"矣。性猶此性也，擴而充之，則可以爲善，所謂"不異金而可以爲環"也。**孟子以爲能盡其才，斯之謂善。**斯<u>孟子</u>所以言性善。**大共二家皆以意根爲性。意根一實也，愛、**

慢悉備。然其用之異形，一以爲善，一以爲惡，皆疐也。原注：我愛、我慢，可以爲善，可以爲惡。故唯識謂意根爲無記，二家則分言之。悲孺子者閱人而皆是，能自勝者率土而不聞，則孟、孫不相過。悲孺子者多則孟説是，能自勝者少則孫説是，故曰"不相過"。孟子以不善非才之罪，孫卿以性無善距孟子，又以治惡比於烝矯譬厲，悉蔽於一隅矣。原注：方苞舉元凶劭、柳璨臨刑時語，以證人性本善。此不足證也。善與知善有異，人果受學，雖存惡性，亦知善惡之分。劭固好讀史傳，而璨且著析微以正史通，爲時所稱，寧當不明人倫之義？忠孝之教，即當其弑父負國之時，已自知凶頑無比，覆載不容矣，無待臨刑也。知而爲之，不足證其性善，但足證其智明耳。論衡本性篇云："陸賈曰：'天地生人也，以禮義之性。人能察己所以受命則順，順之爲道。'夫貪者能言廉，亂者能言治，盜跖非人之竊，莊蹻刺人之濫，明能察己，口能論賢，性惡不爲，何益于善？陸賈之言，未能得實。"此則方説早爲昔人所破。○按：元凶劭見宋書二凶傳，柳璨見唐書姦臣傳。方説見望溪文集原性。告子亦言生之謂性。夫生之所以然者謂之性，是意根也。即生以爲性，是阿羅耶識也。阿羅耶者，未始執我，未始執生。執之者，意根也。不執我，則我愛、我慢無所起，故曰：無善、無不善也。雖牛、犬與人者，愚智有異，則種子之隱顯殊耳，彼阿羅耶何以異？以匏瓜受水，實自匏瓜也，雖其受酒漿，非非匏瓜也。匏瓜喻人與牛、犬之阿賴耶，水及酒漿喻種子不同。孟子不悟己之言性與告子言性者異實，以盛氣與之訟。告子亦無以自明，知其實，不能舉其名，故辭爲之詘矣！龔自珍圉告子曰："善惡皆後起者。夫無善也,則可以爲桀矣;無不善也,則可以爲堯矣。知堯之本不異桀,郇卿氏之言起矣;知桀之本不異堯,孟氏之辯興矣。爲堯矣,性不加菀;爲桀矣,性不加枯。爲堯矣,性之桀不亡走;爲桀矣,性之堯不亡走。不加菀,不加枯,亦不亡且走。是故堯與桀互爲主客,互相伏也,而莫相偏絶。古聖帝明王立五禮,制五刑,敝敝然欲民之背不善而嚮善,攻劀彼爲不善者耳。曾不能攻劀性。崇爲善者耳,曾不能崇性。治人耳,曾不能治人之性。有功於教耳,無功於性。進退卑亢百姓萬邦之醜類,曾不能進退卑亢性。"觀龔氏言性,蓋即以無覆無記之阿賴耶當之也。**揚子以阿羅耶識受熏之種爲性。夫我愛、我慢者,此意根之所有;動而有所愛、有所慢,謂之意識。**我愛、我慢,當其潛伏意根,猶未有用。動而有用,則謂之意識也。**意識與意根應。愛、慢之見,熏其阿羅耶,阿羅耶即受藏其種。**七轉識爲能熏,八識爲所熏。能熏所熏,各具四義,見成唯識論卷二。**更迭生死,而種不焦敝。前有之種,爲後有之增性,故曰:善惡混也。**此揚子所以言善惡混。**夫指窮於爲薪,而火不知其盡。**莊子養生主篇:"指窮於爲薪,火傳也,不知其盡也。"按:莊子此文,薪以喻形也,火以喻生也。"指"當讀爲公孫龍"物莫非指"之"指"。指,猶物色也。火之物色窮於爲薪,不爲薪則火不知其盡。以言人之生窮於爲形,不爲形則生不知其盡。火傳不盡,即所謂萬化而未始有極是矣。**形氣轉續,變化相嬗,故有忽然爲人,**原注:忽然,猶言暫爾,非謂無因而至也。**亦有化爲異物。**賈誼鵩鳥賦:"形氣轉續兮,變化而嬗。"又曰:"忽然爲人兮何足控?摶化爲異物兮又何起患?"**輪轉之説,莊生、賈誼已知之**

矣。揚子不悟阿羅耶恒轉，徒以此生有善惡混。所以混者何故，又不能自知也。漆雕諸家，亦以受熏之種爲性。我愛、我慢，其在意根分齊均也。意根任運而轉，非善不善。而意識用之有偏勝，故受熏之種有強弱。復得後有，即仁者、鄙者殊矣。雖然，人之生，未有一用愛者，亦未有一用慢者。慢者不過欲盡制萬物，物皆盡，則慢無所施。故雖慢，猶不欲盪滅萬物也。南史言蒼梧王立齊高帝於室内，畫腹爲射的，引滿將發，左右諫曰：“領軍腹大，是佳射堋，而一箭便死，後無復射，不如以雹箭射之。”乃取雹箭，一發即中帝臍。慢極而返於愛，此亦一例也。愛者不過，能近取譬。論語雍也篇：“能近取譬，可謂人之方也已。”人搤我咽，猶奮以解之，故雖愛，猶不欲人之加我也。論語公冶長篇：“我不欲人之加諸我也，吾亦欲無加諸人。”集解：“馬融曰：‘加，陵也。’”有偏勝則從所勝以爲言，故曰：有上、中、下也。漆雕諸家所以言三品。夫塵埃拃覆，則昏不見泰山；漢書中山靖王傳：“塵埃拃覆，昧不見泰山。”師古曰：“拃，亦布散也。”建絳帛萬崵以圍尺素，則白者若赤。物固有相奪者，然其質不可奪。漆雕之徒不悟，而偏執其一至，以爲無餘，亦過也。

問曰：善惡之類衆矣，今獨以誠愛人爲審善，我慢爲審惡，何也？答曰：審、諦、真，一實也，與僞反。僞善有數：利人者欲以納交要譽，孟子公孫丑篇：“今人乍見孺子將入於井，皆有怵惕惻隱之心，非所以内交於孺子之父母也，非所以要譽於鄉黨朋友也。”一也。欲以生天，釋氏要覽引正法念處經曰:"因持戒不殺、不盜、不淫,由此三善得生天。"**二也。欲以就賢聖,三也。欲以盡義,四也。**原注:盡義之説有二:由乎心所不能已者爲真,以爲道德當然而爲之者爲僞。此指後説。**此皆有僞。韓非之解老曰:"義者,謂其宜也。宜而爲之,故曰:'上義爲之而有以爲也。'"夫三僞固下矣,雖以盡義,猶選擇爲之,計度而起,不任運而起,故曰僞。誠愛人者無所爲。韓非之解老曰:"仁者,謂其中心欣然愛人也。其喜人之有福,而惡人之有禍。生心之所不能已,非求其報。**原注:不求報,則異於前三僞;心所不能已,則異於後一僞。**故曰:'上仁爲之而無以爲也。'"無以爲者,任運而起,不計度而起,故謂之審。德意志人有簫賓霍爾者,蓋知其尚兆矣。**簫賓霍爾通譯作叔本華,普魯士之丹崎人也。曾在柏林大學講學十餘年,既而隱於梅恩河上,端居讀書,年七十二卒於家。其學説淵源於康德,以爲世界萬有,皆出自我之表象。舍表象外,即無可得而認識之世界。世界唯一之根柢,惟存於非理性之意志,命之曰"生活意志"。此意志,惟知努力以求存,其特徵爲奮鬪。意志本係盲目,因奮鬪而生理知。人之身體,即意志納於物質之中。意志即一種慾望,生於不知足。自極下等動物,至最高之人類,同此意志也。惟動物慾望簡單,本能既盡,其慾亦足;而人類慾望複雜,本能之外,又利用理知以濟之。然此慾方滿,他慾又生,故人生終無安寧之一日。叔本華以此斷定意志爲惡劣的。人生既不能離意志而存在,故人生亦爲惡劣的。又謂人生先天之意志,惟在利己,無論用何手段,終不能變化之。設謂品性可漸改善,則老人之道德,必高於少年矣。一既爲惡人者,永失社會之信用,此正見人之力量不能改造品性也。其立說之大指如此。**知有僞善，顧不知有僞惡，其極且以爲惡不可治。夫有爲而爲善，謂之僞善；若則有爲而爲惡者，亦將謂之僞惡矣。**叔本華謂生活意志惟是努力求存，其説是已。然其所以努力，正爲求存，故求存而爭，爭則犯分亂理，斯之謂惡。顧其惡實非任運而起，故謂之僞也。**今人何故爲盜賊姦邪？是饑寒迫之也。何故爲淫亂？是無所施寫迫之也。何故爲殘殺？是以人之墮我聲譽、權實迫之也。雖既足而爲是者，以其志猶不足。志不足，故復自迫。此其爲惡，皆有以爲者，是故予之僞惡之名。**原注：僞者，謂心與行非同事。雖心行皆非善，而意業與方便異，故曰僞。**然而一往勝人之心，不爲聲譽、權實起也。**章君作俱分進化論有曰：“人性好勝有二：一、有目的之好勝，二、無目的之好勝。凡爲追求五欲、財産、權位、名譽而起競爭者，此其求勝，非以勝爲限界，而亦在其事其物之可成，是爲有目的之好勝。若不爲追求五欲、財産、權位、名譽而起競爭者，如鷄、如蟋蟀等，天性喜鬭，乃至人類亦有其性，如好弈棋與角力者，不必爲求博賭，亦不必爲求名譽，惟欲得勝而止，是爲無目的之好勝。此好勝者由於執我而起，名我慢心，則純是惡性矣。”**常人之弈棋者，趣以卒日，不求簿進，**漢書高祖本紀注：“進字本作‘賫’，又作‘賭’。”**又非以求善弈名也。當其舉棋，攻劫、放捨，**文選博弈論注引尹文子曰：“以智力求者喻如弈。弈，進退、取與、攻劫、殺舍在我者也。”**則務於求勝。常人之談説者，非欲以口舌得官，**史記劉敬傳：“上怒罵劉敬曰：‘齊虜以口舌得官。’”**及以就辯士之名也。其所談説，又内無繫於己，外不與於學術政教也。**

説而詘必辯，辯而不勝必爭。人有猝然橫逆我者，妄言
罵詈，非有豪毛之痛也，又非以是喪聲譽、權實。當其受
詈，則忿心隨之，此爲一往勝人之心，無以爲而爲之，故
予之審惡之名。審善惡者，浮屠以爲用性作業；僞善惡
者，浮屠以爲用欲作業。原注：見大智度論八十八。以審善
惡徧施於僞善惡，以僞善惡持載審善惡，更爲增上緣，則
善惡愈長，而亦或以相消。積習生常，始於有爲者，或終於自
然，久假不歸，則僞且爲真矣，此善惡所以愈長。以審善制審惡，可
使之伏；以僞善制僞惡，可使之去，二者又可以相消也。精之醇
之，審善審惡，單微一往而不兩者，於世且以爲無記。俱
舍論二曰：“不可記爲善不善性，故名無記。”是故父子相保，言
者不當一匡之仁。父子相保，是審善也，世無稱其仁者。一匡
之仁，義見論語憲問篇。局道相斫，見者不擬畀人之惡。博
弈攻劫，是審惡也，世無稱其暴者。説文云：“斫，擊也。”及爲羣
衆，其分又彌異。大上使民無主客尊卑，“以聏合驩，以
調海内”。二句莊子天下篇文。章氏解故曰：“‘聏’借爲‘而’。
釋名：‘餌，而也，相黏而也。’是古語訓而爲黏，其本字則當作‘暱’。
‘暱’或作‘昵’。左傳‘不暱’説文作‘不䵑’。䵑，黏也。相親暱本
有黏合之義，故此‘以而合驩，’亦即‘以暱合驩’也。”其次善爲國
者，舒民之慢，無奪民之愛。舒慢，故尊君之義日去，其
尊嚴國體亦愈甚；無奪愛，故不苛人之隱曲也。且國者
本以慢生，國家之設本以自衛而禦外，故曰“以慢生”。故武健
勝兵者爲右，而常陵轢弱小。殺敵致果，易之則爲戮。宣

二年左傳："戎，昭果毅以聽之之謂禮。殺敵爲果，致果爲毅。易之，戮也。"**故審惡且爲善，而審善又且爲惡。諸自有國以後者，其言善惡，非善惡之數也。**原注：凡善惡之名，因人而起者，分之則有真善惡、僞善惡。因國而起者，其善非善，其惡非惡，或且相背馳矣。有對於其國之所行可稱爲善、爲惡者，則取人爲單位，他不復計。**夫僞善惡易去，而審善惡不易去。人之相望，在其施僞善；羣之苟安，待其去僞惡。彼審惡者，非善所能變也。**原注：善，兼審善、僞善言之。審善或與審惡相調，令審惡不易現行，如朋友相親，則伏我慢也。僞善亦或與審惡相調，令審惡不易現行，如懼有死亡之禍，則不敢犯分陵人也。然審惡亦或能對治僞惡，如自貴其身，則不肯苟取臧私也。審善亦或能現起僞惡，如貧者養親，則盜鄰家之埶麥也。要之，以審善伏審惡，其根不可拔。以審惡對治僞惡，以審善現起僞惡，則其流變無窮矣。**然而僞惡可以僞善去之，僞之與僞，其埶足以相滅。今夫以影蔽形，形不亡；以形蔽形，形猶若不亡；以影蔽影，則影自亡。**原注：如息樹下，以有樹影，故無人影，非人影爲樹影所障，乃其時實無人影也。**僞與真不相盡，雖兩真猶不相盡，而僞與僞相盡。且僞善者，謂其志與行不相應。行之習能變其所志以應於行，又可以爲審善。何者？以人性固可以愛利人，不習則不好，習焉而志或好之。若始學者，志以求衣食，習則自變其志以求真諦，以人性固憙知真諦。**原注：此由我見所推而成。**故得其嗜味者，槁項食淡攻苦而不衰。**史記叔孫通傳："呂后與陛下攻苦食啖。"集解："徐廣曰：'啖'，一作'淡'。"**是故持世之言，以僞善羡道**

人,雖浮屠猶不廢。**簫賓霍爾**不悟,以爲惡不可治,善不可勉以就,斯過矣。原注:善惡實無自性,故由僞善亦可以致審善,簫賓霍爾未悟斯義,遂局於自然之説。**惡之難治者,獨有我慢,雖爲臺隸,擎跽曲拳,**莊子人間世篇:"擎跽曲拳,人臣之禮也。"**以下長者,**長者,謂富貴人也。俞正燮曰:"長者有三義:父兄一也,富貴人二也,德行高三也。"詳癸巳類稿卷十一。**固暫詘耳。一日衣裘壯麗,則奮矜如故。人有恒言,以爲善佞諛人者,亦善陵人。**我慢不亡故。**亦有量人窮通,調度高下者,爲之而有以爲,猶僞惡也。**大雅烝民篇云:"柔則茹之,剛則吐之。"劉峻廣絕交論云:"無不操權衡,秉纖纊。衡所以揣其輕重,纊所以屬其鼻息。謀而後動,豪芒寡忒。"此所謂"量人窮通,調度高下者"也。然其所以如是,皆有以爲,則仍是僞惡矣。**爲之而無以爲,橫計勝劣,以施毀譽,**原注:今遠西多有此病。對於强者、富者、貴者,則譽不容口;對於弱者、貧者、賤者,則一切下視之。而己非必有求於所譽者也,其强、其富、其貴或過於所譽者,故曰"爲之而無以爲"。**即其惡與慢準。惟慢为能勝慢。何者? 能勝萬物,而不能勝我,猶孟賁舉九鼎,不自拔其身,力士恥之。**韓非子觀行篇云:"烏獲不能自舉。"**彼憂苦者我也,淫湎者我也,懈惰者我也,矜夸者我也,傲倪者我也,而我弗能挫衈之,則慢未充。是故以我慢還滅我慢,謂之上禮。**菿漢微言説孔子曉顏回以克己復禮云:"凡人皆有我慢,我慢所見,壹意勝人,而終未能勝己。以是自反,則爲自勝,自勝之謂'克己'。慢與慢消,故云'復禮'。我與我盡,平等性智,見前此所以爲仁也。顏回庶幾之才,聞一知十,乍聆勝義,便收坐忘之效。及劣根如<u>楚靈王</u>，復以斯語責備者，<u>靈王</u>欲求九鼎，爲石郭以象帝<u>舜</u>，其慢心時人未有也。充其慢心，才力足以自勝，非若<u>齊景</u>、<u>魯哀</u>闒茸不能自振者矣。綜觀前史，<u>戴淵</u>盜賊之魁，<u>周處</u>惡人之選，及其折節改行，毅烈貞固，風操卓然。乃若<u>張華</u>、<u>王戎</u>之倫，何足以與是邪！觀<u>仲尼</u>之惜<u>靈王</u>，而以慢勝慢之理見矣。克己、由己，其致一也。"**韓非之解老曰："衆人之爲禮，以尊他人，故時勸時衰。君子爲禮，以尊其身**，尊字疑當作"爲"。<u>韓非</u>本作"爲"，本篇下文亦云："上禮者，固以自爲。"當據改。**故神之爲上禮。上禮神而衆人貳**，原注：上禮者，不以尊卑、貴賤異禮也。不可爲國，故衆人貳。**故不能相應。衆人雖貳，聖人之復恭敬盡手足之禮也不衰，故曰：'攘臂而仍之。'"**釋文："仍"作"扔"，云："人證反。又音仍，引也，因也。<u>字林</u>云：'就也，數也，原也。'"**上禮與詔何異哉？假令平人相遇，無强弱、貧富、貴賤之校者，跪拜以送之，頌説以譽之，芬香以獻之，鞠躬翼戴，比于臣僕，雖似詔，則謂之長德也。詔者計勝劣，上禮者無勝劣之計。正執而行謂之詔，正節而行謂之上禮。**原注：<u>韓子</u>解老説上禮與禮異。凡君臣之禮，亦詔之類也，故曰"禮者，忠信之薄而亂之首"也。上禮則異是。○按：<u>荀子正名篇</u>："正利而爲謂之事，正義而爲謂之行。"**上禮者，固以自爲。唯孔子亦曰"克己復禮"**，論語顔淵篇。**浮屠有忍辱，皆自勝也。**原注：持戒精進，亦由自勝生。持戒以勝淫洳，精進以勝懈惰。禪定亦由自勝生，以勝憂苦。○按：佛法有六波羅蜜。忍辱即羼提波羅蜜，忍受一切有情、罵辱、擊打等（生忍）及非情、寒熱、飢渴等（法忍）之大行也。注云"持戒"即尸羅波羅蜜，

“精進”即毘梨耶波羅蜜，“禪定”即禪波羅蜜（一云静慮波羅蜜），見法界次第初門下之上。**卒言其極，非得生空觀慢不滅。**凡夫妄計五蘊爲我，引惑造業。佛説五蘊無我，二乘人悟之以入無我之理，即得生空觀也。**善之不可滅者，獨有誠愛人，雖食肉之獸不絕也。彍而充之，又近僞善矣。知萬物爲一體，其充生於不能已者，善之至也。至於無生，而善復滅矣。**

　　問者曰：世之高士，“不降其志，不辱其身”。論語微子篇文。**齊有餓人者，聞嗟來則不食；**禮記檀弓下篇：“齊大饑，黔敖爲食於路，以待餓者而食之。有餓者蒙袂輯屨，貿貿然來。黔敖左奉食、右執飲，曰：‘嗟！來食。’揚其目而視之曰：‘予唯不食嗟來之食，以至於斯也。’從而謝焉，終不食而死。曾子聞之曰：‘微與！其嗟也可去，其謝也可食。’”**魯有臧堅者，刑人弔之，以杙抉其創死。**襄十七年左傳：“齊人獲臧堅，齊侯使夙沙衛唁之，且曰：‘無死。’堅稽首曰：‘拜命之辱。抑君賜不終，姑又使其刑臣禮於士。’以杙抉其傷而死。”**此爲以我慢伏我愛，未審善也。而前修以爲卓行，**漢書古今人表餓者列在六等，臧堅列在七等。**今宜何論？ 應之曰：高士者亡貴其慢，貴其寡情欲。諸有我見者，即有我所有法，身亦我所有法也。攝受於身者，卒之攝受于我。以愛我故愛我所有，淫聲色，溽滋味，有之不肯去，無之而求給，則賊人所愛。慢又助之，歆色者且欲妻宓妃，**見屈原離騷及曹植洛神賦。**歆聲者欲使白虎鼓瑟、蒼龍吹篪，**見張衡西京賦。**雖不可得，猶有欲求也。幾可以得之者，無抟損人可得哉？ 治以工宰，工宰又愈賊人。**原注：如因政府又起賦税諸法，其流無已。○按：工宰猶言官宰,已見<u>明見篇</u>。**彼高士者,以我慢伏我愛。我慢量少,伏我愛之量多,短長相覆,是故謂之卓行。**世人則多以我愛伏我慢,則謂之諂曲佞諛也。**大上有<u>許由</u>、<u>務光</u>之讓王,**見<u>莊子讓王篇</u>。**其次不臣天子,不友諸侯,内則勝貪,外之使人知工宰爲世賊禍,足以儀法。其德辟惡,**德謂體性。**其業足以辟增上惡緣。**業謂作用。**世之言卓行,不惟審善,雖辟惡亦與焉。故阿魏非香也,臭之不可于鼻,用足以辟諸腐臭,故準之香。自<u>由</u>、<u>光</u>而下者,雖有少慢,其辟惡固優矣。精潔如<u>由</u>、<u>光</u>,**<u>韓非子和氏篇</u>云:"其修士且以精潔固身。"**又無慢者,非阿魏之比,而犀角之比。犀角食之無益人,不得與上藥數,以其辟毒,則準之上藥。是故諸辟惡者,不爲審善,以伏審惡,則字之曰:準善。餓人、<u>臧堅</u>,視<u>由</u>、<u>光</u>已末矣。**<u>古今人表</u>許由列在二等,務光列在三等,文當有誤,蓋皆宜在三等也。**其慢猶少,其伏我愛猶多,誠未清净,若白練有小點者。世無大士,則高士爲其甲。若夫不忍貨財、妃匹之亡,而自貍以爲快者,其愛我所有法甚。其愛我亦愈甚,不遂故自賊,猶以醒醉解憂也,故世亦莫之貴。**<u>叔本華</u>謂自裁者之決去生命,正以其未能決去欲念耳。蓋方其捐生,正謂將去有生之苦,獲無生之樂。此正是極强之欲念也。

　　問者曰:意根有我愛,易知也。何故復有我慢?應之曰:當其有阿羅耶識,即有意根矣,故曰束蘆。束蘆見上文。**意根者,生之所以然。有生不能無方分。方分者,不**

交相涉，以此方分格彼方分，此我慢所以成，非獨生物也。蓬顆、野馬，_{莊子逍遥游篇：“野馬也，塵埃也，生物之以息相吹也。”郭注：“野馬者，游氣也。”按：“馬”借爲“塺”，塵也。漢書賈山傳：“使其後世曾不得蓬顆蔽冢而托葬焉。”晉灼曰：“東北人名土塊爲蓬顆。”}常自以己之方分，距異物使不前，一玉屑、一芥子而不相受。假令無我慢者，則是無厚。無生者不自立，有生者無以爲生，故我慢與我愛交相倚也。若寶劍之有文鐃矣，如浮脂不可脱，如連珠不可掇。_{淮南子本經篇：“雕琢之飾，鍛錫文鐃，乍晦乍明。”高誘注云：“緣錯錫鐃文，如脂膩不可刷，如連珠不可掇，故曰：‘乍晦乍明’也。”}以爲一邪？抗下異節。_{慢則心抗，愛則心下。}以爲二邪？其榮滿側。_{荀子解蔽篇：“處一危之，其榮滿側；養一之微，榮矣而未知。”王念孫曰：“成相篇云：‘思乃精，志之榮，好而壹之神以成。’賦篇云：‘血氣之精也，志意之榮也。’四榮字並同義。”}及其用之，我慢足與他人競，我愛足與他人和，其趣則異。是何也？自執有我，從是以執他人有我。慢之性使諸我相距，愛之性使諸我相調。調與距雖異，其趣則然。昔者項王意烏叱咤，千人皆廢。然見人慈愛嫗嫗，人有疾病，爲之涕泣和藥。_{見史記淮陰侯傳、漢書韓信傳。}今有大俠，遇盗于塗，角力者殺之，乞命者即矜而活之。師子至暴也，一鹿之肉，給其日食有餘，然獨憙殺象者，以其力之多。見人蒲伏其前，則經過不搏。_{御覽八百八十九宋炳師子擊象圖序曰：“梁伯玉説沙門釋僧吉云：‘嘗從天竺欲向大秦，其間忽聞數十里外哮噉之聲，驚天怖地。頃之，但見百獸率走，蹻地至絶，而四巨象虓焉而至，以鼻}

捲泥自厚塗數尺,數噴鼻隅立。俄有獅子三頭見於山下,直搏四象,崩血若濫巨泉,樹草偃仆。'"坤輿外紀:"利末亞州多獅,性至傲,遇者亟俯伏,雖至飢不噬。"**麒麟爲仁矣,不殺蟲蛾**,"蛾"與"蟻"通,説見陸璣詩疏。**遇師子即引足踶跌,令辟易數十丈死。是故愛慢異流而同其柢,然而愛不足以勝慢矣。惟慢勝慢,故上禮不以爲情貌,以自攻拔其身**。原注:此與孫卿矯飾之説不同。極我慢以治我慢,非由矯也。亦與康德所謂絶對之命令不同。彼謂知善,故施此命令;此謂由我慢之念而極之,猶壯士求自舉其身。**夫以我勝我,猶有我慢之見也。彼大士者,見我之相勝,以知我之本無**。原注:若本有我,則我不爲二。我不爲二,則無以我勝我之理。**益爲上禮,使慢與慢相盡,則審惡足以解,浮屠喻之以夢渡河**。原注:謂如夢中見有大河橫距行徑,即奮躍求越過,正奮躍時,其夢即悟。實無有河,亦無有奮躍事,然非奮躍,則夢亦不能寤。**然則孟子、孫卿言性也,而最上者言無我性。親證其無我性,即審善惡猶幻化,而況其偏乎!**

辨性下

　　孔子曰:"生而知之者,上也。"論語季氏篇文。**"惟上智與下愚不移。"**論語陽貨篇文。**此亦計阿羅耶中受熏之種也。熏之者意識,其本即在意根。人心者,如大海**,心藏萬有,故以海喻之。大乘入楞伽經卷二曰:"猶如猛風吹大海水,心海亦爾。"又偈曰:"藏識海常住。"又曰:"阿賴邪如海。"餘經説心如海者不可勝數。**兩白虹嬰之，我見、我癡是也。兩白蛟嬰之，我愛、我慢是也。**見、癡、愛、慢，謂之四惑，一曰四根本煩惱，已見明見篇。**彼四德者，悉依隱意根。由我見，人有好真之性**；原注：亦以我愛爲增上緣，惟我見則無情好。真略分五：一曰實，二曰如，三曰成，四曰常，五曰明了。主觀之念適當客觀，客觀之境適當主觀，謂之如。好奇、好巧，皆好如也。懷舊之念，由好如及好適中、好同和合所成；憙舊相復現者，由好如、好明了和合而成。**由我愛，人有好適之性**；原注：適分爲四：一曰生，二曰安（安復分八：一、亭隱，二、飽，三、潤，四、煖，五、清涼，六、動，七、逸，八、通利。好速之念，由好動、好通利孳乳），三曰美（美復分七：一、淨，二、麗，三、韻，四、旨，五、芳，六、柔，七、法處所攝美），四曰同（此即合羣之念所起，好善之念亦由此孳乳）。**由我慢，人有好勝之性。**原注：好名之念，由好勝及好適中、法處所攝美和合所成。如上三事，攝人生所好盡。昔希臘學者分真、善、美三事，爲人情所同好。此實短拙，故今分別如此，其詳別見。此諸位者，或互爲助伴，亦互相折伏，由此人情好尚，種種不定。**責善惡者于愛慢，責智愚者于見癡。我見者與我癡俱生。何謂我癡？根本無明則是。以無明不自識如來藏，執阿羅耶以爲我。**義見上篇。**執此謂之見，不識彼謂之癡，二者一根，**如來藏變爲阿羅耶，體非二也。有所執則謂之見，不自識則謂之癡，故曰“二者一根”。**若修廣同體而異其相。**墨子經下云：“不可偏去而二，説在廣與修。”孫詒讓閒詁云：“平方之冪，有廣與修，二者異名，而數度相函，則二而仍一也。”**意識用之，由見即爲智，由癡即爲愚。愚與智者，非晝夜之校，而苣燭熅火**

之校。説文："苣，束葦燒也。""熅，鬱煙也。"漢書蘇武傳："置熅火。"師古曰："熅，謂聚火無焱者也。"**癡與見不相離，故愚與智亦不相離。上智無癡，必無我見也，非生而具之**。修道熏習，然後我見可斷，乃成上智。**下愚者，世所無有。諸有生者，未有冥頑如瓦礫者矣**。原注：浮屠言一闡提者，亦謂其性最惡，非謂其性最愚。○按：華嚴經云"無一眾生而不具有如來智慧"，涅槃經亦謂"除牆壁瓦石，餘皆有佛性"，故曰"下愚者世所無有"。又：注云"一闡提"，"闡"浙本誤作"聞"，日本及右文本不誤，今據改。一闡提者，涅槃經卷五云："無信之人名一闡提。一闡提者名不可治。"又曰："一闡提者，斷滅一切諸善根本心，不攀緣一切善法。"**嘗試以都最計之。世方謂文教之國其人智，蜑生之島其人愚**。蜑生，謂未開化人，英文作 Barbadrous 義爲蜑生，其音亦與二字相近也。**彼則習也，非性**。羣學肄言智絃篇有曰："吾與蠻束教囿習等耳，而特有繁簡之殊。故不獨變蠻爲吾之思而不能，且使吾設蠻之想亦不得也。故欲喻蠻之意、測蠻之行，非處蠻之地、設蠻之身，乃至觀物、言理悉如蠻之觀且言者，則其情不能得。假其能之，則向之所謂怪者，乃將以爲常；向之所謂狂者，乃今以爲聖。蓋心才雖繁簡有不同，而思之用也，則循乎心學之公例。羣化雖有淺深之異候，而變之至也，必出乎天演之自然。二者皆不可以毫釐强也。"按：此即謂文野之人，各從其俗，其行事雖異，其用思則同。然則蠻之所以爲蠻者，習也，非性也。**就計所習，文教國固多智。以其智起愚，又愚於蜑生之人。何者？世之恒言，知相、知名者爲智，獨知相者謂之愚**。相、名字見大乘入楞伽經卷六、瑜伽師地論七十二。此之所言，"相"謂屬於具體之事物也,"名"謂屬於抽象之事物也。屬於具體者,感官之知覺可以得之;屬於抽象者,必經思慮之作用而後可以得之。**蝡生之人,其思慮不徇通,故獨知相而不知名,此社會學者所恒言。蝡生之人,五識於五塵猶是也。以不具名,故意識鮮通於法。然諸有文教者,則執名以起愚,**俱舍論五曰:"名謂作想。"蓋緣名則可以起想,故因以起愚。**彼蝡生者猶捨是。**蝡生者,不知執名,故猶愈於文教者之愚。此下以五事爲徵。**一曰:徵神教。蝡生者事牛、耿黽,**秋官蟈氏注:"齊魯之間謂黽爲蟈。黽,耿黽也。"爾雅釋魚:"鼀䗇,蟾諸,在水者黽。"郭注云:"耿黽也。"**以虺易爲靈蛇;而文教者或事上帝。**蝡生之人事諸動物,即所謂圖騰崇拜,今北美印第安及澳洲之土人,猶存其遺風。社會通詮蠻夷社會篇曰:"宗教天演,考之社會,其階級有三:其始崇拜身外之物,木石禽獸,皆可以爲有神。其次迎尸範偶,取其肖於己形者而用之,若祖先、若豪傑是已。終之乃得造物之一神,是所謂神必兼人道、天道而兩有之,勢力、能事、氣質皆與己異,而形貌、情感又與己同。此其大較也。"**由慢計之,事上帝則優,事牛、虺、耿黽則劣。**人惟自貴,故其所奉之神亦必與己同者。其餘動物,形隔器殊,斯賤之矣。此之分別,實我慢爲之。**自見計之,上帝不可驗,而牛、虺、耿黽可驗。其言有神靈,皆過也,**一事可驗,一事不可驗,則蝡生者猶少智。**何以明之?今有二人,一謂牛角能言,一謂馬角能言,其過則等。牛角雖不能言,固有牛角,其過一;馬角者,非直不能言,又無馬角,其過二。故以馬角爲能言者,視以牛角爲能言者,其愚以倍。**蝡生者之計有無,意識鮮通於名,惟以相決定之。其智則少,然不執無相之名,故其愚亦少。**二曰:徵學術。蟲生者之察萬物,得其相,無由得其體。雖得之,不橫以無體爲體。有文教者得其體矣,太上有唯識論,其次有唯物論。**相猶言現象,體猶言本體。未開化者,其察萬物,盡於感官所能經驗之現象而止,其不可經驗之本體,則無由得之。雖有時偶能得之,終不以無體者爲體。有文教者則異是己。言哲學者,有唯心、唯物二派。"唯"之云者,唯識述記卷一曰:"唯言顯其二義:一、簡別義,二、決定義。謂簡別於他法,決定有此法,故言唯也。"唯識即唯心。蔡元培哲學大綱曰:"以物質爲實在,而爲心靈所自出者,是唯物論。以心靈爲實在,而爲物質所自出者,謂之實質唯識論。"**識者以自證而知,物者以觸受而知,皆有現量,故可就成也。**原注:凡非自證及直覺感覺所得者,皆是意識纖妄所成。故不能真知唯識者,寧持唯物。唯物亦有高下二種:高者如叫模但許感覺所得,不許論其因果,此即唯識家之現量也。其次雖許因果,尚少纖妄。而世人不了唯識,有謂任意妄稱,雖無亦可謂之有者。近日本有筧克彥,以此成其法理之學,重紕貤繆,不知其將何底也? ○現量者,現實量知之謂。如眼識之於色、耳識之於聲、定心之於諸境,現實量知,其自相無分別、無籌度,所謂自證及直覺感覺之所得者是也。因明入正理論曰:"現量謂無分別。現現別轉,故名現量。"因明大疏卷上曰:"能緣行相,不動不搖,自唯照境,不籌不度,離分別心,照符前境,明局自體,故名現量。"注云"叫模"者,一譯休謨,英之哲學家,以主張懷疑論著名者也。休謨謂:"因果之觀念,實乃主觀所自産。其視之如有必然性者,特以吾反覆經驗之故而生,至於現象界有無與此相應必然性,固吾所不能知。本體之觀念亦然。既云'本體',即不能憑印象而知,所可知覺者,祇個獨之狀態與作用。其思之如有本體者,以吾知有若干印象,常於空間上共存,而由吾聯想作用,因一印象以思及他印象,其結合既鞏固,遂用主觀投射於客觀而思之,如果有本體者也。"其立說之大指如是。**計唯物者,雖不知圓成實性,猶據依他起性。**佛法有三性義:一、徧計所執性,二、依他起性,三、圓成實性。徧計所執性爲妄有,依他起性爲假有,圓成實性爲實有。成唯識論卷八曰:"心、心所及所變現,衆緣生故,如幻事等,非有似有,狂惑愚夫,一切皆名。依他起性。愚夫於此,橫執我法,有無一異,俱不俱等,如空華等,性相都無,一切皆名,徧計所執。依他起上。彼所妄執,我法俱空,此空所顯,識等真性,名圓成實。"餘如解深密經、攝大乘論及唯識述記所説,文繁不具引。**最下有唯理論師,以無體之名爲實,**唯理論或曰合理論、主理論、純理論、理性論,一作先天論。按:汎言名理,遠西哲學之弊也。章氏後作菿漢昌言有曰:"近世遠西哲學,綜以名理,故辭無矛盾。精意著撰,故語無棘澀。道物之原,故不與汎言物質者同其繁瑣。然言則不主於躬行,義則不可以親證。夫爲理化諸學者,亦非徒舉其理而已,必事事可驗,而後敢以示人。彼哲學者,竟無有也。陽明嘗非宋儒格物之説,斯于誠意則不涉,于事物猶可徵。言哲學者,竟何徵乎?莊生云:'由天地之道,觀惠施之能,其猶一蚉一蝱之勞者也,其于物也何庸?'夫不省内心,不務質行,而汎言宇宙之原,事物之根,所謂咸其輔頰舌也,絕去名理,遂無可玩弄者。禪家所謂胡孫失樹,全無技倆者矣。淫於此者,不可與入堯舜之道。"**獨據徧計所執性,以爲固然。無體之名,浮屠謂之"不相應行",**原注:非心非物,故曰"不相應行"。成唯識有不相應行二十四種。康德所説十二範疇,亦皆不相應行也。〇唯識宗説心不相應行法略有二十四種：一、得，二、命根，三、衆同分，四、異生性，五、無想定，六、滅盡定，七、無想報，八、名身，九、句身，十、文身，十一、生，十二、住，十三、老，十四、無常，十五、流轉，十六、定異，十七、相應，十八、勢速，十九、次第，二十、時，二十一、方，二十二、數，二十三、和合性，二十四、不和合性。康德所説分四綱、十二目：一、分量範疇。此復爲三：一、單一，二、殊多，三、總合。二、性質範疇。二復爲三：一、實有，二、非有，三、制限。三、關係範疇。三復爲三：一、實體，二、因果，三、交互作用。四、樣態範疇。四復爲三：一、可能及不可能，二、存在及非存在，三、必然及偶然。**意識用之以貫萬物，猶依空以置器，而空不實有。海羯爾以有無成爲萬物本**，海羯爾一譯黑格兒，又譯黑智爾，日耳曼人。海羯爾言一切思考，一切事物，相反者相同。其相同之故，以凡物皆互相連合故，是之謂正面實體。而自物與無物相同言之，則亦無實體。其有實體者，以化成也。化成之原質有二：一曰無物，一曰物。是二原質者，本相反異而常相吸引，因連合故。故二者皆成實體。**笛佉爾以數名爲實體**，笛佉爾一作笛卡兒，法國人。笛氏謂宇宙之本體，惟容積與運動。意謂盈天地間之物質皆屬占有空間之容積，而種種大小、厚薄、長短、輕重之分別，皆空間之不同有以致之。**此皆無體之名。**海氏所謂有無，笛氏所謂容積運動，既非心，亦非物，故皆爲無體之名。**莊周曰："名者，實之賓。"**原注：逍遙遊。**尹文曰："有形者必有名，有名者未必有形。"**原注：大道上。**今以有名無形者爲實，此螟生者所不執也。**原注：浮屠言真如者，成唯識論云："真如即是唯識實性。以識之實性，不可言狀，故强名之曰如。若執識外別有真如者，即與計有無爲實物者同過。"又：此土學者或立道，或立太極，或立天理，要之非指物即指心，或爲綜計心物之代語，故亦無害。若謂心物外別有道及太極、天理者，即是妄説。

三曰：徵法論。蝡生者獨以酋長爲神，國皆酋長産也。雖粗有文教者，猶以君爲國家。中國古代稱天子曰"官家"，法國路易十四謂"朕即國家"，是皆以君爲國家。**文教益盛，謂君長、人民、土地皆非國，而國有其本體。**法國革命後，國之主權在君在民，兩有不可。法人之公理主權，又毫無依附，不切實用。於是德國學者酌察本國國情，創所謂國家主權説，其大意有二：一曰國家爲有機物，二曰國家爲法人。蓋謂國家自有其本體，自有其主權也。海羯爾謂國家爲道德理想之實現，無國家則道德不完全，無國家則人無自由權利。人之有自由權利，非以其爲人而有之，乃以其爲國家之份子而有之也。又謂國家爲有機物，以其爲宇宙間理想發展之結果也。不但爲有機物，抑且爲人。人者，享有權利者也。國家享有權利，故爲人矣。是其立説，以國爲自有本體也。又瑞士政家伯倫知理著國家論，亦謂國家爲有機之組織體。以爲徒抹彩色不得謂之圖畫，徒積瓦石不得謂之石偶，徒聚線緯與血球不得謂之人類，國家亦然。國家者，非徒聚人民之謂也，非徒有府庫、制度之謂也，亦有其意志焉，亦有其行動焉，蓋有機體者也。然國家之爲有機體，又非若動植物之出於天造者比，實由屢經沿革而成。其創造出於人爲，而與動植物有相似者四：一曰精神與形體之聯合，二曰肢骸各官（即其體中各部）皆具固有之性情及生活職掌等（即官府及議院），三曰宜聯結此等肢骸以構成一全體（即憲法），四曰其成長始於内部遂及外部（即國家之沿革）。故據此觀之，可知國家之爲物與無機之器械實異。器械有運動而無自由，國家則自有行動，自以意識決之，蓋自有其本體者也。**由愛計之，獨主君則民病，以國爲主，而民少紓。夫論物者，宜棄捐**

善惡、利害之見，和精端容，實事以效是。然則病民與否，非其所宜計也。論事之道，貴得其理，至其事之善惡、利害，固當別論。不可因其有所不利，從而爲之辭，故曰"病民與否，非所宜計"。由見計之，君猶實有，而國家非實有。即鉤校其誠者，國固無繫君，君死而國不死，君易而國不易，即實以言，君固無繫於國也。顧一國人之總業耳。凡事有總業者，有別業者。別業者，以一人之力就之，農耕、裨販是也。總業者，集數人之力就之，家乎，市乎，鄉曲乎，最大則爲國。是故農、賈非實有也，實之謂人，業之謂農、賈。原注：不了此義，故名家有殺盜非殺人之說，是以業爲實也。○印度勝論師立六句義：一實、二德、三業。實、德、業，猶言體、相、用也。實有九，謂地、水、火、風、空、時、方、我、意也。德有二十四，謂色、味、香、觸、數、量、別體、合、離、彼體、此體、覺、樂、苦、欲、瞋、勤、勇、重體、液體、潤、行法、非法、聲也。業有五，謂取、捨、屈、申、行也。詳十句義論諸書。家、市、鄉曲亦然，有土、有器、有法。土者人所依，器與法者人所制，故主之者曰人。今曰"國家有自體，非君長、人民、土地"，若則曰"市非錢布、化居、人民、廛舍也，而自有市之體"，其可乎？原注：近世法家，妄立財團法人、社團法人之名，此皆妄爲增語。然名之曰"法人"，則本非實人也，此與果實名人何以異？家、市、鄉曲之與國，或以字養，或以貿遷，或以保任，或以布政用師，其業不同，校其實即同。所以殊名者，以業起，不以實起。不辯實、業之分，以業爲體，猶舍心與形軀而言人有熒魂。法言修身篇云："熒魂曠枯。"或曰：國者有作用，故謂之有。即海羯爾、伯

倫<u>知理</u>諸家之説,已見上。**是不然。以君長假國爲號然後
作,非國自能作。**<u>法蘭西</u>公法學者<u>艾狄格</u>之説曰:"社會有人
焉,人有意志焉。治玄想者以爲社會之上,除此確切可證明之個人
及個人意志以外,又有一公人及公意。公人爲國家之人格,公意爲
國家之意志。然自事實觀之,國家不過社會上治者與受治者之簡
稱。國家權力悉操於治者個人之手,國家之人格即此個人之人格,
國家之意志即此個人之意志,國家之行爲即此個人之行爲。社會
之中,僅有個人人格、個人意志,而無公人格、公意志。公人格、公
意志,乃玄想家自欺自誤之詞,爲事實上絶不可有者也。"<u>艾</u>氏之
言,所謂實在學説,即不以國家有作用。**若巫師假鬼以爲號,然
後有祠堂滎禳,而巫師亦得糈,**<u>離騷</u>:"<u>巫咸</u>將夕降兮,懷椒糈
而要之。"<u>王逸</u>注曰:"糈,精米所以享神。"又:<u>淮南説山訓</u>"巫之用
糈"<u>高</u>注同。**彼鬼者能自作乎? 以國家有作用,而鬼亦有
作用。因是以國家爲實有,是鬼亦實有邪? 或曰:凡人
默自證,知我爲是國人也,以自證故謂國有。是不然。
知爲是國人者,非自證也。人自證有識者,不待告教。
自知爲是國人者,待告教然後辨,以其習聞之,遂有勝
解,**原注:勝解,謂決定不可轉移之念。○按:勝解爲五別境之一。
<u>百法論</u>曰:"勝解者,謂於決定境印持爲性,不可引轉爲業。謂邪正
等,教理證力,於所取境,審決印持,由此異緣不能引轉。故猶豫
境,勝解全無。非審決心,亦無勝解,由此勝解,非遍行攝。"**而想
滑易則若自證。譬若人之有姓者,亦默自知之也,然不
告教則不知。以國爲實有者,彼姓亦實有邪? 此又螾生
者所不執也。四曰:徵位號。螾生者,無君臣吏民之號,**

有之亦亡重輕。有文教者，其位號滋多。今人言名者，或以名有虛實異。聲譽之謂虛名，官位之謂實名。夫名則盡虛也，顧以爲有實者，得官位足以飽燠、且役使人，得聲譽不足以飽燠、役使人。此其業之異矣，于實則奚異？名且言實，則是以影爲形也。今之法家皆曰：君位實有也。某甲南面者，則表彰之。即如是，弑某甲則不爲大逆，與殺凡民均。是何也？則不能弑其君位也，然法律又異等。言法之理，與定法之條相反，豈不誖哉！且位者，萬物盡有之，亡獨人君。以位爲實，即以肥羜食客，小雅伐木篇："既有肥羜。"傳曰："羜，未成羊也。"是充犧位也。犧位實有，而羜表彰之，不知客所欲啖者其羜邪？妄其欲啖犧位邪？ 妄其，轉語詞也（"妄"或作"忘"、或作"亡"，與"毋"、"無"並同），猶言"毋抑"耳。越語曰："道固然乎，妄其欺不穀邪？"莊子外物篇曰："抑固窶邪？亡其略弗及邪？"皆其例，餘詳經傳釋詞。從是以觀，以甲饗乙，甲非主，乙非客，主位、客位皆實有，而甲乙表彰之。凡夫婦、奴主皆準是。從是以推無生諸行：書洪範："初一曰五行。"鄭注云："行者，言順天行氣也。"白虎通五行篇云："言行者，欲言爲天行氣之義也。"水之在壑，則渠位實有，而清水、濁水表彰之。火之在竈，則爨位實有，而桑柘之火、棗杏之火表彰之。論語陽貨篇集解馬融曰："周書月令有更火：春取榆柳之火，夏取棗杏之火，季夏取桑柘之火，秋取柞楢之火，冬取槐檀之火。"夏官司爟注：鄭司農引鄹子説，文與此同。然則名實交紐，荀子正名篇曰："異形離心交喻，異物名實互紐（“互”本作“玄”，依王念孫校）。”王念孫曰：“名實互紐，即所謂名實亂也。”**爲戲謔之論矣。此又頓生者所不執也。五曰：徵禮俗。頓生者祭則就墓無主祐之儀，**昭十八年左傳：“使祝史徙主祐于周廟。”集解：“祐，廟主石函。”**覲則謁君無畫像之容，戰則相識無微識之辨，**微識，與微幟同。昭二十一年左傳集解云：“微，識也。”說文云：“徽，幟也。”**皆就其體。頗有文教，立之主設之像矣，又有旌旗矣。主像者所以繫心，不以君親竟在是也；旌旗者所以分部曲，**續漢書百官志云：“大將軍營五部，部校尉一人、軍司馬一人。部下有曲，曲有軍候一人。”**不以軍府竟在是也。其轉執者，或置其君之畫像於橫舍，**後漢書朱浮傳：“進立橫舍。”章懷注云：“橫，學也。或作‘黌’，義亦同。”**莫夜火發，其師既跣足出，返復翼奉其君之像，若救其君之身，竟以燔死。**日本國人尊其天皇，嘗有此事，日人侈之，以爲美談。**有兩國相爭者，狀貌素異，雖拔其旗，弗能假以掩襲。然同伍死則不相救，軍旗失則踐積屍、冒彈丸以救之，若救其軍府。此又頓生者所不執也。六曰：徵書契。頓生者或無文字，有之曰：足以記姓名、簿籍而已。有文教者，以文字足以識語言，故曰：“名者，聖人之符。”**原注：羣書治要引申子。**其轉執者，或諱其君親之名，或刻楮印布以爲金幣。夫以名爲君親之實，則是書君親之名裂之，即支解君親也。刻符可以爲幣，則是斷并閭以爲輪，**并閭，與栟櫚同。史記司馬相如傳：“作并閭。”說文云：“栟櫚，椶也。”**揭巴蕉以爲旗，杖

白茅以爲劍，亦可以爲軍實也。 原注：紙幣者，名之爲幣，其實符券也。以一幣一券，更相往復，本無所害。而今世作紙幣者，必倍其實幣之數，此則徒以欺罔其民。久之習爲故常，竟以空券爲幣矣。**今是擲五木者，有盧有雉。** 程大昌演繁露云："博之流爲樗蒲、爲握槊、爲呼博、爲酒令，體制雖不同，百行塞勝負，取決於投，其理一也，古惟斲木爲子，一具五子，故名五木。" 又：李肇國史補云："其骰五枚，分上爲黑，下爲白。黑者刻二爲犢，白者刻二爲雉。擲之全黑乃爲盧，二雉三黑爲雉，二犢三白爲犢，全白爲白。" **盧不可獎以執留，** 詩齊風傳曰："盧，田犬。" 説文："獎，嗾犬厲之也。" 莊子天地篇："執留之狗成思。" 釋文："一本'留'作'狸'。" 按：應帝王篇作"執斄"。**雉不可烹以實鼎，即有用之者，人且以爲大戇。** 説文："戇，愚也。" **今獨以諱君親、用紙幣爲恒事，則何也？** 章氏檢論有戇假幣篇，極論紙幣之作，實爲詐欺之尤。以爲"名言者所以聲物，不以其體爲物也。當其言火而口不熱，當其署山而几案不爲填壓。即名固可以當實者，書馬與人能騎之走乎？尺一璽書至，而人主果分軀以臨之乎？故夫以一幣爲數券，是特政府欲籠天下之利，以姦道誣民也。" 又曰："多欲之主，乾没之吏，中夏所不能絶，其志在罔利，非在于齎輕易行也。故他人爲之而得利，己爲之而得害者。何哉？不權本末，不課有無，其貪過于饕餮，而作僞甚于方士，恣己踊于巫師也。" 餘義繁廣，不具引。**夫國有成俗，語言不可移，故文字不可移。然而文字不以爲實，以文爲實此又蜎生者所不執也。由是言之，見與癡固相依。** 根本是一故，説已見前。**其見愈長，故其癡亦愈長，而自以爲智者，誠終身不靈哉！** 莊子天地篇云："大愚者終身不靈。"問者曰：人若無見，即如灰土矣。今見愈長而癡亦從以長，是終無正見之期也。應之曰：人之見自我見始，以見我故謂生物皆有我，亦謂無生者有我。原注：我即自體。由是求真，故問學思慮應之起。其以爲有我者，斥其實，不斥其德、業。實、德、業，猶體、相、用也，已詳上。故有一石焉，拊之即得堅，視之即得白。公孫龍子堅白論云："'堅、白、石三，可乎？'曰：'不可。'曰：'二，可乎？'曰：'可。'曰：'何哉？'曰：'無堅得白，其舉也二；無白得堅，其舉也二。視不得其所堅而得其所白者，無堅也；拊不得其所白而得其所堅者，無白也。'"堅與白其德也，而終不曰"堅白"，必與之石之名者，其念局於有實也。故諸有相可取者，取相不足，必務求其體。從是有學術，而其智日益馳騁。從是不知止，又不知返，其愚亦日益馳騁。何者？名起於想。説見原名篇。所想有貞偽，以想如自證、觸受之量爲貞，言唯心者，主自證之量；言唯物者，主觸受之量。以想不如自證、觸受之量爲偽。名之如量者，有若堅白。可觸受而得故。其不如量者有若石，不可觸受而得，又不可自證而得故。又遠曰"此石彼石"，又遠曰"石聚"，聚者，處所聚積之名。涅槃經四曰："自觀已身，猶如火聚。"火謂之火聚，即石亦得名之石聚。又遠則從其聚以爲之號。明和合之爲偽，假以通利慮憲即無害。原注：所以必假偽名以助思慮者，以既在迷中，不由故道，則不得返。○按：禮記學記云："發慮憲。"鄭注："憲，法也。言發計慮當擬度於法式也。"俞樾云："'發慮憲'與下'求善良'一律，'善良二字同義，'慮憲'二字亦同義。爾雅釋詁"慮，思也"，而原憲字子思，

則憲亦思也。"嘗聞聲論師波膩尼之言矣；諸名言自體爲什
麰吒स्वभाव（sva-bhāva）。什麰吒者，應于青爲青，應于赤
爲赤，應於然爲然，應於否爲否。波膩尼，印度作聲明論者。
唯識樞要卷上、慈恩傳卷三並云"波膩尼仙"。西域記卷二作"波你
尼仙"，説其事云："烏鐸迦漢茶城西北行二十餘里至婆羅覩邏邑，
是製聲明論波你尼仙本生處也。人壽百歲之時，有波你尼仙生知
博物，愍時澆薄，欲削浮僞，删定繁猥，遊方問道，遇自在天，遂伸述
作之志。自在天曰：'盛矣哉！吾當祐汝。'仙人受教而退，於是研
精覃思，捃撫羣言，作爲字書，備有千頌，頌三十二言，究極古今，總
括文言云。"彼特以自心相分爲主，而不執所呼者有體，斯
可也。然則，名言之部，分實、德、業，使不相越。以實、
德、業爲衆同分，原注：衆同分者，謂人所同然。實、德、業三，凡
人思慧，皆能分別之，故曰"衆同分"。〇按俱舍論卷五云："有別實
物，名爲同分，謂諸有情，展轉類等。本論説此爲衆同分。"又：卷十
五云："棄捨衆同分。"約定俗成，荀子正名篇文。故不可陵亂。
假以實、德、業論萬物，而實不可爲德、業，德、業亦不可
爲實。譬如建旗，假設朱雀、螣蛇、北斗、招搖之象，禮記
曲禮上篇曰："行前朱雀而後玄武，招搖在上。"而不可以相貿。
知其假設而隨順之，爲正見；不知其假設而堅持之，謂之
倒見。誠斯析之，以至無論，詩墓門篇："斧以斯之。"傳曰：
"斯，析也。"堅、白可成，石猶不可成。物本無實，妄情計度爲
有，若吠世史迦經説實者德、業之和合因緣。是謂石爲堅、白之和
合因緣，堅、白不能獨存，其得以和合而存者，以石故。此其所以爲
佛所遮撥。何者？石不自表，待名以爲表。德者無假于

名，故視之而得白，捬之而得堅，雖瞽者猶得其相。_{瞽者}
_{不能名物。雖不名而相自在，以是見物本無實。}**至于石，非名不**
起也。執有體，故有石之名，且假以省繁辭。是何故？以
有堅、白者不唯石。如是堅，如是白，其分齊不與佗堅、白
等。道其分齊，則百言不可盡，故命以石之名者，亦以止辭
費。知之，雖言石，固無害；不知者執以爲體。自心以外，
萬物固無真，騖以求真，必與其癡相應，故求真亦彌以獲
妄。雖然，唯物之論，于世俗最無妄矣，_{易无妄疏：“妄，謂虛}
_{妄矯詐，不循正理。”}**執增語以爲實而妄益踊。**_{史記平準書集}
_{解晉灼曰：“踊，甚也。”廣雅釋詁：“踊，上也。”}**是故，老聃有言**
曰：“始制有名。名之既有，夫亦將知止。”_{老子三十二章文}
_{“名之既有”，老子各本皆作“名亦既有”，當據改。蓋名者所以爲}
_{智，明見篇曰“若終古無名者，即道無由以入”，此之謂也。然名亦}
_{既有，馳騖不已，則因其智以起愚，故曰“夫亦將知止”。}**老聃又曰：**
“知止可以不殆。”_{殆者，疑也，惑也。言知止則可以不惑矣。}